KB100031

상산어록 역주 象山語錄 譯註

The Translation and Explanatory Notes of Xiangshan's Quatations

陸九淵 저 ▌ 고재석 역주

세창출판사

상산어록 역주象山語錄 譯註

1판 1쇄 인쇄 2017년 3월 7일
1판 1쇄 발행 2017년 3월 15일
저 자 | 陸九淵
역주자 | 고재석
발행인 | 이방원
발행처 | 세창출판사
신고번호 | 제300-1990-63호
주소 | 서울 서대문구 경기대로 88 (냉천빌딩 4층)
전화 | (02) 723-8660 팩스 | (02) 720-4579
http://www.sechangpub.co.kr
e-mail: edit@sechangpub.co.kr
ISBN 978-89-8411-668-9 93910

이 번역도서는 2011년 정부(교육부)의 재원으로 한국연구재단의 지원을 받아 수행된 연구임 (NRF-2011-421-A00024).

잘못 만들어진 책은 구입하신 서점에서 바꾸어 드립니다.
책값은 뒤표지에 있습니다.

이 도서의 국립중앙도서관 출판시도서목록(CIP)은 서지정보유통지원시스템 홈페이지(http://seoji.nl.go.kr)와 국가자료공동목록시스템(http://www.nl.go.kr/kolisnet)에서 이용하실 수 있습니다.(CIP제어번호: CIP2017005925)

머리말

동아시아 철학사의 좌표에서 象山 陸九淵의 철학사상이 점유하는 위치에도 불구하고, 주자가 상산을 이단으로 비판한 후 줄곧 공정한 평가와 객관적 연구의 노력은 홀시되었다.

상산은 아호논쟁에서 무극태극논쟁에 이르기까지 주자와 20년 가까이 한 치의 물러섬 없이 자신의 관점을 고수하며 심학의 기틀을 확립한 자이다. 성리학을 수용한 한국유학사에서는 공맹의 도를 곡해한 이단으로 더 익숙하다.

경이롭게도 상산은 주자와 전혀 다른 방식으로 유학을 종주로 삼고 인륜도리와 수양방법을 확립하였다. 상산과 주자의 관점은 불교와 유학이 대립했던 것처럼 당시 사람들뿐만 아니라 元·明·淸에 이르는 긴 시간 동안 학자들의 관심대상이 되었다. 산 정상을 오르는 길은 갈래가 여럿이듯이, 어느 하나의 관점이 유일하고 절대적일 수 없다. 어느 시점에서, 어느 공간에서, 어느 누군가에게 어느 하나의 철학사상이 의미 있을 수는 있지만, 모든 시간과 공간에서 누구에게나 보편적으로 통용되는 관점은 존재하기 어렵다. 둘의 관점은 근본적인 세계인식에서 비롯된 차이이므로, 어느 한쪽으로 합치거나 한쪽이 옳다고 단정할 수 없다.

인간다움을 완성하는 또 하나의 방식을 제시한 상산의 관점은 주자성리학의 큰 맥을 반대편의 시각에서 조망하고, 명대 양명심학과의 연결고리를 확인하며, 한국유학사의 다원적 전개양상을 다른 잣대로 연구할 수 있는 토대를 제공한다.

북경대학 철학과 박사과정에 입학하면서 상산의 철학사상을 연구하기로 마음먹고, 당시 동기였던 청화대학 철학과 高海波 교수와 일주일에 한 번 만나 어록을 강독하기 시작하였다. 이해되지 않는 부분을 만나면 6년간 새벽녘에 지속했던 輔導와의 중국어 학습시간에 집중적으로 크게 반복하여 읽었다. 귀국 후에는 성균관대학교 유학대학 후배들과 1년여의 시간동안 윤독을 하였다.

『상산어록』은 상산이 제자들에게 베푼 訓語나 주고받은 말을 당대 口語를 섞어 가며 기록해 놓은 자료이다. 논리적 사유와 정제된 언어로 철학사상을 펼친 서신이나 문장과는 달리, 상산의 감정과 성격까지 고스란히 담고 있을 뿐만 아니라, 남송시기 학술경향과 상산의 핵심사유를 다채로운 측면에서 생동감 있게 묘사하고 있다.

어록의 기록에는 어떤 상황에서 말한 것이고 무슨 의미를 내포하는지 해독하기 어려운 구절도 있다. 연보와 문집, 당대 주변학자들의 기록, 경전 및 역사 자료, 인명과 지명 사전, 송대 어휘 사전과 한어 사전, 후대 문헌 기록 등을 종횡으로 검토해야 비로소 이해할 수 있다.

상산의 문집과 어록에 대한 국내외 선행연구 성과를 최대한 참고하여 역주에 반영하고자 하였다.

중국에서는 王心田이 육구연 만년 荊州에서 작성한 서신을 고증하고 주석하여 『陸九淵知軍著作研究』(武漢大學出版社, 1999)를 출판하였고, 郭齊家는 『陸九淵敎育思想硏究』(江西敎育出版社, 1996) 부록에서 육구연 서신 작성연대를 고증하였다. 束景南은 「陸氏兄弟佚劄」(『撫州師專學報』總第56期)에서 육구소와 육구연 형제의 逸失된 편지를 찾아내어 주륙논쟁의 자료를 제공하였고, 趙偉는 육구연 문인들의 행적을 상세히 조사한 『陸九淵門人』(中國社會科學出版社, 2009)을 출판하였다. 王佃利는 어록을 완역하여 『象山語錄』(山東友誼出版社, 2000)을 출간하였다.

일본에서는 1972년 福田殖이 『陸象山文集』(명덕출판사, 1972)을 출판하여 어록을 부분 번역하였고, 『陽明學大系』 제4권 「육상산」 부분에서도 어록을 부분 역주하였다. 小路口聰은 『陸象山語錄譯註』를 저술하여 包顯道가 기록한 어록을 해석하였다.

대만에서는 牟宗三이 『從陸象山到劉蕺山』을 출판하여 육구연 철학사상의 특징과 함께 어록 원문을 선별하여 소개하였고, 徐紀芳은 『陸象山弟子硏究』(文津出版社, 1990)를 펴내, 육구연 제자들의 관련기록을 고증하였다.

한국에서는 안영석이 『육상산의 도덕철학』(세종출판사, 2000)에서 상산의 생애를 고증하였고, 이동욱은 『육구연 철학 연구』(서울대 박사논문, 2010)에서 상산의 철학사상을 논하였으며, 황갑연은 『리학 심학 논쟁, 연원과 전개 그리고 득실을 논하다』(예문서원, 2014)에서 주륙논쟁을 분석하였다.

본 역주는 1980년 중화서국에서 편찬한 『陸九淵集』에 수록된 어록을 저본으로 삼고, 1992년 상해고적출판사에서 明刊本을 영인한 『象山先生語錄』을 비교검토하며 원문과 표점을 교감하였다. 의미가 통하지 않는 어록은 내용에 따라 장구를 새롭게 나누거나 합쳐 역주하였다. 또한 연보를 고증하고 문집과의 대조를 통해 '상산의 생애와 저작' 해제를 완성하였고, 北宋五子와 東南三賢 등의 도학자 문헌과 『宋史』「儒林傳」, 羅大經의 『鶴林玉露』(中華書局, 2005), 『宋元學案』, 淸 雍正 10년(1732) 李紱이 편찬한 『陸子學譜』·『儒林宗派』·『金溪縣志』·『撫州府志』·『漢語大詞典』·『中國人名大辭典』·『中國官職大辭典』·『宋人生卒行年考』·『宋元語言詞典』 등을 종합적으로 검토하여 어록에 대한 역주를 시도하였다.

『상산어록』은 상 · 하 두 권으로 구성되어 있고, 육구연 문인 傅子雲 · 嚴松 · 周淸叟 · 李伯敏 · 包揚 · 詹阜民 · 黃元吉이 각자 듣고 배운 것을 기록하였다. 구분의 편의를 위해, '1-…' · '2-…' · '3-…' · '4-…' · '5-…' '6-…' · '7-…'로 표기하였다.

한문원문의 표점은 상산어록 원문을 한글로 번역과 주석을 시도한 것이므로, 가로쓰기 한글표기법을 준수하여 표기하였다. 중국의 표점을 차용하는 것도 국제화를 위해 의미 있지만, 가로쓰기 한글 표점 표기 방식도 한국에서 철학사를 연구할 때 하나의 대안이 될 수 있다는 생각에서 비롯된 시도이다.

원문에 대한 해석은 '번역'으로, 주석은 '주석'으로 표기하였다. 번역은 최대한 원문에 충실하여 직역하되, 부연설명이 필요한 경우 '( )'를 추가하여 설명하지 않고 그대로 내용을 추가하여 번역하였다. 주석은 부연설명이나 원문병기가 필요할 경우, 각주나 미주를 달지 않고, 해당 주석에 '[ ]'를 사용하여 설명하였다.

지난한 과정 속에서 김세종 박사와 안승우 박사는 초벌 교정에 도움을 주었고, 주자어류의 권위자인 강용중 선생님은 꼼꼼하게 교정을 해 주었다. 한국연구재단 명저번역 익명의 심사자들은 역자의 오류를 명확하게 지적해 주었다. 세창출판사는 인내심을 갖고 연구에 매진할 수 있도록 기다려 주고 편집과 교정에서 전문가의 면모를 보여 주었다.

북경대학 은사 陳來 교수님은 자료에 근거하여 치밀하게 사유를 분석하는 철학사 연구의 학문방법을 일깨워 주셨고, 張學智 교수님은 학문과 삶의 일치를 통해 지행합일을 몸소 보여 주셨다. 성균관대학교 유승국 · 송항룡 · 송하경 · 서경요 · 오석원 · 이기동 · 최영진 · 최일범 교수님은 배움과 교육의 기쁨을 알려 주었고, 觀善書室의 花老 선병한 선생님과 온지서당 峨堂 이우성 선생님, 이숙희 선생님은 한문독해의 길을 열어 주었다. 특히 은사 김성기 교수님은 오금희와 유학을 통해 몸과 마음의 평안을 주재하는 힘을 선사해 주셨다.

어머니와 장인장모님은 계시는 자체가 위안과 힘이 된다. 연우 · 선우 · 석우는 나의 존재 이유를 확인시켜 주고 삶을 지탱해 주는 귀한 아이들이다. 사랑하는 아내 김수진이 곁에 있어 연구와 교육에 결실을 맺어 가고 있음을 고백한다. 부족하지만 최선을 다한 연구 성과로 감사한 은인들에게 마음을 전한다.

2017. 3. 1.

二樂堂에서

友千 고재석 삼가 적다

第1卷 語錄 上

第2卷 語錄 下

象山語錄 譯註 解題

Ⅰ. 생 애

육상산의 이름은 九淵이고, 字는 子靜이며, 撫州 金溪 사람이다. 高宗 紹興 9년(1139)에 태어나 光宗 紹照 3년(1192)에 세상을 마쳤다.[1] 만년 貴溪에 있는 應天山에 올라 강학활동을 하다가 산의 형상이 코끼리와 닮았다 하여 이름을 '象山'으로 고치고 스스로를 '象山居士'·'象山翁'이라 불렀다. 이때부터 世人들은 그를 '象山先生'으로 칭하였다.

1. 求道 시기

(1) '宇宙' 두 글자에 대해 깨닫다

「象山先生年譜」[2]에 의하면, 육상산은 13세가 되던 해(1151) 古

1 「연보」에서 육상산은 高宗 紹興 9년(1139) 2월 乙亥일에 태어나 光宗 紹照 3년(1192) 12월 癸丑일에 세상을 마쳤다고 적고 있다. 양력으로 환산하면 각각 1139년 3월 24일과 1193년 1월 18일에 해당된다.

書[3]를 읽다가 '宇宙' 두 글자에 대한 해석을 접하고 홀연히 큰 깨달음을 얻었다고 한다.

> 고서를 읽다가 '宇宙' 두 글자에 대해 "상하사방을 宇라 하고, 옛부터 지금까지를 宙라 한다."고 주석한 것을 보고 갑자기 크게 깨달아 "천지는 원래 끝이 없는 것이구나. 사람과 천지만물은 모두 끝없는 이 우주 가운데 자리하고 있다."라고 말하고, 바로 붓을 들어 "우주 안의 일은 바로 내 안의 일이고, 내 안의 일은 곧 우주 안의 일이다."라고 적었다. 또 말하기를 "우주는 바로 내 마음이고 내 마음은 곧 우주이다. 동해에 성인이 나셨다 하더라도 이 마음은 같고 이 理도 같다. 서해에 성인이 나셨다 하더라도 이 마음도 같고 이 리도 같다. 남해와 북해에 성인이 나셨다 하더라도 역시 이 마음도 같고 이 리도 같다. 천년 이전이나 천년 이후 성인이 나셨다 하더라도 이 마음과 理는 또한 같지 않음이 없다."[4]

---

2 육상산 생애에 대해 기록하고 있는 연보는 그가 세상을 떠난 뒤, 제자 袁燮과 傅子雲에 의해 初稿가 쓰여졌고, 理宗 宝佑 4년(1256) 李子愿에 의해 다시 편집되어, 劉林이 衡陽에서 간행하였다. 中華書局에서 출판한 『陸九淵集』에는 明代 嘉靖 40년(1561) 王宗沐이 다시 校勘한 판본을 底本으로 삼은 연보가 실려 있다. 이하 「연보」로 약칭한다.

3 육상산이 당시 읽었던 '古書'가 어떤 책인가에 대해서는 분명치 않다. 혹자[祁潤興, 『陸九淵評傳』, 南京大學出版社, 1998, 76쪽. 郭齊家・顧春, 『陸九淵教育思想研究』, 江西古代教育研究叢書, 1996, 62쪽.]는 漢代 高誘가 풀이한 『淮南鴻烈』의 「原道訓」편에 있는 '紘宇宙而章三光'에 대한 주석이라 고증한다. 하지만 「年譜」를 보면 육상산이 15세가 되던 해에 『春秋』를 읽고 中國(宋)과 夷狄(金)의 차이에 대해서 알았다는 기록이 있으므로, 이 고서는 道家書인 『淮南鴻烈』이라기보다는 정치적 교훈을 기록하고 있는 『呂氏春秋』「下賢」편의 '神覆宇宙而無望' 구절에 대한 주석[四方上下曰宇, … 往古來今曰宙]으로 보는 것이 타당하다.

4 『陸九淵集』권36, 「年譜」, 482~483쪽: 因讀古書至宇宙二字, 解者曰 '四方上下曰宇, 往古來今曰宙.' 忽大省曰 "元來無窮. 人與天地萬物, 皆在無窮之中者也." 乃援筆書曰 "宇宙內事乃己分內事, 已分內事乃宇宙內事." 又曰 "宇宙便是吾心, 吾心即是宇宙. 東海有聖人出焉, 此心同也, 此理同也. 西海有聖人出焉, 此心同也, 此理同也. 南海北海有聖人出焉, 此心同也, 此理同也. 千百世之

'우'가 上下四方이라는 공간적 무한성을, '주'가 古今往來라는 시간적 무한성을 내포하듯, 사람마다 모두 지니고 있는 본심은 '우주' 두 글자의 속성과 같이 서로 다른 시간과 공간 속에서 무한한 理를 드러낸다고 본 것이다.

사실, 우주에 대한 물음은 4세(1142)의 어린 나이에 이미 시작되었다. 무슨 일이든 궁금하면 바로 물었던 그는, 어느 날 아버지를 따라 길을 나서다 갑자기 천지가 어째서 끝이 없는가를 물었다. 부친이 그저 웃기만 하고 대답해 주지 않자 혼자 골몰한 나머지 먹는 것도 잊어버렸다. 아버지의 질책으로 어쩔 수 없이 그만두게 되었지만, 마음속에 의문은 여전히 남아 있었다. 入學하고는 책 종이 모서리가 말리거나 접히는 일이 없을 정도로 책을 아끼며 학문에 열중하였고, 8세(1146)에는 『論語』를 읽다가 「學而」편 有子의 말에 의혹을 품기 시작하였다. 또 『孟子』에서 증자가 비록 有若의 모습이 공자와 닮았다 하더라도 스승섬기는 예로 섬길 수 없고, 공자의 덕은 江漢으로 씻는 것과 같고 가을볕으로 쪼이는 것과 같이 한없이 넓고 맑다고 칭송한 것을 보고, 증자가 성인의 경지를 이같이 분명하게 보았음에 감탄하였다. 11세(1149)에는 막내 형 復齋와 함께 疏山寺에 들어가 『논어』 한 권을 독파하였고,[5] 부단한 배움의 과정을 거치면

上至千百世之下, 有聖人出焉, 此心此理, 亦莫不同也."

5 「연보」를 보면 11세의 육상산의 行迹을 두고 "예전 復齋 형님과 疏山寺에 들어가 책을 읽었는데, 그저 『논어』 한 권만을 정독하였고, 다른 책은 보지 않았다"[向與復齋家兄讀書疏山寺, 止是一部『論語』, 更無他書.]고 기록하고 있다. 疏山은 육상산이 당시 거주하고 있던 青田 道義里에서 80여 리 떨어져 있는 산이다. 또 육상산이 기록한 復齋의 行狀인 『全州教授陸先生行狀』을 보면 "또 이듬해(1149), … 글방에서 돌아와 아버지와 여러 형님들을 뫼시고 책을 읽고 옛것을 강습하였다."[又明年, … 歸葺茅齋, 從父兄讀書講古.]는 기록이 있는 것으로 보아, 육상산 형제는 疏山寺에서 책을 읽고 바로 이해 집으

서, 비로소 13세가 되던 해, "공자의 말은 간이한데, 유자의 말은 지루하다."[6]고 확신하고, 본심에 대한 자각의 기초를 닦았다.[7]

배움을 추구하는 열정과 무엇이든 소홀히 취급하지 않는 성격은 「연보」에 수차례 언급되어 있다.

> 복재가 郡庠에 들어가 공부하였는데, … 선생이 함께 나아가 모시고 배움에 용모가 단정하여 많은 이들이 놀라워했다.[8]
> 어려서부터 책을 읽으면 주의를 기울여 집중하였고, 의문나는 구절을 대충 넘어간 적이 없었다. 겉으로 보기에는 편히 쉬는 것 같았지만, 실제로는 탐구에 열중하고 있었다.[9]

훗날 배우려 하는 자들에게 "어떤 문제든 조금 의문을 품으면 조금 진보하고, 크게 의문을 품으면 그만큼 크게 발전할 것이다."[10], "배움에는 의문이 없는 것이 병통이니, 의심하면 나아감이 있을 것이다."[11]라고 말한 것도, 모두 어릴 적부터 형성된 학문에 대한 엄격

로 돌아왔음을 알 수 있다.

6 『陸九淵集』권36, 「年譜」, 483쪽: 夫子之言簡易, 有子之言支離.

7 牟宗三은 '宇宙가 무궁하고 心이 무궁하며 理가 무궁하다'는 이 깨달음을 '원초적 깨달음'이라 정의하였다. 바로 이론이 아닌 실천을 바탕으로 이루어진 것이기 때문에, 그릇됨이 없고 끝내 버리지 않은 핵심이 되었다는 것이다.[牟宗三, 『從陸象山到劉蕺山』, 上海古籍出版社, 2001, 19쪽.)

8 『陸九淵集』권36, 「年譜」, 482쪽: 復齋入郡庠, … 先生往侍學焉, 文雅雍容, 衆咸驚異. 반면, 『全州教授陸先生行狀』에서는 복재가 16세(1147)가 되자 郡學에 입학하여 공부하기 시작하였고(入郡學), 17세(1148)가 되어서는 학교에 다니며(在郡學) 학문에 힘쓰고 있었다고 적고 있다. 李紱도 『象山先生年譜』를 편찬하며 이를 토대로 연보를 수정한 것으로 보인다. "時復齋在郡庠, 先生(陸九淵)往侍學, 文雅雍容, 衆咸驚異."

9 『陸九淵集』권36, 「年譜」, 482쪽: 從幼讀書便着意, 未嘗放過. 外視雖若閑暇, 實勤考索.

10 『陸九淵集』권36, 「年譜」, 482쪽: 小疑則小進, 大疑則大進.

한 자세에서 비롯된 것이라 할 수 있다.

(2) 聖學에 뜻을 두다

13세의 깨달음을 얻으면서 비로소 성학에 뜻을 두기 시작한 육상산은 그 후 15세(1153)가 되던 어느 날 아버지를 따라 교외로 외출하였을 때, 행인이 '偕'자를 운율로 하여 시를 지어달라고 부탁하자 다음과 같이 화답하였다.

> 강습함이 어찌 즐거움이 없는가, 끊임없이 갈고 닦음에 막힘이 있지 않도다. 책은 입으로만 읊는 것은 귀하지 않고, 배움은 반드시 마음을 고요히 하는 데 이르러야 한다. 술은 내 본성을 흐트릴 수 있지만, 시는 품고 있는 마음을 진술하게 한다. 누가 증점의 뜻을 말하는가, 내가 그와 함께 할 뿐이다.[12]

16세(1154)에는 『大人詩』를 지어 立志의 원대한 포부를 밝혔다.[13] 그저 입으로 암기하고 실천이 동반되지 않는 공부나 과거시험과 같은 세속의 학문은 성학에 뜻을 둔 자신에게 그리 큰 의미가 없음을 선언한 것이기도 하다. 24세(1162)에 관직을 얻으려면 누구나 치러야 했던 과거시험에 응시하기 꺼려 했던 것도 이미 예견된 결과였다. 「연보」에는 과거시험을 탐탁하게 여기지 않은 그의 태도를 상

---

11 『陸九淵集』권35, 「語錄(下)」, 472쪽: 爲學患無疑, 疑則有進.

12 『陸九淵集』권36, 「年譜」, 484쪽: 講習豈無樂, 鑽磨未有涯. 書非貴口誦, 學必到心齋. 酒可陶吾性, 詩堪述所懷. 誰言曾點志, 吾得與之偕.

13 이 시는 『陸九淵集』권34, 「語錄(上)」, 430쪽에 기록되어 있다. "從來膽大胸膈寬, 虎豹億萬虬龍千, 從頭收拾一口呑. 有時此輩未妥帖, 哮吼大嚼無毫全. 朝飮渤澥水, 暮宿崑崙巓, 連山以為琴, 長河為之弦, 萬古不傳音, 吾當為君宣."

세히 기록하고 있다.

> 처음에 선생은 과거시험 보는 것을 마음 내켜 하지 않았다. 復齋는 줄곧 臨川의 李侍郎 浩 선생을 좋아하여 매번 李公에 대해 언급하였다. 그해, 조카 煥之를 시켜 선생을 모시고 함께 公을 찾아뵙게 하였는데, 公이 선생께서 贄見할 때 가지고 온 편지를 보고 크게 놀랐다. 며칠을 묵으면서 과거시험에 응할 것을 설득하였다. 돌아왔는데 秋試에 관한 家狀을 낸 것이 문에 붙어 있었다. 그 서적을 살펴보니, 諸家의 經賦가 모두 있었지만, 오직 『周禮』가 없었다. 선생이 이에 이것으로 서적을 주석하였다. 단오절 후에 비로소 『周禮』를 자세히 살펴보기 시작하였고, 과거시험에 나왔던 문장을 구하여 공부하였다. 시험 날에 이르러 3일 동안 시험을 치렀는데, 배운 것을 쓰는 데 막힘이 없었다. 시험관인 王景 文質이 평가하기를 "조금도 아쉬움이 없는 글이다. 생동감이 넘치는 것이 마치 숙련되어 깊이 있는 것과 같다."라고 하였다. 시험결과를 발표하는 날, 선생은 우연히 梭山을 지나다가 막 가야금을 연주할 때 과거급제를 알리는 관리가 도착하였다. 그러나 곡이 끝난 이후에 급제여부를 묻고는 다시 한 곡을 더 연주하고 돌아갔다.[14]

당시 육상산이 복재의 추천으로 李浩를 만날 때 지니고 간 편지는 『陸九淵集』에 남아 있다. "옛날에 배우는 자들은 오직 군자의 모습을 보는 데 급급해 하였습니다. 그래서 화려한 지위에 자리하는 것이 아니더라도 자신을 꾸밀 수 있었고, 많은 녹읍을 쌓는 것이 아

---

14 『陸九淵集』권36, 「年譜」, 485쪽: 初, 先生未肯赴擧. 復齋素善臨川李侍郎浩, 每爲公言之. 是年春, 俾姪煥之侍先生同訪公. 公觀其贄見之書, 大奇之. 留數日, 力勉其赴擧. 歸則題秋試家狀者在門, 閱其籍, 則諸家經賦咸在, 惟無『周禮』, 先生即以此注籍. 蒲節後, 始精考『周禮』, 求程文觀之, 及期, 三日之試, 寫其所學, 無凝滯. 考官王景文質批曰 "毫髮無遺恨, 波瀾獨老成." 拆號日, 先生偶過梭山, 方鼓琴, 捷吏至, 曲終而後問之, 再鼓一曲乃歸.

니더라도 자신을 풍성하게 할 수 있었으며, 빨리 관직을 얻으려는 술수를 교묘히 쓰는 것이 아니더라도 자신을 구제할 수 있었습니다. 그리하여 사람들은 이를 마땅하게 하였습니다. 하지만 지금의 사람들은 이와 반대로 하고 있습니다. … 저는 7살에 책을 읽기 시작하였고, 13세가 되던 해에 옛 사람들이 배움으로 삼았던 성학에 뜻을 두었습니다."[15]

훗날 『擧送官啓』에서 "나는 어려서 옛것을 사모하고, 늘 근원을 탐구하여, 세속에 휩쓸려 이를 어기고 그릇되려 하지 않고, 장차 성현과 더불어 귀의하여 머물고자 하였다. … 벼슬을 얻지 못하면 재야의 선비들과 더불어 육경의 뜻을 요약하여 공맹의 말씀을 다시 학자들에게 들려주고, 벼슬하여 영달하게 되면 조정의 여러 대신들과 王都 지역들을 돌아 요순의 덕치를 이 나라의 백성들에게 미치게 할 것이다."[16]라고 하여 과거시험에 응시한 이유를 설명하였다. 또 학생들에게 "내 과거시험에 응시하면서 일찍이 합격여부에 관심이 없었다. 과거시험 답안지는 그저 마음속에 있는 것을 서술하면 된다."[17]고 하고, 52세(1190)에 지은 「貴溪縣重脩學記」에서는 "세속의 흐름에 구애받지 않고 正道의 학설을 말하는 자가 어찌 모두 有司에게 버려지겠는가? 만일 버려졌다면 天命이 버린 것일 것이다."[18]라고 하여,

15 『陸九淵集』권25, 「與李德遠」, 46쪽: 古之學者, 汲汲焉惟君子之見, 非以其位華要之地可以貴己也, 非以其積禄邑之贏可以惠己也, 非以其妙速化之術可以授己也, 然而人宜之. 後世反此. … 某生七歲讀書, 十三志古人之學.

16 『陸九淵集』권36, 「年譜」, 485쪽: 『舉送官啓』末云 "某少而慕古, 長欲窮源, 不與世俗背馳而非, 必將與聖賢同歸而止. … 窮則與山林之士, 約六經之旨, 使孔孟之言復聞於學者. 達則與廟堂群公, 還五服之地, 使堯舜之化純, 被於斯民"云云.

17 『陸九淵集』권36, 「年譜」, 485쪽: 吾自應舉, 未嘗以得失爲念. 場屋之文, 只是直寫胸襟.

과거시험은 관직생활을 구걸하기 위함이 아니라 자신의 깨달음과 正學을 말하는 수단이었음을 강조하였다.

육상산은 紹興 32년(1162) 향시에 응시하여 4등이라는 성적으로 급제한다.[19] 鄕試란 남송시기 인재선발의 방식으로 관직에 나아가는 어떠한 자격도 주어지지 않고, 그저 시험에 통과한 자 가운데에서 선발하여 省試를 치를 수 있는 자격을 부여하는 제도이다. 음력 8월에 치러져 秋試라고도 하며, 성시를 치르지 않았거나 낙방하게 되면 다시 재응시하여 성시를 치를 수 있는 자격요건을 갖춰야만 했다.[20] 하지만 그해 12월 27일 부친 喪을 당하여 臨安으로 가서 이듬해에 있는 성시를 치르지 못하였고, 服喪을 마친 후 9년이 지나서 비로소 33세(1171)의 나이에 다시 향시에 응시하였다. 이러한 상황을 두고 육상산은 한탄하기보다는 오히려 절차탁마 할 수 있는 기회를 얻었다고 27세(1165)에 童伯虞에게 보낸 편지에서 말하고 있다.

> 저는 추시에서 다행스럽게도 시험관에게 선발되지 못하여 여러 형님·조카들과 함께 성현의 도에 대해 절차탁마할 수 있었고, 옛날의 잘못들을 가지고 날마다 경계하여, 가시덤불이나 함정과 같은 어려운 상황을 바꾸어 광활한 길로 나아가는 것 같이 하였고, 객지생활하고 걸식하는 것과 같은 힘든 상황을 돌이켜 편안한 집에서 거처하는 것 같이 하였으니, 이에 스스로 위안을 삼고 있습니다.[21]

---

18 『陸九淵集』권19, 「貴溪縣重脩學記」, 237쪽: 不徇流俗, 而正學以言者, 豈皆有司之所棄, 天命之所遺!

19 『陸九淵集』권36, 「年譜」, 485쪽: 先生第四名, 外舅吳漸第九名.

20 何忠禮, 『科擧與宋代社會』, 商務印書館, 2006, 24~43쪽.

21 『陸九淵集』권3, 「與童伯虞」, 33쪽: 某秋試幸不爲考官所取, 得與諸兄諸姪切磨於聖賢之道, 以滓昔非, 日有所警, 易荊棘陷穽以康莊之衢, 反覊旅乞食而居之於安宅, 有足自慰者.

결국 이해 향시에서 『易經』을 가지고 급제하였고, 이듬해 성시에서 급제하여 同進士出身을 제수받았다. 혹자는 육상산이 24세에 『周禮』를 가지고 급제한 이후 33세에 향시에 재응시하여 『역경』을 가지고 급제하였으므로, 그 사이 9년의 시간동안 『주역』을 심도 있게 연구하였고, 이로 인해 34세에 치른 성시에서 문헌학에 밝은 여조겸의 격찬을 받았으며, 鵝湖모임에서 '九卦'의 순서에 대해 주자와 여조겸을 크게 설복시켰다고 진단한다.[22] 이렇게 육상산은 이 시기에 과거시험에 크게 연연해하지 않고 성학에 뜻을 두며 끊임없이 절차탁마하였다.

2. 講學 시기

(1) 臨安에서 강학활동을 시작하다

육상산이 여러 학자들과 교류하며 강학활동을 시작한 시기는 34세에 春試에 급제한 후 臨安에 머물며 延試를 준비하고 있을 당시이다. 그는 乾道 8년 34세(1172)의 비교적 늦은 나이에 南宮에서 치르는 禮部會試인 省試에 응시하였다. 당시 시험관으로 있었던 여조겸은 답안지를 채점하다가 주역에 대해 논한 『易卷』과 天地의 性 가운데 사람이 어째서 귀한가를 논한 『論卷』[23], 그리고 문제에 대해 답

---

22 祁潤興, 『陸九淵評傳』, 南京大學出版社, 1998년, 90~91쪽.

23 당시 육상산이 작성한 天地의 性 가운데 사람이 어째서 귀한가를 논한 『論卷』은 『陸九淵集』에 남아 있다. "성인이 천하 사람들을 일깨운 것은 매우 지극한데, 천하의 성인 말을 듣는 자들은 참으로 보잘것없다. 사람은 천지 사이에 태어나면서 음양의 조화로움을 품부받고 오행의 빼어남을 갖추고 있는 존재이니, 그 귀함을 어느 누가 보탤 수 있겠는가? 본래 그러한 것으로 인해 고유한 것을 온전하게 할 수 있다면, 소위 말하는 귀한 본성은 저절로 존재하고 저절로 알게 되며 저절로 향유하게 될 것이니, 어찌 성인이 말하는 것에

한 『策卷』을 보고 크게 감탄하였다. 갑자기 부친이 위급하다는 소식을 듣고 급히 시험장을 떠나게 되자, 趙汝愚와 知貢擧를 역임하고 있던 尤延之에게 "이 시험답안은 일반적인 학문하는 자를 뛰어넘는 것이니, 반드시 江西지역 육자정의 문장일 것이다."[24]라고 말하고 낙방시켜서는 안 된다고 강조하였다. 육상산도 여조겸의 제문에서 "公(여조겸)이 평소에 나와 한 글자도 주고받은 적이 없는데, 무작위

달려 있겠는가? 오직 물욕에 빠져 스스로 드러낼 수 없으면, 그 귀한 것들이 이욕에서 나오고, 良貴한 것은 이로 인해 점차 희미해질 것이다. 성인은 이를 안타깝게 여겨 '천지의 性 가운데 사람의 본성이 가장 귀하다'는 것을 일러준 것이니, 일깨워 줌이 참으로 지극하다. … 맹자는 '知天'을 말하면서 반드시 '그 본성을 알면 하늘을 알게 된다.'고 하였고, '事天'을 말하면서 '그 본성을 기르는 것이 하늘을 섬기는 것이다.'라고 하였다. 또 『중용』에서는 '贊天地之化育'을 말하면서 반드시 '그 본성을 다할 수 있는 것'을 근본으로 여겼다. 사람의 몸이 천지에 비해 보잘것없다 하더라도, 『맹자』와 『중용』에서 이같이 언급한 것이 어찌 허황되게 천하를 기만하는 것이라 하겠는가? 진실로 내 몸에 갖추어져 있는 본성 밖에 어떠한 理도 없으니, 그 성을 다할 수 있는 자는 비록 천지와 다르고자 하여도 그렇게 할 수 없을 것이다."[『陸九淵集』 권30, 「天地之性人爲貴論」, 347쪽: 聖人所以曉天下者甚至, 天下所以聽聖人者甚藐. 人生天地之間, 稟陰陽之和, 抱五行之秀, 其爲貴孰得而加焉. 使能因其本然, 全其固有, 則所謂貴者固自有之, 自知之, 自享之, 而奚以聖人之言爲? 惟夫陷溺於物欲而不能自拔, 則其所貴者類出於利欲, 而良貴由是以寖微. 聖人憫焉, 告之以'天地之性人爲貴', 則所以曉之者, 亦甚至矣. … 孟子言'知天', 必曰'知其性, 則知天矣', 言'事天', 必曰'養其性, 所以事天也.' 「中庸」言'贊天地之化育', 而必本之'能盡其性'. 人之形體, 與天地甚藐, 而『孟子』·「中庸」則云然者, 豈固爲是闊誕以欺天下哉? 誠以吾一性之外無餘理, 能盡其性者, 雖欲自異於天地, 有不可得也.] 천지만물의 가운데 사람이 가장 귀한 까닭은 사람이 천지 사이에 태어나면서 음양과 오행의 조화로움과 빼어남을 품부받았을 뿐만 아니라, 本然의 性인 본심을 부여받아 그것을 온전하게 드러낼 수 있기 때문이다. 만일 그 良貴한 본심을 잘 밝히고 보존하면 천지만물의 화육에 주체적으로 참여하여 조화를 이룰 수 있지만, 물욕에 빠지면 아무리 귀한 것을 타고 났다 하더라도 하찮은 존재가 될 수 있다.

24 『陸九淵集』권36, 「年譜」, 487쪽: 伯恭遽以內難出院, 乃囑尤公曰 "此卷超絶有學問者, 必是江西陸子靜之文, 此人斷不可失也."

로 섞여 있는 수많은 답안지 가운데 내 글을 한 번 보고 다른 사람의 글이 아니라는 것을 알았다고 하니, 公이 인재를 식별하는 능력은 참으로 뛰어나다."[25]며 당시를 회고하고 있다.

이러한 육상산의 걸출한 시험답안지와 학문에 대한 소식은 금세 학자들 사이에 膾炙되기 시작하여, 점차 많은 학자들이 臨安에 머물며 延試를 준비하고 있는 그를 찾아와 가르침을 구하기 시작하였다. 『연보』에서는 당시의 상황을 다음과 같이 묘사하고 있다.

> 선생은 아침저녁으로 諸賢들과 문답을 주고받았는데, 학자들이 끊임없이 방문하여 잠을 제대로 청할 수 없는 상황이 40여 일이나 지속되었다. 이로 인해 몸도 스스로 돌보지 못하였지만, 정신은 오히려 더욱 분명하였고, 그 말을 들은 사람 가운데 감동하여 홍기한 자가 매우 많았다.[26]

「연보」에 당시 같이 시험을 치른 徐子宜와 나눈 대화가 기록되어 있다.

> 子宜가 선생(육상산)을 모시고 배웠는데 매번 깨닫는 바가 있었다. 함께 南宮에서 치르는 省試를 응했는데 시험문제로 "天地의 性 가운데 사람이 어째서 귀한가"를 논하는 문제가 나왔다. 시험을 치른 후 선생이 말했다. "내가 말하고자 하는 것은 분명 子宜에 의해서도 다 말해졌을 것이다. 다만 내가 스스로 터득하고 응용한 것은 子宜에게 없을 것이다."[27]

---

25 『陸九淵集』권26, 「祭呂伯恭文」, 305쪽: 公素與我, 不交一字, 糊名謄謄書, 幾千萬紙, 一見吾文, 知非他士, 公之藻鏡, 斯已奇矣.

26 『陸九淵集』권36,「年譜」, 487쪽: 先生朝夕應酬問答, 學者踵至, 至不得寢者餘四十日. 所以自奉甚薄, 而精神益強, 聽其言者, 興起甚衆.

27 『陸九淵集』권36,「年譜」, 487쪽: 子宜侍先生, 每有省. 同赴南宮試, 論出『天地之性人為貴』. 試後, 先生曰 "某欲說底, 却被子宜道盡. 但某所以自得受用底, 子宜却無." 曰 "雖欲自異於天地, 不可得也, 此乃某平日得力處."

단순히 지식적 앎의 차원을 넘어, 일상생활 속에서의 실천을 통해 본심을 체득하였다는 자부이다. 앎과 행동의 일치를 중시하는 태도는 어려서부터 시작되었다. 復齋가 어느 날 "子靜은 요즘 어디에 주안점을 두고 공부하느냐?"고 묻자, 육상산은 人情과 일의 형세, 그리고 物理에서 주안점을 두고 공부하고 있다고 대답하였다.[28] 또 그는 "우리 집안은 온 가문이 모두 모여 함께 거주하였기 때문에, 매번 돌아가며 자제들을 선정해 창고를 3년간 관리하도록 하였다. 나는 그 직책을 맡고나서 그동안 배운 것이 크게 진보하였다. 이것이 바로 '일을 집행하는 데 공경한다.'는 것에 해당될 것이다."[29]라고 하였고, "집안에 있으면서 일을 만나면 반드시 힘써 행해야 한다. 만일 머뭇거리며 슬쩍 숨어버리면 그릇된 것이다. 子弟의 직분에 이미 결함이 생기면 어떻게 배운다고 할 수 있겠는가?"[30]라고 말하였다.

復齋는 당시 육상산과 교류했던 사람들을 하나하나 거론하며 "子靜이 浙江지역의 臨安에 시험 보러 갔을 때, 楊簡·石崇昭·諸葛千能·胡拱·高宗商·孫應時 등이 따르며 교유했다. 그 나머지는 일일이 거론할 수 없지만 모두 근면하고 독실하게 학문하며 우리 공맹의 도를 받들고 믿는 자들이니, 매우 기쁘다."[31]라고 하였다. 이 중

---

28 『陸九淵集』권36, 「年譜」, 485쪽: 復齋家兄一日問曰 "吾弟今在何處做工夫?" 某答曰 "在人情·事勢·物理上做工夫." 復齋應之而已. 若知物價之低昂, 與夫辨物之美惡眞僞, 則吾不可謂之不能. 然吾之所謂做工夫者, 非此之謂也.

29 『陸九淵集』권34, 「語錄(上)」, 428쪽: 吾家合族而食, 每輪差子弟掌庫三年. 某適當其職, 所學大進, 這方是'執事敬'.

30 『陸九淵集』권35, 「語錄(下)」, 432쪽: 處家遇事, 須着去做, 若是褪頭便不是. 子弟之職已缺, 何以謂學?

31 『陸九淵集』권36, 「年譜」, 487쪽: 子靜入浙, 楊簡敬仲·石崇昭應之·諸葛誠之·胡拱達才·高宗商應時·孫應朝季和從之游, 其餘不能悉數, 皆亹亹篤學, 尊信吾道, 甚可喜也. 반면 徐紀芳은 高宗商의 字는 應朝이고 孫應時의 자는 季和라고 고증하였다. 또 諸葛誠之는 자이고 이름은 千能이라고 하였다.[徐

훗날 '甬上四先生'으로 불리기도 하며, 浙東지역에 육상산의 학문을 전파한 영향력 있는 인물이 양간이다.[32] 그는 당시 臨安府에 속해있는 富陽縣 主簿를 역임하고 있다가, 성시를 치르고 임안에서 머무르고 있던 육상산을 찾아가 가르침을 구하였다.

『宋史』에 "燮이 처음 太學에 입학했을 때, 陸九齡이 學錄이 되었다. 같은 고을 벗인 沈煥 · 楊簡 · 舒璘 등이 또한 그곳에서 함께 모두 배우며 道義를 가지고 서로 절차탁마하였다. 훗날 陸九齡의 동생 陸九淵의 發明本心이라는 종지를 접한 후 그를 스승으로 삼았다."[33]는 기록이 있는 것으로 보아, 양간은 이미 乾道 2년(1166)[34] 太學에 들어가 공부하면서 復齋를 통하여 육상산에 대해 듣고 있었던 것으로 보인다. 이후 富陽으로 돌아가게 되자, 육상산이 그곳을 방문하여 本心에 대한 견해를 피력하면서 양간은 제자의 예를 갖추고 그를 스승으로 섬겼다.

육상산이 임안에서 과거시험을 치르고 나서 활동했던 행적에 대해서는 「年譜」와 王德修에게 쓴 편지에 상세히 기록되어 있다. 2월에 성시를 치르고 나서 여러 학자들과 교유하였고, 3월 21일에는

紀芳, 『陸象山弟子硏究』, 文津出版社, 民國79, 34~72쪽.] 여기서는 「연보」를 따르지 않고, 徐紀芳의 견해에 따라 인명을 표기하였다.

32 楊簡(1141~1225)은 字가 敬仲이며 慈湖先生이라고도 부른다. 육상산보다 2살 어리지만, 4년 일찍 과거시험에 급제하여 관직에 먼저 진출하였다. 甬上四先生은 육상산을 스승으로 삼고 그 학문을 전하는 데 힘썼던 袁燮과 沈煥 · 楊簡 · 舒璘을 가리킨다. 그들이 살았던 四明 지역에 甬江이 흐르고 있었기 때문에 이렇게 일컫는다.

33 『宋史』권400: 燮初入太學, 陸九齡為學錄, 同里沈煥 · 楊簡 · 舒璘亦皆在學, 以道義相切磨. 後見九齡之弟九淵發明本心之指, 乃師事焉.

34 육상산이 쓴 復齋 행장인 『全州教授陸先生行狀』을 보면, "丙戌(1166)년에 복제가 學錄이 되었다."[丙戌爲學録]는 기록이 있다. 그러므로 袁燮과 楊簡 등이 太學에 들어가 공부하기 시작한 시기는 乾道 2년 丙戌임이 분명하다.

부양으로 가서 양간과 교류하였으며, 다시 임안으로 돌아와 5월에 임금과 직접 만나 문답을 주고받는 延試對策을 치르고 同進士出身을 제수받았다. 이후 6월 19일 임안을 떠나 집으로 돌아오는 도중 29일 諸葛受之와 함께 다시 부양으로 가서 주부를 역임하고 있는 양간을 재차 방문하였으며, 7월 3일 그곳을 떠나 9일 배를 타고 16일이 되어 집에 도착하였다.[35]

(2) 槐堂에서 講學활동을 펼치다

육상산이 金溪에 도착하자, 그 풍문을 접한 학자들이 하나둘씩 찾아와 가르침을 청하였다. 집안의 동편에 있는 槐堂을 '存齋'라 이름짓고 두 번째 강학활동을 시작하였는데, 槐堂에서의 강학활동은 44세(1183) 國子正을 제수받고 관직생활에 나아가기 전까지 계속되었다.

당시 그가 시행했던 교육은 본심을 종지로 삼은 사유가 오롯이 반영되었다.

> 선생은 제자들을 받고 바로 世人들이 흔히 말하는 學規를 버리고 학생들 스스로 선한 마음을 드러내고 용모와 의례를 장중하게 하며 여유롭고 자득하게 하였다. 뒤늦게 배우려 온 자들이 서로 보고 감화되었다. … 또한 선생은 학생들이 마음속에 지니고 있는 은미한 생각들과 말 속에 담겨 있는 감정들을 모두 꿰뚫어 보아, 학생들이 땀을 흘리기도 하였다. 속으로 품고 있으면서도 잘 깨닫지 못하는 자가 있으면 그를 위해 원인들을

---

35 『陸九淵集』권36, 「年譜」, 487쪽: 四明楊敬仲時主富陽簿, 攝事臨安府中, 始承教於先生. 及反富陽三月二十一日, 先生過之. … 六月二十九日, 復如富陽. 七月初九日舟離富陽. 秋七月十六日, 至家. / 『陸九淵集』권4, 「與王德修」, 52쪽: 六月十九離都下, 與諸葛受之同訪敬仲, 二十九日至富陽, 七月三日始離.

하나하나 분석해 주었는데, 마치 그 사람의 마음과 같았다.[36]

당시 서당교육의 모범인 주자가 세운 백록동서원에서처럼 학규를 제정하여 외재적 규칙을 강조한 것과 달리, 그는 학생 스스로 자신의 본심에 의거해 공부해 나갈 것을 강조하였다. 「어록」에도 "나는 다른 사람과 말을 할 때 대부분 핵심처에서 그를 감동시키고 변화시킨다. 그렇기 때문에 사람들이 내 말을 들으면 쉽게 변화된다. 이것은 법령과 같은 것으로 할 수 있는 것이 아니다. 마치 맹자가 齊宣王을 설득할 때 그저 백성들과 함께 즐겨야 한다는 것으로 그를 변화시킨 것과 같다. 그러면 나머지는 저절로 바르게 된다."[37]는 기록이 있다.

그는 또 학생들에게 글쓰기와 같은 마음 밖의 공부에 너무 힘쓰지 말라고 당부하였다. 무엇보다 지금 내 마음속에 일어나고 있는 생각이 이익에 있는지 의로움에 있는지를 분별하는 것이 중요하다. 지식을 추구하는 공부는 부차적이다.

같은 고을에 살고 있는 朱濟道와 동생 朱亨道는 선생보다 나이가 많음에도 모두 와서 배움을 구하였다. 어떤 이에게 보낸 편지에서 "근래 육상산 선생 집에 가서 가르침을 구하였는데, 선생이 학생들에게 가르치는 것은 매우 절실하고 분명하였다. 대체로 사람들로 하여금 잃어버린 마음을 구하는 것이다. 배움에 뜻을 둔 자들이 있으면 몇 명이 함께 절실하게 강습하여 본심을 찾는 일 아님이 없고, 말이나 문장 따위에 뜻을 두지 않게

---

36 『陸九淵集』권36, 「年譜」, 489쪽: 先生既受徒即去今世所謂學規者, 而諸生善心自興, 容禮自莊, 雍雍于于, 后至者相觀而化. … 先生深知學者心術之微言中其情, 或至汗下. 有懷於中而不能自曉者, 為之條析其故, 悉如其心.

37 『陸九淵集』권34, 「語錄(上)」, 401쪽: 吾與人言, 多就血脉上感移他, 故人之聽之者易, 非若法令者之爲也. 如孟子與齊君言, 只就與民同處轉移他, 其餘自正.

하여, 사람들이 감탄을 금치 못하였다. 또 문장 짓는 데에 뜻을 둔 자가 있으면 정신을 가다듬고 덕성을 함양하여 근본이 먼저 바로 서게 하고, 문장 짓지 못하는 것을 근심하지 않게 하였다."고 하였다. 실제 당시 배움을 구한 陳正己와 劉伯文은 모두 문자를 위주로 하지 않았다. … 당시 陳正己가 槐堂에서 돌아오자, 傅子淵은 선생이 사람들을 가르치는 것에 대해 물었다. 정기가 답하였다. "처음부터 끝까지 한 달 동안 선생은 반복해서 辨志만 말하였고, 또 옛사람들은 입학하여 1년간은 일찍이 經 읽는 것을 멀리하고 뜻을 분별할 줄을 알았는데, 지금 사람들은 죽을 때까지 분별할 줄 모르니, 이것이 참으로 애석하다고 말하였다." 당시 傅子淵은 아직 그 말뜻을 이해하지 못했지만 끝내 그 생각을 놓지 않았다. 어느 날『孟子』「公孫丑」장을 읽다가 홀연히 마음이 맹자와 서로 통해 가슴 속이 확 트이는 것 같아, 감탄하며 말하였다. "내 평생 얼마나 많은 뜻과 정력을 과거시험과 같은 공리에만 쏟았던가! 이제는 그 뜻을 분별하도록 해야겠다." 물론 비록 부자연이 이렇다 하더라도 아직은 어떻게 공부해야 할지 몰랐다. 이후 선생을 뵙고 나서야 비로소 그 방법을 터득하였다. 선생은 전에 "傅子淵이 槐堂에서 집으로 돌아갔다. 陳正己가 선생이 사람들을 가르치면서 무엇을 우선하냐고 묻자, 그는 '辨志'를 우선한다고 대답하였다. 다시 무엇을 분별하는가를 물었는데, '義利之辨'이라고 답하였다. 부자연의 대답은 참으로 절실하다."고 하였다.[38]

---

38 『陸九淵集』권36, 「年譜」, 489쪽: 同里朱桴濟道弟泰卿亨道, 長於先生, 皆來問道. 與人書云 "近到陸宅, 先生所以誨人者, 深切著明, 大概是令人求放心. 其有志於學者, 數人相與講切, 無非此事, 不復以言語文字為意, 令人歎仰無已. 其有意作文者, 令收拾精神, 涵養德性, 根本既正, 不患不能作文." 陳正己劉伯文皆不為文字也. … 時陳正己自槐堂歸, 問先生所以教人者. 正己曰 "首尾一月, 先生諄諄只言辨志, 又言古人入學一年, 早知離經辨志, 今人有終其身而不知自辨者, 是可哀也." 夢泉當時雖未領略, 終念念不置. 一日讀『孟子』「公孫丑」章, 忽然心與相應, 胸中豁然蘇醒. 嘆曰 "平生多少志念精力, 却一切着在功利上, 自是始辨其志." 雖然如此, 猶未知下手處. 及親見先生, 方得箇入頭處. 嘗云 "傅子淵自此歸其家. 陳正己問之曰 '陸先生教人何先?' 對曰 '辨志.' 復問曰 '何辨?' 對曰 '義利之辨.' 若子淵之對, 可謂切要."

徐仲誠이 가르침을 구하자, 선생은 『맹자』의 "만물이 모두 나에게 갖추어져 있으니 스스로를 돌이켜보아 성실하면 즐거움이 이보다 클 수 없다."는 구절을 숙독하게 하였다. 仲誠이 槐堂에 나온 지 한 달 정도 지났는데 어느 날 선생이 물었다. "자네 『맹자』의 그 구절에 대해 생각해보니 어떠한가?" 중성이 대답하였다. "마치 거울 속에 있는 꽃을 보는 것과 같았습니다." 이에 "내 자네를 보는 것도 역시 이와 같다."고 하고는 주위를 돌아보며 "중성은 참으로 자신의 생각을 잘 표현하는 자다."라고 하였다. 이어 그에게 "이러한 일은 다른 곳에서 구할 것이 아니라 바로 자네의 몸에서 구해야 할 것이다."라고 하였다. 그러고는 또 미소를 지으면서 말하였다. "이미 분명히 말했다." 조금 후에 중성이 『중용』에서 어느 것이 가장 중요한 말인지 물었다. 그러자 선생은 대답하였다. "나는 자네와 우리 마음 안에 갖추어져 있는 것에 대해 말하고 있는데, 자네는 그저 마음 밖에 있는 것을 말할 줄만 아는구나." 한참 뒤에 "한 구절 한 구절 모두 핵심 되는 말이다." 梭山형님이 이에 곁에서 말하기를 "널리 배우고 자세히 물으며 삼가 생각하고 명확하게 분별하며 독실하게 행하는 것이 핵심이다."라고 하였다. 이에 선생은 대답하였다. "아직 배움이 무엇인지 모르는데 널리 무엇을 배우며 자세히 무엇을 물을 것이며 밝게 무엇을 분별할 것이며 독실하게 무엇을 행해야 한단 말입니까?"[39]

또 제자들에게 독서에 대한 견해를 밝힌 바 있다. 周伯熊이 찾아와 배움을 청하자 그는 그동안 무슨 경전을 읽었느냐고 물었다. 『예

---

39 『陸九淵集』권34, 「語錄(上)」, 428쪽: 徐仲誠請教, 使思『孟子』"萬物皆備于我矣, 反身而誠, 樂莫大焉"一章. 仲誠出槐堂一月, 一日問之云 "仲誠思得『孟子』如何?" 仲誠答曰 "如鏡中觀花." 答云 "見得仲誠也是如此." 顧左右曰 "仲誠真善自述者." 因說與云 "此事不在他求, 只在仲誠身上." 既又微笑而言曰 "已是分明說了也." 少間, 仲誠因問 "『中庸』以何爲要語." 答曰 "我與汝說內, 汝只管說外." 良久, 曰 "句句是要語." 梭山曰 "博學之, 審問之, 慎思之, 明辯之, 篤行之, 此是要語." 答曰 "未知學, 博學箇什麽? 審問箇什麽? 明辨箇什麽? 篤行箇什麽?"

기』를 읽었다고 답하자, 『예기』에서 말한 九容에 대해 힘써 실천해 본 적이 있느냐고 재차 물었고, "바로 이것에서 힘써야 한다."고 강조하였다.[40] 「어록」에도 "吳君玉은 스스로 총명하고 민첩하다고 자부한다. 槐堂에서 배운 지 5일이 되었는데, 매번 책의 내용을 질문하였다. 나는 그의 물음에 따라 하나하나 의문점을 해결해 주었고, 그런 뒤에 그가 이해하고 있는 것에 따라 하나하나 그 관점을 넓혀 주고 계발시켜 주었다. 매번 이렇게 하자, 그는 수차례 탄복하며 '천하 사람들이 모두 선생님의 학문을 禪學이라고 하는데, 유독 저는 선생님의 학문이 聖學임을 깨달았습니다.'라고 하였다."[41]는 기록이 있다.

경전 구절에 대해 하나하나 대답하며 의문을 해결해 준 것이나, 『예기』를 부정하지 않고 그 내용 중의 하나인 九容의 실천에 대해서 강조한 것 등은 그가 결코 경전이나 책읽기를 부정하지 않았음을 말해 준다. 자신의 본심을 살피고 확립하는 것이 책읽기보다 우선됨을 강조한 것이다. 이 시기 주자와 만난 아호모임에서 '요순이 세상에 나오기 이전에 읽을 만한 책이 어디 있었는가?'[42]라고 반박하려 한 것도, 독서를 거부한 것이 아니라 먼저 사람들로 하여금 두루 관람한 후에 그것을 요약해야 한다고 주장한 주자의 관점에 반대하기 위한 것이었다. 경전은 성인의 마음을 기록해 놓은 책이므로, 본심을 회복하면 그 말이 자신의 마음과 동일함을 저절로 이해하게 된다.

---

40 『陸九淵集』권36,「年譜」, 489쪽: 周伯熊來學, 先生問 "學何經?" 對曰 "讀『禮記』." "曾用工於九容乎?" 曰 "未也." "且用功於此."

41 『陸九淵集』권34, 「語錄(上)」, 425쪽: 先生言 "吳君玉自負明敏, 至槐堂處五日, 每擧書句爲問. 隨其所問, 解釋其疑, 然後從其所曉, 敷廣其說, 每每如此. 其人再三稱嘆云 '天下皆說先生是禪學, 獨某見得先生是聖學.'"

42 『陸九淵集』권36,「年譜」, 491쪽: 先生更欲與元晦辯, 以爲堯舜之前何書可讀?

槐堂 강학시기 육상산에게 배움을 청한 제자들에 대해서는 『宋元學案』「槐堂諸儒學案」에 상세히 기록되어 있다. 傅夢泉과 詹阜民·包揚·傅子雲·陳剛·俞廷春·李伯敏 등이 가르침을 구하였고, 이들이 훗날 江西지역에 스승의 학문을 전파한 중심인물이라고 소개하고 있다.

(3) 象山精舍에서 講學활동에 몰두하다

육상산의 세 번째 강학활동은 순희 14년(1186) 12월 29일 조정 대신들의 모략으로 主管台州 崇道觀이라는 祠祿官을 제수받고 고향인 金溪로 돌아오면서 시작되었다. 이후 應天山에 올라 精舍를 짓고 소흥 2년(1191) 6월 光宗의 詔令을 받고 知荊門軍에 부임하기 위해 7월 3일 任地로 떠나기 전까지 5년간 지속되었다. 그가 고향 金溪로 돌아왔을 때의 상황을 「연보」에서는 다음과 같이 묘사하고 있다.

> 조정에서 돌아오자 배움을 구하려는 학자들이 점차 모이기 시작하였다. 당시 고을의 연장자들도 경청하며 가르침을 청했다. 매번 城邑에 나아가 강의를 하면 이삼백명이나 되는 사람들이 둘러앉아 가르침을 받았는데 장소가 비좁아 모두 들어가지 못할 정도에 이르자 寺廟나 道觀에서 머무르며 강의를 하였다. 이에 縣의 官吏가 學宮에 강의할 장소를 마련해 주었는데, 신분과 나이를 고려하지 않고 가르침을 구하는 자들이 엄동설한의 추위에도 아랑곳하지 않고 찾아와 배움을 구하였다. 배움을 구함이 이렇게 성대한 것은 아직 보지 못했다.[43]

---

43 『陸九淵集』권36, 「年譜」, 499쪽: 既歸, 學者輻輳. 時鄉曲長老, 亦俯首聽誨. 每詣城邑, 環坐率二三百人, 至不能容, 徒居寺觀. 縣官爲設講席於學宮, 聽者貴賤老少, 溢塞途巷. 從游之盛, 未見有此.

강학할 장소를 구하지 못해 縣官이 學宮에 자리를 마련해 주기도 하였다는 것은 그만큼 주변의 많은 학자들이 찾아와 배움을 구하였다는 것을 말해준다. 때마침 이듬해 순희 14년(1187) 槐堂에서 강학시기 가르침을 받았던 彭世昌이 강학장소를 물색하여 초막을 짓고 육상산을 초청하였다. 그는 그곳을 방문한 뒤 王謙仲에게 편지를 보내 다음과 같이 말하였다.

> 고향사람 彭世昌이 새로 강학하기에 좋은 산을 하나 알아냈는데, 信州 貴溪의 서쪽 경계에 자리하고 있으며 폐허가 된 두 절터에 가깝습니다. 唐代에 馬祖라고 불리던 승려가 그 산의 음지에 초막을 짓고 기거하며 수양했다 하여 그 마을 사람들은 禪師山이라고 부르고 있습니다. 또 元豐(1078~1085) 년간에는 瑩이라고 하는 승려가 양지바른 곳에 사찰을 짓고 應天寺라 했다고 하는데 폐허가 된 지 오래입니다. 그 사찰은 이미 훼손되어 흔적도 없고, 터는 나무들로 무성하게 뒤덮혀 있으며, 경작했던 밭과 맑은 연못도 모두 풀로 덮혀 있었습니다. 彭世昌이 힘들여 개간하여 초막 하나를 짓고 저를 초청하였습니다. 지난겨울 산에 올라 그 협소한 것을 보고 다시 그 동쪽 켠에 草堂을 지었습니다. 산 속에는 또한 아직 거칠기는 하지만 경작할 만한 밭도 있습니다.[44]

이듬해 순희 15년(1188) 입춘이 지난 뒤 육상산은 두 아들과 몇몇 벗들을 데리고 산에 올라 숨겨진 진경을 모두 둘러보고, 지난 겨울 절터 동편에 초당을 짓고 강학했던 것을 유감스럽게 여겨 다시

---

44 『陸九淵集』권9, 「與王謙仲」, 119쪽: 鄕人彭世昌新得一山, 在信之貴溪西境, 距敝廬兩舍而近. 唐僧有所謂馬祖者, 廬于其陰, 鄕人因呼禪師山. 元豐中有僧瑩者, 爲寺其陽, 名曰'應天寺', 廢久矣. 屋廬毁撤無餘, 故址埋於荆榛, 良田清池, 沒於茅葦. 彭子竭力開闢, 結一廬以相延. 去冬嘗一登山, 見其險, 復建一草堂于其東. 山間亦粗有田可耕.

좋은 장소를 선택해 方丈을 짓고 그곳에서 기거하였다.[45] '應天山'이라는 이름을 '象山'으로 바꾼 것도 이때의 일이다. 산의 형상이 '鉅象'의 모습과 닮아서 바꾼 것이기도 하지만, 본래 의도는 應天山이 異敎인 불교의 승려가 지은 것이기 때문에, 이것을 부끄럽게 여겨 다시 지은 것이다.[46]

육상산은 강학장소의 이름을 '象山精舍'로 지었다. 楊簡에게 보낸 편지에서 精舍라고 지은 이유를 설명하고 있다. "精舍 두 글자는 後漢시기의 『包咸傳』에 나오며 그 사용된 일은 建武 이전에 이미 있었다. 유학자들이 강습하던 곳을 가리키니, 이 이름을 사용하는 것은 부족함이 없을 것이다."[47]

이후 점차 많은 학생들이 찾아와 상산정사 주위에 초려를 짓고 가르침을 구하였으며, 육상산은 학생들의 초려가 위치한 지형에 따라 이름을 지어주기도 하였다. "최근 張南仲의 자제들이 모두 와서 배우고 있습니다. 그들은 동쪽평지 위에 草廬를 하나 지었는데 제가 거주하고 있는 方丈보다 조금 높은 곳에 위치하고 있고, '儲雲'이라 이름 지어 줬습니다. 이 산은 늘 구름이 많이 끼는데, 구름이 늘 그 초려가 있는 높은 지역에 걸쳐 있기 때문입니다. 그들은 또 앞 산 오른편에 초려를 하나 지었는데 깎아지른 듯한 골짜기와 웅장한 폭포가 그 옆을 에워싸고 있기 때문에 '佩玉'이라 이름 지어 줬습니다. 학생들이 끊임없이 이곳을 찾아와 초려를 짓고 배움을 구하고 있습니

---

45 『陸九淵集』권9,「與王謙仲」, 119쪽: 去冬之堂在寺故址, 未愜人意, 方於勝處爲方丈以居.

46 『陸九淵集』권9,「與王謙仲」, 119쪽: 顧視山形, 宛然鉅象, 遂名以象山草堂, 則扁曰象山精舍. 鄕人蓋素恨此山之名辱於異敎, 今皆翕然以象山爲稱.

47 『陸九淵集』권36, 「年譜」, 500쪽: 與楊敬仲書云 '精舍'二字, 出後漢『包咸傳』, 其事在建武前. 儒者講習之地, 用此名, 甚無歉也.

다."[48]라고 하였다. 「연보」에는 이 밖에 당시 精舍를 중심으로 지어졌던 학생들의 草廬가 居仁齋·由義齋·養正堂·明德·志道·儲雲·佩玉·愈高·規齋·蕙林·達誠·瓊芳·馮泰卿·濯纓池·浸月池·封庵·批荆 등이 있었다고 기록하고 있다. 훗날 袁燮이 貴溪의 徐巖에 象山書院을 건립할 것을 건의하면서 "본래 선생은 象山에 서원을 세우려 마음먹고 있었는데, 知荊門軍을 명받아 이루지 못하였다."[49] 고 한 것으로 보아, 육상산은 상산정사의 규모가 점차 커짐에 따라 보다 규모화된 書院 건립에 뜻을 두고 있었음을 알 수 있다.

상산정사에서 강학활동을 하던 시기에 있었던 주목할 만한 사건 가운데 하나는 바로 주자와 無極太極에 관한 논쟁을 벌인 것이다. 본격적으로 쟁론을 시작하면서[50] 그는 당시 상산정사에 오르게 된 과정과 빼어난 경관, 강습의 즐거움 등을 상세하게 묘사하였다.

> 고향사람 彭世昌이 信州 서쪽 경계지역에 있는 산을 하나 얻었는데, 폐허가 된 두 절터에 가깝고, 실제 龍虎山 줄기가 시작이 되는 자리입니다.

---

48 『陸九淵集』권9, 「與王謙仲」, 119쪽: 今張氏子弟, 咸來相從. 一家結廬於東塢之上, 比方丈爲少高, 名之曰'儲雲', 玆山常出雲, 雲之自出, 常在其高故也. 一家結廬於前山之右, 石澗飛瀑, 縈紆帶其側. 因名曰'佩玉'. 相繼而來結廬者未已.

49 『陸九淵集』권36, 「年譜」, 522쪽: 紹定四年辛卯(1231), … 袁甫廣微奏建象山書院于貴溪之徐巖. … 初, 先生本欲創書院于山間, 拜命守荆而不果.

50 「연보」에서는 육상산이 주자와 본격적으로 무극태극논쟁을 벌인 시기가 순희 15년(1188) 4월 15일[夏四月望日, 與朱元晦辯『太極圖說』]이라고 적고 있다. 당시 梭山과 주자가 벌였던 무극태극논쟁이 명확한 결론 없이 끝나게 되자, 육상산은 應天山에 올라 절터 옆에 精舍를 짓고 강학을 했던 순희14년(1187) 겨울 주자에게 편지를 보내 분명하게 이치를 밝히자고 하였고, 이듬해 1월 14일 주자의 동의를 얻어 비로소 논쟁을 시작하게 된 것이다. 그러므로 「연보」에 '무극태극논쟁이 이에 시작되었다.'[辯無極太極始此]라는 기록은 주자에게 의향을 물은 것으로 보아야 마땅하다.

큰 산등성이가 툭 솟아오른 것이 마치 기세당당하게 덤벼드는 코끼리와 닮아서 '象山'이라 이름 하였습니다. 산 속은 자체가 촌락을 이룰 만큼 큰 분지이고, 기름진 밭과 맑은 샘이 있어 평야와 그리 다른 것이 없습니다. 또 골짜기의 물은 합해져 폭포를 이루는데 쏟아지는 것이 몇 미터나 됩니다. 양쪽의 절벽에는 울창한 老松과 奇岩들이 즐비하며, 중간에는 무성한 숲을 이루고 있습니다. 백옥같이 쌓인 흰 눈이 쏟아져 내리는데 그 사이에서 흩날리며, 봄여름에 흘러내리는 물줄기는 마치 천둥치듯 장엄합니다. 나무와 돌은 자체가 산길을 이루고 있어 따라 올라가면 한눈에 내려다 볼 수 있습니다. 그 아름다움이 玉淵의 臥龍과 우열을 가리기가 쉽지 않습니다. 지난해 彭世昌이 초가를 짓고서 저를 초청하였고, 저는 또 그 곁에 精舍를 마련하고는 봄철에 조카와 두 아들을 데리고 가서 거기에서 책을 읽었습니다. 또 경치 좋은 장소를 택하여 方丈을 짓고 거처하였는데, 앞으로는 기이한 봉우리가 겹겹이 솟아 있는 閩山을 마주하고 있고, 뒤로는 두 줄기가 흘러 彭蠡에 이르는 계곡을 거느리고 있습니다. 학자들이 점차 이 곁에 초가집을 짓고 서로 따르며 강습하고 있어, 이 理가 날마다 밝아지는 듯합니다. 참으로 曾晳이 말한 舞雩에서 봄바람 쐬면서 좋은 시구로 가락이나 읊으며 돌아오겠다는 여유로움은 분명 천고불변의 즐거움인 것 같습니다.[51]

주자도 답신에서 "그대의 德義와 보내준 편지에서 묘사한 象山의 아름다운 절경을 마음에 품기만 하고, 그곳을 바라보며 함께 느

---

51 『陸九淵集』권2, 「與朱元晦」, 22쪽: 鄕人彭世昌得一山, 在信之西境, 距敝廬兩舍而近, 實龍虎山之宗. 巨陵特起, 㕁然如象, 名曰'象山'. 山間自爲原塢, 良田清池, 無異平野. 山澗合爲瀑流, 垂注數里. 兩崖有蟠松怪石, 却略偃蹇, 中爲茂林. 瓊瑶冰雪, 傾倒激射, 飛灑映帶於其間, 春夏流壯, 勢如奔雷. 木石自爲階梯, 可沿以觀. 佳處與玉淵卧龍未易優劣. 往歲彭子結一廬以相延, 某亦自爲精舍於其側. 春間携一姪二息, 讀書其上. 又得勝處爲方丈以居, 前挹閩山, 奇峰萬疊, 後帶二溪, 下赴彭蠡. 學子亦稍稍結茅其傍, 相從講習, 此理爲之日明. 舞雩詠歸, 千載同樂.

끼지 못함을 한탄하지 않은 적이 없습니다."[52]라고 하며 부러움을 표한 바 있다.

이러한 규모와 외형적 특징 이외에, 주목할 만한 것은 상산정사에 藏書 보유량이 그리 많지 않았다는 점이다. 『宋元學案』의 「槐堂諸儒學案」을 보면 육상산이 세상을 떠난 후 제자 彭世昌이 서원에 책이 적어 주자를 방문해 책을 빌렸다는 기록이 있다.[53] 이는 독서보다 우선 본심의 확립을 강조한 육상산의 학문적 宗旨와 관련이 있기도 하겠지만, 다른 한편으로는 당시 상산정사의 경제적 요인과도 연관이 있다.

육상산의 집은 경제적으로 그리 풍족하지 않았다. 그는 큰형 陸修職이 돌아가자 墓表에서 "우리 집은 본래 경작할 논이 없었고 채소밭만 10묘 가량 있었다. 식솔들이 수천 명이나 되어 약방을 운영해 생계를 꾸렸다."[54]고 적고 있다. 풍족하지 않은 가정환경은 상산정사에서 강학활동을 하던 그에게 영향을 미친다. 당시 姪孫인 濬에게 편지를 보내 "내 올 늦봄에 상산에서 내려왔는데, 쌓아 놓은 곡식도 없고 모아 놓은 돈도 없어 다시 산으로 들어가 강학할 수가 없었다. 그런데 최근 諸生들이 양식을 모으고 길을 닦으며 산속의 땅을 더 개간하고는 수레를 보내 나를 맞이하여 비로소 다시 산에 오르게 되었다. 이 산은 버려진 지 오래되어 경작할 땅이 반도 못 미치고, 지금 먹는 자는 매우 많지만 경작하는 자는 적은 편이다. 이곳에

52 『朱子全書』권36, 1566쪽: 懷想德義與夫象山泉石之勝, 未嘗不西望太息也.

53 『宋元學案』권77, 「槐堂諸儒學案」, 39쪽: 文安卒, 先生(彭世昌)以丙辰訪朱子於家, 問其何故而來, 先生以書院頗少書籍, 因購書故至此.

54 『陸九淵集』권28, 「陸修職墓表」, 322쪽: 吾家素無田, 蔬圃不盈十亩, 而食指以千数, 仰药疗以生.

초려를 짓고 배움을 구하는 자들의 힘은 한계가 있지만, 매년 함께 부역하고 서로 간의 독실함에 의지하면서 뜻을 게을리하지 않고 있다."[55]고 하여, 당시 경제적 어려움을 토로하였다. 또 훗날 양간은 육상산 부인 吳氏의 墓誌를 쓰면서 "선생이 奉祠職을 맡고 고향으로 돌아왔는데, 먹을 것이 부족하여 동료들이 모아서 도와주었다. 고향에 돌아온 이듬해에 象山精舍를 경영하면서 師母인 吳氏께서 처가에서 준 농산물을 가지고 보탰다."[56]라고 기록하였다. 상산정사를 운영하며 재정적인 어려움을 겪었지만, 학생들의 자발적인 노력과 처가의 도움으로 어려움을 해결하였음을 알 수 있다.

물론 상산정사에 책이 부족하였다고 한 것이 육상산이 독서를 부정하였음을 의미하지 않는다. 그는 胡無相에게 편지를 보내 "최근 이곳 상산에서 공부하고 있는 벗들은 대부분 『尙書』를 읽고 있습니다."[57]라고 하였고, 제자들에게 『상서』의 「旅獒」·「太甲」 편[58]과 『맹자』의 「告子」 편 등을 읽으라고 가르쳤으며,[59] 심지어 知荊門

55 『陸九淵集』권14, 「與姪孫濬」, 189~190쪽: 吾春末歸自象山, 瓶無儲粟, 囊無留錢, 不能復入山. 近諸生聚糧除道, 甃發泉石, 遣輿夫相迎, 始復爲一登. 玆山廢久, 田萊墾未及半. 今食之者甚衆, 作之者甚寡. 結廬之人事力有限, 頻歲供役, 賴其相向之篤, 無倦志耳.

56 『陸九淵集』권36, 「年譜」, 497쪽: 歸, 囊蕭然, 同僚共賮之. 還里之明年, 經理象山, 孺人捐奩中物助之.

57 『陸九淵集』권10, 「與胡無相」, 133쪽: 山間朋友近多讀『尙書』.

58 육상산이 상산정사에서 강학활동을 하면서 『상서』를 강조하고, 荊門에서 관직생활을 하면서 『洪范』의 黃極에 대해 강의하게 된 원인은 무극태극논쟁과 연관이 있다. 당시 육상산은 주자에게 편지를 보내 太極은 『홍범』에서의 '황극'과 같은 의미[黃, 大也. 極, 中也.]로 中과 極은 같은 의미라고 하였다. 반면 주자는 "黃極之極, 民極之極, 乃為標準之意."라고 지적하면서 비판하였다. 『상서』의 해석에 관한 문제를 두고, 무엇이 本意인지 논쟁한 것이다.

59 『陸九淵集』권35, 「語類下」, 445쪽: 先生云:"某教他讀「旅獒」」·「太甲」·「告子」'牛山之木以下'."

軍을 맡기 전에는 여러 학자들이 주석한 『春秋』의 해석이 잘못되었다 여겨 책을 저술할 계획도 세우고 있었다.[60] 또 사람들이 자신을 두고 독서를 가르치지 않는다고 말하자, "내 어찌 독서를 중시하지 않겠는가? 그저 다른 사람들이 하는 독서와 다를 뿐이다."[61]라고 말하였다. 독서나 문헌을 고증하는 것은 이치를 밝히고 본심을 다하는 데 그 목적이 있기 때문이다.[62]

『연보』에서는 5년간 지속된 상산정사의 강학활동을 다음과 같이 기록하고 있다.

> 馮元質이 말하였다. "선생은 늘 方丈에 거주하였다. 매일 아침 精舍에서 북이 울리면 산을 타고 다리를 건너 정사에 모여 읍하고는 강좌에 앉았다. 용모와 얼굴빛이 맑았고 정신도 분명하였다. 학자들은 또 조그만 판에 성명과 나이를 기록하고 게시한 서열에 따라 그것을 보고 자기 자리에 앉았다. 적게는 수백 명이 되었으며 모두들 엄숙하고 소란함이 없었다. 우선 정신을 가다듬고 덕성을 기르는 것을 가르쳤는데, 마음을 비우고 강의를 들었고 학생들은 모두 머리를 숙이고 공손히 들었다. … 음성은 맑고 듣기 좋았고, 듣는 자들이 감동하고 흥기하지 않음이 없었다. 처음 선생을 뵌 자들은 혹 질문하거나 논변하고 싶기도 하고, 혹 자신이 대단하다고 여기거나 고고하게 자만하는 자들도 있었는데, 가르침을 받은 후에는 대부분 스스로 굴복하여 다시 그렇게 행동하지 않았다."[63]

---

60 『陸九淵集』권36, 「年譜」, 506쪽: 淳熙十六年己酉(1189) … 先生始欲著書, 嘗言諸儒說『春秋』之謬尤甚於諸『經』, 將先作傳. 值得守荆之命而不果.

61 『陸九淵集』권35, 「語錄(下)」, 445쪽: 人謂某不教人讀書, … 何嘗不讀書來? 只是比他人讀得別些子.

62 『陸九淵集』권36, 「年譜」, 502쪽: 讀書考古, 不過欲明此理, 盡此心耳.

63 『陸九淵集』권36, 「年譜」, 501쪽: 馮元質云 "先生常居方丈. 每旦精舍鳴鼓, 則乘山簥至, 會揖, 陞講坐, 容色粹然, 精神烱然. 學者又以一小牌書姓名年甲, 以序揭之, 觀此以坐, 少亦不下數十百, 齊肅無譁. 首誨以收斂精神, 涵養德性, 虛

毛剛伯이 말하였다. "당시 선생은 강학을 하면서 먼저 본심을 회복하여 마음의 主宰로 삼고, 이미 그 본심을 얻었으면 이에 따라 함양하여 날마다 채워 나가고 달마다 밝게 드러내도록 하고자 하였다."[64]

傅子雲이 말하였다. "선생은 상산에 거처하면서 자주 학자들에게 '자네들의 귀는 저절로 총명하게 들을 수 있고, 눈은 저절로 밝게 볼 수 있으며, 아버지를 섬길 때에는 저절로 효를 다할 수 있고, 형을 따를 때에는 저절로 공경할 수 있다. 본래 조금도 결여됨이 없으니, 다른 것을 구할 필요가 없다. 바로 스스로 세우는데 있을 뿐이다.'라고 말하였다. 이에 학자들은 대부분 감홍하고 분기하였다."[65]

육상산은 상산정사에서 강학활동을 하면서 무엇보다 본심의 회복과 확충에 힘을 쏟았다. 누구나 지니고 있는 본심을 자각한다면, 선험적으로 지니고 있는 良知와 良能은 외물이나 욕심에 이끌리지 않고 저절로 발현된다. 또 그는 본심을 드러내기 위한 공부가 하루 이틀 반짝해서는 안 되고, 삶의 일부로 받아들여져 매 순간 마음을 살피고 실천해야 한다고 강조하였다.

이후 육상산은 소희 2년(1191) 제자인 傅子雲에게 상산정사의 모든 강학활동을 맡기며 7월 4일 荊門으로 떠났다. 「연보」에서는 당시 상산정사에 찾아와 가르침을 받은 학생이 5년간 총 수천 명이 넘었다고 적고 있다.[66]

心聽講, 諸生皆俛首拱聽. … 音吐清響, 聽者無不感動興起. 初見者或欲質疑, 或欲致辯, 或以學自負, 或有立崖岸自高者, 聞誨之後, 多自屈服, 不敢復發."

64 『陸九淵集』권36, 「年譜」, 501쪽: 毛剛伯必彊云 "先生之講學也, 先欲復本心以爲主宰, 既得其本心, 從此涵養, 使日充月明."

65 『陸九淵集』권36,「年譜」, 502쪽: 先生居山, 多告學者云 "汝耳自聽, 目自明, 事父自能孝, 事兄自能弟, 本無少缺, 不必他求, 在乎自立而已." 學者於此多有興起.

66 『陸九淵集』권36, 「年譜」, 502쪽: 居山五年, 閱其簿, 來見者踰數千人.

3. 官職 시기

(1) 靖安縣과 崇安縣 主簿를 제수받다

육상산이 관직생활을 처음 시작한 시기는 淳熙 元年(1174)이다.[67] 乾道 8년 34세(1172)의 늦은 나이에 南宮에서 치르는 禮部會試인 省試에 응시하여 임금과 직접 만나 문답을 주고받는 延試對策을 치르고 同進士出身을 명받고, 3년의 대기시간을 거쳐 隆興府 靖安縣 主簿를 제수받았다.[68] 몇몇 학자들은 육상산이 이 시기부터 본격적인 관직생활을 시작하였다고 주장한다.[69] 하지만 楊簡이 작성한 『象山先生行狀』을 보면, 육상산은 정안현 주부를 임명받고 대기하던 중 순희 4년(1177) 繼母 鄧氏가 돌아가시자, 임지에 가지 못하고 3년喪을 치렀음을 알 수 있다.[70]

이후 服喪을 마치고 순희 6년(1179) 延寧府 崇安縣 主簿로 조정되었지만,[71] 이 역시 대기만 하였을 뿐 부임하여 업무를 수행하지 않

---

67 『陸九淵集』권36, 「年譜」, 490쪽: 淳熙元年甲午(1174), 先生三十六歲. … 授迪功郎隆興府靖安縣主簿.

68 『陸九淵集』권36, 「年譜」, 490쪽: 乾道八年壬辰(1172), 先生三十四歲. 春試南宮, … 夏五月, 廷對, 賜同進士出身. … 淳熙元年甲午(1174), 先生三十六歲. 三月赴部調官, 過四明, 遊會稽, 浹兩旬, 復至都下, 授迪功郎隆興府靖安縣主簿.

69 대표적인 견해는 黃宗羲의 『宋元學案』을 들 수 있다. 그는 「연보」의 기록대로 "淳熙元年, 授靖安縣主簿. 丁憂. 服闋, 調崇安. 九年, 以侍從薦, 除國子正."이라고 기록하고 있다. 그 외 張立文[『走向心學之路』, 中華書局, 1992, 32~34쪽.]·祁潤興[『陸九淵評傳』, 南京大學出版社, 1998, 99~121쪽.]·侯外廬[『宋明理學史』, 人民出版社, 1997, 557쪽.]·林繼平[『陸象山研究』, 臺灣商務印書館, 2001, 16~18쪽.] 등도 육상산이 淳熙元年(1174)부터 관직생활을 시작하였다고 보고 있다.

70 『陸九淵集』권33, 「象山先生行狀」, 389쪽: 淳熙元年, 授迪功郎隆興府靖安縣主簿. 未上, 丁繼母太孺人鄧氏憂. 服闋, 調延寧府崇安縣主簿.

71 『陸九淵集』권36, 「年譜」, 492쪽: 淳熙六年己亥(1179), 先生四十一歲. 服除,

았다. 「어록」에 "예전에 선생님이 金鷄에서 와서 동료들을 데리고 백록동서원에서 강의하여 『論語』「里仁」편의 '君子喻於義, 小人喻於利' 장의 뜻을 밝혔다. 당시 사람들이 평소 밝은 것은 습관에서 비롯되고, 습관은 또 뜻하는 바에서 비롯됨을 밝혀 학자들의 병통을 매우 정확하게 지적하였다."[72]는 기록이 있다. 이는 육상산이 순희 8년(1181) 2월 南康에서 근무하고 있는 주자를 방문할 때 任地인 崇安縣에서 출발한 것이 아니라 바로 고향인 金溪에서 출발했음을 보여 주는 史料이다. 또 백록동 강의내용을 기록한 후 주자는 발문에서 "淳熙 8년(1181) 2월 육상산이 朱克家·陸麟之·周清叟·熊鑑·路謙亨·胥訓 등을 데리고 金谿에서 왔다."[73]고 적고 있다. 그러므로 44세에 國子正을 제수받기 전까지 육상산은 한직인 主簿를 담당하고, 줄곧 강학활동에 전념한 것으로 보인다.[74]

(2) 國子監 國子正을 역임하다

육상산은 淳熙 9년(1182) 侍從의 추천으로 國子正을 제수받고

授建寧府崇安縣主簿.

72 『陸九淵集』권35, 「語錄(下)」, 471쪽: 昔者先生來自金邑, 率僚友講道於白鹿洞, 發明'君子喻於義, 小人喻於利'一章之旨, 且喻人之所喻由其所習, 所習由其所志, 甚中學者之病.

73 『朱熹年譜』권2, 112쪽: 『跋金谿陸主簿白鹿洞書堂講義後』云 "淳熙辛丑春二月, 陸兄子靜來自金谿, 其徒朱克家·陸麟之·周清叟·熊鑑·路謙亨·胥訓實從.

74 陳來도 朱子가 여조겸에게 보낸 편지에 "子壽형제의 편지를 받았는데, 子靜이 가을에 이곳 廬阜로 다니러 온다고 약조하였다."[『朱子全書』권34, 「答呂伯恭」, 1504쪽: 子壽兄弟得書, 子靜約秋涼來遊廬阜.]는 말이 있는 것으로 보아, 당시 재발령 받긴 하였지만 아직 任地에 가지 않고 대기하고 있었다고 보고 있다. 대체적으로 관직생활을 하게 되면 한가롭게 廬山을 유람하겠다는 약속을 할 수 없기 때문이라는 것이다.[陳來, 『朱熹哲學研究』, 華東示範大學出版社, 2000, 359쪽.]

본격적인 관직생활을 시작하였다.[75] 사실 그 이전 순희 8년(1181) 丞相 史浩의 천거로 都堂審察을 명받았지만, 관직에 뜻이 없어서인지 부임하지 않았다.[76]

부임 초기 陳倅에게 보낸 편지를 보면, 처음 직책을 수행할 당시 쉴 겨를도 없이 공무에 바빴던 것으로 보인다.[77] 그가 국자감에서 중점을 두고 한 일 가운데 하나는 『춘추』를 강의하며 太學生들로 하여금 잃어버린 국토를 회복하고 역사의 치욕을 씻어야 한다고 강조한 것이다. 『춘추』에 대한 관심은 16세의 어린 나이부터 시작되었다. "나는 『春秋』을 읽고 中國과 夷狄의 차이에 대해 알았다. 二聖의 원수를 어찌 갚아 주지 않을 수 있겠는가? 생명보다 더 좋아하는 것이 있고, 죽음보다 더 싫어하는 것이 있다. 지금 우리가 한가롭게 특별한 일 없이 지내고 여유롭게 즐기는 것은 부끄러운 일이다. 자기의 평안만을 생각하고 의로운 일을 생각하지 않기 때문이다. 이것은 모두 참된 이치이며 참된 말이다."[78]

『춘추』가 성인의 뜻을 온전히 반영하고 있는 책이기에 강조한 것이기도 하겠지만,[79] 남송시기 내외 정치적 상황과 관련이 깊다. 金朝의 침략을 경험한 송대의 사대부들은 失地를 회복하고 굴욕을 씻는 것을 자신의 사명으로 여겼다. 육상산도 어려서 三國과 六朝의

---

75 『陸九淵集』권36, 「年譜」, 493쪽: 淳熙九年壬寅(1182), 先生四十四歲. … 侍從復上薦, 得旨與職事官, 除國子正. 秋初先生赴國學.

76 『陸九淵集』권36, 「年譜」, 493쪽: 淳熙八年辛丑(1181), 先生四十三歲. … 丞相少師史浩薦先生, 六月二十三日得旨, 都堂審察陞擢, 先生不赴.

77 『陸九淵集』권7, 「與陳倅」, 97쪽: 秋初供職, 人事衮衮, 殊無暇日.

78 『陸九淵集』권36, 「年譜」, 484쪽: 紹興二十四年甲戌, 先生十六歲. … 吾人讀『春秋』, 知中國夷狄之辨. 二聖之讐, 豈可不復? 所欲有甚於生, 所惡有甚於死. 今吾人高居優游, 亦可爲耻. 乃懷安, 非懷義也. 此皆是實理實說.

79 『陸九淵集』권34, 「語錄(上)」, 405쪽: 『春秋』大概是存此理.

史書를 읽으며 夷狄이 華夏를 침범한 사실을 알았고, 또 어른들로부터 靖康 연간 발생한 일에 대해 듣고, 손톱을 자르고 활쏘기와 말타기를 익혔다.[80] 그가 강의했던 내용은 「연보」에 기록되어 있다.

> 성인이 중국을 귀하게 여기고 이적을 천하게 취급하는 것은 중국을 사사롭게 여겨서가 아니다. 중국이 天地中和의 氣를 얻어 禮儀가 보존되어 있기 때문이다. 중국을 귀하게 여기는 것은 중국을 귀하게 여기는 것이 아니라 예의를 귀하게 여기는 것이다. 비록 중국이 쇠약해지고 혼란해진다 할지라도 선왕의 典刑은 여전히 남아 있어, 그 流風과 遺俗은 아직 끊이지 않고 있다. 이적이 강성해져 소국을 집어삼키고 그 기세를 등에 업고 諸夏를 능멸하니, 예의가 시행될 곳이 없다. 이것이 성인이 크게 근심하는 것이다.[81]

華夏와 夷狄에 대한 엄격한 구분은 '예의'가 상식으로 통용되는가의 여부에 따라 달라진다. 중국이 귀한 것은 바로 선왕의 禮儀가 전해지기 때문이다.

이곳에서 그는 4차례 강연하였고,[82] 『춘추』에 대해 모두 18장을 논하였으며, 華夷之辯 · 禮儀之論 · 君臣之義 등을 거론하였다. 강연은 성공적이었던 것으로 보인다. "諸生들이 가르침을 청하여 부지런히 깨우쳐 일러 주었다. 마치 집에 기거하는 교수처럼 하여, 감

---

80 『陸九淵集』권36, 「年譜」, 484쪽: 讀三國六朝史, 見夷狄亂華, 又聞長上道靖康間事, 乃剪去指爪, 學弓馬.

81 『陸九淵集』권23, 「大學春秋講義[淳熙九年八月十七日]」, 276쪽: 聖人貴中國, 賤夷狄, 非私中國也. 中國得天地中和之氣, 固禮義之所在. 貴中國者, 非貴中國也, 貴禮義也. 雖更衰亂, 先王之典刑猶存, 流風遺俗, 未盡泯然也. 夷狄盛強, 呑并小國, 將乘其氣力以憑陵諸夏, 是禮義將無所措矣, 此聖人之大憂也.

82 순희 9년(1182) 9월 8일과 이듬해(1183) 2월 · 7월 · 11월에 해당된다.

흥하고 분발하는 자가 매우 많았다."[83]

(3) 勅令所 刪定官을 담당하다

國子監에서 1년 3개월간 國子正을 담당하였던 육상산은, 순희 10년(1183) 겨울 勅令所 刪定官으로 전보발령을 받는다. 刪定官은 비록 직책이 높지 않았지만, 조정에서 반포하는 詔令 문서를 작성하거나 수정하고, 지방관원이 내린 조치나 상소를 編修하는 직책이다. 이곳에서 그는 治國에 대한 국가정책과 관점을 두루 접할 수 있었다.

당시 주자는 칙령소에서 근무하고 있는 육상산에게 편지를 보내 "勅局에서 諸公들과 서로 만나보면서 대화 나눌 만한 상대가 있는지요? 법령 가운데 도리에 합당하지 않거나 인정에 가깝지 않은 것이 있다면 상황에 따라 수정해야 합니다. 한두 개의 글만 얻어도 좋을 것입니다."[84]라고 하며 당부의 말을 전하기도 하였다. 실제 육상산은 상소 가운데 배울 만한 내용이 있으면 크게 칭찬하였다.

> 어떤 학자가 일로 인해 관원에게 상소를 올려 말하였다. "악을 억제하고 선을 드러내며, 간사함을 저지하고 선량함을 돕는 것은 천지의 바른 이치입니다. 이 理가 밝으면 세상이 다스려지고, 밝지 않으면 혼란해집니다. 그러니 이것을 잘 보존하면 仁하게 되고 보존하지 않으면 不仁하게 됩니다." 선생께서 무릎을 치며 칭찬하였다.[85]

---

83 『陸九淵集』권36, 「年譜」, 493~494쪽: 諸生叩請, 孳孳啟諭, 如家居教授, 感發良多.

84 『陸九淵集』권35, 「年譜」, 495쪽: 勅局時與諸公相見, 亦有可告語者否? 於律令中極有不合道理, 不近人情處, 隨事改正. 得一二亦佳.

85 『陸九淵集』권34, 「語錄(上)」, 409쪽: 有學者因事上一官員書云 "遏惡揚善, 沮姦佑良, 此天地之正理也. 此理明則治, 不明則亂. 存之則爲仁, 不存則爲不仁." 先生擊節稱賞.

또 주자가 실시한 社倉과 救旱의 조치 등이 너무 엄하다는 비판의 여론이 일자, 주자의 箚子 내용에 대해 지지의 뜻을 표명하기도 하였다. 주자는 순희 6년(1179)부터 8년(1181)까지 知南康軍을 역임하며 형벌을 엄격히 적용하고 기강을 바로잡았다. 순희 8년(1181) 8월 이후에는 兩浙東路提擧常平茶監公事를 역임하면서 富豪들을 통제하고 권력자들을 탄핵하며 기근을 구제하여 강도 높은 개혁을 단행하였다. 이후 반대여론이 제기되자 효종에게 상소를 올려 社倉 등의 조치들이 타당함을 피력하였다.

제가 최근 구황책을 강구하면서 다시 두 가지 일을 하였습니다. 비록 오늘날 시급하게 구제해야 할 것은 아니지만 실제로 훗날의 장구한 이익이 되는 것이기 때문에 감히 말씀드리지 않을 수 없습니다. … 제가 살고 있는 건령부 숭안현 開耀鄕에는 社倉이 한 곳 있습니다. 지난 건도 4년 향민들이 끼니를 걱정할 때 본부에서 常平米 600석을 공급해서 저와 同鄕 사람인 조봉랑·유여우가 함께 진휼용으로 임대하는 일을 맡았습니다. 겨울이 되어 회수된 애초의 쌀은 다음해 여름에 관부에서 다시 영을 내려 예전처럼 사람들에게 임대했고, 겨울에 다시 거둬들였습니다. 저희들이 관부에 조치한 내용을 보고한 것은 매 석당 이자로 2두를 거두고, 이후로 매년마다 여기에 의거하여 임대하고 거둬들이는 것이었습니다. 혹 조금 흉년을 만나게 되면 그 이자의 절반을 감면하고, 큰 기근이 들면 모든 이자를 면제했습니다. 지금까지 14년이 되었는데 이자로 거둔 쌀만으로도 창고 세 칸을 지어 저장할 정도여서 애초에 방출한 600석은 이미 본부에 환납시켰습니다. 현재 관리하는 수량이 3100석이고, 아울러 몇 년 동안 사람들이 납부한 이자도 이미 관부에 재정상황을 검토해서 미래에 예전의 예에 의거해서 쌀을 풀면서 다시 이자를 거둘 필요가 없이, 단지 매 석 감가상각분의 쌀 세 되만을 징수하도록 보고를 올렸습니다. 이 일은 제가 동향에 거주하는 향관과 선비 몇 사람과 함께 관할하면서 쌀을

> 풀 때가 되면 관부에 현의 관리 한 사람을 파견해서 출납을 감시하도록 보고를 올렸습니다. 이런 까닭에 4, 50리 정도되는 한 마을에 비록 흉년이 생기더라도 사람들은 끼니를 거르지는 않았습니다. 생각해 보면 이 법은 넓게 확대해서 다른 지역에서 시행할 수도 있는 것인데, 성문화된 법령이 없고 인정상 억지로 시행하기도 힘듭니다.[86]

육상산은 주자의 상소문을 접하고, 尤延之에게 편지를 보내 그의 조치가 이치에 합당하다고 편을 들었다. "朱元晦가 남강에서 내린 조치들이 이미 지나치게 엄하다는 원망이 자자합니다. 원회의 정사는 분명 문제가 있을 것입니다. 그러나 대충 싸잡아 엄하다고 지적할 수는 없습니다. 벌이 죄를 묻기에 마땅하면 일부러 저지른 죄가 작더라도 벌해야 할 것입니다. 다만 엄하다는 것으로 비난할 수 있는지요? 저는 전에 이치의 옳고 그름, 일의 합당함과 부당함을 논하지 않고 얼버무려 너그럽고 엄한 것만을 가지고 논하는 것은, 후세의 학술과 의론에 뿌리가 없기 때문에 생긴 폐단이라고 말한 적이 있습니다. 도가 밝지 못하고 정치가 다스려지지 않는 원인은 바로 여기에서 시작됩니다. 元晦가 절동에서 기근을 구제한 조치는 최근

86 『朱熹集』「延和奏箚(四)」: 臣比因講求荒政, 復有二事, 雖非今日拯救之急, 而實異時久遠之利, 不敢不言. … 臣所居建寧府崇按縣開耀鄉有社倉一所, 係昨乾道四年鄉民艱食, 本府給到常平米六百石, 委臣與本鄉土居朝奉郎劉如愚同共賑貸. 至冬收到元米, 次年夏間, 本府復令依舊貸與人戶, 冬間納還. 臣等申府措置, 每石量收息米二斗, 自後逐年依此斂散. 或遇小歉, 卽蠲其息之半, 大饑卽盡蠲之. 至今十有四年, 其支息米造成倉敖三間收貯, 已將元米六百石納還本府. 其見管三千一百石, 并是累年人戶納到息米, 已申本府照會, 將來依前斂散, 更不收息, 每石只收耗米三升. 係臣與本鄉土居官及士人數人同共掌管, 遇斂散時, 卽申府差縣官一員監視出納. 以此之故, 一鄉四五十里之間, 雖遇凶年, 人不闕食. 竊謂其法可以推廣, 行之他處, 而法令無文, 人情難彊. 이 차자는 순희 8년(1181) 浙東提擧의 신분으로 효종에게 올린 「延和奏箚」 일곱 통 가운데 네 번째 글이다.

절동의 벗들이 보내온 편지나 다니는 사람들을 통해 전해 들어 대략을 알고 있습니다. 절동 사람들이 많이 의지하고 있다고 합니다. 元晦가 자신의 잘못을 책망하기 위해 올린 상소문의 내용은 매우 적절합니다. 현혹되고 태만하여 녹봉만 축내는 자들은 마땅히 줄이고 저지하는 것이 지극한 조치입니다."[87]

육상산은 또 勅令所에 있으면서 槐堂에서 강학했던 것과 마찬가지로 틈틈이 諸賢들과 강학활동을 하였다. 「연보」는 "뜻이 같은 선비들이 서로 좇아 강구하여 밝히기를 그치지 않았고, 벗들과 諸賢들이 서로 묻고 답하면서 크게 信服하였다."[88]고 적고 있다.

刪定官의 또 다른 특권 중에 하나는 바로 정기적으로 돌아가며 임금을 알현하고 치국의 정책에 대해 발언할 수 있는 기회를 갖는 것이었다. 對策을 돌아가면서 하기 때문에 '輪對'라고도 한다. 주자는 육상산이 孝宗을 직접 만나 정책에 대해 피력할 수 있는 윤대의 기회를 갖게 되었다는 소식을 접하자, "윤대 시기가 언제로 정해졌는지 모르겠습니다. 만일 明主 효종을 뵙게 되면, 긴요한 곳에 나아가 말하면 좋을 것입니다. 그 나머지 사소한 것은 말할 필요가 없을 것입니다."[89]라고 당부하였다.

---

87 『陸九淵集』권36, 「年譜」, 495쪽: 與漕使尤延之書, 略云 "朱元晦在南康, 已得太嚴之聲. 元晦之政, 亦誠有病, 然恐不能泛然以嚴病之. 使罰當其罪, 刑故無小, 遽可以嚴而非之乎? 某嘗謂不論理之是非, 事之當否, 而汎然爲寬嚴之論者, 乃後世學術議論無根之弊. 道之不明, 政之不理, 由此其故也. 元晦浙東救旱之政, 比者屢得浙中親舊書及道途所傳, 頗知梗概, 浙人殊賴. 自劾一節, 尤爲適宜. 其誕慢以僥寵祿者, 當少阻矣至. 如其間言事處, 誠如來諭所言者云.

88 『陸九淵集』권35, 「年譜」, 494쪽: 同誌之士, 相從講切不替, 僚友多賢, 相與問辯, 大信服.

89 『陸九淵集』권35, 「年譜」, 494쪽: 不知輪對班在何時? 果得一見明主, 就緊要處下得數句為佳, 其餘屑屑不足言也.

순희 11년(1184) 육상산은 다섯 가지의 정책에 대해 논한 奏劄를 가지고 효종을 알현하고, 자신의 관점을 피력하였다. "나라를 다스린 지 이미 20여 년이 지났는데 아직 태종이 몇 년 만에 이룬 효과를 보지 못하고 계십니다. … 저는 폐하께서 덕을 존중하고 도를 즐기는 참됨에 더욱 힘써 처음 마음가짐을 따르시길 간절히 원합니다. 그렇게 하신다면 어찌 지금의 천하 사람들에게만 덕이 미치는 행운이 있겠습니까! 천고만년 변함없이 빛날 것입니다."[90] 임금의 위치에서 도를 추구하고 덕을 베푸는 것이 가장 시급한 일임을 역설한 것이다. 『宋史』「本傳」에는 당시 육상산이 奏箚에서 주장한 다섯 가지의 정책을 기록하고 있다. "첫째는 원수와 부끄러움을 돌아보지 말고 천하의 빼어난 인재를 널리 구하기를 바란다는 것, 둘째는 덕을 높이고 도를 즐기는 정성을 지극히 하기를 바란다는 것, 셋째는 사람을 알기가 어렵다는 것, 넷째는 일은 마땅히 차츰차츰 이르러야 하고 서두르면 안 된다는 것, 다섯째는 임금은 작은 일을 가까이하면 안 된다는 것이었다."[91]

『어록』에는 輪對하는 장면이 생동감 있게 묘사되어 있다.

> 輪對할 때 첫 번째 箚子의 '太宗'으로 시작하는 첫 머리를 읽는데 임금께서 말하였다. "군신 간에는 마땅히 이와 같이 해야 할 것이다." 답하였다. "폐하께서 이렇게 말씀하시니 천하 백성들이 큰 행운입니다." 이어 '행적을 남기려고만 해서는 안 된다'는 곳을 읽는데, 임금께서 "천하가 신뢰했던 太宗도 허물이 있었구나."라고 하시고, 또 "허물 없음을 근심하지 않

90 『陸九淵集』권18, 「刪定官輪對劄子」, 221쪽: 臨御二十餘年, 未有太宗數年之效. … 臣願陛下益致尊德樂道之誠, 以遂初志, 則豈惟今天下之幸, 千古有光矣.

91 『宋史』「本傳」: 一論讎恥未復願博求天下俊傑, 二論願致尊德樂道之誠, 三論知人之難, 四論事當馴致而不可驟, 五論人主不當親細事.

고, 과오를 고치는 것이 귀하다고 여긴 뜻이 매우 많다."고 하였다. 대답하였다. "이것은 요·순·우·탕·문·무와 같은 성군이 되는 핵심이며, 성인의 학문을 우러러보는 것이기도 합니다." 본 왕조에 들어서는 부분을 읽다가 먼저 임금께 아뢰기를 청하며 말하였다. "신의 어리석음이 이와 같습니다." 이어 '영토가 아직 회복되지 않았고'·'군사들을 모아 훈련시켜 치욕을 갚아야 한다'는 부분을 읽는데, 임금께서 말하였다. "이것은 때가 있는 것이다." 말투와 얼굴빛이 매우 장엄하였다. 답하였다. "10년간 군사를 모았고 10년간 훈련시켰는데, 또 어느 때를 기다려야 하는 것입니까? 지금 천하는 빈곤이 심해, 州·縣·民 할 것 없이 모두 빈곤합니다." 주장이 매우 상세하였지만, 임금께서 말씀이 없으셨다. 두 번째 箚子를 읽는데 임금께서 말하였다. "'秦漢 이래로 도를 아는 임금이 없었다'는 말은 지나치게 자만하는 뜻이 있다. 그 말은 禪家들이 말하는 空論과 매우 유사하다." 답하였다. "신은 감히 임금님의 말씀을 받들 수 없습니다. 신의 도는 선가와 같지 않습니다. 군사를 모아 훈련시켜 치욕을 갚아야 한다는 것이 제가 말한 도입니다." 세 번째 차자에서 사람 알아보는 법에 대해 논하자, 임금께서 말하였다. "인재는 등용한 후에 비로소 식별할 수 있다." 답하였다. "등용 이전의 생각을 살펴야 합니다.[뜻은 그 사람이 한 말을 지칭한다.]" 임금께서 말하였다. "인재는 등용한 후에 볼 수 있다." 조금 후에 또 말하였다. "이 가운데 인재가 있는지 볼 수 있다.[…]" 답하였다. "천하에 아직도 사람 알아보는 방법을 모르는 것 같습니다.[…] 그러니 천하에 인재가 없는 것입니다. 執政 대신들이 폐하께서 내린 명령을 들어 쓰지 않습니다." 임금께서 묵묵히 말이 없으셨다. 네 번째 차자를 읽는데 임금께서 매우 많이 칭찬하였다. 다섯 번째 차자에서 진술한 내용이 매우 많았다. 임금께서 殿 아래로 대여섯 걸음 내려오시더니, "짐은 상세한 지엽적인 곳에서 공부하지 않고, 다만 핵심처에서 홀기를 들고 서서 경청하고자 한다."고 하고 더 이상 輪對를 허락하지 않았다. 훗날 王謙仲이 말하였다 "육상산이 이전에 며칠간 奏對하였는데, 나 같은 자는 그가 강직하게 侍從하던 것을 따라갈 수 없다."고 하였다.[92]

육상산은 백성을 잘 보살피고 교육에 힘쓰는 등의 일상적인 政事가 바로 도라고 보았다. 이에 힘쓰면 지금뿐만 아니라 후세 사람들까지도 그 덕을 입게 되어 천하가 이롭게 되는데, 효종은 이를 소홀히 하였다고 직설적으로 말하였다. 물론 그에게 있어 도를 구하여 덕을 확충하는 방법은 마음을 돌아보아 본심을 확립하는 것이다. 반면, 주자는 이 奏箚를 전해 듣고 육상산에게 편지를 보내, 독서궁리와 같은 격물치지 공부를 강조하지 않은 것을 비판하였다. "奏箚를 보내주시어 지극한 말씀을 들을 수 있었으니 위로가 됨이 실로 깊습니다. 그 규모는 광대하고 원류는 깊고 머니 어찌 천박한 유생이 엿볼 수 있는 것이겠습니까? 전하의 명령을 받들 때 전하께서는 어떤 말에서 허락이 있으셨는지 모르겠습니다. 저의 사사로운 근심은 바로 萬牛回首의 탄식을 면하지 못할까 하는 것입니다. … 그러나 向上一路에는 일찍이 발동하고 변화하는 곳이 없어 사람으로 하여금 의심을 면하지 못하게 하니 아마도 서역의 禪學의 氣를 띠고 있는 것 같습니다. 어떻게 생각하십니까? 우스울 뿐입니다."[93]

---

92 『陸九淵集』권35, 「語錄(下)」, 447쪽: 輪對第一劄, 讀'太宗'起頭處, 上曰 "君臣之間, 須當如此." 答 "陛下云云, 天下幸甚." 讀'不存形迹'處, 上曰 "賴得有所悔", 連說"不患無過, 貴改過之意甚多." 答 "此爲堯, 爲舜, 爲禹湯, 爲文武血脉骨髓, 仰見聖學." 讀入本日處, 先乞奏云 臣愚蠢如此, 便讀'疆土未復'·'生聚教訓'處, 上曰 "此有時", 辭色甚壯. 答 "如十年生聚, 十年教訓, 此有甚時? 今日天下貧甚, 州貧·縣貧·民貧." 其說甚詳, 上無說. 讀第二劄論道, 上曰 ""自秦漢而下, 無人主知道, 甚有自負之意, 其說甚多說禪." 答 "臣不敢奉詔, 臣之道不如此, 生聚教訓處便是道." 讀第三劄論知人, 上曰 "人才用後見." 答 "要見之於前意思.[志其辭.]" 上又曰 "人才用後見." 後又說 "此中有人.[云云]" 答 "天下未知,[云云] 天下無人才, 執政大臣未稱陛下使令." 上默然. 讀第四劄, 上贊歎甚多. 第五劄所陳甚多. 下殿五六步, 上曰 "朕不在詳處做工夫, 只在要處秉笏立聽." 不容更轉對. 後王謙仲云 "渠每常轉對, 恐小官不比渠侍從也."

93 『晦庵集』권36, 「寄陸子靜」: 奏篇垂寄, 得聞至論, 慰沃良深. 其規模宏大而源流深遠, 豈腐儒鄙生所能窺測? 不知対揚之際, 上於何語有領会. … 但向上一

"임금께서 감탄한 부분이 많았다"[94]는 것이나, 훗날 王謙仲이 "육상산이 이전에 며칠간 奏對하였는데, 나 같은 자는 그가 강직하게 侍從하던 것을 따라갈 수 없을 것이다"[95]라고 한 것을 보면, 당시 그가 제시했던 다섯 가지의 奏劄가 조정에 회자되고 어느 정도 영향을 미쳤음을 알 수 있다. 그래서인지 그는 이후 正9品의 承奉郞을 제수받았고, 순희 13년(1186)에는 正8品에 해당하는 宣義郞으로 승진되어 將作監丞을 발령받았다.

하지만 효종과 奏對했을 당시 제시한 의견이 채택되지 않자, 그는 이듬해인 순희 12년(1185) 尤延之에게 편지를 보내 "이곳은 오래 머무를 곳이 못됩니다. 저는 요즘 들어 종일토록 구차하기만 합니다. 어찌 조금이라도 효과가 있기를 바라지 않겠습니까? 착수할 수 없는 상황에까지 이르렀기 때문이니, 그저 물러나 다시 뜻을 펼칠 수 있는 때를 기다릴 수밖에 없겠습니다."[96]라고 하며 이미 조정에서 물러날 뜻을 내비쳤고, 순희 13년(1186) 宣義郞을 제수받았을 때에도 절친한 벗들에게 여러 차례 물러날 뜻을 비쳤었다. 이후 받아들여지지 않자 "예전에 奏對할 때 소략하나마 治國의 大義를 진술했었는데, 임금께서는 그리 잘못되었다 여기지 않으셨다. 다시 그분을 찾아뵙고 조금이나마 내 뜻을 모두 말하여 신하의 도리를 다하고자 한다."[97]라고 하며 5일 뒤에 있을 奏對를 기약하고 있었다. 당시 給

路未曾滂転処, 未免使人疑著, 恐是葱嶺帯来耳. 如何如何, 一笑.

94 『陸九淵集』권34, 「語錄(下)」, 447쪽: 讀第四劄, 上贊歎甚多.

95 『陸九淵集』권34, 「語錄(下)」, 447쪽: 後王謙仲云 "渠每常轉對, 恐小官不比渠侍從也."

96 『陸九淵集』권36, 「年譜」, 498쪽: 此間不可爲久居之計. 吾今終日區區, 豈不願少自效, 至不容着脚手處, 亦只得且退而俟之.

97 『陸九淵集』권36, 「年譜」, 498쪽: 初, 親朋謂先生久次, 宜求退. 先生曰 "往時面對, 粗陳大義, 明主不以爲非. 思欲再望淸光, 少自竭盡, 以致臣子之義." 距

事中을 역임하고 있던 王信은 육상산이 奏對를 하면 효종에게 宰相들의 세력싸움을 폭로할 것이라는 소문을 듣고 두렵게 여겨, 상소를 올리고 육상산의 직책에 대해 반대하였다. 결국 12월 29일 主管台州崇道觀을 제수받고 조정에서의 관직생활을 마감하였다.

왕신의 반대로 宣義郎 將作監丞이란 직책에서 主管台州崇道觀이라는 閑職의 사록관으로 좌천되어 효종과 만나 轉對할 수 없게 되자, 육상산은 李成之에게 편지를 보내 "오랫동안 고대해왔던 저는 다시 임금님을 뵙기를 기다렸다가 제 마음을 숨김없이 말하여 신하의 도리를 다하고자 하였습니다. 그러나 아쉽게도 이루어지지 못했으니 이것은 또한 하늘의 뜻일 것입니다. 王氏와 같은 자가 어찌 저를 임금님과 만나지 못하게 한 것이겠습니까?"[98]라고 하면서 아쉬운 감정을 술회하였다.

(4) 知荊門軍에 힘을 기울이다

순희 16년(1189) 효종이 왕위를 禪讓하여 太子 光宗이 즉위하자, 3월 28일 詔書를 내려 육상산에게 知荊門軍을 명하고, 鴻恩을 베풀어 宣教郎에 임명하였다. 6월에는 재심하여 奉議郎의 직책을 맡겼다.[99] 하지만 육상산은 곧바로 임지에 가지 않고 대기하며 상산정사에서 강학활동에 힘썼다. 훗날 黃循中에게 보낸 편지를 보면, 처음 명을 받은 이후 任地로 가기 전 2년여의 시간동안 대기할 수

對班五日, 除監丞.

98 『陸九淵集』권10, 「與李成之」, 129쪽: 所以低回之久者, 欲俟再望清光, 輸寫忠蘊, 以致臣子之義耳. 然而不遂, 則亦天也, 王氏之子, 焉能使予不遇哉?

99 『陸九淵集』권36, 「年譜」, 506쪽: 淳熙十六年己酉(1189), 先生五十一歲. … 壽皇內禪, 光宗皇帝即位, 詔先生知荊門軍. … 覃恩轉宣教郎. 夏六月 … 磨勘轉奉議郎.

있는 기회가 주어졌다는 것에 대해 다행으로 여긴 듯하다. "저는 산중에 거처하며 강습하였는데 평소 품고 있던 뜻을 간직하기에 적합하였습니다. 知荊門軍의 명은 조정을 잊지 말라는 의미에서 나왔지만, 본래 직책수행의 흥미가 없었습니다. 다행히 머물러 대기할 수 있어, 천천히 임지에 가기로 결정하였습니다."[100]

이후 紹熙 2년(1191) 6월 신속히 부임하라는 명을 받고 7월에서야 제자 傅子雲에게 모든 강학활동을 맡기고 비로소 떠났다.[101] 곧바로 출발하지 않은 것은 병치레 때문이었다. 薛象先에게 보낸 편지에 당시 상황이 잘 그려져 있다. "저는 夏中 임지에 가라는 명을 받았는데, 마침 몸이 허약해져 침상에 누워 치료를 받았고 거의 위태로운 상황까지 이르렀습니다. 한 달 정도 지나 조금 회복했지만 여전히 腸痔로 고생하고 있습니다. 7월 4일 비로소 집을 나와 9월 3일 二泉에 도착하여 당일 곧바로 인수인계를 받았습니다."[102] 신속히 부임하라는 명을 받았지만, 병치레로 인해 요양한 후 9월에야 비로소 임지로 도착하게 된 것이다.

형문은 남송의 군사적 요충지로, 전략적 방어선의 최전방이었음에도 불구하고, 육상산이 막 도착한 후 파악한 형문의 상황은 그리 이상적이지 않았다. "외부에서 보면 태평한 官府로 보일 것입니다. 그러나 관청의 창고는 수년간 세금을 수취하거나 정부에 헌납하는 데 곤란을 겪고 있고, 실제 부족한 상황입니다. 공문서는 정돈해

---

100 『陸九淵集』권12, 「與黃循中」, 169쪽: 某山居講習, 粗適素懷. 荊門之命, 固出廟朝不忘之意, 然雅未有為吏之興. 幸尙遲次, 可徐決去就耳.

101 『陸九淵集』권36, 「年譜」, 508쪽: 紹熙 2년(1191), 先生五十三歲. … 得旨, 疾速之任.

102 『陸九淵集』권15, 「與薛象先」, 197쪽: 某夏中拜之任之命, 適感寒伏枕, 幾至於殆. 月余少蘇, 又苦腸痔. 七月四日始得離家, 九月三日抵二泉, 即日交割.

야 하고, 초막도 수리해야 하며, 도로도 정비해야 하고, 논밭도 개간해야 하며, 성곽도 다시 세우고, 군대도 보완해야 할 일이 적지 않습니다. 아침저녁으로 침잠하여 궁구하기를 세밀히 하고 숙고하여 다스리느라 쉴 틈이 없습니다. 이런 것은 외부사람들이 알 수 없을 것입니다."[103]

이에 도착 당일부터 인수인계를 통해 政務수행을 시작한 육상산은, 군비체제를 정비하기 위해 성곽건설에 착수하였고, 탈영병을 엄격히 문책하고 호적제도를 정비하여 군대조직을 완비하였다. 세금제도와 화폐제도를 개선하여 상인들이 자유롭게 왕래하도록 하였고 세수의 증대를 이루었다. 치안정책 역시 강화하여 도적이 발붙일 곳이 없게 하였다.

또한 강학 공간인 郡學과 貢院을 정비하여 교육개선에 힘을 기울였고 강학활동도 지속하였다. 어느 날은 마을에 變故가 생기자 上元이 마을 사람들이 기도하게 할 수 있도록 黃堂에 제단을 마련해 놓았다. 그러자 그는 마을 사람들을 불러 모아 「洪範」의 五福을 거두어 그 서민에게 나누어 준다는 '斂福錫民'章을 강의하고, 제사 드리는 일을 대신하였다. 人心의 선함을 밝히는 것이 스스로 많은 복을 구하는 방법이라고 강조한 것이다. 감동을 받은 사람들 가운데 어떤 이는 눈물도 흘렸다고 한다.[104]

---

103 『陸九淵集』권15, 「與羅春伯」, 197쪽: 自外視之, 真太平官府. 然府藏困於連年接送, 實亦匱乏, 簿書所當整頓, 廬舍所當修葺, 道路當治, 田萊當闢, 城郭當立, 武備當修者不少. 朝夕潛究密, 考略無少暇, 外人蓋不知也.

104 『陸九淵集』권36, 「年譜」, 510쪽: 春正月十三日, 會吏民講「洪範」'五皇極一章'. 郡有故事, 上元設醮黃堂, 其說曰 "爲民祈福."先生於是會吏民, 講「洪範」'斂福錫民'一章, 以代醮事. 發明人心之善, 所以自求多福者, 莫不曉然有感於中, 或爲之泣.

형문의 변화는 컸고 속도 역시 빠르게 진행되었다. 육상산은 당시 형문의 변화를 다음과 같이 묘사하였다.

> 근래 소송사건이 더욱 줄었들었다. 한 달동안 발생한 사건을 통계하면 두세 건에 머물 뿐이었다. 이곳은 평소 도적이 많았는데, 지금은 거의 없어졌다.[105]
> 이곳의 풍속은 열 달 만에 점차 변화를 느끼고 눈에 띄게 드러나기 시작하였다. 대체로 시비선악처가 분명해졌고, 사람들이 귀천을 막론하고 善을 좋아하며, 기질이 좋지 않은 자도 모습이 바뀌었다.[106]

丞相 周必大는 육상산이 형문에서 펼친 정사를 두고 躬行의 효험을 실제로 증험한 것이라 평가하였다.[107] 명실공히 본심의 확립과 사회적 확충을 몸소 실천하고 실험한 무대였다고 할 수 있다.

불행히도 紹熙 3년(1192) 12월 14일 육상산은 54세의 젊은 나이로 세상을 마쳤다. 마지막 행적에 대해서 「연보」는 다음과 같이 적고 있다.

> 7일 선생이 병에 걸렸다. 11일 눈이 내렸다. 郡의 벗들이 병문안을 오자, 겨울날씨가 따뜻하니 눈 오기를 기원해야 한다고 말하였다. 이에 倪濟甫에게 명하여 「건괘」를 그려 黃堂에 걸어놓고 향과 꽃을 설치하게 하였다. 다음날 蒙泉에 가서 물을 긷고 돌아와 봉안하게 하니, 바람과 구름이

---

105 『陸九淵集』권36, 「年譜」, 511쪽: 比來訟牒益寡, 終月計之, 不過二三紙. 此間平時多盜, 今乃絶無.

106 『陸九淵集』권36, 「年譜」, 512쪽: 此間風俗, 旬月浸覺變易形見, 大概是非善惡處明, 人無貴賤皆向善, 氣質不美者亦革面.

107 『陸九淵集』권36, 「年譜」, 512쪽: 丞相周公必大嘗遺人書, 有曰 "荊門之政, 可以驗躬行之效."

갑자기 일어났다. 12일 돌연히 눈이 내렸다. 앞서 11월 누이에게 "돌아가신 교수 復齋형은 천하에 뜻을 두었는데 뜻을 펴보지도 못하고 갑자기 돌아가셨다."고 하자 누이가 모두 그렇다고 하였다. 또 집안사람들에게 "내 장차 죽을 것 같다."고 하자, 누군가 "어찌 이런 불길한 말을 하십니까? 저희들은 앞으로 어떻게 살라고 그러십니까?"라고 말하였다. 선생은 이 또한 자연이라고 하고, 동료들에게도 "내 곧 죽을 것이다."라고 말하였다. 선생은 본래 血疾을 앓았는데, 열흘 동안 크게 발작하였다. 3일 후 병이 다소 회복되어 동료들을 접견하여 政務를 논하는 일을 평소처럼 하였다. 靜室에서 고요히 앉아 청소하고 분향할 것을 명하고 집안일은 언급하지 않았다. 눈이 내리자 목욕 준비를 하라고 명하였다. 목욕을 마치고 새 옷으로 갈아입은 후 두건을 바로 하고 정좌하고 앉았다. 집안사람이 약을 올리자 거절하고 이때부터 다시 말하지 않았다. 14일 낮 선생께서 돌아가셨다.[108]

II. 저 작

1. 文 集

육상산은 일생동안 경전에 대한 주석서나 저술을 거의 남기지

---

108 『陸九淵集』권36, 「年譜」, 512~513쪽: 七日丙午, 先生疾. 十一日庚戌, 禱雪. 郡僚問疾, 因言冬暖盍祈雪, 乃命倪巨川濟甫畫「乾卦」揭之黃堂, 設香花. 翌早, 迎往蒙泉取水歸安奉, 而風雲遽興. 辛亥日, 雪驟降. 先是十一月, 語女兄曰 "先教授兄有志天下, 竟不得施以歿." 女兄盡然. 又語家人曰 "吾將死矣." 或曰 "安得此不祥語, 骨肉將奈何?" 先生曰 "亦自然." 又告僚屬曰 "某將告終." 先生素有血疾, 居旬日大作. 越三日, 疾良已, 接見僚屬, 與論政理如平時. 宴息靜室, 命灑掃焚香, 家事亦不掛齒. 雪降, 命具浴. 浴罷, 盡易新衣, 幅巾端坐. 家人進藥, 卻之, 自是不復言. 十四日癸丑日中, 先生卒.

않았다. 그저 소량의 詩文·雜著·序贈·書信과 語錄만 남아 있을 뿐이다. 몇몇 학자들은『연보』에 "어떤 이가 陸선생께 '어째서 六經을 주석하지 않느냐'고 묻자 선생은 '육경이 나를 주석하고 있는데, 내가 어째서 육경을 주석해야 하느냐!'고 반문하였다."는 기록을 토대로[109], 육상산이 저술활동을 거부하였다고 단정하였다.[110] 하지만 육상산은 결코 저술을 부정하지 않았다. 만년 象山精舍에서 강학활동을 할 당시『春秋』에 대한 새로운 주석서를 편찬하려 하였고,[111]『周易』의 易數에 대해 터득한 후에는 '揲蓍'에 관한 저술의 뜻을 품었다.

> 저는 '揲蓍'에 관한 학설을 정리하여 역수의 큰 실마리를 드러내, 잘못된 학설을 배척하고 후학들을 일깨워 주려고 하였습니다. 일에 쫓기다 결국 이루지 못하여, 아침 저녁으로 간략하게 적은 것을 한 권 보내드리겠습니다. 언제 한번 뵙게 되면, 마음속에 품고 있는 것을 기탄없이 함께 논의하면 좋겠습니다.[112]

핵심을 터득하였다고 자부한 蓍法에 대한 내용은[113] 현재『어록』에 남아 있다.

109『陸九淵集』권36,「年譜」, 522쪽: 或謂陸先生云 "胡不註六經?" 先生云 "六經當註我, 我何註六經."

110 그래서 陳來는 아호모임 당시 육상산이 독서를 거부한 것이라고 보았다.[陳來,『宋明理學』, 華東師范大學出版社, 2003, 156~157쪽.] 張立文도 이 언급이 不立文字를 주장한 그가 독서나 강학활동을 폐기한 단적인 사례라고 주장하였다.[張立文,『走向心學之路』, 中華書局, 1992.]

111『陸九淵集』권36,「年譜」, 제506쪽: 光宗皇帝即位, 詔先生知荊門軍. 先生始欲著書, 嘗言諸儒說『春秋』之謬尤甚於諸『經』, 將先作傳. 值得守荊之命而不果.

112『陸九淵集』권15,「與陶贊仲」, 192쪽: 某欲作一揲蓍說, 稍發易數之大端, 以排異說, 曉後學. 坐事奪, 未克成就. 早晚就草, 當奉納一本. 何時合并, 以究此懷.

113『陸九淵集』권35,「語錄(下)」, 464쪽: 先生說數, 說揲蓍, 云 "蓍法後人皆悞了, 吾得之矣."

제자 丘元壽의 언급에 의하면, 당시 이미 육상산의 핵심사상을 집록한 文集이 전해지고 있었던 것으로 추정된다.

> 원수는 스스로 말하기를 "선생님께 가르침을 받으면서부터 매우 즐거웠습니다. 그런데 지금 갑자기 가슴 속에 뭔가 막힌 것이 있는 것처럼 답답합니다. 우선 선생님의 문집을 베껴 돌아가 공부한 후, 다시 와서 가르침을 받겠습니다."라고 하였다.[114]

여기서 말한 '文集'은 훗날 간행된 『象山先生全集』이 아니다. 문인과 주고받은 편지나 육상산의 학술적 관점을 충분히 읽을 수 있는 문장을 집록해 놓은 것으로 보인다. 그는 종종 문인들과 편지를 주고받으며 자신의 관점을 명확히 드러내는 문장을 함께 동봉하곤 하였다.

> 「荊公祠堂記」와 주자에게 보낸 세 통의 편지도 함께 동봉합니다. 자세히 보고 숙독할 만할 것입니다. 이 몇 문장은 모두 도를 밝힌 글이니, 한때 변론한 글에 그치지 않을 것입니다.[115]

> 수년간 쓴 편지와 문장이 많은데 모두 기록할 수 없습니다. 자식에게 「經德堂記」를 적도록 하여 보냅니다. 이 글은 우리 도에 보탬이 있을 것입니다. 「荊公祠堂記」도 새겨서 동봉합니다. 이 글은 백여 년간 해결되지 않은 公案을 마무리하는 것이고, 성인이 다시 태어나더라도 제 말을 바꾸지 못할 것입니다.[116]

---

114 『陸九淵集』권34, 「語錄(上)」, 395쪽: 元壽自述 "自聽教於先生甚樂, 今胸中忽如有物梗之者, 姑抄先生文集, 歸而求之, 再來承教."

115 『陸九淵集』권15, 「與陶贊仲」, 194쪽: 「荊公祠堂記」與元晦三書併往, 可精觀熟讀, 此數文皆明道之文, 非止一時辯論之文也.

주자도 문인들을 통해 육상산의 글을 얻어 보고, 자신의 관점과 다름에 대해 지적하기도 하였다.[117] 이는 당시 육상산의 글 일부가 학자들에게 회자되었고, 抄錄 형태의 문집이 문인들에게 전해지고 있었음을 말해준다.

文集이 세상에 선보인 것은 육상산 사후의 일이다. 開禧 元年(1205) 아들 持之가 집안에 남아 있거나 문인들이 가지고 있는 遺文들을 수집하여 『象山先生全集』을 간행하였다. 楊簡의 서문에 의하면 모두 28권이고 外集 6권으로 이루어져 있다고 한다.[118] 「연보」에서도 이에 근거하여 총 34권으로 기록하고 있다.[119] 다만 『四庫全書叢目提要』에서는 훗날 袁燮이 간행한 문집과 『宋史』「藝文志」·『文獻通考』 등에서 모두 『象山集』은 28권이고 外集이 4권이라고 표기하고 있으므로, 「연보」에서 外集을 6권으로 표기한 것은 '四'자를 '六'자로 잘못 표기한 것이라 추정하였다.[120]

---

116 『陸九淵集』권9, 「與林叔虎」, 126쪽: 數年間, 書問文記頗多, 不能盡録. 令小兒録「經德堂記」往, 此文頗有補於吾道. 「荆公祠堂記」刻併往, 此是斷百餘年未了底大公案, 聖人復起, 不易吾言矣.

117 『朱子全書』권34, 「答呂伯恭」, 1493쪽: 持得子靜近答渠書與劉淳叟書, 卻說人須是讀書講論, 然則自覺其前說之誤矣. 『朱子全書』권35, 「與劉子澄」, 1549쪽: 子靜寄得「對語」來, 語意圓轉渾浩, 無擬滯處, 亦是渠所得效驗. 但不免有些禪底意思.

118 『陸九淵集』附錄一, 535쪽: 先生冢嗣持之, 字伯微, 集先生遺言爲二十八卷, 又外集六卷, 命簡爲之序.

119 『陸九淵集』권36, 「年譜」, 518쪽: 開禧元年乙丑(1205), 夏六月, 先生長子持之伯微編遺文爲二十八卷, 外集六卷, 乙卯楊簡序.

120 『四庫全書總目提要』: 據九淵「年譜」, 『集』為其子持之所編, 其門人袁燮刊於江西提舉倉司者, 凡三十二卷. 『宋史』「藝文志」·『文獻通考』並作『象山集』二十八卷, 外集四卷, 總而計之, 與燮所刊本卷數相符. 獨『年譜』稱 "持之所編外集為六卷", 殆傳寫訛四為六歟? 此本前有燮「序」, 又有楊簡「序」. 燮「序」作於嘉定五年, 簡「序」作於開禧元年, 在燮「序」前七年, 而列於燮後. 蓋刊板之時, 以新「序」弁首, 故翻刻者仍之.

開禧 3年(1207) 括蒼의 高先生도 『象山文集』을 郡庠에서 간행하였다. 跋文에서 "공자의 가르침은 제자들이 분발하고 애태워 계발시켰고, 공맹의 책은 心慮를 困衡케 하며 분발하여 깨달았는데, 이 학문이 오래되자 전해지지 않자, 유독 象山선생이 천년동안 단절된 가르침을 가장 절실하게 깨달았다. 이에 선생의 말을 듣는 이들은 대부분 감동하고 분발하였다. 『尙書』에서 '오직 문왕께서 공경하고 조심하시던 대로만 하라'고 하였다. 선생의 글은 黃鐘大呂처럼 正大하여 천하에 두루 미쳤으니, 진실로 공자와 맹자의 핵심 가르침을 계발하였다고 할 수 있다. 그러니 후세에 전해지지 않을 수 있겠는가?"[121]라고 하였다.

嘉靖 5년(1212) 8월 張衎의 季悅도 遺文을 모아 편찬하였고, 傅子雲이 서문을 썼다. 또 9월에는 持之가 전에 간행한 『象山先生全集』에 빠진 내용이 많아, 다시 유문을 모아 편집하고 袁燮에게 서문을 부탁하여 간행하였다. 袁燮은 서문에서 말하였다. "선생께서 돌아가신 지 20여 년이 흘렀음에도 남기신 말은 더욱 빛나고 정신이 여전히 있는 듯하다. 공경하여 보니 마음이 모두 엄숙해지고 친히 가르침을 받는 것 같다. 江西 臨汝에서 전에 간행했었는데, 빠지고 생략된 것이 많아 선생의 아들 持之 伯微가 모으고 보태어 32권으로 합하고 지금 倉司에서 간행하였다."[122]

---

121 『陸九淵集』권36, 「年譜」, 518~519쪽: 開禧三年丁卯, 秋九月庚子, 撫州守括蒼高商老干先生文集于郡庠. 跋云 "洙泗之教, 憤悱啓發, 鄒魯之書, 困衡作喻. 此學久矣無傳, 獨象山先生得之千載之下, 最爲要切. 是以聽其言者類多感發. 『書』曰 '惟文王之敬忌', 先生之文如黃鍾大呂, 發達九地, 真啓洙泗鄒魯之秘, 其可不傳耶?

122 『陸九淵集』권36, 「年譜」, 520쪽: 先生之沒, 餘二十年, 遺言炳炳, 精神猶在, 敬而觀之, 心形俱肅, 若親炙然. 臨汝嘗刊行矣, 尚多闕略. 先生之子持之伯微

이후 육상산 학문을 기리고 전하는 象山精舍가 重修되고 점차 象山書院이 곳곳에 건립되면서 문집의 출간 역시 요청되었다. 紹定 4년(1231) 袁燮의 아들 袁甫는 "象山先生文集은 예전 아버지께서 江右에서 간행한 바 있다. 내가 江左에 부임한 후, 상산서원을 새로 건립하고, 다시 舊本에 의거하여 후학들에게 베풀어 주었다. … 선생의 도는 광대하니, 어찌 찬술할 수 있겠는가? 들은 것을 외워 卷末에 첨부하였다."[123]

元代 至治 4년(1324)에는 洪琳이 青田書院에서 문집을 重刊하였고, 吳澄이 서문을 썼다. 明代 正德 16년(1521) 撫州의 태수 李茂元은 文集과 語錄을 합하여 간행하였고, 王陽明이 서문을 썼다. 嘉靖 14년(1535)에는 尤溪의 廖恕가 『象山全集』을 간행하면서, 朱陸의 학문적 관점이 결국 하나로 일치한다고 논증한 徐階의 「學則辯」을 부록에 붙여 간행하였다. 嘉靖 40년(1560)에는 德安의 何吉阳이 文集·語錄·年譜를 합치고, 文安謚議와 行狀, 그리고 學則辯과 주륙 논쟁 서신을 추가하여 모두 36권으로 江西에서 간행하였다. 臨海의 王宗沐이 서문을 썼다.

萬曆 7년(1579)에는 육상산 제자 傅子雲의 후손 傅文兆가 金陵에서 출간하였다. 서문에서 "육선생은 金鷄 青田 마을에서 태어났다. 우리 조상 子雲은 선생과 같은 동향사람이라 선생의 학문을 가장 깊게 전해 받았다. 그래서 나도 그 실마리를 얻어들을 수 있었다. 文集이 그간 7번이나 간행되었는데, 善本이 없었다. 동료 周希旦은

裒而益之, 合三十二卷, 今爲刊于倉司.

123 『陸九淵集』권36, 「年譜」, 523쪽: 袁甫刊先生文集. 略云 "象山先生文集, 先君子嘗刊于江右. 甫將指江左, 新建象山書院, 復摹舊本, 以惠後學. … 先生之道大矣, 奚庸贊述, 姑誦所聞, 附于卷末.

효성스런 벗인데, 선생의 높은 가르침을 흠모하여, 『全集』을 구해 金陵에서 간행하고 그 전함을 확산하였다."[124] 본 역주에서 토대로 삼은 中華書局本『陸九淵集』은 바로 上海 涵芬樓에서 간행한 이 嘉靖本을 저본으로 하였고, 기타 嘉靖本과 淸 道光 2년(1822) 金溪 槐堂書屋에서 간행한 판본을 참고하여 校勘하였다. 校勘記에 따르면, 明 成化 연간 간행한 陸和本과 正德 16年(1521) 李茂元 판본, 萬曆 43년(1616) 周希旦이 간행한 판본도 검토하였다고 한다.

2. 年 譜

육상산 생애에 대해 기록하고 있는 年譜는 그가 세상을 떠난 뒤, 제자 袁燮과 傅子雲에 의해 初稿가 쓰여졌고, 理宗 宝佑 4년(1256) 李子愿에 의해 다시 편집되어, 劉林이 衡陽에서 간행하였다.

1980년 中華書局에서 출판한『陸九淵集』에는 明代 嘉靖 40년(1561) 王宗沐이 다시 校勘한 판본을 底本으로 삼은 연보가 실려 있다.

이 밖에 참고할 만한 육상산 연보로는 淸代 李紱이 陸九韶와 陸九齡의 事迹 및 기존의 연보에서 누락된 것을 增訂하여 편찬한『象山先生年譜』가 있다. 1999년 출판된『北京圖書館藏珍本年譜叢刊』에 수록되어 있다. 또 淸代 方宗誠이 편찬한『陸象山先生年譜節要』가『北京圖書館藏珍本年譜叢刊』에 실려 있고, 臺灣商務印書館에서 발행한 淸代 楊希閔이 편찬한『宋陸文安公九淵年譜』도 있다.

---

124 『陸九淵集』 附錄1, 「傅文兆敍」: 先生生於金鷄靑田之鄕, 吾家子雲與先生同里, 其受知先生爲最深, 故愚得竊聞其緖焉. 文集已經七刻, 殊無善本. 友人周希旦氏, 孝友人也, 慕先生之高致, 乃求全集而刻之金陵, 以廣其傳.

3. 語 錄

『상산선생어록』은 전체 상·하 2권으로 구성되어 있고, 『象山先生全集』과 더불어 육상산 철학사상의 핵심을 풍부하게 엿볼 수 있는 중요한 자료이다. 제자들의 기록에 의하면, 육상산 생존 당시 이미 통행되고 있던 어록이 있었고, 육상산 사후에도 정식으로 간행되기 이전 이미 학자들에게 유전되고 있었던 것으로 보인다.

李伯敏은 육상산 생존 당시 자신이 남긴 어록을 육상산에게 보이기도 하였다. 그러자 육상산은 "編錄한 것은 그런대로 괜찮다. 다만 말이 약간 문제가 있으니, 남에게 보이지 말고 혼자 간직하며 보는 것이 좋을 듯하다. 또한 어느 때 한 말은 기록할 필요가 없는 것도 있다. 남을 깨우치기 위해 급하게 말하다 보니 하나하나 문제가 없을 수 없다."[125]고 말하였다. 吳澄은 "盱江에서 어록 한 첩이 전해지고 있었는데, 기록한 내용에 깊고 얕은 차이가 있었다. 첫 편은 高弟子 傅季魯와 嚴松年이 기록하였다"고 적고 있다.

어록이 정식으로 간행된 것은 육상산 사후 40여 년이 지난 嘉熙元年(1237)의 일이다. 楊簡 문하에 있던 陳塤은 육상산 遺文을 틈틈이 수집하다가 逸失될 것을 우려해 문인들이 주고받은 문답을 모두 수집하여 貴溪 象山書院에서 간행하고, 서문을 썼다.

> 맹자가 세상을 떠난 지 1500여 년의 시간이 흐르자, 송나라에 象山 文安陸先生이 드높게 홍기하고 탁월하게 서서 분명하게 말하고 의연하게 행

---

125 『陸九淵集』권35, 「語錄(下)」, 445쪽: 伯敏 … 呈所編『語錄』先生, 云 "編得也是, 但言語微有病, 不可以示人, 自存之可也. 兼一時說話有不必錄者, 蓋急於曉人, 或未能一一無病."

동하였다. 본심의 청명함과 우리 도의 簡易함을 가리켜 사람들의 마음을 계발하고 후학들을 일깨웠다. 그 가르침은 번거로운 것에 힘쓰지 않고 본말을 갖추고 있고, 그 말은 많은 것에 힘쓰지 않고 긴요하고 밝은 것을 논하였으며, 장구의 티끌을 씻어내고 의견의 편협함을 깨뜨렸다. 듣는 자로 하여금 환하게 깨닫고 생생하게 느끼게 하여, 마음이 곧 도임을 알아 그 행하는 바를 의심하지 않게 하였다. 그러니 어둠에서 일월과 같은 밝음을 이루고, 절벽에서 나루와 길처럼 방향을 찾고, 언덕에서 숭산과 화산처럼 이룸을 완성하지 않겠는가? 나는 늦게 태어나 선생을 모시지 못하고, 慈湖 문하에 들어가 유문을 가슴에 품고 사숙하였다. 은혜롭게도 관장을 하게 되어, 도는 서원으로부터 나오므로 사당 동상에 알현하고 마치 책을 들고 당에 오르는 문하생이 된 것처럼 하였다. 동문들이 기록한 訓語가 아직 전집에 수록되지 못하여, 모두 청하였다. 두 세번 반복하여 숙독하고, 장인에게 주어 새기도록 하였다. 어떤 이가 내게 물었다. "지금 유생들은 관점을 闡說하고, 제자들은 그것을 앞다투어 기록하며, 후학들은 그것을 모아 모사하고 전한다. 그래서 유전하고 있는 책이 한우충동처럼 많은데 그치기를 싫어하지 않는다. 그대가 터득하였으니, 핵심을 풀이해 줄 수는 없는 것인가?" 내가 말하였다. "선생의 도는 푸른 하늘의 밝은 태양처럼 밝으니 어찌 다 말할 수 있겠는가? 또 선생의 말은 우레나 천둥처럼 놀라우니 어찌 기록할 수 있겠는가? 기록하여 간행하는 것이 오히려 거추장스러울 수 있다. 지금 이후에 이 어록을 암송하여, 수천 마디 말 속에 한 마디 말의 본의를 터득하고, 또 그 속에서 본심과 다른 말이 없음을 볼 수 있다면, 선생의 도는 밝아질 것이다. 감히 삼가 편찬하여 후학들을 기다린다."[126]

---

126 『陸九淵集』권36, 「年譜」, 526쪽: 孟子歿千五百餘年, 宋有象山文安陸先生, 挺然而興, 卓然而立, 昭然而知, 毅然而行. 指本心之清明, 斯道之簡易, 以啓群心, 詔後學. 其教不務繁而本末備, 其辭不務多而論要明, 洗章句之塵, 破意見之窟. 使聞者渙如躍如, 知心之即道, 而不疑其所行. 茲非晦冥之日月, 崖險之津塗, 丘阜之嵩華歟? 塤生晚, 不逮事先生, 而登慈湖之門, 固嘗服膺遺文矣. 蒙恩司治, 道由書院, 瞻謁祠像, 如獲執經升堂. 見同門所録訓語, 編未入梓, 咸以

『象山語錄』을 간행한 陳塤은 다른 제자들이 정리한 어록 말미에 누가 기록한 것인지 출처를 밝혀 놓았지만, 黃元吉은 荊州日錄을 시작하기에 앞서 서문을 쓰고, 육상산 가르침의 핵심내용과 어록이 후세에 전해져야 하는 당위성을 설명하였다. "예전에 선생님이 金鷄에서 와서 동료들을 데리고 백록동서원에서 강의하여 『論語』「里仁」편의 '君子喻於義, 小人喻於利' 장의 뜻을 밝히면서, 또 당시 사람들이 평소 밝은 것은 습관에서 비롯되고, 습관은 또 뜻하는 것에서 비롯됨을 밝혀 학자들의 병통을 매우 정확하게 지적하였다. 義利에 대한 설이 밝게 드러났고, 군자와 소인의 차이도 거의 없으니, 어찌 엄격하지 않을 수 있겠는가? 만일 절실하게 자신을 살피지 않고, 성현의 책과 어긋난 행동을 한다면, 비록 이러한 글이 있더라도 그것은 단지 종이위에 써내려간 말에 해당할 뿐이다. 括蒼의 高先生이 선생의 문집 跋文에서 '선생의 학문은 黃鐘大呂처럼 正大하여 천하에 이르렀으니, 진실로 공자와 맹자의 핵심 가르침을 계발하였다고 할 수 있다. 그러니 후세에 전해지지 않을 수 있겠는가?'"[127]

또 『朱子語類』 4권을 편집하는 데 참여했던 포현도도 육상산 어록을 남겼고, 黃元吉의 기억에 의하면, 周廉夫가 기록한 『陸子語

爲請. 再拜三復, 乃授工鋟勒焉. 或謂塤曰 "近世儒生闡說, 其徒競出紀録, 後來者搜拾摹傳, 雖汗牛充棟, 且未厭止也. 子之所得, 不甚解約乎?" 塤語之曰 "先生之道如青天白日, 何庸語? 先生之語如震雷驚霆, 何庸録? 錄而刊, 猶以爲贅也. 而今而後, 有誦斯録, 能於數千言之中見一言焉, 又於其中見無言焉, 則先生之道明矣, 敢拱以俟來者.

127 『陸九淵集』권35, 「語錄(下)」, 471쪽: 昔者先生來自金邑, 率僚友講道於白鹿洞, 發明'君子喻於義, 小人喻於利'一章之旨, 且喻人之所喻由其所習, 所習由其所志, 甚中學者之病. 義利之說一明, 君子小人相去一間, 豈不嚴乎? 苟不切己觀省, 與聖賢之書背馳, 則雖有此文, 特紙上之陳言耳. 括蒼高先生有言曰 "先生之文如黃鍾大呂, 發達九地, 真啓洙泗鄒魯之秘, 其可不傳耶?"

錄』이 가장 빼어났다고 한다.[128]

『陸子學譜』에서는 명대 楊廉이 어록을 10권으로 출판하였다고 적고 있다. 현재 遺失되어 그 편장의 구성은 확인할 수 없다. 어록이 문집에 수록된 것은 明代 正德16년(1521)에 이르러서다. 李茂成은 이전『상산선생전집』과 별도로 전해지던『상산선생어록』을 합하여『陸子全書』를 간행하였다.

이외 明代 王宗沐이 편찬한『象山粹言』, 耿定向이 편집한『陸象山先生語要』, 萬曆 25년(1579) 聶良杞가 작성한『陸象山先生集要』등이 있다. 모두 문집과 어록의 일부를 選錄한 것에 지나지 않는다.

128 『宋元學案』권66,「黃元吉豊叔」: 廉夫所記『陸子語錄』最佳.

語錄 上

1_ 門人 傅子雲 季魯 編錄

2_ 門人 嚴松 松年 所錄

象山語錄 譯註

1 門人 傅子雲 季魯 編錄

이 부분은 傅子雲이 편록한 어록을 모아 놓은 것으로, 모두 130조목이다. 본래 그가 기록한 어록 말미에 '右門人傅子雲季魯編錄'이라 표기되어 있는데, 구분의 편의를 위해 앞으로 옮기고 표제로 삼았다. 부자운의 字는 季魯이고 號는 琴山이며, 육상산과 동향 金溪 사람이다. 歐寧縣 主簿를 역임한 바 있고, 『易傳』·『論語集傳』·『中庸大學解』·『童子指義』·『離騷經解』 등을 저술하였다.

부자운이 육상산을 찾은 시기는 乾道 8년(1172)으로 추정된다. 34세의 비교적 늦은 나이에 南宮에서 치르는 禮部會試에 급제한 육상산은 延試 이후 同進士出身을 제수받고 고향 金溪로 돌아와 집안 동편에 있는 槐堂을 '存齋'라 이름 짓고 본격적으로 강학활동을 시작한다. 「槐堂諸儒學案」에 따르면, 부자운이 象山 문하에 들어갔을 때는 나이가 너무 어려 鄧文範에게 먼저 배우도록 하였다고 한다.[『宋元學案』권77, 「槐堂諸儒學案」: 成童, 登象山門, 以其少, 使先從鄧文範.] 「象山先生年譜」에서는, 만년 象山精舍를 짓고 강학할 때 학생들이 나이 순서대로 앉았는데, 부자운이 제일 어려 끝자리에 앉아야 했지만, 육상산은 늘 자기 곁에 자리 하나를 더 마련토록 하여 앉게 하였고,

때론 강의도 대신하게 하였으며, 부자운이 천하의 영재라고 치켜세우기도 하였다고 적고 있다.[『陸九淵集』권36, 「年譜」, 502쪽: 季魯齒最少, 坐必末. 嘗掛一座于側間, 令代說. 時有少之者, 先生曰 "季魯英才也."] 그만큼 육상산이 부자운을 신임하였음을 말해준다.

제자 嚴松의 기억에 의하면, 육상산은 당시 제자 가운데 부자운이 傅子淵과 鄧文範 다음으로 뛰어난 제자로 여겼다고 한다.[『陸九淵集』권34, 「語錄(上)」, 422쪽: 松問先生, 今之學者爲誰? 先生屈指數之, 以傅子淵居其首, 鄧文範居次, 傅季魯 · 黃元吉又次之.] 그래서인지 그는 紹熙 2년(1191) 7월 荊門으로 관직에 부임하러 임지로 갈 때, 부자운이 있어 믿고 떠날 수 있음을 다행으로 여긴다고 밝히고, 상산정사와 관련된 모든 일을 일임하였다.[『陸九淵集』권36, 「年譜」, 502쪽: 囑傅季魯居山講學. 先生將之荊門, 謂季魯曰 "是山繄子是賴, 其爲我率諸友, 日切磋之. 吾遠守小障, 不得爲諸友掃浄氛穢, 幸有季魯在, 願相依親近."]

육상산 사후 紹定 4년(1231) 袁甫는 스승의 학문을 계승하기 위해 象山書院 건립을 건의하였다. 육상산은 본래 상산에 서원건립의 뜻을 가지고 있었는데, 知荊門軍을 제수받아 임지로 가는 바람에 이루지 못하였다. 이에 원보가 서원건립을 추진하였는데, 애초 육상산이 택한 장소가 산속에 위치하여 큰 길과 멀고 교통도 불편하므로, 그는 貴溪의 徐巖에 입지 좋은 곳을 택하였다. 하지만 이 역시 방향이 서북쪽을 향하고 있어, 부자운은 서원이 옛 성현의 말씀과 禮를 강학하는 곳인데 先聖 · 先師의 자리가 北面하고 학생이 南面하면 예가 아님을 밝히고, 남쪽을 바라보는 곳에 서원자리를 택하도록 하였다.[『陸九淵集』권36, 「年譜」, 522쪽: 紹定四年辛卯, 夏六月已亥, 江東提刑袁甫 · 廣微奏建象山書院于貴溪之徐巖. 先生本欲創書院于山間, 拜命守荊而不果. 至是袁憲奏建書院, 以山間不近通道, 乃命洪季陽相地, 得徐巖, 近邑而

境勝, 坐已向亥. 傅季魯聞而譏之曰 "書院爲講古習禮之所, 而先聖先師北面, 學者南面而拜之, 非禮也. 宜擇南面之地."]

이렇게 부자운은 槐堂講學 시기 高弟子로서 육상산 학문계승에 적극 가담하였고, 늘 上席에 앉아 주도하였다. 어록에 그가 편록한 부분이 가장 먼저 나오는 것도 그가 제자들 가운데 차지했던 위치가 중심에 있었기 때문으로 보인다.

[1–1] “道外無事, 事外無道”, 先生常言之.

번역 “도 밖에 존재하는 사물 없고, 사물 밖에 존재하는 도 없다”고 선생께서 자주 말씀하셨다.

[1–2] 道在宇宙[1]間, 何嘗有病! 但人自有病. 千古聖賢, 只去人病, 如何增損得道?

번역 도가 우주 사이에서 언제 결함 있었던 적이 있었는가! 그저 사람들 자체에 결함이 있었을 뿐이다. 옛 성현들은 그저 사람들의 결함을 제거하려고만 했지, 어떻게 도를 보태거나 덜어낼 수 있겠는가?

주석 1_ 宇宙: 「연보」에 의하면, 육상산은 13세가 되던 해(1151) 古書를 읽다가 ‘宇宙’ 두 글자에 대한 해석인 “상하사방을 宇라 하고, 예부터 지금까지를 宙라 한다.”는 것을 접하고 홀연히 큰 깨달음을 얻었다고 한다. 그리고는 “천지는 원래 끝이 없는 것이구나! 사람과 천지 만물은 모두 끝없는 이 우주 가운데 자리하고 있다.”라 하고, 바로 붓을 들어 “우주 안의 일은 곧 내 안의 일이고, 내 안의 일은 곧 우주 안의 일이다.”라고 적었다.[『陸九淵集』권36, 「年譜」, 482~483쪽: 因讀古書至宇宙二字, 解者曰 “四方上下曰宇, 往古來今曰宙.” 忽大省曰 “元來無窮. 人與天地萬物, 皆在無窮之中者也.” 乃援筆書曰 “宇宙內事乃己分內事, 己分內事乃宇宙內事.”] 이는 東南三賢 및 諸賢들과의 교류 속에서 일관되게 견지하던 본심 철학의 종지이기도 하다. 아마 그는 우주 두 글자에 내포된 무궁한 특성이 인간이면 누구나 선험적으로 지니는 본심과 같다고 여긴 것으로 보인다. 우주 간에 존재하는 사물이 끝이 없는 시간과 공간 속에서 각기 다른 理를 무한히 드러내듯이, 본심도 서로 다른 시간과 공간 속에서 상황에 맞는 理를 끊임없이 드러낸다.

[1-3] 道理只是眼前道理, 雖見到聖人田地, 亦只是眼前道理.

번역 도리는 그저 눈앞에 있는 도리일 뿐이다. 비록 성인의 경지를 터득한다 할지라도, 역시 눈앞의 도리일 뿐이다.

[1-4] 唐虞[1]之際, 道在皐陶[2], 商周之際, 道在箕子[3]. 天之生人, 必有能尸明道之責者, 皐陶·箕子是也. 箕子所以佯[4]狂不死者, 正爲欲傳其道. 既爲武王陳「洪範」[5], 則居於夷狄, 不食周粟.

번역 요임금과 순임금의 시기에는 도가 고요에 있었고, 상나라와 주나라 교체기에는 도가 기자에게 있었다. 하늘이 사람들을 내면, 반드시 도를 밝히는 일을 맡을 수 있는 책임자를 두었는데, 고요와 기자가 바로 그들이다. 기자가 일부러 미친 척하여 죽음을 면한 까닭도 바로 그 도를 전하기 위해서였다. 이미 무왕을 위해 「홍범」을 저술하여 도를 진술하고는, 주 왕조와 멀리 떨어진 이적 땅에 거주하며, 주나라의 곡식을 먹지도 않고 세상을 마쳤다.

주석

1_ 唐虞: 陶唐氏 堯와 有虞氏 舜을 아울러 이르는 말로, 유학의 이상적인 태평시대를 이룬 성인이다.

2_ 皐陶: 이름은 庭堅, 字는 聵이며, 皐繇라고도 부른다. 顓頊의 일곱번째 아들로, 순임금과 우임금의 士·士師·大理官을 담당하였다. 훗날 덕을 겸비한 司法官인 獄官 혹은 獄神으로 불렸다.

3_ 箕子: 이름은 西余로, 文丁의 아들이고, 帝乙의 동생이며, 紂王의 叔父이다. 상주 교체기에 도가 행해지지 않고 뜻을 펼칠 수 없게 되자, 武王에게 「洪範」을 전하고, 朝鮮으로 가서 東方 君子國을 세웠다는 전설이 전해 내려오고 있다. 공자는 일찍이 기자를 比干·微子와 함께 은나라 三賢으로 칭송한 바 있다.

4_ 佯: 『四部叢刊』本 「象山先生語錄」에서는 '徉'으로 쓰고 있다.

5_ 「洪範」: 『尙書』의 篇名이다. 상나라가 주나라에게 멸한 뒤 2년, 기자는 상나라 통치경험을 토대로 무왕에게 '天地之大法'을 陳述하여 도덕정치의 9가지 원칙을 확립하려 하였다. '洪範九疇'라 부르기도 하는데, 홍범은 大法을 뜻하고, 九疇는 9개 조목의 의미이다. 육상산은 만년 荊門에서 관직생활을 할 때, 「洪範」의 '黃極'에 대해 강의하였다. '洪範九疇'에 대한 육상산의 관점은 '7-9' 어록과 주석에서 설명하였다.

[1-5] 『論語』中多有無頭柄的說話, 如'知及之, 仁不能守之'[1]之類, 不知所及·所守者何事, 如'學而時習之'[2], 不知時習者何事. 非學有本領, 未易讀也. 苟學有本領, 則知之所及者, 及此也, 仁之所守者, 守此也, 時習之, 習此也. 說者說此, 樂者樂此[3], 如'高屋之上, 建瓴水'[4]矣. 學苟知本, 六經皆我註脚[5].

번역 『논어』에는 핵심을 파악할 수 없는 말이 많다. 예를 들어, '知及之, 仁不能守之'와 같은 구절은 이르고 지켜야 할 것이 무엇인지 알 수 없으며, '學而時習之'와 같은 말은 때에 따라 익혀야 할 것이 무엇인지 알 수 없다. 배움에 본령을 확립하지 못하면 쉽게 읽을 수 없다. 만일 배움에 본령이 확립되면, 앎이 이르는 것도 바로 이것에 이르는 것이고, 仁이 지키는 것도 이것을 지키는 것이며, 때에 따라 익히는 것도 바로 이것을 익히는 것이다. 기쁜 것도 이것을 기뻐하는 것이고, 즐기는 것도 이것을 즐기는 것이니, 『前漢書』에서 말한 '높은 집 위에 기와로 된 배수로를 만들어 빗물이 순조롭게 떨어지게 한다'는 것과 같이 근본을 튼튼히 하는 것이다. 따라서 배우는 자가 정말로 근본을 알면, 육경이 모두 나의 주석이 된다.

주석

1_ 知及之, 仁不能守之: 『論語』「衛靈公」에 보인다.

2_ 學而時習之: 『論語』「學而」에 보인다.

3_ 說者說此, 樂者樂此: 『論語』「學而」 첫 구절 '學而時習之, 不亦說乎. 有朋自遠方來, 不亦樂乎.'의 '說'과 '樂'을 가리킨다.

4_ 高屋之上, 建瓴水: 『前漢書』권1(下), 「高帝紀」에 보인다.[地埶便利, 其以下兵於諸侯. 譬猶居高屋之上, 建瓴水也. 如淳註曰 "瓴, 盛水瓶也. 居高屋之上而幡瓴水, 言其向下之勢易也."] 지붕위에 배수로를 만들면 물이 높은 곳에서 아래로 순조롭게 떨어지는 것과 같이 형세가 당연하고 쉬움을 의미한다.

5_ 學苟知本, 六經皆我註脚: 육상산은 혼잡한 마음을 가라앉히고 스스로를 돌아보면 본심은 저절로 발현되므로, 독서와 경전 주석에 주력하는 주자의 공부방법이 支離하고 聖學에 오히려 걸림돌이 된다고 보았다. 몇몇 학자들은 육상산이 말한 '六經註我, 我註六經'이 독서나 저술활동을 거부한 태도를 보여주는 단적인 사례라고 주장한다. 진래는 육상산 제자 楊簡이 기록한 『연보』에서 "어떤 이가 陸선생께 '어째서 六經을 주석하지 않느냐'고 묻자 선생은 '六經이 나를 주석하고 있는데, 내가 어째서 육경을 주석해야 하느냐!'고 반문하였다."[『陸九淵集』권36, 「年譜」, 522쪽: 或謂陸先生云 "胡不註六經?" 先生云 "六經當註我, 我何註六經."]고 한 것을 토대로, 육상산이 아호모임 당시 독서공부를 거부하였다고 보고 있다.[陳來, 『宋明理學』, 華東師范大學出版社, 2003, 156~157쪽.] 張立文도 이 언급이 不立文字를 주장한 육상산이 독서나 강학활동을 폐기한 단적인 사례라고 주장한다.[張立文, 『走向心學之路』, 中華書局, 1992.] 실제 육상산이 일생동안 경전에 대한 주석서를 저술한 적이 없고, 『陸九淵集』에 그저 少量의 詩文 · 雜著 · 序贈 · 書信과 講學時期의 語錄만 남아 있는 것을 보면 이러한 견해는 설득력이 있어 보인다. 하지만 육상산은 결코 저술활동이나 독서공부를 거부하지 않았다. 어떤 이가 육경을 읽을 때 먼저 어떤 사람의 주석을 봐야 하는지 묻자, 육상산은 말하였다. "반드시 먼저 古註를 정밀하게 살펴보아야 한다. 예를 들어 『春秋左氏傳』을 읽으려면, 杜預의 주를 자세히 보지 않을 수 없다. 대체로 우선 문장의 의미를 분명하게 이해해야

만, 읽을 때 이치가 저절로 밝아지게 된다. 물론 고주라 할지라도, 유독 趙岐가 풀이한 『맹자』는 문장의 의미가 너무 소략하다."[『陸九淵集』권34, 「語錄(上)」, 408쪽: 或問讀『六經』當先看何人解註? 先生云 "須先精看古註, 如讀『左傳』則杜預註不可不精看. 大概先須理會文義分明, 則讀之其理自明白. 然古註惟趙岐解『孟子』, 文義多略."] 이는 경전의 注釋보다 본심의 확립이 우선되어야 함을 강조한 그의 학문적 성향 때문이기도 하지만, 당시의 학문체계를 漢唐시기 성행한 訓詁學과 다른 '理學'으로 정의한 그 역시 『논어』·『맹자』·「대학」·「중용」·『주역』 등의 경전해석을 시도하여 자신의 본심을 더욱 공고히 하였음을 의미한다. 본심을 확립하여 도를 먼저 깨달아 文에 해당되는 육경이 내 마음의 주석임을 체득하는 것, 그것이 공부의 목적이다.

[1-6] 天理人欲之言, 亦自不是至論. 若天是理, 人是欲, 則是天人不同矣. 此其原蓋出於老氏. 「樂記」曰 '人生而靜, 天之性也, 感於物而動, 性之欲也. 物至知知, 而後好惡形焉. 不能反躬, 天理滅矣'[1], 天理人欲之言蓋出於此. 「樂記」之言亦根於老氏. 且如專言靜是天性, 則動獨不是天性耶? 『書』云 '人心惟危, 道心惟微'[2], 解者多指人心爲人欲, 道心爲天理, 此說非是. 心一也, 人安有二心? 自人而言, 則曰 '惟危', 自道而言, 則曰 '惟微'. '罔念作狂, 克念作聖'[3], 非危乎? 無聲無臭, 無形無體, 非微乎? 因言『莊子』云 '眇乎小哉! 以屬諸人, 謷乎大哉! 獨遊於天'[4], 又曰 '天道之與人道也相遠矣'[5], 是分明裂天人而爲二也.

번역 天理와 人欲을 구분 짓는 학설은 또한 자체가 至論은 아니다. 만일 하늘은 理이고, 사람은 欲이라 한다면, 하늘과 사람은 같지 않게 된다. 이 학설의 근원은 대체로 노자에서 비롯되었다. 「악기」에서 '사람이 태어나 고요한 곳은 하늘의 본성이고, 사물에 감응하여 움직이는 것은 성이 이끌리는 것이다. 사물이 이르고 앎을 알게 된 후에 好惡가 드러난다. 자신을 반성할 수 없다면, 천리는 소멸될 것이다'라고 하였는데, 천리와 인욕을 구분하는 학설은 대체로 여기에서 시작되었다. 또한 「악기」의 말도 노자에 근거하고 있다. 만일 정만이 천성이라고 한정해서 주장한다면, 동은 유독 천성이 아닌 것인가? 『상서』에서 '인심은 위태롭고, 도심은 은미하다'고 하였다. 이를 해석한 사람들은 대부분 인심을 인욕으로, 도심을 천리로 보았는데, 이러한 관점은 틀렸다. 마음은 하나이니, 사람이 어찌 천리와 인욕의 두 가지 마음을 지니겠는가? 사람의 입장으로 말했기 때문에 '惟危'라고 하였고, 도의 입장에서 말하였기 때문에 '惟微'라고 한 것이다. 『상서』에서 '선을 행할 생각을 순간 잊으면 狂人이 되고, 자기 욕심을 극복하면 성인이 될 수 있다'고 하였으니, 위태롭지 않은가? 도심은 소리와 냄새, 형상과 몸체도 없으니, 은미하지 않은가? 또 말하였다. 『장자』에서 '작고 작도다! 사람에게 속해 있기 때문이다. 크고 크도다! 홀로 그 하늘에서 노닐기 때문이다'라고 하였고, 또 '천도는 인도와 서로 멀리 떨어져 있다'고 했으니, 이것은 분명 天과 人을 갈라 둘로 나눈 것이다.

주석

1_ 人生而靜 … 天理滅矣: 『禮記』「樂記」에 보인다. 천리와 인욕을 둘로 구분하는 것은 이천 이후 형성된 주자의 관점을 일컫는다. 주자는 이천의 사상에 근거하여, 이발과 미발을 심리활동의 각기 다른 상태로 보거나, 體用으로 풀이하여 미발을 性으로 이발을 情으로 간주하였다. 전자는 심의 측면에서 감정이 드러남과 드러나지 않음으로 이발과 미발을 설명한 것이고, 후자는 성의 측면에서 본체인 성이 아직 드러나지 않은 것이 미발이고 기질의 영향을 받지 않고 본성 그대로 발현된 정이 이발임을 말한 것이다. 미발은 마음의 지각이 외부대상에 감응하여 지향성을 드러내기 이전에 해당하므로 지극히 선하고 不偏不倚한 中의 상태이지만, 이발은 감정이 드

러나면서 선악이 나뉘게 된다.

반면 마음의 본래상태가 본체라고 여긴 육상산은 동(이발)과 정(미발)이 비록 심리활동의 각기 다른 상태를 나타내는 개념이라 할지라도, 주자처럼 둘이 확연히 구분되지 않는다고 보았다. 動 속에 靜이 있고, 靜 속에 動이 있다. 「악기」에서와 같이 감정이 드러나지 않은 고요한 상태에 마음과 구분되는 본체[性]가 내재하고 있고, 움직이면서 기질의 영향으로 악이 될 수 있다고 한다면, 이는 노자의 영향을 받아 천리에서 비롯된 마음만이 도심이고 인욕에서 비롯된 마음은 인심이 된다는 '異端'의 학설과 다를 바 없게 된다. 그래서 육상산은 문인들의 관점을 비판하며 "보내 준 편지에서 명도선생이 말한 '靜亦定 · 動亦定'을 들어 설명한 부분은 자네가 알 수 있는 것이 아니다. 확립됨(定)은 동과 정에 있어 둘로 나뉘는 것이 아니다. 편지에서 '고요할 때 확립되었다…'라고 말한 부분도 그렇게 논증할 수 없다. 이는 고요할 때(정)나 움직일 때(동)가 다른 것이다."[『陸九淵集』권3, 「與張輔之」, 36쪽: 來書擧程明道先生靜亦定 · 動亦定之語, 此非子之所知也. 定之於動靜, 非有二也. 來書自謂"靜而定…", 亦恐未能果如是也, 是處靜處動不同矣.]라고 하였다. 그에게 마음의 본래 상태가 본체[體]이고, 외부 상황에 따라 구체적인 감정으로 드러난 것이 본심의 작용[用]이므로, 미발과 이발, 체와 용의 구분은 의미가 없다.

그러므로 육상산은 미발의 때에 본심을 유지하고 있다면, 감정이 드러난 이발도 당연히 中節하게 되지만, 대상사물과 감응하기 이전 고요할 때 편벽된 기질이나 잘못된 습관 · 자기고집 등의 영향으로 본래상태를 상실하여 不中의 상태에 놓일 수 있다고 보았다. 마음은 본래 지극히 선하지만, 본심을 상실하여 미발의 때에도 선악이 공존할 수 있다. 물론 그렇다고 도덕적 사고와 행위의 근간이 소멸되는 것은 아니다. 무궁한 본심은 매 순간 새롭게 드러나므로, 외부 사물과 감응하는 순간 지나간 과거나 오지 않은 미래에 집착하지 말고, 지금 바로 여기에 집중하는 공부가 필요하다.

2_ 人心惟危, 道心惟微: 『尙書』「大禹謨」에 보인다.

3_ 罔念作狂, 克念作聖: 『尙書』「多方」에 보인다.

4_ 眇乎小哉 … 獨遊於天: 『莊子』「德充符」에 보인다. '眇'는 『四部叢刊』本 「象山先生語錄」에서는 '耿'로 쓰고 있다.

5_ 天道之與人道也相遠矣: 『莊子』「在宥」에 보인다.

[1-7] '動容周旋中禮, 此盛德之至'[1], 所以常有先後.[2] '言語必信, 非以正行'[3], 纔有正其行之心, 已自不是了.[4]

번역 맹자는 '움직이고 행동하는 것이 모두 예에 들어맞으면, 이는 盛德이 지극함에 이른 것이다'라고 하였다. 그러므로 늘 먼저 할 것과 나중에 할 것이 있는 것이다. 또 '말을 반드시 미덥게 하는 것은 행실을 바르게 하려고 해서가 아니다'라고 하였으니, 자신의 행동을 바로잡으려는 마음이 있다면, 이미 잘못된 것이다.

주석 1_ 動容周旋中禮, 此盛德之至: 『孟子』「盡心(下)」에 보인다.

2_ 動容周旋中禮 … 所以常有先後: 中華書局本 『陸九淵集』의 「語錄」에서는 '言語必信, 非以正行' 이후를 독립된 다른 문장으로 표기하였다. 반면, 『四部叢刊』本 「象山先生語錄」은 이를 합쳐 하나의 문장으로 간주하였다. 이 어록은 『孟子』「盡心(下)」의 "堯舜은 본성대로 하였고, 湯武는 본성을 회복하였다. 표정을 짓고 몸을 움직이는 것이 예절에 적중하는 자는 성덕의 지극함이다. 죽음에 곡하며 슬퍼함이 산 자를 위해서가 아니며, 도덕을 꿋꿋이 지키며 불의를 회피하지 않음이 작록을 구하기 위해서가 아니며, 언어는 반드시 신용 있게 하는 것이 행실을 바르게 하기 위해서가 아니다. 군자는 法道대로 행하여 天命을 기다릴 뿐이다."[堯舜, 性者也. 湯武, 反之也. 動容周旋中禮者, 盛德之至也, 哭死而哀, 非爲生者也, 經德不回, 非以干祿也, 言語必信, 非以正行也. 君子行法, 以俟命而已矣.]에 대한 그의 해석으로 판단된다. 따라서 여기서는 『四部叢刊』本 「象山先生語錄」을 따라 하나의 문장으로 보고 풀이하였다.

3_ 言語必信, 非以正行: 『孟子』「盡心(下)」에 보인다.

4_ 纔有正其行之心, 已自不是了: 육상산은 주자가 소학공부를 통해 행동 삼가는 것을 강조한 것과 달리, 본심의 동의 없이 억지로 행동을 제약하는 공부를 반대하였다. "나태한 병통은 또한 그 도가 바로잡을 수 있다. 나는 큰 병통을 치료하지, 사소한 것에는 관여하지 않는다. 하나가 바르면 백 가지 행위가 바르게 된다. 예를 들어 앉아 있는 태도가 불손하다고 해서 나는 그의 불손한 자세를 탓하지 않는다. 바로 마음이 도에 있지 않아 일어난 일이기 때문이다. 만일 마음이 도에 있으면 황급한 상황에도 반드시 이를 따르고, 넘어지는 순간에도 이를 따른다. 어찌 앉은 자세가 불손할 수 있겠는가? 그저 근면하고 나태하며 행하고 행하지 않는 사이에 그 해결점이 있을 뿐이다."[『陸九淵集』권35, 「語錄(下)」, 451쪽: 有懶病, 也是其道有以致之. 我治其大而不治其小, 一正則百正. 恰如坐得不是, 我不責他坐得不是, 便是心不在道. 若心在道時, 顚沛必於是, 造次必於是, 豈解坐得不是? 只在勤與惰 · 爲與不爲之間.] 그는 사소한 행동을 수정하려 애쓰기보다 본심의 확립과 보존을 강조하였다. 본인 스스로 동의하지 않은 상태에서, 행위의 준칙을 설정한 후 실천토록 강요하는 것은, 知와 行을 분리시키는 사유 속에서나 가능하고, 근본적으로 바로잡을 수 없다. 행동거지가 예에 들어맞고 말이 미더우며 행실이 바른 것은, 본심이 확립되면 저절로 이루어진다. 본심을 회복했느냐 잃어버렸느냐가 결정적 요인이다. 『어록』에는 또 다음과 같은 일화가 남아 있다. "내가 선생을 모시고 앉아 있었는데 선생께서 갑자기 일어나시자 나도 따라 일어났다. 그러자 선생께서 말하였다. '또 무엇을 덧붙여 설명할 필요가 있겠는가?'"[『陸九淵集』권35,「語錄(下)」, 470쪽: 某方侍坐, 先生遽起, 某亦起. 先生曰 "還用安排否?"] 육상산이 갑자기 일어나자 제자가 바로 따라서 일어났다는 것은, 스승에 대한 공경심의 표현이다. 본심은 어떠한 인위적 노력을 가하지 않고도 그 상황에 맞는 도덕적 행동을 유도한다. 만일 억지로 바른 행동을 하려 한다면, 이는 아직 본심이 확립되지 않은 것이다.

[1-8] 古人皆是明實理, 做實事.[1]

번역 옛사람들은 모두 실제적인 理를 밝혔고, 실제적인 일을 하였다.

주석 1_ 明實理, 做實事: 육상산에게 있어 '實'은 매우 중요한 개념이다. 그가 말하였다. "맹자는 '생각하지 않아도 알 수 있는 것은 良知이고, 배우지 않고도 행할 수 있는 것은 良能이다. 이것은 하늘이 나에게 부여한 것으로 내가 본래부터 갖추고 있는 것이다. 외부로부터 나에게 유입된 것이 아니다.'라고 하였다. 그러므로 '만물의 이치는 모두 내 마음에 갖추어져 있다. 스스로를 돌아보아 참되면 즐거움이 이보다 큰 것이 없다.'고 한 것이다. 이것은 바로 나의 본심이다. 맹자가 말한 安宅·正路도 이것을 말하고, 廣居·正位·大道도 이것을 말한다. 옛사람들은 본래 터득하였기 때문에 그 '實'이 있었다. 理를 말하면 實理였고, 事를 말하면 實事였으며, 또한 德은 實德이었고, 行은 實行이었다."[『陸九淵集』권1, 「與曾宅之」, 3쪽: 孟子曰 "所不慮而知者, 其良知也, 所不學而能者, 其良能也. 此天之所與我者, 我固有之, 非由外爍我也." 故曰 "萬物皆備於我矣, 反身而誠, 樂莫大焉." 此吾之本心也. 所謂安宅·正路者, 此也, 所謂廣居·正位·大道者, 此也. 古人自得之, 故有其實. 言理則是實理, 言事則是實事, 德則實德, 行則實行.] 그는 또 "무한한 우주 사이에는 본래 實理가 갖추어져 있다. 학자들에게 중요한 것은 이 理를 밝히는 것일 뿐이다. 이 理가 진실로 밝아지면, 저절로 實行과 實事가 있게 된다."[『陸九淵集』권14, 「與包詳道」, 182쪽: 宇宙間自有實理, 所貴乎學者, 爲能明此理耳. 此理苟明, 則自有實行, 有實事.]고 말하였다. '實'은 '此心'·'本心'에서 현현되는 참된 이치이자, 참된 실천을 일컫는다. 사람이면 누구나 배우지 않고도 옳고 그름을 분별할 줄 알고 본심대로 행할 수 있는 이러한 良知와 良能을 갖추고 있으므로, 實理인 양지를 확립하고, 實事인 양능대로 행하는 것, 그것이 바로 배우는 자들이 힘써야 할 공부이다.

[1-9] 近來論學者言 "擴而充之, 須於四端上逐一充", 焉有此理? 孟子當來, 只是發出人有是四端, 以明人性之善, 不可自暴自棄.[1] 苟此心之存, 則此理自明, 當惻隱處自惻隱, 當羞惡, 當辭遜, 是非在前, 自能辨之. 又云 "當寬裕溫柔, 自寬裕溫柔, 當發強剛毅, 自發強剛毅. 所謂 '溥博淵泉, 而時出之.'"[2]

번역 최근 학문을 논하는 자들이 "마음을 넓히고 충실하게 하는 것은 반드시 사단에서부터 점차 확충해 가야 한다."고 하였는데, 어찌 이러한 도리가 있겠는가? 맹자는 본래 단지 사람이 이 사단을 갖추고 있어 人性이 선하다는 것을 밝히고, 자포자기해서는 안 됨을 드러낸 것이다. 진실로 마음을 잘 보존하면, 이 理 또한 저절로 밝아져, 측은해야 할 때 저절로 측은해 하고, 부끄러워해야 할 때 부끄러워하며, 사양해야 할 때 사양하고, 옳고 그름을 가려야 할 때 저절로 분별하게 된다. 또 말하였다. "너그럽고 온유해야 할 때 저절로 너그럽고 온유하며, 강하고 굳세야 할 때 저절로 강하고 굳세게 된다. 이것이 이른바 '지극한 덕은 주변이 넓고 깊은 샘물과 같아, 늘 끊임없이 흘러나온다'는 것이다."

주석

1_ 孟子當來 … 不可自暴自棄: 『孟子』「公孫丑(上)」에 보인다. "이를 통해 보면, 측은지심이 없으면 사람이 아니고, 수오지심이 없으면 사람이 아니며, 사양지심이 없으면 사람이 아니고, 시비지심이 없으면 사람이 아니다. 측은지심은 인의 端이고, 수오지심은 의의 端이며, 사양지심은 예의 端이고, 시비지심은 지의 端이다. 사람이 이 四端을 가지고 있는 것은 사지를 가지고 있는 것과 같으니, 이 사단을 가지고 있으면서도 스스로 인의를 행할 수 없다고 말하는 자는 자신을 해치는 자이고, 자기 군주가 인의를 행할 수 없다고 말하는 자는 군주를 해치는 자이다."[由是觀之, 無惻隱之心, 非人也, 無羞惡之心, 非人也, 無辭讓之心, 非人也, 無是非之心, 非人也. 惻隱之心, 仁之端也, 羞惡之心, 義之端也, 辭讓之心, 禮之端也, 是非之心,

智之端也. 人之有是四端也, 猶其有四體也, 有是四端而自謂不能者, 自賊者也, 謂其君不能者, 賊其君者也.]

2_ 寬裕溫柔 … 而時出之: 『禮記』「中庸」에 보인다. "오직 천하의 지극한 성인이어야 총명예지함이 아래로 임할 수가 있으니, 너그럽고 넉넉하고 따스하고 부드러움은 족히 포용할 수가 있으며, 분발하고 강하며 굳세고 꿋꿋함은 족히 잡을 수가 있으며, 재계하고 장중하며 중용을 지키고 올바름은 족히 공경할 수 있으며, 문장과 조리와 자세함과 살핌은 족히 분별할 수 있으니, 두루하고 넓으며 고요하고 깊어서 때때로 발현한다."[唯天下至聖, 爲能聰明睿知, 足以有臨也, 寬裕溫柔, 足以有容也, 發强剛毅, 足以有執也, 齊莊中正, 足以有敬也, 文理密察, 足以有別也. 溥博淵泉, 而時出之.] 육상산은 본심이 惻隱·羞惡·辭讓·是非와 같은 사단에 머물러 있지 않다고 보았다. 변화하는 상황에 적절한 이치를 드러내지 못하고 고정되어 있다면, 이미 본심이 아니다. 본심은 감응하는 대상사물에 따라 적합한 도덕준칙을 새롭게 창출한다. 마치 끊임없이 흘러나오는 샘물과 같이 무수히 많은 상황 속에서 각기 다른 이치를 알맞게 드러내는 당위적인 도덕기준의 무궁한 보고이다.

[1-10] 夫子問子貢曰 '汝與回也孰愈?' 子貢曰 '賜也, 何敢望回. 回也聞一以知十, 賜也聞一以知二.' 此又是白著了夫子氣力, 故夫子復語之曰 '弗如也.'[1] 時有姓吳者[2]在坐, 遽曰 "爲是尚嫌少在." 先生因語坐間有志者曰 "此說與天下士人語, 未必能通曉, 而吳君通敏如此. 雖諸君有志, 然於此不能及也." 吳遜謝, 謂偶然.

번역 공자께서 자공에게 '자네와 안회 중에서 누가 더 나은가?'라고 묻자, 자공이 대답하였다. '제가 어찌 감히 안회를 우러러보겠습니까? 안회는 하나를 듣고 열을 알지만, 저는 하나를 듣고 둘을 알 뿐입니다.' 이는 또 공자가 그를 가르치려는 노력을 헛되게 한 것이다. 그러므로 공자는 다시 '자네는 안회보다 못하다'고 말하였다. 당시 吳씨 姓을 가진 자가 옆에 앉아 있다가 갑자기 "여전히 자공에게 부족한 부분이 약간 있었기 때문입니다."라고 말하였다. 선생께서 이 말을 듣고는 주위에 앉아 있는 학문에 뜻을 둔 자들에게 말하였다. "공자의 이 말은 천하의 선비들에게 하는 말임에도 대부분 명확하게 파악하지 못했다. 그런데 오군은 이같이 통달하고 총명하다. 비록 자네들이 학문에 뜻을 두고 있지만, 이런 점에 있어서는 오군을 따라가지 못할 것이다." 오군은 겸손하게 인사하고, 그저 우연히 요점을 말한 것이라 하였다.

주석

1_ 汝與回也孰愈 … 弗如也: 『論語』「公冶長」에 보인다.

2_ 有姓吳者: 吳君玉으로 판단된다. 육상산은 오군옥에 대해 다음과 같이 평가하였다. "오군옥은 스스로 총명하고 민첩하다고 자부한다. 槐堂에서 배운 지 5일이 되었는데, 매번 책의 내용을 질문하였다. 나는 그의 물음에 따라 하나하나 의문점을 해결해 주었고, 그런 뒤에 그가 이해하고 있는 것에 따라 하나하나 그 관점을 넓혀 주고 계발시켜 주었다. 매번 이렇게 하였다. 그러자 그는 수차례 탄복하며 '천하 사람들이 모두 선생님의 학문을 禪學이라고 하는데, 유독 저는 선생님의 학문이 성학임을 깨달았습니다.'라고 하였다. 물론 그가 평소 하는 행위를 살펴보니, 여전히 실행에 옮기지 못하고 있었다. 군옥은 민첩한데, 그와 오래도록 절차탁마할 수 없음이 아쉬울 따름이다."[『陸九淵集』권34, 「語錄(上)」, 425쪽: 先生言 "吳君玉自負明敏, 至槐堂處五日, 每擧書句爲問. 隨其所問, 解釋其疑, 然後從其所曉, 敷廣其說, 每每如此. 其人再三稱嘆云 '天下皆說先生是禪學, 獨某見得先生是聖學.' 然退省其私, 又却都無事了. 此人明敏, 只是不得久與之切磋."] 『陸子學譜』에도 오군옥에 대한 기록이 있다. "어떤 이는 臨川 사람으로, 순희 10년(1183) 進士에 급제한 吳琮이라고 하였고, 어떤 이는 이름이 鑑으로, 葉水心이 執政할 때 추천한 34명 중의 하나라고 하였다. 군옥은 육상산이 槐堂에서 강

학하던 시기에 사사하였다. 육상산 나이 30세에 진사급제한 후 고향에 돌아와 처음으로 강학활동을 할 때였다. 군옥은 천부적인 자질이 빼어나고 밝았다."[『陸子學譜』권15: 惑云臨川人, 卽淳熙十年甲辰科進士吳琮. 惑云名鑑, 卽葉水心所薦於執政三十四人之一也. 君玉至槐堂從學, 乃先生三十歲成進士後初歸家講學時. 君玉天資高明.]

[1-11] 子貢在夫子之門, 其才最高, 夫子所以屬望磨礱之者甚至. 如'予一以貫之', 獨以語子貢與曾子二人.[1] 夫子既沒三年, 門人歸, 子貢反築室於場, 獨居三年然後歸. 蓋夫子所以磨礱子貢者極其力, 故子貢獨留三年, 報夫子深恩也. 當時若磨礱得子貢就, 則其材豈曾子之比. 顔子既亡, 而曾子以魯得之[2]. 蓋子貢反爲聰明所累, 卒不能知德也.

번역 자공은 공자 문하에서 자질이 가장 뛰어났기 때문에, 공자는 기대하고 절차탁마하도록 한 것이 매우 지극했다. 예를 들어 '나의 도는 하나로 관통했다.'는 말은 자공과 증자 두 사람에게만 하였다. 그래서 공자가 서거하고 3년이 되어 문인들이 대부분 돌아갔는데, 자공은 다시 묘지 옆에 집을 짓고, 홀로 3년상을 한 후에 돌아갔다. 아마 공자가 혼신을 다해 자공을 단련시켰기 때문에 자공은 혼자서 3년을 더 머물고 스승의 큰 은혜에 보답한 듯하다. 당시 만일 자공을 단련시켜 성취함이 있었다면, 그 자질이 어찌 증자에 비할 수준이었겠는가? 안자가 죽고 증자가 노둔함으로 공자의 도를 터득하였다. 아마도 자공은 총명함이 오히려 발목을 잡아 결국 공자의 덕을 터득하지 못한 것 같다.

주석 1_ 予一以貫之, 獨以語子貢與曾子二人: 육상산은 공자가 '一以貫之'의

핵심을 자공과 증자에게만 전해 주었다고 판단하였다. 『論語』「里仁」에서는 증자와 관련된 고사가 보인다. "曾參아, 나의 도는 하나로써 꿰뚫고 있다."[參乎, 吾道一以貫之.] 『論語』「衛靈公」에는 자공과 관련된 고사가 기록되어 있다. "공자가 물었다. '賜야, 너는 내가 많이 배워서 기억하고 있는 자라고 생각하느냐?' 자공이 대답하였다. '그렇습니다. 아닙니까?' '아니다. 나는 하나로써 꿰뚫고 있다.'"[子曰 "賜也, 女以予爲多學而識之者與?" 對曰 "然, 非與." 曰 "非也. 予一以貫之."]

2_ 曾子以魯得之: 공자는 "曾參은 노둔하다"[『論語』「先進」: 參也魯]고 평가하였다.

[1-12] 子貢言 '性與天道不可得而聞'[1], 此是子貢後來有所見處. 然謂之 '不可得而聞', 非實見也. 如曰 '予欲無言', 即是言了.[2]

번역 자공이 공자가 '성과 천도에 대해 말하는 것을 들어보지 못했다'고 하였는데, 이 말은 그가 훗날 나름대로 터득한 견해이다. 하지만 '들어보지 못했다'고 한 것은 실제로 본 것이 아니다. 예를 들어 공자가 '나는 말을 하지 않으려 한다'고 한 것도, 사실상 이미 말한 것이나 다름없다.

주석

1_ 性與天道不可得而聞: 『論語』「公冶長」에 보인다.

2_ 如曰 … 即是言了: '予欲無言'은 『論語』「陽貨」에 보인다. 육상산은 성과 천도 등을 마음과 분리되어 초월적으로 존재하는 형이상학적 가치로 보지 않았다. 일상적인 삶에 발현되는 것이 성이자 천도이다. 심과 성은 '不離' 혹은 '不雜'의 측면에서 말하는 것이 애초부터 불가능하다. 심은 성이고 성은 곧 심이다. 의념이 싹트기 이전 마음의 본래 상태를 나타내는 中도 당연히 性이고 至理이며 極이 된다. 문인 李伯敏이 맹자가 말한 心·性·情·才를 어떻게 분별하는지 묻자, 육상산은 다음과 같이 대답하였다. "자네가 한 말은 지

엽적이다. 물론 그것이 자네의 잘못은 아니고, 세상 전체의 폐단이다. 요즘 학자들은 책을 읽으면서 그저 글자 해석에만 치중하고 핵심파악을 도외시하고 있다. 정·성·심·재는 하나의 사물인데, 맹자가 우연히 다른 측면을 지칭하여 말했을 뿐이다."[『陸九淵集』 권35, 「語錄(下)」, 444쪽: 伯敏云 "如何是盡心? 性·才·心·情如何分別?" 先生云 "如吾友此言, 又是枝葉. 雖然, 此非吾友之過, 蓋擧世之弊. 今之學者讀書, 只是解字, 更不求血脉. 且如情·性·心·才都只是一般物事, 言偶不同耳."] 그에게 있어 심·성·정·재는 본심의 각기 다른 측면을 가리키는 말일 뿐이다. 心은 지각능력을 지닌 마음의 측면에서 본심을 설명한 것이고, 性은 마음이 발현하여 드러낸 가치인 理의 측면에서 본심을 설명한 것이다. 또 情은 본심이 의념으로 드러난 것을 의미하고, 才는 본심대로 행할 수 있는 능력을 지칭한다. 네 가지 개념은 모두 본심의 각기 다른 측면을 설명하기 위해 억지로 구분한 것이므로, 실제로는 이런 구분 자체가 불필요하다. 그저 하나의 실체인 본심이다. 그래서 육상산은 공자가 성과 천도를 굳이 언급하지 않았다 하더라도, 이미 일상생활 속에서 행동과 말을 통해 온전히 보여 주고 있었으므로, 이미 말해 온 것이나 다름없다고 보았다.

[1-13] 天下之理無窮, 若以吾平生所經歷者言之, 真所謂伐南山之竹, 不足以受我辭[1]. 然其會歸, 總在於此. 顏子爲人最有精神, 然用力甚難. 仲弓精神不及顏子, 然用力却易. 顏子當初仰高鑽堅, 瞻前忽後, 博文約禮, 遍求力索, 既竭其才, 方如有所立卓爾.[2] 逮至問仁之時, 夫子語之, 猶下'克己'二字, 曰 '克己復禮爲仁.'[3] 又發露其旨, 曰 '一日克己復禮, 天下歸仁焉.'[3] 既又復告之曰 '爲仁由己, 而由人乎哉?'[3] 吾嘗謂此三節, 乃三鞭也. 至於仲弓之爲人, 則或人嘗謂 '雍也仁而不佞.'[4] 仁者靜, 不佞, 無口才也. 想其爲人, 冲靜寡思, 日用之間, 自然合道. 至其問仁, 夫子

但答以'出門如見大賓, 使民如承大祭, 己所不欲, 勿施於人.'[5] 只此便是也. 然顔子精神高, 既磨礲得就, 實則非仲弓所能及也.

번역 천하의 이치는 무궁하다. 내 평생 경험한 것으로 말하면 진실로 소위 말하는 남산의 죽간을 다 써도 내가 하고픈 말을 다 적을 수 없을 정도로 많을 것이다. 그러나 그 궁극적인 핵심은 모두 여기에 있다. 안자의 사람됨은 최고가 정신에 있으나 힘쓰는 것이 매우 어려웠다. 중궁의 정신은 안자에 미치지는 못하나, 힘쓰는 것은 오히려 쉬웠다. 안자가 당시 공자에게 배웠을 때, 공자는 우러러볼수록 더욱 높아지고, 뚫을수록 더욱 여물어지며, 쳐다보면 앞에 있었는데 어느덧 뒤에 있었으며, 자신을 文으로 넓혀주고 禮로 집약시켰다. 두루 구하고 힘써 찾아 이미 자신의 재주를 다 했지만, 결국 세운 바가 우뚝한 언덕 같아 좇아갈 수 없었다. 훗날 인에 대해 물었을 때, 공자는 여전히 '克己' 두 자를 말하면서, '자기의 사욕을 이겨 예에 돌아가는 것이 인이다'라고 하였고, 또 그 종지를 드러내어 '하루라도 자기를 극복하여 예로 돌아가면 천하가 인을 실천할 것이다'라고 하였다. 그리고는 또다시 '인을 행하는 것은 자신에게 달려 있는 것이니, 남에게 달려 있겠는가?'라고 하였다. 나는 항상 이 세 구절을 세 차례나 채찍질하듯 가르친 교훈이라고 보았다. 중궁의 사람됨을 두고, 어떤 이는 '雍은 인하나 말재주가 없다'고 하였다. '仁'이란 고요하고, '不佞'은 말재주가 없는 것이다. 그 사람됨을 보면 아주 고요하고 생각이 적으며, 일상생활은 하는 일이 자연스럽게 도에 합치된다. 그가 인에 대해 물었을 때 공자는 다만 '문 밖을 나가면 큰 손님을 모시듯이 하고, 백성을 부릴 때에는 큰 제사를 받들듯이 하며, 자신이 하기 싫은 것을 다른 사람에게 베풀지 말아야 한다'고 했는데, 단지 이것뿐이기 때문이다. 하지만 안자는 정신이 높고 이미 단련함이 성과를 거두어, 실제 중궁이 미칠 수 있는 경지가 아니다.

주석 1_ 眞所謂伐南山之竹, 不足以受我辭: 이 말은 『漢書』에서 유래한다. 公孫賀의 아들 公孫敬이 횡령죄로 감옥에 갇히자, 공손하가 오랫동안 해결하지 못했던 朱安世 사건을 해결하여 아들을 죄에서 벗어나게 하고자 하였다. 얼마 지나지 않아 정말로 주안세가 잡혀 들어왔다. 그는 공손하가 아들의 죄를 모면시키기 위해 자신을 잡아들인 것을 듣고, "丞相, 자네의 災禍는 아마도 후손들에게까지 미칠 것이다. 자네가 저지른 죄악은 남산의 대나무를 모두 사용하더라도 다 쓰지 못할 것이다."[『漢書』: 聞賀欲以贖子. 笑曰 "丞相禍及宗矣. 南山之竹不足受我辭."]라고 하였다.

2_ 仰高鑽堅 … 方如有所立卓爾: 『論語』「子罕」에 보인다.

3_ 克己復禮爲仁 · 一日克己復禮, 天下歸仁焉 · 爲仁由己, 而由人乎哉: 『論語』「顔淵」에 보인다.

4_ 雍也仁而不佞: 『論語』「公冶長」에 보인다.

5_ 出門如見大賓 … 勿施於人: 『論語』「顔淵」에 보인다.

[1-14] 顔子問仁之後, 夫子許多事業, 皆分付顔子了. 故曰 '用之則行, 舍之則藏, 惟我與爾有是.'[1] 顔子沒夫子哭之曰 '天喪予.'[2] 蓋夫子事業自是無傳矣. 曾子雖能傳其脉, 然參也魯[3], 豈能望顔子之素蓄. 幸曾子傳之子思, 子思傳之孟子, 夫子之道至孟子而一光.[4] 然夫子所分付顔子事業, 亦竟不復傳也.

번역 안자가 인을 물어본 후, 공자는 많은 일을 안자에게 맡겼다. 그래서 공자는 '써 주면 행하고 버리면 감추는데, 오직 나와 너만이 이러한 능력을 가지고 있다'고 한 것이다. 안자가 죽자 공자는 통곡하며 '하늘이 나를 버리시는구나!'라고 하였다. 대개 공자의 사업이 이로부터 전해짐이 없었다. 증자는 비록 그 맥을 전했으나, 그는 노둔하였으니, 어떻게 안자가 평상시 쌓은 공부경지를 바랄 수 있겠는가! 다행히 증자가 자사에게 전하고 자사가 맹자에게 전하여, 공자의 도가 맹자에 이르러서 크게 빛나게 되었다. 그러나 공자가 안자에게 맡긴 사업은 역시 끝내 다시는 전해지지 못하였다.

주석

1_ 用之則行 … 惟我與爾有是: 『論語』「述而」에 보인다.

2_ 天喪予: 『論語』「先進」에 보인다.

3_ 參也魯: 『論語』「先進」에 보인다.

4_ 顔子問仁之後 … 夫子之道至孟子而一光: '道统'은 성현들의 도가 전해진 계보이다. 이것을 처음 언급한 자는 맹자이다.[『孟子』「盡心(下)」: 由堯舜至於湯, 五百有餘歲, 若禹臯陶, 則見而知之, 若湯, 則聞而知之. 由湯至於文王, 五百有餘歲, 若伊尹萊朱, 則見而知之, 若文王, 則聞而知之. 由文王至於孔子, 五百有餘歲, 若大公望散宜生, 則見而知之, 若孔子, 則聞而知之. 由孔子而來, 至於今, 百有餘歲, 去聖人之世, 若此其未遠也. 近聖人之居, 若此其甚也. 然而無有乎爾, 則亦無有乎爾.] 唐代 韓愈도 이를 토대로 "요임금의 도는 순에게 전하였고, 순의 도는 우에게 전하였으며, 우는 탕에 전하였고, 탕은 문·무·주공에게 전하였으며, 문·무·주공은 공자에게 전하였고, 공자의 도는 맹자에게 전하였다. 그런데 맹자가 죽고 나서 그 전함을 잃었다."[『原道』: 堯以是傳之舜, 舜以是傳之禹, 禹以是傳之湯, 湯以是傳之文武周公, 文武周公傳之孔子, 孔子傳之孟軻, 軻之死不得其傳焉.]고 하였다. 이후 송대 유학자들은 대부분 이러한 도통설을 계승하였다. 주자는 『中庸章句』 서문에서 "堯와 舜과 禹는 천하의 큰 성인이고, 천하를 서로 전하는 것은 천하의 큰일이다. … 이로부터 성인과 성인이 서로 이어서 임금인 成湯과 文武, 신하인 皐陶와 伊尹·傅說·周公·召公이 이미 모두 이로써 도통을 전하는 데 접하였다. 우리 夫子 같은 이는 비록 그 지위를 얻지 못하였으나, 지난 성인을 잇고 미래의 학문을 열어 준 바는 그 공로가 도리어 요와 순보다 뛰어남이 있다. 그러나 이때를 당하여 보고 안 사람 가운데 오직 안자와 증자의 전함이 그 종지를 얻었다."[夫堯舜禹, 天下之大聖也, 以天下相傳, 天下之大事也. … 自是以來, 聖聖相承. 若成湯文武之為君, 皋陶伊傅周召之為臣, 既皆以此而接夫道統之傳. 若吾夫子, 則雖不得其位, 而所以繼往聖開來學, 其功反

有賢於堯舜者. 然當是時, 見而知之者, 惟顏氏曾氏之傳得其宗.]고 하였다. 육상산도 "요 · 순 · 문왕 · 공자 이렇게 네 성인은 성인 가운데 최고의 경지이다. … 공자 문하에서는 오직 안자와 증자가 그 전함을 얻었다."[『陸九淵集』권22, 「雜著 · 雜說」, 271쪽: 堯 · 舜 · 文王 · 孔子四聖人, 聖之盛者也. … 夫子之門, 惟顏 · 曾得其傳.]고 하여, 기본적으로 요 · 순 · 우 · 탕 · 고요 · 문 · 무 · 기자 · 주공 · 공자 · 증자 · 자사 · 맹자로 이어지는 도통의 계보를 긍정하였다. 다만, 그는 자공과 맹자 이후의 도통계보에 대해서는 주자와 관점을 달리하였다. 이에 대해서는 '1-42 (4)번 주석'과 '1-49 (3)번 주석'에서 설명하였다.

[1–15] 學有本末, 顏子聞夫子三轉語[1], 其綱既明, 然後請問其目. 夫子對以非禮勿視 · 勿聽 · 勿言 · 勿動[2], 顏子於此洞然無疑. 故曰 '回雖不敏, 請事斯語矣'[2], 本末之序蓋如此. 今世論學者, 本末先後, 一時顛倒錯亂, 曾不知詳細處未可遽責於人. 如非禮勿視 · 聽 · 言 · 動, 顏子已知道, 夫子乃語之以此. 今先以此責人, 正是躐等. 視 · 聽 · 言 · 動勿非禮, 不可於這上面看顏子, 須看 '請事斯語', 直是承當得過.

번역 배움에는 본말이 있는데, 안자는 공자에게 인에 대해 세 번 전환하여 말한 것을 듣고 그 강령을 밝게 깨달았다. 그런 뒤에 그 조목을 청하여 물었다. 공자는 예가 아니면 보지도 말고, 듣지도 말고, 말하지도 말며, 움직이지도 말라는 것으로 답하였다. 안자는 이에 훤히 이해하여 의심이 없어졌다. 그래서 그는 '제가 비록 영민하지 못하지만, 청컨대 이 말씀을 받들겠습니다'라고 하였으니, 본말의 순서는 대개 이와 같다. 지금 세상에서 학문을 논하는 자들은 본말과 선후가 일시적으로 뒤집어지고 혼란스러워져, 일찍이 상세하고 지엽적인 곳에서 남을 함부로 비난해서는 안 됨을 모르고 있다. 예를 들어, 예가 아니면 보지도 듣지도 말하지도 움직이지도 말라는 것은 안자도 이미 알았지만, 공자는 그래도 이것을 그에게 말해 주었다. 지금 먼저 이것으로 남을 책망하면, 곧 순서를 건너뛰게 하는 것이다. 보고 듣고 말하고 움직이는 것이 예가 아님이 없다는 이 측면에서 안자를 평가해서는 안 되며, '청컨대 이 말씀에 종사하겠습니다'를 가지고 판단해야 한다. 이것이 바로 공자의 도를 감당할 수 있는 것이다.

1_ 三轉語: 『論語』「顔淵」에 보인다. '克己復禮爲仁'·'一日克己復禮, 天下歸仁焉'·'爲仁由己, 而由人乎哉'를 지칭한다.

2_ 非禮勿視勿聽勿言勿動·回雖不敏, 請事斯語矣: 『論語』「顔淵」에 보인다.

[1–16] 天之一字, 是皐陶說起.[1]

번역 天이라는 글자는 고요가 말하기 시작하였다.

주석

1_ 皐陶說起: 『尙書』「皐陶謨」를 보면, 고요는 禹임금에게 말하면서 "하늘이 차례로 펴서 법을 두니, 우리 五典을 바로잡아 다섯 가지를 후하게 하시고, 하늘이 차례로 禮를 두니 우리 五禮로부터 하여 다섯 가지를 떳떳하게 하시며, 군신이 공경함을 한가지로 하고 공손함을 합하여 衷을 和하게 하소서. 하늘이 덕 있는 이에게 명하시어 다섯 가지 복식으로 다섯 가지 등급을 표창하시며, 하늘이 죄가 있는 이를 토벌하거든 다섯 가지 형벌로 다섯 가지 등급을 써서 징계하여 정사에 힘쓰고 힘쓰소서. 하늘의 듣고 봄은 우리 백성으로부터 듣고 보며, 하늘이 선한 자를 밝혀 주고 악한 자를 두렵게 하는 것은 우리 백성으로부터 밝혀주고 두렵게 합니다. 그리하여 위

와 아래가 통달하니, 공경할지어다, 땅을 소유한 군주들이여!"[天敍有典, 敕我五典五惇哉; 天秩有禮, 自我五禮有庸哉. 同寅協恭和衷哉. 天命有德, 五服五章哉; 天討有罪, 五刑五用哉. 政事懋哉懋哉. 天聰明, 自我民聰明; 天明畏, 自我民明威. 達于上下, 敬哉有土!]라고 하였다.

[1-17] 夫子以仁發明斯道, 其言渾無罅縫. 孟子十字打開, 更無隱遁, 蓋時不同也.

번역 공자는 仁으로 이 도를 드러내어 그 말이 조금의 틈새도 없다. 맹자는 '열십 자(十)' 형태로 열어젖혀 매우 분명하게 말하여, 더욱 숨김이 없어졌다. 이는 시대가 달랐기 때문이다.

[1-18] 自古聖賢發明此理, 不必盡同. 如箕子所言, 有皐陶之所未言, 夫子所言, 有文王周公之所未言, 孟子所言, 有吾夫子之所未言, 理之無窮如此.[1] 然譬之弈然, 先是這般等第國手下棊, 後來又是這般國手下棊, 雖所下子不同, 然均是這般手段始得. 故曰 '其或繼周者, 雖百世可知也.'[2] 古人視道, 只如家常茶飯, 故漆雕開曰 '吾斯之未能信.'[3] 斯, 此也.

번역 예로부터 성현들이 이 理를 드러낸 것은 반드시 다 동일한 것이 아니다. 예를 들어, 기자가 말한 것에는 고요가 말하지 않은 것도 있고, 공자가 말한 것에도 문왕과 주공이 말하지 않은 것이 있으며, 맹자가 말한 것에도 공자가 밝히지 않는 것이 있다. 이치는 이같이 무궁하다. 그러므로 바둑으로 비유하면, 먼저 이런 급수의 國手와 바둑을 두고, 훗날 또 같은 급수의 국수와 바둑을 두면, 비록 각각 둔 수가 다르더라도, 모두 같은 수단을 사용하였으므로 비로소 두기가 가능하다. 그러므로 공자는 '혹 주나라를 계승한 자는 비록 백 세가 지나더라도 알 수 있다.'고 한 것이다. 옛사람들은 도를 볼 때 단지 집에서 늘 먹는 음식을 대하듯 일상으로 여겼으므로, 漆雕開는 '나는 이것을 자신하지 못하겠다'고 하였는데, '이것(斯)'은 바로 이 도이다.

주석

1_ 自古聖賢 … 理之無窮如此: 육상산은 요 · 순 · 우 · 탕 · 문 · 무 · 주공 · 공자 · 맹자와 같이 이미 성현의 반열에 오른 사람이라 할지라도, 각자 드러낸 도는 완전히 같지 않다고 보았다. 언뜻 보기에, 옛 성현들이 드러낸 이치가 각기 다를 수 있다는 말은 사람마다 同然한 마음을 지니고 있다는 맹자의 말과 모순되는 것처럼 보인다. 하지만 실제로는 전혀 모순되지 않는다. 육상산이 말한 본심은 사람이 처한 각자의 구체적 상황에 따라 적절한 이치를 드러내는 특징을 지니고 있기 때문이다. 그래서 그는 "옛 성현들이 만일 같은 자리에 앉아 있다 해서, 반드시 모두 동일하게 합하는 이치는 없을 것이다."[『陸九淵集』권34, 「語錄(上)」, 405쪽: 千古聖賢若同堂合席, 必無盡合之理.]라고 하였다. 관련내용은 '1-13' · '1-78' · '5-108' 어록에도 보인다.

2_ 其或繼周者, 雖百世可知也: 『論語』「爲政」에 보인다.

3_ 吾斯之未能信: 『論語』「公冶長」에 보인다. "공자께서 칠조개에게 벼슬하라고 권하자, 칠조개는 "저는 이것을 자신하지 못하겠습니다."라고 하였다. 이에 공자께서 기뻐하였다."[子使漆雕開仕. 對曰 "吾斯之未能信." 子說.] 육상산은 이치를 밝게 깨달은 후에 벼슬을 해야 일상생활 속에서 끊임없이 변화하는 도를 실현시킬 수 있는데, 그렇지 못한 상태에서 벼슬하면 결국 도를 실현시키지 못하고 남도 해칠 수 있으므로, 공자가 이렇게 말한 것이라 보았다.

[1-19] 此道與溺於利欲之人言猶易, 與溺於意見之人言却難[1].

번역 이 도는 이욕에 빠진 사람과 말하기는 오히려 쉽지만, 자기 고집에 빠진 자와 말하는 것은 더 어렵다.

주석 1_ 與溺於意見之人言却難: 육상산은 "이 마음은 본래 영묘하고 이 理는 본래 밝다. 기품에 의해 어두워지고, 습관에 어그러지며, 세속의 논쟁과 사설에 의해 가리워지기 때문에, 이를 제거하는 노력을 하지 않으면 영묘하고 밝은 본심의 효험은 끝내 맛보지 못할 것이다."[『陸九淵集』권10, 「與劉志甫」, 137쪽: 此心本靈, 此理本明, 至其氣禀所蒙, 習尚所梏, 俗論邪說所蔽, 則非加剖剥磨切, 則靈且明者曾無驗矣.]라고 하였다. 기질과 습관 이외에 또 俗論邪說로 인해 누구나 태어나면서 지니는 영명한 본심의 효험을 맛보지 못한다는 것이다. 속론사설은 세속의 잘못된 논쟁이나 학설로 異端邪說을 가리킨다. 그는 이단사설이 당시 광범위하게 유행하던 불교나 노장사상을 말하는 것일 뿐만 아니라, 요순의 도를 잘못 해석하는 학설도 해당한다고 보았다. 훗날 주자와 무극태극논쟁을 마친 후, 문인들에게 편지를 보내 주자를 빗대어 성현의 도를 잘못 이해하고 있는 자야말로 '異端'이라 강하게 비판한 것도 이 때문이다. 그는 말하였다. "습관에 젖어 옛 성현의 경지에 이르고자 하는 뜻을 꺾어 버리는 것도 군자의 근심이지만, 자신이 아는 것에 빠져 옛 성현의 뜻을 제멋대로 해석하는 것이 군자의 더 큰 걱정거리다."[『陸九淵集』권32,「續書何始於漢」, 382쪽: 安於所習而絶意於古, 固君子之所患也. 以其所知而妄意於古, 尤君子之所大患也.] 비록 기질과 습관에 의해 본심을 잃어버리는 것도 학자들이 경계해야 하지만, 고집스런 '자기고집(意見)'에 빠져 옛 성현의 도를 곡해하는 것도 유의해야 한다. 여기서 육상산이 이러한 자들에게 아무리 본심을 강조해도 알아듣지 못한다고 말한 것도 바로 이러한 이유 때문이다.

[1-20] 涓涓之流, 積成江河. 泉源方動, 雖只有涓涓之微, 去江河尚遠, 有成江河之理. 若能混混, 不舍晝夜, 如今雖未盈科, 將來自盈科. 如今雖未放乎四海, 將來自放乎四海. 如今雖未會其有極, 歸其有極, 將來自會其有極, 歸其有極.[1] 然學者不能自信, 見夫標末之盛者便自荒忙, 舍其涓涓而趨之, 却自壞了. 曾不知我之涓涓雖微却是真, 彼之標末雖多却是僞, 恰似擔水來相似, 其涸可立而待也. 故吾嘗舉俗諺教學者云 "一錢做單客, 兩錢做雙客."

번역 졸졸 흘러나오는 물은 점차 모여 강과 하천을 이룬다. 근원 있는 샘물은 막 솟아오를 때에 비록 졸졸 흘러나오는 것이 미약하여 강과 하천을 이루기에 아직 먼 것처럼 느껴지지만, 강과 하천을 이루는 이치가 본래 갖추어져 있다. 만일 콸콸 흘러나와 밤낮 안 가리고 그치지 않는다면, 지금은 비록 구덩이도 채우지 못하더라도, 장차 자연스럽게 구덩이를 채우게 될 것이고, 지금은 비록 바다에는 이르지 못하지만 장차 자연스럽게 바다로 흘러들어가게 될 것이며, 지금은 정점에 도달하지 못하지만, 장차 자연스럽게 정점에 도달하게 될 것이다. 그러나 배우는 자들은 스스로를 믿지 못하여, 그 끝의 성대함만을 보고 마음을 황망하게 하고, 졸졸 흘러나오는 본원을 버리고 성대한 끝만을 좇아 도리어 스스로를 무너뜨린다. 나의 졸졸 흘러나오는 본심은 비록 미약하지만 오히려 참된 것이고, 저 끝은 비록 성대하나 오히려 거짓임을 알지 못한다면, 마치 물을 길러오는 것과 유사해질 것이다. 보기에는 많은 것 같지만 얼마 안 기다려 금세 마른다. 그러므로 나는 전에 속담을 가지고 학자들을 가르치며 이렇게 말하였다. "한 푼의 돈으로 한 손님을 맞이하고, 두 푼의 돈으로 두 손님을 맞이한다."

주석 1_ 涓涓之流 … 歸其有極: 『孟子』「離婁(下)」에 보인다. "서자는 공자가 자주 물을 언급하면서 '물이여! 물이여!'라고 하였는데, 물에서 무엇을 취한 것인지 궁금하여 맹자에게 물었다. 맹자가 답하였다. '근원이 있는 샘이 콸콸 솟아나 밤낮을 쉬지 않고 구덩이를 채운 뒤에 나아가 바다에 이른다. 근원이 있는 것이 이와 같으니, 이 점을 취한 것이다. 진실로 근원이 없는 것이라면 7, 8월 사이에 빗물이 모여서 도랑들이 모두 가득 차더라도 그것은 마를 때까지 선 채로 기다릴 수 있다. 그러므로 명성과 소문이 실제보다 지나친 것을 군자는 부끄러워한다.'"[徐子曰 "仲尼亟稱於水曰 '水哉水哉', 何取於水也." 孟子曰 "原泉混混, 不舍晝夜, 盈科而後進, 放乎四海, 有本者, 如是, 是之取爾. 苟為無本, 七八月之間雨集, 溝澮皆盈, 其涸也可立而待也, 故聲聞過情, 君子恥之."] 육상산은 여기서 근원이 있는 샘을 본심으로 보았고, 지식과 같이 표면적으로 근사해 보이는 박식함은 말단으로 여겼으므로, 샘이 깊은 못이 끊임없이 물을 흘러나오게 하는 것처럼, 본심을 확립하여 부단히 확충해야 함을 강조하였다. 조카 槱가 어느 때는 본심을 회복하여 넓고 밝지만, 어느 때는 긴장하고 혼미하여 공부가 어렵다고 하소연하자, "너무 근심하지 마라. 다만 공부는 게을리해서는 안 된다. 억지로 하는 것은 잘못된 것이고 관대한 것은 옳다. 혼미한 것은 잘못된 것이고, 밝은 것은 옳다. 오늘 열 가지 일이 혼미하였다가 내일은 아홉 가지, 또 모레는 여덟 가지 일이 혼미하게 되면, 진전이 있을 것이다."[『陸九淵集』권35,「語錄(下)」, 458쪽: 槱姪問 "乍寬乍緊, 乍明乍昏如何?" 曰 "不要緊, 但莫懈怠. 緊便不是, 寬便是. 昏便不是, 明便是. 今日十件昏, 明日九件, 後日又只八件, 便是進."]라고 충고한 것도 이 때문이다. 비록 품부받은 기질과 습관, 자기고집이 본심의 현현을 방해하여, 때론 여유롭고 때론 초조하며 때론 본심이 밝게 드러나고 때론 혼미할 수 있지만, 일상 속에서 점진적인 공부를 통해 본심을 확충하면 반드시 성인의 경지에 도달할 수 있다.

물론 육상산은 마음이 사욕과 물욕에 이끌리지 않고 온전한 본체를 유지하여 매 순간 참되게 비추는 성인의 경지를 소홀히 하지 않았다. 자신 스스로를 평가하며, "우러러 南斗六星에 의지하고, 몸을 돌려 북극성에 기대며, 고개 들어 저 하늘 밖을 바라보아도 나 같이 이런 자가 없구나!"[『陸九淵集』권35, 「語錄(下)」, 459쪽: 仰首攀南斗, 翻身倚北辰, 擧頭天外望, 無我這般人.]라고 하였다. 자신이야말로 진정 본심대로 생각하고 실천하여 천지만물의 참된 이치를 온전히 깨달은 자라는 것이다. 홀연히 만물의 이치를 모두 깨닫고 관통하는 성인과 같은 경지는 공부를 통해 최종적으로 도달해야 할 목표이지, 일반사람이 흉내낼 수 있는 경지가 아니다. 그래서 그는 자주 성인과 같은 최고 경지를 단번에 깨치려는 양간을 비판하였다. 관련 내용은 '5-6 (1)번 주석'과 '5-142' 어록과 주석에도 보인다.

[1-21] 傅子淵[1]自此歸其家, 陳正己[2]問之曰 "陸先生教人何先?" 對曰 "辨志," 正己復問曰 "何辨?" 對曰 "義利之辨." 若子淵之對, 可謂切要.[3]

번역 傅子淵이 이곳 槐堂에서 집으로 돌아갔는데, 陳正己가 물었다. "육상산 선생은 학자들에게 무엇을 먼저 하라고 하였습니까?" 부자연이 대답하였다. "뜻을 분별하는 것입니다." 정기가 또 "무엇을 분별하는 것입니까?"라고 묻자, 부자연은 "義와 利를 분별하는 것입니다."라고 대답하였다. 이 얘기를 전해들은 육상산은 부자연의 대답이 핵심을 잘 파악한 것이라 할 수 있다고 하였다.

주석 1_ 傅子淵: 이름은 夢泉이고, 호는 若水이며, 子淵은 字이다. 曾潭 호숫가에서 강학활동을 하여 학자들은 曾潭先生으로 불렀다. 建昌 南城사람이다. 『宋元學案』권49와 권50에서는 주자와 장식 문인으로 열거하였고, 권77 「槐堂學案」에서는 "사람 됨됨이가 기민하고 총명하며 이해력이 있고 통달하였다. 상산에게서 배웠다."[爲人機警敏悟, 疏通洞達, 學于象山.]고 하여 육상산 문인으로 기록하였다. 육상산이 제자 가운데 가장 뛰어나다고 평가한 부자연이, 주자·장식 등의 제자로 분류된 이유는, 그가 본래 10년 가까이 주자와 장식 문하에서 수학하다가 깨달음을 얻지 못하였고, 다시 육상산을 찾아와 사사한 이후 깨달았기 때문이라고 할 수 있다. 육상산은 진군거에게 편지를 보내 부자연의 인품이 다른 사람이 비할 수 없을 정도로 훌륭하다고 칭찬한 바 있고,[『陸九淵集』권9, 「與陳君擧」, 128쪽: 子淵人品甚高, 非餘子比也.] 상산 강학시절 학문적 즐거움을 부자연과 함께 할 수 없음을 못내 아쉬워하기도 하였다.[『陸九淵集』권14, 「與傅子淵」, 184쪽: 比來居山, 良有日新之證, 惜不得與子淵共之.] 물론 육상산은 부자연과 진군거가 주고받은 편지를 읽고, 부자연이 간혹 엽등하는 병폐가 있다고 말하였지만, 여전히 끊임없이 절차탁마하는 자세나 도학에 뜻을 둔 것은 여느 학자가 쉽게 따라할 수 없는 것임을 칭찬하였다.

2_ 陳正己: 이름은 剛이고, 正己는 字이다. 盱江사람이다. 『宋元學案』에서는 呂祖謙·陳亮·陸象山 문인으로 분류하고 있다. 주자는 그를 여조겸의 문인으로 보고, 병폐를 지적하며 줄곧 여조겸에게 어떤 평가를 받았는지 물어보았다. "지난해 여동래의 편지를 받으니 현자의 사람 됨됨이를 대단히 칭찬하기에 십여 년 동안의 친구 중에 처음 있는 일은 아니라고 생각했습니다. 이 마음으로 한 번 보기를 바라지만 그럴 수가 없군요. 중간에 들어 보니 방문하고자 하신다니 매우 기쁩니다. … 학문을 하는 大致와 別紙 몇 조목을 보내 준 편지는 모두 깊이 보았습니다. 단지 보잘것없는 내가 여기에 의심이 없지 않으니, 대개 위로는 靈明의 空見으로 부지하면서 博學·篤志와 切問·近思의 실제에 종사하지 못하고, 아래로는 俊傑의 豪氣에 동요되어 格物·致知와 誠意·正心의 근본에 힘을 쓰지 못했습니다. 이런 까닭으로 논한 바가 평이하고 실질적인 것을 싫어하고 고원하고 신묘한 것을 추구하며, 도의를 가볍게 여기고 공명을 기뻐하는 마음을 가져 들떠서 격동하는 뜻이 때때로 詞氣의 사이에 드러나 결코 성인 문하 학자들의 기상과 비슷하지 않으니, 전에 伯恭도 이것을 권고하지 않았는지 모르겠습니다."[『晦庵集』권50: 往歲得呂東萊書, 盛稱賢者之爲人, 以爲十數年來朋友中未始

有也, 以此心願一見, 而無從得. … 示喻爲學大致及別紙數條, 皆已深悉, 但區區於此有不能無疑者. 蓋上爲靈明之空見所持, 而不得從事於博學篤志切問近思之實, 下爲俊傑之豪氣所動, 而不暇用力於格物致知誠意正心之本. 是以所論嘗有厭平實而趨高妙, 輕道義而喜功名之心, 其浮陽動俠之意, 往往發於詞氣之間, 絶不類聖門學者氣象. 不知向來伯恭亦嘗以是相規否也.] 또 진정기가 책을 지어 성현의 대업을 논하자, 주자는 편지를 보내 內外와 本末을 두 가지 일로 간주하여 본말이 전도되고 거스르는 잘못이 있음을 지적하였다. "보내 주신 편지에서 여러 가지로 말해 준 것은 모두 성현의 대업이니, 제가 어찌 족히 그것을 알겠습니까? 그러나 또한 아직 한 번도 볼 수 없었으니 벗들이 서로 전해가며 완미하다가 마침내 둘 곳을 잃어버렸습니다. 이제 다시는 모두 기억할 수 없고, 다만 논의한 것이 內外와 本末을 두 가지 일로 간주함에 輕重과 완급이 또한 전도되고 거스르는 병통이 있게 되었음을 깨달았습니다."[『晦庵集』권50: 示喻縷縷, 皆聖賢大業, 熹何足以知之, 然亦未得一觀, 卽爲朋友傳玩, 遂失所在, 今不復能盡記. 但覺所論不免將內外本末作兩段事, 其輕重緩急又有顚倒舛逆之病.] 반면, 「연보」에서는 진정기가 육상산을 만나기 전에 문자를 중시하지 않는 불교의 관점과 유사하다는 기록이 있다.[『陸九淵集』권36, 「年譜」, 489쪽: 陳正己・劉伯文皆不爲文字也.] 이후 진정기와 오랫동안 교류하며 지속적으로 그의 병폐를 지적하고 교육하였다. "자네는 육체적인 병만 있는 것이 아니라 마음의 병도 있다. 게다가 자네의 육체적인 병보다 마음의 병이 더 위중하다."[『陸九淵集』권12, 「與陳正己」, 162쪽: 足下不獨體病, 亦有心病. 足下之體病, 亦心病有以重之.] 두 번째 편지에서는 오랫동안 만남을 지속해 왔기에 직언하지 않을 수 없다고 고백하고, "최근 淳叟와 함께 疏山에 여행하여 서로 깨달은 바가 있었다고 들었다. 두 분은 예전에는 서로 어쩔 수 없을 정도로 병통이 있었는데, 최근에는 도가 합치되어 서로 도움이 될 수 있을 것 같다."[『陸九淵集』권12, 「與陳正己(2)」, 163쪽: 近聞與淳叟同爲疏山之行, 想甚得意. 二公前日頗有不相能之病, 比來道同志合, 相與羽翼. … 與正己相處之久, 不敢不直言.]고 하여, 흡족함을 표하기도 하였다.

3_ 傅子淵 … 可謂切要: 『年譜』에도 이 구절이 기록되어 있다.[『陸九淵集』권36, 「年譜」, 489쪽.] 다만, 『연보』는 당시 상황을 보다 상세하게 기록하고 있다. "부자연이 말하였다. '나는 예전부터 과거시험만 알고 책을 봐도 사견에 의지하는 것을 벗어나지 않았다. 훗날 困而知之하듯 노력하여 돌아볼 줄 알았다.' 당시 陳正己가 槐堂에서 육상산에게 가르침을 받고 돌아와, 선생이 사람들을 가르친 것이 무엇인지 물었다. 정기가 말하였다. '첫 한 달간 선생은 간곡하게 그저 辨志만을 강조하였고, 또 옛사람들이 태학에 들어가 1년 동안은 經典을 멀리하고 辨志해야 할 것을 일찍부터 알고 있었는데, 지금 사람들은 죽기 전까지 스스로 뜻을 분별해야 함을 모르니 참으로 애석하다고 말씀하셨습니다.' 나는 당시 명확히 깨닫지 못하였지만, 마음에 늘 새겨 두고 있었다. 하루는 『孟子』「公孫丑」장을 읽다가 갑자기 마음에 감응하는 바가 있어 가슴 속이 후련하게 탁 트이는 듯한 느낌을 받았다. 그래서 탄식하며 '평생 그리도 많은 의지와 정력을 모두 功利 위에 허비하였구나!'라고 하고, 이때부터 뜻을 분별하기 시작하였다. 하지만 깨달음이 이와 같다 할지라도, 여전히 어디서부터 시작해야 할지 몰랐다. 훗날 선생을 직접 뵙고 비로소 공부의 시작처를 터득하였다. 육상산 선생은 전에 이런 말씀을 하셨다. '傅子淵이 이곳 槐堂에서 집으로 돌아갔는데, 陳正己가 육선생은 제자들을 가르칠 때 무엇을 먼저 했는지 묻자, 부자연은 뜻을 분별하는 것이라 답하였다고 한다. 정기가 또 뜻은 어떻게 분별하는 것인지 묻자, 부자연은 義와 利를 분별하는 것이라고 답하였다고 들었다. 자연의 대답은 핵심을 잘 파악한 것이라 할 수 있다.'"[『陸九淵集』권36, 「年譜」, 489쪽: 傅子淵云: "夢泉向來只知有擧業, 觀書不過資意見耳. 後因困志知反." 時陳正己自槐堂歸, 問先生所以教人者. 正己曰 "首尾一月, 先生諄諄只言辨志, 又言古人入學一年, 早知離經辨志, 今人有終其身而不知自辨者, 是可哀也." 夢泉當時雖未領略, 終念念不置. 一日讀『孟子』「公孫丑」章, 忽然心與相應, 胸中豁然蘇醒. 嘆曰 "平生多少志念精力, 却一切着在功利上", 自是始辨其志. 雖然如此, 猶未知下手處. 及親見先生, 方得箇

入頭處. 嘗云 "傅子淵自此歸其家. 陳正己問之曰 '陸先生教人何先?' 對曰 '辨志.' 復問曰 '何辨?' 對曰 '義利之辨.' 若子淵之對, 可謂切要."]

[1-22] 此道非争競務進者能知, 惟靜退者可入. 又云 "學者不可用心太緊, 今之學者, 大抵多是好事, 未必有切己之志. 夫子曰 '古之學者爲己, 今之學者爲人'[1], 須自省察."

번역 이 道는 다투어 경쟁하며 힘써 나아가는 자가 알 수 있는 것이 아니라, 오직 고요하고 물러나는 자만이 들어갈 수 있다. 또 말하였다. "학자들은 마음 씀을 너무 긴박하게 해서는 안 된다. 요즘의 학자들은 대체로 대다수가 일삼기를 좋아하지만, 그렇다고 꼭 절실하게 자신을 살피는 뜻이 있는 것은 아니다. 공자께서 '옛날의 학자들은 자기를 위해서 하였는데, 지금의 학자들은 남을 위해서 한다'고 하였으니, 반드시 스스로 성찰해야 한다."

주석 1_ 古之學者爲己, 今之學者爲人: 『論語』「憲問」에 보인다.

[1-23] 夫民合而聽之則神, 離而聽之則愚,[1] 故天下萬世自有公論.

번역 백성들의 소리를 폭넓게 취합하여 들으면 신성한 군주가 되고, 구별하여 치우쳐 들으면 어리석은 군주가 된다. 그러므로 천하에 오랫동안 저절로 공론이 있었던 것이다.

주석 1_ 夫民合而聽之則神, 離而聽之則愚: 『二程遺書』와 『王臨川集』에도

보인다. 王安石은 新法의 정당성을 역설하며, "민심을 편벽되게 취합하여 말하면 어리석은 군주이고, 종합하여 말하면 성군이다. 그러니 그러한 것 때문에 동요해서는 안 된다."[『王臨川集』: 民別而言之則愚, 合而言之則聖, 不至爲此搖動.]고 하였다. 二程도 "무릇 민심은 두루 폭넓게 들어야 성군이 되고, 흩어놓고 편벽되이 들으면 어리석은 군주가 된다. 두루 폭넓게 들으니, 大同社會 속에 떳떳한 이치와 옳고 그름이 눈앞에 드러나 이치에 합당하지 않음이 없다. 그러므로 성군이 되는 것이다. 반면 흩어놓고 편벽되이 들으면 각각 사욕을 일삼고 옳고 그름을 뒤바꾸어 어리석은 군주가 된다. 대개 公義는 私欲이 이기지 못하는 데 달려 있다."[『二程遺書』 권23: 夫民合而聽之則聖, 散而聽之則愚. 合而聽之, 則大同之中有箇秉彝在前, 是是非非, 無不當理, 故聖. 散而聽之, 則各任私意, 是非顚倒, 故愚. 蓋公義在私欲必不能勝也.]라고 하였다. 사실, 이 구절은 『管子』에 처음 보인다. "무릇 민심을 구별해서 편벽되이 들으면 어리석은 군주가 되고, 종합해서 두루 듣는다면 聖君이 될 것이다. 비록 탕임금과 무왕의 덕을 갖추고 있더라도, 그것은 시장 사람들의 말에 부합된다. 그래서 지혜로운 임금은 인심을 따르고 성정을 편안히 하여 대중의 뜻을 드러내는 것이다."[『管子』「君臣(上)」: 夫民別而聽之則愚, 合而聽之則聖. 雖有湯武之德, 復合於市人之言. 是以明君順人心, 安情性, 而發於衆心之所聚.]

[1-24] 先生與晦翁辯論[1], 或諫其不必辯者. 先生曰 "女曾知否? 建安[2]亦無朱晦翁, 青田[3]亦無陸子靜."

번역 선생께서 晦翁과 논쟁을 하였는데, 어떤 이가 논변할 필요가 없다고 건의하였다. 선생께서 말하였다. "자네는 알고 있는가? 建安에도 朱晦翁이 없고, 青田에도 역시 陸子靜이 없다는 것을 말이다."

주석 1_ 先生與晦翁辯論: 이 논변은 무극태극서신논쟁을 일컫는다. 육상산이 만년에 주자와 서신을 통해 한 치의 양보도 없이 격렬한 논쟁을 벌이자, 제자들은 그만둘 것을 건의하였다. 그러나 육상산은 자신이 논쟁을 지속한 이유가 주자의 관점을 비판하고 자신의 관점을 피력하기 위해서가 아니라, 이치를 밝히기 위해 부득이하게 진행한 것이라 주장하였다. 그가 말하였다. "주자와 주고받은 세 통의 편지를 함께 보내니, 정밀하게 보고 숙독할 만하다. 이 몇 편의 글은 모두 도를 밝힌 문장이지 한때 변론하는 데 머무르는 글이 아니다. 주자의 서신은 근본이 여기에 있지 않아 또한 반드시 볼 필요는 없다. 만일 본다 하더라도 이해되지 않는 곳이 있을 것이다. 나의 글은 조리가 매우 분명하다. … 내가 밝힌 이치는 곧 천하의 正理이고 實理이며 常理이고 公理이다."[『陸九淵集』권15, 「與陶贊仲」, 194쪽: 元晦三書併往, 可精觀熟讀, 此數文皆明道之文, 非止一時辯論之文也. 元晦書偶無本在此, 要亦不必看, 若看亦無理會處. 吾文條析甚明. … 吾所明之理, 乃天下之正理·實理·常理·公理.]

「연보」에서는 육상산이 주자와 본격적으로 무극태극논쟁을 시작한 시기가 순희 15년(1188) 4월 15일[夏四月望日, 與朱元晦辯『太極圖說』]이라 적고 있다. 당시 象山과 주자가 벌였던 무극태극논쟁이 명확한 결론 없이 끝나게 되자, 그는 순희 14년(1187) 겨울 주자에게 편지를 보내, 다시금 자신과 함께 토론하여 분명하게 이치를 밝히자고 하였고, 이듬해 1월 14일 주자의 동의를 얻어 논쟁이 비로소 시작되었다.[『陸九淵集』권2, 「與朱元晦」, 22쪽: 往歲覽尊兄與梭山家兄書, 嘗因南豐便人, 僭易致區區, 蒙復書許以卒請, 不勝幸甚!] 주자가 이때 보낸 답서는 소실되어 전하지 않는다. 다만, 「연보」에 간략한 내용이 기록되어 있다. 주자는 "만일 잘못된 부분이 있다면 자세히 논해야 할 것입니다. 지난날 居士兄(陸九韶)과 같이 갑자기 논쟁을 중단해서는 안 될 것입니다."[『陸九淵集』권36, 「年譜」, 500쪽: 如有未安, 却得細論, 未可便似居士兄遽斷來章也.]라고 하고, 끝까지 논변하여 누구의 관점이 옳은지 철두철미하게 밝히자고 하였다.

육상산의 첫 번째 편지는 1188년 4월 15일에 쓰여졌다. 이전 해 겨울 應天山에 올라 강학활동을 시작한 그는 산 이름을 '象山'으로 바꾸고, 여름에 이 글을 썼다. 당시 59세였던 주자는 奏對의 명을 받고 5월 말쯤 대궐에 들어갔다가 6월 중순 수도 臨安을 떠나 江西 玉山으로 돌아왔는데, 그때 육상산의 편지를 받았다. 이후 주자는 11월 답서를 작성하였다. 흥미롭게도 육상산은 주자의 답서를 문인들에게 공개한 후 자신의 관점이 옳음을 강조하였다. 그가 말하였다. "주자의 편지를 받고 보니 그 폐단은 어떻게 해도 고칠 수 없을 것 같습니다. 그리고 그 말투도 다소 속박되어 고칠 수 있을지 모르겠습니다. 제가 쓴 답서는 더욱 명확하고 막힘 없습니다. 함께 동봉하여 보내니 자세히 살펴봐 주십시오."[『陸九淵集』권10, 「與邵叔誼」, 138쪽: 得元晦書, 其蔽殊未解, 然其辭氣窘束, 或恐可瘳也. 某復書又加明暢, 併錄往, 幸精觀之.] 주자는 육상산이 편지를 공개하였다는 소식을 접하고, 邵叔誼에게 편지를 보내 더 강하게 비판하였다. "육상산이 편지를 보내왔는데 전혀 義理가 없고 매 구절 가리워져 남들에게 보여 줄 수 없을 정도였습니다."[『晦庵集』권55, 「答邵叔誼」: 子靜書來, 殊無義理, 每爲閉匿, 不敢廣以示人.]

이후 육상산은 1188년 12월 두 번째 편지를 보냈고, 주자는 이듬해(1189) 1월 답서를 보냈다. 그런데 두 차례의 격렬한 논쟁이후, 끝까지 논쟁하여 옳고 그름을 가리자던 주자는 이 편지 뒤에 「別紙」를 첨부하여, 먼저 종료선언을 하였다. 육상산은 바로 편지를 보내 "별지에서 '저는 저대로 가고 존형은 존형대로 나아가 각각 들은 것을 존중하고 각자 알고 있는 것을 실천하는 것도 좋을 것이니, 다시 반드시 같아지길 바랄 필요가 없다'고 하셨는데, 뜻밖에도 존형이 갑자기 이런 말을 하니 정말로 바라는 바가 아닙니다."[『陸九淵集』권2, 「與朱元晦」, 31쪽: 別紙所謂 "我日斯邁, 而月斯征, 各尊所聞, 各行所知, 亦可矣, 無復望其必同也." 不謂尊兄遽作此語, 甚非所望.]라고 하며, 계속해서 논변할 것을 권하였지만, 주자는 아마도 두 차례의 서신논쟁을 거친 후, 둘의 관점이 합쳐질 수 없음을 절실히 깨닫고 그렇게 마음을 굳힌 것으로 보인다. 그는 "제가 봄에 보낸 편지는 말투가 거칠어 보내고는 후회하였습니다. 하지만 이미 내뱉은 말이라 거둘 수 없는 데까지 이른 것 같습니다."[『陸九淵集』권36, 「年譜」, 507쪽: 某春首之書, 詞氣粗率, 既發即知悔之, 然已不

及矣.]라고 하며, 명확하게 논쟁종료 의지를 밝혔다. 이로써 둘의 치열한 논쟁은 끝을 맺었다.

2_ 建安: 주자가 강학하던 지역을 일컫는다.

3_ 青田: 육상산 고향을 일컫는다.

[1-25] 不曾過得私意一關, 終難入德. 未能入德, 則典則·法度[1] 何以知之?

번역 私意라는 관문을 넘어서지 못하면, 끝내 덕에 들어가기 어려울 것이다. 덕에 들어갈 수 없다면, 典則과 法度를 어떻게 알 수 있겠는가?

주석 1_ 典則·法度: 憲章·法度·典則 등은 본심을 확립한 성인이 제정한 것이므로 天理라 해도 무방하다. 육상산은 왕안석에 대해 평가하며 다음과 같이 말하였다. "新法에 대한 의론이 조정 곳곳에서 논의되고, 법령이 시행된 지 얼마 되지 않았는데 천하가 흉흉하였다. … 典禮와 爵刑은 天理가 아님이 없고, 아홉 가지 큰 규범인 '洪範九疇'는 상제께서 우임금에게 하사하신 것이다. 옛날의 이른바 憲章·法度·典則은 모두 이 이치이다. 公(王安石)이 말한 법도가 어찌 그러하겠는가?"[『陸九淵集』권19, 「荊國王文公祠堂記」, 233쪽: 新法之議, 擧朝讙譁, 行之未幾, 天下恟恟. … 典禮爵刑, 莫非天理, 洪範九疇, 帝實錫之, 古所謂憲章·法度·典則者, 皆此理也. 公之所謂法度者, 豈其然乎?]

[1-26] 居象山[1]多告學者云"女耳自聰, 目自明, 事父自能孝, 事兄自能弟, 本無欠闕, 不必他求, 在自立而已."

번역 상산에 거처하며 강학을 할 때 자주 학자들에게 강조하였다. "자네들의 눈과 귀는 저절로 총명하고, 부모 섬김에는 저절로 효도할 수 있으며, 형제 섬김에는 저절로 공경할 수 있으므로, 본심에는 본래 조금도 부족함이나 모자람이 없으니, 다른 것을 구할 필요가 없다. 그저 스스로 확립할 뿐이다."

주석 1_ 居象山: 육상산은 순희 14년(1186) 12월 29일 主管台州崇道觀이라는 祠祿官을 제수받고 고향인 金溪로 돌아와, 象山에 올라 精舍를 짓고 강학활동을 시작한다. '居象山'은 이때부터 소홍 2년(1191) 6월 光宗의 詔令을 받고 知荊門軍을 맡기 위해 任地로 떠나기 전까지 이루어진 5년 동안의 강학활동을 일컫는다.

[1-27] 生於末世[1], 故與學者言費許多氣力, 蓋爲他有許多病痛. 若在上世[1], 只是與他說 "入則孝, 出則弟"[2], 初無許多事.

번역 末世에 태어나서 배우는 자와 말함에 많은 기력을 소비하기 마련인데, 이는 그가 많은 병통을 가지고 있기 때문이다. 만일 上世에 태어났다면 그저 그에게 "집에 들어가서 효도하고, 밖에 나와서 공경하라"고 말하면 그만이고, 애초부터 많은 일은 없었을 것이다.

주석 1_ 末世 · 上世: '末世'는 『周易』「繫辭傳」에 보인다. "역이 흥하게 된 시기는 은나라 말기였다."[易之興也, 其當殷之末世.] 왕조의 후대를 지칭하였지만, 훗날 확대되어 '後代'라는 의미로 쓰였다. '上世'는 『荀子』「非相」에 보인다. "옛 세상을 알고자 하면 周나라의 道를 살피고, 주나라의 도를 알고자 하면 그 나라 사람들이 귀하게 여기는 군자를 살펴야 한다."[欲知上世, 則審周道, 欲知周道, 則審其人所貴君子.] 上古時期를 일컫는다.

2_ 入則孝, 出則弟: 『論語』「學而」에 보인다.

[1-28] 千虛不博一實[1], 吾平生學問無他, 只是一實.

번역 천 가지 공허한 학문은 하나의 실재적인 학문을 채워주지 못한다. 내 평생 힘 쏟은 학문은 다름이 아니라 그저 하나의 실재일 뿐이다.

주석 1_ 實: '1-8 (1)번 주석'에서 설명하였다.

[1-29] 或問先生何不著書, 對曰 "六經註我, 我註六經."[1] 韓退之[2]是倒做, 蓋欲因學文而學道. 歐公[3]極似韓, 其聰明皆過人, 然不合初頭俗了. 或問 "如何俗了?" 曰 "「符讀書城南」[4]·「三上宰相書」[5]是已." 至二程方不俗, 然聰明却有所不及.

번역 어떤 이가 선생에게 어째서 책을 저술하지 않는지를 묻자, 이렇게 대답하였다. "六經은 나를 주석하고 있고, 나도 六經을 주석하고 있다." 韓退之는 이와 반대로 하여, 文을 배운 뒤 道를 터득하고자 하였다. 歐陽修도 한유와 매우 유사하다. 그 총명함이 남들보다 뛰어나지만, 처음부터 속되지 말았어야 했다. 어떤 이가 무엇이 속된 것인지 묻자, 선생께서 말하였다. "「符讀書城南」·「三上宰相書」 등이 속된 것이다." 二程에 이르러 비로소 속되지 않았으나, 총명함은 오히려 그들에 미치지 못하였다.

주석 1_ 六經註我, 我註六經: 이 어록은 육상산이 책을 왜 저술하지 않느냐에 대한 물음의 답변이자 설명이다. '六經'은 성인의 본심을 기록해 놓은 책이고, '我'는 나의 본심을 의미하므로, 육경은 내 본심과 통하고, 나의 마음은 또 육경의 주석이 된다. 그러므로 성인의 마음을 기록한 책과 동일한 이 마음을 세우면 육경의 뜻은 저절로 이해하게 되므로, 본심확립이 우선이다. 韓退之가 거꾸로 공부하였다고 비판한 것도 당시 주자와 같이 본심이 확립되지 않은 상태에서 경전의 訓詁나 注釋에 주력하는 폐단을 비판한 것이다.

「연보」에도 유사한 기록이 있다. 紹定 3년(1229) 문인 趙彦悈는 象山精舍를 重修하면서 다음과 같이 기술하였다. "慈湖 양간은 육상산 선생을 사사하였다. 전에 들었는데, 어떤 이가 육선생에게 어째서 육경에 대한 주석서를 저술하지 않는지 묻자, 선생은 '육경이 모두 나를 주석하고 있는데, 내가 어째서 다시 육경을 저술해야 하는가?'라고 하였다고 한다."[『陸九淵集』권36, 「年譜」, 522쪽: 慈湖實師象山陸先生. 嘗聞或謂陸先生云 "胡不註六經?" 先生云 "六經當註我, 我何註六經?"]

육상산은 육경이 성인의 본심을 적은 것이어서 내 마음과 다를 바 없고, 책을 저술하는 것은 道를 중복하여 정의하는 것에 지나지 않는 것이므로, 굳이 새로운 문자를 만들 필요가 없다고 보았다. 물론 그는 저술을 거부하지는 않았다. 이에 대해서는 '1-5 (5)번 주석'에서 설명하였다. 道를 먼저 깨달으면 文에 해당되는 육경이 내 마음의 주석임을 알게 되므로, 독서는 회복한 본심의 바탕 위에, 각 상황에 맞는 이치를 드러낸 성인의 본심을 확인하고 자신의 본심을 확충하는 수단으로 활용할 수 있다.

2_ 韓退之: 唐代 韓愈이다. 退之는 字이고, 河內 南陽 사람이다. 대대로 昌黎 지역에 거주하여 스스로를 昌黎韓愈라 하였고, 세인들도 韓昌黎라 불렀다. 만년에 吏部侍郎을 역임하여 韓吏部라 부르기도 하였고, 사후 '文'이란 시호를 받아 韓文公이라 일컫기도 하였다. 저서로는 『韓昌黎集』 14권, 『外集』 10권, 『師說』 등이 있다. 그의 문인 李漢은 한유의 문장을 두고 "文은 도를 관통하는 도구이다."[『韓昌黎集』「序」: 文者, 貫道之器也.]라고 평가하였다. 한유는 위진남북조시기 형식과 기교를 중시했던 騈文과 달리, 유학과 문학의 합일을 추구하여 도를 드러내는 도구로 삼고, 古文운동을 펼쳤다. 宋代 王安石 · 蘇軾 등과 함께 '古文八代家'로 불린다.

3_ 歐公: 宋代 歐陽修이다. 字는 永叔이고, 號는 醉翁 또는 六一居士이며, 시호는 文忠이고, 世人들은 歐陽文忠公이라 불렀다. 吉安 永豐 사람이다. 北宋시기의 탁월한 정치가이자 문학가 · 사학가이다. 唐

代 韓愈・柳宗元, 宋代 王安石・蘇洵・蘇軾・蘇轍・曾鞏과 함께 '唐宋八大家'로 불린다. 翰林學士・參知政事・兵部尙書 등을 역임하였다. 정치에 있어 范仲淹의 新政을 지지하였고, 문학에 있어서는 북송시기 시문학 개혁운동의 선구자였으며, 韓愈의 산문을 모방하였고, 고문부흥운동을 펼쳤다. 후학양성에도 힘써 蘇軾・蘇轍・蘇洵・曾鞏・王安石 등의 문하생을 배출하였다. 宋祁과 함께 『新唐書』를 편수하였고, 『新五代史』를 저술하였으며, 金石文字 수집을 좋아하여 『集古錄』을 편찬하였다. 문집으로는 『歐陽文忠公文集』이 전해진다.

4_ 符讀書城南: 아들 符가 城南에서 독서에 힘쓰기를 권면한 글로, 『韓昌黎集』권6에 보인다. "나무가 둥글게 혹은 모나게 깎이는 것은 단지 목수의 손에 달려 있고, 사람이 사람답게 되는 것은 뱃속에 글이 얼마나 들어 있느냐에 달려 있다. 열심히 공부하면 글을 자기 것으로 할 수 있지만, 게으름을 피우면 뱃속이 텅 비게 된다. 배움의 이치란 태어났을 때엔 누구나 현명함과 어리석음이 같지만, 배우지 못했기 때문에 그 들어가는 문이 달라지는 것이다. … 결국 한 사람은 말의 고삐를 잡는 시종이 되어, 채찍 맞은 등에서는 구더기가 끓게 되고, 다른 한 사람은 삼공(三公) 재상의 고귀한 사람이 되어 대저택의 깊은 곳에서 의기양양하게 지내게 된다. 여기서 묻는다. 무슨 까닭으로 이렇게 되었는가? 그것은 바로 배우고 배우지 않은 차이다."[木之就規矩, 在梓匠輪輿. 人之能為人, 由腹有詩書. 詩書勤乃有, 不勤腹空虛. 欲知學之力, 賢愚同一初. 由其不能學, 所入遂異閭. … 一爲馬前卒, 鞭背生蟲. 一爲公與相, 潭潭府中居. 問之何因爾, 學與不學歟.] 육상산은 한유의 이 글이 독서의 목적이 출세를 위한 것을 말한 것으로 보고, 본심 확립을 위한 聖學에 소홀히 하여 세속적이라고 비판하였다.

5_ 「三上宰相書」: 한유가 세 차례 재상에게 올린 글로, 『韩昌黎文集』 권3에 보인다. 貞元 2년(786) 그는 고향을 떠나 長安에 가서 과거시험을 보았는데, 낙방하였다. 이후 정원 3년(787)부터 정원 10년(795) 동안 네 차례 시험을 보았지만 그저 1차례 합격했을 뿐이었다. 그런데 이 역시 관직을 얻는 데 도움을 주지 못하였다. 당시 천

자 李適은 賈耽 · 陸贄 · 趙憬 · 盧邁을 宰相으로 임명하고, 각자 10여 일간 시험 삼아 보좌토록 하였다. 육지의 성격은 강직하여 직언을 서슴지 않아, 여러 신하들에게 모함을 받았다. 이에 그는 조경과 함께 조정에 나아가 변론하였으나, 자신을 배제시킬 거라 믿었던 조경이 일언반구도 없이 지켜만 보아, 결국 육지가 자리를 박탈당하였다. 이는 한유의 관직생활에 불리한 형국을 초래하였다. 왜냐하면 한유는 당시 육지가 주관한 禮部시험을 통해 급제하여 진사가 되었기 때문이다.[『韩昌黎文集』: 四舉於禮部乃一得, 三選於吏部卒無成.] 자신을 돌봐줄 사람이 이젠 없다고 생각한 그는, 정원 10년(795) 1월 27일부터 3월 16일까지 당시 재상을 역임했던 賈耽 · 趙憬 · 盧邁에게 편지를 보내 발탁해 줄 것을 청하였다. 편지에서 그는 자신이 요순의 도를 품고 있는 儒學者임을 소개하고, 과거제도의 문제점 등을 지적하며 관직생활의 포부를 밝혔다. 첫 번째 보낸 편지에 답변이 없자, 다시 두 번째 편지를 보내 말하였다. "2월 16일, 前鄕貢進士 韓愈 삼가 다시 相公 閣下께 아룁니다. 지난번 편지와 지은 문장을 올린 후, 명을 기다린 지 이미 19일이 지났는데, 회신이 없습니다. 惶恐하고 불안하여 감히 떠날 수 없고, 어떻게 해야 할지 모르고 있습니다. 이에 다시 생각지 못했던 비난을 감수하고서라도 저의 사견에 대한 진술을 마치고 가르침을 받고자 합니다."[『韩昌黎文集』권3, 「後十九日復上宰相書」: 二月十六日, 前鄕貢進士韓愈, 謹再拜言相公閣下. 向上書及所著文後, 待命凡十有九日, 不得命. 恐懼不敢逃遁, 不知所為, 乃復敢自納於不測之誅, 以求畢其說, 而請命於左右.] 물론 한유는 발탁되지 못하였고, 이후 더욱 절차탁마하여 학문에 힘썼다. 육상산이 한유의 문장을 높이 평가하면서도, 이 편지를 비판한 것은 아마도 관직을 구걸하는 세속적인 경향이 짙다고 여겼기 때문으로 보인다.

[1-30] 正人之本難, 正其末則易. 今有人在此, 與之言汝適某言未是, 某處坐立舉動未是, 其人必樂從. 若去動他根本所在, 他便

不肯.

번역 사람들의 근본을 바로잡는 것은 어렵지만, 그 말단을 바로잡는 것은 쉽다. 지금 어떤 사람이 여기 있다고 치자. 그에게 자네는 지금 어떤 말이 잘못되었고, 어느 부분에서 행동거지가 잘못되었다고 말하면, 그는 분명 즐거워하며 받아들일 것이다. 그러나 근본적인 부분을 지적하면, 그는 기꺼이 받아들이려 하지 않을 것이다.

[1-31] 釋氏立教, 本欲脫離生死, 惟主於成其私耳, 此其病根也. 且如世界如此, 忽然生一箇謂之禪, 已自是無風起浪, 平地起土堆了.

번역 석가모니가 세운 가르침은 본래 생사의 고통에서 근본적으로 벗어나 오로지 개인의 사사로움을 완성하는 데에 힘 쏟았을 뿐이다. 이것이 그 병통의 근원이다. 또 세상은 이와 같은데, 홀연히 '禪'이라 불리는 종파가 생겨났다. 그야말로 바람도 없는데 파도가 일고, 평지에서 흙더미가 일어 쌓인 격이다.

[1-32] '無它, 利與善之間也'[1], 此是孟子見得透, 故如此說. 或問 "先生之學, 當來自何處入?" 曰 "不過切己自反, 改過遷善."

번역 맹자는 舜임금과 盜蹠의 차이가 '다름이 아니라 利와 善 사이에 있다'고 하였는데, 이는 그가 확실하게 道를 터득하였기 때문에, 이렇게 말할 수 있었던 것이다. 어떤 이가 선생의 학문은 처음 어디에서부터 시작했는지 묻자, 선생께서 대답하였다. "자신에게 절실하게 하여 스스로를 돌아보고, 잘못을 고쳐 선을 행한 것일 뿐이다."

주석 1_ 無它, 利與善之間也: 『孟子』「盡心(上)」에 보인다.

[1-33] 有善必有惡, 真如反覆手. 然善却自本然, 惡却是反了方有.[1]

번역 善이 있으면 반드시 惡이 있는 것은 마치 손을 뒤집는 것과 같다. 그러나 선은 확실히 본래 그러한 것이고, 악은 이것을 어겨서 비로소 있게 된 것이다.

주석 1_ 有善必有惡 … 惡却是反了方有: 육상산은 惡이 선천적으로 타고난 것이 아니라고 보았다. 선은 마음의 본래 상태인데, 악은 이를 잃어버려 생기는 것이다. 그래서 그는 "善習과 惡習은 陰과 陽이 서로 消長하는 것과 같아 둘 다 커져 버리는 이치는 없다. 한 사람의 몸에 善習이 늘어나면 惡習은 저절로 사라져 賢人이 되고, 이와 반대로 하면 어리석은 자가 된다."[『陸九淵集』권9, 「與楊守(三)」, 124쪽: 善惡之習, 猶陰陽之相爲消長, 無兩大之理. 一人之身, 善習長而惡習消, 則爲賢人, 反是則爲愚.]고 하였다.

[1-34] 人品[1]在宇宙間逈然不同. 諸處方嘵嘵然談學問時, 吾在此多與後生說人品.

번역 사람의 품성은 우주 간에 확연히 다르다. 여러 곳에서 시끄럽게 학문을 논할 때, 나는 여기서 후학들과 대부분 사람의 품급을 논한다.

주석 1_ 人品: 인격의 높고 낮은 정도를 말하는 사람의 품성을 지칭한다. 육상산은 본심이 행실로 드러나는 것을 인품으로 보았다. 이에 인품은 한 사람을 평가하는 척도가 되기도 한다.[『陸九淵集』권35, 「語錄(下)」, 433쪽: 人品之說, 直截是有. 只如皐陶九德, 便有數等.] 그가 "皐陶謨의 九德과 날마다 六德을 엄히 공경하는 자는 나라를 다스릴 수 있고, 날마다 세 가지 덕을 베푼다면 집안을 가지런하게 할 수 있다."[『陸九淵集』권21, 「論語說」, 264쪽: 皐陶謨之九德, 日嚴祗敬六德, 則可以有邦, 日宣三德, 則可以有家.]고 한 것도, 인품이 어느 정도냐에 따라 주변 사물에 저절로 영향을 줄 수 있는 범위도 달라져, 어떤 이는 성인처럼 천하 사람들에게 왕도정치를 펼쳐 영향을 줄 수 있고, 어떤 이는 그저 三德을 소유한 사람처럼 가정에만 영향을 줄 수 있음을 말한 것이다.

[1-35] 此道之明, 如太陽當空, 羣陰畢伏.

번역 이 道의 밝음은 마치 해가 하늘에 마침 떠오르자 모든 어둠이 다 사라지는 것과 같다.

[1-36] '典憲'二字甚大, 惟知道者能明之. 後世乃指其所撰苛法[1], 名之曰 '典憲', 此正所謂 '無忌憚'[2].

번역 '典憲' 두 글자는 매우 중대하다. 오직 道를 아는 자만이 이를 밝힐 수 있다. 후세에는 그들이 제정한 가혹한 법령을 가리켜 '典憲'이라 하는데, 이것이 바로 「중용」에서 말한 '소인이면서도 거리낌이 없다'는 것이다.

주석 1_ 後世乃指其所撰苛法: 후세에 가혹한 형벌을 '典憲'으로 착각하였다는 것은 왕안석의 新法을 지칭한다. 육상산이 왕안석 신법에 대해 지녔던 관점은 '4-10' 어록에 보인다. 또 '典憲'에 대해 태도는 '5-30 (1)번 주석'에서 설명하였다.

2_ 無忌憚: 『禮記』「中庸」에 보인다. "군자가 중용을 행하는 것은 군자로서 때에 알맞은 것이며, 소인이 중용에 위배되는 것은 소인으로서 거리낌이 없는 것이다."[君子之中庸也, 君子而時中. 小人之中庸也, 小人而無忌憚也.]

[1-37] 朱元晦曾作書與學者云 "陸子靜專以尊德性誨人, 故游其門者多踐履之士, 然於道問學處欠了. 某教人豈不是道問學處多了些子? 故游某之門者踐履多不及之."[1] 觀此, 則是元晦欲去兩短, 合兩長. 然吾以爲不可, 既不知尊德性, 焉有所謂道問學?[2]

번역 朱元晦는 일찍이 학자에게 편지를 보내 "陸子靜은 오로지 尊德性만을 가지고 사람들을 가르치기 때문에 그 문하에서 배우는 자들은 실천에 능한 선비들이 많지만, 道問學에 있어서는 부족한 면이 있습니다. 그러니 제가 사람을 가르칠 때 어찌 도문학을 좀 더 강조하지 않겠습니까? 이에 제 문하에서 공부한 자들은 실천에 있어 많이 미치지 못합니다."라고 하였다. 이것을 보면, 元晦는 나와 그의 단점을 버리고 장점만을 취하여 도문학 공부와 존덕성 공부를 통합하려 한 것으로 보인다. 하지만, 나는 그렇게 할 수 없다고 생각한다. 이미 존덕성을 모르는데 어찌 이른바 도문학 공부를 할 수 있겠는가?

주석 1_ 朱元晦曾作書與學者云 … 故游某之門者踐履多不及之: 이 편지는 項平甫에게 보낸 것이다. 주자는 여기서 「중용」의 존덕성과 도문학에 대한 자신의 입장을 표명하며, 육상산의 관점을 비판하였다. "대체로 子思 이래 사람을 가르치는 방법은 오직 존덕성과 도문학

두 가지 일로 힘쓰는 요체로 삼았습니다. 지금 육자정이 말한 것은 오로지 德性을 높이는 일인데, 내가 평소 논한 것은 問學에 관한 것이 많았습니다. 그러므로 저 학문을 하는 자들은 대부분 지키는 것은 볼만하지만 의리를 본 것이 자세하지 않고, 또 따로 일종의 그릇된 도리를 말하며 막고 덮어 그 편견을 놓으려 하지 않습니다. 나는 비록 의리에 있어서 감히 어지럽게 말하지는 않지만 긴요한 爲己와 爲人에 힘을 기울이지 못하였음을 자각하고 있습니다. 지금 마땅히 몸을 반성하고 힘을 써 단점을 제거하고 장점을 모으면 거의 한쪽 편으로 떨어지지 않을 것입니다."[『晦庵集』권54, 「答項平父」: 大抵子思以來, 教人之法, 惟以尊德性·道問學兩事為用力之要. 今子静所説, 專是尊德性事, 而熹平日所論, 却是問學上多了. 所以為彼學者多持守可觀, 而看得義理全不子細. 又別説一種杜撰道理遮蓋, 不肯放下, 而熹自覺雖於義理上不敢亂説, 却於緊要為己為人上多不得力. 今當反身用力, 去短集長, 庶幾不墮一邊耳.] 주자는 사람이면 누구나 마음에 천리를 갖추고 있지만, 일반사람은 기질과 물욕에 가려 지각능력을 지닌 '氣之精爽'으로서의 마음이 理를 인식하기 어렵다고 보았다. 그래서 그는 치지를 통해 앎을 확립하고, 함양을 통해 덕성을 길러야 한다고 보았다. 물론 그에게 있어 이 두 공부는 병행되어야 한다. "涵養과 窮索의 이 두 가지 공부는 어느 것 하나도 없앨 수 없다. 마치 마차가 가는 데 두 바퀴가 필요하고, 새가 나는 데 두 날개가 반드시 있어야 하는 것과 같다."[『朱子語類』권9, 「論知行」: 涵養·窮索, 二者不可廢一, 如車兩輪, 如鳥兩翼.] 또 "학자의 공부에는 거경과 궁리의 두 가지 방법이 있을 뿐이다. 이 두 공부는 서로 번갈아 진행되어야 한다. 그래서 궁리할 수 있으면 거경공부도 나날이 나아지게 되고, 거경할 수 있으면 궁리공부 역시 더욱 정밀하게 된다. 마치 사람에게 두 다리가 있는데, 왼발이 나아가면 오른발이 멈추어져 있고, 오른발이 나아가면 왼발이 멈추어져 있는 것과 같다."[『朱子語類』권9, 「論知行」: 學者工夫, 唯在居敬·窮理二事. 此二事互相發, 能窮理, 則居敬工夫日益進, 能居敬, 則窮理工夫日益密. 譬如人之兩足, 左足行, 則右足止, 右足行, 則左足止.]고 하였다.

2_ 觀此 … 焉有所謂道問學: 육상산은 주자가 존덕성과 도문학의 공부를 병행하려는 것이 두 개념을 잘못 이해한 데서 비롯된 것이라 보았다. 그에게 있어 이러한 주자식의 '병행'적 통합은 애초부터 불가능하다. 덕성을 함양하는 공부는 본심을 확립하고 기르는 공부를 말하는데, 이것은 독서나 외부사물의 이치를 궁구한 뒤 따로 해야 할 함양공부가 아니다. 또한 도문학 역시 본심을 확립한 자라야 비로소 가능한 공부이지, 본심을 잃어버리면 아무리 독서를 해도 그 의미를 알 수 없고 사물의 이치 역시 궁구할 수 없다. 물론 육상산이 먼저 본심의 회복을 강조했다 하더라도, 주자의 先知後行과는 다르다. 본심에는 이미 知와 行이 합일되어 있기 때문이다. 그래서 육상산은 "도를 알면 末이 本이 되고, 나뭇가지가 낙엽이 된다. 또 말하였다. '뿌리가 있으면 저절로 가지가 있게 된다.'"[『陸九淵集』 권35, 「語錄(下)」, 435쪽: 知道則末即是本, 枝即是葉. 又曰 "有根則自有枝葉."]고 하여, 본심을 확립하면 독서공부와 같은 '末'이 본심을 확충하는 것이므로 결국 '本'이 되고, 또 본심은 성인의 마음을 기록해 놓은 육경과 같으므로, '本'이 '末'이 된다고 말한 것이다. 뿌리가 제대로 자리 잡혀야 나무가 무성하게 자라듯, 본심이 먼저 확립되어야 이를 확충할 수 있다. 知와 行에 대한 육상산의 관점은 '1-47 (2)번 주석'에서 설명하였다.

[1-38] 吾之學問與諸處異者, 只是在我全無杜撰. 雖千言萬語, 只是覺得他底在我不曾添一些. 近有議吾者云 "除了'先立乎其大者'[1]一句, 全無伎倆." 吾聞之曰 "誠然."

번역 나의 학문이 여러 사람들과 다른 점은 그저 나에게는 조금도 근거 없이 조작된 부분이 없다는 것이다. 비록 남들이 천 마디 만 마디 말을 할지라도, 나는 그저 그들의 말이 나의 학문에 조금도 보탬이 될 수 없다고 생각한다. 최근 나의 학문에 대해 의논하는 자들이 "'그 大體를 먼저 확립하라'는 한 마디를 제외하면 다른 어떤 방법도 없다."고 하였는데, 나는 그 말을 듣고 "진실로 그러하다."고 하였다.

주석 1_ 先立乎其大者: 『孟子』「告子(上)」에 보인다. 육상산은 사람이면 누구나 선험적으로 맹자가 말한 大體를 지니고 태어난다고 보았다. 이는 사단과 같이 매 순간 義에 부합하는 본심이다. 누구나 고유하고 있는 본심을 보존하면 성인의 경지에 오를 수 있지만, 본심을 잃어버리면 개체욕구만을 추구하는 금수와 다를 바 없게 된다. 그래서 마음속에 막 드러난 생각을 분별하여 대체를 확립하는 공부가 무엇보다도 중요하다. 백록동서원에서 강의한 '義利之辨'도 우선 대체를 확립하고 확충하는 방법의 핵심이다. 즉, 의식이 막 싹튼 상태가 '志'인데, 자신의 志가 義에 뜻을 두고 있는지 利에 뜻을 두고 있는지 살펴 대체를 확립하고, 이를 점차 확충해야 한다는 것이다. 물론 그것을 살피는 주체는 본심이다. 본심이 도덕적 사고와 행위의 주체이다.

[1-39] 復齋家兄一日見問云 "吾弟今在何處做工夫?" 某答云 "在人情·事勢·物理上做些工夫." 復齋應而已. "若知物價之低昂, 與夫辨物之美惡眞僞, 則吾不可不謂之能. 然吾之所謂做工夫, 非此之謂也."[1]

번역 復齋 형님이 어느 날 "우리 동생은 요즘 어디에 주안점을 두고 공부하는가?"라고 묻자, 나는 다음과 같이 대답하였다. "人情과 일의 형세, 그리고 物理에 주안점을 두고 공부 좀 하고 있습니다." 그러자 復齋 형님은 그러냐는 반응만 보였다. 이에 나는 다시 "물가의 높고 낮음을 아는 것, 사물의 美惡眞僞을 분별하는 것과 같은 것은 제가 할 수 없다고 말할 수는 없지만, 제가 말하는 공부는 이것을 이른 것이 아닙니다."라고 하였다."

주석 1_ 復齋家兄 … 非此之謂也: 『陸九淵集』권36, 「年譜」, 485쪽에도 같은 기록이 있다.

[1-40] 後世言學者須要立箇門户. 此理所在安有門户可立? 學者又要各護門户, 此尤鄙陋.[1]

번역 후세에 배움을 말하는 자들은 반드시 門戶를 세우려고 한다. 이 理가 있는데 어찌 문호를 세울 필요가 있는가? 배우는 자는 또 각자의 문호를 보호하려고 하니, 이는 더욱 비루하다.

주석 1_ 後世言學者 … 此尤鄙陋: 후세에 사사로이 문호를 만들거나 확립하려는 자는 주자와 그 문하생을 일컫는다. 육상산은 唐司法에게 편지를 보내 다음과 같이 말하였다. "總卿은 주자 문하에서 배워 더욱 남의 말을 들으려 하지 않는다. 지금 선생이 이미 남의 말을 받아들이지 않는데, 하물며 사사로이 문호를 만드는 문하생은 또 어찌하겠는가! 배우는 자는 理를 구하고, 오직 이치만을 따라야 한다. 어찌 사사로이 문호를 만들 수 있겠는가! 理는 천하의 公理이고, 心은 천하의 同心이며, 성현이 성현이 된 까닭은 사사로움을 용납하지 않았기 때문이다. 안자와 증자는 공자의 도를 전하였지만, 공자의 문호를 사사로이 만들지 않았고, 공자 역시 문호를 사사로이 만들어 남들과 서로 다툰 일이 없었다."[『陸九淵集』권15, 「與唐司法」, 196쪽: 總卿從朱丈遊, 尤不願聞者. 今時師匠尚不肯受言, 何況其徒苟私門户者. 學者求理, 當唯理之是從, 豈可苟私門户! 理乃天下之公理, 心乃天下之同心, 聖賢之所以爲聖賢者, 不容私而已. 顔·曾傳夫子之道, 不私孔子之門户, 孔子亦無私門户與人爲私商也.]

[1-41] 人共生乎天地之間, 無非同氣, 扶其善而沮其惡, 義所當然. 安得有彼我之意? 又安得有自爲之意?

번역 사람이 천지간에 함께 태어남에 동일한 기를 품부받지 않음이 없으니, 그 선을 행하도록 도와주고 악을 저지하는 차이가 나는 것은 당연한 이치다. 어찌 너와 나를 구분하는 뜻이 있을 수 있겠는가? 또 어찌 자기만 위하는 뜻이 있을 수 있겠는가?

[1-42] 二程見周茂叔[1]後, 吟風弄月而歸, 有'吾與點也'[2]之意.[3] 後來明道此意却存, 伊川已失此意.[4]

번역 二程은 周茂叔을 만나고 난 후, 맑은 바람을 쐬며 노래를 읊고 밝은 달을 벗 삼아 즐기겠다는 삶의 태도를 지니며 돌아왔는데, 여기에는 공자가 추구했던 '나도 증점과 함께하고 싶다'는 뜻이 있었다. 훗날 明道는 이 뜻을 보존하였지만, 伊川은 이미 이 뜻을 잃어버렸다.

주석

1_ 周茂叔: 周敦頤를 가리킨다. 茂叔은 字이고, 號는 濂溪이다. 朱子가 편찬한 『伊川先生年譜』에 의하면, 이천은 14~15세의 어린 나이에 명도와 함께 주돈이를 방문하여 배웠다.[『伊川先生年譜』: 伊川年十四五, 與明道同受學於春陵周茂叔先生.] 楊柱才는 이정이 虔州에서 주돈이에게 배움을 구한 구체적 시기가 慶歷 6~8년(1046~1048)이라고 고증하였다.[楊柱才, 「二程師事周敦頤考論」, 『哲學門』, 北京大學出版社, 2004년 3월.]

2_ 吾與點也: 공자가 어느 날 제자들에게 각자의 포부를 묻자, 모두 정치가가 되어 나라를 올바르게 다스려 왕도 정치를 펴겠다고 대답하였지만, 曾點은 "늦은 봄날 친구들과 함께 강가에 놀러가 목욕하

고 바람을 쏘인 후 노래를 부르고 돌아오고 싶습니다."라고 말하였다. 이에 공자는 "나도 증점과 함께하고 싶다."는 뜻을 밝혀, 자기 모습에 맞게 꿈을 꾸고 노력하는 것이 진정한 즐거움임을 일깨워 준 것이다.[『論語』,「先進」: "莫春者, 春服旣成, 冠者五六人, 童子六七人, 浴乎沂, 風乎舞雩, 詠而歸." 夫子然歎曰: "吾與點也."]

3_ 二程見周茂叔後…有"吾與點也"之意: 謝良佐가 편집한 二程의 어록 부분에 보인다. "공자는 『詩』가 사람의 본래 마음을 흥기시킬 수 있다고 하였는데, 나는 周茂叔을 본 이후 맑은 바람을 쐬며 노래를 읊고 밝은 달을 벗 삼아 즐기는 삶의 태도를 깨닫고 돌아와, 공자가 '나도 증점과 함께하고 싶다'는 진정한 즐거움 추구에 뜻을 품었다."[『二程遺書』권3: 『詩』可以興, 某自再見茂叔後, 吟風弄月以歸, 有"吾與點也"之意.] 또 "예전 周茂叔에게 배움을 받고서 매번 안연과 공자의 樂處에서 참으로 즐겼던 것이 무엇인지 찾았다."[『二程遺書』권2(上): 昔受學於周茂叔, 每令尋顔子·仲尼樂處所樂何事.]는 기록이 있다.

4_ 後來明道此意却存, 伊川已失此意: 육상산은 北宋시기 이후의 학문을 평가하며 다음과 같이 말한 바 있다. "맹자가 죽고 나자, 우리 유학의 도는 전해지지 않았다. 노자의 학설은 周나라 말기에 시작되어 漢나라때 성행하였고 晉代에 이르러 쇠약해졌다. 노자의 학설이 사라지자 불교의 학설이 출현하였다. 불교는 달마로부터 시작되어 唐代에 성행하였고, 지금에 이르러 쇠약해졌다. 大賢이 출현하여 우리 유학의 도가 흥기하게 되었다."[『陸九淵集』권35,「語錄(下)」, 473쪽: 孟氏沒, 吾道不得其傳. 而老氏之學始於周末, 盛於漢, 迨晉而衰矣. 老氏衰而佛氏之學出焉. 佛氏始於梁達磨, 盛於唐. 至今而衰矣. 有大賢者出, 吾道其興矣夫!] 여기서 말한 '大賢'은 明道와 伊川을 일컫는다. 二程의 출현으로 宋代에 비로소 1500여 년간 중단된 공자와 맹자의 도통이 전해질 수 있었다고 본 것이다. 그래서 그는 "지금 왕조의 理學은 漢唐시기보다 매우 뛰어나다."[『陸九淵集』권1,「與李省幹2」, 14쪽: 本朝理學, 遠過漢唐]고 하였고, 또 "근래의 伊洛諸賢들에 이르러 道를 연구함이 더 깊어지고, 도를 강론함이 상세하게 되었으며, 지향하는 바도 전일하고, 실천도 독실하

게 되었다."[『陸九淵集』권1, 「與姪孫濬」, 13쪽: 至於近時伊洛諸賢, 研道益深, 講道益詳, 志向之專, 踐行之篤.]고 하였다. 물론 육상산이 二程의 학문을 모두 긍정한 것은 아니다. 그는 二程이 "총명하지만, 여전히 부족한 점이 있다"[『陸九淵集』권35, 「語錄(下)」, 436쪽: 聰明却有所不及.]고 보고, 그들에게서는 증자 · 자사 · 맹자와 같은 최고의 경지를 찾아볼 수 없다고 여겼다.[『陸九淵集』권1, 「與姪孫濬」, 13쪽: 江漢以濯之, 秋陽以暴之, 未見其如曾子之能信其皜皜. 肫肫其仁, 淵淵其淵, 未見其如子思之能達其浩浩. 正人心, 息邪說, 距詖行, 放淫辭, 未見其如孟子之長於知言, 而有以承三聖也.]

육상산은 명도와 이천에 대한 구체적 평가에 있어서도 관점을 달리하였다. 우선 그는 명도의 경우 주돈이를 만난 후 다짐했던 공자와 안연의 경지에 어느 정도 다가갔다고 평가하였다. 마음에 대한 견해나 도덕의 경지가 자신이 그린 이상과 유사하다고 보았기 때문인 것으로 보인다. 육상산은 문인 張輔之에게 편지를 보내, "보내 준 편지에서 명도선생이 말한 '靜亦定 · 動亦定'을 들어 설명한 부분은 자네가 알 수 있는 것이 아니다. 확립됨(定)은 동과 정에 있어 둘로 나뉘는 것이 아니다. 편지에서 '고요할 때 확립되었다…'라고 말한 부분도 그렇게 논증할 수 없다. 이는 고요할 때(정)나 움직일 때(동)가 다른 것이다."[『陸九淵集』권3,「與張輔之」, 36쪽: 來書擧程明道先生靜亦定 · 動亦定之語, 此非子之所知也. 定之於動靜, 非有二也. 來書自謂"靜而定…", 亦恐未能果如是也, 是處靜處動不同矣.]라고 하였다. 그는 문인들이 명도의 견해를 곡해하여 이발과 미발을 구분 짓는 관점을 비판하였다. 이에 대해서는 '1-6' 어록과 주석에서 설명하였다.

반면 육상산은 이천에 대해 매우 강한 비판을 가한다. 그의 이천 비판은 이미 어릴 적부터 시작되었다. "어렸을 때 사람들이 이천의 말을 암송하는 것을 듣고 '이천의 말은 어째서 공맹의 말과 다른가?'라고 했었다."[『陸九淵集』권36, 「年譜」, 481~482쪽: 丱角時, 聞人誦伊川語, 云 "伊川之言, 奚爲與孔孟之言不類?"] 그는 "나는 예전부터 伊洛의 책을 그다지 보지 않았는데, 최근 들어 살펴보니 분명 그사이에 잘못된 부분이 많았다."[『陸九淵集』권34,「語錄(上)」, 441

쪽: 某舊日伊洛文字不曾看, 近日方看, 見其間多有不是.]고 하였다. 여기서 '伊洛'은 이천만을 지칭하는 것으로 보인다. 육상산이 명도와 달리 이천에 대해 비판적 태도를 견지한 것은, 이천이 動과 靜, 體와 用을 확연히 구분하고, 감정이 드러나기 이전의 본성은 기질적 요소에 전혀 영향을 받지 않고 '中'을 유지하고 있다가 감정이 드러나면서 不善의 감정이 생긴다고 주장하였기 때문으로 보인다. 「연보」에 "復齋가 서실 창문 아래서 伊川의 『易傳』을 읽다가, 艮卦의 괘사 '艮其背' 네 구절에 이르자 계속 반복하고 성독하였다. 선생이 우연히 그 앞을 지나는데 복재가 물었다. '너는 이천이 쓴 이 구절을 어떻게 생각하느냐?' 선생이 대답하였다. '여전히 분명하게 이해하지 못하겠습니다. 제가 보기에 '艮其背, 不獲其身'은 無我를 일컫고 '行其庭, 不見其人'은 無物을 뜻합니다.' 그러자 복재가 크게 흡족해 하였다."[『陸九淵集』권36,「年譜」, 483쪽: 復齋嘗於窗下讀程『易』, 至艮其背四句, 反覆誦讀不已. 先生偶過其前, 復齋問曰: "汝看程正叔此段如何?" 先生曰: "終是不直截明白. '艮其背, 不獲其身', 無我, '行其庭, 不見其人', 無物." 復齋大喜.]는 기록이 있다. 이는 간괘에서 말한 '머무를 곳(背)'이 마음속에 갖추어져 있는 성이고, 사물과 접하건 접하지 않건 형이상의 본성은 '사욕(我)'과 '물욕(物)'에 물들어서는 안된다는 관점에 대한 비판이다.

[1-43] 吾與常人言, 無不感動, 與談學問者, 或至爲仇. 擧世人大抵就私意建立做事, 專以做得多者爲先. 吾却欲殄其私而會於理, 此所以爲仇.

번역 나는 일반 사람과 얘기할 때면 그들을 감동시키지 않은 적이 없었는데, 학문을 논하는 자들과 말할 때는 때로 서로 원수가 되기도 하였다. 대체로 세상 모든 사람들은 사사로운 마음으로 어떤 일을 계획하고 실행하는데, 오직 그것을 많이 한 자가 최고라고 여긴다. 하지만 나는 그들의 사사로움을 제거하고 理에 귀의토록 하려고 했으니, 이것이 서로 원수가 된 이유이다.

[1-44] 吾與人言, 多就血脉上感移他, 故人之聽之者易, 非若法令者之爲也. 如孟子與齊君言[1], 只就與民同處轉移他, 其餘自正.

번역 나는 다른 사람과 말을 할 때 대부분 핵심처에서 그를 감동시키고 변화시킨다. 그렇기 때문에 사람들이 내 말을 들으면 쉽게 변화된다. 이것은 법령과 같은 것으로 할 수 있는 것이 아니다. 마치 孟子가 齊宣王을 설득할 때 그저 백성들과 함께 즐겨야 한다는 것으로 그를 변화시킨 것과 같다. 그러면 나머지는 저절로 바르게 된다.

주석 1_ 孟子與齊君言: 『孟子』「梁惠王(下)」에 보인다. 齊宣王은 자신만의 靈臺를 짓고 그것이 정당함을 변명하기 위해 맹자에게 賢者도 이러한 것을 즐기는지 우회적으로 물었다. 맹자는 백성들과 함께 즐겨야 한다는 '與民同樂'의 평범하고 적실한 사례를 가지고 仁政의 원리를 설명하고, 그의 잘못을 일깨워 주었다.

[1-45] 今之論學者只務添人底, 自家只是減他底, 此所以不同.

번역 지금 학문을 논하는 자들은 그저 남의 것을 추가하는 데 힘쓰지만, 나는 그저 남의 것을 덜어 낸다. 이것이 서로 다른 까닭이다.

[1-46] 宇宙[1]不曾限隔人, 人自限隔宇宙.

번역 우주의 무궁한 이치는 사람을 한정시킨 적이 없으나, 사람들 스스로 우주의 무궁한 이치를 제한한다.

주석 1_ 宇宙: '1-2 (1)번 주석'에서 설명하였다.

[1-47] '乾以易知, 坤以簡能.'[1] 先生常言之云 "吾知此理即乾, 行此理即坤. 知之在先, 故曰 '乾知太始'[1], 行之在後, 故曰 '坤作成物'[1]."[2]

번역 『周易』「繫辭傳」에 '乾은 쉽게 알고, 坤은 간단하게 행한다'는 말이 있다. 선생은 늘 이 구절을 언급하면서 "내가 이 이치를 아는 것은 건과 같고, 이 이치를 행하는 것은 곤과 같다. 아는 것이 먼저이므로, '건은 큰 시작을 아는 것이다'고 한 것이고, 행하는 것이 나중이므로, '곤은 물건을 완성한다'고 한 것이다."

주석 1_ 乾以易知, 坤以簡能 · 乾知太始 · 坤作成物: 『주역』「繫辭傳(上)」에 보인다.

2_ 先生常言之 … 坤作成物: 육상산은 건과 곤이 이치를 알고 행하는 것으로 보고, 먼저 알고 나중에 행하는 것이 공부의 바른 순서라고 보았다. 그는 말하였다. "이미 앎을 확립한 자는 힘써 행하여 그것을 끝마쳐야 하고, 아직 앎을 확립하지 못한 자는 널리 배우고 절실하게 물으며 깊이 사색하고 명확하게 분별하여 앎을 구해야 한다. 이같이 공부한다면 누가 막을 수 있겠는가?"[『陸九淵集』권6,「與傅聖謨」, 79쪽: 已知者, 則力行以終之, 未知者學問思辨以求之. 如此則誰得而禦之?] 여기서 '이미 앎을 확립한 자(已知者)'는 「중용」에서 말한 博學 · 審問 · 愼思 · 明辯이나 「대학」에서 말한 격물을 통해 앎을 확립한 자를 일컫는다. 공부를 통해 본심을 확립한 자는 반드시 그 앎을 끝까지 실천하도록 애써야 하며, 아직 앎을 확립하

지 못한 자는 우선적으로 그 앎을 확립하는 데 주력하여 실천의 전제조건을 세워야 한다. 그는 또 문인 趙詠道에게 편지를 보내, 앎에 해당하는 講明공부를 행에 해당하는 踐履보다 먼저 진행되어야 한다고 주장하였다.[『陸九淵集』권12, 「與趙詠道」, 160쪽: 為學有講明, 有踐履. … 自『大學』言之, 固先乎講明矣.] 만일 앎을 확립하는 공부를 홀시하고 그저 실천만을 우선한다면, 등산을 하다 길을 잃고 갈수록 미궁에 빠지는 것처럼, 잘못된 행동을 반복하여 오히려 혼란에 빠질 수 있다.

그런데 그가 강명공부를 통해 확립하고자 했던 것은 누구나 선험적으로 지니는 '본심'이다. 본심은 지행합일적 특성을 지니고 있으므로, 앎과 실천에 있어 간극이 없다. 앎에 이미 행이 포함되어 있고, 행은 앎을 완성하는 과정이다. 그가 말하였다. "스스로 그름을 안다고 하면서 그것을 제거하지 못하면 이것은 그름을 아는 것이 아니고, 스스로 잘못을 안다고 하면서 그것을 고치지 못하면 이것은 잘못을 아는 것이 아니다. 참으로 그름을 안다면 제거하지 못함이 없을 것이고, 참으로 잘못을 안다면 고치지 못함이 없을 것이다. 사람들의 근심은 자기의 그름을 알지 못하고 자기의 잘못을 알지 못하는 데 있을 뿐이다."[『陸九淵集』권14, 「與羅章夫」, 185쪽: 自謂知非而不能去非, 是不知非也, 自謂知過而不能改過, 是不知過也. 真知非則無不能去, 真知過則無不能改. 人之患, 在不知其非不知其過而已.] 스스로 그릇됨이나 잘못을 안다고 하면서도 제거하거나 고치지 않는다면 이것은 참으로 아는 것이 아니다. '참으로 안다(眞知)'고 하는 것은 실천(行)이 수반되었을 때 가능하다. 물론 본심이 확립되었다 하더라도 실천에 옮기지 못하는 경우도 있다. 이는 순간 사욕에 이끌려 회복한 본심을 잃어버렸기 때문이다. 배우는 자는 도덕적 사고와 행위의 근거인 본심을 먼저 확립해야 한다.

[1-48] 夫子平生所言, 豈止如『論語』所載! 特當時弟子所載止此爾. 今觀有子·曾子獨稱子, 或多是有若·曾子門人. 然吾讀

『論語』至夫子・曾子之言便無疑, 至有子之言便不喜.[1]

번역 공자께서 평생토록 말씀한 것이 어찌 『논어』와 같은 책에서 기록한 것일 뿐이겠는가! 단지 당시 제자들이 기록한 것이 여기에 그칠 뿐이었다. 지금 유자와 증자를 유독 '子'로 존칭한 것을 보면, 아마 편찬과정에 유약과 증자 문인이 대거 참여했던 것으로 보인다. 하지만 나는 『논어』를 읽으며 공자와 증자 말을 접하고 전혀 의문이 없었지만, 유자 말에 이르러서는 왠지 내키지 않았다.

주석 1_ 吾讀『論語』… 至有子之言便不喜: 「연보」에 의하면, 육상산이 『논어』를 읽고 有子 말에 대해 의문을 품기 시작한 것은 13세의 일이다. "이해, 復齋가 『논어』를 읽다가 선생에게 가까이 오라고 하고는 有子가 말한 章을 어떻게 생각하는지 물었다. 그러자 선생은 '이 유자의 말은 공자의 말이 아닌 것 같습니다.'라고 대답하였다. 복재가 또 '공자 문하에서 증자를 제외하면 바로 有子가 있으므로, 경솔하게 의론할 수 없다.'고 하자, 선생은 다음과 같이 말하였다. '공자의 말은 簡易한데, 유자의 말은 支離합니다.'"[『陸九淵集』권36, 「年譜」, 483쪽: 是年, 復齋因讀『論語』, 命先生近前, 問云: "看有子一章如何?" 先生曰: "此有子之言, 非夫子之言." 復齋曰: "孔門除去曾子, 便到有子, 未可輕議." 先生曰: "夫子之言簡易, 有子之言支離."] 유자의 말은 『논어』, 「학이」편의 2장 · 12장 · 13장을 가리킨다. 육상산은 유자가 말한 '孝弟也者, 其爲仁之本'이 이천의 관점과 유사하다고 여겼던 것으로 보인다. 이천은 일찍이 "仁을 행하는 것은 孝弟로부터 시작되니, 효제는 인의 일이다. 그래서 효제가 인을 행하는 근본이라고 하면 괜찮지만, 인의 근본이 된다고 하면 잘못된 것이다. 대체로 仁은 性이고 孝弟는 用이다. 性 속에 仁義禮智 사덕이 있지, 어찌 孝弟가 있어 비롯되었겠는가? 仁은 愛를 주관하고, 사랑은 친애함보다 큼이 없다. 그러므로 孝弟는 仁을 행하는 근본이라고 한 것이다!"[『河南程氏遺書』권18, 183쪽: 謂行仁自孝弟始, 蓋孝弟是仁之一事, 謂之行仁之本則可, 謂之是仁之本則不可. 蓋仁

是性也. 仁是性也, 孝弟是用也. 性中只有仁義禮智四者, 幾曾有孝弟來? 仁主於愛, 愛莫大於愛親. 故曰 "孝弟也者, 其爲仁之本歟!"]라고 하였다. 인은 성이고 체이며, 효제는 인을 행하는 근본이고 용이라는 말은, 동과 정 · 체와 용을 확연히 구분한 관점이다. 이에 대해서는 '1-6 (1)번 주석'과 '1-42 (4)번 주석'에서 설명하였다.

「연보」의 또 다른 기록에는 그가 紹興 16년(1146) 8세의 어린 나이에 "『논어』, 「학이」편을 읽다가 有子의 말 세 장에 의심을 품었고, 『맹자』를 읽으면서는 공자 제자들이 有若이 공자와 닮았으므로 공자 섬기던 예로 그를 섬겨야 한다고 강요하자 증자가 스승으로 섬기기를 꺼리고, 공자를 '江漢으로 씻는 것과 같으며 가을볕으로 쪼이는 것과 같다'고 칭송한 것 등을 보고, 증자가 성인의 高明하고 潔白함을 봄이 이와 같았음에 감탄하였다."[『陸九淵集』권36, 「年譜」, 481쪽: 讀『論語』「學而」, 即疑有子三章. 及看『孟子』到曾子不肯師事有子, 至"江漢以濯之, 秋陽以暴之"等語, 因歎曾子見得聖人高明潔白如此.]는 기록이 있다. 평소 그는 유자의 말에 의문을 품고 있었는데, 『맹자』에서 유자를 공자처럼 모실 수 없다는 증자의 태도를 접하고, 자신의 견해가 틀리지 않았음을 확신한 것이다. 이렇게 육상산은 유자를 증자와 같은 반열에 놓기 꺼려 하였다. 여기서 『논어』에 曾子 이외에 有若에게 '子'의 존칭을 붙인 것이 有若이 덕성을 갖추었기 때문이 아니라 그의 문인이 『논어』 편집에 대거 참여했기 때문이라고 말한 것도 바로 이러한 이유 때문이다.

[1-49] 先生問學者云 "夫子自言 '我學不厭'[1], 及子貢言 '多學而識之'[2], 又却以爲非, 何也?" 因自代對云 "夫子只言 '我學不厭', 若子貢言 '多學而識之', 便是蔽說."[3]

번역 선생께서 배우는 자들에게 물었다. "공자는 스스로 '나는 배우기를 싫증내지 않는다'고 하였는데, 자공이 '많이 배워서 아는 것'이라고 말하자, 또 아니라고 부정한 것은 어째서인가?" 조금 있다가 스스로 대신 대답하여 말하길, "공자는 그저 '나는 배우기를 싫증내지 않는다'고 한 것이다. 자공이 말한 '많이 배워 아는 것'과 같은 평가는 잘못된 말이다."

주석

1_ 我學不厭: 『論語』「述而」에 보인다.

2_ 多學而識之: 『論語』「衛靈公」에 보인다.

3_ 夫子只言 … 便是蔽說: 육상산은 지식적 앎을 강조한 자공에 대해 비판적 태도록 견지하며, 무극태극논쟁을 벌이면서 주자를 자공에 빗대어 조롱하기도 하였다. "周道의 쇠약한 文貌가 날로 더해져 사실은 의견에서 막히고, 전훈은 강설에서 거칠어졌습니다. … 자공은 통달함으로 부자의 뜻을 얻어서 사승하였으나, 여전히 '많이 배워서 아는 것'과 같은 잘못된 견해를 면하지 못하였습니다. 부자께서 '먼저 그 말을 실행해야 한다'는 가르침과, '나는 말을 하지 않겠다'는 가르침 등 여러 차례 가르침을 주었으나, 그는 끝내 깨닫지 못했습니다. 안자는 이미 죽었으니 그 전함은 실로 증자에게 있었음은 이미 아는 것입니다. 존형의 재질로 자공이 어떠한지를 알지 못하십니까? 오늘의 병통은 자공보다 심해졌습니다."[『陸九淵集』 권2, 「與朱元晦(二)」, 27쪽: 周道之衰, 文貌日勝, 事實湮於意見, 典訓蕪於辨說. … 以子貢之達, 又得夫子而師承之, 尚不免此多學而識之之見. … 先行之訓, 予欲無言之訓, 所以覺之者屢矣, 而終不悟. 顔子既沒, 其傳固在曾子, 蓋可觀已. 尊兄之才, 未知其與子貢如何? 今日之病, 則有深於子貢者.] 물론 주자는 자공을 이렇게 함부로 비판할 수 없다고 말하였다. "顔子와 曾子의 기상을 논하지 않더라도 다만 子貢이라도 이와 같은 것을 옳다고 하지 않을 것입니다. 갑자기 안자와 증자로 자공을 경시할 수는 없습니다. … 夫子의 성인됨은 실로 많이 배워서 지식을 얻은 것 때문이 아닙니다. 그러나 옛것을 좋아하고 구하는 데 민첩하신 점을 보면 참으로 많이 배우지 않은 것도 아닙니다. 다만 그 가운데 본래부터 一以貫之한 곳이 있었을 뿐입니다. 만약 다만 이렇게 공허하고 산만하며 근거가 없었다면, 비록 한결같음이 있다고 하더라도 관통하지는 못했을 것이니 어찌 공자라고 했겠습니까? 안자와 증자가 유독 성학을 전수한

것은 바로 博文約禮이고, 발로 눈으로 모두 직접 가서 보고 해 보았기 때문이니, 또한 이렇게 공허하고 산만하며 근거 없이 함부로 말하지 않았습니다. 자공은 비록 도통을 잇지는 못했지만 그 알고 있는 것은 아마도 지금 사람보다 못하지 않은 듯하니, 禪學이 바꿀 만한 것은 아닙니다."[『晦庵集』권36: 未論顔曾氣象, 只子貢恐亦不肯如此, 恐未可遽以此而輕彼也. 來書雲尊兄未嘗止固自不同也. … 夫子之聖, 固非以多學而得之, 然觀其好古敏求, 実亦未嘗不多學. 但其中自有壹以貫之処耳. 若只如此空疏杜撰, 則雖有壹而無可貫矣, 又何足以為孔子乎? 顔曾所以濁得聖學之傳, 正為其博文約禮, 足目具到, 亦不是只如此空疏杜撰也. 子貢雖未得承道統, 然其所知似亦不在今人之後, 但未有禪學可改換耳.]

[1–50] 學者須先立志, 志既立, 却要遇明師.[1]

번역 배우는 자는 반드시 먼저 배움에 뜻을 두어야 하고, 뜻이 이미 서면 참된 스승을 만나야 한다.

주석 1_ 學者須先立志 … 却要遇明師: 육상산은 스승의 중요성에 대해 자주 강조하였다. 姪孫인 濬에게 편지를 보내, "도는 알기 어려운 것도 아니고, 행하기 어려운 것도 아니므로, 학자는 뜻이 없음을 근심해야 한다. 뜻이 서면 또 진실된 스승과 벗이 없음을 걱정해야 한다. 스승과 벗으로 인해 도리어 서로 현혹되면 참으로 애석한 일이다."[『陸九淵集』권1, 「與姪孫濬」, 13쪽: 道非難知, 亦非難行, 患人無志耳. 及其有志, 又患無真實師友. 反相眩惑, 則爲可惜耳.]라고 하였다. 성학에 뜻을 두면, 바르게 이끌어 줄 스승이나 함께 절차탁마할 수 있는 벗을 만나야 하는데, 이치를 체득한 좋은 스승을 만나지 못하고, 그저 자기고집(意見)에 빠져 성학을 곡해하는 스승을 만나면, 결국 이단을 전공하게 된다. 물론 그는 참된 스승을 보다 확대된 의미로 보기도 하였다. "만물의 이치가 내 마음에 모두 갖추어져 있다. 그러니 마음의 理를 밝히기만 하면 된다. 스스로 그 理를 밝힐 수 없을 때에는 스승을 섬기고 벗과 친히 지내면서 도움을 받아야 한다."[『陸九淵集』권35,「語錄(下)」, 440쪽: 萬物皆备於我, 只要明理. 然理不解自明, 須是隆師親友.] 단지 이치를 밝게 이해하고 있는 자뿐만 아니라, 천지만물도 스승이 될 수 있다는 말이다. 그래서 그는 또 "옛날의 성현들은 학문으로 말미암지 않은 적이 없었다. 복희가 숭상 받았을 때에, 천지만물을 스승으로 삼고, 우러러 하늘의 형상을 보고 구부려 땅의 법을 보며, 가까이는 자신에게서 취하고 멀리는 사물에게서 취하여, 관찰하고 취한 것이 갖추어졌다. 이에 비로소 팔괘를 만들었다."[『陸九淵集』권1, 「與李省幹(二)」, 14쪽: 古先聖賢, 無不由學. 伏羲尚矣, 猶以天地萬物爲師, 俯仰遠近, 觀取備矣, 於是始作八卦.]고 하였다. 천지만물을 스승으로 삼고 자세히 관찰하여 자신의 마음에서 창출되는 가치가 본심에서 창출된 것인지 검증해 나가야 한다.

[1–51] '攻乎異端, 斯害也已.'[1] 今世類指佛老爲異端. 孔子時佛教未入中國, 雖有老子, 其說未著, 却指那箇爲異端? 蓋異與同對, 雖同師堯舜, 而所學之端緒與堯舜不同, 即是異端, 何止佛老哉? 有人問吾異端者, 吾對曰 "子先理會得同底一端, 則凡異此者, 皆異端."[2]

번역 공자는 '이단을 오로지 추구하면 해가 될 뿐이다'라고 하였다. 지금 사람들은 모두 불교와 노자를 이단으로 지목한다. 공자 시대에 불교가 아직 중국으로 유입되지 않았고, 노자가 있었다 한들 그 학설이 아직 성행하지 않았는데, 어느 것을 두고 이단이라 하였겠는가? 대개 '異'는 '同'과 상대하니, 동일하게 요순을 스승 삼더라도 배우는 단서가 요순과 다르면 바로 이단이 된다. 어찌 불교와 노자뿐이겠는가? 어떤 이가 내게 이단에 대해 물어, 나는 "자네가 먼저 동일한 단서를 이해하면, 대체로 이것과 다른 것이 모두 이단이 된다." 고 말해 주었다.

주석

1_ 攻乎異端, 斯害也已: 『論語』「述而」에 보인다.

2_ 凡異此者, 皆異端: 동일하게 요순의 도를 존숭하고 따르더라도 그 이론이 요순의 본의와 다르다는 것은 주자의 관점을 일컫는 것으로 보인다. 이 어록은 사실상 주자 학파에 대한 간접적 비판으로 볼 수 있다. 주자는 육상산의 학문을 평가하면서 "육상산이 배운 것은 분명 禪이다."[『朱子語類』권116: 陸子靜所學, 分明是禪.], "육상산이 '독서를 통해 의리를 구하는 것은 바로 고자가 의를 밖에 있다고 치부하고 밖에서 구하는 공부와 같다.'고 하였는데, 내가 보기에 그렇지 않다. 그는 독서와 격물을 통해 의리를 구하지 않고 그저 정좌하고 마음 가라앉히는 공부만 한다. 오히려 이것이 바로 고자가 의가 마음에 내재되어 있지 않고 밖에 있다고 여긴 것과 같은 것이다."[『朱子語類』권52: 陸子靜云 "讀書講求義理, 正是告子義外工夫." 某以爲不然. 如子靜不讀書, 不求義理, 只靜坐澄心, 卻似告子外義.]라고 하였다. 독서나 격물을 통한 이치 탐구를 거부하고, 내면의 마음을 직관하여 본심을 저절로 드러나도록 해야 한다고 강조한 육상산의 공부법이, 어떠한 마음도 일으키지 않아 여여하게 심체가 드러나도록 해야 한다는 禪家의 마음공부와 유사할 뿐만 아니라, 또한 그저 偏愛의 감정을 仁이라 하고 義가 외재한다고 주장하면서도 남의 고견에 주목하지 않고 자기 주관만을 믿고 義理를 억지로 규정하여 부동심을 이룬 고자와 같다고 본 것이다. 주자는 실제 육상산이 내면의 마음만을 집중하여 결과적으로 私欲을 天理로 오인하는 오류를 범하였다고 주장하였다. 하지만, 육상산은 오히려 "주자는 자신이 일관되게 성인의 도를 파악했다고 하지만, 그가 깨달은 도는 잘못되어 밝게 드러나지 않는다. 그러므로 결국 일관되기에 부족하다."[『陸九淵集』권34, 「語錄(上)」, 440~441쪽: 晦翁之學, 自謂一貫, 但其見道不明, 終不足以一貫耳.]고 하여, 주자야말로 자기고집에 빠져 성인의 학문을 곡해한 이단이라고 비판하였다.

[1-52] '子不語怪力亂神'[1], 夫子只是不語, 非謂無也. 若力與亂, 分明是有, 神怪豈獨無之? 人以雙瞳之微, 所矚甚遠, 亦怪矣. 苟不明道, 則一身之間無非怪, 但玩而不察耳.

번역 『논어』에 '공자께서는 괴이한 것, 무력과 관련된 것, 어지러운 것, 神에 관한 것은 언급하지 않으셨다'는 기록이 있다. 공자는 그저 말을 안했을 뿐이지, 이러한 것이 없다고 말한 것은 아니다. 무력이나 어지러운 일과 같은 것은 분명 존재하는데, 어떻게 신이나 괴이한 것만 없겠는가? 사람들이 작은 두 눈을 가지고 먼 곳을 볼 수 있는 것도 괴이한 것 가운데 하나다. 정말 道에 밝지 못하면, 내 한 몸 주변에서 일어나는 일이 괴이한 것 아님이 없을 것이다. 다만 그러한 일을 겪으면서 살피지 못할 뿐이다."

주석 1_ 子不語怪力亂神: 『論語』「述而」에 보인다.

[1-53] "可與適道, 未可與立, 可與立, 未可與權. '棠棣之華, 偏其反而, 豈不爾思, 室是遠而.' 子曰 '未之思也, 夫何遠之有?'"[1] 上面是說階級不同, 夫子因擧詩中 '室是遠而'之語, 因以掃上面階級, 蓋雖有階級, 未有遠而不可進者也. 因言李清臣[2]云 "夫子刪詩, 固有刪去一二語者, 如「棠棣」之詩[3], 今逸此兩句, 乃夫子刪去也."[4] 清臣又言 "「碩人」之詩[5], 無'素以爲絢兮'[6]一語, 亦是夫子刪去." 其說皆是. 當時子夏之言, 謂繪事以素爲後, 乃是以禮爲後乎? 言不可也. 夫子蓋因子夏之言而刪之. 子夏當時亦有見乎本末無間之理, 然後來却有所泥, 故其學傳之後世尤有害. '繪事後素', 若『周禮』言 '繪畫之事後素功'[7], 謂既畫之後, 以素間別之, 蓋以記其目之黑白分也, 謂先以素爲地非.[8]

번역 『논어』를 보면, "함께 도에 나아갈 수는 있어도 함께 설 수는 없으며, 함께 설 수는 있어도 저울질할 수는 없다. 『시경』에 '산앵두나무 꽃이여! 펄럭펄럭 나부끼는구나. 어찌 그대를 생각하지 않겠는가만 집이 너무 멀구나!'라는 구절이 있는데, 공자께서 이를 두고 말씀하셨다. '생각하지 않을지언정 어찌 멀겠는가?'"라는 언급이 있다. 윗 문장은 道에 나아가는 단계가 각기 다름을 말한 것이다. 공자는 이어 『시경』의 '집이 너무 멀구나!'라는 말을 인용하여 윗 구절에서 말한 단계를 없애려고 하였는데, 비록 각기 다른 단계가 있더라도 멀어서 나아가지 못하는 것은 없다는 것이다. 李淸臣이 "공자는 『시경』을 산정하면서 본래 한두 구절을 삭제하였다. 예를 들어 「棠棣」의 시에서 지금 이 두 구절은 수록되지 않았는데, 이는 공자가 학자들에게 오해를 줄 수 있을 가능성이 있어 삭제한 것이다."라고 하였다. 淸臣이 또 "「碩人」의 시에 '흰색으로 채색을 한다.'는 구절이 없는 것도 역시 공자께서 삭제하신 것이다."라고 하였는데, 모두 일리 있는 말이다. 당시 子夏의 말은 그림을 그릴 때 흰색을 나중에 칠하는 것이라고 한다면, 곧 학자들이 禮를 뒤에 익혀야 하는 것이냐고 오해할 수 있으니, 불가하다고 말한 것이다. 공자는 자하의 말에 따라 학자들에게 혼동을 줄 수 있는 이 말을 삭제하였다. 자하는 당시 본말에 간극이 없는 理를 터득하였지만, 훗날 사견에 빠졌으므로, 그의 학문이 후대에 전해져 더욱 해가 된 것이다. '繪事後素'는 『주례』에서 말한 것처럼 '그림 그리는 일은 가장 나중에 흰 색을 칠한다'는 것으로, 이미 그림을 그린 후에 흰색을 써서 五彩色을 선명하게 구분하여 드러냄을 이른 것이고, 대개 눈동자가 흑백이 분명한 아름다운 바탕을 가지고 있다고 기술하여, 먼저 흰색으로 바탕을 칠해야 한다고 이른다면, 잘못된 것임을 말한 것이다.

주석 1_ 可與適道 … 夫何遠之有: 『論語』「子罕」에 보인다.

2_ 李淸臣: 字는 邦直이고 魏人이다. 7세에 독서를 시작하여 날마다 수천 마디를 읊었고, 進士·邢州司戶參軍을 역임하였다. 구양수는 그의 문장을 蘇軾에 견주었다고 평가하였다.

3_ 「棠棣」之詩: 『詩經』「衛風」에 보인다.

4_ 可與適道 … 乃夫子刪去也: 주자는 『論語』「子罕」의 "子曰: '可與適道, 未可與立, 可與立, 未可與權.'"과 "'棠棣之華, 偏其反而, 豈不爾思, 室是遠而.' 子曰 '未之思也, 夫何遠之有?'"를 나누어 각기 다른 장으로 본 반면, 육상산은 이를 한 장으로 보았다. 앞부분에서는 道에 이르는 데 단계가 있음을 말한 것이며, 뒷부분에서는 『시경』의 말을 비판하며 누구나 간절히 원하고 구한다면 비록 공부의 단계가 있을지라도 누구나 성인의 반열에 들 수 있음을 말한 것이다. 이에 그는 공자가 『시경』「棠棣」편의 '집이 너무 멀구나(室是遠而)'라는 구절이 道를 구하는 학자들에게 자칫 너무 요원한 경지라 도달할 수 없는 것이라 여기고 자포자기 할 수 있는 가능성을 줄 수 있어, 『시경』을 편찬하면서 삭제한 것으로 판단하였다.

5_ 「碩人」之詩: 『詩經』「衛風」에 보인다.

6_ 素以爲絢兮: 『論語』「八佾」에 보인다.

7_ 繪畫之事後素功: 『周禮』「考工記」에 보인다.[畫繢之事, 雜五色. … 凡畫繢之事, 後素功." 鄭玄注曰 "素, 白采也. 後布之, 爲其易潰汙也.]

8_ 淸臣又言 … 謂先以素爲地非: 『論語』「八佾」을 보면, 子夏가 『시경』의 '巧笑倩兮, 美目盼兮, 素以爲絢兮' 구절이 무엇을 뜻하는지 묻자, 공자는 '繪事後素'라고 답하였고, 이에 자하가 '禮後乎'라고 말한 부분이 있다. 주자는 이 구절을 다음과 같이 풀이하였다. "사람이 예쁜 보조개와 흑백이 분명한 눈동자의 아름다운 바탕을 가지고 있고, 또 화려한 채색의 꾸밈을 더하는 것이니, 마치 흰 바탕이 있고 채색을 더하는 것과 같음을 말한 것이다. … '繪事'는 그림 그리는 일이고, '後素'는 흰 비단을 마련하는 것보다 뒤에 하는 것이다. … 흰 비단으로 바탕을 삼은 뒤에 五色의 채색을 칠함을 말한 것이니, 마치 사람이 아름다운 자질이 있은 뒤에야 文飾을 가할 수 있음과 같은 것이다. … 禮는 반드시 忠信을 바탕으로 삼으니, 이는

그림 그리는 일에 반드시 흰 비단을 우선으로 삼는 것과 같다."[『論語集註』「八佾」: 言人有此倩盼之美質, 而又加以華采之飾, 如有素地而加采色也. … 繪事, 繪畫之事也. 後素, 後於素也. … 謂先以粉地爲質, 而後施五采, 猶人有美質, 然後可加文飾. … 禮必以忠信爲質, 猶繪事必以粉素爲先.] '美目盼兮'는 흑백이 또렷한 아름다운 눈동자처럼 좋은 바탕을 갖추었음을 이르는 것이고, '繪事後素'는 그림 그릴 때 흰 바탕을 먼저 마련하는 것이 중요함을 말한 것이며, '禮後乎' 역시 먼저 본질에 힘써야 예가 虛禮가 되지 않음을 강조한 것이다. 반면 육상산은 자하가 '素以爲絢兮'를 그림 그릴 때 가장 나중에 흰색을 칠하는 것으로 이해하였다고 보고, 『시경』의 이 말이 자칫 학자들에게 예를 오채색을 칠한 후 뒤에 하는 것으로 오해를 줄 수 있으므로, "예를 뒤에 해도 된다는 말입니까? 그렇게 하면 오해를 줄 수 있습니다."라고 반문한 것이라고 보았다. 공자가 『시경』을 편찬하며 이 구절을 삭제한 것도 바로 자하의 이러한 지적 때문이다. 그는 무엇보다 본심의 확립이 우선되어야 한다고 주장하였다. 매 순간 다르게 드러나는 예는 본심확립의 전제 없이 탐구하거나 알 수 있는 것이 아니다. 그렇다고 예가 바탕을 가꾼 뒤에만 행해야 할 것은 아니다. 그가 말하는 예는 본심이 상황에 맞게 드러내는 도덕적 행위기준이므로, 이미 行과 합일된 도덕규범이다. 여기서 '本末無間之理'라고 말한 것도 바로 이런 이유 때문이다. 그래서 그는 '繪事後素'가 이미 그림을 그린 후에 흰색을 써서 五彩色을 선명하게 드러내고 최고의 그림을 완성하는 것으로 보고, 확립된 본심을 더욱 확충하여 성인의 경지에 이르는 것을 비유한 것으로 보았다. 이 밖에 육상산이 자하가 처음에는 이치를 명확히 보았으나 훗날 병폐가 심해졌다고 평가한 이유에 대해서는 '1-101 (1)번 주석'에서 설명하였다.

[1–54] 柴愚參魯[1], 夫子所愛. 故子路使子羔爲費宰, 子曰 '賊夫人之子'[2]. 以此見夫子欲子羔來磨礱就其遠者大者. 後來子羔早

卒, 故屬意於曾子.

번역 高柴는 우직하고 曾參은 노둔하지만, 공자께서 아끼셨다. 그러므로 자로가 자고를 費邑의 宰相으로 삼으려 하자, 공자는 '남의 자식을 망쳤구나'라고 말한 것이다. 이를 통해 보면 공자가 자고를 단련시켜 그 원대한 것을 실현하기 바랐음을 알 수 있다. 훗날 자고가 일찍 세상을 마쳤기 때문에, 공자는 그 기대를 증자에게 걸었다.

주석
1_ 柴愚參魯: 『論語』「先進」에 보인다.
2_ 子路使子羔爲費宰, 子曰 "賊夫人之子.": 『論語』「先進」에 보인다. 柴의 성은 高이고 字는 子羔이다. 柴는 이름이다. 공자보다 30세 어린 제자로, 공자는 그가 비록 밝은 지혜가 부족하고 어리석지만, 잘 다듬어주면 충분히 자신의 道를 이어받을 수 있다고 여겼다. 『孔子家語』에서는 "자고는 발로 남의 그림자를 밟지 않았고, 봄이 되어 땅속에서 갓 나온 벌레를 죽이지 않았고, 한참 자라는 초목을 꺾지 않았으며, 부모의 喪禮를 집행함에 3년 동안 피눈물을 흘려 일찍이 이를 드러내고 웃은 적이 없었으며, 난리를 피해서 갈 때에 지름길로 가지 않고 구멍으로 나가지 않았다."[足不履影, 啓蟄不殺, 方長不折. 執親之喪, 泣血三年, 未嘗見齒. 避難而行, 不徑不竇.]고 적고 있다. 이에 공자는 자로가 그를 비 땅의 읍재로 삼자, 앞으로 자고가 배움에 소홀할 수밖에 없음을 알고 남의 자식을 망쳤다고 책망한 것이다.

[1–55] '叩其兩端而竭焉'[1], 言極其初終始末, 竭盡無留藏也.

번역 『논어』의 '나는 그 두 끝을 살펴 다할 뿐이다'는 것은 그 처음과 마지막, 시작과 끝을 지극히 하여 남김없이 다함을 말한 것이다.

주석 1_ 叩其兩端而竭焉: 『論語』「子罕」에 보인다.

[1-56] '江漢以濯之, 秋陽以暴之, 皜皜乎不可尚已'[1], 此數語自曾子胸中流出.

번역 증자가 공자의 덕을 칭송하며 '長江과 漢水의 물로 씻는 것과 같으며, 가을볕으로 쪼이는 것과 같아, 희고 희어서 더할 수 없네'라고 하였는데, 이 몇 마디는 그의 마음속에서 우러나와 한 말이다.

주석 1_ 江漢以濯之, 秋陽以暴之, 皜皜乎不可尚已: 『孟子』「滕文公(上)」에 보인다. 「연보」에도 육상산이 紹興 16년(1146) 8세의 나이에 "『논어』「학이」를 읽다가 有子의 말 세 장에 의심을 품었고, 『맹자』를 읽으면서는 공자 제자들이 有若이 공자와 닮았으므로 공자 섬기던 예로 그를 섬겨야 한다고 강요하자 증자가 스승으로 섬기기를 꺼리고, 공자를 '江漢으로 씻는 것과 같으며 가을볕으로 쪼이는 것과 같다'고 칭송한 것 등을 보고, 증자가 성인의 高明하고 潔白함을 봄이 이와 같았음에 감탄하였다."[『陸九淵集』권36, 「年譜」, 481쪽: 讀『論語』「學而」, 即疑有子三章. 及看『孟子』到曾子不肯師事有子, 至"江漢以濯之, 秋陽以暴之"等語, 因歎曾子見得聖人高明潔白如此.]는 기록이 있다.

[1-57] 「咸有一德」之『書』, 言 '惟尹躬暨湯, 咸有一德'[1]. 以此見當時只有尹·湯二人, 可當一德.

번역 『尚書』「咸有一德」에 '오직 伊尹 나 자신과 湯王은 모두 순일한 덕을 갖추고 있다'는 말이 있다. 이를 통해 보면, 당시 그저 伊尹과 湯

王 두 사람만이 순일한 덕을 갖추고 있었던 자임을 알 수 있다.

주석 1_ 惟尹躬暨湯, 咸有一德: 『尙書』「咸有一德」에 보인다.

[1-58] 皐陶論知人之道曰 "亦行有九德, 亦言其人有德, 乃言曰 '載采采.'"[1] 乃是謂必先言其人之有是德, 然後乃言曰 "某人有某事, 有某事." 蓋德則根乎其中, 達乎其氣, 不可僞爲. 若事, 則有才智之小人可僞爲之. 故行有九德, 必言其人有德, 乃言曰 "載采采", 然後人不可得而廋也.

번역 皐陶가 사람을 알아보는 방법에 대해 논하면서 "대범한 사람의 행실에는 아홉 가지 덕이 갖추어져 있다. 그러니 그 사람이 덕을 갖추고 있는가를 살핀 후에, 그가 '어떠어떠한 일을 행하였는지 말해야 한다'"고 하였다. 이는 곧 반드시 먼저 그 사람이 이러한 아홉 가지의 덕을 갖추고 있는지를 살핀 후에, "어떤 사람이 어떠어떠한 일을 행하였는지 말해야 한다."는 것을 이른 것이다. 대체로 덕은 그 속마음에 근원하여 외부의 기에 그대로 드러나는 것이니, 거짓되게 할 수 없다. 일과 같은 것은 재능 있고 똑똑한 소인이 거짓되게 꾸밀 수 있다. 따라서 대범한 사람의 행실은 아홉 가지의 덕을 갖추고 있으므로, 반드시 그 사람이 덕을 갖추고 있는지 살피고 나서 "어떠어떠한 일을 행하였다."는 것을 말해야 한다. 그렇게 하면 사람들은 자신의 참모습을 감출 수 없을 것이다.

주석 1_ 亦行有九德 … 載采采: 『尙書』「皐陶謨」에 보인다.

[1–59] 後世言伏義畫八卦, 文王始重之爲六十四卦[1], 其說不然. 且如『周禮』雖未可盡信, 如「筮人」言三『易』, '其經卦皆八, 其別皆六十有四'.[2] '龜筮協從'[3], 亦見於『虞書』, 必非僞說. 如此, 則卦之重久矣. 蓋伏義旣畫八卦, 卽從而重之, 然後能通神明之德, 類萬物之情, 而扶持天下之理. 文王蓋因其繇辭[4]而加詳, 以盡其變爾.

번역 후세 사람들은 복희가 8괘를 그렸고 문왕이 처음으로 그것을 중첩시켜 64괘를 만들었다고 하는데, 그 설은 잘못되었다. 예를 들어, 『周禮』 내용을 모두 믿을 수 없다 할지라도, 「筮人」편에서 『連山』·『歸藏』·『周易』의 세 가지 『易』을 말하면서, '그 經의 卦는 모두 8괘이고 그 외에 또 64괘가 있다'고 하였다. 또 '龜卜과 筮占이 화합하고 따른다'는 것은 夏나라 禹임금에 관한 역사기록인 『虞書』에도 보이므로, 반드시 근거 없는 말은 아니다. 이와 같다면 괘가 중첩된 시기는 문왕보다 오래전에 이루어졌을 것이다. 아마 복희가 먼저 8괘를 그리고 이어 64괘를 중첩하였던 것으로 보인다. 그렇기 때문에 그런 뒤에 神明의 德에 통달하고 萬物의 실정을 파악하고 천하의 理를 받들 수 있었던 것이다. 문왕은 그 점사인 繇辭에 따라 더 상세히 설명을 덧붙여 그 변화의 이치를 모두 밝혔을 뿐이다.

주석

1_ 後世言伏義畫八卦, 文王始重之爲六十四卦: 후세 사람들은 朱子 등의 학자를 가리킨 것으로 보인다. 주자는 『周易本義』를 편찬하고 서두에서 "8괘와 64괘는 본래 伏義씨가 그린 것으로, 그 속에 交易과 變易의 뜻을 포함하고 있기 때문에 '易'이라 말한 것이다. 괘효사는 문왕과 주공이 달았기 때문에 '易'에다 '周'를 덧붙여 『周易』이라 말하였다. 또 책의 분량이 많아서 上·下 두 편으로 분리한 것이다. 經은 伏義씨가 그린 괘와 문왕과 주공이 지은 괘효사를 가리키며, 孔子가 지은 傳10편을 합해 모두 12편이 된다."[『周易本義』:

其卦本伏羲所畫, 有交易·變易之義, 故謂之易. 其辭則文王·周公所繫, 故繫之周. 以其簡袠重大, 故分為上下兩篇. 經則伏羲之畫, 文王·周公之辭也. 并孔子所作之傳十篇, 凡十二篇.]고 말하였다. 반면 육상산은 여기서 『주례』와 『상서』 등을 근거로 괘효사가 중첩된 시기가 문왕보다 훨씬 이전인 복희씨 때에 이미 완성되었고, 문왕은 繇辭에 근거하여 괘효사를 단 것일 뿐이라고 보았다.

2_ 其經卦皆八, 其別皆六十有四: 『周禮』「筮人」에 보인다.

3_ 龜筮協從: 『尙書』「大禹謨」에 보인다.

4_ 繇辭: 繇辭란 『주역』의 시초점을 칠 때 참고했던 占辭나, 거북점을 칠 때 참고하였던 兆辭를 말한다. 훗날 이는 괘효사로 문헌화되었다. 『春秋左氏傳』에 요사를 참고했던 기록이 처음 보인다. "衛나라의 孫文子가 鄭나라 군사를 추격하는 것을 두고 거북점을 치고는, 그 결과인 卜兆를 定公 부인 姜氏에게 알렸다. 강씨가 그 繇가 무엇을 의미하는지 묻자, 손문자는 대답하였다. '이 복조의 형상은 마치 산릉과 같아서, 병사들이 정벌하러 나가 그 장수를 잃게 됨을 의미하고 있습니다.' 이 말에 강씨는 '정벌하러 나간 자들이 영웅을 잃게 된다면, 여기서 적의 공격을 막는 편이 이로울 테니 대부들은 고려해 보시오!'라고 말하였다."[『春秋左傳注』「襄公10年」: 孫文子卜追之, 獻兆於定姜. 姜氏問繇. 曰 "兆如山陵, 有夫出征, 而喪其雄." 姜氏曰 "征者喪雄, 御寇之利也. 大夫圖之!"]

[1–60] 「繫辭」首篇二句[1]可疑, 蓋近於推測之辭.[2]

번역 『周易』「繫辭傳」 첫 장의 두 구절은 의심스럽다. 아무래도 추측을 통해 기록한 말에 가깝다.

주석 1_ 「繫辭」首篇二句: 『周易』「繫辭傳」1장 "하늘은 높고 땅은 낮으니 乾과 坤이 정해졌고, 낮고 높은 것이 베풀어지니 貴하고 賤한 것이 자리를 잡는다."[天尊地卑, 乾坤定矣. 卑高以陳, 貴賤位矣.]는 것을 가리킨다.

2_ 推測之辭: 육상산은 '推測'을 본심과 대비되는 마음의 잘못된 폐단으로 보았다. 그래서 그는 문인에게 편지를 보내 "마음의 폐단을 제거하면 그 선은 저절로 드러나고 추측하는 데 수고롭지 않을 것입니다. 추측하는 순간 이미 마음의 폐단이 싹튼 것입니다."[『陸九淵集』권4, 「與胡達材」, 56쪽: 心害苟除, 其善自著, 不勞推測. 纔有推測, 即是心害.]라고 하였다.

[1-61] 吾之深信者『書』, 然『易』「繫」[1]言 '默而成之, 不言而信, 存乎德行'[2], 此等處深可信.

번역 내가 가장 신뢰하는 경전은 『상서』이지만, 『周易』「繫辭傳」의 '묵묵히 있어도 이루어지고, 말하지 않아도 신뢰 받는 것은 덕행의 소치이다'라고 말한 부분도 매우 신뢰할 만하다.

1_ 易繫: 『周易』「繫辭傳」을 가리킨다.

2_ 默而成之 … 存乎德行: 『周易』「繫辭傳(上)」에 보인다.

[1-62] 伊川解「比」卦'原筮'[1]作'占决卜度'[2], 非也. 一陽當世之大人, 其'不寧方來'[1], 乃自然之理勢, 豈在它占决卜度之中? '原筮'乃「蒙」'初筮'[3]之義. 原, 初也. 古人字多通用. 因云 "伊川學問, 未免占决卜度之失. '富貴不能淫, 貧賤不能移, 威武不能屈'[4], 非知道者不能. 揚子謂 '文王久幽而不改其操.'[5] 文王居羑里而贊『易』, 夫子厄於陳·蔡而弦歌[6], 豈久幽而不改其操之謂耶?"

번역 伊川이 「比」卦(䷇)의 괘사 '근원에 의거하여 헤아린다(原筮)'를 해석하면서 '점쳐 결정하고 가려서 헤아린다'고 풀이하였는데, 이는 틀렸다. 여섯 효 가운데 유일한 陽爻 九五는 당시의 大人에 해당되므로, '탐탁하게 여기지 않던 자도 모두 와서 친히 여긴다'는 것은 자연적인 현상이다. 그러니 어찌 그들을 알아보는 것이 점쳐 결정하고 가려서 헤아리는 속에 있다고 하겠는가? '原筮'는 곧 「蒙」卦(䷃) 괘사 '初筮'와 같은 의미이다. 原은 처음이란 뜻으로 옛 사람들은 이 두 글자를 대부분 통용하였다. 이어 또 말하였다. "이천의 학문은 점쳐 결정하고 가려서 헤아리는 과실을 면하기 어렵다. 맹자가 일찍이 대장부를 정의하면서 '부귀가 방탕하게 하지 못하고, 빈천이 뜻을 바꾸게 하지 못하며, 위무가 절개를 굽히게 할 수 없다'고 하였는데, 道를 아는 자가 아니면 이룰 수 없는 경지이다. 揚子는 '文王이 오랫동안 감옥에 갇혀 있으면서도 그 지조를 굽히지 않았다'고 하였는데, 文王은 羑里獄에 갇혀 있으면서 『易』을 편찬하였다. 공자는 陳나라와 蔡나라에서 곤경에 처했으면서도 마음의 안정을 유지하며 음악을 연주하고 노래를 불렀으니, 이것이 어찌 오랫동안 감옥에 갇혀 있으면서 그 절개를 바꾸지 않은 문왕의 경지만을 이르겠는가?"

주석

1_ '原筮' · '不寧方來': 『周易』「比」괘 卦辭에 보인다.

2_ 占決卜度: 『伊川易傳』「比」괘에 보인다. "사람이 서로 친하여 돕는 것은 반드시 도리가 있으니, 그 도리대로 하지 않으면 후회와 허물이 있기 때문에, 반드시 근원을 미루어 도울 수 있는 사람을 점쳐 결정하여 돕는 것이다."[人相親比, 必有其道, 苟非其道, 則有悔咎, 故必推原占決, 其可比者而比之.]

3_ 初筮: 『周易』「蒙」괘 卦辭에 보인다. 육상산은 「蒙」괘 괘사의 '再三瀆, 瀆則不告'를 두고, "계발한 사람이 아니면, 몽매한 자에게 일러주지 않는다. 몽매한 자는 한결같은 뜻으로 나아가지 못해, 재차 탐구하고 살피기만 한다. 이는 마치 선종에서 불법을 도용하는 자

와 같아 결국 자신의 그릇을 완성할 수 없다."[『陸九淵集』권35, 「語錄(下)」, 477쪽: 「蒙」"再三瀆, 瀆則不告", 非發之人, 不以告於蒙者也. 爲蒙者, 未能專意相向, 乃至再三以相試探, 如禪家云盜法之人, 終不成器.]고 풀이하였다. 본심에 의거하여 정성스럽게 구하지 않으면 일러주지 않는다고 하였으므로, '初筮'는 처음 점치는 것이 아니라, 본심으로 헤아리는 것이다. 그러므로 이 '初筮'와 같은 의미로 본 「比」괘의 '原筮'도 '근원의 본심에 의거하여 정성스럽게 헤아리는 것'을 의미한다.

4_ 富貴不能淫 … 威武不能屈: 『孟子』「滕文公(下)」에 보인다.

5_ 揚子謂文王久幽而不改其操: '揚子'는 揚子雲을 일컫는다. '1-68 (1)번 주석'에서 설명하였다. '文王久幽而不改其操'는 『法言』권6, 「問明」에 보인다.

6_ 夫子厄於陳蔡而弦歌: 『史記』「孔子世家」에 보인다.

[1-63] 自周衰以來, 人主之職分不明. 『堯典』'命羲和, 敬授人時'[1], 是爲政首. 後世乃付之星官・曆翁, 蓋緣人主職分不明所致. 孟子曰 '民爲貴, 社稷次之, 君爲輕'[2], 此却知人主職分.

번역 周나라가 쇠약해진 이후로 임금의 직분이 분명하게 되지 않았다. 『尙書』「堯典」의 '羲와 和에게 명하여, 사람들이 해야 할 농사시기를 일러주도록 하였다'는 것은 바로 정치를 하는 데 가장 우선되는 일이었다. 후대에는 이러한 직분을 星官과 曆翁에게 부여하였으니, 이것은 대체로 임금의 직분이 불분명하기 때문에 그렇게 된 것이다. 맹자는 '백성들이 가장 귀중하고, 국가가 그 다음이며, 임금이 가장 가벼운 것이다'라고 하였는데, 이것이 확실히 임금의 직분을 아는 것이다.

주석 1_ 命羲和, 敬授人時: 『尙書』「堯典」에 보인다. "堯임금이 희와 화에게

명하여 광대한 하늘을 공경히 따라서 해와 달과 별의 상을 관찰하여 책력으로 만들고, 공경히 사람들에게 농사짓는 때를 일러주라고 하셨다."[乃命羲和, 欽若昊天, 曆象日月星辰, 敬授人時.] 육상산은 임금의 직분 가운데 중요한 것 하나가 백성들을 최우선으로 삼고 책력을 정하여 그들이 안정적으로 경제생활을 이루어 가도록 하는 것이라 여겼다. 그런데 후대에는 임금이 정작 힘써야 할 것을 도외시하고 오직 임금직위를 등을 공고히 하는 데 힘을 쏟고 있으므로, 이를 지적한 것이다.

2_ 民爲貴, 社稷次之, 君爲輕: 『孟子』「盡心(下)」에 보인다.

[1-64] 『詩』「大雅」多是言道, 「小雅」多是言事. 「大雅」雖是言小事, 亦主於道, 「小雅」雖是言大事, 亦主於事.[1] 此所以爲「大雅」·「小雅」之辨.

번역 『詩經』의 「大雅」는 대부분 道에 대해 언급하고 있지만, 「小雅」는 주로 事에 대해 언급하고 있다. 「大雅」에서도 비록 小事에 대해 언급하고 있지만 역시 도에 주안점을 두고 있고, 「小雅」편에서도 비록 大事를 언급하고 있더라도 역시 사에 주안점을 두고 있다. 이것이 「大雅」과 「小雅」가 구분되는 까닭이다.

주석 1_ 詩大雅 … 亦主於事: 道와 事는 本과 末 · 綱과 目의 차이점을 지닌다. 그래서 육상산은 "「大雅」는 綱이고, 「小雅」는 目이다. 『尙書』는 綱目을 모두 갖췄다."[『陸九淵集』권35, 「語錄(下)」, 434쪽: 「大雅」是綱, 「小雅」是目, 『尙書』綱目皆具.]라고 하였다. 또 그는 "事는 본래 보지 않을 수 없지만, 어쨌든 末에 해당한다. 스스로 수양하는 자는 德을 길러야 하고, 남을 기르는 자도 또한 그러하다. 스스로 아는 자도 덕을 알아야 하고, 남을 아는 자도 그러하다."[『陸九淵集』권35, 「語錄(下)」, 466쪽: 事固不可不觀, 然畢竟是末. 自養者

亦須養德, 養人亦然. 自知者亦須知德, 知人亦然.]고 하였다.

[1-65] 秦不曾壞了道脉, 至漢而大壞. 蓋秦之失甚明, 至漢則迹似情非, 故正理愈壞.[1]

번역 秦나라는 아직 유학의 道脉을 훼손하지 않았지만, 漢나라에 이르러 크게 훼손되었다. 아마도 진나라는 유학의 도를 훼손한 과실이 매우 분명하였지만, 한나라에 이르러서는 표면상으로 그럴듯하나 실제로는 아니기 때문에 올바른 이치가 더 훼손되었다.

주석 1_ 秦不曾壞了道脉 … 正理愈壞: 육상산은 진한시기를 다음과 같이 평가하였다. "漢武帝가 어찌 소위 말하는 임무가 크고 지킬 것이 막중하다는 것을 알았겠는가? 진나라 이래로 治世로 불리는 것은 漢唐시기였다. 하지만 한당의 치세에는 비록 賢君이 있었다 할지라도 또한 비루한 것을 그대로 따르고 간이한 것에 나아가, 의연하게 道에 뜻을 둔 자가 없었다. 비루한 것을 그대로 따르고 간이한 것에 나아갔으니, 어찌 크고 막중한 임무가 있을 수 있겠는가?"[『陸九淵集』권18, 「刪定官輪對劄子(二)」, 222쪽: 漢武亦安知所謂任大而守重者. 自秦而降, 言治者稱漢唐. 漢唐之治, 雖其賢君, 亦不過因陋就簡, 無卓然志於道者. 因陋就簡, 何大何重之有?] 진나라 이후 공맹의 도가 면면히 이어오고 있었으나, 漢代의 치세를 이룬 武帝는 '似而非'와 같이 유학을 겉으로만 존숭하여, 正理의 손상이 진나라보다 더 심하다고 본 것이다.

[1-66] 漢文帝[1]藹然善意, 然不可與入堯舜之道, 僅以鄉原[2].

번역 漢文帝는 온화하고 선량한 뜻을 지녔으나, 요순의 도에는 함께 들어가지 못하였고, 향원과 유사할 뿐이었다.

주석 1_ 漢文帝: 漢高祖 劉邦의 넷째 아들이자 漢惠帝 劉盈의 이복동생인 劉恆이다. 漢 왕조의 5대 임금이다. 어머니는 薄姬이고, 惠帝 사후 呂太后가 少帝를 왕위에 세웠으나, 여태후 사후 呂氏세력을 몰아내고 임금 자리에 올랐다. 文帝라 칭하였고, 23년간 통치하였다. 이후 그의 아들 景帝와 함께 유교를 통치이념으로 확립하고 소모적인 대외원정을 피하며 경제를 안정시켜, 이 시기를 '文景之治'라 불렀다.

2_ 鄕原: 점잖게 행동하며 仁한 척하는 자를 말한다. 『論語』「陽貨」에 보인다.[鄕原, 德之賊也.]

[1-67] 諸公上殿, 多好說格物. 且如人主在上, 便可就他身上理會, 何必別言格物.[1]

번역 여러 학자들이 조정에 오르면 대부분 격물에 대해 말하기 즐겨 한다. 임금께서 윗자리에 계시면 자신의 몸에 나아가 이치를 이해하면 될 것을, 어째서 따로 격물을 말하는지 모르겠다.

주석 1_ 諸公上殿 … 何必別言格物: '諸公'은 주자와 그 문인을 일컫는다. 淳熙 10년(1183) 겨울, 1년 3개월간 國學에서 『春秋』를 강의하였던 육상산은 勅令所의 刪定官으로 발령을 받고, 이듬해(1184) 孝宗을 직접 만나 자신의 관점을 피력한다. "나라를 다스린 지 이미 20여 년이 지났는데 아직 태종이 몇 년 만에 이룬 효과를 보지 못하고 계십니다. … 저는 폐하께서 덕을 존중하고 도를 즐기는 참됨에 더욱 힘써 처음 마음가짐을 따르시길 간절히 원합니다. 그렇게 하신다면 어찌 지금의 천하 사람들에게만 덕이 미치는 행운이 있겠습니까! 천고만년 변함없이 빛날 것입니다."[『陸九淵集』권18, 「刪定官

輪對劄子」, 221쪽: 臨御二十餘年, 未有太宗數年之效. … 臣願陛下益致尊德樂道之誠, 以遂初志, 則豈惟今天下之幸, 千古有光矣.] 도를 추구하고 덕을 베푸는 것이 임금이 해야 할 가장 시급한 일임을 강조한 것이다.

「어록」에는 당시 효종이 道에 대해 논한 두 번째 奏箚를 듣고 불쾌함을 표했다고 적고 있다. "'秦漢 이래로 도를 아는 임금이 없었다'는 자네의 말은 지나치게 자만하는 뜻이 있는 것 같다. 그 말이 참으로 불교의 이론과 가깝구나!" 이에 대답하였다. "신은 임금님의 말씀을 감히 받들지 못하겠습니다. 신이 말하는 도는 그렇지 않습니다. 백성을 잘 살게 하여 나라를 부강하게 하고 성인의 가르침을 펼치는 政事가 바로 도인 것입니다."[『陸九淵集』권35, 「語錄(下)」, 447쪽: 讀第二劄論道, 上曰 "自秦漢而下, 無人主知道", 甚有自負之意, 其說甚多說禪. 答 "臣不敢奉詔, 臣之道不如此, 生聚教訓處便是道."] 백성을 잘 보살피고 교육에 힘쓰는 일상적인 政事가 바로 도이다. 힘쓰면 지금뿐만 아니라 후세 사람들까지도 덕을 입게 되어 천하를 이롭게 할 수 있는데, 효종은 이를 소홀히 하였다고 직설적으로 말한 것이다.

당시 정치적 문제에 관심을 갖고 있던 주자도 육상산이 효종을 직접 뵙고 알현한다는 소식을 듣자, "윤대 시기가 언제로 정해졌는지 모르겠습니다. 만일 明主 효종을 뵙게 되면, 긴요한 곳에 나아가 말하면 좋을 것입니다. 그 나머지 사소한 것은 말할 필요가 없을 것입니다."[『陸九淵集』권36, 「年譜」, 495쪽: 不知輪對班在何時? 果得一見明主, 就緊要處下得數句爲佳, 其餘屑屑不足言也.]며 관심을 보였고, 핵심처에서 임금께 諫해야 함을 당부하였다. 물론 그가 육상산의 관점에 동의한 것은 아니다. 훗날 육상산의 奏箚를 전해 듣고 편지를 보내 다음과 같이 말하였다. "奏箚를 보내 주시어 지극한 말씀을 들을 수 있었으니 위로가 됨이 실로 깊습니다. 그 규모는 광대하고 원류는 깊고 머니 어찌 천박한 유생이 엿볼 수 있는 것이겠습니까? 전하의 명령을 받들 때 전하께서는 어떤 말에서 허락이 있으셨는지 모르겠습니다. 저의 사사로운 근심은 바로 萬牛回首의 탄식을 면하지 못할까 하는 것입니다. … 그러나 向上一路

에는 일찍이 발동하고 변화하는 곳이 없어 사람으로 하여금 의심을 면하지 못하게 하니 아마도 서역의 禪學의 氣를 띠고 있는 것 같습니다. 어떻게 생각하십니까? 우스울 뿐입니다."[『晦庵集』권36, 「寄陸子靜」: 奏篇垂寄, 得聞至論, 慰沃良深. 其規模宏大而源流深遠, 豈腐儒鄙生所能窺測? 不知対揚之際, 上於何語有領会. … 但向上一路未曾渋転処, 未免使人疑著, 恐是葱嶺帯来耳. 如何如何, 一笑.] 독서궁리와 같은 격물치지 공부를 강조하지 않고, 임금 마음을 살피는 것이 중요하다고 강조한 육상산의 관점이 불교와 같다고 비판한 것이다.

하지만 육상산은 도를 구하여 덕을 확충하는 방법이 마음을 돌아보아 본심을 확립하는 데 있다고 보았다. 효종을 알현하여 '격물치지'를 통해 도를 구하도록 강조한 주자의 관점을 비판하고, 政事를 바르게 펼치는 사이 임금의 마음을 살피도록 유도한 것도 이런 이유 때문이다. 정치적 위치에서 적극적으로 자신의 입장을 표명하여, 나라를 통치하는 임금이 본심을 확립하고 있으면 백성들도 각자 지니고 있는 지극히 선한 본심을 자각하여 천하가 저절로 다스려진다고 보았다. 이는 그가 바라본 外王의 궁극적 실현이기도 하다.

[1-68] 楊子[1]默而好深沉之思, 他平生爲此深沉之思所誤.

번역 楊子는 묵묵히 깊이 있게 생각하기를 좋아한다. 그의 일생은 이렇게 깊이 있게 생각하는 것 때문에 그릇되었다.

주석 1_ 楊子: 楊子雲이다. 西漢시기 辭賦家이자 유학자로, 이름은 雄이고, 子雲은 字이다. 姓을 어떤 이는 '揚'으로 불렀다. 蜀郡 成都사람이다. 어려서부터 학문에 힘써 박학다식하였고 辭賦를 즐겨 썼으며 깊이 생각하는 것을 좋아하였다. 40세 이후 처음으로 京師에서 유학하였다. 이후 찬탈자 王莽의 僞朝에 벼슬하여 大夫가 되었기 때문에 후세에 지조가 없는 사람이라고 비난을 들었다. 만년에는 賦

는 짓지 않았고 經學에 뜻을 두었다. 저서로는 辭賦 외에 『論語』를 모방한 『法言』과 『周易』을 모방한 『太玄』이 있다. 육상산은 그가 지은 이 책들이 孔孟의 도를 어그러뜨리고, 음양의 이치도 어지럽혔다고 비판하였다.[『陸九淵集』권15, 「與吳斗南」, 201쪽: "今世所傳揲蓍之法, 皆襲揚子雲之謬, 而千有餘年莫有一人能知之者. 子雲之『大玄』, 錯亂蓍卦, 乖逆陰陽." 『陸九淵集』권34, 「語錄(上)」, 410쪽; "退之言 '軻死不得其傳, 荀與楊擇焉而不精, 語焉而不詳.' 何其說得如此端的."]

[1-69] 韓退之[1]『原性』, 却將氣質做性說了.

번역 韓退之의 『原性』에서는 오히려 기질을 性으로 설명하였다.

주석 1_ 韓退之: '1-29 (2)번 주석'에서 설명하였다.

[1-70] 近日舉及『荀子』「解蔽」篇[1], 說得人之蔽處好.[2] 梭山兄云 "後世之人, 病正在此, 都被荀子 · 莊子輩壞了." 答云 "今世人之通病恐不在此. 大概人之通病, 在於居茅茨則慕棟宇, 衣敝衣則慕華好, 食麄糲則慕甘肥, 此乃是世人之通病."

번역 최근 『순자』「解蔽」篇을 언급하였는데, 사람들의 폐단을 말한 부분이 좋았다. 梭山 형께서 "후세 사람들의 병통은 바로 여기에 있다. 모두 순자 · 장자 같은 사람들에게 훼손되었다."라고 하자, 선생께서 답하였다. "지금 세상 사람들의 병통은 여기에 있는 것 같지는 않습니다. 대개 사람들의 병통은 초가집에 살면 대궐 같은 기와집을 부러워하고, 허름한 옷을 입으면 화려한 옷을 부러워하며, 거친 밥을 먹으면 맛좋고 기름진 음식을 부러워하는 데 있습니다. 이것이 바로 지금 사람들의 병통입니다."

주석

1_ 『荀子』「解蔽」篇: 이 편은 어떻게 사람들의 蒙蔽함을 바로잡아 사물을 올바르게 인식하느냐의 문제를 다루고 있다. 사람들이 사물을 인식하는 데 자주 범하는 오류는 한쪽에 치우쳐 바라보거나 자기만 알고 있는 지식에 매몰되는 데 있다. 순자는 이를 위해 '虛一而靜'에 근거하여 사물을 인식하는 정확한 기준인 '道'를 파악해야 한다고 강조하였다. "무릇 사람의 근심은 한 부분에 가리어 큰 이치에 어둡게 된다. 그러므로 가리는 것에 대해 말하면, 바라는 것이나 싫어하는 것이 모두 가리는 것이고, 처음과 끝이 모두 가리는 것이며, 멀고 가까움이 모두 가리는 것이고, 넓고 얕음이 모두 가리는 것이며, 오래된 것과 오늘의 것이 모두 가리는 것이다. 무릇 만물은 서로 다름에 가리는 것이 되니 이것이 마음을 쓰는 공연한 걱정이다."[『荀子』「解蔽」: 凡人之患, 蔽于一曲而闇于大理. 故爲蔽, 欲爲蔽, 惡爲蔽, 始爲蔽, 終爲蔽, 遠爲蔽, 近爲蔽, 博爲蔽, 淺爲蔽, 古爲蔽, 今爲蔽. 凡萬物異則莫不相爲蔽, 此心術之公患也.]

2_ 近日擧及『荀子』「解蔽」篇, 說得人之蔽處好: 包顯道가 해석한 것을 일컫는다. 「어록(下)」에 다음과 같은 언급이 기록되어 있다. "내가 『荀子』「解蔽」篇의 '멀고 가까움이 모두 가리는 것이고, 가볍고 무거운 것이 모두 가리는 것이다'는 것들을 가지고 사람들의 폐단에 대해 말하였다. 그러자 선생께서 말하였다. '좋은 설명이다. 다만 그는 주인이 없다. 주인이 있을 때는 가까운 것도 폐단이 아니고 먼 것도 폐단이 아니며, 가볍고 무거운 것도 그러하다.'"[『陸九淵集』권35, 「語錄(下), 448쪽: 予擧『荀子』「解蔽」'遠爲蔽, 近爲蔽, 輕爲蔽, 重爲蔽'之類, 說好. 先生曰 "是好, 只是他無主人. 有主人時, 近亦不蔽, 遠亦不蔽, 輕重皆然."]

[1-71] 『春秋』北杏之會, 獨於齊桓公稱爵. 蓋當時倡斯義者, 惟

桓公·管仲二人.『春秋』於諸國稱人, 責之也.[1]

번역 『春秋』의 北杏之會에 대한 기록에서 오직 齊桓公만 爵으로 호칭하였다. 아마도 당시 이 義를 선도한 자가 환공과 관중 두 사람뿐이었기 때문일 것이다. 『춘추』에서 다른 나라 제후국을 '人'으로 호칭한 것은 그들을 비난하기 위해서이다.

주석 1_ 『春秋』北杏之會 … 責之也: 『春秋』「莊公」13년 기록에 보인다. "13년 봄에 齊侯가 宋人·陳人·蔡人·邾人과 北杏에서 회합하였다."[十有三年春, 齊候宋人陳人蔡人邾人會于北杏.] 여기서 제나라 桓公만을 '諸侯'의 호칭을 썼고, 나머지는 그저 '人'으로 불렀다.

[1-72] 古者風俗醇厚, 人雖有虛底精神, 自然消了. 後世風俗不如古, 故被此一段精神爲害, 難與語道.

번역 옛날에는 풍속이 순박하고 두터워서 사람들이 비록 허망한 정신이 있더라도 자연스럽게 소멸되었다. 하지만 후세에는 풍속이 옛날 같지 않아 약간의 잘못된 정신에 의해서도 해를 입어, 함께 도를 말하기가 어려워졌다.

[1-73] 因嘆學者之難得云 "我與學者說話, 精神稍高者, 或走了, 低者至塌了, 吾只是如此. 吾初不知手勢如此之甚, 然吾亦只有此一路."

번역 좋은 학자들을 만나기 어려운 것에 대해 탄식하며 말하였다. "내가 학자들과 말할 때, 정신이 조금 고원한 자는 이상한 곳으로 나아가

버리고, 낮은 자는 스스로 무너져 포기한다. 나는 그저 이와 같을 뿐인데 말이다. 물론 나도 처음에는 형세가 이같이 심하게 될 줄 몰랐다. 그럼에도 나는 역시 단지 이 한 길밖에 없다."

[1-74] 人方奮立, 已有消蝕, 則議者不罪其消蝕, 而尤其奮立之太過, 擧"其進銳者, 其退速"[1]以爲證. 於是併懲其初, 曾不知孟子之意自不在此.

번역 사람들이 막 분발하고 자립하려 할 때 결점과 부족한 부분이 있으면, 의론하는 자들은 그 결점과 부족한 점을 탓하지 않고, 분발하고 자립하려는 마음이 너무 지나친 것을 지적하고, 『맹자』의 '나아가는 것이 빠른 자는 그 물러나는 것도 빠르다'는 것을 근거로 삼는다. 이에 모두 분발하고 자립하는 초기에 너무 빨리 나아가지 말 것을 경계하지만, 맹자의 본의가 본래 여기에 있지 않음을 모른다.

주석 1_ 其進銳者, 其退速: 『孟子』「盡心(上)」에 보인다. "맹자가 말하였다. '그만 둘 수 없는데도 그만두는 자는 그만두지 않는 것이 없고, 후할 것에 박하면 박하지 않은 것이 없다. 그 나아감이 빠른 자는 그 물러감이 빠르다.'"[孟子曰 "於不可已而已者, 無所不已, 於所厚者薄, 無所不薄也. 其進, 銳者, 其退速.] 주자는 일찍이 이 구절을 해석하며, "나아감이 빠른 자는 마음을 씀이 너무 지나쳐서 그 기운이 쇠진하기 쉽다. 그러므로 후퇴가 빠른 것이다."[進銳者, 用心太過, 其氣易衰, 故退速]라고 하였다. 하지만 육상산은 이러한 해석은 맹자의 본의를 곡해한 것이라 단정하였다. '그 나아감이 빠른 자는 물러남도 빠르다'는 말은 결코 분발하고 자립한 초기에 너무 성급하여 기를 쇠진하는 것을 경계한 것이 아니다. 그만두지 말아야 할 것을 그만두고 힘써야 할 것에 힘쓰지 않는 학자들의 병폐가, 바로 뜻을 세운 초기 잘못을 바로잡지 않고 잘못된 것을 빨리 이루려 하였기 때문에 생긴 것이므로, 이를 경계하려 한 것이 맹자의 본의라는 것이다.

[1-75] 聖人作『春秋』, 初非有意於二百四十二年行事. 又云 "『春秋』大概是存此理." 又云 "『春秋』之亡久矣, 說『春秋』之繆, 尤甚於諸經也."[1]

번역 성인은 『春秋』를 쓰면서 처음부터 魯나라 242년의 사적을 기록하는 데 뜻을 두지 않았다. 또 "『춘추』는 대체로 이 이치를 보존하고 있다."고 하였고, 또 "『춘추』를 제대로 해석한 자가 없어진 지 오래되었다. 『춘추』 해설의 잘못은 다른 경전보다 더 심하다."고 하였다.

주석 1_ 又云 … 尤甚於諸經也: 『春秋』 해석의 오류가 다른 경전보다 심하다는 이 기록은 「연보」에도 보인다. 육상산은 상산에서 강학활동을 펼칠 당시 『春秋』에 대한 새로운 주석서를 편찬하려 했지만, 知荊門軍이라는 관직을 명받아 이루지 못하였다고 적고 있다.[『陸九淵集』권36, 「年譜」, 506쪽: 光宗皇帝即位, 詔先生知荊門軍. 先生始欲著書, 嘗言諸儒說『春秋』之謬尤甚於諸『經』, 將先作傳. 值得守荊之命而不果.]

[1-76] 嘗閱『春秋纂例』[1], 謂學者曰 "啖 · 趙說得有好處, 故人謂啖 · 趙有功於『春秋』." 又云 "人謂唐無理學, 然反有不可厚誣者."

번역 선생은 일찍이 『春秋纂例』를 읽으며 학자들에게 말하였다. "啖助와 趙匡이 해석한 것에는 좋은 부분도 있다. 그러므로 사람들은 담조와 조광의 주석이 『춘추』 해석에 공이 있다고 하는 것이다." 또 이르길 "사람들은 唐代에 理學이 없다고 하지만, 반대로 지나치게 비방할 수 없는 부분도 있다."고 하였다.

주석 1_ 『春秋纂例』: 唐代 陸淳이 편찬한 『春秋集傳纂例』 10권을 가리킨다. 陸淳은 『春秋左氏傳』이 敍事에 뛰어나지만, 『春秋公羊傳』과 『春秋穀梁傳』보다 大義를 드러내지 못했다고 여기고, 啖助와 趙匡의 『春秋集傳』과 『春秋統例』를 근본으로 하여, 『春秋集传纂例』 10권과 『春秋集傳辨疑』 10권 · 『春秋微旨』 3권을 저술하였다. 清末의 皮锡瑞는 "『춘추』의 공양전 · 곡량전 · 좌씨전 내용을 모두 채록한 것은 啖助에서부터 시작되었다."[皮锡瑞, 『經學歷史』: 『春秋』雜采三傳, 自啖助始.]고 하였고, "지금 전해지는 三傳을 합하여 하나의 책으로 삼은 것은 唐 陸淳의 『春秋纂例』에서 시작되었다…陸淳은 啖助와 趙匡의 설을 근본으로 하고, 삼전을 혼합해 채록하여, 의미에 따라 취하거나 버리고 하나의 책으로 합하였다."[皮锡瑞, 『經學歷史』: 今世所傳合三傳爲一書者, 自唐陸淳『春秋纂例』始,…淳本啖助 · 趙匡之說, 雜采三傳, 以意去取, 合爲一書.]고 하였다. 朱子도 陸淳을 두고 "微言을 추론하고 道를 파악한 것이 참으로 높이 살만 하니, 성인의 뜻을 얻었다 할 수 있다."[『朱子語類』권83: 推言治道, 凜凜然可畏, 終是得聖人個意思.]고 평가하였다.

[1-77] 後世之論『春秋』者, 多如法令, 非聖人之旨也.

번역 후세 사람들이 『春秋』에 대해 논하는 것은 대부분 법령에 국한된 것으로, 성인의 본지가 아니다.

[1-78] 千古聖賢若同堂合席, 必無盡合之理. 然此心此理, 萬世

一揆[1]也.

번역 천고의 옛 성현들이 같은 자리에 앉아 있다 하더라도, 반드시 모두 동일하게 합하는 이치는 없을 것이다. 그러나 이 마음과 이 理는 만세토록 동일한 도리이다.

주석 1_ 萬世一揆: 성현의 반열에 오른 사람이 드러낸 도는 모두 같지 않다는 것은 본심에 무궁한 이치를 드러내는 특성이 있기 때문이다. 이에 대해서는 '5-108 (1)번 주석'에서 설명하였다.

[1-79] 銖銖而稱之, 至石必繆, 寸寸而度之, 至丈必差.[1] 石稱丈量, 徑而寡失, 此可爲論人之法. 且如其人, 大概論之, 在於爲國·爲民·爲道義, 此則君子人矣. 大概論之, 在於爲私己·爲權勢, 而非忠於國·狥於義者, 則是小人矣. 若銖稱寸量, 校其一二節目而違其大綱, 則小人或得爲欺, 君子反被猜疑, 邪正賢否, 未免倒置矣.

번역 한 수 한 수 무게를 달다 보면 한 섬에 이르러 반드시 오류가 생기게 되고, 한 마디 한 마디 길이를 재다 보면 한 길에 이르러 반드시 차이가 나게 된다. 한 섬 한 섬 저울질하고 한 길 한 길 잰다는 것은 간단하면서도 착오가 적다. 이는 사람을 논하는 법으로도 적용할 수 있다. 예를 들어 그 사람이 대략 논하는 것이 나라를 위하고 백성을 위하며 도의를 위하는 데 있다면 이는 군자일 것이고, 대개 논하는 것이 자기만을 위하거나 권세를 위하는 데 있고 나라에 충성하지 않거나 의를 따르지 않는다면 이는 소인일 것이다. 만약 한 수 한 수 무게를 달고 한 마디 한 마디 길이를 재듯 한두 절목을 일일이 따져보고 그 대강을 어긴다면, 소인은 혹 속일 수 있지만, 군자는 오히려 의심을 받게 되어, 그릇된 자가 올바르게 되고 현명한 자가 부정되어, 顚倒되는 것을 면치 못할 것이다.

주석 1_ 銖銖而稱之 … 至丈必差: '銖'와 '石'은 무게를 측정하는 단위이다. 銖는 최소단위로, 24銖가 1斤이고, 石은 최대단위로 120斤이 1石이다. '寸'과 '丈'은 길이를 측정하는 단위이다. 寸은 최소단위로 10寸이 1尺이며, 丈은 최대단위로 10尺이 1丈이다.

[1-80] 有學者聽言有省, 以書來云"自聽先生之言, 越千里如歷塊." 因云"吾所發明爲學端緖, 乃是第一步, 所謂'升高自下, 陟遐自邇'.[1] 却不知指何處爲千里? 若以爲今日捨私小而就廣大爲千里, 非也, 此只可謂之第一步, 不可遽謂千里."

번역 어떤 학자가 선생의 말을 듣고 깨달은 바가 있어 편지를 보내왔다. "선생의 말을 듣고 나니 천 리를 가는 것이 마치 흙덩어리를 뛰어넘는 것처럼 쉽고 빠른 것 같습니다." 이에 선생께서 말하였다. "내가 드러낸 공부의 단서는 첫 걸음에 해당한다. 『尙書』에서 이른바 '높은 곳을 오르려면 아래에서부터 시작해야 하고, 먼 길을 갈 때는 가까운 곳에서부터 출발해야 한다'는 것이다. 어느 곳이 千里인지 모른단 말인가? 만일 지금 사소한 것을 버리고 광대한 곳에만 나아가 천 리라고 한다면, 잘못된 것이다. 이는 그저 첫 걸음이라고 할 수 있지, 갑자기 천 리라고 말할 수 없다."

주석 1_ 升高自下, 陟遐自邇: 『尙書』「太甲(下)」에 보인다.

[1-81] 吾於人情硏究得到. 或曰"察見淵中魚不祥." 然吾非苛

察之謂, 硏究得到, 有扶持之方耳[1].

번역 나는 人情에 대해 연구하여 터득하였는데, 어떤 이는 "연못 속의 고기를 살피는 것은 좋지 않다"고 하였다. 물론 내가 터득한 것은 혹독하게 살피는 것을 이르는 것은 아니다. 연구하여 터득한 것은 보조적인 수단이었을 뿐이다.

주석 1_ 硏究得到, 有扶持之方耳: 육상산은 사람이면 누구나 선험적으로 천지만물의 무궁한 이치를 온전히 비추는 본심을 지니고 태어난다고 보았다. 그래서 굳이 외부 사물의 이치를 억지로 탐구할 필요가 없다. 마음을 직관하여 본심이 창출하는 이치를 터득하면 된다. 물론 이치를 스스로 밝힐 수 없을 때 그는 「중용」에서 말한 博學·審問·謹思·明辨과 같은 공부를 해야 한다고 말하였다. 책을 읽고 스승에게 자문을 구하는 것들이 바로 이것에 해당한다.[『陸九淵集』 권34, 「語錄(上)」, 411쪽: 『中庸』言博學·審問·謹思·明辨是格物之方. 讀書親師友是學, 思則在己. 問與辨, 皆須即人.] 다만, 그가 강조한 책읽기나 스승에게 자문을 구하는 것은 주자가 격물치지를 위해 중시한 것과는 다르다. 옛 성현들의 책을 읽고 좋은 스승과 벗을 찾아 자문을 구하는 것이 이치탐구를 위한 혹독한 인고의 과정이 아니다. 본심이 우선적으로 확립된 상태에서, 독서하고 자문을 구하다 보니, 어느 순간 그간 망각했던 이치가 마음에 밝게 드러나, 책이나 明師가 제시한 이치가 동일함을 자각하게 되고, 궁극적으로 만물일체의 근거를 확립하게 된다는 것이다. 따라서 독서와 같은 格物 공부는 본심이 확립되어야 비로소 시작할 수 있는 부차적 수단에 불과하다.

[1-82] 後世將讓職作一禮數. 古人推讓皆是實情. 唐虞之朝可見, 非尙虛文, 以讓爲美名也.

번역 후세에는 임금의 직위를 넘겨주는 것을 예절의 하나로 보고 있다. 하지만 옛 사람들이 왕위를 사양했던 것은 모두 實情에서 비롯된 것이다. 요임금과 순임금의 조정에서 볼 수 있었는데, 이는 의미 없는 형식을 숭상한 것이 아니라, 선양을 아름다운 명분으로 여긴 것이다.

[1-83] 嘗聞王順伯[1]云 "本朝百事不及唐, 然人物議論遠過之." 此議論甚闊, 可取.

번역 전에 王順伯이 "지금 시기의 많은 일들은 唐에 미치지 못하지만, 사람들의 의론은 이를 훨씬 넘어선다."고 말한 것을 들었다. 이 의론은 매우 포괄적이니, 취할 만하다.

주석 1_ 王順伯: 「연보」에 의하면, 육상산은 왕순백과 세 차례 편지를 주고받았다. 38세에 두 번,[『陸九淵集』권36, 「年譜」, 491쪽: 淳熙三年丙申, 先生三十八歲. 與王順伯書, 再書.] 51세에 한 번이다.[『陸九淵集』권36, 「年譜」, 506쪽: 淳熙十六年已酉, 先生五十一歲. … 與王順伯書.] 왕순백이 먼저 육상산 家兄 復齋와 편지를 주고받으며 유학과 불교가 동일하다고 하자, 육상산은 편지를 보내 유학과 불교를 公과 私, 義와 利로 구분하여 왕순백의 견해를 비판하였다.

[1-84] 嘗問王順伯[1]曰 "聞尊兄精於論字畫, 敢問字果有定論否?" 順伯曰 "有定論." 曰 "何以信此說?" 順伯曰 "有一畫一拐於此, 使天下有兩三人曉書問之. 此人曰是此等第, 則彼二人之言亦同. 如此知其有定." 因問 "字畫孰爲貴?" 順伯曰 "本朝不及唐, 唐不及漢, 漢不及先秦古書." 曰 "如此則大抵是古得些子者爲

貴.” 順伯曰 “大抵古人作事不苟簡, 尊兄試觀古器, 與後來者異矣.” 此論極是.

번역 전에 王順伯에게 “존형께서 서예와 그림을 논하는 데 정통하였다고 들었습니다. 글자 하나에도 과연 정론이 있는지 감히 여쭙니다.”라고 물었다. 순백이 대답하였다. “정론이 있습니다.” “어떻게 그 설을 믿을 수 있는지요?”라고 묻자, 순백이 말하였다. “여기 한 획 한 삐침의 작품이 있는데, 천하의 서법에 정통한 두세 사람에게 평가를 물어보면, 이 사람은 이 정도 등급이라 말할 것이고, 나머지 두 사람의 평가도 동일할 것입니다. 이와 같다면, 정론이 있음을 알 수 있을 것입니다.” 이어 서법은 누가 가장 뛰어난지 묻자, 순백이 말하였다. “지금 시기의 작품은 唐에 미치지 못하고, 唐은 漢에 미치지 못하며, 漢은 선진시기 古書에 미치지 못합니다.” “그렇다면 대체로 좀 더 오래된 것이 귀하겠네요?”라고 묻자, 순백이 말하였다. “대체로 옛사람들은 일을 할 때 적당히 대충하지 않았습니다. 존형께서도 옛 기물을 한 번 살펴보시지요. 후대의 것과는 분명 다르지 않습니까.” 이 논설은 매우 옳다.

주석 1_ 王順伯: 육상산의 왕순백에 대한 평가는 ‘5-10’ 어록과 주석에 보인다.

[1-85] 傅子淵[1]請教, 乞簡省一語. 答曰 ‘艮其背, 不獲其身, 行其庭, 不見其人’[2]. 後見其與陳君舉[3]書中云 “是則全掩其非, 非則全掩其是”, 此是語病. 中又云 “闊節而疏目, 旨高而趣深.” 旨高而趣深甚佳, 闊節而疏目, 子淵好處在此, 病亦在此. 又云 “子淵弘大, 文範[4]細密. 子淵能兼文範之細密, 文範能兼子淵之弘大, 則非細也.”

번역 傅子淵이 가르침을 청하며 간략한 한 마디의 핵심내용이 무엇인지 말해 줄 것을 부탁하자, 선생께서는 『周易』「艮」卦의 卦辭 '그 등에 머물러 몸을 얻지 못하고, 그 뜰을 지나더라도 사람을 보지 못한다'는 것으로 일러 주었다. 훗날 그가 陳君擧에게 보낸 편지에서 "옳으면 그른 것을 모두 덮어 버리고, 그르면 옳은 것을 온전히 덮어 버린다."고 말한 것을 읽고 선생께서는 이것이 말의 병폐라고 하였다. 중간에 또 "세부적인 절차는 여유 있고 조목은 소략하게 하며, 세운 뜻은 높고 목표는 깊이 있게 지녀야 한다."고 한 것을 보고, 뜻은 높고 목표는 깊게 지녀야 한다는 것은 매우 좋은 말이다. 하지만 절차는 여유 있고 조목은 소략하게 해야 한다는 것은 子淵의 장점이 여기에 있고, 병통 또한 여기에 있음을 말해 준다. 또 말하였다. "子淵은 장대하고 文範은 세밀하다. 子淵이 文範의 세밀함을 겸비할 수 있고, 文範이 子淵의 장대함을 갖출 수 있으면, 보잘것없지는 않을 것이다."

주석

1_ 傅子淵: 이름은 夢泉이고, 호는 若水이며, 子淵은 字이다. 육상산 문인이다. '1-21 (1)번 주석'에서 설명하였다.

2_ 艮其背, 不獲其身, 行其庭, 不見其人: 『周易』「艮卦」 괘사에 보인다. 육상산의 이에 대한 해석은 '2-29 (2)번 주석'에서 설명하였다.

3_ 陳君擧: 君擧는 字이고, 호는 止齋이다. 浙江 瑞安 사람이다. 太州敎授·中書舍人兼侍讀·直學士 등을 역임하였고, 저서로는 『周禮說』·『春秋後傳』·『止齋文集』 등이 있다. 元代 趙汸은 "진군거는 薛季宣의 문인이고, 서신으로 육상산에게 배움을 청하였다."[『華川書舍記』: 陳君擧, 薛之徒也, 乃自以書請益於陸氏.]고 기록하고 있다.

4_ 文範: 鄧文範이다. 이름은 約禮이고 文範은 그의 字이다. 학자들은 直齋先生이라 불렀다. 본래 盱江 사람이고 李侍郎 橘園의 사위가 되었다. 淳熙 50년(1223)에 진사에 올랐고 생활이 고달픈 이들을 잘 덮어주고 다스려 민심을 크게 얻었다. 육상산은 그의 정치활동을 매우 극찬하여 "등문범이 丞이 되어서 그의 덕화와 정치적 명성이 매우 훌륭하였다. 두 읍의 정사를 대행하였는데, 그 읍의 부패하

고 부도덕한 일들을 모두 정비하여 백성들이 그를 받들어 모셨으니 역사책에 부끄럽지 않은 인물이다."[『陸九淵集』권15, 「與劉漕」, 201쪽: 鄧文範爲丞, 德化政聲甚美, 常攝兩邑, 皆整其弊壞, 民之戴之, 不愧於史冊所書. 皆向來會中客, 恐欲知之. 何時復如曩集, 以快此懷.]라고 하였다.

[1-86] 朱濟道[1]力稱贊文王. 謂曰 "文王不可輕贊, 須是識得文王, 方可稱贊." 濟道云 "文王聖人, 誠非某所能識." 曰 "識得朱濟道, 便是文王."

번역 朱濟道가 문왕을 힘써 칭송하였다. 이에 선생은 "문왕은 함부로 칭송할 수 없고, 문왕을 제대로 알아야만 칭송할 수 있다."고 말하였다. 제도가 대답하였다. "문왕은 성인이십니다. 진실로 제가 알 수 있는 분이 아닙니다." 선생께서 말하였다. "주제도를 알면 곧 문왕을 아는 것이다."

주석 1_ 朱濟道: 이름은 桴이고, 濟道는 字이다. 金溪 사람이다. 「연보」에 의하면, 동생 朱泰卿과 함께 槐堂에서 강학활동을 펼치던 육상산을 찾아가 배웠고, 아호모임에도 동행하였다고 한다. 그는 당시 배웠던 내용을 다음과 같이 기억하고 있다. "최근 육선생 댁에 가서 배움을 청하였다. 선생께서 사람들에게 가르친 것은 매우 절실하고 분명하다. 대개 사람들로 하여금 잃어버린 마음을 찾도록 하는 것이다. … 글 쓰는 데 뜻을 둔 자는 정신을 수습하고 덕성을 함양하게 하였다. 근본이 바로 서면 문장 짓지 못함을 근심하지 않는다."[『陸九淵集』권11, 「年譜」, 489쪽: 同里朱桴濟道 · 弟泰卿亨道, 長於先生, 皆來問道. 與人書云 "近到陸宅, 先生所以誨人者, 深切著明, 大概是令人求放心. … 其有意作文者, 令收拾精神, 涵養德性, 根本既正, 不患不能作文."] 육상산은 그에게 보낸 편지에서 말하였다. "보내주신 일상생활의 공부는 참 좋다. 존형의 기질은 진실 되고 후덕하니, 선천적으로 품부받은 몇 가지를 추가하면 될 것이다. 다만 최근 외부의 것에 힘 쏟는 것이 많으니, 날마다 벗겨내야 내 안에 있는 하늘을 온전히 할 수 있을 것이다. 그러면 우리 도는 매우 다행이다."[『陸九淵集』권11, 「與朱濟道」, 143쪽: 示教日用工夫甚善! 尊兄氣質忠厚, 得於天者加人數等. 但向來累外處多, 得日剝落之, 以全吾天, 則吾道幸甚.] 또 "惡도 마음을 해칠 수 있고 善도 마음을 해칠 수 있다. 濟道는 선에 의해 본심을 해친 자이다."[『陸九淵集』권35, 「語錄(下)」, 456쪽: 惡能害心, 善亦能害心. 如濟道是爲善所害.]라고 하여 지나치게 성인의 학문을 경외시하는 주제도의 태도를 지적하기도 하였다.

[1-87] 一學者自晦翁處來, 其拜跪語言頗怪. 每日出齋, 此學者必有陳論, 應之亦無他語. 至四日, 此學者所言已罄, 力請誨語. 答曰 "吾亦未暇詳論. 然此間大綱有一箇規模說與人. 今世人淺之爲聲色臭味, 進之爲富貴利達, 又進之爲文章技藝. 又有一般人都不理會, 却談學問. 吾總以一言斷之曰 '勝心.'" 此學者默然, 後數日, 其擧動言語頗復常.

번역 한 학자가 晦翁 쪽에서 왔는데, 무릎 꿇고 인사하는 행동거지나 주장하는 말이 매우 기괴하였다. 매번 서재로 나가면 이 학자는 반드시 자신의 관점을 피력하였고, 응답해주면 또 다른 말은 없었다. 나흘째 되는 날, 학자는 말할 내용이 고갈되자, 힘써 가르침을 청하였다. 선생께서 말하였다. "나 또한 세세히 논의할 겨를이 없지만, 요사이 대략 하나의 개요를 학자들에게 말해 왔다. 지금 사람들은 비근하게는 淫聲이나 여색, 향기나 맛만을 추구하거나, 나아가서는 부귀와 영달을 추구하고, 더 나아가서는 문장과 기예를 추구한다. 또 어떤 사람들은 제대로 이해하지도 못하면서 학문을 논한다. 내가 이들의 의도를 한 마디로 요약하여 말하면 '남을 이기려는 마음' 이라 할 수 있다." 이 학자는 묵묵히 말이 없다가 며칠 후 그 행동거지와 주장하는 말이 다시 아주 정상으로 돌아왔다.

[1-88] 一學者從游閱數月, 一日問之云 "聽說話如何?" 曰 "初來時疑先生之顚倒, 旣如此說了, 後又如彼說. 及至聽得兩月後, 方始貫通, 無顚倒之疑."

번역 어떤 학자가 따라 배운 지 수개월이 지났다. 하루는 "나의 학설을 들어보니 어떠한가?"라고 물었다. 그러자 대답하였다. "처음 왔을 때에는 선생님의 학설이 전도되었다고 의심했었습니다. 이렇게 말하고는 얼마 뒤에 또 저렇게 말하기 때문입니다. 두 달을 듣고 나니 비로소 관통되어 본말이 전도되었다는 초기의 의문이 사라졌습니다."

[1-89] 三百篇之詩「周南」爲首, 「周南」之詩關雎爲首. 關雎之詩好善而已.[1]

번역 삼백 편의 시 가운데 「周南」이 첫 번째에 있고, 「주남」편 시 가운데 '關雎' 시가 첫 번째에 있다. '관저' 시는 선을 최고의 가치로 여겼을 뿐이다.

주석 1_ 關雎: 『詩經』「周南」편 첫 번째 시이다. 공자는 일찍이 "'관저'는 즐거우면서도 음탕하지 않고 슬프면서도 해치지 않는다."[『論語』「八佾」: 關雎, 樂而不淫, 哀而不傷.]고 하였다.

[1-90] '興於詩'[1], 人之爲學, 貴於有所興起.

번역 공자는 '詩에서 홍한다'고 하였는데, 이처럼 사람들이 공부할 때는 홍기하는 것이 귀하다.

주석 1_ 興於詩: 『論語』「泰伯」에 보인다.

[1-91] 洙泗門人[1], 其間自有與老氏之徒相通者. 故「記」『禮』之書, 其言多原老氏之意[2].

번역 공자 문인 가운데에는 자연히 노자의 무리와 서로 통한 자도 있었다. 그래서 『예기』「악기」와 같은 책은 그 말이 대부분 노자의 뜻에 근원하는 것이다.

주석 1_ 洙泗門人: '洙泗'가 공자를 상징하므로, 공자 문인을 이른다. 『禮記』「檀弓(下)」를 보면 증자가 자하에게 "나와 너는 공자를 洙泗 사이에서 섬겼다"[吾與女, 事夫子於洙泗之間.]는 기록이 있다. 洙泗는 曲阜지역을 관통하고 있는 洙水와 泗水로, 洙水는 북쪽에 泗水는 남쪽에 흐른다. 공자가 두 강 사이에서 강학활동을 펼쳐, 훗날 洙泗를 공자를 상징하는 말로 사용하였다.

2_ 「記」『禮』之書, 其言多原老氏之意: '記禮之書'는 『禮記』「樂記」편을 지칭하는 것으로 보인다. 「악기」를 보면, "사람이 태어나 고요한 곳은 하늘의 본성이고, 사물에 감응하여 움직이는 것은 성이 이끌리는 것이다. 사물이 이르고 앎을 알게 된 후에 好惡가 드러난다. 자신을 반성할 수 없다면, 천리는 소멸될 것이다."[人生而靜, 天之性也, 感於物而動, 性之欲也. 物至知知, 而後好惡形焉. 不能反躬, 天理滅矣.]라는 말이 있다. 육상산은 하늘을 理에, 사람을 欲에 대

비시켜 천리와 인욕을 구분하는 관점이 노자의 견해와 유사하다고 보았다. 「樂記」에 대한 비판은 '1-6 (1)번 주석'에서 설명하였다.

[1-92] 先生在勑局日[1], 或問曰"先生如見用, 以何藥方醫國?" 先生曰"吾有四物湯, 亦謂之四君子湯." 或問"如何?" 曰"任賢·使能·賞功·罰罪."

번역 선생께서 勑局에 있었을 때, 어떤 이가 물었다. "선생님이 만일 조정에 임용된다면, 어떤 처방약으로 나라의 위기를 치료하겠습니까?" 선생께서 답하였다. "나는 '四物湯'이라는 처방약이 있는데, 이는 또 '四君子湯'이라고 부른다." 어떤 이가 또 구체적으로 무엇인지 묻자, "현자를 임용하고, 능력 있는 자를 부리며, 공덕 있는 자를 치하하고, 죄를 범한 자 벌주는 것이 그것이다."라고 대답하였다.

주석 1_ 先生在勑局日: '勑局'은 勅令所를 일컫는다. 이곳에서 있었던 육상산의 행적에 관해서는 '1-124 (1)번 주석'에서 설명하였다.

[1-93] 先生云"後世言道理者, 終是粘牙嚼舌. 吾之言道, 坦然明白, 全無粘牙嚼舌處, 此所以易知易行." 或問先生"如此談道, 恐人將意見來會, 不及釋子談禪, 使人無所措其意見." 先生云"吾雖如此談道, 然凡有虛見虛說, 皆來這裏使不得. 所謂'德行常易以知險, 恒簡以知阻'[1]也. 今之談禪者雖爲艱難之說, 其實反可寄託其意見. 吾於百衆人前, 開口見膽."

번역 선생께서 말하였다. "후세 사람들이 말하는 도리는 의미 없이 함부로 내뱉은 말에 불과하다. 내가 말한 도리는 분명하고 명백하여 의미 없이 함부로 내뱉은 말이 전혀 없다. 이것이 쉽게 알 수 있고 쉽게 행할 수 있는 이유이다." 어떤 이가 선생에게 물었다. "이렇게 도를 말하면, 아마 사람들은 자신의 의견을 가지고 와서 牽强附會할 것입니다. 차라리 불교도와 禪에 대해 말하는 것만 못하여, 사람들이 자신의 의견을 둘 곳이 없어지게 할 것입니다." 그러자 선생께서 말하였다. "내가 비록 이렇게 도를 논하지만, 모든 虛見과 虛說은 여기 와서 통하지 않게 되었다. 『周易』에서 이른바 '덕행은 항상 쉬움으로써 험한 것을 알고, 항상 간략함으로써 막힘을 안다'라고 한 것이 그것이다. 지금 선을 논하는 자들은 비록 힘들고 고생스러운 학설을 수행하느라 힘쓰지만, 실제는 오히려 자기의 의견에 의탁한 것이다. 나는 대중 앞에서 숨김없이 드러내었다."

주석 1_ 德行常易以知險, 恒簡以知阻: 『周易』「繫辭傳(下)」에 보인다.

[1-94] 先生云 "凡物必有本末. 且如就樹木觀之, 則其根本必差大. 吾之教人, 大概使其本常重, 不爲末所累. 然今世論學者却不悅此."

번역 선생께서 말하였다. "모든 사물에는 반드시 本과 末이 있다. 예를 들어 나무를 보면, 그 뿌리와 줄기는 분명 차이가 크다. 나는 사람들을 가르칠 때, 대체로 그 근본을 항상 중시하여 말단에 의해 얽매이지 않게 한다. 그러나 지금 학문을 논하는 자들은 도리어 이것을 좋아하지 않는다."

[1-95] 有一士大夫云 "陸丈與他人不同, 却許人改過."

번역 어떤 사대부가 말하였다. "육선생은 다른 사람과 다르다. 사람들이 잘못을 고치는 것을 허여한다."

[1-96] 先生嘗問一學者 "若事多放過, 有寬大氣象, 若動輒別白, 似若褊隘, 不知孰是?" 學者云 "若不別白, 則無長進處." 先生曰 "然."

번역 선생께서 전에 어떤 학자에게 물었다. "만일 일이 많아 대충대충 넘어가면 관대한 기상이 있는 것 같고, 움직일 때마다 명확히 구분하면 편협한 면이 있는 것 같다. 누가 옳은지 알지 못하겠구나?" 학자가 대답하였다. "만일 일을 명확하게 구별하지 못하면, 나아지는 곳이 없을 것입니다." 그러자 선생은 "그렇다."고 답하였다.

[1-97] 先生云 "學者讀書, 先於易曉處沉涵熟復, 切己致思, 則他難曉者渙然氷釋矣. 若先看難曉處, 終不能達." 擧一學者詩云 "讀書切戒在荒忙, 涵泳工夫興味長. 未曉莫妨權放過, 切身須要急思量. 自家主宰常精健, 逐外精神徒損傷. 寄語同遊二三子, 莫將言語壞天常."

번역 선생께서 말하였다. "학자들이 책을 읽을 때는 먼저 쉬운 곳부터 침잠하고 반복하며 절실하게 생각하면 다른 어려운 곳은 갑자기 얼음 녹듯이 의문이 풀릴 것이다. 만일 먼저 어려운 곳을 보면 끝내 깨닫지 못할 것이다." 어떤 학자가 쓴 시를 들어 말하였다. "독서할 때 황급히 나아가는 것을 확실히 경계해야 하고, 마음 가라앉혀 기르는 공부를 해야 흥미가 더 오래가네. 이해하지 못하는 부분 잠시 놓아두어도 괜찮고, 절실한 것부터 긴급히 헤아려 보세. 스스로 주재하니 항상 정밀하고 굳건하며, 밖에 있는 것을 따르니 정신이 오히려 손상되네. 동학인 그대들에게 부탁하니, 언어로 天理의 떳떳함을 훼손하지 말아야 하네."

[1-98] 先生歸自臨安[1], 子雲[2]問近來學者. 先生云 "有一人近來有省, 云 '一蔽既徹, 群疑盡亡.'"

번역 선생께서 임안에서 돌아오자, 부자운이 근래 학자들에 대해 물었다. 선생께서 대답하였다. "어떤 사람이 최근 깨달은 바가 있다면서, '하나의 폐단이 없어지자 모든 의문이 사라졌다'고 하였다."

주석 1_ 歸自臨安: 수도 臨安에서 고향으로 돌아왔다는 이 기록은 아마 '2-19'에서 "선생께서 임안에서 돌아오자 倉使인 湯思謙이 세속의 풍습이 불미스럽다고 말하였다."[歸自臨安, 湯倉因言風俗不美.]는 것과 같은 시기로 보인다. 육상산은 淳熙13년(1186) 조정에서의 관직생활을 마감하고 고향 金溪로 돌아왔다.[『陸九淵集』권36, 「年譜」, 499쪽: 既歸, 學者輻輳. 時鄉曲長老, 亦俯首聽誨.] 고향으로 돌아오게 된 배경은 '1-124 (1)번 주석'에서 설명하였다.

2_ 子雲: 육상산 문인 傅子淵을 일컫는다. '1-21 (1)번 주석'에서 설명하였다.

[1-99] 先生云 "歐公『本論』[1]固好, 然亦只說得皮膚." 看『唐鑑』[2], 令讀一段. 子雲[3]因請曰 "終是說骨髓不出." 先生云 "後世亦無人知得骨髓去處."

번역 선생께서 말하였다. "歐陽修의 『本論』은 진실로 좋지만, 그저 말한 것이 표면적인 것일 따름이다." 또 『唐鑑』을 보고는 한두 단락 읽어보라고 권하셨다. 傅子雲이 이어 "핵심내용은 전혀 말하지 않고 있습니다."라고 하자, 선생은 "후세에도 핵심내용을 알 수 있는 자는 없을 것이다."라고 하였다.

주석

1_ 歐公『本論』: 歐陽修가 慶曆 2年(1042) 불교를 체계적으로 비판한 『本論』을 지칭한다. 그는 요순시기에는 禮義에 기초한 교화가 천하에 널리 행해져 불교가 흥기할 수 없었지만, 하 · 상 · 주 삼대의 왕도가 점차 쇠약해져 불교가 일어나게 된 것인데, 당시 왕도가 다시 부흥하고 있으므로, 불교를 제거해야 한다고 주장하였다. 歐陽修에 대해서는 '1-29 (3)번 주석'에서 설명하였다.

2_『唐鑑』: 宋代 范祖禹가 당나라 高祖로부터 昭宗에 이르기까지의 역사 대강을 논평한 史書이다. 본래 11권이었으나, 吳相謙이 주석을 달아 24권이 되었다.

3_ 子雲: 육상산 문인 傅子淵이다. '1-21 (1)번 주석'에서 설명하였다.

[1-100] 劉淳叟[1]參禪, 其友周姓者問之曰 "淳叟何故捨吾儒之道而參禪?" 淳叟答曰 "譬之於手, 釋氏是把鋤頭, 儒者把斧頭, 所把雖不同, 然却皆是這手. 我而今只要就他明此手." 友答云 "若如淳叟所言, 我只就把斧頭處明此手, 不願就他把鋤頭處明此手." 先生云 "淳叟亦善喻, 周亦可謂善對."

번역 劉淳叟가 參禪을 하자, 周씨 姓을 가진 친구가 물었다. "淳叟는 어째서 우리 유학의 도를 버리고 참선을 하는가?" 순수가 답하였다. "손으로 비유하면, 불교는 호미를 잡고 있고, 유학은 도끼를 잡고 있다고 할 수 있다. 잡은 자루는 각기 다르지만, 잡고 있는 것은 모두 이 손이다. 나는 지금 그저 호미로 이 손을 밝히고자 할 뿐이다." 그러자 친구가 답하였다. "만일 순수가 말한 대로라면, 나는 단지 도끼를 잡은 곳에서 이 손을 밝히고 싶지, 호미를 잡은 곳에서 이 손을 밝히고 싶지는 않다." 선생은 이를 전해 듣고 "순수도 비유를 참 잘했고, 周군도 잘 대답했다고 할 수 있다."

주석 1_ 劉淳叟: 이름은 堯夫이고, 淳叟는 字이다. 또 周必大『文忠集』권20에서는 '純叟'라고 하고, 『夷堅志(乙)』권10에서는 '醇叟'라고 하였다. 撫州 金溪사람이다. 『宋元學案』권77에서 순수는 17세때 육상산 형제를 스승으로 모셨고, 처음 육상산 셋째 형인 庸齋를 사사하였다가, 훗날 復齋를 모셨고, 마지막으로 육상산에게 가장 많은 영향을 받았다고 적고 있다. 乾道 5년(1169) 太學에 입학하여 공부하였고, 淳熙 2년(1175) 진사에 급제하여 國子正을 제수받았으며, 훗날 隆興府通判을 지냈다. 또 『宋元學案』에서 그는 훗날 불교에 심취하여 결국 승려가 되었다고 한다. 그러나 『陸子學譜』를 보면, "당시 淳叟가 만년에 선학을 믿어, 제멋대로 그가 승려가 되었다고 전해졌다. 그러나 실제 이러한 일은 없었다."[當時因淳叟晩頗信禪學, 因妄傳其爲僧, 實無此事.]고 하여 세간에 떠돌던 내용을 비판하였다. 저술로는 『井齋藁集』이 있다.

[1-101] 先生云 "子夏之學, 傳之後世尤有害."[1]

번역 선생께서 말하였다. "子夏의 학설이 후세에 전해져 더욱 해가 되었다."

주석 1_ 子夏之學, 傳之後世尤有害: 육상산은 『맹자』에서 공자 사후 有若이 공자와 닮았다 하여 대신 섬기려 한 사건을 토대로 자하를 비판하였다. "공자가 제자를 받아들인 지 오래되었지만, 안연만이 배움을 좋아하였다. 그 뒤에 공자의 도에 의문을 품지 않은 자는 오직 증자뿐이었다. 공자가 돌아가시자 자하·자유·자장이 有若을 대신 섬기는 것을 강행하려 하였다."[『陸九淵集』권22, 「雜著·雜說」,

269쪽: 夫子受徒久矣, 而顏淵獨爲好學. 其後無疑於夫子之道者, 僅有曾子. 夫子沒而子夏・子游・子張乃欲強之以事有若.] 사실 자하의 학설에 대한 비판은 보다 근본적인 이유가 있었다. 그가 말하였다. "공자 문하에 오직 안자와 증자만이 도를 전하였고, 다른 제자는 도를 듣지 못하였다. 대개 안자와 증자는 안으로부터 나왔고, 다른 사람은 밖으로부터 들어왔다. 지금 전해지고 있는 것은 자하와 자장의 무리가 전한 것으로, 밖으로부터 들어온 학설이다. 증자가 전한 것은 맹자에 이르러 다시 전해지지 않았다."[『陸九淵集』권35, 「語錄(下)」, 408쪽: 孔門惟顏曾傳道, 他未有聞. 蓋顏曾從裏面出來, 他人外面入去. 今所傳者, 乃子夏子張之徒, 外入之學. 曾子所傳, 至孟子不復傳矣.] 내면의 본심을 살펴 이곳에서부터 공부를 시작하는 것이 아니라, 외부지식의 축적을 통해 본성을 확충하려는 자하의 학설은 주자와 같은 잘못된 학문적 폐단을 낳았다고 본 것이다. 자하에 대한 육상산의 평가는 '1-53' 어록과 주석에도 보인다.

[1–102] 先生居象山, 多告學者云 "汝耳自聰, 目自明, 事父自能孝, 事兄自能弟, 本無少缺, 不必他求, 在乎自立而已."[1] 學者於此, 亦多興起. 有立議論者, 先生云 "此是虛說." 或云 "此是時文之見." 學者遂云 "孟子闢楊墨, 韓子[2]闢佛老, 陸先生闢時文." 先生云 "此說也好. 然闢楊墨佛老者, 猶有些氣道. 吾却只闢得時文." 因一笑.

번역 선생께서 상산에 거처하며 강학을 할 때 자주 학자들에게 강조하였다. "자네들의 눈과 귀는 저절로 총명하고, 부모 섬김에는 저절로 효도할 수 있으며, 형제 섬김에는 저절로 공경할 수 있다. 본심은 본래 조금도 부족함이나 모자람이 없는 것이니, 다른 것을 구할 필요가 없다. 그저 스스로 확립할 뿐이다." 학자들이 이에 많이 감흥하여 일어섰다. 만일 의론을 세우는 자가 있으면 선생은 "이는 공허한 학설이다."라고 하거나, 혹은 "이는 과거시험과 같은 세속 문장에서나 통용되는 견해이다."라고 하였다. 어떤 학자가 마침 "맹자는 楊朱와 墨翟을 배척하였고, 韓子는 佛老를 배척하였는데, 陸선생님은 時文을 배척하였습니다."라고 하자, 선생은 "그 말도 옳다. 그러나 양주 · 묵적 · 불교 · 노장의 학설을 배척한 맹자나 韓子의 경우는 어느 정도 당위적인 기세가 있었다. 하지만 나는 그저 시문만을 배척할 뿐이다."라고 하고 웃으셨다.

주석 1_ 先生居象山 … 在乎自立而已: 이 구절과 유사한 내용의 일부가 '1-26' 어록에도 보인다. 육상산이 象山에서 강학활동을 펼친 구체적인 내용에 대해서는 '육상산 생애와 저작'에서 설명하였다.

2_ 韓子: 韓愈를 일컫는다. 그에 대해서는 '1-29 (2)번 주석'에서 설명하였다.

[1-103] 先生作『貴溪學記』[1]云 "堯舜之道, 不過如此. 此亦非有甚高難行之事."[2] 嘗擧以語學者云 "吾之道, 真所謂 '夫婦之愚, 可以與知.'[3]"

번역 선생께서 『貴溪學記』를 지으시고 말하였다. "요순의 도는 이같은 것에 지나지 않는다. 이것은 또한 매우 고원하거나 행하기 어려운 일이 아니다." 또 일찍이 「중용」의 말을 들어 학자들에게 말하였다. "나의 도는 진실로 소위 말하는 '부부의 어리석음으로도 알 수 있다'는 것처럼 알기 쉽고 행하기도 쉽다."

주석 1_ 『貴溪學記』: 『貴溪縣重脩學記』를 일컫는다. 「연보」에 의하면 紹興 32년(1162), 24세의 육상산은 과거시험의 폐단을 지적하며, 『貴谿縣學記』를 지었다.[『陸九淵集』권36, 「年譜」, 484쪽: 作『貴谿縣學記』.]

이후 紹熙 元年(1190) 8월, 象山에서 강학활동을 하던 육상산은 이 『貴溪縣學記』를 수정하여 『貴溪縣重脩學記』를 지었다.[『陸九淵集』권36, 「年譜」, 508쪽: 光宗紹熙元年庚戌, 先生五十二歲. 在山間方丈. … 秋八月二十六日, 作『貴溪縣重脩學記』.]

2_ 堯舜之道, 不過如此. 此亦非有甚高難行之事: 「貴溪重修縣學記」에 보인다.[『陸九淵集』권19, 「貴溪重修縣學記」, 237쪽.]

3_ 夫婦之愚, 可以與知: 『禮記』「中庸」에 보인다.

[1–104] 或問讀『六經』當先看何人解註? 先生云 "須先精看古註, 如讀『左傳』則杜預[1]註不可不精看. 大概先須理會文義分明, 則讀之其理自明白. 然古註惟趙岐[2]解『孟子』, 文義多略."

번역 어떤 이가 『六經』을 읽을 때 마땅히 먼저 어떤 사람의 주석을 봐야 하는지 물었다. 선생께서 말하였다. "반드시 먼저 古註를 정밀하게 살펴보아야 한다. 예를 들어 『春秋左氏傳』을 읽으려면 杜預의 주를 자세히 보지 않을 수 없다. 대체로 우선 문장의 의미를 분명하게 이해해야만, 읽을 때 이치가 저절로 밝아지게 된다. 물론 고주라 할지라도, 유독 趙岐가 풀이한 『맹자』는 문장의 의미가 너무 소략하다."

1_ 杜預: 字는 元凱이고, 西晉시기 정치가이자 유학자이다. 『춘추』와 「좌전」을 묶어 『春秋左氏經典集解』를 저술하였다. 이는 『春秋左氏傳』에 대한 가장 이른 주석이기도 하며, 훗날 唐代 孔穎達이 이를 기반으로 『春秋左傳正義』를 지었다.

2_ 趙岐: 字는 邠卿이며 長陵 사람이다. 『孟子』를 정리하여 『孟子注』를 지었다. 이는 『맹자』에 대한 현존하는 가장 오래된 주석이다.

[1-105] 有一後生欲處郡庠[1], 先生訓之曰 "一擇交, 二隨身規矩[2], 三讀古書『論語』之屬."

번역 어떤 젊은이가 郡庠에 들어가 배우려고 하자, 선생께서 훈계하였다. "첫째 친구를 가려 사귀고, 둘째 몸소 모범을 준수하며, 셋째 『論語』 같은 古書를 읽어야 한다."

주석 1_ 郡庠: 남송시기 각 府에서 세운 교육기관이다.
2_ 規矩: 직선과 원을 그리는 도구로 『맹자』에 보인다.[孟子曰 "規矩, 方員之至也, 聖人, 人倫之至也.] 당시 학자들은 인륜의 지극한 모범이 되는 성인을 배울 수 있는 경전을 비유하였지만, 육상산은 성인의 마음과 동일한 '본심'을 규구로 보았다. '7-59' 어록과 주석에서도 설명하였다.

[1-106] 程先生解『易』爻辭[1], 多得之「彖辭」, 却有鶻突處.

번역 程伊川 선생이 『周易』 괘효사를 해석하며 대부분 「彖傳」의 말을 취하였는데, 오히려 불명확한 부분이 있다.

주석 1_ 程先生解『易』爻辭: '程伊川이 저술한 『伊川易傳』을 가리킨다. 육상산의 이천에 대한 평가는 '1-42 (4)번 주석'에서 설명하였고, 『伊川易傳』에 대한 언급은 '2-29' 어록과 주석에서도 설명하였다.

[1-107] 人之文章, 多似其氣質.[1] 杜子美[2]詩乃其氣質如此.

번역 사람들의 문장은 대부분 자신의 그 기질과 유사하다. 杜子美의 시는 곧 그의 기질이 이와 같다는 것이다.

주석 1_ 人之文章, 多似其氣質: 육상산은 詩가 마음을 표현하는 도구이므로, 작가의 기질을 그대로 드러낸다고 보았다. '2-36 (3)번 주석'에서 육상산이 시 · 문장 · 책 등을 어떻게 대했는지 설명하였다.

2_ 杜子美: 이름은 甫이고, 子美는 字이다. 唐代 시인으로 詩聖이라고도 한다. 일생동안 1500여 편의 시를 남겼고, 대표작으로는 『杜工部集』이 있다. 두보에 대한 육상산 평가는 '2-36 (2)번 주석'에서 설명하였다.

[1–108] 三代之時, 遠近上下, 皆講明扶持此理, 其有不然者, 衆從而斥之. 後世遠近上下, 皆無有及此者, 有一人務此, 衆反以爲怪. 故古之時比屋至於可封, 後世雖能自立, 然寡固不可以敵衆, 非英才不能奮興.

번역 堯 · 舜 · 禹 三代 시기에는 멀거나 가깝거나 위나 아래나 모두 이 이치를 지킬 것을 분명히 하였다. 그렇게 하지 않는 자가 있으면, 대중들이 쫓아서 공격하였다. 후세에는 遠近上下 모두 이것에 이르는 자가 없었다. 어떤 사람이 이것에 힘쓰면, 대중들은 오히려 괴이하다고 여겼다. 그러므로 옛날에는 일반 백성들도 관직에 책봉되기도 하였으나, 후세에는 비록 스스로 설 수 있다 하더라도, 적은 수가 많은 대중을 대적할 수 없듯이, 영재가 아니면 분연히 감흥할 수 없었다.

[1–109] 有學者因事上一官員書云 "遏惡揚善, 沮姦佑良, 此天地之正理也. 此理明則治, 不明則亂. 存之則爲仁, 不存則爲不仁."

先生擊節稱賞.

번역 어떤 학자가 일로 인해 한 관원에게 상소를 올려 말하였다. "악을 억제하고 선을 드러내며, 간사함을 저지하고 선량함을 돕는 이것은 천지의 바른 이치입니다. 이 理가 밝으면 세상이 다스려지고, 밝지 않으면 혼란해집니다. 그러니 이것을 잘 보존하면 仁하게 되고 보존하지 않으면 불인하게 됩니다." 선생께서 무릎을 치며 칭찬하였다.

[1–110] 先生云 "吾自應擧, 未嘗以得失爲念, 場屋之文, 只是直寫胸襟." 故作『貴溪縣學記』[1]云 "不徇流俗而正學以言者, 豈皆有司之所棄, 天命之所遺?"[2]

번역 선생께서 말하였다. "나는 스스로 과거시험에 응시하면서 합격여부에 관심을 둔 적이 없었다. 과거시험 답안지는 그저 마음속에 있는 것을 그대로 서술하면 된다." 이에 『貴谿縣學記』를 지어 "세속의 흐름에 구애받지 않고 正道의 학설을 말하는 자가 어찌 모든 有司에게 버려진다 한들, 天命에 의해 버림받겠는가?"라고 하였다.

주석 1_ 貴溪縣學記: 「연보」에 의하면, 과거시험에 환멸을 느끼던 육상산은 紹興 32년(1162) 24세의 나이에 이 글을 지었다. 『貴溪縣學記』의 저술과정은 '1-103 (1)번 주석'에서 설명하였다.
2_ 先生云 … 天命之所遺: 이 구절은 「연보」에도 보인다.[『陸九淵集』 권36, 「年譜」, 485쪽.] 성학에 뜻을 두고 과거시험을 중시하지 않은 육상산의 태도는 '육상산 생애와 저작'에서 설명하였다.

[1–111] 有學者曾看南軒文字, 繼從先生游, 自謂有省. 及作書陳

所見, 有一語云 "與太極同體."[1] 先生復書云 "此語極似南軒."

번역 어떤 학자가 일찍이 남헌의 글을 즐겨보다가, 이어 선생을 따라 배웠고, 스스로 깨달음이 있다고 하였다. 편지를 써서 자신의 견해를 밝힌 부분에 "태극과 동체이다."라는 말이 있었는데, 선생은 답서에서 "이 말은 남헌과 매우 유사하다."고 하였다.

주석 1_ 有學者 … 與太極同體: '南軒'은 張栻의 號이다. 자는 敬夫이고 훗날 임금의 諱를 피하여 欽夫로 고쳤다. 岳麓書院教事를 담당하였고, 右文殿修撰 · 提擧武夷山沖右觀 등을 역임하였다. 저서로는 『張南軒公全集』 · 『南軒文集』이 있다. 장식에 대한 육상산의 태도는 '2-11 (1)번 주석'에서 설명하였다. 장식은 만물을 초월하여 실재하는 태극을 부정하고, 性을 태극으로 보았다. 태극은 사람과 만물이 본래 갖추고 있는 선험적인 본성으로, 만물을 벗어나 따로 존재하는 초월적 존재가 아니다. 만일 '與太極合'이라고 한다면, 이미 태극과 성을 구분하는 관점이 된다. 그래서 그는 "태극은 '合'으로 말할 수 없다. 태극은 성이다. 오직 성인만이 그 본성을 다할 수 있는데, 이것이 태극이 확립되는 이유이다."[『張栻全集』권31, 「答周允升」: 太極不可言合, 太極性也. 惟聖人能盡其性, 太極之所以立也.] 라고 하였다. 육상산은 이렇게 태극을 본성과 구분하지 않고 同體로 보는 관점은 받아들일 수 있었던 것 같다. 그는 만년 주자와 무극태극논쟁을 벌이며, 태극은 곧 음양이자 성이며 기라는 관점을 제기하였다.

[1-112] 學者不可用心太緊. 深山有寶, 無心於寶者得之.

번역 배우는 자는 마음을 너무 조급하게 먹으면 안 된다. 깊은 산에 있는 보물도 보물에 마음 두지 않는 자가 결국 얻기 마련이다.

[1-113] 有學者上執政書, 中間有云 "閣下作而待漏於金門[1], 朝而議政於黼座[2], 退而平章於中書[3], 歸而咨訪於府第[4], 不識是心能如晝日之昭晰, 而無薄蝕之者乎? 如砥柱之屹立, 而無淪胥之者乎?" 先生云 "此亦可以警學者."

번역 어떤 학자가 집정자에게 편지를 올리면서, 중간에 이런 말을 하였다. "각하께서는 일찍 일어나 金門에서 알현하기를 기다리고, 조정에 나아가서는 임금 앞에서 정사를 의논하며, 물러나서는 中書에서 정사를 처리하고, 돌아와서는 府第에서 자문을 구하셨습니다. 이 마음이 대낮의 태양처럼 밝아 일식으로 빛을 잃는 일은 없으셨는지, 또 황하의 砥柱처럼 빠른 물살에서도 우뚝 서 침몰되는 일은 없으셨는지 모르겠습니다." 선생께서 "이 말은 또한 학자들을 경계할 만하다."

주석
1_ 金門: 漢代에 왕궁을 드나드는 문이었는데, 이후 대신들이 朝會를 위해 入宮을 앞두고 대기하는 관청으로 확대되었다.
2_ 黼座: 임금 옥좌 뒤에 세운 병풍을 가리킨다. 훗날 天子를 지칭하는 말로 쓰였다.
3_ 中書: 임금에게 올리는 법안이나 조령문서 등의 기초를 잡는 관청으로 '中書省'이라 불렀다. 조령문서의 내용을 검토하는 門下省, 국가의 정책을 집행하는 尙書省과 함께 三省 가운데 하나였다.
4_ 府第: 귀족이나 관료의 집을 일컫는다.

[1-114] 曹立之[1]有書於先生曰 "願先生且將孝弟忠信誨人." 先生云 "立之之謬如此, 孝弟忠信如何說且將."

번역 曹立之는 선생에게 편지를 보내 “선생님께서는 다시 孝·弟·忠·信을 사람들에게 가르치면 좋겠습니다.”라고 하였다. 선생께서 말하였다. “입지의 병통은 이와 같다. 효제충신을 어떻게 또 가지고 가르칠 공부라고 말하는가?”

주석 1_ 曹立之: 이름은 建이고, 立之는 字이다. 饒州 餘干사람이다. 사람들은 无妄선생이라 불렀다. 『宋元學案』에서는 “처음에 沙隨 程氏를 따랐고, 이어서 육상산 형제를 따랐으며, 끝으로는 남강에서 주자를 따라 배웠다.”[初從沙隨程氏, 繼從陸氏兄弟, 最後乃從朱子於南康.]고 기록하고 있다. 주자는 이미 순희 2년(1175) 아호사의 회합에서 육상산을 통해 그의 사람됨을 전해 들은 적이 있었고, 이 시기에 비로소 조립지를 만나게 된다. 당시 曹立之를 만났을 때의 감회를 주자는 문인 吳茂實에게 편지를 보내 말하였다. “陸子壽 형제의 요즈음 議論이 예전과 크게 다르지만, 그런데도 理解하고 강학하려고 합니다. 그 문인 가운데 조립지와 만정순이 왔기에 만나 보았는데 모두 기상이 아주 좋았고, 그나마 性情을 간직하여 지키는 데 힘쓰는 것을 우선하니 이런 뜻은 저절로 좋습니다. 다만 자기의 주장을 너무 지나치게 해서는 안 되며, 나아가 한꺼번에 갑자기 깨우치려 하기 때문에 怪異한 데로 흐를 따름입니다. 만약 그 단점을 없애고 그 장점을 모은다면 德으로 들어가는 문에 해를 끼치지 않을 것입니다.”[『晦庵集』권44, 「答林擇之」: 陸子壽兄弟近日議論與前大不同, 却方要理會講學. 其徒有曹立之·萬正淳者來相見, 氣象皆儘好. 却是先於情性持守上用力, 此意自好. 但不合自主張太過, 又要得省發覺悟, 故流於怪異耳. 若去其所短, 集其所長, 自不害爲入德之門也.] 조립지가 스승 육상산의 영향으로 잘못된 공부를 하고 있지만, 이를 개선하면 자신이 정의한 聖學의 틀에 들어올 수 있다고 본 것이다. 실제 조립지는 이후 육상산과의 관계를 끊고 주자를 스승으로 섬겼다. 『晦庵集』 권51에는 曹立之에게 보낸 편지 2통이 실려 있고, 권90에는 주자가 그를 위해 지은 「曹立之墓表」가 실려 있다. 육상산은 아마도 조립지가 주자의 영향으로 격물치지와 같은 이치탐구의 공부를 한 뒤, 효제충신과 같은 실천 공부를 가르쳐야 한다고 말한 관점에 대해 반대의 뜻을 표명한 것으로 보인다. 효제충신은 본심이 발현되는 공부의 착수처이기 때문이다.

[1-115] 惟溫故而後能知新, 惟敦厚而後能崇禮.[1]

번역 옛것을 익혀야만 새로운 것을 알 수 있고, 두터이 해야 할 것을 돈독히 해야만 예를 높일 수 있다.

주석 1_ 惟溫故而後能知新, 惟敦厚而後能崇禮: 『禮記』「中庸」의 '溫故而知新, 敦厚以崇禮'에 대한 육상산의 해석이다. 주자는 『中庸章句』에서 이 구절을 해석하며, 다음과 같이 말하였다. "'尊德性'은 마음을 보존하여 道體의 큰 데까지 지극히 하는 방법이고, '道問學'은 앎을 지극히 하여 道體의 세밀한 데까지 다하는 방법이다. 이 둘은 덕성을 수련하고 도를 응집시키는 중요한 단서이다. … 이미 알고 있는 것을 기르고, 이미 행할 수 있는 것을 돈독히 해야 한다. 이는 모두 마음을 보존하는 공부에 속한다. … 理義는 무궁하여 날마다 알지 못하는 새로운 것을 알아야 하고, 節文은 어디에서나 소홀히 할 수 없어 날마다 삼가지 못한 것을 삼가야 한다. 이는 앎을 지극히 하는 공부에 속한다. 대개 마음을 보존하지 않으면 앎을 지극히 할 수 없지만, 마음을 보존하는 자도 앎을 지극히 하지 않을 수 없다. 그러므로 이 다섯 가지는 크고 작은 것이 서로 의존하고, 처음과 끝이 서로 상응한다."[『中庸章句』: 尊德性, 所以存心而極乎道體之大也. 道問學, 所以致知而盡乎道體之細也. 二者修德凝道之大端也. … 涵泳乎其所已知, 敦篤乎其所已能, 此皆存心之屬也. … 理義則日知其所未知, 節文則日謹其所未謹, 此皆致知之屬也. 蓋非存心無以致知, 而存心者又不可以不致知. 故此五句, 大小相資, 首尾相應.] 옛것을 몸에 익히고 두터이 해야 할 것을 더 두텁게 하는 存心공부도 중요하지만, 새로운 義理를 알고 상황에 맞는 예를 높이는 致知공부도 빼놓을 수 없이 중요하므로, 두 공부를 병행해야 한다고 본 것이다. 반면, 육상산은 존덕성과 도문학의 관계처럼, 온고와 지신, 돈후와 숭례가 동일한 맥락 속에 있다고 보았다. 덕성을 높이는 일, 옛것을 익숙히 실천하는 일, 두터이 해야 할 것을 돈독히 하는 일이 이루어지지 않으면, 앎을 확충하는 공부는 결국 진행할 수 없다. 존덕성과 도문학에 대한 육상산의 관점은 '1-37' 어록과 주석에서 설명하였다.

[1-116] 『易』「繫」上下篇, 總是贊『易』. 只將贊『易』看, 便自分明. 凡吾論世事皆如此, 必要挈其總要去處.

번역 『周易』「繫辭傳」上・下篇은 모두 『주역』을 밝힌 것이다. 『주역』을 밝힌 것으로 본다면 義理가 저절로 분명해진다. 무릇 내가 세상일을 논하는 것은 모두 이와 같다. 반드시 중요한 곳을 잡아 처리해 가야 한다.

[1-117] 後世言易數者, 多只是眩惑人之說.[1]

번역 후세 사람들이 易數에 대해 말하는 것은 대부분 사람들을 현혹시키는 말일 뿐이다.

주석 1_ 後世言易數者, 多只是眩惑人之說: 육상산은 당시 揲蓍에 대한 학설이 잘못된 원인을 다음과 같이 말하였다. "지금 세상에 전해지는 揲蓍法에 관한 학설은 모두 揚子雲의 잘못이다. 그 뒤 천여 년이 지났지만 한 사람도 그것을 아는 자가 없었다. 자운의 『大玄』은 蓍卦를 어지럽히고, 음양을 어그러뜨렸다."[『陸九淵集』권15, 「與吳斗南」, 201쪽: 今世所傳揲蓍之法, 皆襲揚子雲之謬, 而千有餘年莫有一人能知之者. 子雲之『大玄』, 錯亂蓍卦, 乖逆陰陽.] 그래서 그는 문인 陶贊仲에게 보낸 편지에서 『周易』에서 말한 '易數'에 대한 깨달음을 얻고 揲蓍와 관련된 책을 저술하려는 뜻이 있었다고 밝히기도 하였다.[『陸九淵集』권15, 「與陶贊仲」, 192쪽: 某欲作一揲蓍說, 稍發易數之大端, 以排異說, 曉後學. 坐事奪, 未克成就. 早晚就草, 當奉納一本.] 이 蓍法에 대한 내용은 '3-66' 어록과 주석에서 설명하였다.

[1-118] '夫人幼而學之, 壯而欲行之.'[1] 今之論學者, 所用非所學, 所學非所用.

번역 『孟子』에 '무릇 사람들은 어려서 도를 배우고 커서 이를 실천한다'는 말이 있다. 그런데 오늘날 학문을 논하는 자들이 쓸모 있어 하는 것은 배울 만한 것이 아니고, 배우려는 것은 쓸모 있는 것이 아니다.

주석 1_ 夫人幼而學之, 壯而欲行之: 『孟子』「梁惠王(下)」에 보인다.

[1-119] 有譏先生之教人, 專欲管歸一路者. 先生曰 "吾亦只有此一路."

번역 어떤 사람이 선생께서 사람을 가르치는 방식은 오로지 한 길로만 귀착시키려 한다고 비난하였다. 이에 선생은 "나는 그래도 이 한 길만 있을 뿐이다."라고 하였다.

[1-120] 孟子曰 "言人之不善, 當如後患何?" 今人多失其旨.[1] 蓋

孟子道性善, 故言人無有不善. 今若言人之不善, 彼將甘爲不善, 而以不善向汝, 汝將何以待之? 故曰 "當如後患何?"

번역 맹자가 말하였다. "사람이 불선하다고 한다면 후환을 어떻게 감당할 수 있겠는가?" 지금 사람들은 대부분 이 말의 본지를 놓친다. 대개 맹자는 性善을 말하였기 때문에, 사람들이 불선함이 없다고 말한 것이다. 지금 만일 사람의 본성이 선하지 않다고 한다면, 저 사람은 불선한 행위를 달갑게 여기고, 불선함으로 자네를 대할 것이니, 자네는 앞으로 어떻게 대응하겠는가? 그래서 "후환을 어떻게 감당할 수 있겠는가?"라고 한 것이다.

주석 1_ 孟子曰 … 今人多失其旨: '言人之不善, 當如後患何'는 『孟子』「離婁(下)」에 보인다. '今人多失其旨'는 주자와 그의 문인들을 지칭하는 것으로 보인다. 주자는 일찍이 이 구절을 해석하며 "이 또한 이유가 있어 한 말이다."[『孟子集註』「離婁章句(下)」: 此亦有爲而言.]라고 하였다. 인간의 본성이 선하다는 것과 관련된 것이 아니라, 남의 단점을 지적하다가 다가올 후환을 어떻게 감당할 수 있겠느냐고 말한 것으로 보았다. 하지만 육상산은 맹자가 인간의 본성을 불선하다고 말했다면 사람들이 함부로 행동할 것이기 때문에, 맹자 스스로 사람들이 그런 후환을 어떻게 감당할 수 있겠느냐고 반문한 것으로 풀이하였다. 性善을 말했기 때문에 그런 우환이 그나마 줄어들었다는 것이다.

[1-121] 見到孟子道性善處, 方是見得盡.

번역 맹자가 性善을 말한 곳을 제대로 보아야 비로소 터득한 것이 극진하다고 할 수 있다.

[1–122] 退之言 "軻死不得其傳, 荀與楊擇焉而不精, 語焉而不詳."[1] 何其說得如此端的.

번역 韓退之는 "맹자가 돌아가시자 도가 전해지지 못하였고, 荀子와 楊子는 선택은 하였으나 정밀하지 못했으며, 말하긴 했으나 자세하지 못하였다."고 하였다. 어떻게 이렇게 정확하게 말할 수 있는가.

주석 1_ 軻死不得其傳 … 語焉而不詳: 『韓昌黎集』「原道」에 보인다. '楊'은 楊子로 揚子雲을 일컫는다. 그에 대해서는 '1-68 (1)번 주석'에서 설명하였다.

[1–123] 程先生解'頻復厲'[1], 言 "過在失, 不在復"[2], 極好.

번역 정이천 선생이 「復」괘(☷☳) 효사인 '頻復, 厲'를 풀이하며, "잘못은 잃어버린 데 있지, 회복하는 데 있지 않다."고 하였는데, 매우 좋은 해석이다.

주석 1_ 頻復厲: 『周易』「復」卦 六三 爻辭에 보인다.

2_ 過在失, 不在復: 정이천은 「復」괘의 六三 효사인 '頻復, 厲, 无咎'를 다음과 같이 해석하였다. "三은 음으로 조급한 상황이기에 동이 극에 달한 것이며 회복되는 것이 빈번히 자주 일어나서 고정되지 못한 것이다. 회복되는 것은 안정되고 고정되는 것을 귀하게 여기는데 자주 회복되고 자주 잃어버리기 때문에 회복되는 것을 안정시키지 못하는 것이다. 선을 회복하지만 자주 잃어버리기에 위태로운 길이다. 성인이 선으로 바뀌는 길을 열어 주셨으므로 그 회복되는 것을 허여해 주면서도 누차 잃어버리는 것은 위태롭게 여기기 때문에 '위태롭지만 허물이 없다'고 한 것이다. 자주 잃어버려서는 안 되고 그 회복되는 것을 경계해야 하는데 자주 잃어버리면 위태

로워진다고 하지만 자주 회복되는 데에는 무슨 허물이 있겠는가? 잘못은 잃어버리는 데 있지 회복되는 데 있지 않다."[『伊川易傳』: 三以陰躁, 處動之極, 復之頻數而不能固者也. 復貴安固, 頻復頻失, 不安於復也. 復善而屢失, 危之道也, 聖人開遷善之道, 與其復而危其屢失. 故云 "厲无咎", 不可以頻失而戒其復也. 頻失則爲危, 屢復, 何咎? 過在失而不在復也.]

[1-124] 先生在勑局日, 或勸以小人闖伺, 宜乞退省. 先生曰 "吾之未去, 以君也. 不遇則去, 豈可以彼爲去就耶?"[1]

번역 선생이 勑局에 있을 때, 어떤 이가 소인들이 호시탐탐 선생을 방해할 기회만 엿보고 있어 물러날 것을 청하는 것이 마땅하다고 권하였다. 선생께서 말하였다. "내가 아직 물러나지 않는 것은 임금 때문이다. 만나 뵙지 못하면 떠날 것이다. 어찌 저들 때문에 떠날 수 있겠는가?"

주석 1_ 先生在勑局日 … 豈可以彼爲去就耶: '勑局'은 조정에서 반포하는 詔令 문서를 작성하고 수정하는 기관으로 '勅令所'라고도 한다. 淳熙 10년(1183) 겨울, 육상산은 勅令所의 刪定官으로 발령받는다. 당시 산정관에게는 임금을 직접 알현하여 정책을 피력할 수 있는 기회를 부여해 주는데, 한 명씩 돌아가면서 奏對하도록 했기 때문에 '輪對'라 불렀다. 이에 이듬해 순희 11년(1184) 다섯 가지의 정책에 대해 논한 奏劄를 가지고 효종을 알현하였다. 물론 그가 제시한 정책은 받아들여지지 않았지만, "임금께서 감탄한 부분이 많았다"[『陸九淵集』권35, 「語錄(下)」, 447쪽: 讀第四劄, 上贊歎甚多.]는 것을 보면, 당시 그가 제시했던 다섯 가지의 奏劄가 조정에 회자되고 어느 정도 영향을 미쳤음을 알 수 있다. 그래서 이후 正9品의 承奉郎을 제수받고, 순희 13년(1186)에는 正8品에 해당하는 宣義郎으로 승진되어 將作監丞을 발령받고, 다시 임금을 알현할 기회를 얻었다.

그런데 당시 給事中을 역임하고 있던 王信은 육상산이 奏對를 하면 효종에게 宰上들의 세력싸움을 폭로할 것이라는 소문을 듣고 이를 두렵게 여겨, 상소를 올리고 육상산의 직책에 대해 반대하였다. 결국 12월 29일 主管台州崇道觀을 제수받고 조정에서의 관직생활을 마감하게 된다. 이렇게 王信의 반대로 宣義郎 將作監丞이란 직책에서 主管台州崇道觀이라는 閑職의 사록관으로 좌천되어 효종과 만나 윤대할 수 없게 되자, 육상산은 李成之에게 편지를 보내 "그러므로 오랫동안 고대해 왔던 저는 다시 임금님을 뵙기를 기다렸다가 제 마음을 숨김없이 말하여 신하의 도리를 다하고자 하였습니다. 그러나 아쉽게도 이루어지지 못했으니 이것은 또한 하늘의 뜻일 것입니다. 王氏와 같은 자가 어찌 저를 임금님과 만나지 못하게 한 것이겠습니까?"[『陸九淵集』권10, 「與李成之」, 129쪽: 所以低回之久者, 欲俟再望清光, 輸寫忠蘊, 以致臣子之義耳. 然而不遂, 則亦天也, 王氏之子, 焉能使予不遇哉?]라고 하면서 아쉬운 감정을 술회하였다.

[1-125] 李白 · 杜甫[1] · 陶淵明[2]皆有志於吾道.

번역 李白 · 杜甫 · 陶淵明은 모두 우리 道에 뜻을 두었다.

주석 1_ 李白 · 杜甫: 육상산은 둘에 대해 긍정적 평가를 내렸다. 이에 대해서는 '2-36 (2)번 주석'에서 설명하였다.

2_ 陶淵明: 字는 元亮이고 號는 五柳 선생이다. 후에 潛으로 개명하였다. 대표작으로 「飮酒」 · 「歸園田居」 등이 있다.

[1-126] 資稟之高者, 義之所在, 順而行之, 初無留難. 其次義利交戰[1], 而利終不勝義, 故自立.

번역 타고난 성품이 뛰어난 자는 마음에 義가 보존되어 있어 그것에 따라 행하고, 애초부터 주저함이 없다. 그 다음 氣稟이 조금 부족한 자는 마음에서 義와 利가 갈등을 일으키지만 利가 결국 義를 이기지 못하여, 스스로 확립하게 된다.

주석 1_ 資稟之高者 … 其次義利交戰: 육상산은 품부받은 자질에 따라 본심을 드러내는 정도(量)의 차이는 나지만, 결국 욕심이 일어날 때마다 이를 제거하고 점차 확충해가면 궁극적으로 편벽된 기질과 습관을 변화시켜 모두 성인의 경지에 이를 수 있다고 보았다. 기질과 습관, 자기고집 등의 본심을 상실하는 원인에 대해서는 '2-27 (1)번 주석'과 '5-17' 어록과 주석에서 설명하였다.

[1-127] 吾自幼時, 聽人議論似好, 而其實不如此者, 心不肯安, 必要求其實而後已.[1]

번역 나는 어려서부터 다른 사람들의 논의를 잘 알아듣는 것처럼 보였지만, 그 실상이 잘못되었을 경우에는 마음이 편치 않아, 반드시 논의의 실상을 명확히 파악한 후에 탐구하는 것을 그만두었다.

주석 1_ 吾自幼時 … 必要求其實而後已: 「연보」를 보면, 육상산이 어린 시절 공부했던 성향을 짐작할 수 있다. "책을 읽고 깨달은 바가 있었다. 어려서부터 책을 읽을 때 주의를 기울여 의문 나는 구절을 대충 넘어간 적이 없었다. 겉으로 보기엔 비록 편안히 쉬는 것 같았지만, 실제로는 부지런히 탐구하고 사색하였다. 당시 큰형이 집안일을 도맡아 처리하였는데, 종종 한밤중에 일어나 선생이 책 읽는 것을 보고는 촛불을 들고 책의 핵심내용에 대해 검토하곤 했다. 하나의 견해에 의문이 있으면, 그 의문에 깨달음이 있었다. 훗날 사람들에게 '어떤 문제든 조금 의문을 품으면 조금 진보하고 크게 의

문을 품으면 크게 발전할 것이다.'라고 말씀하셨다."[『陸九淵集』권36, 「年譜」, 제482쪽: 讀書有覺. 從幼讀書便着意, 未嘗放過. 外視雖若閑暇, 實勤攷索. 伯兄總家務, 嘗夜分起, 見先生觀書, 或秉燭檢書最會. 一見便有疑, 一疑便有覺. 後嘗語學者曰 "小疑則小進, 大疑則大進."]

[1-128] 吾於踐履未能純一, 然纔自警策, 便與天地相似.[1]

번역 나는 실천하는 것에 순일하지 못하다가, 스스로를 경계하고 다잡으면서 천지와 서로 같게 되었다.

주석 1_ 吾於踐履未能純一 … 便與天地相似: 「연보」에 같은 내용이 기록되어 있다.[『陸九淵集』권36, 「年譜」, 제483쪽: 嘗云 "吾於踐履未能純一, 然才自警策, 便與天地相似."] '천지와 같아졌다'는 것은 천지자연의 이치대로 생각하고 행동하는 경지를 말한다. 육상산은 여기서 더 나아가, 본심이 확립되면 몸도 저절로 평온해지고 조화롭게 되어 결과적으로 건강 역시 유지할 수 있다고 보았다. 그래서 그는 涂任伯에게 보낸 편지에서 "秦漢 이후 醫書는 황제와 기백에게 의지할 뿐입니다. 상고시기에는 도덕이 순일하게 갖추어져 공리에 관한 학설이 홍기하지 않았고, 의술이나 점술에 관한 학설 역시 이보다 못했습니다. 최근 존형은 의가의 학설을 자주 말하고, 전혀 강학하지 않으면서도 그것이 잘못된 것인지 모르고 있습니다. 저는 기질이 약해 14~15세 때에 손발이 늘 차가웠었습니다. 훗날 지향할 바를 조금 알고부터 체력도 이에 따라 좋아졌습니다. 올해 50이 넘었는데도 한창때보다 기력이 조금 쇠약해졌을 뿐입니다. 그렇다고 존형의 왕성한 체력에 미칠 수는 없을 것입니다. 언제 한 번 만나 이러한 이치를 논의하면 좋겠습니다."[『陸九淵集』권10, 「與涂任伯」, 134~135쪽: 秦漢以後醫家之書, 託之黃帝・岐伯耳. 上古道純德備, 功利之說不興, 醫卜之說亦不如是. 比見足下好誦其言, 特素未

講學不知其非耳. 某氣稟素弱, 年十四五, 手足未嘗溫煖. 後以稍知所向, 體力亦隨壯也. 今年過半百, 雖少加衰於壯時, 然以足下之盛年, 恐未能相逮也. 何時合并, 以究斯義.]라고 말하였다.

[1-129] 後世言寬仁者類出於姑息, 殊不知苟不出於文致, 而當其情, 是乃寬仁也.[1] 故吾嘗曰 "虞舜孔子之寬仁, 吾於四裔[2]兩觀[3]之間見之."

번역 후세 사람들이 넉넉한 어짊을 말하는 것은 대부분 일시적 안일을 위하는 데서 나와, 진실로 형식적 꾸밈에서 나오지 않고 그 실정에 마땅하게 하는 것이 바로 넉넉한 어짊이 되는 것을 알지 못한다. 그래서 나는 일찍이 "순임금과 공자의 넉넉한 어짊은 四裔를 징벌하고 少正卯를 兩觀臺에서 주살한 데서 볼 수 있다."고 말한 것이다.

주석 1_ 寬仁: 너그럽고 어짊을 일컫는다. 육상산이 辛幼安에게 보낸 편지에 '寬仁'에 대한 언급이 상세히 나와 있다. "고인들은 '너그러움(寬)'을 말하지 않은 적이 없었다. '寬'은 군자의 덕을 가리킨다. 옛 성현은 이 마음과 이 덕을 모두 지니고 있었다. 그래서 善을 좋아하고 不善을 싫어하며, 仁을 좋아하고 不仁을 싫어하는 것이 人心의 작용이고, 악을 제거하고 선을 드러내며, 곧은 사람을 천거하여 굽은 사람 위에 놓는 것이 寬德의 실행인 것이다. 하지만 군자가 사람들의 선함을 실현하고자 하더라도, 천하에는 불선한 자가 우리의 선함을 해치는 경우도 있고, 사람들이 어짊을 행하고자 하더라도, 천하에는 불인한 자가 우리의 어짊을 해치는 경우도 있다. 불인자나 불선자가 우리를 해치는데, 통제하거나 다스리고 제거하지 못한다면, 선과 인은 펼칠 수도 확대할 수도 없다. 그러므로 불인한 면을 제거하는 것이 仁을 행하는 것이고, 불선한 면을 제거하는 것이 선을 행하는 것이 되는 것이다. … 이에 大舜은 四裔를 토벌하였고, 공자는 兩觀을 벌주었다."[『陸九淵集』권5, 「與辛幼安」, 71쪽: 古人未嘗不言寬, 寬也者, 君子之德也. 古之賢聖未有無是心, 無是德者也. 然好善而惡不善, 好仁而惡不仁, 乃人心之用也. 遏惡揚善, 擧直錯枉, 乃寬德之行也. 君子固欲人之善, 而天下不能無不善者以害吾之善, 固欲人之仁, 而天下不能無不仁者以害吾之仁. 有不仁不善爲吾之害, 而不有以禁之·治之·去之, 則善者不可以伸, 仁者不可以遂. 是其去不仁乃所以爲仁, 去不善乃所以爲善也 … 是故大舜有四裔之罰, 孔子有兩觀之誅, 善觀大舜·孔子寬仁之實者, 於四裔兩觀之間而見之矣. 近時之言寬仁者則異於是. 蓋不究夫寬仁之實, 而徒欲爲容姦廋慝之地, 殆所謂以不禁姦邪爲寬大, 縱釋有罪爲不苛者也.]

2_ 虞舜四裔: 순임금이 천자가 된 후, 복종하지 않는 네 부족을 징벌한 고사를 일컫는다. 『尙書』「舜典」과 『春秋左氏傳』「文公(下)」18年 기록에 보인다. 다만, 징벌대상이었던 '四裔'를 두 기록은 각각 내용을 달리한다. 『尙書』는 "共工을 幽州에 귀양 보내고, 驩兜를 崇山에 가두었으며, 三苗를 三危에 몰아내고, 鯀을 羽山에 죽을 때까지 살게 하였다."[流共工與幽州, 放驩兜於崇山, 竄三苗於三危, 殛鯀於羽山.]고 하였고, 『春秋左氏傳』은 "舜이 堯임금의 신하가 된 뒤에, 사방의 문에서 현자들을 賓禮로 맞이하고, 네 凶族을 유배시켜, 渾敦·窮奇·杌·饕餮을 사방의 먼 변방으로 내쳐 사람을 해치는 괴물(螭魅)을 막게 하였습니다."[舜臣堯, 賓于四門, 流四凶族, 渾敦·窮奇·杌·饕餮投諸四裔, 以御螭魅.]라고 하였다.

3_ 孔子兩觀: 공자가 魯나라 定公14年 大司寇가 되자, 7일 만에 少正卯를 兩觀臺 아래에서 誅殺하고, 3일 동안 시체를 방치한 사건을 일컫는다. 최초의 문헌기록은 『荀子』에 나온다. "공자가 노나라의 섭상이 되어 입조한 지 7일 만에 소정의 벼슬에 있는 대부 妙를 주살했다. 문인이 물어 말하길, '무릇 소정묘는 노나라에서 이름난 사람입니다. 부자께서 정치를 하면서 죽였으니, 잘못한 것이 아닌지요?' 공자께서 말씀하셨다. '앉아라. 내 너에게 그 까닭을 말해주마. 사람에는 악이 다섯 개나 있는데 절도는 그에 들지 않는다. 첫째 마음이 달통해 험한 것, 둘째 편벽한 짓을 행해 굳은 것, 셋째 허위

를 말해 변사인 것, 넷째 더러운 것을 기억해 넓은 것, 다섯째 그른 것에 순응해 입에 침 발라 得澤하는 것이다. 이 다섯은 사람에 있어 하나만 있어도 군자의 주벌을 면하지 못하는데 소정묘는 겸하여 가졌다. 그러기에 거처가 족히 사람들을 모아 무리를 이루고, 언담은 족히 사특을 꾸미고 무리를 영위하며, 강함은 족히 옳은 것에 반해 독립하니, 이는 소인의 걸웅이다. 주살하지 않을 수 없었다."[孔子為魯攝相, 朝七日而誅少正卯. 門人進問曰 "夫少正卯魯之聞人也, 夫子為政而始誅之, 得無失乎?" 孔子曰 "居, 吾語女其故. 人有惡者五, 而盜竊不與焉. 一曰心達而險, 二曰行辟而堅, 三曰言偽而辯, 四曰記醜而博, 五曰順非而澤, 此五者有一於人, 則不得免于君子之誅, 而少正卯兼有之. 故居處足以聚徒成群, 言談足飾邪營眾, 強足以反是獨立, 此小人之桀雄也, 不可不誅也."] 다만, 공자와 관련된 이 기록은 후대에 적지 않은 疑案으로 대두되었다. 『荀子』보다 일찍 만들어진 『左傳』·『國語』·『論語』·『孟子』 등에도 나오지 않고, 공자는 스스로 "도가 같지 않으면 서로 도모하지 않는다"[『論語』「衛靈公」: 道不同, 不相爲謀.]고 하였으므로, 모순이라는 것이다. 주자는 일찍이 "소정묘와 같은 일은 나는 전부터 사적으로 의문을 품었다. 대체로 『논어』에도 실려 있지 않고, 자사와 맹자도 말하지 않았으며, 『좌씨춘추』 내외전처럼 허무맹랑하고 잡박한 글에도 오히려 나오지 않는다. 유독 순자만 말하고 있으니, 이는 분명 제나라와 노나라의 비루한 유생이 성인이 실직한 것을 분개해 이 설을 지어 그의 權道를 과장하려 했기 때문이라 할 수 있다." [『晦庵集』: 若少正卯之事, 則予嘗竊疑之. 蓋『論語』所不載, 子思·孟子所不言, 雖以『左氏春秋』內外傳之誣且駁而猶不道也, 乃獨荀況言之, 是必齊魯陋儒, 憤聖人之失職, 故為此說以夸其權耳.]라고 하여, 『순자』의 기록을 부정하였다. 반면 육상산은 이를 사실로 간주하고, 공자가 少正卯를 주살한 것이 바로 寬仁의 실현에서 비롯된 것이라 보았다.

[1-130] 有士人上詩云 "手抉浮翳開東明." 先生頗取其語, 因云 "吾與學者言, 眞所謂 '取日虞淵, 洗光咸池'[1]."

번역 어떤 선비가 시를 읊으며 "손으로 자욱한 안개구름을 걷어내어 동쪽의 밝은 빛을 열어 보네."라고 하였다. 선생께서 이 말을 적극 동의하면서 말하였다. "내가 학자들에게 한 말은 바로 이른바 '虞淵에서 태양을 끄집어내고, 咸池에서 광명을 씻어낸다'는 것과 같이 실질적 功이 있다."

주석 1_ 取日虞淵, 洗光咸池: 唐代 呂溫이 狄仁桀을 칭송하면서 말한 내용으로, 『新唐書』에 보인다.[『新唐書』권115, 「列傳」第40 '狄仁桀': 唐呂溫頌之曰 "取日虞淵, 洗光咸池. 潛授五龍, 夾之以飛." 世以為名言.] '虞淵'과 '咸池'는 해가 지는 곳으로, 여기서는 성학을 곡해하는 지리한 학문을 비유하였다. 육상산은 학자들에게 평소 강조한 것이 마치 자욱한 안개를 걷어내 빛을 열어 주고, 지리멸렬한 학문의 폐단에서 빛을 안겨주듯, 성학을 밝게 밝혀준 공이 있다고 자부한 것이다.

象山語錄 譯註

2 門人 嚴松 松年 所錄

이 부분은 육상산 문인 嚴松이 기록한 어록을 모아 놓은 것이다. 본래 그가 기록한 어록 말미에 '右門人嚴松松年所錄'이라 표기되어 있는데, 구분의 편의를 위해 앞으로 옮기고 표제로 삼았다.

嚴松의 字는 松年이고, 『儒林宗派』에서는 字가 '宋平'이라고 하였다. 松은 이름이다. 『陸子學譜』를 보면 "梭山 선생을 사사하였고, 또 象山에서 선생을 섬겼다."[師事梭山先生, 又事先生於象山.]고 기록하고 있다. 吳澄은 嚴松을 육상산의 高弟子로 분류하였다.[『象山先生語錄序』: 盱江舊有先生『語錄』一帙, 所錄不無淺深之異. 此篇之首, 乃其高第弟子傅季魯・嚴松年之所錄者]

엄송이 기록한 어록은 모두 85조목이며, 그중 그와 육상산과 직접 문답을 주고받은 내용은 7조목이다. 62조목을 수록하였다.

[2-1] "冉子退朝, 子曰 '何晏也?' 對曰 '有政.' 子曰 '其事也.'"[1] 魯國無政, 所行者亦其事而已. '政者, 正也.'[2]

번역 『논어』를 보면, "冉子가 조정에서 물러나오자, 공자께서 말씀하셨다. '어째서 이리도 늦었는가?' '政事가 많아서 그랬습니다.' 공자께서 말씀하셨다. '집안일이었겠지.'"라는 말이 있다. 노나라에는 정사가 없었고, 행하는 것 역시 그저 계씨의 집안일뿐이었다. 공자는 '政治란 바로잡는 것'이라고 하였다.

주석

1_ 冉子退朝 … 其事也: 『論語』「子路」에 보인다. 육상산은 공자의 언급대로 정치란 잘못된 것을 바로잡는 것인데, 염구가 '政事' 때문에 조정에서 늦게 물러 나왔다면, 본심을 확립한 공자는 벌써 초빙되어 뜻을 펼쳤을 것이라 보았다. 그런데 노나라에는 집안일만 있었지, 政事는 행해지지 않았다. 공자가 염구를 나무란 이유도 염구가 계씨를 도와 세금을 거두어들이는 집안일을 도맡아 했기 때문이다.

2_ 政者, 正也: 『論語』「顔淵」에 보인다.

[2-2] '志壹動氣'[1], 此不待論, 獨'氣壹動志'[1], 未能使人無疑. 孟子復以'蹶・趨動心'[1]明之, 則可以無疑矣. 壹者, 專一也. 志固爲氣之帥, 然至於氣之專一, 則亦能動志. 故不但言'持其志'[1], 又戒之以'無暴其氣'[1]也. 居處飮食, 適節宣之宜, 視聽言動, 嚴邪正之辨, 皆'無暴其氣'之工也.

번역 『맹자』에 '뜻이 전일하면 기를 움직인다'는 말이 있는데, 이는 굳이 논하지 않아도 의미가 명확하다. 다만 '기가 전일하면 뜻을 움직인다'는 말은 사람들로 하여금 의문을 품지 않을 수 없게 한다. 맹자가 다시 '넘어지는 자와 달리는 자는 기이지만 오히려 마음을 동요시킬 수 있다'는 것으로 부연 설명하여 의문이 없어지게 되었다. '壹'은 전일하다는 뜻이다. 뜻(志)은 본래 기를 통솔하는 장수이지만, 기가 전일하게 되면 또한 뜻을 동요시킬 수 있다. 그러므로 맹자는 '뜻을 잘 간직하라'고 했을 뿐만 아니라, 또 '그 기를 함부로 하지 말라'는 것으로 경계하였다. 일상생활의 거처하고 먹고 마시는 행위에서 절제하고 발설하는 기준을 알맞게 하고, 평소의 보고 듣고 말하고 행동하는 것에서 사특함과 올바름의 구분을 엄정하게 밝히는 것은 모두 '그 기를 함부로 하지 말라'는 공부이다.

주석

1_ 志壹動氣 … 無暴其氣: 『孟子』「公孫丑(上)」에 보인다. 육상산은 본심을 확립하여 그 뜻을 전일하게 하면 행동이 저절로 바르게 된다는 것은 굳이 설명하지 않아도 쉽게 이해되지만, 기가 마음을 동요시킬 수 있다는 말은 학자들로 하여금 혼동을 줄 수 있기 때문에, 행동이 마음을 움직일 수 있다는 것으로 맹자는 보충 설명하였다고 보았다. 지행합일의 기초 아래, 앎은 실천의 시작이고, 실천은 앎을 이루는 것으로 보았기 때문에 가능한 언급이다. 앎과 실천 사이에 간극은 존재하지 않는다. 앎의 측면에서 自省의 노력을 통해 본심을 회복하는 것도 중요하지만, 실천의 측면에서 행동을 바르게 하려는 노력도 필요하다.

[2-3] 古者十五而入大學, '大學之道, 在明明德, 在親民, 在止於至善'[1], 此言大學指歸. 欲明明德於天下是入大學標的, 格物致知是下手處, 『中庸』言博學·審問·謹思·明辨是格物之方. 讀書親師友是學. 思則在己, 問與辨皆須即人. 自古聖人亦因往哲之言, 師友之言, 乃能有進, 況非聖人, 豈有任私智而能進學者? 然往哲之言, 因時乘理, 其指不一.[2] 方冊所載又有正僞純疵, 若不能擇, 則是泛觀. 欲取決於師友, 師友之言亦不一, 又有是非當

否, 若不能擇, 則是泛從. 泛觀泛從, 何所至止? '如彼作室, 于道謀, 是用不潰于成'[3], 欲取其一而從之, 則又安知非私意偏說. '子莫執中'[4], 孟子尚以爲執一廢百, 豈爲善學? 後之學者顧何以處此.

번역 옛날에는 15세가 되면 대학에 들어갔다. 「대학」에 '대학의 도는 명덕을 밝히는 데 있고, 백성들을 친히 여기는 데 있으며, 지극히 선한 곳에 머무르는 데 있다'고 하였는데, 이것이 「대학」의 핵심이다. 명덕을 천하에 밝히려 하는 것은 「대학」의 궁극적 목표이고, 격물치지는 공부의 착수처이다. 「중용」에서 말한 널리 배우고 절실하게 물으며 깊이 사색하고 명확하게 분별하는 것은 앎을 구하는 방법이다. 책을 읽고, 스승과 벗을 친히 하는 것은 배움에 속한다. 생각은 자기에게 달려 있고, 물음과 분별은 모두 남에게 다가가야 한다. 예로부터 성인도 역시 이전 현인들의 말과 師友들의 말을 통해 진보할 수 있었다. 하물며 성인이 아닌데 어찌 사사로운 지혜에 맡겨 학문의 발전을 이룰 수 있는 자가 있겠는가? 옛 현인들의 말은 그 상황에 맞게 이치를 밝힌 것으로 가리키는 바가 다르다. 무릇 책에서 기록하고 있는 것도 참과 거짓, 순수함과 결점이 있다. 만일 잘 가려보지 못한다면 제멋대로 보는 것과 마찬가지다. 또한 스승과 벗에게 해답을 구하고자 하더라도, 師友의 말 역시 각기 다르고, 또 옳음과 그름, 정당함과 부당함이 있다. 만일 가려 선택하지 못한다면 이 역시 함부로 좇는 것이다. 제멋대로 보고 함부로 좇는다면 어느 곳에서 그칠 바에 이르겠는가? 『詩經』에서도 '집을 지을 때 길 가는 사람에게 상의하는 것과 같아, 이 때문에 아무것도 이루지 못한다'고 하였다. 그 가운데 하나를 선택하여 따르고자 하나, 또 어떻게 그것이 사사로운 감정과 편벽된 견해가 아닌지 알겠는가? 또 『孟子』를 보면, '子莫이 중용의 도를 잡고자 하였다'고 하였으나 맹자는 오히려 하나만 잡고 나머지 대부분을 버렸다고 보았다. 그러니 어찌 배움에 능통하다고 하겠는가? 그런데 후대 학자들은 어째서 이 같은 일을 답습하고 있는 것인가?

주석 1_ 大學之道 … 在止於至善: 『禮記』「大學」에 보인다.
2_ 博學 · 審問 · 謹思 · 明辨: 『禮記』「中庸」에 보인다.
3_ 如彼作室, 于道謀, 是用不潰于成: 『詩經』「小雅」'小旻'장에 보인다.
4_ 子莫執中: 『孟子』「盡心(上)」에 보인다.

[2-4] 學者規模, 多係其聞見. 孩提之童, 未有傳習, 豈能有是規模? 是故所習不可不謹. 處乎其中而能自拔者, 非豪傑不能. 劫於事勢而爲之趨向者, 多不得其正, 亦理之常也.[1]

번역 학자들의 규모는 대부분 보고 듣는 것에 달려 있다. 갓 태어난 어린아이는 아직 배워서 익힌 것도 없는데, 어찌 이러한 규모가 있을 수 있겠는가? 그러므로 배워 익히는 것은 삼가지 않을 수 없다. 세속의 잘못된 배움 속에 빠져 있다가도 스스로 헤쳐 나갈 수 있는 것은 높은 기개와 풍모를 갖춘 자가 아니면 해낼 수 없다. 일의 형세만을 치중하여 분주히 쫓아가는 자도 대부분 바름을 얻지 못하니, 이 역시 당연한 이치이다.

주석 1_ 學者規模 … 亦理之常也: 같은 문장이 『陸九淵集』권22, 「雜著 · 雜說」, 274쪽에도 보인다. 또한 육상산은 白鹿洞書院에서 『論語』의 '君子喩於義, 小人喩於利' 章을 강의하며, "과거시험으로 인재를 선발하는 것이 이미 오래되어, 훌륭한 학자들과 지위 높은 관료들이 모두 여기에서 나오고 있습니다. 지금 선비가 된 자는 분명 이것을 면할 수가 없을 것입니다. 그러나 과거시험의 득실은 도리어 그 재주가 담당 관료의 호오에 달려 있으니, 군자와 소인을 변별하는 기준이 되지 못하고 있습니다. 지금 세상은 이것을 서로 숭상하고,

여기에 빠져 스스로 헤어 나오지 못하니, 종일토록 이것에 힘쓰는 사람이 비록 성현의 글을 말하고 있더라도 그의 뜻이 향하는 것은 성현과 배치되고 있습니다."[『陸九淵集』권23, 「白鹿洞書院講義」, 276쪽: 科擧取士久矣, 名儒鉅公皆由此出. 今爲士者固不能免此. 然場屋之得失, 顧其技與有司好惡如何耳, 非所以爲君子小人之辨也, 而今世以此相尙, 使汨沒於此而不能自拔, 則終日從事者, 雖曰聖賢之書, 而要其志之所鄕, 則有與聖賢背而馳者矣.]라고 하였다. 과거시험과 같은 세속의 배움에 매몰되어 공부를 하다보면, 결국 이익만을 추구하는 소인이 됨을 말한 것이다.

[2-5] 古者勢與道合, 後世勢與道離. 何謂勢與道合?[1] 蓋德之宜爲諸侯者爲諸侯, 宜爲大夫者爲大夫, 宜爲士者爲士, 此之謂勢與道合. 後世反此, 賢者居下, 不肖者居上, 夫是之謂勢與道離. 勢與道合則是治世, 勢與道離則是亂世.

번역 옛날에는 사물의 형세와 도가 합치되었지만, 후대에는 형세와 도가 분리되었다. 형세와 도가 합치되었다는 것은 무엇을 이른 것인가? 대개 덕이 제후가 되기에 마땅한 자가 제후가 되고, 대부가 되기에 마땅한 자가 대부가 되며, 士가 되기에 마땅한 자가 사가 되는 것, 이것이 형세와 도가 합치되었다는 것이다. 후세에는 이와 반대로 하여, 현자가 아랫자리에 있고, 불초한 자가 윗자리에 있으니, 무릇 이것을 일러 형세와 도가 분리되었다고 한다. 형세와 도가 합치되면 잘 다스려지는 세상이고, 형세와 도가 분리되면 혼란스러운 세상이다.

주석 1_ 何謂勢與道合: 육상산은 일찍이 '道'와 '事'가 분리되지 않았다고 보았다. 일상생활에서 접하는 일이 도이고, 또한 도는 이론적으로든 현실적으로든 이러한 눈앞의 현실을 벗어나 따로 존재하지 않는다. 그래서 육상산은 어려서부터 일상생활의 사소한 것에서부터 공부에 주력하였다. 관련 내용은 '1-39' 어록에 보인다.

[2-6] '如切如磋者, 道學也. 如琢如磨者, 自修也'[1]. 骨象脆, 切磋之工精細, 玉石堅, 琢磨之工麁大. 學問貴細密, 自修貴勇猛.

번역 「대학」에서 '자르고 다듬듯이 하는 것은 학문을 이르는 것이고, 쪼개고 가는 듯이 하는 것은 스스로 닦는 것이다'라고 하였다. 뼈나 상아는 깨지기 쉽기 때문에 자르고 다듬는 공정이 정밀하고 세심하지만, 옥과 돌은 견고하여 쪼개고 가는 공정이 거칠고 과감하다. 따라서 학문을 탐구하는 것은 세밀하게 하는 것이 중요하고, 스스로 실천하는 것은 용맹스럽게 하는 것이 중요하다.

주석 1_ 如切如磋者 … 自修也: 『禮記』「大學」에 보인다. 육상산은 여기서 '道學'은 본심을 확립하는 求知 공부로, '自修'는 본심을 실천하는 力行 공부로 보았다. 그가 보기에 知와 行은 합일되어 있지만, 굳이 하나의 측면에서 말하자면 각기 다른 특성을 지니고 있다. 知에 해당하는 학문은 세심하게 탐구하는 것이 중요하고, 行에 해당하는 실천은 굳세게 추진하는 것이 중요하다.

[2-7] 世人只管理會利害, 皆自謂惺惺, 及他己分上事, 又却只是放過. 争知道名利如錦覆陷穽, 使人貪而墮其中, 到頭只贏得一箇大不惺惺去.

번역 세상 사람들은 오직 이해관계만을 밝히면서 모두 스스로 현명하다고 하는데, 자기 본분 안의 일에 있어서는 또 오히려 놓치기만 한다. 오직 명예와 이익만 좇을 줄 아는 것은, 마치 비단으로 함정을 덮어놓고 사람들에게 탐하게 하다가 그 속에 빠지게 하는 것과 같아, 결국에 가서는 아주 현명하지 못한 결과만 얻게 될 뿐이다.

[2–8] '陽, 一君而二民, 君子之道也, 陰, 二君而一民, 小人之道也'[1], 陽奇陰偶. 陽, 以奇爲君, 一也. 陰, 以偶爲君, 二也. 有一則有二, 第所主在一. 彼小人之事豈遽絶其一哉? 所主非是耳.[2] 故君子以理制事, 以理觀象. 故曰 '變動不居, 周流六虛, 上下無常, 剛柔相易, 不可爲典要, 唯變所適'[3].

번역 『周易』에 '陽은 임금 하나에 백성이 둘이니 군자의 도이고, 陰은 임금 둘에 백성이 하나니 소인의 도이다'라는 말이 있다. 양은 홀수이고, 음은 짝수이다. 그러므로 양은 홀수를 임금으로 여겨 양효가 하나고, 음은 짝수를 임금으로 여겨 양효가 둘이다. 하나가 있으면 둘이 있게 된다. 다만 주로 삼는 것이 하나에 있을 뿐이다. 저 소인의 일이 어찌 이 하나를 제거할 수 있겠는가? 주로 삼는 것이 옳지 않을 뿐이다. 따라서 군자는 理로 일을 재단하고, 理로 象을 관찰한다. 그러므로 '변하고 움직여 머물러 있지 않고, 상하사방의 六虛에 두루 흐르며, 오르고 내림에 항상 됨이 없고, 강함과 부드러움이 항상 바뀌니, 법칙과 요약을 만들 수 없고 오직 알맞게 변할 뿐이다'라고 한 것이다.

주석

1_ 陽 … 小人之道也: 『周易』「繫辭(下)」에 보인다.

2_ 陽奇陰偶 … 所主非是耳: 육상산은 『주역』을 해석하며 陽(−)은 임금으로, 陰(--)은 백성으로 해석하였다. 이에 八卦 중에 純陽과 純陰에 해당하는 乾(☰)·坤(☷)을 제외하면, 양이 하나이고 음이 둘인 陽卦는 震(☳)·坎(☵)·艮(☶)이 되고, 양이 둘이고 음이 하나

인 陰卦는 巽(☴)·離(☲)·兌(☱)가 된다. 陽卦는 임금이 하나이고 백성이 둘이라서 임금과 백성이 서로 협력하는 '君子之道'가 되고, 陰卦는 임금이 둘이고 백성이 하나라서 임금끼리 자리다툼을 하거나 백성들 역시 두 임금을 섬겨야 하는 '小人之道'가 된다. 여기서 육상산은 '一君'을 본심이 확립되어 마음에 주인이 자리하고 있는 것으로 비유하였고, '二君'은 본심을 잃어버려 우왕좌왕 갈피를 잡지 못하는 형국을 비유하였다. 그래서 그는 본심(理)을 확립하여 이것을 토대로 일을 처리하고, 주변과 교감해야 한다고 보았다.

3_ 變動不居 … 唯變所適: 『周易』「繫辭(下)」에 보인다.

[2-9] 『孟子』 '登東山而小魯'一章[1], 紬繹誦詠五六過, 始云 "皆是言學之充廣, 如水之有瀾, 日月之有光, 皆是本原上發得如此."

번역 『맹자』의 '東山에 오르니 노나라가 작게 보인다'라는 장을 자세히 탐구하고 반복하여 대여섯 번 숙독하더니, 비로소 말하였다. "이 편은 모두 배움의 확충을 말하고 있다. 마치 물에 큰 물결이 일고 해와 달에 밝은 빛이 빛나는 것은 모두 본원에서 이같이 드러나는 것이다."

주석 1_ 『孟子』 '登東山而小魯'一章: 『孟子』「盡心(上)」에 보인다.

[2-10] '牛山之木嘗美矣'以下[1], 常宜諷詠.

번역 『맹자』의 '牛山의 나무숲은 예전부터 아름다웠다'는 章 이하 내용은 항상 암송해야 한다.

주석 1_ '牛山之木嘗美矣'以下: 『孟子』「告子(上)」의 일명 '牛山章'을 일컫는다. 아마도 육상산은 맹자가 이 장에서 인간의 본성은 본래적으로 선하고, 끊임없는 공부를 통해 잃어버린 본심을 회복하고 확충해야 함을 역설하였기에, 전적으로 동의하여 학자들에게 암송하도록 요구한 것으로 보인다.

[2–11] 元晦似伊川, 欽夫似明道[1], 伊川蔽固深, 明道却通疏[2].

번역 元晦는 이천과 유사하고, 張栻은 명도와 유사한데, 이천은 폐단이 매우 깊고, 명도는 오히려 통달하였다.

주석 1_ 欽夫似明道: '欽夫'는 張栻의 字이다. 본래 자가 敬夫였는데, 훗날 임금의 諱를 피해 欽夫로 고쳤다. '1-111 (1)번 주석'에서 설명하였다. 육상산과 장식의 관계는 여조겸·주자와 꾸준한 교류를 맺어온 것과 달리 직접 만나거나 서신교환을 한 적이 없었다. 그저 제자들이나 동학들이 전하는 소식을 통해 간접적으로 서로를 이해하고 있었고, 복재가 장식과 편지를 한 차례 주고받으며 학문적 교류를 하였다.

장식이 육상산 형제의 학문경향에 대해 처음으로 관심을 표명한 것은 순희 2년(1175)의 일이다. 그는 아호모임을 마치고 돌아온 주자에게 편지를 보내 "육자수 형제의 학문은 어떠합니까? 어찌 서로 들을 만한 것이 있는지요?"[『張栻全集』권22, 「答朱元晦」, 866쪽: 陸子壽兄弟如何? 肯相聽否?]라고 물었다. 이에 주자는 "육자수 형제의 기상은 참 좋습니다. 하지만 그 병통은 강학을 모두 폐기하고 오로지 실천에만 힘쓰는 것이며, 또 실천 속에서 사람들에게 성찰할 것을 일깨워주고 본심을 깨닫도록 하고자 하니, 이것이 큰 병통입니다. 마음을 잘 간직하고 근신하고자 하며 안과 밖이 일치하는 점은 분명 일반 사람들보다 뛰어나지만, 안타깝게도 자신감이 너무 지나치고 규모가 협소하여 다시 사람의 좋은 점을 취하려 하지 않습니다. 장차 이단의 학문으로 흘러갈 것임에도 스스로 알지 못하고 있습니다."[『朱熹集』권31, 「答張敬夫」, 1329쪽: "子壽兄弟氣象甚好, 其病却是盡廢講學而專務踐履, 却於踐履之中, 要人提撕省察, 悟得本心, 此爲病之大者. 要其操持謹質, 表裏不二, 實有以過人者. 惜乎其自信太過, 規模窄狹, 不復取人之善, 將流於異學而不自知耳."]라고 대답하였다. 누구보다 절친한 관계를 맺고 있던 주자의 평가였기에, 장식은 그의 평가를 그대로 받아들인 듯하다. 그래서 순희 7년(1180)즈음 장식은 육상산 제자 傅夢泉을 만난 후 주자에게 편지를 보내[순희 7년(1180) 주자가 曹立之에게 편지를 보내면서 "南軒도 전에 傅夢泉이란 자가 눈썹을 치켜들고 깜빡거리며 쳐다보는 등의 병폐가 있다고 지적한 바 있습니다."(『晦庵集』권51, 「答曹立之」: 南軒頃亦云傅夢泉者揚眉瞬目云云.)라고 하였고, 또 傅夢泉에게 답신을 보내면서 "보내주신 편지에서 장식과 강릉에서 만나 나누었다는 문답을 읽어보니 南軒의 목소리와 얼굴을 마주하는 것 같았습니다."(『晦庵集』권54, 「答傅子淵」: 所示江陵問答讀之, 敬夫之聲容恍若相接.)라고 한 것으로 보아, 장식이 주자에게 보낸 이 편지는 1180년 사이 작성된 것으로 보인다.] 다음과 같이 말하였다. "요사이 澧州教授인 부몽천을 만나 보았는데, 육자정의 高弟子였습니다. 그 사람도 역시 자질이 강직하고 학문이 확립된 바가 있지만, 논하는 학문이 대부분 불교에서 눈썹을 치켜들고 깜빡거리며 쳐다보는 것과 같은 기미뿐이었습니다. 육자정의 이러한 병통이 개선되었는지요? 걱정스러울 뿐입니다."[『張栻全集』권24, 「答朱元晦」, 889쪽: 近有澧州教授傅夢泉來相見, 乃是陸子靜上足. 其人亦剛介有立, 但所談學多類揚眉瞬目之機. 子靜此病曾磨切之否? 亦殊可懼.] "澧州教授 부몽천이라는 자가 있는데, 자질이 강직하고 또한 聖學에 뜻을 두고 있습니다. 하지만 오랫동안 육자정을 모시고 배웠고, 그 선생의 학설을 지키는 데 매우 힘을 기울이고 있습니다. 이 사람이 만일 남이 지적한 내용을 기꺼이 듣는다면, 훗날 그 학문에 기대할 만한 것이 있을 것입니다."[『張栻全集』권24, 「答朱元晦」, 889쪽: 有澧州教授傅夢泉者, 資稟剛介, 亦殊有志, 但久從陸子靜, 守其師說甚力. 此人若肯聽人平章, 它日恐有可望也.] 이렇게 高弟子인 부몽천을 만난 장식은 당시 주자가 육상산이 강학을 폐기하고 오로지 실천에만 힘쓰며, 또 실천 속에서 본심을 깨닫도록 하는 폐단이 있다고 한 것을 실감하였다. 그래서 그는 부몽천이 스승 육상산의 영향으로 불교 색채가 농후하게 되었다고 비판하였다.

반면, 육상산이 장식에 대해 직접적으로 언급한 것은 『육상산집』에 보이지 않는다. 그저 제자들이 장식에 대해 평가한 것만 있을 뿐이다. 아마도 그는 제자들의 언급을 통해 장식에 대해 이해하고 있었던 것으로 짐작된다. "선생이 문인들 가운데 가장 애착을 가진 자는 傅子淵이었다. … 훗날 자연이 말하였다. '나는 예전에 南軒과 晦翁의 문하에 들어가 배웠는데 두 학설에 의해 장애가 되어 10년간 선생의 말에 의심을 품었다. 하지만 衡陽에서 나와 배움을 접은 지 3년 만에 비로소 선생의 말이 옳음을 믿게 되었다.'"[『陸九淵集』 권34, 「語錄(上)」, 420쪽: 先生於門人, 最屬意者唯傅子淵. … 後子淵謂 "某舊登南軒晦翁之門, 爲二說所礙, 十年不可先生之說. 及分教衡陽, 三年乃始信."] "선생은 눈을 똑바로 응시하시며 말하기를 '이 理는 이미 체현되었다.'고 하였다. 내가(詹阜民) 어찌 그것을 아느냐고 묻자, 선생은 '눈동자에 쓰여 있다.'고 말하였다. 이어서 나에게 '道는 과연 가까운 곳에 있는 것인가?'라고 하여, 나는 '그렇습니다. 예전에 南軒선생이 『논어』에서 仁에 대해 논한 것을 분류하여 편찬한 『洙泗言仁錄』을 가지고 고찰한 적이 있지만, 끝내 仁에 대해 알지 못하였습니다. 그런데 이제야 비로소 이해하였습니다.'라고 대답하였다."[『陸九淵集』 권35, 「語錄(下)」, 471쪽: 先生目逆而視之曰 "此理已顯也." 某問先生 "何以知之?" 曰 "占之眸子而已." 因謂某 "道果在邇乎?" 某曰 "然. 昔者嘗以南軒張先生所類『洙泗言仁』書考察之, 終不知仁, 今始解矣."] 여기서 첨부민은 육상산과 장식의 학문적 차이가 무엇인지 명확하게 언급하고 있지 않다. 다만, 한때 장식을 좇아 배움을 구했던 제자들은 유학의 본령을 터득하기는커녕 오히려 혼동되기만 하였고, 육상산의 發明本心의 종지를 듣고 나서 비로소 밝아지기 시작했다고 말하고 있다. 장식이 육상산 형제에게 지녔던 관점은 복재에게 보낸 답신을 보면 더 분명하게 파악할 수 있다.

순희 6년(1179)년 2월 鉛山에 머무르고 있는 주자를 방문한 복재는 여전히 몇 가지 의문이 해결되지 않자, 주자와 절친한 관계를 맺고 있던 장식에게 편지를 보내 물음을 던졌다. 이에 같은 해(1179) 겨울 장식은 복재에게 답신을 보내 학문방법에 대한 자신의 견해를 밝혔다. 장식이 보낸 이 편지의 全文은 『張栻全集』에 보존되어 있다. 그가 말하였다. "강학은 정밀하게 하지 않을 수 없습니다. 만일 조금이라도 잘못한다면 그 폐단은 말로 다 설명할 수 없을 것입니다. 그러므로 문장을 고찰하는 데만 힘쓰면 근본을 유기하고 사사로운 마음에 빠져버리게 되는 근심이 있고, 너무 高遠한 것만을 좇으면 엽등하고 허무하게 되는 걱정이 있으니, 이 둘은 모두 잘못된 것입니다. 성인이 사람들을 가르쳤던 것을 살펴보면, 진실로 앎을 지극히 하는 것(致知)과 힘써 행하는 것(力行)의 큰 틀을 벗어난 적이 없고, 그저 사람들이 어디에 힘써야 할지 모를까 근심하였을 뿐이니, 우선 앎을 지극히 하지 않음이 없었습니다. … 힘써 행하면 앎이 더욱 풍부해지고, 앎이 깊어지면 행함이 경지에 도달할 수 있어, 진실로 여기 일상생활에 그대로 드러나게 됩니다. 그러니 문장의 의미를 주석하는 것이나 훈고와 같은 것은 학자들이 비록 빠져서는 안 되는 것이지만, 그렇다고 홀시할 수도 없습니다."[『張栻全集』권26, 「答陸子壽」, 920쪽: 講學不可以不精也, 毫釐之差, 則其弊有不可勝言者. 故夫專於考索, 則有遺本溺心之患. 而騖於高遠, 則有躐等憑虛之憂, 二者皆其弊也. 考聖人之教人, 固不越乎致知力行之大端, 患在人不知所用力耳, 莫非致知也. … 行之力則知愈進, 知之深則行愈達, 區區誠有見乎此也. 如箋注 · 詁訓, 學者雖不可使之溺乎此, 又不可使之忽乎此.] 장식은 그저 본심을 실천하는 力行의 방법도 중요하지만, 무엇을 해야 할 것인가를 아는 致知 공부도 소홀히 할 수 없으며 더 우선되어야 한다고 보았다. 당연히 致知 공부를 위해서는 독서공부가 빠질 수 없다.

이후 순희 7년(1180) 봄 육상산은 장식이 세상을 마쳤다는 소식을 접한다. 아마도 당시 육상산은 장식과 직접 교류하려는 뜻이 있었던 것 같다. 당시 안타까운 심정을 그는 包顯道에게 보낸 편지에서 다음과 같이 밝혔다. "남헌이 돌아가셨다니, 참으로 애통하구나! 이제 우리 道는 널리 밝힐 보조자를 잃어 세밀하게 되지 못할 것이다. 최근에야 비로소 그와 편지를 교환하여 학문을 논하고자 하였는데, 이제 그럴 수 없게 되었으니 한스럽기만 하도다."[『陸九淵集』권6, 「與包顯道」, 85쪽: 南軒物故, 何痛如之! 吾道失助不細. 近方欲通渠書, 頗有所論, 今遂抱恨矣.] 이렇게 육상산은 장식과 직접적으로 만나거나 서신교환을 하며 교류를 한 적은 없지만, 제자들이나 동학들을 통해 간접적으로 서로의 관점을 파악하고 있었다. 그는 제자들의 언급을 통해 장식의 학문이 명도와 같은 기상을 지녔다고 본 것이다.

2_ 伊川蔽固深, 明道却通疏: 육상산의 명도와 이천에 대한 평가는 '1-44 (4)번 주석'에서 설명하였다.

[2-12] 或問"賈誼[1]·陸贄[2]言論如何?" 曰"賈誼是就事上說仁義, 陸贄是就仁義上說事."

번역 어떤 사람이 賈誼와 陸贄의 견해가 어떤지 물었다. 선생께서 말하였다. "가의는 일에서 인의를 논하고, 육지는 인의에서 일을 논의한다."

주석 1_ 賈誼: 前漢시기 洛陽사람이다. 18세 때 이미 『시경』과 『상서』를 암송하고 문장에 뛰어나 명성을 떨치기 시작하였으며, 河南 郡守 吳公의 추천으로 그 문하에서 공부하였다. 20세 때에는 文帝의 총애를 받아 博士가 되었고, 1년도 안되어 太中大夫가 되어 秦나라 때부터 내려온 율령과 관제, 예악 등의 제도를 개정하고 前漢시기 관제를 정비하기 위한 많은 의견을 개진하였다. 23세 때 周勃 등의 고관들에게 시기를 받아 長沙王의 太傅로 좌천되었고, 長安으로 돌아와서는 梁懷王의 太傅를 역임하였다. 훗날 梁懷王이 낙마하여 죽게 되자, 스스로를 자책하고 상심하다 33세에 세상을 마감하였다. 저서로는 『新書』10권과 『賈長沙集』이 있다. 어렸을 때, 荀子의 제자 張蒼을 따라 『春秋左氏傳』을 배웠고, 훗날 『좌전』에 대한 주석서를 저술하였으나 전해지지 않는다. 또한 道家에 대해서도 연구하여, 『道德論』·『道術』 등을 지었다. 특히 재주를 지니고도 불우했던 자신의 운명을 전국말기 屈原에 비유하여 그의 작품을 탐독하였고, 『吊屈原賦』·『鵩鳥賦』를 지었다. 산문으로는 秦나라가 망한 까닭을 논한 『過秦論』·『論積貯疏』·『陳政事疏』 등이 있다.

2_ 陸贄: 字는 敬輿이고, '宣'이란 시호를 받았다. 蘇州 嘉興사람이다. 代宗 大曆8年 進士가 되었고, 中博學宏辭·書判拔萃科에 올랐다. 德宗이 즉위하면서부터 翰林學士가 되었고, 貞元8年에는 宰相의 지위에 올랐다. 재위시절 弊政을 없애고, 가혹한 세금을 폐지하였으며, 민정 또한 잘 살폈다. 재주가 남달랐고, 성품이 강직하였다. 저서로는 『陸宣公翰苑集』24권이 있다.

[2-13] 臨安四聖觀[1], 六月間傾城士女咸出禱祠, 或問何以致人歸鄉如此? 答曰 "只是賞罰不明."

번역 臨安의 四聖觀에 6월 한 달 사이 城 전체의 남녀가 모두 나와 기도를 드렸다. 어떤 이가 어떻게 사람들이 고향에 돌아가는 것처럼 이렇게 많이 모일 수 있었는지 물었다. 이에 선생께서 대답하였다. "이곳의 상벌이 공정하게 집행되지 않고 있기 때문이다."

주석 1_ 臨安四聖觀: 남송시기 수도 臨安에 설치된 도교사원이다. '四聖靈堂'이라고도 하며, 내부에 四聖殿·呂祖壇·財神殿 등을 설치하였고, 呂純陽 등의 도교선사를 배향하였다.

[2-14] 一夕步月, 喟然而嘆. 包敏道[1]侍, 問曰 "先生何嘆?" 曰 "朱元晦泰山喬嶽, 可惜學不見道, 枉費精神, 遂自擔閣, 柰何?" 包曰 "勢旣如此, 莫若各自著書, 以待天下後世之自擇." 忽正色厲聲曰 "敏道! 敏道! 恁地沒長進, 乃作這般見解. 且道天地間有箇朱元晦·陸子靜, 便添得些子? 無了後, 便減得些子?"

번역 선생께서 어느 날 저녁 달빛 아래를 거닐다가, 홀연히 탄식하였다. 包敏道가 곁에서 모시다가 "선생님, 어째서 탄식하십니까?"라고 여쭈었다. 선생은 "朱元晦는 태산의 높은 산처럼 명성이 높은데, 안타깝게도 학문을 한다면서 도를 보지 못하고 정신을 허비하여 끝내 스스로 자신을 그르쳤으니, 어찌한단 말인가?" 민도가 말하였다. "형세가 이미 이와 같다면, 각자 책을 저술하여 천하 후세사람들의 평가를 기다리는 것 만한 방법이 없을 것입니다." 그러자 선생께서 갑자기 정색하며 엄한 목소리로 꾸짖으며 말하였다. "민도야, 민도야! 너는 어떻게 이처럼 나아지는 것 하나도 없이 이런 말을 하느냐! 천지간에 밝게 드러나는 이치는 주원회와 육자정이 있다고 한들 더 첨가할 수 있겠는가? 또 없다고 한들 더 덜어낼 수 있겠는가?"

주석 1_ 包敏道: 이름은 遜이고, 敏道는 字이다. 南城사람이다. 형 包約·包揚과 함께 육상산을 사사하였다. 『宋元學案』에서는 세 형제 모두 주자와 육상산에게서 배웠지만 육상산 측으로 더 많이 기울어져 있다고 평가하고 있다.[包顯道·包詳道·包敏道同學於朱陸, 而趣向於陸者分數爲多.] 주자는 일찍이 包敏道에게 편지를 보내 육상산과 그의 학설을 비판한 바 있다. "근래 禪學 가운데 사이비한 것을 골라 유학의 학설로 전환하여 후생을 그르치고 있습니다. 후생이 그 이론이 고상하고 힘쓰기가 쉬운 까닭에 좋아하고, 겸허하게 독서하여 성현이 제시한 문호를 구하기 꺼려 하며, 입으로 선학의 설을 전파하지만 스스로를 고상하게 표방하니, 도를 문란하게 하고 사람을 그르치는 것이 이보다 더 심한 것이 없습니다. 보내 온 편지를 세 번이나 반복하여 읽어 보니 이를 면하지 못할까 두렵습니다."[『朱熹集』권55: 近世乃有竊取禪學之近似者, 轉爲此說, 以誤後生. 後生喜其爲說之高, 爲力之易, 便不肯下意讀書, 以求聖賢所示之門戶, 而口傳此說, 高自標致, 亂道誤人, 莫此爲甚. 三復來喩, 恐未免此.] 또 몇 차례 편지를 주고받은 뒤 포민도가 자신의 관점을 받아들이지 않자, "도가 이미 같지 않는지라 서로 도모할 수 없으니, 다시 분분하게 할 필요가 없겠습니다. 지금 이후에 다만 친구로 서로 처신하여 문안 편지나 주고받으면 족하겠습니다."[『朱熹集』권55: 道旣不同, 不相爲謀, 不必更紛紛. 今後但以故人相處, 問訊往來足矣.]라고 하여 절교를 선언하였다. 반면, 육상산은 포민도에게 비교적 긍정적 태도를 지녔다. 그는 포민도에게 편지를 보내, "예전 민도가 쓴 편지를 읽어 보니 글 속에 별다른 말은 없었지만 말이 대부분 평온하지 않아 염려하지 않을 수 없었습니다. 최근 서신을 받아 읽어 보니, 예전 편지에서 보던 것과는 분명 달라졌음을 느꼈습니다."[『陸九淵集』권6, 「與包敏道3」, 86쪽: 向嘗得敏道一書, 書中雖無他說, 然詞語多不平穩, 未能不以爲憂. 及得今書, 開讀之, 却覺全與舊時所得書不同.]라고 하였다. 비록 포민도 형제들이 聖學을 빨리 이루려는 병통은 있지만, 학문에 뜻을 두고 있고, 최근 변화되는 모습도 보여 희망이 있음을 내비친 것이다.

[2-15] 歸自臨安[1], 湯倉[2]因言風俗不美. 曰 "乍歸, 方欲與後生說些好話. 然此事亦由天, 亦由人." 湯云 "如何由天?" 曰 "且如三年一次科舉, 萬一中者篤厚之人多, 浮薄之人少, 則風俗自此而厚. 不然, 只得一半篤厚之人, 或三四箇篤厚之人, 風俗猶自庶幾. 不幸篤厚之人無幾, 或全是浮薄之人, 則後生從而視傚, 風俗日以敗壞." 湯云 "如何亦由人?" 曰 "監司·守令[3], 便是風俗之宗主. 只如院判[4]在此, 毋只惟位高爵重, 旗旌導前, 騎卒擁後者, 是

崇是敬，陋巷茅茨之間，有篤敬忠信好學之士，不以其微賤而知崇敬之，則風俗庶幾可回矣.” 湯再三稱善. 次日謂幕僚[5]曰 “陸丈近至城，何不去聽說話?” 幕僚云 “恐陸丈門户高峻，議論非某輩所能喻.” 湯云 “陸丈說話甚平正，試往聽看. 某於張呂諸公皆相識然陸丈說話，自是不同.”

번역 선생께서 임안에서 돌아오자 倉使인 湯思謙이 세속의 풍습이 불미스럽다고 말하였다. 선생께서 말하였다. “이제 막 돌아와, 마침 이곳 젊은 학자들에게 좋은 말을 좀 나누려던 참이었다. 하지만 풍속과 관련된 일은 하늘에 달려 있는 것이기도 하고 사람에게 달려 있는 것이기도 하다.” 탕사겸이 “어떠한 것을 하늘에 달려 있다는 것입니까?”라고 물었다. 선생께서 대답하였다. “예를 들어, 삼 년마다 한 차례 과거를 치르는데 만일 합격자 가운데 인품이 돈후한 사람이 많고 경박한 사람이 적다면, 풍속은 이때부터 돈후해질 것이다. 그렇지 않고 절반 정도만 돈후한 사람이거나 서너 명만이 돈후한 사람이라면 풍속은 여전히 예전과 비슷할 것이다. 만약 불행히도 돈후한 사람이 거의 없거나, 온통 경박한 사람들뿐이라면 후학들은 이를 따라 보고 배워, 풍속이 나날이 타락하게 될 것이다.” 탕사겸이 “어째서 또 사람에게 달려 있다고 한 것인지요?”라고 물었다. 선생께서 말씀하셨다. “감찰관이나 고을의 수령은 바로 풍속을 결정짓는 핵심이다. 만일 院判官 한 사람이 있는데, 단지 그가 지위가 높고 벼슬이 중책에 있다는 이유로, 깃발로 앞에서 인도하고 기마병과 뒤에서 호위하는 사람이 높이고 공경하며, 누추한 골목과 띠풀로 이은 초가에 돈독하고 공경하며, 진실되고 신의가 있으며 학문을 좋아하는 선비라도 미천한 지위에 개의치 않고 그를 높이고 공경할 줄 안다면, 풍속은 거의 회복될 것이다.” 탕사겸이 거듭해서 좋은 말씀이라고 칭송하였다. 다음날 비서에게 “육선생께서 요즘 우리 고을에 오셨는데, 어찌하여 말씀을 들으러 가지 않는가?”라고 물었다. 비서가 "육선생 문호는 매우 높아서 논의하는 내용들이 저희 같은 자들이 깨달을 수 있는 것이 아닐까 봐 그랬습니다."라고 대답하였다. 이에 탕사겸은 "육선생의 말씀은 매우 평이하니 가서 들어 보게나. 내가 장식과 여조겸 선생들에 대해 모두 잘 알고 있는데, 육선생의 말은 분명 다르네."라고 하였다.

주석

1_ 歸自臨安: 이 기록은 「연보」에도 보인다. 「연보」는 육상산이 淳熙 13년(1186) 겨울 고향 金溪로 돌아왔을 때의 상황을 다음과 같이 묘사하고 있다. "조정에서 돌아오자 배움을 구하려는 학자들이 점차 모이기 시작하였다. 당시 고을의 연장자들도 경청하며 가르침을 들었다. 매번 城邑에 나아가 강의를 하면 이삼백 명이나 되는 사람들이 둘러앉아 가르침을 받았는데 장소가 비좁아 모두 들어가지 못할 정도에 이르자 寺廟나 道觀에 머무르며 강의를 하였다. 이에 縣의 官吏가 學宮에 강의할 장소를 마련해 주었는데, 신분과 나이를 고려하지 않고 가르침을 구하는 자들이 엄동설한의 추위에도 아랑곳하지 않고 찾아와 배움을 구하였고, 이같이 성대하게 배움을 구한 적을 아직 보지 못했다."[『陸九淵集』권36, 「年譜」, 499쪽: 既歸, 學者輻輳. 時鄉曲長老, 亦俯首聽誨. 每詣城邑, 環坐率二三百人, 至不能容, 徒居寺觀. 縣官爲設講席於學宮, 聽者貴賤老少, 溢塞途巷, 從游之盛, 未見有此.] 당시 육상산이 고향에 돌아오자 주변의 많은 학자들이 그를 찾아와 배움을 구하기 시작하였는데, 마땅히 강학할 만한 장소를 구하지 못하여 縣官이 學宮에 자리를 마련해 주기도 하였음을 알 수 있다. 이후 이듬해(1187) 육상산은 臨川으로 가, 倉使를 역임하고 있던 湯公을 방문하였다.[『陸九淵集』권36, 「年譜」, 499쪽: 淳熙十四年丁未(1187年), 先生四十九歲. 春, 如臨川. 先生訪倉使湯公思謙.]

2_ 湯倉: 「연보」에서는 倉使를 역임하고 있던 湯思謙이라고 기록하고 있다.[『陸九淵集』권36, 「年譜」, 499쪽: 春, 如臨川. 先生訪倉使湯公思謙.] '倉使'는 남송시기 각 州縣에 倉을 설치하였는데, 곡식저장·세금납부·봉록지출 등을 담당하던 정8품의 직책을 일컫는다. 倉使 1인과 정9품인 副使 1인을 배치하였다. 湯思謙은 紹興시

기 參知政事를 역임했던 湯思退의 동생이고, 處州사람이다. 知州·提擧 등의 직책도 역임하였다.

3_ 監司守令: '監司'는 남송시기 州縣의 관할지역을 감찰하는 지방관의 통칭이다. 轉運使·轉運副使·轉運判官·提點刑獄·提擧常平 등이 있었다. '守令'은 知府의 별칭인 太守에 해당하는 직책이다.

4_ 判院: 중앙부서에 속해 있는 관원을 일컫는다. 宣徽院判官·枢密院判官·太医院判官 등이 있었다.

5_ 幕僚: 幕府에서 同僚들을 관리하고 여러 업무를 보좌하는 참모나 비서 등을 일컫는다.

[2-16] 須知人情之無常[1], 方料理得人.

번역 人情이 변화무상하다는 것을 알아야 비로소 사람을 이해할 수 있다.

주석 1_ 人情之無常: 「연보」를 보면, 육상산은 復齋가 요즘 어디에 주안점을 두고 공부하는지 묻자, "人情과 일의 형세, 그리고 物理에 주안점을 두고 공부하고 있다"고 대답한다.[『陸九淵集』권36, 「年譜」, 485쪽: 復齋家兄一日問曰 "吾弟今在何處做工夫?" 某答曰 "在人情·事勢·物理上做工夫."] 天地를 통해 천지의 이치가 무궁하게 현현되고 있는 것처럼, 인간이 마땅히 행해야 할 도덕적 법칙은 인간의 본래적 감정을 통해 끊임없이 드러나고 있으므로, 육상산은 이것을 파악하는 데 주력하였다. 물론 본심은 각자 처한 상황에 따라 그에 알맞은 理를 드러내므로, 한 번도 동일한 경우가 없다. 이와 관련된 기록은 '1-39' 어록과 '5-108'어록에도 보인다.

[2-17] 『孝經』十八章[1], 孔子於踐履實地上說出, 非虛言也.

번역 『孝經』 전체 18장은 공자가 실제 상황 속에서 몸소 실천하신 것을 말한 것이지, 빈 말이 아니다.

주석 1_ 『孝經』十八章: 孔子와 曾子가 효도에 관하여 문답한 것을 기록한 책으로, 남송시기 13經 중의 하나로 읽혀졌다. 저자에 대해서는 공자가 지었다는 설, 증자가 지었다는 설, 증자의 문인들이 輯錄했다는 설 등 여러 가지가 있다. 남송시기 이미 공자 저작이 아니라는 견해가 제기되었고, 『四庫全書叢目』에서는 공자 제자들의 저작이며, 秦漢시기에 완성되었다고 말하고 있다. 秦의 분서갱유 때 顏芝가 보관하고 있던 것을 漢대에 그의 아들 貞이 펴낸 今文孝經과 공자의 옛 집을 헐 때 발견된 古文孝經이 있다. 여기서 말한 '『孝經』十八章'은 금문효경을 일컫는다. 『漢書』「藝文志」에서는 "효경은 공자가 증자에게 효도를 진술한 것이다. 무릇 효는 하늘의 經이고 땅의 義이며 백성의 行이다. 대체를 들어 말하였기 때문에 '孝經'이라 한 것이다. 漢興의 長孫氏, 博士江翁, 少府后倉, 諫大夫翼奉, 安昌侯張禹 등이 전하였고, 각자 일가를 이루었지만 經文은 모두 같았다. 오직 孔氏 벽속에서 발견된 古文만이 달랐다."[『孝經』者, 孔子爲曾子陳孝道也. 夫孝, 天之經, 地之義, 民之行也. 擧大者言, 故曰『孝經』. 漢興, 長孫氏·博士江翁·少府后倉·諫大夫翼奉·安昌侯張禹傳之, 各自名家, 經文皆同. 唯孔氏壁中古文爲異.]라고 기록하고 있다. 古文孝經은 今文孝經의 「庶人」장을 「庶人」·「孝平」으로 나누고, 또 「聖治」장을 「聖治」·「父母生績」·「孝優劣」으로 나누며, 「廣揚名」장 뒤에 「閨門」장을 추가하여 총 22장이다. 실질적으로는 「閨門」장 하나가 더 있는 셈이다. 금문효경은 「諫諍」장 뒤에 「感應」장이 있는데, 고문효경에서는 그 순서가 몇 개 뒤바뀌어 있다. 「효경」은 부모에 대한 효도를 바탕으로 집안의 질서를 세우는 일이 치국의 근본이며, 효도야말로 천·지·인 三才를 관철하고 모든 신분계층에 동일하게 적용되는 최고덕목이라고 강조한다. 주석서로 한대의 鄭玄·孔安國이 각각 『금문효경』·『고문효경』에 주를 붙인 것이 있고, 당나라 玄宗 때의 『御注孝經』, 송나라 眞宗 때의 『孝經正義』, 朱子의 『孝經刊誤』 등이 있다.

[2-18] '莫知其苗之碩'[1], 謂葉幹鬖髿而亡實者也.

번역 「대학」의 '그 싹이 크는 것을 알지 못하다'는 것은 잎과 줄기가 부실해져 열매 맺지 못함을 이른다.

주석 1_ 莫知其苗之碩: 『禮記』「大學」에 보인다.

[2-19] '天下之言性也, 則故而已矣'[1], 此段人多不明首尾文義[2]. 中間'所惡於智者'至'智亦大矣'[1], 文義亦自明, 不失孟子本旨. 據某所見當以『莊子』'去故與智'[3]解之. 觀『莊子』中有此'故'字, 則知古人言語文字必常有此字. 『易雜卦』中'隨無故也'[4], 即是此'故'字. 當孟子時, 天下無能知其性者. 其言性者, 大抵據陳迹言之, 實非知性之本, 往往以利害推說耳, 是反以利爲本也. 夫子贊『易』'治曆明時'[5], 在「革」之象. 蓋曆本測候, 常須改法. 觀「革」之義, 則千歲之日至, 無可坐致之理明矣. 孟子言 '千歲之日至, 可坐而致也'[1], 正是言不可坐而致, 以此明不可求其故也.

번역 '천하에 性을 말함은 故일 뿐이다'라는 『맹자』의 이 단락은 사람들 대부분 앞뒤 문장의 의미를 잘 모른다. 중간에 '지혜를 미워하는 까닭은'에서부터 '지혜가 또한 클 것이다'까지는 문장의 의미가 자명하여 맹자의 본지를 잃지 않는다. 내가 보기에 이 구절의 '故'자는 『莊子』에서 '인위적인 기교와 잔재주를 버려야 한다'는 것의 '故'자로 해석해야 한다. 『莊子』에 이런 의미의 '故'자가 있었다는 것을 보면, 옛사람들의 언어문자 속에 항상 이 글자가 있었음을 알 수 있다. 『周易』「雜卦傳」 속에도 '隨는 일이 없을 것이다'는 구절이 있다. 바로 이 '故'자 이다. 맹자 당시에는 그 性을 알 수 있는 자가 없었다. 성을 말한 자는 대저 지난날의 일에 근거하여 말하였지 실제로 성의 근본을 아는 것이 아니며, 종종 이해관계로 미루어 말할 뿐이므로, 이는 도리어 利로써 근본을 삼는 것으로 여겼다. 공자께서 『易』을 편찬하며, '책력을 다스려서 때를 밝힌다'고 하였다. 이 말은 「革」卦의 大象傳에 나온다. 대체로 책력은 천문과 기상을 관측하여 만든 것이므로, 항상 반드시 그 방법을 바꾸어야 한다. 「혁」괘의 뜻을 보면, 천년 이후의 동지를 가만히 앉아서 알아 낼 수 있는 이치가 없음이 자명하다. 맹자가 '천세의 日至를 가만히 앉아서 알 수 있겠는가?'라고 한 것도 바로 가만히 앉아서 알 수 없음을 말한 것으로, 이로써 천년 후에 드러날 그 故를 구할 수 없음을 밝힌 것이다.

주석

1_ 天下之言性也, 則故而已矣: 『孟子』「離婁(下)」에 보인다.

2_ 此段人多不明首尾文義: 주자 등과 같이 '故'를 이치가 顯現된 자취로 보고 풀이한 관점을 일컫는다. 주자는 이 구절을 다음과 같이 해석하였다. "性은 사람과 만물이 얻어서 태어난 理이다. 故는 이미 그러한 자취이니, 『周易』「繫辭傳」에서 말한 '천하의 故'라고 한 것과 같다. 利는 順과 같으니, 자연스런 形勢를 말한다. 사물의 이치는 비록 형체가 없어 알기 어려운 것 같지만, 그 발현되어 이미 그러한 이치는 반드시 자취가 있어 보기 쉽다. 그러므로 천하에 성을 말하는 자들은 그저 그 故를 말하면 理는 저절로 밝게 이해하는 것이니, 『荀子』에서 말한 '하늘을 잘 말하는 자는 반드시 사람에게 징험함이 있다'는 것과 같다. 그러나 이른바 故라는 것은 또 반드시 자연의 勢에 근본하므로, 사람의 마음이 선함과 물이 아래로 흐르는 것과 같아, 억지로 矯揉하고 造作하여 그렇게 되는 것이 아니다. 사람이 惡行을 하는 것과 물이 산에 있는 것과 같은 상황은 자연의 故가 아니다."[『孟子集註』「離婁章句(下)」: 性者, 人物所得以生之理也. 故者, 其已然之跡, 若所謂天下之故者也. 利, 猶順也, 語其自然之勢也. 言事物之理, 雖若無形而難知, 然其發見之已然, 則必有跡而易見. 故天下之言性者, 但言其故而理自明, 猶所謂善言天

者必有驗於人也. 然其所謂故者, 又必本其自然之勢, 如人之善, 水之下, 非有所矯揉造作而然者也. 若人之爲惡, 水之在山, 則非自然之故矣.」 지난날의 천문현상을 관측하여 1년 중 낮이 가장 짧고 밤이 제일 긴 冬至를 산출했던 책력을 연구하다 보면, 천년 후의 동지가 언제인지 앉아서도 알 수 있다는 것이다. 육상산은 이러한 해석이 앞뒤 문맥에 전혀 맞지 않고, 억지로 해석한 것으로 보았다.

3_ 去故與智: 『莊子』「刻意」편에 보인다. 다만 원문은 "去知與故, 循天之理."로 되어 있다.

4_ 隨無故也: 『周易』「雜卦傳」에 보인다.

5_ 治曆明時: 『周易』「革卦」大象傳에 보인다.

[2-20] '所謂誠其意者, 無自欺也'[1]一段, 總是修身·齊家·治國·平天下之要, 故反覆言之. '如惡惡臭, 如好好色'[1], 乃是性所好惡, 非出於勉強也. '自欺'[1]是欺其心, '愼獨'[1]即不自欺. 誠者自成, 而道自道也. '自欺'[1]不可謂無人知. '十目所視, 十手所指'[1], 其嚴若此.

번역 「대학」에서 '이른바 그 뜻을 성실하게 하는 자는 자신을 속임이 없다'고 한 이 단락은 결국 '修身·齊家·治國·平天下'의 핵심이므로, 반복해서 언급한 것이다. '악취를 싫어하듯이 하고, 아름다운 모습을 좋아하듯이 한다'는 것은 바로 本性이 좋아하고 싫어하는 것이지, 억지로 강요한 데서 비롯된 것이 아니다. '自欺'는 자신의 본심을 속이는 것이고, '愼獨'은 자신의 본심을 속이지 않는 것이다. 誠은 스스로 완성하는 것이고, 道는 스스로 이끄는 것이다. '자신의 본심을 속이는 것'은 다른 사람이 모른다고 할 수 없다. 그래서 曾子는 '열 사람의 눈이 주시하고, 열 사람의 손이 늘 지목하고 있다'고 한 것이니, 이처럼 엄격한 것이다.

주석 1_ 所謂誠其意者, 無自欺也 … 十目說視, 十手所指: 『禮記』「大學」에 보인다. 육상산은 「대학」에 대한 특별한 저작을 남기지 않았지만, 문인들과 주고받은 서신이나 「어록」에 종종 「대학」 구절에 대한 해석이 있다. 이 어록 역시 '誠意'장에 대한 그의 독창적 해석이다. 여기서 그는 '악취를 미워하듯 악을 싫어하고, 好色을 좋아하듯 선을 좋아하는 것'의 주체가 본심이고, '自欺'도 본심을 속이지 않는 것이며, '愼獨'도 역시 자신의 마음을 삼가는 것이라 보았다. 그의 「대학」 해석에 대한 관점은 '2-3' · '7-21' 어록과 주석에서 설명하였다.

[2-21] '惟器與名, 不可以假人', 只當說繁纓非諸侯所當用, 不可以與此人, 左氏也說差却名了, 是非孔子之言.[1] 如孟子謂'聞誅一夫紂矣'[2], 乃是正名. 孔子於蒯聵輒之事[3], 乃是正名. 至於温公謂 "名者何, 諸侯卿大夫是也"[4], 則失之矣.

번역 『春秋左氏傳』에서 '器物과 名號는 남에게 주어서는 안 된다'고 하였다. 공자는 단지 繁纓은 제후가 마땅히 사용할 복식이 아니므로 仲叔于奚에게 줄 수 없다고 말한 것이다. 그런데 좌구명은 자신의 관점으로 명분을 잘못 해석하였다. 이는 공자의 말이 아니다. 예를 들어, 맹자가 말한 '평범한 사내 紂를 죽였다는 것은 들어보았다'는 것은 바로 명분을 바르게 하는 것이고, 공자가 衛나라 靈公이 그 아들 蒯聵를 내쫓은 뒤 일어난 왕위쟁탈사건에 대해 입장을 표명한 것도 바로 명분을 바로잡는 것이다. 사마광이 "무엇을 명분이라고 하는가. 公과 侯와 卿과 大夫가 그것이다."라고 한 것은 명분에 대한 본의를 잃어버린 것이다.

주석 1_ 惟器與名 … 是非孔子之言: '惟器與名, 不可以假人'은 『春秋左氏傳』「成公 2年」에 보인다. "전에 衛人이 仲叔于奚에게 邑을 상으로 주자, 그는 읍을 사양하고 曲縣과 繁纓으로 朝見하기를 청하니, 衛侯

는 이를 허락하였다. 뒤에 중니는 이 말을 듣고 다음과 같이 말하였다. '애석하다. 읍을 많이 준 것만 못하였다. 오직 器物과 名號만은 남에게 주어서는 안 되는데, 군왕의 소관이기 때문이다.'"[旣, 衛人賞之以邑, 辭, 請曲縣繁纓以朝, 許之. 仲尼聞之曰 "惜也, 不如多與之邑. 惟器與名, 不可以假人, 君之所司也."] 左丘明은 더 나아가 "名器를 주는 것은 곧 정권을 남에게 주는 것이므로, 정권을 잃으면 국가도 잃게 되는 것을 막을 수 없다."[若以假人, 與人政也, 政亡, 則國家從之, 弗可止也已.]고 하여, 마치 공자가 군신관계의 위계질서는 불변하며 이를 바로잡기 위해 이같은 말을 한 것처럼 풀이하였다. 육상산은 공자는 그저 名號와 器物이 군왕의 소관임을 말한 것이지, 군신관계의 불변하는 지위를 공고히 하기 위해 말한 것은 아니라 보고, 左丘明이 명분을 잘못 해석하였다고 비판하고, 공자의 견해도 아니라고 판단하였다.

2_ 聞誅一夫紂矣: 『孟子』「梁惠王(下)」에 보인다.

3_ 孔子於蒯聵輒之事: 『論語』「述而」에 보인다. "염유가 말하였다. '선생님께서 위나라 임금을 위해 일하실까요?' 자공이 말하였다. '좋다. 내가 장차 물어보겠다.' 들어가서 말하였다. '백이와 숙제는 어떤 사람입니까.' 공자께서 말씀하셨다. '예전의 어진 사람이다.' 자공이 말하였다. '후회하였습니까?' 공자께서 말씀하셨다. '인을 구하여 인을 얻었으니 어찌 후회하였겠는가?' 자공이 나와서 말하였다. '선생님께서는 그를 위해 일하지 않을 것이다.'"[冉有曰 "夫子爲衛君乎?" 子貢曰 "諾. 吾將問之." 入曰 "伯夷叔齊, 何人也?" 曰 "古之賢人也." 曰 "怨乎?" 曰 "求仁而得仁, 又何怨." 出曰 "夫子不爲也."] 당시 衛나라 靈公이 그 아들 蕢聵를 내쫓아 陳나라로 간 후에 영공이 죽었다. 나라 사람들이 괴외의 아들 첩을 임금으로 삼았다. 진나라에서 이 말을 듣고 괴외를 위나라로 돌려보냈는데, 衛君인 出公 첩이 군사를 내어 그 아버지를 막았다. 이에 염유는 아들이 군사로써 아버지를 막는 것이 옳은 것인지 자공을 통해 공자의 생각을 엿본 것이다. 공자는 伯夷와 叔齊는 나라를 서로 사양하고 품성과 절개를 지켰으므로 仁하다고 평가하였다. 이에 자공은 백이와 숙제는 형제로 나라를 사양한 자이고, 위나라 임금은 부자로 나라를

다툰 자이므로, 이미 나라를 사양한 사람을 인한 사람이라고 인정한 공자는 아비와 자식 간에 나라를 다툰 자를 군주로 인정하지 않을 것이라 보았다.

4_ 名者何, 諸侯卿大夫是也: 『資治通鑑』「周紀(一)」에 보인다. 사마광은 신하가 임금 자리를 대신하는 것은 왕의 권위가 없어지고 제후들이 제멋대로 힘을 과시하였기 때문이라고 보았다. 이에 "天子의 자리는 禮가 제일 크고, 禮는 분수보다 큰 것이 없다. 분수는 명분보다 큰 것이 없다. 무엇을 예라고 하는가. 기강이 그것이다. 무엇을 분수라고 하는가. 임금과 신하가 그것이다. 무엇을 명분이라고 하는가. 公과 侯와 卿과 大夫가 그것이다."[『資治通鑑』「周紀(一)」: 天子之職, 莫大於禮, 禮는 莫大於分, 分 莫大於名. 何謂禮, 紀綱是也. 何謂分 君臣是也. 何謂名 公侯卿大夫是也.]라고 하였고, "그러므로 천자는 삼공을 통솔하고, 삼공은 제후를 통솔하고, 제후는 경과 대부를 통솔하고, 경과 대부는 사와 서인을 다스린다."[是故天子統三公, 三公率諸侯, 諸侯制卿大夫, 卿大夫治士庶人.]고 하였다. 당시 『맹자』의 의리사상을 통해 신법개혁을 추진하던 왕안석을 비판하기 위해, 의도적으로 『자치통감』을 저술하여, 점진적 개혁과 임금과 신하의 도리는 구분되어 자리는 결코 바뀔 수 없다는 관점을 피력한 것이다.

[2-22] 事不可以逆料, 聖賢未嘗預料. '由也, 不得其死然'[1], '死矣! 盆成括'[2], 其微言如此.

번역 일은 미리 헤아릴 수 없고, 성현도 일어날 일을 미리 예측한 적이 없다. 하지만, 공자는 '자로가 바르게 죽지 못할 것 같다'고 하였고, 맹자는 '죽겠구나! 盆成括이'라고 하였다. 그 은미한 말이 이와 같다.

주석 1_ 由也, 不得其死然: 『論語』「先進」에 보인다. "공자를 곁에서 모실 때

민자건은 공손한 태도였고, 子路는 강직한 태도였으며, 염유와 子貢은 부드럽고 즐거워 보였다. 공자께서도 좋아하셨다. 하지만 공자는 자로의 강직함을 걱정하시며 "由 같은 사람은 바르게 죽기 어려울 것이다."[閔子侍側, 誾誾如也, 子路, 行行如也, 冉有 · 子貢, 侃侃如也, 子樂. "若由也, 不得其死然."] 실제로 자로는 위나라 孔悝의 家臣이 된 후, 왕실 계승 분쟁에 휘말려 전사하였다. 『史記』「仲尼弟子列傳」에서는 자로가 적군의 칼에 의해 갓끈이 끊어지자 "군자는 죽더라도 관을 벗지 않느니라."고 외치며 갓끈을 다시 매고 죽었다고 한다.[蕢聵懼, 乃下石乞 · 壺黶攻子路, 擊斷子路之纓. 子路曰 "君子死而冠不免." 遂結纓而死.] 이 소식을 들은 공자는 크게 슬퍼하여 집안에 있는 젓갈을 모두 내다 버리고, 이후에도 젓갈과 같은 종류의 음식만 보면 "젓으로 담가지다니!"라고 하며 탄식했다고 한다. 자로의 죽음에 대한 육상산의 평가는 '5-76' 어록과 주석에서 설명하였다.

2_ 死矣! 盆成括: 『孟子』「盡心(下)」에 보인다. "분성괄이 제나라에 가서 벼슬하게 되자, 맹자는 말하였다. '죽겠구나, 분성괄이!' 과연 분성괄이 피살당하게 되자, 문인이 맹자의 예언이 들어맞은 것을 신통하게 여겨 물었다. '선생님께서는 어떻게 그가 장차 피살당할 것을 아셨습니까?' 맹자께서 대답하셨다. '그 사람됨이 소인이면서도 재주만 있고, 군자의 대도를 행한다고 들어보지 못하였다. 그러니 몸을 죽이기에 족할 뿐이다.'"[孟子曰 "死矣! 盆成括." 盆成括見殺, 門人問曰 "夫子何以知其將見殺?" 曰 "其爲人也, 小有才, 未聞君子之大道也, 則足以殺其軀而已矣."]

[2-23] 此理塞宇宙, 誰能逃之, 順之則吉, 違之則凶, 其蒙蔽則爲昏愚, 通徹則爲明知. 昏愚者不見是理, 故多逆以致凶. 明知者見是理, 故能順以致吉. 說『易』者謂陽貴而陰賤, 剛明而柔暗, 是固然矣.[1] 今「晉」之卦, 上離以六五一陰爲明之主, 下坤以三陰順從於離明, 是以致吉, 二陽爻反皆不善. 蓋離之所以爲明者, 明是

理也. 坤之三陰能順從其明, 宜其吉無不利. 此以明理順理而善, 則其不盡然者亦宜其不盡善也. 不明此理, 而泥於爻畫名言之末, 豈可以言『易』哉? 陽貴陰賤剛明柔暗之說, 有時而不可泥也.[2]

번역 이 理는 우주만물에 가득 차 있으니, 누가 벗어날 수 있겠는가? 이치에 순응하면 길하고, 이치를 어기면 흉하게 되며, 덮이고 가려지면 어리석고 우둔해지고, 통하고 꿰뚫으면 밝고 지혜롭게 된다. 어리석고 우둔한 자는 이 이치를 보지 못하기 때문에 대부분 어겨 흉함에 이르고, 총명한 자는 이 이치를 터득하기 때문에 순응하여 길함에 이른다. 『周易』을 논하는 자들이 陽이 貴하고 陰이 賤하며, 剛이 밝고 柔가 어둡다고 하는데, 이는 본래 그러한 것이다. 하지만 지금 「晉」卦의 경우를 보면, 上卦 離(☲)는 六五 음효 하나가 밝음의 주인이 되고, 下卦 坤(☷)은 세 음효가 離의 밝음에 순종하여 길함에 이르며, 두 양효는 오히려 다 선하지 않은 경우이다. 대체로 離卦(☲)가 밝음의 상징이 되는 까닭은 이 이치를 밝혀서이고, 坤卦(☷)의 세 음효는 그 밝음에 순응하여 당연히 길하여 이롭지 않음이 없는 것이다. 이처럼 이치에 밝고 이치에 순종하여 선하다면, 다 그렇게 하지 못한 자는 모두 선하지 않은 것이 마땅하다. 이 이치에 밝지 못하면서 卦圖와 卦爻 및 괘효사의 말단에 빠져 헤어 나오지 못하니, 어찌 『周易』을 논할 수 있겠는가? 그러므로 양은 귀하고 음은 천하며, 강은 밝고 음은 어둡다는 학설은 경우에 따라서 얽매여서는 안 된다.

주석 1_ 說『易』者 … 是固然矣: '陽貴陰賤, 剛明柔暗' 사상을 처음으로 제기한 자는 漢代 董仲舒이다. 그는 천지간에 陰陽 두 氣가 있는데, 陽은 生을 주관하고, 陰은 殺을 주관하므로, 陽은 '天德'이 되고, 陰은 '天刑'이 된다고 보았다.[『春秋繁露』: 陽者, 天之德也, 陰者, 天之刑也.] 또 "하늘은 양을 가까이하고 음을 소홀히 하며, 덕은 믿고 형벌을 믿지 않는다."[天之親陽而疏陰, 任德而不任刑也.]고 하였다. 하늘의 본성은 陽氣를 가까이 하고 陰氣는 소홀이 여기므로, 사실상 덕을 가까이 여기고 형벌을 멀리한다는 것이다. 이후 북송시기 伊川도 "천지간에 모든 만물은 대대함이 있다. 음이 있으면 양이 있고, 선함이 있으면 악함이 있다."[『二程遺書』卷15: 天地之間皆有對, 有陰則有陽, 有善則有惡.]라고 하여, 양을 선에 음을 악에 대비하고, 陽貴陰賤 사유에 맞게 괘효사를 풀이하였다. 육상산은 기본적으로 '陽貴陰賤'과 같은 『주역』독법에 동의하였다. 하지만 그는 『주역』의 생성과정을 설명하며 다음과 같이 말하였다. "우주만물에 가득 찬 것은 하나의 이치일 뿐이다. 上古시기 성인은 먼저 이 이치를 깨달았기 때문에 천하에 왕도정치를 펼칠 수 있었다. 우러러 하늘에서 象을 관찰하고 굽어 땅에서 법을 살폈으며, 조수의 문식과 땅의 마땅함을 살피고, 몸 가까운 곳에서 취하고 만물의 먼 곳에서 취하였다. 이에 처음으로 八卦를 제작하여 신명의 德을 통하고 만물의 情을 분류하였고, 또 이에 辭·變·象·占을 만들어 백성들을 각성시켰다."[『陸九淵集』권15, 「與吳斗南」, 201쪽: 塞宇宙一理耳. 上古聖人先覺此理, 故其王天下也. 仰則觀象於天, 俯則觀法於地, 觀鳥獸之文與地之宜, 近取諸身, 遠取諸物, 於是始作八卦, 以通神明之德, 以類萬物之情, 於是有辭·有變·有象·有占, 以覺斯民.] 八卦·卦爻辭·象·占 등을 수록하고 있는 『주역』은 성인이 무궁한 우주만물에 현현되고 있는 이치를 온전히 파악하고 백성들을 깨우치기 위해 만든 책이므로, 그 속에서 성인이 기록하고 있는 이치를 명확히 파악하는 것이 중요하다. 그래서 육상산은 '陽貴陰賤'이나 '剛明陰暗' 학설을 보편적으로 적용할 것이 아니라, 상황에 따라 깨닫고 순응하는 주체가 변하여 陰貴陽賤과 陰明陽暗의 상황이 될 수 있음을 알아야 한다고 보았다. 육상산이 예로 든 「晉」卦는 이를 잘 증명해 준다. 上卦 離의 六五는 음이고 밝음의 주체이므로 귀하고, 두 양은 밝음에 순응하지 않는 성질이 있으므로 천하다.

2_ 此理塞宇宙 … 有時而不可泥也: 『陸九淵集』권21, 「雜著·易說」, 257쪽에도 보인다.

[2-24] 「屯」陰陽始交, 一索而得長男, 再索而得中男.[1] 六三'即鹿無虞, 惟入於林中'[2], 指下卦之漸入上卦坎險之地. 上六'乘馬班如, 泣血漣如'[3], 正孔子曰 '吾末如之何也已矣'[4]. 雖然, 人當止邪於未形, 絶惡於未萌, 致治於未亂, 保邦於未危.

번역 屯卦(䷂)는 음과 양이 처음으로 교감함을 상징한 것이니, 下卦는 한 번 구하여 장남을 얻어 震(☳)이 되고, 上卦는 다시 구하여 중남을 얻어 坎(☵)이 된다. 六三 효사의 '사슴을 잡으려고 뒤쫓는데 몰이꾼도 없이 오직 숲 속으로 들어간다'는 것은 下卦가 점차 上卦의 험난한 지경으로 들어가고 있음을 지칭한 것이다. 上六 효사의 '말을 타고 가려다 주저주저하여 피눈물 물 흐르듯 한다'는 것은 바로 공자가 말한 '나도 어떻게 할 수 없을 따름이다'는 것에 해당한다. 비록 이런 상황이라 할지라도, 사람은 여전히 사악함이 아직 드러나지 않았을 때에 저지하고, 악이 아직 움트지 않았을 때에 싹을 끊으며, 사회가 아직 혼란스럽지 않을 때에 다스리고, 국가가 아직 위급한 상황이 아닐 때 지켜야 한다.

주석

1_ 「屯」陰陽始交 … 再索而得中男: '陰陽始交'는 『周易』「序卦傳」에 보인다. "천지가 생겨난 다음에 만물이 탄생하게 되는데, 천지 사이를 가득 채우는 것은 오직 만물이다. 그래서 乾괘와 坤괘를 이어받아 屯괘가 된 것이니, 屯이라는 것은 가득 채우는 것이고, 屯이라는 것은 만물이 비로소 생성되는 것이다."[有天地然後, 萬物生焉, 盈天地之間者, 唯萬物, 故受之以屯. 屯者, 盈也, 屯者, 物之始生也.] 건괘와 곤괘의 확립으로 천지가 자리하고, 이어 처음으로 양과 음, 강과 유가 교류하기 시작하여 屯괘를 세 번째 순서에 배치하였다는 의미이다. '一索而得長男, 再索而得中男'은 『周易』「說卦傳」에 보인다.

2_ 即鹿無虞, 惟入於林中: 『周易』「屯」괘 六三효사에 보인다. 육상산은 下卦 震(☳)은 陽爻가 坤卦 初六에 깃들어 밖으로 향하는 속성이

있으므로, 六三이 험난함을 뜻하는 上卦 坎(☵)에 점차 들어가 상황이 더 악화되는 것을 상징한 것이라 보았다.

3_ 乘馬班如, 泣血漣如: 『周易』「屯」괘 六四효사에 보인다

4_ 上六 …吾末如之何也已矣: '吾末如之何也已矣'는 『論語』「子罕」편에 보인다. 공자는 "어떻게 할까 어떻게 할까 말하지 않는 자는 나도 어떻게 할 수 없다"[子曰 "不曰如之何如之何者, 吾末如之何也已."]라고 하였다. 육상산은 上六이 험난함의 극처에 있으면서 그저 방관하고 있는 상황이라, 자신도 어찌할 수 없다는 공자의 말을 인용하여 설명하였다. 그는 혹 屯卦와 같이 지극히 좋지 않은 상황에 처해 있을 지라도, 궁극적으로 자기반성과 성찰을 통해 길한 상황으로 역전시켜야 한다고 본 것이다.

[2-25] 「蒙」九二一爻爲發蒙之主, 不應更論與九五相得與否[1], '包蒙'[2] · '納婦'[2], 即'克家'[2]之事.

번역 蒙卦(䷃) 九二 한 효는 몽매함을 일깨우는 주축으로 六五와 상응여부를 논할 필요가 없다. '몽매한 이들을 포용한다'는 것과 '부인을 받아들이는 것'이 바로 '집안을 다스리는 일'이다.

주석 1_ 蒙九二 … 不應更論與九五相得與否: 九二가 蒙卦의 主爻임을 六五와의 상응관계로 설명하는 관점은 주자와 이천에게서 보인다. 주자는 『周易本義』에서 「序卦傳」의 말을 인용하여, "蒙은 어리석은 상태다. 만물이 처음 생장할 때 몽매하여 지혜롭지 못한 상태에 있는 것이다."라고 하였고, 또 "卦德이 안으로 위험하고(☵) 밖으로 상황이 꽉 막혀 있음을(☶) 뜻하고 있기 때문에 그 이름을 蒙이라 하였다"[『周易本義』「蒙」: 蒙, 昧也, 物生之初, 蒙昧未明也. 其卦以坎遇艮, 山下有險, 蒙之地也, 內險外止, 蒙之意也, 故其名為蒙.]고 말하였다. 물론 그는 蒙이 이처럼 險止하고 어려운 상태를 의미한다 할지라도, 산 아래 깊은 땅 속의 물이 흘러나와 샘이 되어 풀과

꽃과 나무와 만물에 영향을 주듯이, 밝은 지혜로 어리석음을 일깨워 주면, 이로 인해 세상이 보다 더 풍요로울 수 있기 때문에 형통한 점사에 해당된다고 보았다. 이에 주자는 이렇게 몽매함을 지혜로움으로 바꿀 수 있는 이유로 내괘의 주효 九二를 들었고, 六五와의 상응관계로 풀이하였다. "구이는 강한 양의 성질을 가지고 가운데 자리에 처하여 남의 몽매함을 일깨워 줄 수 있는 자이고, 또한 몽매한 육오와 음양이 서로 상응하고 있으므로, 점쳐 이 괘를 얻는 자는 형통한 도가 있다는 것이다.[『周易本義』「蒙」: 九二內卦之主, 以剛居中, 能發人之蒙者, 而與六五陰陽相應, 故遇此卦者有亨道也.] 아마 주자의 이러한 풀이는 이천에게서 비롯된 것으로 보인다. 이천은 "구이는 몽매한 세상에 살면서도 강직하고 총명한 자질을 갖추고 있고, 인군인 육오와 상응하여 中德이 또한 같으니, 당시의 책임을 맡은 자이다."[『伊川易傳』: 二居蒙之世, 有剛明之才, 而與六五之君相應, 中德又同, 當時之任者也.]라고 하여, 中位說과 相應說로 九二의 덕을 풀이하였다.

2_ '包蒙'·'納婦'·'克家': 『周易』「蒙」卦 九二 爻辭에 보인다. 육상산은 일찍이 주자와 서신논쟁을 하며 蒙卦에 대해 자신의 관점을 피력한 바 있다. "옛 성현은 오직 이치만을 보았습니다. 그래서 요순 같은 성인도 나무꾼에게 물었고, 증자가 예에 맞게 임종 자리를 바꾼 것도 촛불을 들고 있는 아이의 지적을 통해서였습니다. 『周易』「蒙卦」 九二 爻辭에서 '부인을 맞이하면 길하다'고 한 것처럼, 진실로 이치에 합당하다면, 비록 부인이나 아이의 말이라도 버릴 수 없습니다."[『陸九淵集』권2, 「與朱元晦」, 22쪽: 古之聖賢, 惟理是視. 堯舜之聖, 而詢于芻蕘, 曾子之易簀, 蓋得於執燭之童子. 「蒙」九二曰 "納婦吉." 苟當於理, 雖婦人孺子之言所不棄也.] 그는 구이는 육오와의 상응관계를 논할 필요가 없다고 보았다. 그저 구이는 이미 이치를 밝게 깨달았기 때문에, 몽매한 이들이나 부인의 말에서도 취할 것을 받아들이고, 자식이 집안을 다스리는 경우에 해당한다고 본 것이다. 따라서 육상산의 관점으로 蒙卦 구이 효사를 풀이하면 다음과 같다. "몽매한 이들을 포용하니 길하고, 아내의 말도 받아들이니, 길하다. 이는 아들이 집안을 잘 다스리는 것이다."[包蒙, 吉, 納婦, 吉, 子克家.]

[2-26] 束書不觀, 游談無根.[1]

번역 책을 덮어놓고 보지 않으면서, 이것저것 담론하는 것은 공허하여 근거가 없게 된다.

주석 1_ 束書不觀, 游談無根: 육상산은 혼잡한 마음을 가라앉히고 스스로를 돌아보면 본심은 저절로 발현되는 특징이 있으므로, 독서와 경전 주석에 주력하는 주자의 공부방법이 支離하고 聖學에 오히려 걸림돌이 된다고 비판하였다. 물론 그렇다고 육상산이 독서나 경전주석과 같은 저술활동을 거부한 것은 아니다. 그는 당시의 경전에 대한 주석들이 잘못되었다 여겨, 이를 바로잡아 후학들을 깨우치겠다는 뜻도 지녔었다. 「연보」에서는 만년에 象山精舍에서 강학활동을 펼칠 당시 춘추에 대한 주석서를 쓰려 했지만 知荊門軍이라는 관직을 명받아 이루지 못하였다고 적고 있고,[『陸九淵集』권36, 「年譜」, 506쪽: 光宗皇帝即位, 詔先生知荊門軍. 先生始欲著書, 嘗言諸儒說『春秋』之謬尤甚於諸『經』, 將先作傳. 值得守荊之命而不果.] 문인 陶贊仲에게 보낸 편지를 보면, 그가 『周易』에서 말한 '易數'에 대한 깨달음을 얻고 揲蓍와 관련된 책을 저술하려는 뜻이 있었다고 밝히기도 하였다.[『陸九淵集』권15, 「與陶贊仲」, 192쪽: 某欲作一揲蓍說, 稍發易數之大端, 以排異說, 曉後學. 坐事奪, 未克成就. 早晚就草, 當奉納一本.] 육상산은 또 독서도 소홀히 하지 않았다. 그는 만년 象山精舍에서 강학활동을 할 당시, 문인 胡無相에게 편지를 보내 "최근 이곳 상산에서 공부하고 있는 벗들은 『尙書』를 탐독하고 있습니다."[『陸九淵集』권10,「與胡無相」, 133쪽: 山間朋友近多讀『尙書』.]라고 하였고, 제자들에게 『맹자』「告子」편의 '牛山'章 이외에 『상서』「旅獒」·「太甲」편 등을 중시한 바 있다.[『陸九淵集』권35, 「語錄(下)」, 474쪽: 「皐陶謨」·「洪範」·「呂刑」, 乃傳道之書.] 또 荊門에서 관직생활을 할 때는 「洪范」의 '黃極'에 대해 강의하고, 주자와 벌였던 無極太極論爭에 이어 '太極'이 '황극'이고 中이며 本心임을 강조하였다. 이 조목은 육상산은 『상서』를 중시하고 강독하는 과정에서 「皐陶謨」·「洪範」 등의 내용이 성인의 도와 일치한다고 보고, 이를 강의한 것으로 보인다. 다만, 육상산이 책 읽는 것을 강조한 것은 주자가 격물치지를 위해 중시했던 것과는 다르다. 그는 옛 성현들의 책을 읽고 좋은 스승과 벗을 찾아 자문을 구하는 것은 말의 옳고 그름을 판단할 수 있는 기준 확립이 선행되어야 한다고 보았다. 본심이 우선적으로 확립되어야 성현의 책을 읽고 스승과 벗을 찾아 해답을 구하더라도 도움이 되고 의미 있을 수 있다는 것이다. 결국 책을 읽고 스승에게 자문을 구하는 등의 외부지식에 힘을 빌리는 것은 본심의 기초 위에 이를 확충하기 위한 부차적 과정이다.

[2-27] 染習深者難得淨潔.[1]

번역 나쁜 습관이 깊게 밴 자는 깨끗하게 고치기 어렵다.

주석 1_ 染習深者難得淨潔: 육상산은 사람들이 본심을 잃어버리는 이유를 "사람들이 道를 어그러뜨리는 이유의 하나는 기질 때문이요, 다른 하나는 점차적인 습관 때문이다."[『陸九淵集』권35,「語錄(下)」, 448쪽: 人之所以病道者, 一資禀, 二漸習.]라고 하였다. 본심을 어그러뜨리는 원인은 '5-17 (1)번 주석'에서 상세히 설명하였다. '資禀'은 사람이 태어나면서 품부받은 기질이고, '漸習'는 매 순간 두는 뜻에 따라 굳어진 습관을 말한다. 태어나면서 품부 받은 편벽된 기질과 잘못된 마음 씀으로 굳어진 습관으로 인해 사람들은 본심을 상실한다. 공부의 목적은 비록 이러한 병폐가 고치기 어렵더라도 꾸준한 노력을 통해 기질을 변화시키고 습관을 바로잡아 본심을 확충하는 데 있다. 그래서 그는 "배우면 기질을 변화시킬 수 있다."[『陸九淵集』권35,「語錄(下)」, 462쪽: 學能變化氣質]고 하였고, 습관을 결정짓는 뜻을 분별하면 곧 진보한다고 말하였다.[『陸九淵集』권35,「語錄(下)」, 436쪽: 辯便有進.]

[2-28] 自明然後能明人.[1]

번역 스스로 밝게 터득한 후에, 다른 사람을 깨우칠 수 있다.

주석 1_ 自明然後能明人: 육상산은 본심을 확립하고 있으면, 인위적 노력 없이도 주변 사물들이 저절로 그 덕의 영향을 받는다고 보았다. 행하지 않으면 그것은 본심을 이미 상실한 상태가 된다. 그래서 그는 『書經』에서 말한 三德·六德·九德이 덕을 갖추고 이것이 베풀어지고 있는 범위에 따라 분류한 것이라고 풀이하였다. 관련 내용은 '7-7' 어록과 주석에도 보인다.

[2-29] 復齋看『伊川易傳』[1]解'艮其背', 問某 "伊川說得如何?" 某云 "說得鶻突." 遂命某說, 某云 "'艮其背, 不獲其身', 無我. '行其庭, 不見其人', 無物."[2]

번역 復齋께서 『伊川易傳』의 '艮其背'에 대한 해석을 보다가, 나에게 "이천이 풀이해 놓은 설명이 어떠한가?"를 물었다. 나는 "불명확하게 해석하고 있습니다."라고 대답하였다. 이에 나의 관점을 말해 보라고 하여, 나는 "'그 등에 머물러 몸을 얻지 못한다'는 것은 無我를 일컫고, '그 뜰을 지나더라도 사람을 보지 못한다'는 것은 無物을 뜻합니다."라고 하였다.

주석 1_ 『伊川易傳』: 북송시기 程伊川(1033~1107)이 『周易』에 대해 해석한 책으로, 『程氏易傳』 또는 『周易程氏傳』이라고도 한다. 이 책은 이천 나이 66세(1099)에 완성되었다. 그는 漢代 상수역을 반대하고, 王弼의 역학 방법론인 得意忘象·取義·爻位 등을 계승하여 의리역학의 표준을 완성하였다. 훗날 세간에 전해진 판본은 여러 가지였고, 제자 楊時가 편차를 추가하기도 하였다고 한다. 아마도 육상산 당시 『이천역전』은 도학의 뜻을 둔 학자들에게 교과서와 같은 역할을 했던 것으로 보인다.[『陸九淵集』권34, 「語錄(上)」, 429쪽: 臨川一學者初見, 問曰 "每日如何觀書?" 學者曰 "守規矩." 歡然問曰 "如何守規矩?" 學者曰 "伊川『易傳』, 胡氏『春秋』, 上蔡『論語』, 范氏『唐鑑』."]

2_ '艮其背, 不獲其身', 無我. '行其庭, 不見其人', 無物: 『周易』「艮卦」卦辭에 대한 육상산의 해석이다. 「연보」를 보면, 어릴 적부터 家學의 영향 아래 절차탁마하던 그는 다섯째 형 陸九齡과 『주역』 艮卦 해석을 둘러싸고 주고받았던 문답이 기록되어 있다. "復齋가 서실 창문 아래서 伊川의 『易傳』을 읽다가, 艮卦의 괘사 '艮其背' 네 구절에 이르자 계속 반복하고 소리 내어 읽었다. 선생이 우연히 그 앞을 지나는데 복재가 물었다. '너는 이천이 쓴 이 구절을 어떻게 생각하느냐?' 선생이 대답하였다. '여전히 분명하게 이해하지 못하겠습니다. 제가 보기에 艮其背, 不獲其身은 無我를 일컫고 行其庭, 不見其人은 無物을 뜻합니다.' 그러자 복재가 크게 흡족해 하였다."[『陸九淵集』권36,「年譜」, 483쪽: 復齋嘗於窗下讀程『易』, 至艮其背四句, 反覆誦讀不已. 先生偶過其前, 復齋問曰 "汝看程正叔此段如何?" 先生曰 "終是不直截明白. '艮其背, 不獲其身', 無我, '行其庭, 不見其人', 無物." 復齋大喜.]

이렇게 육상산은 이천의 「간괘」 해석에 대해 불만을 지니고, 나름대로 명확한 관점을 견지하고 있었다. 이천의 간괘 해석은 『역전』에 나와 있다. "사람이 머무름을 편안하게 못하는 것은 욕심에 동하기 때문이다. 욕심이 앞에서 이끄는 상황에서 머무르기를 구하면 얻을 수 없으므로, 머무르는 도는 마땅히 그 등에 머물러야 할 것이다. 보이는 것은 앞에 있지만 등은 등진 것이어서 보이지 않는 것이다. 보이지 않는 곳에서 머무르면 욕심이 그 마음을 어지럽히지 않아 머무름이 곧 편안하게 된다. '그 몸을 얻지 못한다'는 것은 그 몸을 보지 못하는 것이니, 나 자신을 잊어버리는 것이다. 나를 없이 하면 그칠 것이나, 나를 없게 하지 못하면 그칠 수 있는 도가 없을 것이다. 그 뜰에 나서도 그 사람을 보지 못한다는 것은 뜰 사이는 지극히 가까운 곳이나, 등에 있으면 비록 지극히 가까운 곳이더라도 보지 못하니, 사물에 교접하여 이끌리지 않는다는 말이다. 바깥 물건이 교접하지 않고, 안의 욕심이 싹트지 않으니, 이렇게 하여 그치면 그치는 도를 얻을 것이므로, 그치는 데 허물이 없을 것이다."[『周易程氏傳』권4, 968쪽: 人之所以不能安其止者, 動於欲也. 欲牽於前, 而求其止, 不可得也. 故艮之道, 當艮其背, 所見者在前而背乃背之, 是所不見也. 止於所不見, 則无欲以亂其心而止乃安. 不獲其身, 不見其身也, 謂忘我也. 无我, 則止矣. 不能无我, 无可止之道. 行其庭, 不見其人. 庭除之間, 至近也, 在背則雖至近不見, 謂不交於物也. 外物不接, 內欲不萌, 如是而止, 乃得止之道, 於止為无咎也.] 여기서 이천은 '그침(艮)'의 道에 대해 논하고 있다. 사람의 등처럼 바른 앎과 행위의 근간이 되는 본성에 머물러 고요할 때(靜) 안으로 사욕이 싹트지 않게 하고 움직일 때(動) 밖으로 외물에 이끌려 마음을 빼앗기지 않아야 動靜이 모두 義理에 합하고 그침에 편안할 수 있다는 것이다. 반면 육상산은 '머물러야 할 자리(背)'인 본체를 마음과 구분될 수 있는 성이 아니라, 논리적으로도 성과 구분 자체가 불가능한 본심으로 보았다.

[2-30] 或謂先生之學, 是道德·性命, 形而上者, 晦翁之學, 是名物·度數, 形而下者. 學者當兼二先生之學, 先生云 "足下如此說晦翁, 晦翁未伏. 晦翁之學, 自謂一貫, 但其見道不明, 終不足以一貫耳. 吾嘗與晦翁書云 '揣量模寫之工, 依放假借之似, 其條畫足以自信, 其節目足以自安'[1], 此言切中晦翁之膏肓."

번역 어떤 이가 선생의 학문은 道德과 性命에 관한 것으로 형이상을 연구하는 것이고, 晦翁의 학문은 名物과 度數에 관한 것으로 형이하를 연구하는 것이니, 학자들은 마땅히 두 선생의 학문을 두루 겸비해야 한다고 하였다. 선생께서 말하였다. "자네가 晦翁을 이같이 평가한다면, 晦翁은 납득하지 않을 것이다. 晦翁의 학문은 스스로 일관되어 있다고는 하지만, 도를 터득한 것이 명확치 않아 끝내 하나로 관통되기에는 부족할 뿐이다. 나는 전에 晦翁에게 편지를 보내, '당신의 학문은 헤아리거나 오묘하게 묘사하는 공이 많고, 모방하거나 전용하는 것이 유사합니다. 그래서 그 조리는 스스로 믿기에 충분하고, 또 내용은 스스로 만족하기에 충분합니다'라고 하였었다. 이 말은 晦翁의 치명적 부분을 공격한 것이다."

주석

1_ 揣量模寫之工 … 其節目足以自安: 『陸九淵集』권2, 「與朱元晦」, 27쪽에 보인다. 「연보」에 의하면, 이 편지는 淳熙15년(1188) 12월 14일에 쓰여 졌다.[『陸九淵集』권36, 「年譜」, 500쪽: 十二月十四日, 答元晦書.] 당시 59세였던 주자는 奏對의 명을 받고 5월 말쯤 대궐에 들어갔다가 6월 중순 수도 臨安을 떠나 江西 玉山으로 돌아왔는데, 그때 육상산이 보낸 첫 번째 편지를 받았다.[陳來, 『朱子哲學研究』, 華東師範大學出版社, 2000, 84쪽: 淳熙十五戊申五月(1188), 朱熹奉命奏對至闕下, 六月中旬離臨安, 歸至江西玉山时, 收到陸九淵信, 而後十一月答此書.] 그리고 나서 수개월이 지난 11월 8일 그는 제자 江德功을 통해 자신의 편지를 육상산에게 전하도록 하였고, 이후 육상산은 주자에게 답신을 완성한 후, 다시 江德功에게 이 편지를 전해 달라고 부탁한 것이다.[『陸九淵集』권10, 「與江德功」, 138쪽: 蒙示晦翁書, 敬領, 回書徑自此遣往矣. 副本録在邵叔誼處, 可索觀之. 白白長長之言, 是古人辯論處, 非用工處. 言論不合於理, 乃理未明耳, 非誠意之罪也.]

[2-31] 學者答堂試策[1]. 先生云 "諸公答策, 皆是隨問走. 答策當如堂上人部勒堂下吏卒, 乃不爲策題所纏."

번역 학자들이 과거시험에 참가하여 公堂에서 시책에 답하였다. 선생께서 말하였다. "자네들이 시책에 답한 것은 모두 물음에 따라 답했을 뿐이다. 책문에 답하는 것은 마땅히 자신이 당상의 관원이 되어 당하의 서리들을 직접 다스리는 것처럼 해야 한다. 그래야 비로소 책문의 문제에 얽매이지 않을 수 있다."

주석 1_ 試策: 과거시험의 일종으로, '對策'이라고도 한다. 策은 策問으로, 政事나 經義 등에 대한 질문을 簡策 위에 써 놓고, 응시자에게 답하도록 하는 형식이다.

[2-32] 先生於門人, 最屬意者唯傅子淵[1]. 初子淵請教先生, 有艮背・行庭・無我・無物之說.[2] 後子淵謂 "某舊登南軒晦翁之門, 爲二說所礙, 十年不可先生之說. 及分教衡陽三年, 乃始信." 先生屢稱子淵之賢. 因言 "比陳君舉[3]自湖南漕臺[4]遣書幣下問, 來書云 '某老矣, 不復見諸事功, 但欲結果身分耳.'" 先生略舉答書[5]. 因說 "近得子淵與君舉書煞好, 若子淵切磋不已, 君舉當有可望也. 但子淵書中有兩句云 '是則全掩其非, 非則全掩其是', 亦爲抹出." 後聞先生臨終前數日, 有自衡陽來呈子淵與周益公[6]論道五書, 先生手不釋, 歎曰 "子淵擒龍打鳳底手段."

번역 선생이 문인들 가운데 가장 애착을 두었던 자는 傅子淵이다. 자연이 선생께 처음 가르침을 청하자, 『周易』「艮」卦의 '艮背'가 無我이고 '行庭'이 無物을 뜻한다는 관점을 피력하였다. 훗날 자연은 "내 예전 장식과 晦翁 문하에서 공부할 때 두 학설에 의해 장애가 되어 10년간 선생님의 말씀에 의심을 품었다. 하지만 衡陽에서 나와 배움을 접은 지 3년 만에 비로소 선생의 말이 옳음을 믿게 되었다."고 술회하였다. 선생께서 누차 부자연의 賢德을 칭찬하였다. 한 번은

"근래에 陳君擧가 湖南 漕臺에서 서신과 폐물을 보내면서 문의하였는데, 서신에서 '나는 나이가 들어 다시는 사업에 있어 공로를 드러낼 수 없을 것 같습니다. 그저 체면만 유지하기를 바랄 뿐입니다.'라고 쓰여 있었다."라고 말하고는, 선생께서 답신을 간략하게 소개하였다. 또 "최근에 자연과 군거의 편지를 얻어 보았는데, 매우 좋다. 만일 자연과 같이 끊임없이 절차탁마하며 공부한다면, 군거는 당연히 기대할 만할 것이다. 다만 자연의 서신 중 두 구절 '옳으면 그른 것을 모두 덮어버리고, 그르면 옳은 것을 온전히 덮어버린다'는 것은 제멋대로 쓴 글이다."라고 하였다. 훗날 선생께서 임종하시기 며칠 전 衡陽에서 보내온 자연과 周益公이 도를 논한 다섯 통의 편지를 보고, 선생께서 손을 떼지 못하고 읽고는 "자연은 용을 사로잡고 봉황을 포획하는 것과 같은 뛰어난 능력이 있구나!'라고 감탄하였다.

주석

1_ 傅子淵: 이름은 夢泉이고, 호는 若水이며, 子淵은 字이다. 육상산 문인이다. '1-21 (1)번 주석'에서 설명하였다.

2_ 艮背·行庭·無我·無物之說: 『周易』「艮卦」에 대한 육상산의 해석은 제자들의 기억 속에 핵심 가르침이었던 것으로 보인다. '2-29 (2)번 주석'과 '7-18' 어록과 주석에서 설명하였다.

3_ 陳君擧: 君擧는 字이고, 호는 止齋이다. 육상산 문인이다. '1-85 (3)번 주석'에서 설명하였다.

4_ 漕臺: 세금으로 바칠 양곡을 거두어들이고 운반하는 일 등을 총괄하는 직책이다.

5_ 略擧答書: 답신을 간략하게 소개하였다는 것을 말한다. 육상산이 보낸 답서는 『陸九淵集』권9, 「與陳君擧」, 127~128쪽에 수록되어 있다.

6_ 周益公: 호는 必大이고, 자는 子充이며, 스스로 平圓老叟라 불렀다. 廬陵사람이다. 紹興 21년(1151) 진사에 급제하였고, 左丞相·益國公 등을 역임하였다. 陸游·楊萬里 등과 교류하였고, 사후 '文忠'이란 시호를 받았다. 아들 周綸이 문집 200권과 부록 5권을 수집하고

연보를 작성하여『文忠集』을 출간하였고, 淸代 道光 말년에는 歐陽과 彭邦疇이 획득한『周益公集』을 저본으로 하여『陵周益國文忠公集』을 새로 간행하였다.

[2-33] 邵武丘元壽[1]聽話累日, 自言少時獨喜看伊川語錄. 先生曰 "一見足下, 知留意學問, 且從事伊川學者. 既好古如此, 居鄉與誰游處?" 元壽對以賦性冷淡, 與人寡合. 先生云 "莫有令嗣延師否?" 元壽對以延師亦不相契, 止是託之二子耳. 先生云 "既是如此, 平生懷抱欲說底話, 分付與誰?" 元壽對以無分付處, 有時按視田園, 老農老圃, 雖不識字, 喜其真情, 四時之間, 與之相忘, 酬酢居多耳. 先生顧學者笑曰 "以邵武許多士人, 而不能有以契元壽之心, 契心者乃出于農圃之人, 如此, 是士大夫儒者, 視農圃間人不能無媿矣." 先生因言 "世間一種恣情縱欲之人, 雖大狼狽, 其過易於拯救, 卻是好人剗地難理會." 松云 "如丘丈之賢, 先生還有力及之否?" 先生云 "元壽甚佳, 但恐其不大耳. '人皆可以爲堯舜'[2], '堯舜與人同耳'[3], 但恐不能爲堯舜之大也." 元壽連日聽教, 方自慶快, 且云 "天下之樂, 無以加於此." 至是忽局蹴變色而答曰 "荷先生教愛之篤, 但某自度無此力量, 誠不敢千僭易." 先生云 "元壽道無此力量, 錯说了. 元壽平日之力量, 乃堯舜之力量, 元壽自不知耳." 元壽默然愈惑. 退, 松別之, 元壽自述 "自聽教於先生甚樂, 今胸中忽如有物梗之者, 姑抄先生文集, 歸而求之, 再來承教."

번역 邵武의 丘元壽가 며칠 동안 선생의 말씀을 청해 듣더니, 스스로 어렸을 때부터 유독 정이천의 어록을 즐겨 보았다고 말했다. 선생께서 "자네를 한 번 보자마자 학문에 뜻을 두고 이천의 학설에도 힘쓴

학자임을 알겠네. 배움을 이처럼 좋아하는데, 고향에서는 누구와 교류하며 지냈는가?"라고 물었다. 원수는 타고난 성품이 그리 활발하지 못하여 사람들과 자주 어울리지 않았다고 대답하였다. 선생께서 말하였다. "자네 아이들을 훈도할 스승도 모신 적이 없었다는 말인가?" 그러자 원수는 모신 스승과도 견해가 맞지 않아, 그저 두 아이들을 맡기기만 하였다고 대답하였다. 선생께서 "그렇다면 평생토록 마음에 담고 하고 싶었던 말은 누구와 나누었는가?"라고 물었다. 원수는 함께 나눌 사람이 없어 어느 때는 논밭을 둘러보다가 농사짓거나 채소 가꾸는 노인들이 비록 글을 모르더라도 그들의 진실 된 마음을 좋아하여, 늘상 그들과 서로 교류하고 술잔을 권하며 대화하는 경우가 많았다고 대답하였다. 선생께서 학자들을 돌아보고 웃으며 "소무의 많은 선비들도 원수 마음을 흡족하게 할 수 없었는데, 마음에 맞는 자가 농사짓고 채마밭 가꾸는 사람들에서 나왔다. 그러니 사대부 선비들은 농사짓고 채마밭 가꾸는 사람을 보고 부끄럽게 여기지 않을 수 없겠다."고 말하였다. 선생께서 또 "세간에 제멋대로 행동하는 사람들이 매우 난처한 상황에 있을지라도 그 허물은 고치기 쉬운 편이다. 그런데 그처럼 좋은 사람들은 오히려 더 해결하기 어렵다."고 하였다. 나는 "邱선생의 어짊이 이와 같으니, 선생님은 그를 더 나아가게 할 수 있는 방법이 있는지요?"라고 묻자, 선생께서 말하였다. "원수는 매우 훌륭한 편이다. 다만 크게 성장하지 못할 것이 염려될 뿐이다. 맹자는 '사람이면 누구나 요순이 될 수 있다'고 하였고, '요순도 다른 사람과 같을 뿐이다'라고 하였는데, 원수는 요순처럼 큰 사람이 되지 못할 것이 걱정된다." 원수는 연일 가르침을 듣고는 비로소 내심 기뻐하며, "천하의 즐거움이 이보다 더한 것이 없다."고 하였다. 그런데 이때 갑자기 부자연스럽게 얼굴색을 바꾸며 말하였다. "선생님의 두터운 가르침을 받았지만, 제가 보기에 저는 아직 이러한 역량이 없는 것 같습니다. 진실로 경솔하게 말할 수 없습니다." 그러자 선생께서 "원수 자네가 이러한 능력이 없다고 말한 것은 잘못되었다. 자네 평소의 능력이 바로 요순의 역량과 같은 것인데, 자네 혼자만 모르고 있을 뿐이다."라고 하셨다. 원수는 묵묵히 있다가 더 혼란스러워졌다. 물러나와, 내가 그를 송별하였는데, 원수는 스스로 말하기를 "선생님께 가르침을 받으면서부터 매우 즐거웠습니다. 그런데 지금 갑자기 가슴 속에 뭔가 막힌 것이 있는 것처럼 답답합니다. 우선 선생님의 문집을 베껴 돌아가서 공부한 후, 다시 와서 가르침을 받겠습니다."라고 하였다.

주석

1_ 邵武丘元壽: 邵武는 지명이다. 福建路에 속한 邵武軍을 일컫는다. 『陸子學譜』에서는 丘元壽를 邱元壽로 표기하고, "나이가 매우 많았고, 선생을 스승으로 모시고 배웠다. 또한 예를 갖추기를 매우 공손히 하였다."[年齒甚長, 聞先生講學, 負笈從師, 執禮甚恭.]고 하였다.

2_ 人皆可以爲堯舜: 『孟子』「告子(下)」에 보인다.

3_ 堯舜與人同耳: 『孟子』「離婁(下)」에 보인다.

[2-34] 先生與學者說及'智聖始終條理'一章[1], 忽問松云"智·聖是如何?" 松曰"知此之謂智, 盡此之謂聖." 先生曰"智·聖有優劣否?" 松曰"無優劣." 先生曰"好, 無優劣. 然孟子云'其至爾力也, 其中非力', 如此說似歸重于智." 松曰"'其至爾力也, 其中非爾力也, 巧也', 行文自當如此. 孟子不成道'其至爾力也, 其中爾巧也'." 先生曰"是." 松又曰"智·聖雖無優劣, 卻有先後, 畢竟致知在先, 力行在後, 故曰始終." 先生曰"是."

번역 선생께서 학자들에게 『맹자』의 '조리를 시작하는 것은 지혜로운 사람의 일이고, 조리를 마치는 것은 성인의 일이다.'라는 부분을 설명하다가, 갑자기 나에게 물었다. "智와 聖은 어떤 것을 의미하는가?" 내가 대답하였다. "이것을 아는 것을 지라 이르고, 이것을 다하는 것을 성이라고 합니다." 선생께서 말하였다. "지와 성에는 우열이 있는가?" 내가 대답하였다. "우열의 구분이 없습니다." 선생께서 말하였다. "훌륭하다, 우열의 구분이 없다. 그러나 맹자는 '화살이 이르게 하는 것은 너의 힘이지만, 적중시키는 것은 힘이 아니다'라고 하였다. 이러한 말은 마치 지를 더 중시하는 듯하다." 내가 말했다. "문장은 분명 '화살이 이르게 하는 것은 너의 힘이지만, 적중시키는 것은 너의 힘이 아니라 기교이다'라고 지어졌어야 마땅할 것입니다. 맹자는 '화살이 이르게 하는 것은 너의 힘이고, 적중시키는 것은 너의 기교다'라고 말하지 못하였습니다." 선생께서 말하였다. "그렇다." 내가 또 말하였다. "지와 성이 비록 우열의 구분이 없더라도, 분명 선후의 차례는 있습니다. 어쨌든 致知가 먼저이고 力行이 나중이므로, 맹자는 여기서 시와 종으로 설명한 것입니다." 선생께서 말하였다. "그렇다."

주석

1_ 智聖始終條理: 『孟子』「萬章(下)」에 보인다. 육상산은 여기서 致知가 力行보다 우선되어야 함을 강조하였는데, 지와 행에 '先後'의 구분이 있다는 관점은 주자가 강조한 先知後行 · 知行竝進 이론과 그리 차이가 없어 보인다. 주자도 앎을 구하는 '求知'의 공부와 이치를 실천하는 '躬行'의 공부를 설정하고, 지와 행은 엄격히 구분되므로 격물을 통한 이치의 확보가 선행되고, 이미 확립된 앎을 실천하여 지와 행의 합일을 이루려 하였기 때문이다. 그래서 明代 程敏政은 이러한 관점을 토대로 육상산과 주자의 공부 방법이 결국에는 완전히 일치하게 되었다고 결론짓고[『道一編』권5, 63쪽: 陸子亦有書論 "為學有講明, 有踐履", 全與朱子合.] '朱陸早異晩同說'을 주장하기도 하였다. 하지만 육상산은 지행합일의 기초 아래 성인되기 위한 공부 방법을 제시하였다. 비록 그가 주자처럼 앎을 확립하는 공부가 우선적으로 시행되어야 함을 강조하였다 할지라도 그가 말하는 '求知'는 외부사물의 이치를 탐구하는 것이 아니라, 내면의 마

음을 직관하여 본심을 확립하는 것이다. 본심은 이미 지행합일적 특성이 내포되어 있다. 지와 행의 합일적 관점에 대해서는 '1-47 (1)번 주석'에서도 설명하였다.

[2-35] 先生因爲子持之改所吟鶯詩云 "百喙吟春不暫停, 長疑春意未丁寧, 數聲綠樹黃鸝曉, 始笑從來着意聽."[1] "遶梁餘韻散南柯, 爭奈無如春色何? 剩化玉巢金綽約, 深春到處爲人歌." 先生言鶯巢以他羽成之, 至貼近金羽處, 以白鷴羽藉之, 所以養其金羽也.

번역 선생께서 한 번은 아들 持之를 위해 그가 지은 「吟鶯詩」를 다음과 같이 수정하였다. "온갖 새들은 봄을 노래하며 잠시도 쉬지 않는데, 줄곧 봄이 간곡하지 않다고 의심해 왔네. 푸른 숲에서 자주 듣던 새소리가 꾀꼬리 울음소리임을 깨닫고 나니, 지금껏 집착하며 봄의 소리를 들으려 한 모습에 비로소 웃네." "숲을 감싸던 그윽한 꾀꼬리 소리의 여운은 남쪽 가지에서 흩어지니, 봄의 색채가 사라져 버린 것 같은 것은 어째서인가. 알 품고 있는 흰 둥지엔 노란 꾀꼬리 아리따운데, 깊은 봄 도처에 사람들을 위해 노래하네." 선생은 꾀꼬리 둥지는 다른 새의 깃털을 주워다 만들지만, 자신의 황금빛 깃털이 닿는 곳은 흰 솔개의 깃털을 깔아 만드는데, 그 황금빛 깃털을 잘 보호하기 위해서라고 말하였다."

주석 1_ 百喙吟春 … 着意聽: 이 시는 '꾀꼬리 지저귀는 소리를 듣는다(聞鶯)'는 제목으로 『陸九淵集』권25, 「聞鶯」, 299쪽에도 보인다. 온갖 새들이 지저귀는 봄이 한창인데도 사람들은 오히려 봄기운이 간곡하지 않다고 의심한다. 육상산은 이러한 현상이 바로 '집착하여 봄의 소리를 들으려는 태도(着意聽)' 때문이라고 보았다. 시를 통해 마음으로 봄의 향연을 느끼면 누구나 이 순간이 바로 봄의 중심임을 알게 되지만, 집착하여 봄을 분석하려 한다면 오히려 봄을 느끼는 데 장애가 됨을 말한 것이다. 이처럼 육상산은 시를 통해 자신의 簡易한 공부 방법과 본심으로 세상을 바라보는 자신의 철학을 보여 주려 하였다. 그래서 마지막에 꾀꼬리 둥지를 말하면서 있는 그대로를 볼 수 있는 것, 그것이 봄을 마음으로 느끼는 것임을 묘사한 것이다.

[2-36] 有客論詩, 先生誦昌黎[1]『調張籍』[2]一篇云 "李杜文章在, 光燄萬丈長, 不知羣兒愚, 那用故譏傷? 蚍蜉撼大樹, 可笑不自量. 云云, 乞君飛霞佩, 與我高頡頏." 且曰 "讀書不到此, 不必言詩."[3]

번역 어떤 손님이 시를 논하자 선생은 韓愈가 지은 『調張籍』 시를 읊조렸다. "이백과 두보의 글은 아직도 전해져, 만 길이나 빛나는 화염처럼 詩壇에서 훤히 빛나고 있네. 아무것도 모르는 어리석은 녀석들, 어째서 아직도 조롱하고만 있는지. 개미가 큰 나무를 흔든다고 움직일 수 없는 법, 스스로의 모습을 헤아리지 못함이 가소롭기만 하네. … 자네에게 신선이 될 때 걸친다던 飛霞佩처럼 귀한 이백과 두보의 시를 줄테니, 함께 연마하여 나와 함께 시 속의 광할한 천지 속으로 훨훨 날아가 보세." 또 선생께서 말하였다. "독서가 이러한 경지에 이르지 않는다면, 반드시 詩를 논할 필요는 없다."

주석 1_ 昌黎: 唐代 韓愈의 호이다. 한유에 대해서는 '1-26 (2)번 주석'에서 설명하였다.

2_ 『調張籍』: 『韓昌黎集』에 보인다. 이 시는 唐代 元和 10년(815)에 지어졌다. 中唐시기 元稹은 元和 8년(813) 『唐故工部员外杜君墓系铭并序』를 지어 이백과 두보의 시를 이론적으로 평가하면서, 두보를 높이고 이백을 폄하하였고,[詩人已來, 未有如杜子美者. 時山東李

白, 亦以奇文取稱, 時人謂之李杜. 余觀其樂府歌詩, 誠亦差肩於子美矣.] 白居易는 元和 10년(815) 『與元九書』에서 두보와 이백을 모두 평가절하하였다.[詩之豪者, 世稱李杜. 李之作才矣奇矣, 索其風雅比興, 十無一焉. 杜詩最多, 可傳者千餘首, 盡工盡善, 又過於李. 然撮其『新婁』·『石壕』諸章, 亦不過三四十. 杜尚如此, 況不迨杜者乎?] 이로 인해 당시 張籍과 같은 세인들도 두보만을 높이거나 이백과 두보를 모두 폄하하는 경향성을 보이자, 한유는 이 시를 지어 이백과 두보의 詩야 말로 '도를 실어내는 글(文以載道)'이라고 강조하고, 마지막 구절에서 장적에게 깨달음을 얻고 신선이 될 때 입는 '구름안개 패물이 달린 옷(飛霞佩)'을 주듯, 이백과 두보의 참된 문장을 줄 테니, 이를 연구하여 자신과 함께 시 속에서 표현하는 광할한 천지 속으로 훨훨 날아가 보자고 말한 것이다.

3_ 讀書不到此, 不必言詩: 한유가 이백과 두보의 글을 읽고 그 가치를 알고 높인 것처럼, 육상산도 좋은 詩란 화려한 기교나 문장력에 있는 것이 아니라 본심을 얼마만큼 잘 드러내느냐에 달려 있다고 보았다. 그래서 그는 '글(文章)'이 사람마다 각기 다른 기질에 따라 제각기 드러나는 본심을 표현하는 도구라 보고, 두보를 평가하며, "사람의 글은 대부분 그 기질과 유사하다. 杜子美의 시도 기질이 그와 같다."[『陸九淵集』권34, 「語錄(上)」, 409쪽: 人之文章, 多似其氣質. 杜子美詩乃其氣質如此.]고 하였다.

[2-37] 中心斯須不和不樂, 而鄙詐之心入之, 外貌斯須不莊不敬, 而慢易之心入之與. 告子不動心, 是操持堅執做, 孟子不動心, 是明道之力.[1]

번역 속마음이 잠시라도 평화롭거나 즐겁지 않아 비열한 마음이 들어오고, 겉모습이 장중하거나 공손치 않아 나태한 마음이 들어온다. 고자의 부동심은 굳건하게 지켜서 이루려 한 것이고, 맹자의 부동심은 도를 밝혀서 얻어진 결과이다.

주석 1_ 告子不動心 … 是明道之力: 고자와 맹자의 부동심에 관한 고사는 『孟子』「公孫丑(上)」에 보인다. 공손추가 맹자의 부동심이 고자의 부동심과 어떻게 다른지 묻자, 맹자는 "고자는 '말에서 얻지 못하거든 마음에서 구하지 말고, 마음에서 얻지 못하거든 기에서 구하지 말라.'고 하였는데, 마음에서 얻지 못하거든 기에서 구하지 말라는 것은 그런대로 괜찮지만, 말에서 얻지 못하거든 마음에서 구하지 말라는 것은 옳지 않다."[告子曰 "不得於言, 勿求於心, 不得於心, 勿求於氣" 不得於心, 勿求於氣, 可, 不得於言, 勿求於心, 不可.]고 하였다. 육상산은 고자가 義外說을 주장하였기 때문에 고자의 부동심은 마음을 검속하는 기준을 외부에서 찾아 억지로 지켜서 이룬 것이지만, 맹자의 부동심은 당위적인 행위기준이 본심이 드러내는 것이므로 본심을 확립하고 지속하여 저절로 이르게 된 경지라고 보았다.

[2-38] 有行古禮於其家, 而其父不悅, 乃至父子相非不已. 遂來請教, 先生云 "以禮言之, 吾子於行古禮, 其名甚正. 以實言之, 則去古既遠, 禮文不遠, 吾子所行, 未必盡契古禮, 而且先得罪於尊君矣. 喪禮與其哀不足而禮有餘也, 不若禮不足而哀有餘也.[1] 如世俗甚不經, 裁之可也, 其餘且可從舊."[2]

번역 어떤 사람이 자기 집안에서 古禮대로 행하려 했으나, 그의 아버지가 불쾌하게 여겨 부자간에 서로 비난하기를 그치지 않는 정도에까지 이르렀다. 이에 선생을 찾아와 가르침을 청하였는데 선생께서 말하였다. "예로 말하자면 자네가 古禮대로 행한 것은 명분이 참으로 옳다. 하지만 실상으로 보면, 고례가 행해진 시기와 이미 멀리 떨어져 있고, 행한 예의의 節文은 멀리 있지 않은 최근의 禮이다. 자네가 행하려는 것은 모두 고례에 부합하지 않으면서, 또 먼저 부친께 죄를 짓는 것이다. 喪禮는 슬퍼하는 마음이 부족하면서도 예를 지나치게 갖추기보다는, 예는 부족하더라도 슬퍼하는 마음이 넉넉한 것이 낫다. 세속의 예법 가운데 도리에 심각히 어긋나는 것은 없애도 좋을 것이며, 나머지는 예전대로 해도 무방할 것이다."

주석

1_ 喪禮與其哀不足而禮有餘也, 不若禮不足而哀有餘也: 『禮記』「檀弓(上)」에 보인다.

2_ 有行古禮於其家 … 其餘且可從舊: 육상산은 문인 吴子嗣에게 보낸 편지에서, "『禮記』를 보면 '喪禮는 슬퍼하는 마음이 부족하면서도 예를 충분히 갖추기보다는, 예가 부족하더라도 슬퍼하는 마음이 넉넉한 것이 낫다'고 하였는데, 이는 성인의 격언이다. 천자가 아니면 예를 논의할 수 없다고 하였으니, 예는 쉽게 논할 것이 아니다. 도리에 위배되고 저속함이 심한 儀節을 제거하여 古禮에 조금이라도 가깝게 하고자 한다면, 우선 文正公 사마광이 지은 『書儀』가 있으니, 다른 책을 구해볼 필요가 있겠는가?"[『陸九淵集』권11, 「與吴子嗣」, 143~144쪽: 喪禮與其哀不足而禮有餘也, 不若禮不足而哀有餘也, 此聖人之格言. 非天子不議禮, 禮亦未可輕議也. 欲去其不經鄙俗之甚者而略近於古, 則有先文正公『書儀』在, 何必他求.]라고 하였고, 또 "일에는 경중과 본말이 있으니, 마땅히 먼저 할 것과 나중 할 것을 알아야 할 것이다. 禮儀凡節이 무너지고 생략된 지 이미 오래되었다. 등문공이 상례에 대해 묻고 맹자가 답한 부분을 보면 禮의 큰 단서를 밝혀 놓았으니, 말단에 해당하는 儀節 가운데 저속하고 도리에 맞지 않는 것은 제거해도 좋을 것이다."[『陸九淵集』권11, 「與吴子嗣」, 144쪽: 事有輕重本末, 當知所先後. 禮文隳闕, 其來久矣. 滕文公所問, 孟子所答, 皆其大端. 儀節之末, 去其鄙俗不經者可也.]라고 말하였다. 禮는 本末이 있는데, 儀節이 末이고, 禮義의 마음이 本이므로, 때로는 의절이 부족하더라도 슬픔을 다하는 것이 고례이고 성인의 본의라고 본 것이다. 물론 그렇다고 육상산이 의절을 제멋대로 행해도 됨을 말한 것은 아니다. 그는 천자가 아니면 예는 쉽게 논할 수 없을 정도로 신중히 행해야 한다고 보았다. 당시 잘못된 의절을 바꾸어 고례에 가깝게 고증한 것이 『서의』 정

도에 해당한다고 평가한 것도 이 때문이다. 반면 주자는 『서의』의 儀文이 간단하고 여전히 이해하지 못할 부분이 있다고 판단하여, 이를 기초로 『家禮』를 편찬하기도 하였다. 육상산은 고례의 본질을 시행하는 데 초점을 두고, 본심을 행한다면 때로는 당시의 예법대로 행하는 것도 고례에 어긋나지 않고, 또한 저속하고 도리에 어긋나는 의절은 과감히 바꾸어 시행해야 한다고 강조하였다.

[2-39] 有縣丞[1]問先生赴任尙何時[2], 先生曰 "此來爲得疾速之任之命, 方欲單騎即行." 縣丞因言及虜人有南牧之意[3], 先生遽云 "如此則荊門乃次邊之地, 某當挈家以行, 未免少遲. 若以單騎, 卻似某有所畏避也."

번역 어떤 縣丞이 선생에게 언제 부임지로 떠날 것인지 묻자, 선생께서 말하였다. "이번에 급히 부임하라는 명을 받아, 혼자 말을 타고 떠나면 어떨지 고려하고 있다." 이에 현승이 금나라 흉노족이 침략할 수도 있다고 말하자, 선생은 바로 "그렇다면 형문은 변경에 버금가는 곳에 해당되니, 온 가족을 데리고 함께 가야 마땅하다. 조금 늦는 것은 불가피할 것 같다. 만일 혼자 말 타고 간다면 분명 내가 두려워 가족을 데려가지 않는다고 생각할 수도 있을 것이다."라고 하였다.

주석 1_ 縣丞: 진한시기 이후 각 縣에 배치한 丞을 일컫는다. 宋代에는 熙寧 연간에는 2만호 이상의 현에 한 사람의 현승을 두었다. 현승은 縣令 다음 등급이고, 지위는 主簿에 해당하며, 縣尉의 상위 계급이다.

2_ 先生赴任尙何時: 淳熙 13년(1186) 육상산은 正8品에 해당하는 宣義郎 將作監丞을 제수받았으나, 王信의 반대로 主管台州崇道觀이라는 閒職으로 좌천되어, 고향으로 돌아와 象山강학활동을 시작하였다. 이후 紹熙 2년(1191) 6월 光宗의 詔令을 받고 知荊門軍이 되

어, 傅子雲에게 상산정사의 강학활동을 맡기고 7월 4일 荊門으로 떠났다. 이 기록은 육상산이 관직을 명받은 소희2년(1191) 6월부터 7월 사이에 있었던 일로 보인다.

3_ 虜人有南牧之意: 유목민족인 虜人들이 남쪽으로 내려와 말을 방목한다는 것으로, 당시 金나라가 북방경계지역에 해당하는 荊門을 침략하려고 한다는 것을 의미한다.

[2–40] 臨川張次房[1]于曆子[2]賦『歸去來辭』[3], 棄官而歸. 杜門經歲, 來見先生. 先生云 "近聞諸公以王謙仲故[4], 推輓次房一出, 是否?" 次房云 "極荷諸公此意, 愧無以當之." 先生曰 "何荷之云? 君子之愛人也以德, 細人之愛人也以姑息.[5] 凡諸公欲相推輓者, 姑息之愛也." 次房初歸時, 一二年間, 正氣甚盛, 後來寖弱, 先生教授極力推輓, 是後正氣復振, 比年又寖衰. "次房莫未至無飯喫否? 若今諸公此舉, 事勢恐亦難行, 反自取辱耳. 某今有一官, 不能脫去得, 今又令去荊門, 某只得去, 若竄去南海, 某便着去. 次房幸而無官了, 而今更要出來做甚麽?" 次房云 "恨聞言之晚, 不能早謝絶之也."

번역 臨川의 張次房이 曆子에 자신의 『歸去來辭』를 지어 기록하고는, 관직을 고사하고 고향으로 돌아가 한동안 두문불출하다가 선생을 찾아왔다. 선생께서 "최근 여러 사람이 王謙仲의 일로 자네가 다시 관직에 나아가도록 추천하였다고 하는데, 이것이 사실인가?"라고 물었다. 차방이 말하였다. "외람되게도 여러분들의 이런 지극한 호의를 받았으나, 직책을 거부하는 것이 송구스러울 뿐입니다." 선생께서 말하였다. "무슨 부담을 느낀다는 것인가? '군자가 사람을 사랑할 때에는 덕성대로 하고, 소인이 사람을 사랑할 때에는 일시적인 안일을 위해서 하는 것이다.'라고 하였다. 지금 여러 사람들이 서로 추천하는 것은 일시적인 안일을 위한 것이다." 차방이 막 고향으로 돌아왔을 때 한두 해는 바른 기운이 대단히 왕성했는데, 이후 점차 쇠약해졌다. 선생이 가르쳐 힘을 다해 도와주어 바른 기운이 다시 일어났는데. 최근에는 또 쇠약해졌다. "자네는 먹고 살지 못할 정도에 이른 것은 아니지 않은가? 지금 여러 사람이 천거한 일의 경우는 형세가 올바로 시행되기 어려워, 도리어 자네가 치욕스런 상황에 부딪히게 될 수도 있다. 나도 최근 관직을 제수받았는데, 거부할 수 없는 상황이었다. 지금 또 형문으로 가라고 하니 갈 수밖에 없는 상황이다. 만일 나를 남해로 추방한다면 지금 바로 갈 것이다. 자네는 다행히도 지금 관직을 맡고 있지 않는데, 지금 또 나와서 무슨 관직을 맡으려 하는가?" 차방이 "한스럽게도 말씀을 너무 늦게 들어, 이미 거절할 수가 없을 것 같습니다."라고 하였다.

주석

1_ 張次房: 臨川사람이다. 『陸子學譜』에서는 육상산 문인으로 열거하면서, "처음에는 육구령을 私事하였고, 오랫동안 관직생활을 하며 조정에 이름을 올렸다. 훗날 관직을 버리고 고향으로 돌아와 선생에게 배웠다."[初事文達公, 嘗居官, 有列于朝, 棄官歸, 問學於先生.]고 적고 있다.

2_ 暦子: 송대 料粮院에서 관료들에게 봉료 지급을 위해 임명날짜 등을 기록한 문서이다. 料粮院은 북송시기 태종 5년(980)에 이르러 諸司料粮院·馬軍料粮院·步軍料粮院으로 분리되었고, 훗날 馬軍料粮院과 步軍料粮院으로 통합되었으며, 남송시기 糧料院이 登聞檢院·登聞鼓院·進奏院·官誥院·審計院과 함께 六院으로 불렸다. 六院의 長官은 자주 御史로 임명되었으므로, 관리 감독의 요처라고 일컬어졌는데, 이 부서에서는 일반인이 관직에 오르게 되면, 料錢錄에 제수받은 날짜 등을 기록하여 당사자에게 배부해 주었다. 이것이 暦子이다. 관직에 임용된 자는 이 料錢錄(暦子)에 의거해 戶部에서 가서 봉록을 수령하였다. 『近思錄』에도 이천 선생의 暦子와 관련된 고사가 실려 있다. "이천 선생은 강연할 때 봉록을 요구한 적이 없었다. 이에 문인들은 호부에 가서 봉록지원을 하지

않는 이유를 묻자, 호부는 이전 역임시의 曆子를 검토하였다. 그러자 선생은 '나는 잡초처럼 보잘 것 없는 곳에서 자랐기에 이전 역임할 때의 曆子가 없다.'고 하였다."[伊川先生在講筵, 不曾請俸, 諸公遂牒戶部, 問不支俸錢. 戶部索前任歷子. 先生云 "某起自草萊, 無前任歷子."]

3_ 歸去來辭: 東晋시기 陶淵明이 혼탁한 관직생활에 회의를 느끼고, 고향으로 돌아가 유유자적하겠다는 절박한 심정을 노래한 것이다. 여기서는 張次房이 당시 당파싸움으로 혼란스런 조정 관직생활에 환멸을 느끼고, 농촌 생활의 동경을 품으며 유사한 형태의 '歸去來辭'를 曆子에 적고, 사직서의 형태로 料粮院에 반환한 것으로 보인다.

4_ 王謙仲故: 왕겸중이 紹熙 元年(1190) 光宗이 즉위한 후, 簽書樞密院 事兼參知政事를 제수받았고, 소희 2년(1191) 樞密使로 임명되었으나, 부당한 인사로 나아가지 않다가 관직을 박탈당하였다. 얼마 뒤 江寧 지역을 통솔하였고, 慶元 元年(1195) 寧宗이 즉위한 후에는 다시 湖南軍主師를 임명받았다. 아마도 '王謙仲故'는 왕겸중이 관직을 박탈당하였다가 다시 조정에 천거되는 사건을 지칭하는 것으로 보인다. 육상산도 이 시기에 知荊門軍을 제수받고 荊門에 가서 마지막 관직생활을 수행하였다.

王謙仲의 호는 軒山이고, 廬州 無爲軍 사람이다. 乾道 5년(1169) 진사에 합격하고 武學諭를 제수받았다. 이후 信州上饒簿 · 鄂州教授 · 四川宣撫司 · 樞密院編修官 · 監察御使 · 禮部侍郎兼吏部 · 禮部尙書 · 簽書樞密院 事兼參知政事 · 湖南軍主師 등을 역임하였다. 이후 경원3년 韓侂胄의 전횡을 비판하다 관직을 박탈당하고 고향에 돌아왔고, 사후 端平 元年(1234) '獻肅明'의 시호를 받았다. 저서로는 『軒山輯』10권 · 『軒山奏議』2권이 있었으나, 현재는 詩 4편만 전해지고 있다. 주자는 일찍이 육상산에게 편지를 보내 왕겸중에 대해 긍정적 평가를 한 적이 있다. "敕局에 계시면서 여러 학자들과 만나보니 이름을 거론할 만한 자가 있는지요? … 王謙仲이란 자는 매우 얻기 힘든 자입니다. 지금 그런 자가 있어 마음을 매우 흡족하게 합니다."[『陸九淵集』권36, 「年譜」, 495쪽: 朱元晦書, 略云 "敕局時與諸公相見, 亦有可告語者否? … 謙仲甚不易得, 今日尙有

此公, 差強人意."] 또한 그는 紹熙 5년(1194) 당시 樞密使 직책을 수행하고 있던 왕겸중에게 湖南 長沙에 있는 岳麓書院을 수리하도록 부탁하였다고 한다. 육상산은 답신에서 "謙仲은 뜻이 산처럼 屹然히 우뚝 선 좋은 벗입니다. 임금께 상소할 때도 강직하게 지적하곤 합니다."[『陸九淵集』권七, 「與朱元晦」, 94쪽: 謙仲屹然特立如故, 若向上事, 要亦難責.]라고 하여, 그 사람됨을 높이 평가하였고, 王謙仲도 육상산이 勅局에서 "매번 임금과 奏對하였는데, 나 같은 자가 흉내 낼 수 없을 정도로 올곧게 侍從하였다."[『陸九淵集』권35, 「語錄(下)」, 447쪽: 後王謙仲云, 渠每常轉對, 恐小官不比渠侍從也.]고 하여, 육상산의 인품을 흠모하였다.

5_ 君子之愛人也以德, 細人之愛人也以姑息: 『禮記』「檀弓(上)」에 보인다.

[2-41] 松問先生, "今之學者爲誰?" 先生屈指數之, 以傅子淵[1]居其首, 鄧文範[2]居次, 傅季魯[3] · 黃元吉[4]又次之. 且云 "浙間煞有人, 有得之深者, 有得之淺者, 有一見而得之者, 有久而後得之者. 廣中陳去華[5]省發偉特, 惜乎此人亡矣."

번역 나는 선생께 오늘날 학자다운 이로 누구를 들 수 있는지 물었다. 선생께서 손가락을 꼽아보시며 傅子淵을 가장 으뜸에 두었고, 鄧文範은 그 다음에, 傅季魯와 黃元吉은 또 그 다음에 두셨다. 그러면서 말씀하시기를 "浙江지역에 인재들이 꽤 있는데, 깨달음이 깊은 자도 있고 깨달음이 얕은 자도 있으며, 한 번 보고 깨달은 자도 있고, 오래 공부하고서 깨달은 자도 있다. 廣中에서는 陳去華가 깨달음이 남달리 뛰어났는데, 안타깝게도 그는 일찍 작고하였다."라고 하였다.

주석 1_ 傅子淵: 이름은 夢泉이고, 호는 若水이며, 子淵은 字이다. 육상산 문인이다. '1-21 (1)번 주석'에서 설명하였다.

2_ 鄧文範: 이름은 約禮이고 文範은 그의 字이다. 육상산 문인이다. '1-85 (4)번 주석'에서 설명하였다.

3_ 傅季魯: 부자이다. 季鲁는 字이고 號는 琴山이며, 육상산과 동향 金溪 사람이다. '1. 傅子雲 季魯 編錄'에서 설명하였다.

4_ 황원길: 이름은 叔豊이고 元吉은 字이다. 金溪 사람이다. 『宋元學案』에서는 육상산 문인으로 열거하면서 그가 상산을 스승으로 모신 지 오래되었다고 적고 있다.

5_ 陳去華: 南海 사람이다. 『儒林宗派』권11에는 육상산 문인으로 열거되어 있다. 『廣東通志』권44를 보면, 진거화는 "어릴 적부터 실천에 뜻을 두었고, 벼슬길로 나아가는 일에 개의치 않았으며 육상산을 따라 유학하였는데, 육상산은 그의 깨달음이 남달랐다고 칭찬하였다." [少有志行, 恬于仕進, 從陸九淵遊, 九淵稱其警發偉特.]고 적고 있다. 『陸子學譜』권15에서도 육상산 문인으로 분류하고, 그가 廣東 廣州 사람이라고 말하면서 "육상산 선생을 사사했다. 천부적인 자태가 고상하였으나, 명이 길지 못해 선생은 매우 애석하게 여기셨다."[師事先生, 天姿甚高, 而年不永, 先生深惜之.]고 기록하고 있다.

[2-42] 有傳黃元吉別長沙陳君舉[1], 有詩送行云 "荷君來意固非輕, 曾未深交意便傾. 說到七篇無欠少, 學從三畫已分明. 每嗟自昔傷標致, 頗欲從今近老成. 爲謝荆門三益友, 何時尊酒話平生." 先生切聞子淵[2]與君擧切磋, 又起君擧之疑, 得黃元吉, 君擧方信子淵之學. 松曰 "元吉之學, 却在子淵之上." 先生曰 "元吉得老夫鍛煉之力. 元吉從老夫十五年, 前數年病在逐外, 中間數年, 換入一意見窠窟去, 又數年, 換入一安樂窠窟去, 這一二年, 老夫痛加鍛煉, 似覺壁立無由近傍. 元吉善學, 不敢發問. 遂誘致諸處後生來授學, 却教諸生致問, 老夫一一爲之問剥, 元吉一旦從傍忽有所省. 此元吉之善學."

번역 黃元吉이 長沙의 陳君擧와 헤어질 때 송별시를 지어 말하였다. "존형께서 두터운 정을 가지고 찾아주신 은혜는 결코 가볍지 않고, 이처럼 깊은 교류에 담긴 마음을 가벼이 여긴 적이 없습니다. 『맹자』 7편을 논한 것은 조금도 부족함 없고, 『주역』을 통한 배움도 이미 매우 명확합니다. 매번 예전부터 내세울 것 없음을 탄식만 하였는데, 이제는 노련하게 완성시키는 데 더욱 힘쓰려 합니다. 荊門의 여럿 좋은 벗에게 감사드리기 위해, 언제 한번 술잔 기울이며 인생을 논해 봅시다." 선생은 傅子淵과 진군거가 절차탁마하며 주고받은 편지를 유심히 보았고, 또 진군거의 의문을 계발시켰으며, 황원길을 제자로 받아들이고 나서 진군거는 비로소 부자연의 학문을 믿었다. 이에 나는 "元吉의 학문이 子淵보다 뛰어나다"고 하자, 선생께서 말하였다. "원길이 나에게 배우고 단련한 결과다. 원길은 나를 따른 지 15년이 되었다. 초기 몇 년은 바깥 것을 좇는 병통이 있었고, 중간 몇 년은 줄곧 불만족스러운 곳으로 빠져들었다가 몇 년 지나서는 또 안락함만을 추구하는 곳에 빠져들었다. 최근 몇 년 힘들여 그를 훈련시켰으나, 벽보고 서서 의지할 곳이 없는 것처럼 보였다. 원길은 열심히 배웠지만 잘 묻지 않았다. 이에 나는 여러 지역의 학자들을 오게 하여 가르쳤으며, 여러 학생들이 질문하더라도 나는 일일이 분석하여 설명해 주었다. 이렇게 하자 어느 날 원길은 홀연히 옆에서 듣다가 깨달은 바가 있었다. 이것이 원길이 잘 배운다고 한 것이다."

주석

1_ 陳君擧: 君擧는 字이고, 호는 止齋이다. 육상산 문인이다. '1-85 (3)번 주석'에서 설명하였다.

2_ 子淵: 육상산 문인 傅子淵을 일컫는다. '1-21 (1)번 주석'에서 설명하였다.

[2-43] 先生云"今世儒者類指佛老爲異端. 孔子曰'攻乎異端'[1], 孔子時, 佛教未入中國, 雖有老子, 其說未著, 卻指那箇爲異端? 蓋異字與同字爲對. 雖同師堯舜, 而所學異緖, 與堯舜不同, 此所以爲異端也." 先生因儆學者攻異端[2]曰"天下之理, 將從其簡且易者而學之乎? 將欲其繁且難者而學之乎? 若繁且難者果足以爲道, 勞苦而爲之可也, 其實本不足以爲道, 學者何苦於繁難之說. 簡且易者, 又易知易從, 又信足以爲道, 學者何憚而不爲簡易之從乎?"

번역 선생께서 말하였다. "요즘 유학자들은 대체로 불교나 도교를 이단으로 지목한다. 공자도 '이단을 전공하면 해가 된다'고 말하였는데, 공자 당시에는 불교가 중국에 들어오지 않았고, 노자가 있었다 할지라도 그 학설은 아직 널리 성행되지 않았는데, 무엇을 이단이라고 지목한 것이었겠는가? 대체로 '異'자는 '同'자와 상대되는 말로, 비록 모두 요순을 스승으로 삼았다 할지라도, 배운 계통이 달라서 요순과는 같지 않으니, 이것이 이단이 되는 까닭이다." 이어 선생은 학자들이 이단에 힘쓰는 것을 경계하며 말하였다. "천하의 이치를 간단하고 쉬운 것에서 배우겠는가? 아니면 번잡하고 어려운 것을 통해 배우겠는가? 만일 번잡하고 어려운 것이 과연 족히 도가 된다면, 힘들여 배우는 것도 괜찮을 것이다. 하지만 실제로는 본래 충분히 도가 되지 못하니, 학자들은 어째서 번잡하고 어려운 학설에 힘쓰는 것인가? 간단하고 쉬운 것은 또한 알기 쉽고 따르기 쉬우며, 분명 도가 되기에 충분하다. 학자는 무엇이 두려워 간단하고 쉬운 것을 따르지 않는가?"

주석
1_ 攻乎異端: 『論語』「爲政」에 보인다.
2_ 儆學者攻異端: 당시 주자와 같이 번잡하고 어려운 학문에 힘쓰는

학자들을 빗대어 말한 것이다. 주자는 『대학장구』 서문에서 "하남 程氏 두 선생이 나와 맹자의 전함을 이어 비로소 이 「대학」편을 높이고 드러냈고, 또 이를 위해 簡編의 순서를 매기고 핵심내용을 밝혔다. 그런 후에 옛 태학에서 사람을 가르치던 법과 聖經·賢傳의 뜻이 찬연히 다시 세상에 밝아진 것이다. 비록 내가 불민하더라도 다행히 이정을 사숙하여 그 말을 들을 수 있었다."[『大學章句』序: 河南程氏兩夫子出, 而有以接乎孟氏之傳. 實始尊信此篇而表章之, 旣又爲之次其簡編, 發其歸趣, 然後古者大學敎人之法 聖經賢傳之指, 粲然復明於世. 雖以熹之不敏, 亦幸私淑而與有聞焉.]고 말한 바 있다. 도학의 계보가 요·순·공자·증자·자사·맹자 이래 북송의 二程에 이어져, 그들의 학문적 관점을 사숙한 자신에게 적통이 전해졌다는 것이다. 그에게 있어 육상산과 같은 자는 도학자 범위에 들어올 수 없다. 그는 육상산을 이단으로 단정하고 강하게 비판하였다. 이에 대한 논의는 '1-51 (2)번 주석'에서 설명하였다. 반면, 육상산은 공자 당시에 불교나 도교 등은 아직 관심의 대상이 아니었으므로, 공자의 도를 잘못 해석하는 관점이 바로 이단이라고 보았다. 그래서 그는 주자야말로 "자신이 일관되게 성인의 도를 파악했다고 하지만, 그가 깨달은 도는 잘못되어 밝게 드러나지 않는다. 그러므로 결국 일관되기에 부족하다."[『陸九淵集』권34, 「語錄(上)」, 440~441쪽: 晦翁之學, 自謂一貫, 但其見道不明, 終不足以一貫耳.]고 하여, 요순의 도를 곡해한 이단이라고 단정 지었다.

[2-44] 先生言 "萬物森然於方寸之間, 滿心而發, 充塞宇宙, 無非此理.[1] 孟子就四端上指示人, 豈是人心只有這四端而已? 又就乍見孺子入井皆有怵惕惻隱之心一端指示人, 又得此心昭然, 但能充此心足矣." 乃誦 "誠者自成也, 而道自道也. 誠者物之終始, 云云 天地之道, 可一言而盡也."[2]

번역 선생께서 말하였다. "萬物의 理는 사방 너비 한 치 정도밖에 되지 않는 마음에 가득 채워져 있다. 마음을 꽉 메우고 발현되는 것과 우주만물에 가득한 것은 이 理 아님이 없다. 맹자는 사단에서 사람들을 일깨워 준 것이니, 사람의 마음이 어찌 이 四端만 있었을 뿐이겠는가? 또 순간적으로 어린아이가 우물에 빠지는 것을 보고서 모두 두려워하며 측은해 하는 마음이 든다는 예로 사람들에게 가리켜 보인 것도 또 이 마음을 분명하게 드러내었으니, 단지 이 마음을 확충만 할 수 있다면 충분한 것이다." 그리고는 「중용」 구절을 읊었다. "誠이라는 것은 스스로 이루는 것이요, 道는 스스로 이끄는 것이다. 성은 만물의 끝이며 시작이니 … 천지의 도는 한 마디 말로 다 표현할 수 있을 것이다."

주석

1_ 萬物森然於方寸之間 … 無非此理: 여기서 '方寸'은 理를 창출하는 본심을 말하고, '우주'는 무한한 시간과 공간 속에 존재하는 만물을 가리킨다. 이 말은 맹자가 말한 "모든 만물의 이치가 다 내 마음 속에 갖추어져 있다. 그러니 내 자신을 돌이켜보아 참되면, 이보다 더 큰 즐거움이 없을 것이다."[『孟子』「盡心(上)」: 萬物皆備於我矣. 反身而誠, 樂莫大焉.]에 대한 그 나름대로의 해석이라 할 수 있다. 사람이면 누구나 선험적으로 무궁한 천지만물의 이치를 온전히 드러내는 본심을 지니고 태어나지만, 물욕과 자기고집 등으로 쉽게 잃어버릴 수 있으므로 맹자가 말한 '자신을 돌이켜보는 것(反身)'과 같이 혼잡한 마음을 가다듬는 공부가 필요하다. 그러면 자신도 모르게 본심이 회복되어 저절로 천지자연의 정묘한 이치에 관통하지 않음이 없게 되고, 본심이 드러내는 理와 만물이 發見하는 理가 동일함을 자각하게 되어, 궁극적으로 만물일체의 근거를 확립할 수 있다고 본 것이다.

2_ 誠者自成也 … 可一言而盡也: 『禮記』「中庸」에 보인다.

[2-45] 先生言 "胡季隨從學晦翁, 晦翁使讀孟子. 他日問季隨如

何解'至于心獨無所同然乎'[1]一句, 季隨以所見解, 晦翁以爲非, 且謂季隨讀書鹵莽不思. 後季隨思之既苦, 因以致疾. 晦翁乃言之曰 '然讀如'雍之言然'[2]'之然', 對上同聽 · 同美 · 同嗜說.'" 先生因笑曰 "只是如此, 何不早說與他."

번역 선생께서 말씀하셨다. "호계수가 晦翁에게 수학할 때 주자는 『맹자』를 읽도록 하였다. 어느 날 계수에게 '마음에 이르러 유독 똑같이 그러한 것이 없겠는가'라는 구절을 어떻게 풀이해야 하는지 묻자, 계수는 자신의 견해를 밝혔는데, 주자는 잘못되었다고 보고, 계수가 독서할 때 생각하지 않고 대충대충 하기 때문이라고 하였다. 훗날 계수는 너무 생각에 몰두한 나머지 병이 났다. 주자는 이에 '然'은 『논어』의 '雍의 말이 그럴듯하다'의 '然'과 같이 해석해야 하고, 윗 구절 '듣는 것이 같고(同聽)' · '아름답게 여기는 것이 같고(同美)' · '즐기는 것이 같다(同嗜)'는 것에 대해 말한 것이라고 하였다." 선생은 웃으며 "고작 그 정도뿐이었는데, 어째서 일찍 그에게 말하지 않았는가!"라고 말하였다.

주석 1_ 至于心獨無所同然乎: 『孟子』「告子(上)」에 보인다.
2_ 雍之言然: 『論語』「雍也」에 보인다.

[2-46] 先生言 "吾家治田, 每用長大钁頭, 兩次鋤至二尺[1]許, 深一尺半許外, 方容秧一頭. 久旱時, 田肉深, 獨得不旱. 以他處禾穗數之, 每穗穀多不過八九十粒, 少者三五十粒而已. 以此中禾穗數之, 每穗少者尚百二十粒, 多者至二百餘粒, 每一畝所收, 比他處一畝不啻數倍. 蓋深耕易耨之法如此, 凡事獨不然乎?" 時因論及士人專事速化不根之文[2], 故及之. 『答曾宅之』一書甚詳.[3]

번역 선생께서 말씀하셨다. "우리 집은 농사지을 때, 매번 큰 쟁기를 사용하여 두 차례 2척 정도 깊이로 땅을 갈고, 1척 반 정도 되는 깊은 곳에 이삭을 심었다. 그래서 오랫동안 가뭄이 지속되어도 땅 표면이 두터워 유독 가뭄에 들지 않았다. 다른 곳의 벼이삭을 세어보면 이삭마다 많아도 80~90톨에 불과하였고, 적은 것은 30~50톨 정도에 지나지 않았다. 반면 이곳 벼이삭을 세어보면 이삭마다 적은 것은 120톨이나 되었고, 많은 것은 200여 톨에 이를 정도여서, 매 1묘의 수확량이 다른 곳에 비해 몇 배나 되었다. 땅을 깊게 갈고 김매는 법도도 이러한데, 어떤 일이든 그렇지 않겠는가?" 당시 선비들이 과거급제만을 위한 근거 없는 문장에 힘쓰는 것을 언급하다가 이 비유를 드셨다. 관련 내용은 증택지에게 보낸 답글(『答曾宅之』)에 더 상세히 나온다.

주석

1_ 二尺: 손가락 열 마디(10寸)에 해당하는 단위가 一尺이다. 漢代에는 1척이 21.35~23.75㎝였고, 송원시기에는 대략 31.68㎝였으므로, 2척은 63㎝ 정도에 해당된다.

2_ 速化不根之文: '速化'는 빠르게 관직에 오르는 것을 말하고, '不根'은 근거 없는 이론을 의미한다. 성현의 글을 올곧게 이해하지 않고, 과거급제를 통해 관직에 오르기 위한 근본 없는 공부에 힘쓰는 당시 선비들의 모습을 지적한 것이다.

3_ 『答曾宅之』一書甚詳: 『육상산집』 권1에 실려 있다. 다만 중화서국 및 상해고적출판사 「상산어록」 판본은 모두 이 구절을 다음 문장에 붙여 읽었다. 증택지에게 보낸 육상산의 이 편지를 보면, 주로 학문하는 자가 마땅히 근본에 힘써야 함을 강조하고 있어, 문맥상 이 구절에 붙여 읽는 것이 타당하다고 판단되어, 이 문장 뒤에 놓았다.

[2-47] 棱山一日對學者言曰 "文所以明道, 辭達足矣, 意有所屬

也.” 先生正色而言曰 “道有變動, 故曰爻, 爻有等, 故曰物, 物相雜, 故曰文, 文不當, 故吉兇生焉.[1] 昔者聖人之作『易』也, 幽贊于神明而生蓍, 參天兩地而倚數, 觀變于陰陽而立卦, 發揮于剛柔而生爻, 和順于道德而理于義, 窮理盡性以至于命,[2] 這方是文. 文不到這裏, 說甚文?”

번역 梭山께서 어느 날 학자들에게 말하였다. “문은 도를 드러내는 것이고, 글은 뜻을 잘 전달하면 되는데, 성인의 뜻은 그 속에 있다.” 선생께서 엄숙하게 표정을 고쳐 말하였다. “도는 변하고 움직이기 때문에 ‘爻’라 하고, 효는 각각 상하의 등급이 있기 때문에 ‘物’이라 하며, 물상은 서로 섞여 있기 때문에 ‘文’이라 하고, 文理가 자리에 합당하지 않기 때문에 길흉이 생겨나게 된다. 옛날에 성인께서 『역』을 지으실 때, 신명을 그윽이 도와 시초를 가지고 점치는 법을 만들었고, 하늘의 수 3, 땅의 수 2를 근거로 음양 奇偶의 수를 고안해 냈으며, 천지음양 변화를 관찰하여 괘를 그렸고, 괘 속의 강유를 발휘하여 효를 생겨나게 하였으며, 도덕에 화순하여 의에 따라 다스리고, 이치를 궁구하고 본성을 다하여 명을 밝게 깨닫는 데 이르셨다. 이것이 바로 문이다. 문이 이러한 경지에 이르지 않는다면 무엇을 문이라 하겠는가?”

주석
1_ 道有變動 … 故吉兇生焉: 『周易』「繫辭傳(下)」에 보인다.
2_ 昔者聖人之作『易』也 … 窮理盡性以至于命: 『周易』「繫辭傳(下)」에 보인다.

[2-48] 松嘗問梭山云 “有問松 ‘孟子說諸侯以王道, 是行王道以尊周室? 行王道以得天位?’ 當如何對?” 梭山云 “得天位.” 松曰 “却如何解後世疑孟子教諸侯簒奪之罪?”[1] 梭山云 “民爲貴, 社稷

次之, 君爲輕."[2] 先生再三稱嘆曰 "家兄平日無此議論." 良久曰 "曠古以來無此議論." 松曰 "伯夷不見此理."[3] 先生亦云. 松又云 "武王見得此理."[4] 先生曰 "伏羲以來皆見此理."

번역 내가 예전에 梭山께 "어떤 사람이 저에게 '맹자께서 제후들에게 왕도정치를 유세하신 것은 왕도를 시행하여 주나라 왕실을 높이고자 한 것입니까? 아니면 왕도를 시행하여 천자의 지위를 얻게 하고자 한 것입니까?'라고 물은 것에 대해 어떻게 대답해야 합니까?"를 여쭤본 일이 있었다. 사산께서 "천자의 자리를 얻게 하고자 함이다." 라고 말하였다. 이에 나는 "그렇다면 후세 사람들은 분명 맹자가 제후들에게 왕위찬탈의 죄를 짓게 했다고 의심할 텐데, 이것은 어찌 답변해야 합니까?"라고 물었는데, 사산께서 "백성이 가장 존귀하고, 다음은 사직이며, 군주는 가장 가벼운 존재이다."라고 말하였다. 그러자 선생께서 재차 찬탄하며 "家兄께서는 평소에 이런 언급이 없으셨다."고 하였다. 조금 뒤에 또 "예전부터 이러한 의론은 없었다."라고 하였다. 내가 "백이는 이러한 이치를 깨닫지 못한 것 같습니다."라고 말하자, 선생께서도 그렇다고 하셨다. 이어 나는 또 "무왕은 이러한 이치를 깨달은 것 같습니다."라고 하였는데, 선생께서는 "복희 이래로 모두 이 이치를 깨달았다."고 말하였다.

주석 1_ 後世疑孟子教諸侯簒奪之罪: 북송시기는 新派의 王安石이 『맹자』를 존중한 것과 달리, 舊派의 영수였던 사마광은 『疑孟』을 지어 맹자의 桀紂一夫論 · 易位論 · 視君如寇讐論 등을 비판하였다. 『疑孟』은 그의 만년 저작으로, 맹자의 언행에 대한 의문을 던지고 풀이하는 형식으로 이루어져 있다. 그중 『孟子』「萬章(下)」의 '齊宣王問卿'과 『孟子』「公孫丑(上)」의 '伯夷隘柳下惠不恭'에 대한 비판은 君臣之義를 고수하기 위한 의도적 비판이라 할 수 있다. 은나라 紂王이 폭군이었음에도 불구하고 比干 · 箕子 · 微子 세 현인은 왕위를 찬탈하지 않은 사례를 토대로, 임금과 신하의 도리는 구분되어 있고 그 자리는 결코 바뀔 수 없음을 주장하고, 『자치통감』에서도 "군신의 자리는 천지가 바뀔 수 없는 것과 같다"[『資治通鑑』권291: 君臣之位, 猶天地之不可逆也.]고 하여, 『맹자』의 의리사상을 통해 新法개혁을 추진한 왕안석의 관점을 비판하였다. 이 밖에 그는 『맹자』의 "임금이 신하를 지푸라기처럼 여기면 신하는 임금을 원수처럼 여긴다."[『孟子』「離婁(下)」: 君之視臣如土芥, 則臣視君如寇讎.]·"큰 일을 이루고자 하는 임금에게는 반드시 부리기 어려운 신하가 있다."[『孟子』「公孫丑(下)」: 將大有爲之君, 必有所不召之臣.]·"백성이 귀하고, 사직은 그 다음이며, 임금은 가볍다"[『孟子』「盡心(下)」: 民爲貴, 社稷次之, 君爲輕] 등은 군신 간의 윤리를 지극히 혼란시키는 관점으로 보았다. 이후 사마광의 '疑孟' 관점은 李覯·傅野 등으로 이어져 더욱 강한 어조의 '非孟'으로 전개되었다. 따라서 맹자가 제후들에게 왕위찬탈의 죄를 가르쳤다고 의심한다고 한 '後世'는 바로 사마광 이후 지속된 '疑孟'·'非孟' 경향을 지칭하는 것으로 판단된다. 물론 육상산은 이러한 '非孟說'에 동조하지 않았다. 二程이 『맹자』를 존중하여 表彰한 이후, '尊孟說'은 道學派의 주류가 되었다.

2_ 民爲貴, 社稷次之, 君爲輕: 『孟子』「盡心(下)」에 보인다.

3_ 伯夷不見此理: 백이에 대한 맹자의 평가는 『孟子』「公孫丑(上)」에 보인다. 맹자는 백이를 두고 섬길 만한 임금이 아니면 섬기지 않고, 사귈 만한 벗이 아니면 사귀지 않으며, 악한 사람의 조정에는 서지 않고, 악한 사람과는 함께 말하지 않았다고 하여[伯夷非其君不事, 非其友不友. 不立於惡人之朝, 不與惡人言], '좁다(隘)'고 말한다. 백이는 은나라 孤竹國의 왕자였는데, 주나라 武王이 은나라의 紂王을 토멸하여 주왕조를 세우자, 무왕의 행위가 仁義에 위배되는 것이라 여기고, 주나라의 곡식을 먹기를 거부하고, 首陽山에 들어가 몸을 숨기고 고사리를 캐먹고 지내다가 굶어죽었다. 육상산은 백이가 비록 청렴한 선비로 이름나 있더라도, 무왕이 왕위찬탈을 통해 단순한 정치적 욕심이 아닌 仁政을 펼치려는 참뜻을 몰라 섬기지 않은 것이라 보고, 嚴宋의 말에 동의한 것으로 판단된다.

4_ 武王見得此理: 무왕에 대한 맹자의 평가는 『孟子』「梁惠王(下)」에 보인다. 齊宣王이 湯이 하나라의 桀王을 내치고, 武王이 은나라의

紂王을 내친 것이 신하가 왕위를 찬탈한 것인지 묻자, 맹자는 흉포하고 의를 해친 도적을 살해하였다고 말하였다. 육상산은 이것이 바로 민본사상에 의거하여 천하에 仁政을 펼치기 위해 신하가 왕위를 차지한 것이지, 왕위가 욕심나 찬탈한 것이 아니라고 보았다.

[2-49] 或勸先生之荆門, 爲委曲行道之計. 答云 "仲虺言湯之德曰 '以義制事, 以禮制心'[1]. 古人通體純是道義, 後世賢者處心處事, 亦非盡無禮義, 特其心先主乎利害, 而以禮義行之耳. 後世所以大異于古人者, 正在於此. 古人理會利害便是禮義, 後世理會禮義却只是利害."

번역 어떤 사람이 선생에게 荊門으로 가서 곡진하게 도를 펼칠 계획을 실행하라고 권하였다. 선생께서 답하였다. "중훼는 탕임금의 덕에 대해 말하며 '의로 일을 제재하고 예로 마음을 통제한다'고 하였다. 옛 성현들은 온몸 전체가 도의였지만, 후세 현자들은 마음을 두고 일을 처리하는 것이 예의가 다 없는 것은 아닐지라도 단지 그 마음은 먼저 이해관계에 주력하고 예의로 행했을 뿐이었다. 후세 사람들이 옛 성현들과 크게 차이나는 원인은 바로 여기에 있다. 옛 성현들은 이해가 바로 예의라 여겼지만, 후세 사람들은 예의가 단지 이해라고 여겼을 뿐이다."

주석 1_ 以義制事, 以禮制心: 『尙書』「仲虺之誥」에 보인다.

[2-50] 先生言 "吳君玉[1]自負明敏, 至槐堂處五日, 每擧書句爲問. 隨其所問, 解釋其疑, 然後從其所曉, 敷廣其說, 每每如此. 其人再三稱嘆云 '天下皆說先生是禪學, 獨某見得先生是聖學.'

然退省其私, 又却都無事了. 此人明敏, 只是不得久與之切磋."

번역 선생께서 말하였다. "吳君玉은 스스로 총명하고 민첩하다고 자부한다. 槐堂에서 배운 지 5일이 되었는데, 매번 책의 내용을 질문하였다. 나는 그의 물음에 따라 하나하나 의문점을 해결해 주었고, 그런 뒤에 그가 이해하고 있는 것에 따라 하나하나 그 관점을 넓혀주고 계발시켜 주었다. 매번 이렇게 하였다. 그러자 그는 수차례 탄복하며 '천하 사람들이 모두 선생님의 학문을 禪學이라고 하는데, 유독 저는 선생님의 학문이 聖學임을 깨달았습니다.'라고 하였다. 물론 그가 평소 하는 행위를 살펴보면, 여전히 실행에 옮기지 못하고 있었다. 군옥이 이처럼 민첩한데, 그와 오래도록 절차탁마할 수 없음이 아쉬울 따름이다."

주석 1_ 吳君玉: 육상산 문인이다. '1-10 (2)번 주석'에서 설명하였다.

[2–51] '人生而靜, 天之性也, 感物而動, 性之欲也'[1], 是爲不識艮背行庭之旨[2].

번역 『예기』「악기」편에서 '사람이 태어나 고요한 자리는 하늘의 본성이고, 사물에 감응하여 움직임은 성이 이끌리는 것이다'라고 한 것은 간괘 艮背·行庭의 종지를 알지 못하기 때문이다.

주석 1_ 人生而靜 … 性之欲也: 『禮記』「樂記」에 보인다.
2_ 艮背行庭之旨: '2-29 (2)번 주석'에서 설명하였다.

[2–52] 學者問 "荆門之政何先?" 對曰 "必也正人心乎."

번역 어떤 학자가 물었다. "荊門에서의 政事는 무엇을 먼저 하시겠습니까?" 선생께서 답하였다. "반드시 사람 마음을 바로잡을 것이다."

[2-53] '人之其所親愛而辟焉, 之其所賤惡而辟焉, 之其所畏敬而辟焉, 之其所哀矜而辟焉, 之其所敖惰而辟焉'[1], 辟, 比量也. 家中以次之人, 以我親愛·賤惡, 而比量之, 或效之, 或議之, 其弊無窮, 不可悉究, 要其終, 實不足以齊其家.

번역 「대학」에서 '사람들은 내가 친히 여기고 사랑하는 것을 비교하고, 천하게 여기고 미워하는 것을 비교하며, 두렵고 공경하는 것을 비교하고, 슬퍼하고 불쌍히 여기는 것을 비교하며, 거만하고 게으른 것을 비교한다'고 하였는데, 辟은 비교하는 것이다. 가족 이외의 다른 사람들은 내가 친히 여기고 사랑하거나 천하게 여기고 미워하는 것을 비교하는데, 혹은 따라하고, 혹은 의론한다. 그래서 그 폐단은 끝이 없어 모두 궁구할 수 없고, 결론적으로 실제로는 자기 집안조차도 잘 다스리지 못한다.

주석 1_ 人之其所親愛而辟焉 … 之其所敖惰而辟焉: 『禮記』「大學」에 보인다. 반면, 주자는 '辟'을 편벽된다는 의미로 보아[『大學章句』: 辟, 讀爲僻.] "사람이 그 친하고 사랑하는 바에 편벽되고, 그 천하게 여겨 미워하는 바에 편벽되며, 그 두렵고 공경하는 바에 편벽되고, 그 슬퍼하고 불쌍히 여기는 바에 편벽되며, 그 거만하고 게으른 바에 편벽된다."고 풀이하였다.

[2-54] '誠者自誠也, 而道自道也'[1], '君子以自昭明德'[2], '人之有是四端, 而自謂不能者. 自賊者也.'[3] 暴謂'自暴', 棄謂'自棄', 侮謂

'自侮', 反謂'自反', 得謂'自得'. '禍福無不自己求之者.'[4] 聖賢道一箇'自'字煞好. 嘗言 "年十三時, 復齋因看『論語』, 命某近前, 問云 '看有子一章如何?' 某云 '此有子之言, 非夫子之言.' 先兄云 '孔門除却曾子, 便到有子, 未可輕議, 更思之如何?' 某曰 '夫子之言簡易, 有子之言支離.'"[5]

번역 「中庸」에서 '성은 스스로 이루는 것이요, 도는 스스로 이끄는 것이다'라고 하였고, 『周易』에서는 '군자는 본받아서 스스로 밝은 덕을 밝힌다'라고 하였으며, 『맹자』에서는 '사람이 이 사단을 가지고도 스스로 일러 할 수 없다고 하는 자는 스스로 해치는 자이다'라고 하였다. 暴는 '스스로 포기하는 것'을 이르고, 棄도 스스로 버리는 것을 이르며, 侮도 '스스로 업신여기는 것'을 이르고, 反은 '스스로 반성하는 것'을 이르며, 得은 '스스로 체득하는 것'을 이른다. 『맹자』에서 '禍福은 스스로 구하지 않는 것이 없다'고 하였다. 성현들이 '自'자 하나를 말한 것은 매우 좋다. 선생께서 또 전에 이런 말을 하였다. "13세 때에, 復齋께서 『논어』를 읽다가 나에게 가까이 오라고 하고는 有子가 말한 章을 어떻게 생각하는지 물었다. 이에 나는 '이 유자의 말은 공자의 말이 아닌 것 같습니다.'라고 대답하였다. 복재가 또 '공자 문하에서 증자를 제외하면 바로 有子가 있으므로, 경솔하게 의론할 수 없고, 더 생각해 보는 것이 어떻겠는가?'라고 하자, 나는 다음과 같이 말하였다. '공자의 말은 簡易한데, 유자의 말은 支離합니다.'"

주석

1 誠者自誠也, 而道自道也: 『禮記』「中庸」에 보인다.

2_ 君子以自昭明德: 『周易』「晉」卦 大象傳에 보인다.

3_ 人之有是四端, 而自謂不能者, 自賊者也: 『孟子』「公孫丑(上)」에 보인다.

4_ 禍福無不自己求之者: 『孟子』「離婁(上)」에 보인다.

5_ 嘗言 … 有子之言支離: 이 기록은 「연보」에도 보인다.[『陸九淵集』 권36, 「年譜」, 483쪽.]

[2-55] 呂伯恭爲鵝湖之集, 先兄復齋謂某曰 "伯恭約元晦爲此集, 正爲學術異同, 某兄弟先自不同, 何以望鵝湖之同." 先兄遂與某議論致辯, 又令某自說, 至晩罷. 先兄云 "子靜之說是." 次早某請先兄說, 先兄云 "某無說, 夜來思之, 子靜之說極是." 方得一詩云 "孩提知愛長知欽, 古聖相傳只此心. 大抵有基方築室, 未聞無址忽成岑. 留情傳註翻蓁塞, 着意精微轉陸沉. 珍重友朋相切琢, 須知至樂在于今." 某云 "詩甚佳, 但第二句微有未安." 先兄云 "說得恁地, 又道未安, 更要如何?" 某云 "不妨一面起行, 某沿途却和此詩." 及至鵝湖, 伯恭首問先兄別後新功. 先兄擧詩, 纔四句, 元晦顧伯恭曰 "子壽早已上子靜舡了也." 擧詩罷, 遂致辯於先兄. 某云 "途中某和得家兄此詩云 '墟墓興哀宗廟欽, 斯人千古不磨心. 涓流滴到滄溟水, 拳石崇成泰華岑. 易簡工夫終久大, 支離事業竟浮沉.'" 擧詩至此, 元晦失色. 至"欲知自下升高處, 眞僞先須辨只今." 元晦大不懌, 於是各休息. 翌日二公商量數十折議論來, 莫不悉破其說. 繼日凡致辯, 其說隨屈. 伯恭甚有虛心相聽之意, 竟爲元晦所尼.[1] 後往南康, 元晦延入白鹿講說, 因講"君子喩於義"一章. 元晦再三云 "某在此不曾說到這裏, 負愧何言."[2]

번역 呂伯恭이 鵝湖寺에서의 학술모임을 제안하자, 復齋형님이 내게 이르기를 "伯恭이 元晦에게 이 모임을 갖자고 기약한 것은, 바로 학술적 관점의 간극을 좁히고자 함이다. 그런데 우리 형제가 우선 같지 않으니 어찌 이 아호사에서의 모임을 통해 합치시키기를 바랄 수 있겠는가?"라고 하였다. 이에 형님이 나와 의논하고 논변하였고, 또 내 견해를 피력하게 하고는, 늦은 밤이 되서야 형님이 "子靜의 말이 옳다"고 인정하면서 토론이 끝났다. 다음날 아침, 내가 형님에게 어제의 토론 내용에 대해 말해 달라고 하자, 형님은 "내 특별히 할 말이 없다. 어제 다시금 생각해보니, 子靜의 말이 참으로 옳다."

라고 하시며, 다음과 같이 詩 한 수를 지어보였다. "사람이면 누구나 어려서 부모를 사랑할 줄 알고 자라서는 어른을 공경할 줄 아는데, 옛 성현들이 서로 전하여 준 것은 오로지 이 마음뿐이네. 대저 집이란 터가 있어야 지을 수 있는 법, 산자락 없이 갑자기 험준한 산을 이루었다 함을 듣지 못했네. 경전 주석에 마음을 쏟으면 도리어 무성한 풀숲에 간혀버리는 것 같고, 정밀하고 미세한 데에만 집착하면 도리어 우매해질 것이니, 벗들과 서로 절차탁마함을 귀하게 여기고, 지극한 즐거움이 바로 오늘에 있음을 알아야 하리." 듣고 나서 내가 "시가 참 좋습니다. 하지만 두 번째 구절은 조금 미흡한 것이 있는 듯합니다."라고 말하자, 형님은 "어제 우리가 이렇게 얘기했는데, 또 미흡한 부분이 있다고 하니, 다시 어떻게 고치면 되겠는가?"라고 물었다. 나는 "그 구절은 우리 형제가 같은 관점을 가지고 나아가는 데 그리 큰 문제가 없으니, 鵝湖寺로 가면서 화답시로 제 견해를 보여 드리겠습니다."라고 하였다. 鵝湖寺에 이르러, 諸公이 모두 모인 자리에서 伯恭이 먼저 復齋형님에게 예전에 만나고 헤어진 후로 학문에 새로운 진전이 있는가를 물었다. 형님은 오기 전에 지은 시를 읊었고, 네 구절밖에 읽지 않았는데 元晦가 伯恭을 바라보며, "子壽가 벌써 子靜의 배를 탔는가 보오.'라고 하였다. 다 읊고 나자, 마침내 형님과 논변을 시작하였다. 그 뒤 내가 말했다. "오는 도중에 제가 형님의 이 시에 화답시를 한 번 지어 보았는데, 읽어 보겠습니다. '묘지를 보면 슬픈 마음이 일고 엄숙한 종묘에 서면 공경심이 일어나네, 이는 우리 사람의 천고 불변하는 마음이라네. 시냇물이 흘러 큰 바닷물을 이루고, 주먹만한 돌이 쌓여 泰山과 華山과 같은 큰 산을 이루네. 易簡한 공부는 끝내 유구하고 광대하게 될지나, 支離한 공부는 마침내 힘없이 무너지리.'" 여기까지 읽었는데, 元晦의 얼굴색이 변했다. 이어 "낮은 데서 높은 곳으로 오르는 법을 알려거든, 바로 지금 무엇이 참이고 거짓인지 가려야 하네."라고 마저 읊고 나자, 元晦가 크게 불쾌한 기색을 보여, 이에 각자 휴식을 취했다. 이튿날, 呂祖謙과 朱子가 수십 가지의 논제를 의논하고 왔는데, 그 주장들을 모두 설복시키지 않음이 없었다. 또 그 다음날 계속해서 논변을 하여, 그 주장들이 하나하나 굽혀졌다. 伯恭은 내 의견을 허심탄회하게 들으려는 뜻이 있었지만, 결국 주자에 의해 저지당하였다. 훗날 元晦의 초청으로 南康에 갔는데, 元晦가 백록동서원으로 안내해 강학을 청하였다. 그래서 『論語』「里仁」편의 '君子喻於義'장을 강의하였다. 강의가 끝나고 元晦는 거듭 "내가 『論語』의 이 장에서 子靜이 말한 것과 같은 것을 말하지 못하였으니, 어찌 말해야 할지 모를 정도로 부끄럽다."라고 하였다.

주석

1_ 呂伯恭爲鵝湖之集 … 竟爲元晦所尼: 淳熙 2년(1175) 6월, 육상산과 주자의 역사적 만남이 鵝湖寺에서 성사된다. 남송시기 당시 鵝湖山에는 두 개 鵝湖寺가 있었다. 唐代 大義禪師가 산 정상 鵝湖 옆에 건립한 것과, 산자락에 건립한 것이 그것이다. 산 정상의 절은 唐朝 元和 2年(807) '慈濟'라는 명칭을 하사받았고, 줄곧 '慈濟禪院'으로 불리다가, 북송시기 景德 4年(1007)에 '仁壽'라는 명칭으로 개명되었다. 남송시기에는 이 두 절을 모두 鵝湖寺로 불렀다. 하지만 산 정상의 鵝湖寺는 오르기 불편하고 산 속에 자리하고 있어 사람들이 자주 찾지 않았고, 주로 산자락에 자리하고 있는 鵝湖寺에 사람들이 모여들어 공부를 하였다고 한다. 주자와 육상산이 만나 논쟁을 벌인 장소 역시 이곳 산자락에 자리하고 있는 鵝湖寺이다.[李才棟, 「關于鵝湖之會與鵝湖書院」, 『南昌航空工業學院學報』, 2000年12月, 1~2쪽.] 束景南은 주자와 여조겸 측에서 何叔京 · 連嵩卿 · 蔡季通 · 徐宋臣 · 潘淑昌 · 范伯崇 · 詹體仁이 寒泉精舍에서 아호사로 갔고, 육상산과 육구령이 朱桴 · 朱泰卿 · 鄒斌 · 傅一飛를 대동하였으며, 또 臨川지역의 太守인 趙景明이 劉子澄 · 趙景昭과 함께 모임에 참여하였다고 고증하였다.[束景南,『朱子大傳』, 福建教育出版社, 1992年, 336쪽.] 반면, 陳來는 朱子 · 呂祖謙 · 陸子壽 · 陸九淵 · 劉子澄 · 趙景明 · 趙景昭 · 朱桴 · 朱泰卿 · 鄒斌 외에, 복건

지역과 절강지역의 학자인 何叔京·連崇卿·蔡季通·徐宋臣·潘淑昌·范伯崇·張元善 등이 참석했다고 보았다.[陳來, 『朱子哲學研究』, 華東師范大學出版社, 2000, 358쪽.]

「연보」는 "呂伯恭이 선생(육상산)과 막내형 復齋에게 朱元晦를 비롯한 몇몇 학자들과 信州의 鵝湖寺에서 학술모임을 갖자고 기약하였다."[『陸九淵集』권36, 「年譜」, 490쪽: 呂伯恭約先生與季兄復齋, 會朱元晦諸公于信之鵝湖寺.]고 기록하고 있다. 束景南은 여조겸의 안목으로 省試를 통과한 육상산의 영향력이 당시 江西지역과 兩浙일대에 급속도로 확대되고 있었으므로, 새로운 학파의 출현에 대한 문제를 어떻게 처리할까 고심하던 주자와 여조겸이 먼저 寒泉精舍에서 『近思錄』을 편찬하여 자신들의 관점을 정리한 후, 아호모임을 기약한 것이라고 고증하였다. 또 그는 주자와 여조겸이 글 남기는 것을 꺼렸던 육상산 때문에 당시 그 관점을 명확하게 이해하지 못하였다고 보았다. 그래서 여조겸이 아호모임을 통해 육상산 형제의 관점을 조목조목 비판하고 자신들의 관점으로 돌리려고 했다는 기록은 실제와 다르다고 본 것이다.[束景南, 『朱子大傳』, 福建教育出版社, 1992, 336~337쪽.] 반면 陳來는 여조겸이 주자의 학문방법에 완전히 동의하였으므로, '會歸於一'은 주자와 함께 힘을 합쳐 육상산 형제의 편협한 관점을 교정하고, 학자들에게 올바른 방향을 제시하려는 의도가 숨어 있다고 보았다.[陳來,『朱子哲學研究』, 華東師范大學出版社, 2000년, 353쪽.] 그런데 아쉽게도 모임은 육상산 형제의 이유로 인해 삼사 일 만에 황급히 종료되었다. 진래는 주자와 여조겸이 4월 21일 建寧에 도착한 후 寒泉精舍에서 『近思錄』을 편찬하였고, 5월 말 鵝湖寺에 도착하였으며, 육상산 형제는 6월 3일 혹은 4일 아호사에 도착하였고, 삼사 일 논쟁한 후 6월 8일 헤어졌다고 고증하고 있다.[陳來, 『朱子哲學研究』, 華東師范大學出版社, 2000, 355~356쪽.] 「연보」를 보면, "순희 2년(1175) 여름, 湖南지역에 북방오랑캐가 침범했는데 장차 郡의 경계지역까지 이를 태세였다. … 당시 육구령 선생은 信州의 鉛山 鵝湖寺에서 열리는 모임에 참가했다가, 虜寇이 침범할 것이라는 소식을 듣고는 바로 金溪로 돌아왔다."[『陸九淵集』卷27, 「全州教授陸先生行狀」,

314쪽: 淳熙2年(1175)夏, 湖之南有冠侵軼, 將及郡境. … 時先生適在信之鉛山, 聞警報亟歸.]는 기록이 있다. 만일 당시 虜寇가 침략할 것이라는 警報가 없고 충분한 시간이 주어져 토론을 하였다면, 주자와 육상산 형제의 논쟁은 훗날 공부방법이 다를 수밖에 없는 근본원인에 대해 논쟁한 "無極太極論辯"에까지 이르지 않고, 이 모임에서 서로의 분기점을 명확히 인식하고 결말을 보았을지도 모른다. 그런데 비록 성인되기 위한 공부 방법에 있어 명확한 차이가 남에도 불구하고, 그저 서로의 차이만을 인식한 채 모임은 끝이 났다.

육상산 門人 朱亨道는 아호모임에서 벌어졌던 논쟁의 핵심을 다음과 같이 정리하였다. "아호모임에서는 성인되기 위한 방법을 학자들에게 어떻게 가르칠 것인가에 대해 논의하였다. 주자는 먼저 사람들로 하여금 두루 보고 폭넓게 관찰하게 한 후 마음의 핵심처에 귀의토록 해야 한다고 주장하였고, 육구령과 육상산은 먼저 사람의 본심을 밝힌 후 널리 관람해야 한다고 주장하였다. 주자는 육상산의 교육방법이 너무 간단하다고 여겼고, 육상산은 주자의 관점이 너무 지리하다고 보아, 양측의 견해는 일치되지 못하였다."[『陸九淵集』권36, 「年譜」, 491쪽: 鵝湖之會, 論及教人. 元晦之意, 欲令人泛觀博覽, 而後歸之約. 二陸之意, 欲先發明人之本心, 而後使之博覽. 朱以陸之教人爲太簡, 陸以朱之教人爲支離, 此頗不合.] 여기서 '泛觀博覽'은 외부지식을 탐구하는 것이고, '歸之約'은 마음속에 갖추어져 있는 德性을 기른다는 것을 의미한다.

2_ 後往南康 … 負愧何言: 이 부분은 순희 7년(1180) 백록동서원에서 있었던 주자와 육상산의 두 번째 만남에 대한 내용이다. 주자는 여조겸에게 편지를 쓰면서 "육구령 형제의 편지를 받았는데, 子靜이 찬바람이 서서히 불어오는 가을이 되면 廬山에 놀러 오고 싶다고 약속하였습니다."[『陸九淵集』권34, 「答呂伯恭」, 1504쪽: 子壽兄弟得書, 子靜約秋凉來遊廬阜.]라고 하였다. 아호모임 이후 주자와 친분관계를 형성한 육상산은 모친상례의 문제로 서신 논의를 하고, 육구령은 또 觀音寺에서 주자와 두 번째 만남을 갖는 등 지속적인 관계를 유지하여, 이 만남을 자연스럽게 기약한 것으로 보인다. 陳榮捷은 鵝湖之會와 白鹿洞書院을 평가하면서 전자는 '論辯'이 주된

모임이었고, 후자는 '和諧'가 주된 모임이라고 평가하고 있다.[陳榮捷, 『朱子新探索』, 華東師范大學出版社, 2007, 383쪽.] 陳來 역시 남강에서의 모임은 육상산이 육구령의 비문을 부탁하는 입장이었고, 또한 육상산이 아호모임에서의 관점을 바꾸고 독서공부를 인정하였기 때문에 분위기가 화기애애하였다고 보고 있다.[陳來,『朱子哲學硏究』, 華東師范大學出版社, 2000, 369~370쪽.]

하지만, 모임이 끝난 이후 주자가 문인들에게 준 편지나, 육상산이 남기고 있는 자료를 분석해 보면, 둘 사이에는 여전히 학문적 관점에 현격한 차이를 나타내고 있고, 긴장감마저 감지된다. 육상산은 훗날 '無極太極論爭'을 시작하면서 南康에서 학문을 논할 당시 느꼈던 것을 술회한 바 있다. "예전 남강에서 만났을 때, 제가 존형(주자)께서 해석하신 '고자는 말에서 이치를 터득하지 못하면, 마음에서 구하지 말라'는 章의 내용이 그르다 하자, 존형께서는 저보고 마음을 가라앉히고 그 구절을 자세히 살펴보라고 하셨습니다. 제가 갑과 을이 논쟁하면서 각자 자신의 관점이 옳다고 생각하여 갑은 을에게 '저는 을이 마음을 가라앉히고 바라보길 바랍니다.'라고 하고, 또 을 역시 갑에게 '저는 갑이 마음을 가라앉히고 바라보기를 원합니다.'라고 한다면, 마음을 편안히 가라앉히고 살펴보라는 말은 이같이 모순되어 아마도 이해하기 힘들 것이고, 오히려 사실에 근거하여 이치를 논하는 것만 못합니다."[『陸九淵集』권2, 「與朱元晦」, 25쪽: 向在南康, 論兄所解"告子不得於言勿求於心"一章非是. 兄令某平心觀之, 某嘗答曰 "甲與乙辯, 方各是其說, 甲則曰願某乙平心也, 乙亦曰願某甲平心也, 平心之說, 恐難明白, 不若據事論理可也."] 당시 모임 분위기가 좋았던 것이 아니라, 학문적 관점을 논함에 있어 여전히 서로를 강하게 비판하였고, 합일점을 찾지 못하였음을 짐작할 수 있다.

[2–56] 先兄復齋臨終[1]云 "比來見得子靜之學甚明, 恨不得相與切磋, 見此道之大明耳."

번역 先兄 復齋께서 임종하면서 말하였다. "최근 子靜의 학문은 매우 분명한 것을 알았다. 서로 절차탁마하여 이 道가 크게 빛나는 것을 보지 못한 것이 아쉬울 따름이다."

주석 1_ 「연보」에 의하면, 復齋는 순희 7년(1180) 9월 29일 삶을 마쳤다.[『陸九淵集』권36, 「年譜」, 492쪽: 秋九月二十九日, 季兄復齋先生卒.] 육상산은 여조겸과 주자에게 각각 묘지명과 비문을 부탁하였고, 그해 11월 자신이 行狀을 지었다.[『陸九淵集』권36, 「年譜」, 492쪽: 秋先生狀其行, 吕成公銘其墓, 朱文公書其碑.]

[2-57] 吾家合族而食, 每輪差子弟掌庫三年. 某適當其職, 所學大進, 這方是'執事敬'.[1]

번역 우리 집안은 온 가문이 모두 모여 함께 거주하였기 때문에, 매번 돌아가며 자제들을 선정해 창고를 3년간 관리하도록 하였다. 나는 그 직책을 맡고 나서 그동안 배운 것이 크게 진보하였다. 이것이 바로 공자가 말한 '일을 집행함에 공경스럽게 한다'는 것에 해당될 것이다.

주석 1_ 吾家合族而食 … 執事敬: '執事敬'은 『論語』「子路」에 보인다. 이 기록은 「연보」에도 보인다.[『陸九淵集』권36, 「年譜」, 484쪽: 紹興三十二年壬午(1162), 先生二十四歲. … 吾家合族而食, 每輪差子弟掌庫二年, 某適當其職, 所學大進, 這方是"執事敬".] 다만 「연보」는 창고관리 기간을 2년으로 기록하고 있다.

[2-58] 徐仲誠請教, 使思『孟子』'萬物皆備于我矣, 反身而誠,

樂莫大焉'[1]一章. 仲誠出槐堂一月, 一日問之云 "仲誠思得『孟子』如何?" 仲誠答曰 "如鏡中觀花." 答云 "見得仲誠也是如此." 顧左右曰 "仲誠真善自述者." 因說與云 "此事不在他求, 只在仲誠身上." 既又微笑而言曰 "已是分明說了也." 少間, 仲誠因問 "「中庸」以何爲要語." 答曰 "我與汝說内, 汝只管說外." 良久, 曰 "句句是要語." 梭山曰 "博學之, 審問之, 慎思之, 明辯之, 篤行之,[2] 此是要語." 答曰 "未知學, 博學箇什麽? 審問箇什麽? 明辨箇什麽? 篤行箇什麽?"

번역 徐仲誠이 가르침을 구하자, 선생은 『맹자』의 '만물이 모두 나에게 갖추어져 있으니 스스로를 돌이켜 보아 성실하면 즐거움이 이보다 클 수 없다'는 구절을 음미토록 하였다. 仲誠이 槐堂에 나온 지 한 달 정도 지났는데 어느 날 선생께서 그에게 물었다. "자네 『맹자』의 그 구절에 대해 생각해 보니 어떠한가?" 중성이 대답하였다. "마치 거울 속에 있는 꽃을 보는 것과 같았습니다." 이에 "내 자네를 보는 것도 역시 이와 같다."고 하고는 주위를 돌아보며 "중성은 참으로 자신의 생각을 잘 표현하는 자다."라고 하였다. 이어 그에게 "이러한 일은 다른 곳에서 구할 것이 아니라 바로 자네의 몸에서 구해야 할 것이다."라고 하였다. 그러고는 또 미소를 지으면서 말하였다. "이미 분명히 말했다." 조금 후에 중성이 "「중용」에서 어느 것이 가장 중요한 말인가요?"라고 물었다. 그러자 선생은 대답하였다. "나는 자네와 우리 마음 안에 갖추어져 있는 것에 대해 말하고 있는데, 자네는 그저 마음 밖에 있는 것을 말할 줄만 아는구나." 한참 뒤에 "한 구절 한 구절 모두 핵심 되는 말이다."라고 하였다. 梭山형님이 이에 곁에서 말하기를 "널리 배우고 자세히 물으며 삼가 생각하고 명확하게 분별하며 독실하게 행하는 것이 핵심이다."라고 하였다. 이에 선생은 대답하였다. "아직 배움이 무엇인지 모르는데 무엇을 널리 배우며 무엇을 자세히 물으며 무엇을 밝게 분별할 것이며 무엇을 독실하게 행해야 한단 말입니까?"

주석 1_ 萬物皆備于我矣, 反身而誠, 樂莫大焉: 『孟子』「盡心(上)」에 보인다. 육상산은 서중성에게 孟子가 말한 '萬物皆備于我'란 구절을 음미하게 한 것은 꽃처럼 아름다운 만물의 理가 우리 마음에 갖추어져 있다고 여겼음을 말해 준다. 그래서 훗날 徐仲誠이 『孟子』의 그 구절이 '鏡中觀花'와 같다고 하자, 크게 칭찬하며 밖에서 무언가를 찾기보다는 마음에서부터 공부를 시작해야 하고 그 본심을 잘 드러내야 한다고 강조한 것이다. '辨志'도 그 공부의 하나이다. 글자 그대로 풀이하면 '내 마음속에 일고 있는 뜻이 현재 어느 방향으로 향하고 있는지 분별해야 한다'는 뜻이다. 만일 생각이 '義'로 향하면 누구라도 끝내 요순의 경지를 맛보게 될 것이고, '利'로 향하면 아무리 훌륭한 덕을 지닌 성인이라도 惡하게 될 수 있다. 물론 뜻을 분별하는 주체는 본심이다. 이에 대해서는 '3-61 (1)번 주석'에서 설명하였다.

2_ "博學之, 審問之, 愼思之, 明辯之, 篤行之: 『禮記』「中庸」에 보인다.

[2-59] 有學者終日聽話, 忽請問曰 "如何是'窮理盡性以至於命'?" 答曰 "吾友是泛然問, 老夫却不是泛然答. 老夫凡今所與吾友說, 皆是理也. 窮理[1]是窮這箇理, 盡性[1]是盡這箇性, 至命[1]是至這箇命."

번역 어떤 학자가 하루 종일 선생께서 강학하시는 내용을 듣다가, 갑자기 물었다. "어떻게 하는 것이 『周易』에서 말한 '이치를 궁구하며 본성을 다하여서 명에 이른다'는 것입니까?" 선생께서 답하였다. "자네는 무심하게 물음을 던졌지만, 그렇다고 나도 무심하게 답할 수 없다. 내가 지금 자네에게 말하고 있는 것은 모두 이 理이다. 窮理는 이 理를 궁구하는 것이고, 盡性은 이 性을 다하는 것이며, 至

命은 이 命에 이르는 것이다."

주석 1_ 窮理 · 盡性 · 至命: 『周易』「說卦傳」에 보인다.[窮理盡性以至於命]

[2-60] 說'君子之道孰先傳'[1]一段, 子游 · 子夏皆非.

번역 『논어』의 '군자의 도는 어느 것을 먼저라고 하여 전수하는가' 부분을 말하면서, 子游와 子夏의 말이 모두 잘못되었다고 평가하였다.

주석 1_ 君子之道孰先傳: 『論語』「子張」에 보인다. "자유가 말하였다. '자하의 제자들은 물 뿌리고 청소하며 응대하고 진퇴하는 예절을 당해서는 괜찮으나, 이는 말단이고 근본적인 것은 없으니, 어찌된 것인가?' 자하가 듣고서 말하였다. '아! 언유의 말이 지나치다. 군자의 도가 어느 것을 먼저라고 하여 전수하며, 어느 것을 뒤라고 하여 게을리 하겠는가? 초목에 비유하면 나누어 구별하는 것이니, 군자의 도를 어찌 속일 수 있겠는가? 처음이 있고 끝이 있는 것은 오직 성인일 것 같다!'"[子游曰 "子夏之門人小子, 當灑掃應對進退則可矣, 抑末也, 本之則無, 如之何?" 子夏聞之曰 "噫! 言游過矣, 君子之道孰先傳焉, 孰後倦焉? 譬諸草木, 區以別矣, 君子之道焉可誣也? 有始有卒者, 其惟聖人乎!"] 육상산의 자유와 자하에 대한 평가는 '1-101 (1)번 주석'과 '1-53 (8)번 주석'에서 설명하였다.

[2-61] 有學子閱亂先生几案間文字. 先生曰 "有先生長者在, 却不肅容正坐, 收斂精神, 謂不敬之甚."

번역 어떤 학생이 선생 책상에 놓여 있던 서적을 함부로 넘겨보자, 선생께서 말하였다. "선생님과 어른이 계시는데도 용모를 가다듬어 바르게 앉아 정신을 차분하게 수렴하지 않는 것을 일러 매우 공손치 못하다고 한다."

[2-62] 光武謂吳漢[1] "差強人意"[2], "強"訓"起".

번역 光武가 吳漢에게 "사람의 마음을 진작시킨다."고 하였다. '强'은 '진작시킨다'의 뜻이다.

주석 1_ 光武謂吳漢: '光武'는 新나라를 세운 前漢의 재상 왕망에게 찬탈당한 한나라를 재건한 황제이다. 이름은 劉秀, 묘호는 世祖이다. 한조의 창시자인 高祖의 후예로 추정된다. 당시 왕망의 급진적인 개혁조치로 신나라에 대한 평판이 나빠지자, 그는 곧 군대를 일으켜 강력한 유씨 문중과 다른 호족들을 등에 업고 왕망을 격파하였다. 그가 재건한 왕조를 後漢 또는 東漢이라고 한다. 또 '吳漢'의 字는 子淵이고 南陽宛 사람이다. 偏將軍 · 大將軍을 역임하였고, 광무제 시기에는 大司馬를 지냈고, 廣成候를 封爵 받았다. 『後漢書』에 「吳漢傳」이 있다.

2_ 差強人意: 『後漢書』「吳漢傳」에 보인다. '사람의 마음을 진작시킨다'는 의미인데, 훗날 '사람 마음을 흡족하게 한다'는 뜻으로 확장되어 쓰였다. "황제가 당시 사람을 파견하여 大司馬가 무엇을 하고 있는지 살피도록 하였는데, 돌아와 전차와 공격용 무기들을 수리하고 있다고 보고하였다. 이에 감탄하며 말하였다. '吳公은 사람의 마음을 매우 흡족하게 한다. 사람의 대단함이 한 적국을 함부로 움직이지 못하게 한다."[帝時遣人觀大司馬何為, 還言方修戰攻之具, 乃歎曰 "吳公差強人意, 隱若一敵國矣."]

語錄 下

象山語錄 譯註

門人 周淸叟 廉夫 所錄

이 부분은 육상산 문인 周淸叟가 기록한 어록을 모아 놓은 것으로, 모두 66조목이다. 본래 그가 기록한 어록 말미에 '右門人周淸叟廉夫所錄'이라 표기되어 있는데, 구분의 편의를 위해 앞으로 옮기고 표제로 삼았다.

주청수의 字는 廉夫이고 육상산과 동향 金溪 사람이며, 둘째 형 陸九敍의 다섯째 사위이다. 한편 『宋元學案』에서는 "일각에서는 周廉夫라 부르고, 字는 淸叟이며, 黃元吉 叔豐의 매제이다."[『宋元學案』권66, 「周先生淸叟」: 一作周廉夫, 字淸叟, 黃元吉叔豐之僚婿也. 同師象山.]라고 적고 있다. 歐寧縣 主簿를 역임한 바 있고, 『易傳』·『論語集傳』·『中庸大學解』·『童子指義』·『離騷經解』 등을 저술하였다.

淳熙 8년(1181) 백록동서원에서 주자와 會合할 때 육상산과 함께 동행한 것으로 보아,[『陸九淵集』권23, 「白鹿洞書院講義」, 276쪽: 淳熙辛丑春二月, 陸兄子靜來自金谿, 其徒朱克家·陸麟之·周淸叟·熊鑑·路謙亨·胥訓實從.] 가르침을 받은 시기가 오래된 것으로 짐작된다. 그래서인지 주청수는 육상산을 추도하는 祭文에서 "하늘이 이 도를 전하기 위해 선생을 낳으셨다. 학자들의 병통을 지적하고 성학에 들어가는 문을 보여 주었으며, 大體를 모르거나 支離하지 않아, 진실로 거리낌 없이 행할 만하다. 선생의 학문은 가을볕의 潔白함으로 쪼이는 것 같고 江漢의 맑음으로 씻는 것 같다. 맹자 이후 끊어진 학문을 잇는 데 선생을 놓고 누가 가능하다고 할 수 있겠는가?"[『陸九淵集』권36, 「年譜」, 517쪽: 天爲斯文, 乃生先生. 指學者之膏肓, 示入聖之門庭, 不繞繳而支離, 誠坦然而可行. 暴之以秋陽之白, 濯之以江漢之清, 繼孟子之絶學, 舍先生其誰能?]라고 하며 스승을 높였다.

黃元吉의 기억에 의하면, 염부가 기록한 『陸子語錄』이 가장 빼어나다고 한다.["『宋元學案』권66, 「黃元吉豊叔」: 廉夫所記『陸子語錄』最佳."]

[3-1] 曆家所謂朔虛氣盈者, 蓋以三十日爲準.[1] 朔虛者, 自前合朔至後合朔, 不滿三十日, 其不滿之分, 曰朔虛. 氣盈者, 一節一氣, 共三十日[2], 有餘分爲中分, 中即氣也.[3]

번역 曆家에서 말하는 朔虛와 氣盈은 대개 30일을 기준으로 삼는다. 朔虛는 이번 달 초하루에서 다음 달 초하루까지 30일을 채우지 못할 경우, 그 채우지 못한 날짜를 朔虛라 한다. 氣盈은 1節과 1氣로 모두 30일이고, 나머지 날짜가 中分이다. 中分이 곧 氣盈이다.

주석 1_ 曆家所謂朔虛氣盈者, 蓋以三十日爲準: 金과의 대립상황에 처해 있던 남송시기, 문화부흥을 자임하고 있던 儒者들은 漢唐 이래 이민족의 曆法이 혼합된 小曆을 폄하하고, 夏商周 三代의 역법에 근거하여 大曆을 정립하고자 하였다. 그래서 그들은 조정에서 주도적으로 역법을 제정하고 통행시키는 것을 자신들의 사명이라 여겼다. 남송시기 曆家에 대한 평가에 대해서는 '3-2 (2)번 주석'에서 설명하였다.

주자도 "삼대 이후로 역법을 만들 때는 분분하여 일정한 법칙이 없었기 때문에, 정밀하면 정밀할수록 더욱 차이가 났다. 옛사람의 일정한 법칙을 얻지 못했기 때문이다."[『朱子語類』권2: 三代而下, 造曆者紛紛莫有定議, 愈精愈密而愈多差. 由不得古人一定之法也.] 라고 하여, 小曆을 부정적으로 바라보았다. 그는 또 氣盈과 朔虛을 30일을 기준으로 풀이하였다. "해에는 12개월이 있고, 달에는 30일이 있으니, 360은 1년의 변치 않는 수이다. 그러므로 해가 하늘과 만날 때에는 5일과 940분의 235일이 더 많은데, 이것을 氣盈이라 한다. 달이 해와 만날 적에는 5일과 940분의 592일이 적은데 이것을 朔虛라 한다. 氣盈과 朔虛를 합쳐서 윤달이 생긴다. 그러므로 1년에 윤달의 비율은 10일과 940분의 827일이 되니, 3년에 한 번 윤달을 두면 32일과 940분의 601일이 되고, 5년에 두 번 윤달을 두면 54일과 940분의 375일이 되며, 19년에 일곱 번 윤달을 두면 氣盈과

朔虛가 分限이 고르게 되니, 이를 1章이라 한다."[『朱子語類』권2: 歲有十二月, 月有三十日. 三百六十日者, 一歲之常數也. 故日與天會, 而多五日九百四十分日之二百三十五者, 爲氣盈. 月與日會, 而少五日九百四十分日之五百九十二者, 爲朔虛. 合氣盈朔虛而閏生焉. 故一歲閏率則十日九百四十分日之八百二十七, 三歲一閏, 則三十二日九百四十分日之六百單一, 五歲再閏, 則五十四日九百四十分日之三百七十五. 十有九歲七閏, 則氣朔分齊, 是爲一章也.]

2_ 一節一氣: 古代에는 1年을 24節로 나누었는데, '一節'은 15일을 이른다. 5일을 '候'라 하고, 3候를 '一氣'라 하였으므로, '一氣'는 15일이 된다.

3_ 中即氣也: 음력에는 매월 두 개의 氣가 있다. 月初의 것을 節氣라 하고, 月末의 것을 中氣라 한다.

[3-2] 「堯典」所載惟'命羲和'一事,[1] 蓋人君代天理物, 不敢不重. 後世乃委之星翁·曆官[2], 至於推步·迎策[2]又各執己見以爲定法. 其他未暇擧, 如唐一行所造『大衍曆』[3], 亦可取, 疑若可以久用無差, 然未十年而已變, 是知不可不明其理也. 夫天左旋, 日月星緯右轉[4], 日夜不止, 豈可執一? 故漢唐之曆屢變, 本朝二百餘年, 曆亦十二三變. 聖人作『易』, 於「革」卦言 '治曆明時'[5], 觀「革」之義, 其不可執一明矣.

번역 「堯典」에 기록되어 있는 오직 '羲氏와 和氏에게 명하였다'는 고사는 임금이 하늘을 대신하여 만물을 다스린 일이니, 중시하지 않을 수 없다. 후세에는 星翁과 曆官에게 맡겼고, 推步와 迎策에 이르러서는 또 각각 자기의 견해를 가지고 曆法의 표본으로 삼았다. 이 밖에 다른 曆家들의 관점을 일일이 거론할 수 없지만, 唐代 一行이 지은 『大衍曆』과 같은 것은 그나마 취할 만하다. 아마 오랫동안 사용해도 어긋남이 없겠지만, 曆法은 10년도 안 되어 변하므로, 이로써 그 이치를 밝히지 않을 수 없음을 알 수 있다. 무릇 하늘은 왼쪽으로 돌고, 해와 달 · 항성과 행성은 오른쪽으로 돈다. 낮과 밤이 그치지 않으니 하나의 역법만을 고집할 수 있겠는가? 그래서 漢唐시기의 曆法은 자주 변했고, 이번 왕조가 세워진 지 200여 년이 지났음에도, 역법은 열두세 번이나 변했다. 성인이 『易』을 지음에 「革」괘에서 '卌曆을 다스려 때를 밝혔다'고 말하였는데, 「革」괘의 뜻을 살펴보면, 하나의 역법만을 고집해서는 안 된다는 것이 명백하다.

주석

1_ 命羲和: 『尚書』「堯典」에 보인다. "이에 羲氏와 和氏에게 명하여, 큰 하늘을 삼가 따르게 하고 일월성신의 운행을 관측하여 사람들에게 농사의 때를 알리도록 하였다."[堯 … 乃命羲和, 欽若昊天, 歷象日月星辰, 敬授人時.]

2_ 星翁 · 曆官 · 推步 · 迎策: 남송시기 민간에 통용되던 小曆을 산출하는 曆家들을 폄하한 호칭이다. 당시 華와 夷에 대한 논쟁은 정치와 문화의 차원를 넘어 曆法의 추산방식에까지 확대되었다. 조정에서는 주도적으로 하상주 삼대의 大曆을 통행시켰지만, 민간에서는 여전히 小曆이 사용되었다. 그래서 당시 儒者들은 上訴에서 劉孝榮이 지은 『乾道曆』은 五代시기의 小曆을 암묵적으로 사용한 '萬分曆'이고, 『統天曆』은 민간에 통행되던 小曆으로 조정에서 반포한 正朔과 다르므로 금지해야 한다는 내용을 강조하였다. 또한 유자들은 당시 역가들이 주장한 역법을 '鄙' · '賤' · '俗' 등의 표현들로 천시하였고, 호칭도 '星翁 · 曆人 · 推步 · 迎策' 등으로 낮추어 불렀다. 육상산도 조정에서 일하던 星翁 · 曆官 등을 천시하였고, 古曆에 근거하여 '敬天授時'의 임무를 실천하고자 하였다. 주자도 "오늘날 역법을 만들 때는 정해진 법칙도 없고, 단지 하늘의 운행수치에 맞추어 합치시키는데, 남을 경우는 빼고 모자랄 경우는 더하기 때문에 차이가 많이 난다."[『朱子語類』권2: 今之造曆者無定法, 只是趕趁天之行度以求合, 或過則損, 不及則益, 所以多差.]고 하여, 儒者의 역법을 만드는 데 관심을 기울였다.

3_ 唐一行所造大衍曆: 唐代 천문학자 一行이다. 출가 후 경전을 폭넓게 연구하고 역법에 정통하였다고 한다. 본명은 張遂이다. 당시 李

淳風이 지은 『麟德曆』이 사용되었는데, 시간이 지나면서 오차가 많아져, 開元 9년(721) 명을 받고 『黃克曆』과 실측에 근거하여 새로운 역법인 『大衍曆』을 저술하였다.

육상산은 일찍이 "一行의 曆數는 매우 精妙하고, 지극히 총명하여 나는 깊이 감복하였다. 다만 스님 가운데 나온 것이 아쉽다. 僧持世가 지은 曆法 『大衍曆』은 모두 8권이다."[『陸九淵集』권35, 「語錄(下)」, 464쪽: 一行數妙甚, 聰明之極, 吾甚服之, 却自僧中出. 僧持世有曆法八卷.]라고 하여 높인 바 있다. 주자도 唐代 一行이 지은 『大衍曆』이 가장 자세하다고 추켜세웠다. "太史公의 『史記』「曆書」에서는 太初曆에 대해 말하고 있지만, 그것은 도리어 顓頊의 四分曆이다. 劉歆이 『三統曆』을 지었지만, 唐代 一行이 지은 『大衍曆』이 내용이 가장 자세하다. 五代 王朴의 『司天考』도 간이하면서도 엄밀하다. 그러나 一行이나 王朴의 역법은 모두 2년이나 3년만 사용해도 오차가 난다. 王朴의 역법은 72(經法)와 100(通法)으로 더하거나 뺀다. 季通이 사용한 것은 바로 康節이 정한 360의 수에 의거한 것이다."[『朱子語類』권2: 太史公曆書是說太初, 然卻是顓頊四分曆. 劉歆作三統曆. 唐一行大衍曆最詳備. 五代王朴司天考亦簡嚴. 然一行王朴之曆, 皆止用之二三年卽差. 王朴曆是七百二十加去. 季通所用, 卻依康節三百六十數.] 허탁·이요성이 역주한 『朱子語類』[청계, 1999, 221쪽]에서는 『新五代史』「司天考」를 토대로 "아마도 萬人傑의 기록에 착오가 있는 듯하다. 王朴의 欽天曆은 경법 72와 통법 100을 바탕으로 더하거나 빼서 천문 현상의 수치를 계산한다. 따라서 원문의 '七百二十'은 '七二十百'으로 수정되어야 한다."고 고증하였다.

4_ 夫天左旋, 日月星緯右轉: 하늘의 운행과 日月星辰의 움직임을 두고 曆家들마다 다양한 견해가 있었던 것으로 보인다. 혹자는 恒星은 왼쪽으로 돌고, 行星과 해와 달은 오른쪽으로 움직인다고 보았고, 육상산은 하늘은 왼쪽으로 돌고 日月星辰은 오른쪽으로 돈다고 보았다. 반면 주자는 張橫渠가 '하늘은 왼쪽으로 돌고, 해와 달도 또한 왼쪽으로 움직인다'고 말한 것을 토대로, 하늘뿐만 아니라, 해와 달·별도 모두 왼쪽으로 도는 것이라 주장하였다. "陳淳이 '하늘의

길은 왼쪽으로 도는데, 동쪽에서 서쪽으로 향합니다. 그러나 해와 달은 오른쪽으로 움직인다고 하는데 어떻습니까?'라고 물었다. 그러자 주자는 대답하였다. '횡거 선생은 해와 달은 모두 왼쪽으로 돈다고 말했는데, 아주 잘 지적한 것이다. 생각컨데 하늘의 운행은 매우 강건하기 때문에 하루에 365와 $\frac{1}{4}$도 돌고 1도 더 움직인다. 해의 운행은 빨라서 하늘 다음으로 강건하기 때문에 하루에 정확히 365와 $\frac{1}{4}$도 돈다. 하늘이 1도 움직이는 것과 비교하면 해는 1도 뒤쳐진 것이다. 이틀동안 하늘이 2도 나아가면 해는 2도 뒤쳐진 것이다. 365와 $\frac{1}{4}$도가 날마다 쌓이면 하늘이 더 움직이는 도는 정확히 본래의 위치만큼 돌고, 해가 뒤쳐지는 도도 역시 정확히 본래의 위치로 뒤쳐지기 때문에 마침내 하늘과 만나 1년이 된다. 달의 운행은 느려서 하루에 365와 $\frac{1}{4}$도를 모두 움직이지 못하고 하늘보다 13도 남짓 뒤쳐진다. 나아간 수치로 본다면 하늘을 따라서 왼쪽으로 움직이고, 뒤쳐진 수치로 본다면 하늘을 역행하여 오른쪽으로 움직인 것이다. 曆家는 나아간 수치로 계산하기 어려워서 뒤쳐진 수치로 계산하였기 때문에 오른쪽으로 움직인다고 말했으며, 또 '해의 운행은 느리고 달의 운행은 빠르다'고 말했다."[『朱子語類』 권2: 問 "天道左旋, 自東而西, 日月右行, 則如何?" 曰 "橫渠說日月皆是左旋, 說得好. 蓋天行甚健, 一日一夜周三百六十五度四分度之一, 又進過一度. 日行速, 健次於天, 一日一夜周三百六十五度四分度之一, 正恰好. 比天進一度, 則日爲退一度. 二日天進二度, 則日爲退二度. 積至三百六十五日四分日之一, 則天所進過之度, 又恰周得本數, 而日所退之度, 亦恰退盡本數, 遂與天會而成一年. 月行遲, 一日一夜三百六十五度四分度之一行不盡, 比天爲退了十三度有奇. 進數爲順天而左, 退數爲逆天而右. 曆家以進數難算, 只以退數算之, 故謂之右行, 且曰: '日行遲, 月行速.'"]

5_ 治曆明時: 『周易』「革」괘 大象傳에 보인다. "象에서 말하였다. '못 가운데 불이 있는 것이 혁이니, 군자가 본받아서 冊曆을 다스려 때를 밝힌다.'"[象曰 "澤中有火, 革, 君子以治曆明時."]

[3-3] 四岳擧鯀, 九載績用弗成, 而遜位之咨, 首及四岳.[1] 堯不以擧鯀之非, 而疑其黨姦也.[2] 比之後世罪擧主之義甚異.

번역 四岳이 鯀을 천거하였으나, 9년간 공을 들였음에도 성공하지 못했다. 이후 堯임금이 자리를 물려줄 때, 먼저 四岳에게 선양의 기회를 주었다. 요임금은 四岳이 鯤을 천거한 잘못을 거론하지 않았고, 그가 간사한 자들과 잠시 結黨했다고 의심하였다. 후세에 잘못된 임금을 추천한 사람을 벌하는 방식과 매우 다르다.

주석 1_ 四岳擧鯀 … 首及四岳: 『尙書』「堯典」에 보인다. "요임금이 말했다. '아! 사악아. 넘실거리는 홍수는 넓은 땅을 뒤덮고, 넘치는 물결은 산을 잠기게 하고 구릉을 오르고 있으며, 너른 물은 하늘을 덮을 정도이다. 아래로 백성들은 이를 한탄하고 있는데 어떤 능한 사람이 있어 이를 다스릴 수 있겠는가?' 모두 말했다. '있습니다. 鯤이 있습니다.' 요임금이 말했다. '아, 안 된다. 명을 거슬러 백성을 그르칠 것이다.' 사악이 말했다. '등용해 보십시오. 시험해서 잘 하면 그만입니다.' 요임금이 말했다. '가서 일을 정성껏 해 보라.' 곤은 9년간 공을 들였으나 성공하지 못하였다. 요임금이 말했다. '사악이여, 짐의 재위 70년간, 그대가 명을 받아 일을 잘하였으므로 임금의 자리를 그대에게 물려주고자 한다.' 사악이 말했다. '덕이 없어 임금의 자리를 욕되게 할 것입니다.' 요임금이 말했다. '밝고 밝은 사람을 찾아내되 숨은 자와 천한 자를 가리지 말라.' 여러 신하가 요임금에게 말했다. '백성들 사이에 홀아비가 있습니다. 이름은 우순입니다.'"[帝曰 "咨四岳, 湯湯洪水方割, 蕩蕩懷山襄陵, 浩浩滔天, 下民其咨, 有能殺乂?" 僉曰 "於! 鯤哉." 帝曰 "吁! 咈哉, 方命圮族." 岳曰 "异哉, 試可乃已." 帝曰 "往欽哉." 九載績用弗成. 帝曰 "咨四岳, 朕在位七十載, 汝能庸命, 巽朕位. 岳曰 "否德忝帝位." 曰 "明明揚側陋." 師錫帝曰 "有鰥在下 曰 '虞舜'."] 이후 요임금은 舜을 추천받았고 두 딸을 그에게 시집보내 적임자인지 여부를 확인하였다.

2_ 堯不以擧鯀之非, 而疑其黨姦也: 육상산은 堯임금이 四岳에게 자신

의 자리를 물려주려 한 것이, 비록 많은 신하들이 鯤을 천거할 때 말리지 않은 과오도 있었지만, 그것은 간사한 무리들에 의해 의혹되었기 때문이라고 보았다. 육상산은 또 "四岳이 丹朱와 鯀 등을 천거할 때, 사람 알아보는 지혜에 있어서는 부족함을 보였지만, 어쨌든 덕이 있었다. 그러므로 堯임금이 자리를 물려주려고 할 때에 꼭 먼저 '그대가 명을 받아 일을 잘하였으므로 임금 자리를 그대에게 선양하고자 한다.'고 하였다."[『陸九淵集』권35, 「語錄(下)」, 474쪽: 四岳擧丹朱擧鯀等, 於知人之明, 雖有不足, 畢竟有德. 故堯欲遜位之時, 必首曰 "汝能庸命遜朕位."]

[3-4] 後生看經書, 須着看注疏及先儒解釋, 不然執己見議論, 恐入自是之域, 便輕視古人. 至漢唐間名臣議論, 反之吾心.[1] 有甚悖道處, 亦須自家有'徵諸庶民而不謬'[2]底道理, 然後別白言之.

번역 후학들은 經書를 보려면 반드시 注疏와 선유들의 해석을 참고해야 한다. 그렇지 않으면 자기 견해와 논점만 고집하게 되어, 아마도 자기만 옳다는 지경에 빠져 옛 선현들을 경시하게 될 것이다. 漢唐시기 이름 있는 신하의 議論을 보면, 도리어 나의 본심을 해친다. 무슨 도를 어그러뜨리는 곳이 있다면, 또한 스스로 반드시 '여러 사람들에게 시험해 보아도 틀리지 않는다'는 이치를 갖추고 있어야 하며, 그런 후에 따로 분명하게 말할 수 있다.

주석
1_ 後生看經書, … 反之吾心: 육상산은 혼잡한 마음을 가라앉히고 스스로를 돌아보면 본심은 저절로 발현되므로, 독서와 경전 주석에 주력하는 주자의 공부방법이 支離하고 聖學에 오히려 걸림돌이 된다고 보았다. 그가 경전주석에 대해 지녔던 관점은 '1-5' 어록과 주석에서 설명하였다.
2_ 徵諸庶民而不謬: 『禮記』「中庸」에 보인다.

"군자의 도는 자신을 근본으로 하여 백성들에게 시험해 보고 三王들에게 비추어 보아 그릇된 것이 없다."[君子之道, 本諸身, 徵諸庶民, 考諸三王而不謬.]

[3-5] 『尙書』一部, 只是說德[1], 而知德者實難.

번역 『尙書』라는 책은 전체적으로 보면 德에 대해 말하였을 뿐이다. 그러나 덕을 아는 것은 정말 어렵다.

주석 1_ 『尙書』一部, 只是說德: 육상산은 『尙書』의 「皐陶謨」·「洪範」·「呂刑」은 道를 전하는 책이라고 말한 바 있다.[『陸九淵集』권35, 「語錄(下)」, 474쪽: 「皐陶謨」·「洪範」·「呂刑」, 乃傳道之書.] 『尙書』가 모두 도를 전하는 경전으로 보아서 그런지, 그는 만년 象山精舍에서 강학활동을 할 당시, 문인 胡無相에게 편지를 보내 "최근 이곳 상산에서 공부하고 있는 벗들은 『尙書』를 탐독하고 있습니다."[『陸九淵集』권10,「與胡無相」, 133쪽: 山間朋友近多讀『尙書』.]라고 하였고, 荊門에서 관직생활을 할 때는 「洪范」의 '黃極'에 대해서도 강의하였다고 한다. 그가 『尙書』를 중시한 이유는 '1-4' 어록과 주석에서도 확인할 수 있다.

[3-6] 遜志·小心[1], 是兩般.

번역 뜻을 겸손하게 하는 것과 공경하고 삼가는 것은 서로 다른 것이다.

주석 1_ 遜志·小心: '遜志'는 傅說이 뜻을 겸손하게 하는 것을 말한다. 『尙書』「說命」에 보인다. "傅說은 오직 배움에 있어서는 뜻을 겸손하게 하고, 언제나 민첩함에 힘써, 그 닦은 결과가 성취되었다. 진실로 이를 마음에 품고 있다면, 도가 몸에 쌓일 것이다."[『尙書』「說命」:

惟學遜志, 務時敏, 厥修乃來, 允懷于玆, 道積于厥躬.]

'小心'은 文王이 매 순간 공경하고 삼간 것을 이른다. 『詩經』「大明」에 보인다. "공경하고 삼가시어 덕으로 하늘을 섬겼다. … 하늘이 너희를 굽어보시니 그대들은 마음을 변치 말라."[『詩經』「大明」: 小心翼翼, 昭事上帝, 上帝臨汝, 無貳爾心.]

육상산은 '遜志'를 「謙」卦의 의미로 풀이하였다. "이에 뜻을 지니고 용감하게 행동하며 확립함이 있어야 한다. 그런 후에 극기복례와 뜻을 겸손히 하여 때에 따라 민첩하게 행동할 수 있다. 이것은 진실로 땅 속에 산이 박혀있는 「謙」卦와 같다. 그렇지 않으면 무릇 겸손을 행한다고 하는 것은 가식적으로만 꾸미고 실제로는 사욕을 숭상하고 남을 이기려는 데만 힘쓰는 것이 될 따름이다. 도는 알기 어려운 것도 아니고 행하기 어려운 것도 아니다. 배우는 자는 뜻이 없는 것을 근심해야 한다."[『陸九淵集』권1, 「與姪孫濬」, 13쪽: 於此有志, 於此有勇, 於此有立, 然後能克己復禮, 遜志時敏, 真地中有山, 謙也. 不然, 則凡爲謙遜者, 亦徒爲假竊緣飾, 而其實崇私務勝而已. 道非難知, 亦非難行, 患人無志耳.]

또 그는 遜志와 小心, 辭恭·欲儉이 傅說·文王·后稷이 어느 한 순간에 도달한 것이 아니라, 차근차근 매 순간 자신의 상황과 수준에 맞게 본심을 확립하여 이루어낸 성인의 경지임을 말하였다. "傅說이 뜻을 겸손하게 한 것은 언제나 민첩하게 힘써 그 닦은 결과가 성취된 것이다. 문왕이 공경하고 삼간 것은 덕으로 하늘을 섬겼기 때문이다. 후직은 제사 지낼 때 축사가 공손하였고 신에게 구하는 바람도 크지 않았다. 이에 후직의 덕이 갖추게 되었다. 반드시 구차하게 남을 비방하지 않은 후에 더불어 이 경지를 말할 수 있다. 반드시 엽등하지 않은 후에 이러한 경지에 나아갈 수 있다."[『陸九淵集』권32, 「拾遺·策」, 384쪽: 傅說之遜志, 將以時敏厥修, 文王之小心, 所以昭事上帝. 其辭恭, 其欲儉, 后稷之德於是乎在矣. 必不苟訾而後可與言此, 必不躐等而後可以進此.] 배우는 자의 경우, 遜志·小心 등의 성인의 경지를 한 순간에 도달하려 하기보다는, 차근차근 매 순간 자신의 상황과 수준에 맞게 본심을 확립해 나가는 것이 중요함을 말한 것이다.

[3-7] 讀書固不可不曉文義, 然只以曉文義爲是, 只是兒童之學, 須看意旨所在.

번역 독서는 본래 문장의 뜻을 밝게 이해하지 않으면 안 된다. 그러나 그저 문장 뜻만 이해하는 것을 옳다고 여기면, 아이들의 배움에 해당된다. 반드시 의도와 핵심이 있는 곳을 보아야 한다.

[3-8] 『孝經』十八章, 孔子於曾子踐履實地中說出來, 非虛言也.[1]

번역 『孝經』의 전체 18장은 공자께서 증자에게 실제 상황 속에서 몸소 실천한 것을 말한 것이지, 빈 말이 아니다.

주석 1_ 孝經十八章, … 非虛言也: 유사한 내용이 「어록(상)」 '2-17' 어록에도 보인다. 다만 '孔子於曾子踐履'의 '曾子'가 생략되어 있다.[『陸九淵集』권34, 「語錄(上)」, 415쪽: 『孝經』十八章, 孔子於踐履實地上說出, 非虛言也.]

[3-9] 惟天下之至一, 爲能處天下之至變, 惟天下之至安, 爲能處天下之至危.

번역 오직 천하의 지극히 순일한 것만이 천하의 지극한 변화에 대처할 수 있고, 오직 천하의 지극히 편안한 것만이 천하의 지극한 위태로움에 대처할 수 있다.

[3-10] 「大禹謨」一篇要領, 只在'克艱'[1]兩字上.

번역 「大禹謨」 편의 핵심은 단지 능히 조심하고 삼간다는 '克艱' 두 글자에 있다.

주석 1_ 克艱: 『尙書』「大禹謨」에 보인다. "임금이 능히 그 임금됨을 어렵게 하고, 신하가 능히 그 신하됨을 어렵게 하면, 정치가 이에 다스려지고 백성들도 더 빨리 덕을 좇게 될 것이다."[后克艱厥后, 臣克艱厥臣, 政乃乂, 黎民敏德.] 육상산은 임금이든 신하든 처한 상황에서 근신하며 본심을 확립하는 것이 '克艱'이라고 보았다. 그래서 그는 '人心惟危, 道心惟微'를 해석하며 한순간도 방심하지 않고 본심을 간직하는 의미로 풀이하였다. "『書』에서 '인심은 위태롭고, 도심은 은미하다'고 하였다. 이를 해석한 사람들은 대부분 인심을 인욕으로, 도심을 천리로 보았다. 이러한 관점은 틀렸다. 마음은 하나인데, 사람이 어찌 천리와 인욕의 두 가지 마음을 지니겠는가? 사람의 입장으로 말했기 때문에 '惟危'라고 하였고, 도로써 말하였기 때문에 '惟微'라고 한 것이다. 『書』에서 '선을 행할 생각을 순간 잊으면 狂人이 되고, 자기 욕심을 극복하면 성인이 될 수 있다'고 하였으니, 위태롭지 않은가? 道心은 소리도 냄새도 형상과 몸체도 없으니, 은미하지 않은가?"[『陸九淵集』권34, 「語錄(上)」, 396쪽: 『書』云 "人心惟危, 道心惟微." 解者多指人心爲人欲, 道心爲天理, 此說非是. 心一也, 人安有二心? 自人而言, 則曰惟危, 自道而言, 則曰惟微. "罔念作狂, 克念作聖", 非危乎? 無聲無臭, 無形無體, 非微乎?]

[3-11] 學者須是有志讀書, 只理會文義, 便是無志.

번역 학자는 반드시 뜻을 두고 책을 읽어야 한다. 그저 문장의 의미만 이해하려 한다면, 곧 뜻이 없는 것이다.

[3-12] 善學者如關津, 不可胡亂放人過.

번역 잘 배우는 자는 세관과 나루터의 검문소에서 하듯이, 함부로 사람이 통과하도록 방관해서는 안 된다.

[3-13] 聖人教人, 只是就人日用處開端. 如孟子言徐行後長, 可爲堯舜. 不成在長者後行, 便是堯舜? 怎生做得堯舜樣事, 須是就上面着工夫.[1] 聖人所謂'吾無隱乎爾'[2], '誰能出不由户'[3], 直截是如此.

번역 성인이 사람들을 가르칠 때는 단지 사람들의 일상생활에서 가르침을 시작하였다. 예를 들어 맹자는 어른과 길을 갈 때 천천히 걸어 어른보다 뒤처지면 요순과 같은 성인이 될 수 있다고 말하였다. 그렇다고 맹자의 이 말이 어른보다 뒤처져 걸으면 바로 요순이 될 수 있다는 말이겠는가? 어떻게 해야 요순과 같은 일을 할 수 있는지 말한 것이니, 반드시 위에서 언급한 대로 어른보다 뒤처져 걷는 일상에서 공부해야 한다. 성인이 '나는 너희에게 숨긴 것이 없다'고 말한 것이나 '누가 나가면서 문을 통해 나가지 않겠는가'라고 말한 것 등이 바로 이와 같은 것이다.

주석 1_ 孟子言徐行後長 … 須是就上面着工夫: 『孟子』「告子(下)」에 보인다. 曺交가 맹자의 거처를 마련한 뒤 가르침을 배우겠다고 청하자, 맹자는 요순의 道는 알기 어려운 것이 아니라, 길을 갈 때 어른보다 앞서가지 않는 공경을 행하면서 시작된다고 말하였다. 자신이 처한 일상에서 요순처럼 행동하고 말하면 누구나 성인의 경지에 이를 수 있으니, 일상에서의 효와 제는 성학의 출발이자 핵심이다.[孟子曰 "徐行後長者, 謂之弟, 疾行先長者, 謂之不弟. 夫徐行者, 豈人

所不能哉! 所不爲也, 堯舜之道, 孝弟而已矣. 子服堯之服, 誦堯之言, 行堯之行, 是堯而已矣. 子服桀之服, 誦桀之言, 行桀之行, 是桀而已矣." 曰 "交得見於鄒君, 可以假館, 願留而受業於門." 曰 "夫道若大路然, 豈難知哉! 人病不求耳, 子歸而求之, 有餘師.]

2_ 吾無隱乎爾: 『論語』「述而」에 보인다.

3_ 誰能出不由户: 『論語』「雍也」에 보인다.

[3-14] '士不可不弘毅'[1], 譬如一箇擔子, 盡力擔去, 前面不柰何, 却住無怪. 今自不近前, 却說道擔不起, 豈有此理? 故曰 '力不足者, 中道而廢, 今女畫'[2].

번역 증자는 '선비는 도량이 넓고 뜻이 굳세지 않으면 안 된다'고 하였다. 예를 들어 짐이 하나 있는데 힘을 다해 들다가 그 앞에서 감당하지 못해 머물러 있다면 탓할 수가 없다. 그런데 지금은 스스로 들어 보려고 짐 앞으로 가지도 않고 바로 들지 못한다고 말하니, 어찌 이런 도리가 있겠는가? 그러므로 공자는 '힘이 부족한 자는 중도에 그만두지만, 지금 너는 스스로 한계를 긋는구나'라고 하였다.

주석 1_ 士不可不弘毅: 『論語』「泰伯」에 보인다.

2_ 力不足者 … 今女畫: 『論語』「雍也」에 보인다.

[3-15] 讀書之法, 須是平平淡淡去看, 子細玩味, 不可草草. 所謂 '優而柔之, 厭而飫之, 自然有渙然氷釋, 怡然理順'[1]底道理.

번역 책을 읽는 요령은 반드시 평온하고 담담하게 보고, 자세히 궁리해야지, 대충대충 봐서는 안 된다. 이것이 杜預가 말한 '여유롭게 스스로 구하도록 하고, 만족하게 스스로 추구하게 하면, 자연스럽게 한 점 남김없이 확실히 얼음 풀리는 듯하고, 기쁘게 이치에 순응해지는 듯하다'는 도리이다.

주석 1_ 優而柔之 … 怡然理順: 杜預가 지은 『春秋左傳集解』「序」에 보인다. "여유롭게 스스로 구하도록 하고, 만족하게 스스로 추구하게 하면, 강과 바다가 뭍으로 스며들고 단비가 땅을 윤택하게 적시듯이 하여, 한 점 남김없이 확실히 얼음 풀리듯 하고, 기쁘게 이치에 순해지듯 하여, 그런 후에 터득하게 될 것이다."[優而柔之, 使自求之, 厭而飫之, 使自趨之. 若江海之浸, 膏澤之潤, 渙然冰釋, 怡然理順, 然後爲得也.]

[3-16] 處家遇事, 須着去做, 若是褪頭便不是. 子弟之職已缺, 何以謂學?[1]

번역 집안에 있을 때 일이 생기면 반드시 처리해 가야 한다. 만일 머뭇거리며 슬쩍 피하면 잘못이다. 子弟가 맡은 직분이 이미 부족하여 완전하지 못하면, 어떻게 배운다고 할 수 있겠는가?

주석 1_ 處家遇事 … 何以謂學: 육상산이 집안에 있었을 때, 사소한 일이라도 맡은 일에 최선을 다했다는 기록은 '2-57' 어록과 「年譜」에도 보인다.[『陸九淵集』권36, 「年譜」, 485쪽: 吾家合族而食, 每輪差子弟掌庫二年, 某適當其職, 所學大進, 這方是執事敬.]

[3-17] 燕昭王之於樂毅[1], 漢高帝之於蕭何[2], 蜀先主之於孔明[3], 符秦之於王猛[4], 相知之深, 相信之篤, 這般處所不可不理會. 讀

其書, 不知其人, 可乎?

번역 燕나라 昭王은 樂毅에게, 漢나라 高帝는 蕭何에게, 蜀나라 劉備는 孔明에게, 秦나라 符堅은 王猛에게 서로 아는 것이 깊었고, 서로 신뢰함이 독실하였다. 이러한 곳은 이해하지 않으면 안 된다. 어떤 책을 읽으면서 그 책을 지은 사람을 알지 못하면 되겠는가?

주석

1_ 燕昭王之於樂毅: 燕나라 昭王이 樂毅를 上將軍으로 임명하고 깊이 신임한 고사로, 『史記』의 「燕召公世家」와 「樂毅列傳」에 보인다. 齊나라가 燕나라를 침공하여 연나라 왕 噲를 죽이고 대승했다. 이에 연나라는 태자 平을 왕으로 옹립하였는데, 이 사람이 연나라 昭王이다. 소왕은 무너진 연나라를 회복하기 위해 자신을 낮추고 예물을 후히 하여 어진 자를 초빙했다. 이때 樂毅가 魏나라로부터 왔고, 鄒衍이 제나라로부터 왔으며, 劇辛이 趙나라로부터 왔다.[『史記』「燕召公世家」: 燕君噲死, 齊大勝. 燕子之亡二年, 而燕人共立太子平, 是爲燕昭王. 燕昭王於破燕之後即位, 卑身厚幣以招賢者. … 樂毅自魏往, 鄒衍自齊往, 劇辛自趙往, 士爭趨燕.] 이후 昭王은 樂毅를 亞卿이라는 자리에 앉혀 國政을 맡기고 그를 上將軍으로 삼아, 趙·楚·韓·魏나라와 聯合軍을 형성하여 齊나라로 쳐들어갔다. 齊나라는 수도 臨菑를 내주고 莒땅으로 도망갔다. 이후 樂毅는 연전연승하여 齊나라의 70여 개 城을 무너뜨렸다.[『史記』「樂毅列傳」: 燕昭王以爲亞卿, 久之. … 於是燕昭王問伐齊之事. 樂毅對曰 "齊, 霸國之餘業也, 地大人眾, 未易獨攻也. 王必欲伐之, 莫如與趙及楚魏." 於是使樂毅約趙惠文王, 別使連楚魏, 令趙嚪說秦以伐齊之利. 諸侯害齊湣王之驕暴, 皆爭合從與燕伐齊. 樂毅還報, 燕昭王悉起兵, 使樂毅爲上將軍, 趙惠文王以相國印授樂毅. 樂毅於是並護趙楚韓魏燕之兵以伐齊, 破之濟西. 諸侯兵罷歸, 而燕軍樂毅獨追, 至於臨菑. 齊湣王之敗濟西, 亡走, 保於莒. 樂毅獨留徇齊, 齊皆城守. 樂毅攻入臨菑, 盡取齊寶財物祭器輸之燕.]

2_ 漢高帝之於蕭何: 蕭何는 漢나라 건국 초기 高帝 劉邦을 도와 項羽와 천하를 다투었던 5년간의 楚漢 전쟁에서 결정적인 공헌을 세운

자이다. 그는 사람을 알아보는 데도 뛰어나 아무도 거들떠보지 않던 韓信을 발탁하여 劉邦에게 천거하였다. 기원전 202년, 蕭何는 丞相이 되어 漢 高祖를 도왔으며, 한나라의 각종 典章制度와 일체의 법률을 마련하여 개국의 기틀을 다졌다. 漢 高帝가 蕭何를 깊이 신임한 고사는『史記』「高祖本紀」에 보인다.

3_ 蜀先主之於孔明: 蜀漢의 초대 임금인 劉備는 三顧草廬 끝에 孔明을 丞相으로 삼아 蜀漢을 건국하고, 삼국의 鼎立을 이루었다. 劉備가 신임한 諸葛亮의 고사는『三國志』에 보인다.

4_ 符秦之於王猛: 5胡 시대 왕조 중 가장 융성한 秦의 符堅이 王猛을 얻고 매우 신임한 고사이다. 357년 부견은 賢臣 왕맹과 함께 반정을 일으켜 임금자리에 즉위하였다. 당시 왕맹의 도움으로 부견은 국력을 착실히 쌓아 370년에 前燕을 멸망시키고 前凉을 병합하였으며 長安을 공략하여 도읍으로 정하고 스스로 '天王大單于'라 칭하고 국호를 大秦이라 하였다. 왕맹도 부견의 총애를 업고 법을 엄하게 적용하고 정치를 바로잡아 前秦의 국력을 크게 향상시켰다. 고사는『十六國春秋』「前秦錄」에 보인다.

[3-18] 燕昭之封樂毅, 漢高之械繫蕭何[1]. 當大利害處, 未免搖動此心, 但有深淺.

번역 燕나라 소왕은 樂毅를 책봉하였고, 漢나라 高帝는 蕭何를 족쇄와 수갑을 채워 옥에 가두었다. 큰 이해관계에 처하면 君臣간 신뢰하던 마음이 동요하지 않을 수 없으나, 단지 깊고 얕은 차이만 있을 뿐이다.

주석 1_ 漢高之械繫蕭何:『史記』「蕭相國世家」에 보인다. 高帝는 백성들이 蕭何가 밭을 싸게 사서 비싸게 팔았다고 상소하자, 그가 재물에 눈멀었다고 보고 족쇄와 수갑을 채워 옥에 가두도록 하였다. 사실 이는 소하가 화를 면하기 위해 저지른 자작극이었다. 당시 고제는 반란을 일으킨 신하들을 제압한 뒤, 소하를 相國으로 삼고 식읍

5,000호와 500명의 군사를 보내 그를 호위하게 하였다. 많은 사람들이 축하하였지만, 召平만은 오히려 화를 자초하는 것이라고 소하에게 충고하였다. 모반의 의심을 줄 수 있다는 것이다. 이에 그는 모두 돌려주었고, 또 일부러 잘못을 저질러 백성들의 신임을 잃게 하였다.[上罷布軍歸, 民道遮行上書, 言相國賤彊買民田宅數千萬. 上至, 相國謁. 上笑曰 "夫相國乃利民!" 民所上書皆以與相國, 曰 "君自謝民." 相國因爲民請曰 "長安地狹, 上林中多空地, 弃, 願令民得入田, 毋收稿爲禽獸食." 上大怒曰 "相國多受賈人財物, 乃爲請吾苑!" 乃下相國廷尉, 械繫之.]

[3-19] 人品[1]之說, 直截是有. 只如皐陶九德[2], 便有數等. 就中即一德論之, 如剛而塞者[2], 便自有幾般.

번역 사람의 품성에 대한 설은 분명 있다. 皐陶가 말한 九德은 품성에 몇 가지 등급이 있다. 그중 하나인 덕으로 말하면, 강건하면서도 충실한 자와 같은 경우도 자연히 몇 가지가 등급 차이가 난다.

주석 1_ 人品: 인격의 높고 낮은 정도를 말하는 사람의 품성을 지칭한다. '1-34' 어록과 주석에서 설명하였다.

2_ 皐陶九德 · 剛而塞者: 『尙書』「皐陶謨」에 보인다. "고요가 사람을 아는 방법에 대해 말하였다. '아! 또한 행동에는 아홉 가지 덕이 있으니, 그 사람이 덕이 있다고 말할 때에는 곧 그중의 어떤 일 어떤 일을 어떻게 행하였는가를 말해야 될 것입니다.' 禹가 무슨 뜻인지 묻자, 고요가 말하였다. '너그러우면서도 씩씩하며, 부드러우면서도 꿋꿋하며, 성실하면서도 공경하며, 다스리면서도 존경하며, 온순하면서도 굳세며, 곧으면서도 온화하며, 간략하면서도 모나고, 강건하면서도 충실하고, 날래면서도 의로운 것을 말함이니, 모든 것들이 뚜렷하고 한결같으면 길한 사람일 것입니다.'"[皐陶曰 "都! 亦行有九德, 亦言其人有德, 乃言曰 '載采采.'" 禹曰 "何?" 皐陶曰 "寬而

栗, 柔而立, 愿而恭, 亂而敬, 擾而毅, 直而溫, 簡而廉, 剛而塞, 彊而義, 彰厥有常, 吉哉!"]

[3-20] 古今人物, 同處直截是同, 異處直截是異. 然論異處極多, 同處却約. 作德便心逸日休, 作僞便心勞日拙[1], 作善便降之百祥, 作不善便降之百殃. 孟子言 '道二, 仁與不仁而已',[2] 同處甚約.

번역 역대의 인물들을 보면, 같은 점은 분명 같고 다른 점은 분명 다르다. 그러나 다른 점을 논하는 것은 매우 많지만, 같은 점의 경우는 오히려 적다. 덕을 행하면 마음이 편안하고 나날이 좋게 되지만, 거짓을 행하면 마음이 수고롭고 나날이 곤궁해진다. 또 선을 행하면 많은 복이 내려지고, 불선을 행하면 많은 재앙이 내려진다. 맹자도 '道는 두 가지가 있는데 仁과 不仁일 뿐이다'라고 하였으니, 같은 점은 매우 적다.

주석 1_ 作德便心逸日休, 作僞便心勞日拙: 『尙書』「周官」의 말[作德心逸日休, 作爲心勞日拙]을 육상산이 인용하여 자신의 뜻을 설명한 것이다.
2_ 道二, 仁與不仁而已: 『孟子』「離婁(上)」에 보인다.

[3-21] 人莫先於自知, 不在大綱上, 須是細膩求.

번역 사람들은 스스로 아는 것보다 중요한 것이 없으니, 큰 강령 위에서 찾아서는 안 되고, 반드시 세밀한 곳에서 구해야 한다.

[3-22] 學者不長進, 只是好己勝. 出一言, 做一事, 便道全是, 豈有此理? 古人惟貴知過則改, 見善則遷. 今各自執己是, 被人點破, 便愕然, 所以不如古人.

번역 학자들이 진보하지 않는 것은 단지 자기가 이기는 것만 좋아하기 때문이다. 말을 내뱉고 일을 하는데 모두 옳다고 하니, 어찌 이런 도리가 있을 수 있겠는가? 옛사람들은 오직 잘못을 알면 고치고, 선을 보면 옮기는 것을 귀하게 여겼다. 지금은 각자 자기가 옳다고만 고집하고, 남에게 지적을 받으면 오히려 몹시 놀라며 고칠 줄 모르니, 이것이 옛사람들보다 못한 까닭이다.

[3-23] 主於道, 則欲消而藝亦可進, 主於藝, 則欲熾而道亡, 藝亦不進.[1]

번역 道에 초점을 두면 사욕이 사라지고 藝 또한 진보하게 되지만, 예에 초점을 두면 사욕이 왕성해지고 도는 사라져 藝 역시 결국 퇴보하게 될 것이다.

주석 1_ 主於道 … 藝亦不進: 공자가 언급한 '道에 뜻을 두고, 德에 의거하며, 仁에 의지하고, 藝에서 노닌다.'[『論語』「述而」: 志於道, 據於德, 依於仁, 游於藝.]에 대한 육상산의 풀이로 보인다. 그는 여기서 예에서 노닐게 되는 것이 도에 뜻을 두고 立志를 하였기 때문에, 저절로 도달하게 된 경지로 이해하였다.

[3-24] 仁自夫子發之.

번역 仁은 공자로부터 발양된 것이다.

[3-25] 不可自暴·自棄[1]·自屈.

번역 스스로 해쳐도 안 되고, 스스로 버려도 안 되며, 스스로 비굴하게 해서도 안 된다.

주석 1_ 自暴自棄: 『孟子』「離婁(上)」에 보인다. "스스로 해치는 자는 더불어 말할 수 없고, 스스로 버리는 자는 더불어 행할 수 없다. 말할 때 예의를 비방하는 것을 일러 '스스로 해치는 자'라 하고, 내 몸은 인에 거하고 의를 행할 수 없다고 하는 것을 일러 '스스로 버리는 자'라 한다."[孟子曰 "自暴者, 不可與有言也, 自棄者, 不可與有爲也. 言非禮義, 謂之自暴也, 吾身不能居仁由義, 謂之自棄也."]

[3-26] 志小不可以語大人事.

번역 뜻이 작으면 대인의 일을 말할 수 없다.

[3-27] 千古聖賢, 只是辦一件事, 無兩件事.

번역 천고만년의 성현은 단지 한 가지 일을 전력해서 처리했지, 두 가지 일을 하지 않았다.

[3-28] '言必信, 行必果, 硜硜然, 小人哉'[1], 宜自考察.

번역 『논어』의 '말을 하면 반드시 신용을 지키고, 행동은 반드시 결과가 있게 하는 것은 융통성 없는 소인이다'는 말은 마땅히 고찰해야 한다.

주석 1_ 言必信 … 小人哉: 『論語』「子路」에 보인다. 육상산은 여기서 말한 '小人'은 비록 융통성이 없는 빡빡한 소인이지만, '小人儒'와 같은 '선비'에 해당한다고 보았다. 제자 曹立之에게 보낸 편지에도 '소인'을 儒者의 하나로 본 그의 관점이 드러나 있다. "자하는 공자 문하의 高弟子이자 백세의 師表이다. 그 자질을 어떻게 쉽게 얻을 수 있겠는가? 당시 공자께서 '너는 군자유가 되고 소인유가 되지 말라'고 하였다. 소위 말하는 소인이 어찌 음험하고 간사하며 정직하지 못한 자만을 이르겠는가? 과연 음험하고 간사하며 정직하지 못하면 또 어떻게 '儒'라 이를 수 있겠는가? 비록 '儒'라 하였지만 이른바 '小人儒'도 있는 것이다. 공자는 또 '말을 하면 반드시 신용을 지키고, 행동은 반드시 결과가 있게 하는 것은 융통성 없는 소인이다.'라고 하였다. 역시 소인이라 하였지만, 선비(士)라 말하지 않을 수 없는 것이다."[『陸九淵集』권3, 「與曹立之」, 42쪽: 子夏孔門之高弟, 百世之師表, 其才質豈易得哉? 當時夫子告之曰 "汝爲君子儒, 無爲小人儒." 夫所謂小人者, 豈險賊不正之謂哉? 果險賊不正, 則又安得謂之儒? 雖曰儒矣, 然而有所謂小人儒. "言必信, 行必果, 硜硜然, 小人哉!" 雖曰小人哉, 然不可不謂之士.]

[3-29] 退步思量, 不要騖外.

번역 한 발 물러나 생각하고, 마음 밖에 있는 것을 좇아서는 안 된다.

[3-30] '共工方鳩僝功'[1]與'如川之方至'[2], 此'方'字不可作'且'字看.

번역 『尙書』의 '共工이 널리 의견을 모아 일을 잘 처리하고 있다'와 『詩經』의 '냇물이 막 이르는 것 같다'에서 '方'자는 '또한'을 의미하는 '且'자로 해석할 수 없다.

주석 1_ 共工方鳩僝功: 『尙書』「堯典」에 보인다. 여기서는 '方'자가 '두루'·'널리' 등의 뜻으로 쓰였다. "임금이 '누가 나의 업무를 잘 도울 만한가?'를 물었다. 환도가 말하였다. '아! 공공이 널리 의견을 모아 일을 잘 처리하고 있습니다.' 임금이 말하였다. '아니다. 말은 잘하나 행동이 다르고, 외양은 공손하나 마음은 오만하기 짝이 없다.'"[帝曰 "疇咨若予采?" 驩兜曰 "都! 共工方鳩僝功." 帝曰 "吁! 靜言庸違, 象恭滔天."]

2_ 如川之方至: 『詩經』「天保」에 보인다. 여기서는 '方'자가 '방금'·'바야흐로' 등의 뜻으로 쓰였다. "하늘이 너를 편안히 받쳐주니, 흥하지 않음이 없다. 산과 같고 언덕과 같으며, 산마루와 같고 구릉과 같으며, 냇물이 막 이르는 것과 같아, 불어나지 않음이 없다."[天保定爾, 以莫不興, 如山如阜, 如岡如陵, 如川之方至, 以莫不增.]

[3-31] 堯之知共工·丹朱[1], 不是於形迹間見之, 直是見他心術.

번역 堯임금이 共工과 丹朱가 왕위 계승의 자격이 없음을 안 것은 그들이 행한 사업에서 본 것이 아니라, 바로 그들의 마음 씀을 보고 판단한 것이다.

주석 1_ 堯之知共工·丹朱: 『尙書』「堯典」에 보인다. 요임금이 천하를 다스릴 적임자를 선택하면서 신하들의 추천을 받았는데, 放齊는 丹朱

를, 驩兜는 共公을 천거하였다. 하지만 요임금은 그들의 문제점을 명확히 알고 선택하지 않았다.[帝曰 "疇咨若時, 登庸?" 放齊曰 "胤子朱啓明." 帝曰 "吁! 嚚訟, 可乎?" 帝曰 "疇咨若予采?" 驩兜曰 "都! 共工方鳩僝功." 帝曰 "吁! 靜言庸違, 象恭滔天."] 육상산은 요임금이 그들을 선택하지 않은 이유가, 그들이 사업을 시행할 능력을 갖추고 있지 않기 때문이 아니라, 바로 본심이 확립되지 않았기 때문으로 여겼다.

[3-32] 呂正字[1]館職策, 直是失了眼目, 只是術. 然孟子亦激作, 却不離正道.

번역 呂正字가 秘書省 관직을 맡으며 내놓은 策文은 식견 높은 안목을 잃었고, 그저 술수뿐이었다. 물론 맹자도 임금을 진작시켰지만, 그래도 正道에서 벗어나지는 않았다.

주석 1_ 呂正字: 趙蕃이 지은 『全宋詩』의 「答審知見貽」에 보면, "建安에는 朱校書가 있고, 婺州에는 呂正字가 있다. 두 公은 지금 儒者들보다 먼저 천지간에 명성을 드러내었다."[建有朱校書, 婺有呂正字. 二公今儒先, 名滿天地間.]는 언급이 있다. 張栻도 呂祖謙과 헤어진 아쉬움을 달래며 「隣邦呂正字」라는 시를 지은 바 있다. 아마도 呂正字는 呂祖謙을 지칭하는 것으로 보인다. 呂祖謙의 字는 伯恭이고, 東萊先生이라 불렀다. 淳熙 3년(1176), 秘書省 秘書郞에 임명되었고, 國史院編修와 實錄院 檢討官을 겸직하였다. 秘書省에는 秘書郞 · 校書郞 · 正字 등의 관직이 있었으므로, 呂正字로 칭한 것으로 보인다. 주자 · 장식과 함께 東南三賢이라고 일컬어졌다. 저서로는 『東萊左氏博議』 · 『東萊文集』 등이 있다.

육상산이 여조겸과 처음 만나게 된 것은 乾道 7年(1171)의 일이다. 33세의 나이로 秋試에 급제한 육상산은 이듬해 있을 省試를 치르기 위해 겨울에 臨安에 갔다가, 여조겸과 만남을 갖게 된다. 육상산은 『祭呂伯恭文』에서 당시 상황을 다음과 같이 회고하고 있다. "辛卯 겨울에 도성에 갔다가 운 좋게 여조겸을 만나 뵈었지만, 그저 한 번 왕래하며 예를 갖추고 물러났을 뿐이다. 오래 지나지 않아 公이 내년에 있을 省試의 시험관으로 내정되어, 조석으로 자주 만나 깊이 있는 얘기를 나눌 수 없었다."[『陸九淵集』권26, 「祭呂伯恭文」, 305쪽: 辛卯之冬, 行都幸會, 僅一往復, 揖讓而退, 既而以公將與考試, 不獲朝夕, 以吐肝肺.] 물론 이번 만남은 그저 형식적인 만남이었다. 淳熙 元年(1174) 육상산이 衢州에 있는 여조겸을 방문하면서 "비록 서로 잘 알지 못했지만 매번 존형(여조겸)의 글을 보고 제 생각을 넓히고 계발할 수 있어서 꼭 한번 뵙고 싶었습니다." [이 말은 여조겸이 처음 육상산과 만남을 갖고 나서, 육상산이 한 말을 陳同甫에게 편지를 쓰면서 인용한 것이다. 『東萊集』별집 권10, 「與陳同甫」: 渠云 "雖未相識, 每見尊兄文字, 開豁軒翥, 甚欲得相聚."]라고 한 것을 보더라도, 이전에 둘은 서로 만나 학문을 논하거나 편지를 주고받은 적이 없음을 알 수 있다.

이듬해 건도 8년(1172) 육상산은 南宮에서 치르는 春試에 참가한다. 이때 여조겸이 시험관으로 있었는데, 답안지를 채점하다가 육상산의 답안지를 보고 크게 감탄하였고, 갑자기 집안일로 급히 시험장을 떠나게 되자 知貢擧를 역임하고 있던 尤延之에게 "이 시험 답안은 일반적인 학문하는 자를 뛰어넘는 것이니, 반드시 江西지역 육자정의 문장일 것이다. 이 사람은 결코 떨어뜨릴 수 없다."[『陸九淵集』권36, 「年譜」, 487쪽: 伯恭遽以內難出院, 乃囑尤公曰 "此卷超絶有學問者, 必是江西陸子靜之文, 此人斷不可失也."]라고 분부하였다.

여조겸은 아호모임 이후 陳亮에게 보낸 편지에서 "저는 建寧에서 2개월여를 머물고, 다시 주원회와 그곳에서 나와 아호사에 갔었습니다. 그리고는 육상산 형제와 유자징 등의 諸公들과 절차탁마하였는데, 생각하니 참으로 유익하였습니다. 元晦는 지혜가 남다르고 총명하여 공부가 견실하고 세밀한 곳에 이르렀으니, 그 깊이를 헤아릴 수 없습니다. 子靜도 또한 견실하고 공력이 있지만, 그저 폭넓은 곳까지는 미치지 못하였을 뿐입니다."[『東萊集』권10: 某留

建寧凡兩月餘，復同朱元晦至鵝湖，與二陸及劉子澄諸公相聚切磋，甚覺有益．元晦英邁剛明，而工夫就實入細，殊未可量．子靜亦堅實有力，但欠開闊耳.]라고 하였고, 또 순희 6년 복재가 방문한 이후 주자에게 "저 두 형제는 지금 학자들 가운데 보기 드문 자들이니, 만일 잘못됨을 정돈함이 주도면밀하고 바르게 된다면, 그 효과는 작은 일은 아닐 것입니다."[『東萊集』권8: 渠兄弟在今士子中不易，得若整頓得周正，非細事也.]라고 하였다. 또한 아호모임 이전에도 "高見을 적어낸 시험답안지를 보고 마음이 넓어지고 눈이 밝아지는 것과 같았고, 그가 강서성의 육자정인줄 알았다."[『陸九淵集』권36, 「年譜」, 487쪽: 一見高文，心開目明，知其爲江西陸子靜也.], "인품이 독실하고 강직한 것이 요즘 학자들 가운데 보기 드문 자입니다."[『東萊集』별집 권7, 「與汪端明」: 淳篤敬直，流輩中少見其比.]라고 칭찬한 바 있다. 물론 이 같은 말이 실질적인 평가가 아니라 비판하기 전에 의례히 하는 인사치레로 볼 수도 있다. 하지만, 이는 육상산 형제의 관점 중에 독서를 폐기하는 등의 극단적 견해를 제외한다면, 일정 정도 받아들일 수 있는 부분이 있다는 말이기도 하다.

훗날 全祖望도 『同谷三先生書院記』에서 여조겸의 학문에 대해 평가하면서 "남송의 乾淳시기 이후로는 학파가 셋으로 나뉘어졌는데, 朱學과 呂學, 陸學이 그것이다. 세 학파는 비록 동시에 형성되었지만 모두 하나로 합치되지 않았다. 주자는 格物致知를 위주로 하였고, 육상산은 明心을 위주로 하였으며, 여조겸은 이 둘의 장점을 모두 취하고는 다시 中原 문헌학의 전통을 가지고 윤택하게 하였다."[『宋元學案』권51, 「東萊學案」, 7쪽: 謝山『同谷三先生書院記』曰 "宋乾淳以後, 學派分而爲三. 朱學也, 呂學也, 陸學也. 三家同時, 皆不甚合. 朱學以格物致知, 陸學以明心, 呂學則兼取其長, 而復以中原文獻之統潤色之."]라고 말하였다. 여조겸은 주자뿐만 아니라 육상산 학문의 장점을 받아들여 중원 문헌학의 전통을 잇는 呂學을 이루었다는 것이다. 그래서 여조겸이 육상산에게 지녔던 태도는 시종일관 격렬하게 비난의 태도를 견지했던 주자와는 조금 다르다. 육상산과 여조겸의 관계는 이후 순희 8년(1181) 7월 29일 여조겸이 병으로 세상을 마치면서 매듭지어졌다.

[3-33] 楊子雲[1]好論中, 實不知中.

번역 楊子雲은 中에 대해 논하기 좋아했지만, 실제 中을 알지 못하였다.

주석 1_ 楊子雲: 西漢시기 辭賦家이자 유학자로, 字는 子雲이다. 혹자는 姓을 '揚'으로 썼다. 어려서부터 학문에 힘써 박학다식하였고 辭賦를 즐겨 썼으며 깊이 생각하는 것을 좋아하였다. 40세 이후 처음으로 京師에서 유학하였다. 이후 찬탈자 王莽의 僞朝에서 벼슬하여 大夫가 되었기 때문에 후세에 지조가 없는 사람이라고 비난을 들었다. 만년에는 賦는 짓지 않았고 經學에 뜻을 두었다. 저서로는 『訓纂』·『方言』·『蒼詰訓纂』 등의 辭賦 외에 『論語』를 모방한 『法言』과 『周易』을 모방한 『太玄』이 있다. 육상산은 일찍이 그가 지은 책들이 孔孟의 도를 어그러뜨리고, 음양의 이치도 어지럽혔다고 비판하였다.[『陸九淵集』권15, 「與吳斗南」, 201쪽: "今世所傳揲著之法, 皆襲揚子雲之謬, 而千有餘年莫有一人能知之者. 子雲之『大玄』, 錯亂著卦, 乖逆陰陽." 『陸九淵集』권34, 「語錄(上)」, 410쪽; "退之言'軻死不得其傳, 荀與楊擇焉而不精, 語焉而不詳.' 何其說得如此端的."]

[3-34] 「大雅」是綱, 「小雅」是目, 『尙書』綱目皆具.[1]

번역 「大雅」는 大綱이고, 「小雅」는 條目이다. 『尙書』는 綱과 目을 모두 갖췄다.

주석 1_ 大雅 … 綱目皆具: 육상산은 "事는 본래 보지 않을 수 없지만, 어쨌든 末에 해당한다. 스스로 수양하는 자는 德을 길러야 하고, 남을 기르는 자도 또한 그러하다. 스스로 아는 자도 덕을 알아야 하고, 남을 아는 자도 그러하다."[『陸九淵集』권35, 「語錄(下)」, 466쪽: 事

固不可不觀, 然畢竟是末. 自養者亦須養德, 養人亦然. 自知者亦須知德, 知人亦然.]라고 하였다. 또 그는 「大雅」와 「小雅」에 대해서는 다음과 같이 평가하였다. "『詩經』의 「大雅」는 대부분 道에 대해 언급하고 있지만, 「小雅」는 事에 대해 언급하고 있다. 「大雅」에서도 비록 小事에 대해 언급하고 있지만, 역시 道에 주안점을 두고 있고, 「小雅」 편에서도 비록 大事를 언급하고 있지만, 역시 事에 주안점을 두고 있다. 이것이 「大雅」와 「小雅」가 구분되는 까닭이다."[『陸九淵集』권34, 「語錄(上)」, 404쪽: 『詩』「大雅」多是言道, 「小雅」多是言事. 「大雅」雖是言小事, 亦主於道, 「小雅」雖是言大事, 亦主於事. 此所以爲「大雅」·「小雅」之辨.] 綱은 도에 주안점을 둔 덕을 기르는 일로 本에 해당하며, 目은 小事에 신경쓰고 덕을 천시하는 末에 해당한다.

[3-35] 觀『書』到「文侯之命」, 道已湮沒, 『春秋』所以作.[1]

번역 『尙書』를 보다 「文侯之命」에 이르면, 道가 이미 사라졌음을 알게 된다. 그래서 『春秋』가 지어진 것이다.

주석 1_ 觀書 … 『春秋』所以作: 「文侯之命」은 『尙書』 편명이다. 주나라 幽王이 驪山 밑에서 犬戎에게 죽임을 당하고 晉나라 文候와 鄭나라 武公은 平王을 도와 난을 평정하고, 평왕은 遷都하여 東都인 洛邑에서 즉위하게 되었다. 이 편은 평왕이 문후의 공을 기리며 명하여 내린 글이다. 한편, 공자가 지은 『春秋』는 노나라 은공 원년(B.C. 722)부터의 역사사건을 다루고 있다. 이 시기는 평왕이 東遷하여 東周를 건립한 때와 동일하다. 그러므로 육상산은 東周시기 평왕 49년부터 다룬 『春秋』는 공자가 道가 사라진 세상에 모범을 보이고자 지은 것이라고 보았다. 사실 이러한 관점은 이미 『맹자』에 보인다. "왕의 자취가 사라지자 『詩』가 사라졌고, 『詩』가 사라진 연후에 『春秋』가 지어졌다."[『孟子』「離婁(下)」: 王者之迹熄而『詩』亡,

『詩』亡然後『春秋』作.] 주자도 이 부분을 다음과 같이 주석하였다. "'王者之跡熄'은 주나라 평왕이 낙양으로 동천하고, 政教와 號令이 천하에 미치지 못하게 된 것을 말한다. '詩亡'은 黍離의 편이 국풍으로 강등되어 「雅」가 망한 것을 말한 것이다. 『春秋』는 노나라 역사를 기록한 책의 이름이다. 공자가 인하여 筆削하였다. 노나라 隱公 원년으로부터 시작하였으니, 실은 주나라 평왕 49년이다."[『孟子集注』「離婁(下)」: 王者之跡熄謂平王東遷而政教號令, 不及於天下也. 詩亡謂黍離降爲國風而「雅」亡也. 『春秋』, 魯史記之名, 孔子因而筆削之, 始於魯隱公之元年, 實平王之四十九年也.]

[3-36] 有所忿懥[1], 則不足以服人, 有所恐懼[1], 則不足以自立.

번역 마음에 분노가 있으면 남을 감복시킬 수 없고, 두려움이 있으면 스스로 설 수 없다.

주석 1_ 有所忿懥 · 有所恐懼: 『禮記』「大學」에 보인다.

[3-37] 志道 · 據德 · 依仁,[1] 學者之大端.

번역 공자가 말한 '道에 뜻을 두고, 德에 의거하며, 仁에 의지한다'는 것은 배우는 자의 중요한 단서이다.

주석 1_ 志道 · 據德 · 依仁: 『論語』「述而」에 보인다.

[3-38] 須是信得及乃可.

번역 반드시 신용을 지킬 수 있어야 비로소 가능하다.

[3-39] 王文中『中說』[1]與楊子雲相若[2], 雖有不同, 其歸一也.

번역 王文中의 『中說』은 楊子雲이 지은 『法言』과 유사하다. 비록 다른 부분이 있지만, 그 귀착점은 하나이다.

주석
1_ 王文中『中說』: '王文中'은 王通이다. 字는 仲淹이고, 號는 文中子이다. 사후 제자들이 그를 기념하기 위해, 『論語』의 형식을 빌려 『中說』을 지었다. 『文中子中說』·『文中子』라고도 부른다. 「王道」·「天地」·「事君」·「周公」·「問易」·「禮樂」·「述史」·「魏相」·「立命」·「關郎」 등으로 이루어져 있다.
2_ 楊子雲: 西漢시기 經學家 楊雄이고, 子雲은 號이다. '3-33 (1)번 주석'에서 설명하였다. 그의 저서 『法言』은 『논어』를 모방하여 구성하였기 때문에, 육상산은 왕문중이 논어의 형식을 빌려 지은 『중설』과 내용은 다를지라도 체제는 비슷하다고 본 것이다.

[3-40] 道在天下, 加之不可, 損之不可, 取之不可, 舍之不可, 要人自理會.

번역 道는 천하에 있는 것으로, 보탤 수도 없고 덜 수도 없으며, 취할 수도 없고 버릴 수도 없다. 각자 스스로 이해해야 한다.

[3-41] 大綱提掇來, 細細理會去, 如魚龍遊於江海之中, 沛然無礙.

번역 학문의 대강을 붙들고, 세밀하게 이해해 나가야 한다. 마치 물고기와 용이 강과 바다에서 유유히 헤엄치듯이, 왕성하게 조금의 막힘도 없게 해야 한다.

[3-42] 據要會以觀方來.

번역 핵심에 의거하여 앞으로 일어날 일을 볼 수 있어야 한다.

[3-43] 觀『春秋』·『易』·『詩』·『書』經聖人手, 則知編『論語』者亦有病[1].

번역 『春秋』·『易』·『詩』·『書』와 같이 聖人의 손을 거쳐 만들어진 경전을 보면, 『論語』를 편찬한 자가 또한 병통이 있음을 알게 된다.

주석 1_ 知編『論語』者亦有病: 「연보」에 의하면, 육상산은 이미 어린 나이에 『논어』의 저작에 대해 의문을 제기하였다. "13세 때에, 復齋께서 『논어』를 읽다가 나에게 가까이 오라고 하고는 有子가 말한 章을 어떻게 생각하는지 물었다. 이에 나는 '이 유자의 말은 공자의 말이 아닌 것 같습니다.'라고 대답하였다. 복재가 또 '공자 문하에서 증자를 제외하면 바로 有子가 있으므로, 경솔하게 의론할 수 없다.'고 하자, 나는 다음과 같이 말하였다. '공자의 말은 簡易한데, 유자의 말은 支離합니다.'"[『陸九淵集』권36, 「年譜」, 483쪽: 是年, 復齋因讀『論語』, 命先生近前, 問云 "看有子一章如何?" 先生曰 "此有子之言, 非夫子之言." 復齋曰 "孔門除去曾子, 便到有子, 未可輕議." 先生曰 "夫子之言簡易, 有子之言支離."] 유자의 말은 『논어』「학이」편의 2장 · 12장 · 13장을 가리킨다. 본심의 회복이 아니라, 禮와 같은 형식을 강조하여 비판한 것으로도 볼 수 있지만, 무엇보다 육상산은 유자가 말한 '孝弟也者, 其爲仁之本'이 이천의 관점과 유사하다고 여겼던 것으로 보인다. 이천은 일찍이 "仁을 행하는 것은 孝弟로부터 시작되니, 효제는 인의 한 가지 일이다. 그래서 효제가 인을 행하는 근본이라고 하면 괜찮지만, 인의 근본이 된다고 하면 잘못된 것이다. 대체로 仁은 性이고 孝弟는 用이다. 性 속에 仁義禮智 사덕이 있지, 어찌 孝第가 있어 비롯되었겠는가? 仁은 愛를 주관하고, 사랑은 친애함보다 큼이 없다. 그러므로 孝弟는 仁을 행하는 근본이라고 한 것이다!"[『河南程氏遺書』권18, 183쪽: 謂行仁自孝弟始, 蓋孝弟是仁之一事, 謂之行仁之本則可, 謂之是仁之本則不可. 蓋仁是性也, 孝弟是用也. 性中只有仁義禮智四者, 幾曾有孝弟來? 仁主於愛, 愛莫大於愛親. 故曰 '孝弟也者, 其爲仁之本歟!]라고 하였다. 인은 성이고 체이며, 효제는 인을 행하는 근본이고 용이라는 말이다. 이는 간괘에서 말한 '머무를 곳(背)'도 마음과 확연히 구분되는 성이고, 미발시 본성은 기질의 영향을 받지 않아 있는 그대로 보존되어 있는 中의 상태를 유지하여 지극히 선하지만, 감정이 드러나면서 비로소 선악의 구분이 생기게 된다는 것을 의미한다. 육상산은 바로 이러한 동과 정, 체와 용을 확연히 구분한 이천의 관점을 받아들이기 어려웠던 것으로 보인다.

[3-44] 「中庸」言 '鬼神之爲德也, 其盛矣乎!'[1] 夫子發明, 判然甚白.

번역 「中庸」에서 "귀신의 덕은 참으로 지극하다!"고 하였다. 이는 공자께서 밝힌 것으로, 확연하고 매우 명백하다.

주석 1_ 鬼神之爲德也, 其盛矣乎: 『禮記』「中庸」에 보인다.

[3-45] 俗諺云 "心堅石穿", 既是一箇人, 如何不打疊教靈利.

번역 속담에 "心地가 굳으면 돌도 뚫을 수 있다."고 하였다. 이미 사람인데 어째서 분발하여 영리하게 하지 않는가?

[3-46] 今之學者譬如行路, 偶然撞着一好處便且止, 覺時已不如前人, 所以乍出乍入, 乍明乍昏.

번역 지금의 학자를 길가는 것으로 비유하면, 우연히 좋은 장소를 만나 멈추고 쉬다가, 가야 할 것을 자각했을 때 이미 앞서간 사람을 따라잡을 수 없게 되는 것과 같다. 그러므로 갑자기 정신이 들다가 갑자기 나가기도 하고, 갑자기 밝다가 갑자기 어두워지기도 한다.

[3-47] 學者不自着實理會, 只管看人口頭言語, 所以不能進. 且如做一文字, 須是反覆窮究去, 不得又換思量, 皆要窮到窮處, 項項分明. 他日或問人, 或聽人言, 或觀一物, 自有觸長底道理.

번역 학자가 스스로 착실하게 이해하려 하지 않고, 그저 남이 하는 말만을 바라보니, 진보하지 못한다. 예를 들어 책 한 권을 지을 때, 반드시 반복해서 궁구해 나가야 하고, 터득하지 못하면 또 생각을 바꾸어 모두 궁극적인 곳에 이르러 매 항목의 함의가 분명해지도록 해야 한다. 그러고 나서 다른 날 남에게도 물어보고 남의 말을 들어보며 사물도 관찰하면, 저절로 성장을 맛보는 도리가 있을 것이다.

[3-48] 失了頭緖, 不是助長, 便是忘了, 所以做主不得.

번역 핵심을 잃은 것은 조장한 것이 아니라면 본심을 잃어버린 것이다. 그래서 생각대로 처리해서는 안 된다.

[3-49] 『記』言 '后稷, 其辭恭, 其欲儉'[1], 只是說末. 『論語』言 '伯夷叔齊求仁得仁'[2], '泰伯三以天下讓'[3], '殷有三仁'[4], 却從血脉上說來.

번역 『禮記』에서 말한 '后稷은 제사의 축사가 공손하였고 신에게 구하는 바람도 크지 않았다'는 것은, 단지 末端을 말한 것이다. 반면 『論語』에서 말한 '伯夷·叔齊는 인을 구하여 인을 얻었다'는 것과 '泰伯은 세 번 천하를 양보하였다'는 것, '은나라에 세 인한 사람이 있었다'는 것은 모두 핵심 위에서 평가한 것이다.

주석

1_ 后稷, 其辭恭, 其欲儉: 『禮記』「表記」에 보인다. "후직의 행하는 제사는 물품을 많이 쓰지 않으므로 준비하기가 쉽고, 그 축사는 공손하며, 그 신에게 구하는 욕망은 크지 않으며, 그 복록은 자손에 미친다."[后稷之祀易富也, 其辭恭, 其欲儉, 其祿及子孫.]

2_ 伯夷叔齊求仁得仁: 『論語』「述而」에 보인다. "염유가 말하였다. '선생님께서 위나라 임금을 위해 일하실까?' 자공이 말하였다. '좋다. 내가 장차 물어보겠다.' 들어가서 말하였다. '백이와 숙제는 어떤 사람입니까.' 공자께서 말씀하셨다. '예전의 어진 사람이다.' 자공이 말하였다. '후회하였습니까?' 공자께서 말씀하셨다. '인을 구하여 인을 얻었으니 어찌 후회하였겠는가?' 자공이 나와서 말하였다. '선생님께서는 그를 위해 일하지 않을 것이다.'"[冉有曰 "夫子爲衛君乎" 子貢曰 "諾, 吾將問之." 入曰 "伯夷叔齊, 何人也?" 曰 "古之賢人也." 曰 "怨乎?" 曰 "求仁而得仁, 又何怨?" 出曰 "夫子不爲也."]

3_ 泰伯三以天下讓: 『論語』「泰伯」에 보인다. "태백은 지극한 덕을 가진 사람이라고 이를 만하다. 세 번 천하를 양보하였으나 백성들이 칭송할 수 없었다."[泰伯, 其可謂至德也已矣. 三以天下讓, 民無得而稱焉.]

4_ 殷有三仁: 『論語』「微子」에 보인다. "미자는 떠나가고 기자는 종이 되고 비간은 간하다가 죽었다. 공자께서 말씀하셨다. '은나라에 어진 사람이 셋 있었다.'"[微子去之, 箕子爲之奴, 比干諫而死. 孔子曰 "殷有三仁焉."]

[3-50] 利·害·毁·譽·稱·譏·苦·樂, 能動搖人, 釋氏謂之八風.[1]

번역 이익을 얻는 것, 손해를 보는 것, 나쁜 평판을 얻는 것, 명예에 사로잡히는 것, 칭찬받는 것, 비난받는 것, 곤경에 처하는 것, 즐거운 것 등은 사람들의 마음을 동요시킬 수 있는 것으로, 불교에서 말한 '八風'이다.

주석

1_ 釋氏謂之八風: '八風'은 사방팔방으로 부는 바람처럼 세간에서 사람들의 마음을 동요시키는 여덟 가지 일을 일컫는다. 『釋氏要覽(下)』「躁靜」에 보인다. 육상산은 일찍이 불교가 이난의 학문이라고 비판하였다. "석가모니가 세운 가르침은 생사의 고통에서 근본적으로 벗어나 오로지 개인의 사사로움을 완성하는 데 힘 쏟았을 뿐이다. 이것이 그 병통의 근원이다. 또 세상은 이와 같은데, 홀연히 '禪'이라 불리는 종파가 생겨났다. 그야말로 바람도 없는데 파도가 일고, 평지에서 흙더미가 쌓인 격이다."[『陸九淵集』권34, 「語錄(上)」, 399쪽: 釋氏立教, 本欲脫離生死, 惟主於成其私耳, 此其病根也. 且如世界如此, 忽然生一箇謂之禪, 已自是無風起浪, 平地起土堆了.]

[3-51] 七重鐵城, 私心也. 私心所隔, 雖思非正. 小兒亦有私思.

번역 일곱 겹의 철로 만든 성벽처럼 두터운 것이 私心이다. 사심에 막히면, 비록 생각하더라도 바르지 않다. 어린아이라 하더라도 역시 사심은 있다.

[3-52] 心官不可曠職.

번역 마음의 기관은 직무를 소홀히 해서는 안 된다.

[3-53] 太陽當天, 太陰五緯[1], 猶自放光芒不得, 那有魑魅魍魎來?

번역 태양이 하늘에 밝게 떠오르면, 달과 별이 오히려 스스로 빛을 내뿜지 못하게 되니, 어디에서 산 속 요괴나 물 속 괴물 등의 도깨비가 나타날 수 있겠는가?

주석 1_ 太陰五緯: '太陰'은 달을 일컫고, '五緯'는 다섯 가지 별을 말한다. 『周禮』「春官」 大宗伯에 "實柴로 일월성신에게 제사지낸다."[『周禮』「春官」大宗伯: 以實柴祀日月星辰.]는 기록이 있다. 鄭玄은 "星은 五緯를 일컫는다."[星謂五緯.]라고 주석하였고, 賈公彦은 疏에서 "五緯는 五星으로, 동쪽의 歲星, 남쪽의 熒惑, 서쪽의 太白, 북쪽의 辰星, 중앙의 鎮星을 말한다."[五緯即五星. 東方歲星, 南方熒惑, 西方太白, 北方辰星, 中央鎮星.]고 풀이하였다. 육상산은 태양을 본심으로, 달과 별 등은 사욕으로 비유하였다. 그래서 그는 "이 道의 밝음은 마치 해가 하늘에 떠오르자 모든 어둠이 사라지는 것과 같다."[『陸九

淵集』권34, 「語錄(上)」, 400쪽: 此道之明, 如太陽當空, 羣陰畢伏.]
고 하였다.

[3-54] '小德川流, 大德敦化'[1], 小德即大德, 大德即小德. 發強剛毅, 齊莊中正[2], 皆川流也. 敦, 厚. 化, 變化.

번역 「中庸」의 '작은 덕은 개울처럼 흐르고, 큰 덕은 두텁게 변화시킨다'에서 소덕은 바로 대덕이고 대덕은 곧 소덕이다. 분발하고 강하며 굳세고 꿋꿋하게 하는 것이나, 재계하고 장중하며 중용을 지키고 올바르게 하는 것은 모두 개울이 흐르는 것 같은 소덕이다. 敦은 두텁다는 뜻이고, 化는 변화한다는 의미이다.

주석

1_ 小德川流, 大德敦化: 『禮記』「中庸」에 보인다. 육상산은 大德이든 小德이든 본심에서 비롯된 행동이므로 둘의 본질은 사실 동일하다고 여겼다. 다만 소덕은 냇물이 흐르듯 영향력이 작고, 대덕은 세상을 크게 변화시킬 정도로 영향력이 크다고 보았다. 덕을 지닌 정도에 따라 담당해야 할 역할이 다르다는 것은 '1-34' 어록과 '7-7' 어록에도 보인다.

2_ 發強剛毅, 齊莊中正: 『禮記』「中庸」에 보인다. "오직 천하의 지극한 성인이어야 총명예지가 아래로 임할 수가 있다. 너그럽고 넉넉하고 따뜻하고 부드러움도 충분히 포용할 수 있고, 분발하고 강하며 굳세고 꿋꿋함도 잡을 수 있으며, 재계하며 장중하고 중용을 지키며 올바르게 하는 것도 공경할 수 있으며, 문장과 조리와 자세함과 살핌도 분별할 수 있는 것이다."[唯天下至聖, 爲能聰明睿知, 足以有臨也, 寬裕溫柔, 足以有容也, 發強剛毅, 足以有執也. 齊莊中正, 足以有敬也, 文理密察, 足以有別也.]

[3-55] '皇極之君, 斂時五福, 錫厥庶民'[1], 福如何錫得? 只是此理充塞乎宇宙.

번역 「洪範」에서 '군주의 법칙을 세운 임금은 다섯 가지 복을 모아 그의 백성들에게 베풀어 주어야 한다'고 하였다. 福은 어떻게 베푸는가? 그저 이 理가 우주에 가득 차 있을 뿐이다.

주석 1_ 皇極之君 … 錫厥庶民: 『尙書』「洪範」에 보인다. 육상산은 皇極을 세운 임금이 백성들에게 복을 베푸는 방법이 다름 아니라, 본심을 확립하여 우주 간에 가득한 이치를 어김없이 일상생활에서 실천하면 된다고 보았다.

[3-56] 溺於俗見[1], 則聽正言不入.

번역 세속의 편견에 빠지면, 바른 말을 들어도 제대로 듣지 못한다.

주석 1_ 溺於俗見: 육상산은 세속의 치우친 견해로 불교나 노장사상 이외에 주자와 같이 자기고집에 빠진 견해를 통칭한다고 보았다. 기질과 습관 이외에 또 俗論邪說로 인해 누구나 태어나면서 지니고 있는 靈明한 본심을 잃어버린다는 그의 관점은 '1-19 (1)번 주석'에서 설명하였다.

[3-57] 知道則末即是本, 枝即是葉. 又曰 "有根則自有枝葉."[1]

번역 道를 알면 末이 本이 되고, 나뭇가지가 잎이 된다. 또 말하였다. "뿌리가 있으면 저절로 가지와 잎이 있게 된다."

주석 1_ 知道則末即是本 … 有根則自有枝葉: 본심을 확립하면 독서와 같은 격물궁리의 공부가 본심을 확충하는 것이므로, 결국 '末'이 '本'과 통한다. 또 성인의 본심을 기록해 놓은 것이 六經이므로, '本'이 '末'로 확장된다. 이것은 존덕성과 도문학에 대한 육상산의 입장이기도 하다. 관련 내용은 '1-37' 어록과 주석에서 상세히 설명하였다.

[3-58] '上達下達'[1], 即是'喻義喻利'[2].

번역 『논어』의 '군자는 위로 통달하고, 소인은 아래로 통달한다'는 말은 곧 '군자는 義에 밝고, 소인은 利에 밝다'는 의미이다.

주석 1_ 上達下達: 『論語』「憲問」에 보인다.

2_ 喻義喻利: 『論語』「里仁」에 보인다. 육상산은 義가 위로 통달하는 것이고, 利는 아래로 통달하는 것이라고 풀이하였다.

[3-59] 人情物理上做工夫.[1]

번역 사람의 일상적 감정이나 사물의 이치에서 공부를 해야 한다.

주석 1_ 人情物理上做工夫: 「연보」에도 육상산이 이미 어린 나이에 일상 속에서 본심을 실천하는 事上磨練의 공부에 힘썼다는 기록이 있다.[『陸九淵集』권36, 「年譜」, 485쪽: 復齋家兄一日問曰 "吾弟今在何處做工夫?" 某答曰 "在人情 · 事勢 · 物理上做工夫."]

[3-60] 老子曰 '大道甚夷而民好徑.'[1]

번역 노자가 말하였다. "大道는 매우 평이한 것인데 사람들은 지름길을 좋아한다."

주석 1_ 大道甚夷而民好徑: 『老子』 제53장에 보인다.

[3-61] 辯[1]便有進.

번역 뜻을 분별하면, 곧 진보하게 된다.

주석 1_ 辯: 육상산이 강조한 공부방법의 핵심인 '辯志'·'義利之辯'을 의미한다. 「年譜」에는 34세에 시작한 槐堂講學시절 제자들에게 강학했던 내용 가운데 공부방법의 핵심을 말한 부분이 기록되어 있다. "당시 陳正己가 槐堂에서 돌아왔는데 육상산 선생이 사람들에게 가르친 것이 무엇인지 물었다. 정기가 말하였다. '첫 한 달 동안 선생은 간곡하게 그저 辨志만을 강조하였고, 또 옛사람들이 태학에 들어가 1년 동안은 經典을 멀리하고 辨志해야 할 것을 일찍 알고 있었는데, 지금 사람들은 죽기 전까지 스스로 뜻을 분별해야 함을 모르니 참으로 애석하다고 말씀하셨습니다.'"[『陸九淵集』권36, 「年譜」, 489쪽: 時陳正己自槐堂歸, 問先生所以教人者. 正己曰 "首尾一月, 先生諄諄只言辨志, 又言古人入學一年, 早知離經辨志, 今人有終其身而不知自辨者, 是可哀也."] 사람이면 누구나 선험적인 본심을 지니고 태어난다. 이 본심은 맹자가 말한 四端과 같은 것으로 이 순간 늘 義에 부합하는 마음이다. 만일 누구나 본래부터 지니고 있는 본심을 보존하면 성인의 경지에 오를 수 있지만, 물욕과 사욕에 빠져 본심을 잃어버리면 욕망만을 추구하는 禽獸와 다를 바 없게 된다. 그래서 마음속에 막 드러난 생각을 분별하여 본심을 확립하고 이를 확충하는 공부가 중요하다. 여기서 주목해야 할 것은, 이 순간 늘 발현하는 본심은 그저 물욕이나 사욕에 이끌려 혼잡해진 마음을 차분히 가라앉히기만 하면, 바로 발현하는 특징이 있다는 것이다. '自反'의 노력만 하면 본심은 저절로 드러나 마음이 義에 뜻을 두고 있는지 利에 뜻을 두고 있는지 구분할 수 있다. 의는 인식해야 할 객관적 대상이 아니라, 본심이 회복되면 저절로 드러나는 가치이며, '義利之辯'을 하거나 '辨志'하는 주체가 理와 구분된 마음의 지각작용이 아니라, 바로 본심 자체임을 말한다. 본심이 확립되어야 義利之辯을 할 수 있다.

그래서인지, 그는 백록동서원에서 주자와 만나 '義利之辯'을 강의하였다. "공자께서 '군자는 의로움에 밝고, 소인은 이익에 밝다.'고 하였습니다. 이 장은 의리로써 군자와 소인을 판단하는 것을 말한 것으로, 의미가 분명하지만 그것을 읽는 사람들이 만일 자신에게 절실하게 하여 살피지 않는다면 아마도 유익함이 있을 수 없을 것입니다. 저는 평소 이 장을 읽으면서 느낀 바가 있었습니다. 조심스럽게 말해보면, 배우는 사람들은 이 마음에서 그 뜻을 분별해야 합니다. 사람이 밝게 아는 것은 익히는 것에서 비롯되고, 익히는 것은 뜻하는 것에서 비롯합니다. 의에 뜻을 두면 익히는 것이 반드시 의로움에 있을 것이고, 익히는 것이 의로움에 있으면 이에 의에 밝을 것입니다. 반면 利에 뜻을 두면 익히는 것이 반드시 이로움에 있을 것이며 익히는 것이 이로움에 있으면 이에 利에 밝을 것입니다. 그러므로 배우는 사람들의 뜻은 분별하지 않을 수 없는 것입니다."[『陸九淵集』권23, 「白鹿洞書院講義」, 275쪽: 子曰 "君子喻於義, 小人喻於利." 此章以義利判君子小人, 辭旨曉白, 然讀之者苟不切己觀省, 亦恐未能有益也. 某平日讀此, 不無所感. 竊謂學者於此, 當辨其志. 人之所喻由其所習, 所習由其所志. 志乎義, 則所習者必在於義, 所習在義, 斯喻於義矣. 志乎利, 則所習者必在於利, 所習在利, 斯喻於利矣. 故學者之志不可不辨也.] 도덕적인 경지를 결정하는 것은 바로 內心의 '志'이다. 매 순간 생각하는 것이 행동으로 드러나고 습관으로 굳어지기 때문에, 의념이 이렇게 처음 드러났을 때, 자신의 志가 義에 있는지 利에 있는지 뜻을 분별하는 것이 중요하다.

[3-62] 須是下及物工夫, 則隨大隨小有濟.

번역 반드시 사물에 나아가는 공부해야 한다. 그러면 크건 작건 상황에 따라 이치에 통달하게 된다.

[3-63] 天下若無着實師友, 不是各執己見, 便是恣情縱欲.[1]

번역 천하에 만일 착실한 스승이나 벗이 없다면, 각자 자기 견해를 고집한 것이 아니면, 情慾에 빠져 함부로 살아서 그런 것이다.

주석 1_ 天下若無着實師友 … 便是恣情縱欲: 육상산은 "배우는 자는 먼저 배움에 뜻을 두어야 하고, 뜻이 서면 참된 스승을 만나야 한다."[『陸九淵集』권34, 「語錄(上)」, 401쪽: 學者須先立志, 志旣立, 却要遇明師.]고 하였다. 어떤 스승과 벗을 만나느냐의 문제는 배우는 자에게 매우 중요한 선택이다. 그래서 그는 姪孫인 濬에게 편지를 보내, "道는 알기 어려운 것도 아니고, 행하기 어려운 것도 아니다. 학자는 뜻이 없음을 근심해야 한다. 뜻이 서면 또 진실된 스승과 벗이 없음을 걱정해야 한다. 스승과 벗으로 인해 도리어 서로 현혹되면 참으로 애석한 일이다."[『陸九淵集』권1, 「與姪孫濬」, 13쪽: 道非難知, 亦非難行, 患人無志耳. 及其有志, 又患無眞實師友. 反相眩惑, 則爲可惜耳.]라고 하였다. 이치를 체득한 좋은 스승을 만나지 못하고, 그저 자기고집에 빠져 聖學을 잘못 이해하고 있는 스승을 만나면, 결국 성인의 학문과 다른 異端을 전공하게 된다. 물론 육상산이 참된 스승을 만나야 한다는 것은, 이처럼 학문의 뜻을 세웠어도 성인의 학문을 잘못 인도하여 그르치게 되는 것을 경계한 것이기도 하지만, 보다 확대된 의미도 있다. 그가 말하였다. "만물의 이치가 내 마음에 모두 갖추어져 있다. 그러니 마음의 理를 밝히기만 하면 된다. 스스로 그 理를 밝힐 수 없을 때에는 스승을 섬기고 벗과 친히 지내면서 도움을 받아야 한다."[『陸九淵集』권35,「語錄(下)」, 440쪽: 萬物皆備於我. 只要明理. 然理不解自明, 須是隆師親友.] 성학에 뜻을 두고 본심을 확립한 뒤, 본심이 창출한 새로운 상황에 맞는 이치를 여전히 모를 때, 스승에게 물어 이를 확립하고 확충해야 한다. 그래서 그는 단지 이치를 밝게 이해하고 있는 자뿐만 아니라, 천지만물이 스승이 된다고 하였다. "옛날의 성현들은 학문으로 말미암지 않은 적이 없었다. 복희가 숭상받았을 때에, 천지만물을 스승으로 삼고, 우러러 하늘의 형상을 보고 구부려 땅의 법을 보며, 가까이는 자신에게서 취하고 멀리는 사물에게서 취하여, 관찰하고 취한 것이 갖추어졌다. 이에 비로소 팔괘를 만들었다."[『陸九淵集』권1,「與李省幹(二)」, 14쪽: 古先聖賢, 無不由學. 伏羲尚矣, 猶以天地萬物爲師, 俯仰遠近, 觀取備矣, 於是始作八卦.]

[3-64] 三百篇之詩, 有出於婦人女子, 而後世老師宿儒, 且不能注解得分明, 豈其智有所不若? 只爲當時道行道明.

번역 『詩經』3백여 편에는 부인과 여자에게서 나온 시도 있다. 그런데 후세 뛰어난 스승과 박학한 儒者들도 분명하게 注解하지 못하니, 어찌 그들의 지혜가 못 미치는 바가 있어서 그러했겠는가? 다만 당시에는 도가 시행되고 밝았기 때문이다.

[3-65] 韓退之言 '軻死不得其傳.'[1] 固不敢誣後世無賢者, 然直是至伊洛諸公[2], 得千載不傳之學. 但草創未爲光明, 到今日若不大段光明, 更幹當甚事?

번역 韓退之는 '맹자가 돌아가시자 도가 전해지지 못하였다'고 하였다.

비록 후세에 현자가 없다고 함부로 평가할 수 없지만, 곧바로 伊洛의 諸賢들에 이르러 천여 년 동안 전해지지 않던 학문을 얻을 수 있었다. 다만 그들도 홍성하는 초창기라 도를 밝게 드러내지 못하였다. 지금에 이르러 크게 드러내지 못한다면, 다시 무슨 일을 감당할 수 있겠는가?

주석

1_ 韓退之言軻死不得其傳: '韓退之'는 唐代 韓愈이다. 退之는 字이고, 河內 南陽 사람이다. 대대로 昌黎 지역에 거주하여 스스로를 昌黎韓愈라 하였고, 세인들도 韓昌黎라 불렀다. '1-29 (2)번 주석'에서 설명하였다. '軻死不得其傳'은 『韓昌黎集』「原道」에 보인다.

2_ 伊洛諸公: 明道와 伊川을 시작으로 북송시기와 남송시기 유학자를 일컫는다. 육상산은 北宋시기 이후의 학문을 평가하며 다음과 같이 말한 바 있다. "맹자가 죽고 나자, 우리 유학의 道는 전해지지 않았다. 노자의 학설은 周나라 말기에 시작되어 漢나라 때 성행하였고 晉代에 이르러 쇠약해졌다. 노자의 학설이 사라지자 불교의 학설이 출현하였다. 불교는 달마로부터 시작되어 唐代에 성행하였고, 지금에 이르러 쇠약해졌다. 大賢이 출현하여 우리 유학의 도가 홍기하게 되었다."[『陸九淵集』권35, 「語錄(下)」, 473쪽: 孟氏沒, 吾道不得其傳. 而老氏之學始於周末, 盛於漢, 迨晉而衰矣. 老氏衰而佛氏之學出焉. 佛氏始於梁達磨, 盛於唐. 至今而衰矣. 有大賢者出, 吾道其興矣夫!] 여기서 말한 '大賢'은 明道와 伊川을 일컫는다. 二程의 출현으로 宋代에 비로소 1500여 년간 중단된 공자와 맹자의 도통이 전해질 수 있었다는 것이다. 물론 그는 二程의 학문을 모두 긍정한 것은 아니다. 아직 그들에게서 증자 · 자사 · 맹자와 같은 최고의 경지를 찾아볼 수 없다고 보았다. 二程에 대해서는 '1-42 (4)번 주석'에서 설명하였다.

[3-66] '大衍之數五十, 其用四十有九. 分而爲二以象兩, 掛一以象三, 揲之以四以象四時, 歸奇於扐以象閏. 五歲再閏, 故再扐

而後掛.'[1] 既分爲二, 乃掛其一于前. 掛, 別也, 非置之指間也.[2] 旣別其一, 却以四揲之, 餘者謂之奇, 然後歸之扐. 扐, 指間也. 故一揲之餘, 不四則八, 再揲三揲之餘, 亦不四則八. 四, 奇也, 八, 偶也.[3] 故三揲而皆奇, 則四四四, 有「乾」之象. 三揲而皆偶, 則八八八, 有「坤」之象. 三揲而得兩偶一奇, 則四八八, 有「艮」之象, 八四八, 有「坎」之象. 八八四, 有「震」之象. 三揲而得兩奇一偶, 則八四四, 有「兌」之象, 四八四, 有「離」之象, 四四八, 有「巽」之象.[4] 故三奇爲老陽, 三隅爲老陰, 兩偶一奇爲少陽, 兩奇一偶爲少陰. 老陰老陽變, 少陰少陽不變.[4] 分·掛·揲·歸奇是四節, 故曰 "四營而成『易』."[1] 卦有六爻, 每爻三揲, 三六十八, 故曰 '十有八變而成卦.'[1]

번역 「繫辭傳」에서 '大衍의 수는 50이니, 그 쓰임은 49이다. 나누어 둘로 하여 兩儀를 형상하고, 하나를 걸어서 三才를 형상하고, 넷으로 세어서 四時를 형상하고, 나머지를 손가락에 끼워서 윤달을 형상하니, 다섯 해에 두 번 윤달을 두기 때문에 두 번 낀 다음에 거는 것이다'라고 하였다. 이미 둘로 나누게 되면 곧 하나의 시초를 구별하여 앞에 놓는다. '掛'는 구별한다는 의미이지, 시초 하나를 손가락 사이에 거는 것이 아니다. 이미 하나의 시초를 구별하면 바로 네 개씩 세는데 남은 시초를 '奇'라 하며, 그런 후에 남은 시초를 손가락 사이에 끼운다. '扐'은 손가락 사이를 말한다. 그러므로 한 번 세고 남은 시초는 4가 아니면 8이 되고, 두 번 세 번 세고 남은 시초도 4아니면 8이 된다. 4는 홀수가 되고, 8은 짝수가 된다. 그러므로 세 번 세어서 모두 홀수, 즉 '4·4·4'가 나오면 乾(☰)의 象이 된다. 세 번 세어서 모두 짝수, 즉 '8·8·8'이 나오면 坤(☷)의 상이 된다. 세 번 세어서 두 개의 짝수와 하나의 홀수, 즉 '4·8·8'이 나오면 艮(☶)의 상이 되고, '8·4·8'이 나오면 坎(☵)의 상이 되며, '8·8·4'가 나오면 震(☳)의 상이 된다. 세 번 세어서 두 개의 홀수와 하나의 짝수, 즉 '8 · 4 · 4'가 나오면 兌(☱)의 상이 되고, '4 · 8 · 4'가 나오면 離(☲)의 상이 되며, '4 · 4 · 8'이 나오면 巽(☴)의 상이 된다. 그러므로 세 개의 홀수는 老陽이 되고, 세 개의 짝수는 老陰이 되며, 두 개의 짝수와 하나의 홀수는 少陽이 되고, 두 개의 홀수와 하나의 짝수는 少陰이 된다. 노음과 노양은 변하고, 소음과 소양은 변하지 않는다. '둘로 나누는 것(分)' · '하나의 시초를 구별하는 것(掛)' · '네 개씩 세는 것(揲)' · '남은 시초를 손가락에 끼우는 것(歸奇)'은 네 가지 절차이다. 그러므로 "네 번 경영하여 역을 이루었다"고 한 것이다. 괘에는 六爻가 있고, 매 효는 세 번 세므로, 3 곱하기 6의 합은 18이다. 그러므로 '열여덟 번 변하여 괘를 이룬다'고 한 것이다.

주석

1_ 大衍之數五十 … 故再扐而後掛 · 四營而成易 · 十有八變而成卦: 『周易』「繫辭傳(上)」에 보인다. 이 어록 말미에 '右『揲蓍說』'이라고 표기 되어 있다. 아마도 이 부분은 육상산이 저술하려고 했던 『揲蓍說』을 기록한 것으로 판단된다. 그는 일찍이 『주역』의 蓍法에 대해 논하면서 "蓍法은 후대 사람들이 모두 잘못 이해하였지만, 나는 터득하였다."[『陸九淵集』권35, 「語錄(下)」, 464쪽: 蓍法後人皆誤了, 吾得之矣.]고 말한 바 있다. 또 "지금 세상에 전해지는 揲蓍法은 모두 揚子雲에 의해 그릇되었다. 그래서 천여 년의 세월이 흐르도록 아는 자가 한 사람도 없다."[『陸九淵集』권15, 「與吳斗南」, 201쪽: "今世所傳揲蓍之法, 皆襲揚子雲之謬, 而千有餘年莫有一人能知之者.]고 하였다. 이에 문인 陶贊仲에게 편지를 보내 『周易』에서 말한 '易數'에 대한 깨달음을 얻고 揲蓍와 관련된 책을 저술하려는 뜻을 밝히기도 하였다.[『陸九淵集』권15, 「與陶贊仲」, 192쪽: 某欲作一揲蓍說, 稍發易數之大端, 以排異說, 曉後學. 坐事奪, 未克成就. 早晩就草, 當奉納一本.]

2_ 掛, 別也, 非置之指間也: 『周易』「繫辭傳(上)」에서 '大衍의 수는 50이니, 그 쓰임은 49이다.'[大衍之數五十, 其用四十有九.]라고 하였고, '나머지 하나는 쓰지 않는다'[不用之一]고 하였다. 육상산은 34세 春試에서 제출한 답안지에 이미 쓰지 않는 하나의 시초가 '성인

이 물러나 감추는 곳'을 의미한다고 말하였다. 본심은 매 순간 올바른 이치를 드러내지만, 사물은 지나가면 다시 물러나 새로운 이치를 드러낸다. 그래서 그는 "사사로운 감정에 매몰되지 않으면 본래 그러한 마음은 어디를 가더라도 바르지 않음이 없고 감응하여 통달하지 않음이 없다."[『陸九淵集』권29, 「聖人以此洗心退藏於密吉凶與民同患神以知來知以藏往」, 342쪽: 未爲私感所害, 則心之本然, 無適而不正, 無感而不通.]고 하였다. 즉, 쓰지 않는 시초 하나는 '本心'을 상징한다는 것이다. 또한 그는 두 개로 나눈 후, 하나의 시초를 따로 떼어내 앞에다 놓아 구별한다고 하였지만, 주자는 "'兩'은 천지를 이르고, '掛'는 시초 하나를 왼쪽 손 새끼손가락 사이에 끼우는 것이다."[『周易本義』: 兩, 謂天地也. 掛, 懸其一於左手小指之間也.]라고 풀이하였다.

3_ 故一揲之餘 … 八偶也: 왼손에 있는 시초를 넷으로 세고 남은 수와 오른손에 있는 시초를 넷으로 세고 남은 수를 합하여, 그 수가 4이면 4로 나누어 몫이 1인 '홀수(奇)'가 되고, 8이면 4로 나누어 몫이 2인 '짝수(偶)'가 된다. 표로 정리하면 다음과 같다.

왼손의 시초를 넷으로 세고 남은 수	1	2	3	4
오른손의 시초를 넷으로 세고 남은 수	3	2	1	4

반면, 주자는 「筮儀」에서 "다음은 세고 난 남은 시초를 처리하되 앞에서 한 것과 같이 하고 왼손의 中指 사이에 끼운다. 다음은 오른손으로 세고 남은 시초를 오른쪽 큰 홈에 되돌려 놓고, 왼손의 한번 걸고 두 번 끼운 시초를 합해서 시렁 위의 첫 번째 작은 홈에 놓는다. 이것이 一變이다."[『周易本義』「筮儀」: 次歸其所餘之策, 如前而扐之左手中指之間. 次以右手反過揲之策於右大刻, 而合左手一掛二扐之策, 置於格上第一小刻. 是爲一變.]라고 하였다. 남은 시초의 수와 처음 하나를 새끼손가락에 끼운(掛) 시초 하나를 합하여, 奇와 偶를 결정하는 것이다. 주자의 筮法을 표로 정리하면 다음과 같다.

왼손의 시초를 넷으로 세고 남은 수	1	2	3	4
오른손의 시초를 넷으로 세고 남은 수	3	2	1	4
새끼손가락에 끼운 시초(掛) 하나를 합한 수	5	5	5	9

남은 시초의 合은 5 아니면 9	
少 (5÷4 = 몫1)	奇(陽)
多 (9÷4 = 몫2)	偶(陰)

4_ 老陰老陽變, 少陰少陽不變: 육상산은 여기서 노음과 노양은 변하고, 소음과 소양은 변하지 않는다고 하였다. 하지만, 다른 「어록」을 보면 반대로 "시초는 7 곱하기 7의 합인 49개를 사용하고, 소양이다. 괘는 8 곱하기 8의 합인 64개를 사용하며, 소음이다. 소양과 소음은 변하여 운용할 수 있다."[『陸九淵集』권35, 「語錄(下)」, 473쪽: 蓍用七七, 少陽也. 卦用八八, 少陰也. 少陽少陰, 變而用之.]고 말하기도 하였다.

象山語錄 譯註

4 門人 李伯敏 敏求 所錄

이 부분은 육상산 문인 李伯敏이 기록한 어록을 모아 놓은 것이다. 본래 그가 기록한 어록 말미에 '右門人李伯敏敏求所錄'이라 표기되어 있는데, 구분의 편의를 위해 앞으로 옮기고 표제로 삼았다.

이백민의 字는 敏求이고 好古라고도 한다. 高安 사람이다. 일찍이 주자에게 편지를 보내 배움을 구한 적이 있다. 그러자 주자는 "지난번에 陸刪定을 만나보고 들은 것이 어떠하였습니까? 만약에 그 말이 옳다고 여기면 마땅히 그 말을 가지고 마음을 전일하게 하고 뜻을 다하면 거의 얻음이 있을 것이니, 굳이 다른 학설을 끌어들여 그 뜻이 나누어지게 해서는 안 됩니다. 만약에 의심나는 곳이 있으면 마땅히 그 곳에 가서 헤아려 보아야지 갑자기 지금까지 받아들였던 것을 버리고 멀리서 구하는 것은 옳지 않습니다. 동쪽에서 물어보고 서쪽에서 듣고 하면서 의혹을 일으켜 입으로 말하고 귀로 듣기만 하며, 공연히 가지와 잎사귀만 키우면 학문의 실제에는 도움이 없을 것이니 그대가 그렇게 하는 것을 원하지 않습니다."[向來見陸刪定, 所聞如何? 若以爲然, 當用其言, 專心致志, 庶幾可以有得, 不當復引他說, 以分其志. 若有所疑, 亦當且就此處商量, 不當遽舍所受而遠求也. 東問西聽,

以致煌惑, 徒資口耳, 空長枝葉, 而無益於學問之實, 不願賢者爲之.]라고 말하였다. 『宋元學案』에 따르면, "이백민은 이 편지를 받고 평생 육상산의 가르침을 실천하였고, 다른 스승을 섬기지 않았다."[『宋元學案』: 先生得書, 遂終身爲象山之學, 不復名他師.]고 적고 있다.

이백민이 남긴 어록은 모두 14조목이다. 주로 육상산과 학문을 논한 것을 기록하였고, 몇몇 내용은 분량이 많은 것으로 보아 어록을 남길 때 자신의 관점에서 재편하여 작성한 것으로 보인다. 실제 그는 육상산 생존당시 자신이 기록한 어록을 육상산에게 보인 적이 있었다. 육상산은 "編錄한 것은 그런대로 괜찮다. 다만 말이 약간 문제가 있으니, 남에게 보이지 말고 혼자 간직하며 보는 것이 좋을 듯하다. 또한 어느 때 한 말은 기록할 필요가 없는 것도 있다. 남을 깨우치기 위해 급하게 말하다 보니 하나하나 문제가 없을 수 없다."[『陸九淵集』권35, 「語錄(下)」, 445쪽: 伯敏 … 呈所編『語錄』先生, 云 "編得也是, 但言語微有病, 不可以示人, 自存之可也. 兼一時說話有不必錄者, 蓋急於曉人, 或未能一一無病."]고 하였다.

[4-1] 先生語伯敏云 "近日向學者多, 一則以喜, 一則以懼. 夫人勇於爲學, 豈不可喜? 然此道本日用常行, 近日學者却把作一事, 張大虛聲, 名過於實, 起人不平之心, 是以爲道學之說者, 必爲人深排力詆. 此風一長, 豈不可懼?"[1]

번역 선생께서 伯敏에게 말하였다. "최근 배움을 구하는 자들이 많아졌는데, 한편으로는 기쁘고 한편으로는 두렵다. 사람이 배움에 용기 내어 힘쓰는데 어찌 기쁘지 않겠는가? 다만 이 道는 본래 일상생활 속에서 항상 행해지는 것임에도, 최근 학자들은 그것을 하나의 특별한 일로 간주하고, 과장하거나 허세 부리며 이름이 실제보다 지나쳐, 사람들에게 불편한 마음이 들게 한다. 그러므로 도학의 학설을 행하는 자가 반드시 사람들에게 심각한 배척을 당하고 있다. 이런 풍조가 오래되면, 어찌 두렵지 않겠는가?"

주석 1_ 近日向學者多 … 豈不可懼: '近日向學者'는 주자와 같이 번잡하고 어렵게 도를 추구하는 자들을 빗대어 말한 것으로 보인다. 육상산은 道가 일상생활에서 누구나 쉽게 알 수 있고 실천할 수 있는 평범한 이치라고 보았다. 그의 주자에 대한 비판은 '2-30' 어록과 주석에서 설명하였다. '爲道學之說者, 必爲人深排力詆'는 당시 사람들이 도학자를 비판하는 경향을 이른다. 「어록」에 또 "세상 사람들이 도학을 공격하는 것은 또한 모두 그들 탓만 할 수 없다. 대체로 자칭 도학자 스스로 말소리와 얼굴빛을 교만하게 하고, 문호를 세워 그들과 대적하며, 아옹다옹 다투며 구실을 만들고, 믿고 따르지 않으면 자연히 사람들에게 불편한 마음이 들게 한다. 나는 평소 세속 사람들에게 공격당한 적이 없다. 공격받는 자는 분명 이천의 「어록」과 「정의」를 읽는 자이다. 程士南이 가장 심하게 도학을 공격하였다."[『陸九淵集』권35, 「語錄(下)」, 440쪽: 世之人所以攻道學者, 亦未可全責他. 蓋自家驕其聲色, 立門户與之爲敵, 嘵嘵勝口實, 有所「精義」者. 程士南最攻道學.]는 기록이 있다. 자칭 성인의 도를 배우고 실천하는 도학에 뜻을 두고 있다 하더라도, 그 본의를 왜곡하고 제멋대로 행동하여 비판받은 것이라고 보았다. 그의 이단비판은 '7-11 (1)번 주석'에서도 설명하였다.

[4-2] 某之取人, 喜其忠信誠慤, 言似不能出口者. 談論風生, 他人所取者, 某深惡之.

번역 내가 다른 사람에게 취하는 것은, 충성스럽고 믿음직스러우며 성실하고 근신하며, 마치 말 못하는 것처럼 조심스럽게 하는 것을 좋아한다. 담론을 즐겨하거나, 다른 사람이 취하는 것은 나는 매우 싫어한다.

[4-3] 因論補試得失, 先生云 "今之人易爲利害所動, 只爲利害之心重. 且如應擧, 視得失爲分定者能幾人?[1] 往往得之則喜, 失之則悲. 惟曹立之[2] · 萬正淳[3] · 鄭學古庶幾可不爲利害所動. 故學者須當有所立, 免得臨時爲利害所動." 朱季繹云 "如敬肆義利之說, 乃學者持己處事所不可無者." 先生云 "不曾行得, 說這般閑言長語則甚? 如此不已, 恐將來客勝主, 以辭爲勝. 然使至此, 非學者之過, 乃師承之過也." 朱云 "近日異端邪說害道, 使人不知本." 先生云 "如何?" 朱云 "如禪家之學, 人皆以爲不可無者, 又以謂形而上者所以害道, 使人不知本." 先生云 "吾友且道甚底是本? 又害了吾友甚底來? 自不知己之害, 又烏知人之害? 包顯道常云 '人皆謂禪是人不可無者', 今吾友又云'害道', 兩箇却好縛作一束. 今之所以害道者, 却是這閑言語. 曹立之天資甚高, 因讀書用心之過成疾, 其後疾與學相爲消長. 初來見某時, 亦是有許

多閑言語, 某與之蕩滌, 則胸中快活明白, 病亦隨減. 迨一聞人言語, 又復昏蔽. 所以昏蔽者, 緣與某相聚日淺. 然其人能自知, 每昏蔽則復相過, 某又與之蕩滌, 其心下又復明白. 與講解, 隨聽即解. 某問 '比或有疑否?' 立之云 '無疑. 每常自讀書, 亦見得到這般田地, 只是不能無疑, 往往自變其說.' 某云 '讀書不可曉處, 何須苦思力索? 如立之天資, 思之至, 固有一箇安排處. 但恐心下昏蔽, 不得其正, 不若且放下, 時復涵泳, 似不去理會而理會. 所謂優而柔之, 使自求之, 厭而飫之, 使自趨之, 若江海之寖, 膏澤之潤, 渙然氷釋, 怡然理順, 然後爲得也.[4]' 如此相聚一兩旬而歸, 其病頓減. 其後因秋試, 聞人閑言語, 又復昏惑. 又適有告之以某乃釋氏之學, 渠平生惡釋老如仇讐, 於是盡叛某之說, 却凑合得元晦說話. 後不相見, 以至於死."因問伯敏云 "曾聞此等語否?" 伯敏云 "未之." 先生語朱云 "他却未有許多閑言語, 且莫要壞了李敏求, 且聽某與他說. 大凡爲學, 須要有所立, 『語』云 '己欲立而立人.'[5] 卓然不爲流俗所移, 乃爲有立. 須思量天之所以與我者是甚底, 爲復是要做人否. 理會得這箇明白, 然後方可謂之學問." 故孟子云 '學問之道, 求其放心而已矣.'[6] 如博學 · 審問 · 明辯 · 愼思 · 篤行,[7] 亦謂此也. 此須是有志方可. 孔子曰 '吾十有五而志于學'[8], 是這箇志." 伯敏云 "伯敏於此心, 能剛制其非, 只是持之不久耳." 先生云 "只剛制於外, 而不內思其本, 涵養之功不至. 若得心下明白正當, 何須剛制? 且如在此說話, 使忽有美色在前, 老兄必無悅色之心. 若心常似如今, 何須剛制?"

번역 과거시험 補試의 득실을 논하면서 선생께서 말하였다. "지금 사람들은 쉽게 利害에 의해 동요된다. 그저 利害만을 일삼는 마음이 중요하기 때문이다. 예를 들어 과거시험에 응하고, 득실을 보며 분수가 정해져 있는 것처럼 여기는 자가 몇 명이나 되겠는가? 줄곧 합격하면 기뻐하고, 실패하면 슬퍼한다. 오직 曹立之 · 萬正淳 · 鄭學古 만이 거의 利害에 동요되지 않을 것이다. 그러므로 학자는 반드시 자립해야만, 일을 마주했을 때 이해에 의해 동요되는 것을 피할 수 있다." 朱季繹이 말하였다. "공경함과 방자함 · 義와 利에 대한 학설 같은 것은 곧 학자가 자신을 지키고 일을 처리하는 데 없을 수 없는 것입니다." 선생께서 말하였다. "실천할 수 없다면, 이러한 실없는 말이나 쓸데없는 말을 하는 것이 무슨 도움이 되겠는가? 이와 같음을 그치지 않으면, 장차 객이 주가 되고 言辭가 기승을 부릴 것이다. 그러나 이러한 데 이르게 한 것은 학자의 잘못이 아니라 스승에게 가르침을 받은 것이 잘못된 것이다." 주계역이 말하였다. "최근 異端邪說이 도를 해쳐 사람들로 하여금 근본을 모르게 합니다." 선생께서 말하였다. "어째서인가?" 주계역이 대답하였다. "禪家의 학문의 경우는 사람은 敬肆義利의 학설이 다 없을 수 없다고 여기고, 또 形而上者가 도를 해치는 원인이라 하니, 사람들로 하여금 근본을 모르게 합니다." 선생께서 말하였다. "자네는 또 어떤 것을 근본이라 하는가? 또 자네를 해친 것은 어디에서 온 것인가? 본인도 자기가 피해 받은 것을 모르는데, 어찌 남이 피해 받은 것을 알겠는가? 포현도가 자주 '사람들이 모두 禪은 사람에게 없을 수가 없는 것'이라고 하였고, 지금 자네는 또 '도를 해치는 것'이라고 하니, 두 개는 바로 하나로 묶어 볼 수 있다. 지금 도를 해치는 원인은 바로 이러한 실없는 말이다. 조립지는 천부적인 자질이 매우 뛰어났는데, 독서에 지나치게 힘써 병이 났고, 그 후에 병통이 배우면서 서로 줄어들었다. 처음 나를 찾아 왔을 때, 또 많은 실없는 말을 하였는데, 내가 그의 병통을 씻어주니, 마음속이 즐겁고 명백해졌고, 병통도 따라 줄어들었다. 다른 사람의 말을 듣고 나서 또다시 어둡고 가리워졌다. 어둡고 가리워진 까닭은 나와 서로 만나는 일이 날마다 줄어들었기 때문이다. 그러나 그는 스스로 알 수 있으므로, 매번 어둡고 가리워져 다시 서로 잘못하더라도, 내가 또 그의 병통을 씻어주면 그 마음 바탕이 또 다시 명백해졌다. 그에게 강론하고 해석하면, 듣는 족족 바로 이해하였다. 내가 '최근 혹 의문이 있는가?'라고 물으니, 立之는 '의문이 없습니다. 매번 스스로 독서하면 또 이러한 경지를 볼 수 있습니다. 다만 의문이 없을 수 없으므로, 자주 스스로 그 말을 바꾸어 생각합니다.'라고 말하였다. 내가 말하였다. '독서할 때 이해할 수 없는 곳을 어째서 반드시 고통스럽게 생각하고 힘써 찾으려 하는가? 立之는 천부적인 자질이 매우 뛰어나니 생각이 지극하면 반드시 자연스럽게 얻는 곳이 있을 것이다. 다만 마음 바탕이 어둡고 가리워져 바름을 얻지 못하면, 잠시 내려놓고 자주 다시 함양하는 것만 못하니, 거의 이해하려 해도 이해하지 못할 것이다. 이는 杜預가 말한 여유롭게 스스로 구하도록 하고, 만족하게 스스로 추구하게 하면, 강과 바다가 물으로 스며들고 단비가 땅을 윤택하게 적시듯이 하여, 한 점 남김없이 확실히 얼음 풀리듯 하고, 기쁘게 이치에 순해지듯 하여, 그런 후에 터득하게 될 것이라는 말과 같다.' 이와 같이 서로 보름에서 한 달 가량을 만난 후 돌아갔는데, 그 병통이 갑자기 줄어들었다. 그 후 秋試를 응시하러 가서 사람들의 실없는 말을 듣고 또 다시 어둡고 의혹되었다. 또 때마침 내가 곧 불교의 학문이라고 일러주자, 그는 평생 불교와 노장의 학문을 원수같이 여겼음에도, 완전히 나의 학설을 저버리고, 바로 주자의 학설에 다가섰다. 그 뒤에는 서로 보지 않았고, 죽음에 이르렀다." 이어 나에게 물었다. "이런 말을 들어본 적이 있는가?" 내가 대답하였다. "아직 없습니다." 선생께서 주계역에게 말하였다. "敏求는 실없는 말을 많이 하지 않으니, 그를 망가뜨리지 말고, 내가 그에게 말한 것을 잘 새겨들어라. 대체로 학문을 함에는 반드시 본심을 확립해야 한다. 『論語』에서 '자기가 서고자 하면 남을 세워 준다.'고 하였는데, 어떠한 경우에도 세속의 흐름에 흔들리지 않아야 설 수 있다. 그러므로 배우는 자는 하늘이 나에게 부여한 것이 무엇인지, 또 돌이켜 사람됨을 실천하고 있는지 아닌지 반드시 생각해야 한다. 이것을 분명하게 이해한 후에야 비로소 학문을 한다고 이를 수 있다. 그러므로 맹자는 '학문의 도는 그 잃어버린 마음을 구하는 것일 뿐이다.'라고 말하였다. 「중용」에서 말한 널리 배우고 절실하게 물으며 명확하게 분별하고 깊이 사색하며 독실하게 행하는 것도 이것을 이른다. 이것은 반드시 뜻이 확립되어야 비로소 가능하다. 공자가 '나는 열다섯의 나이에 배움에 뜻을 두었다.'고 하였는데, 바로 이러한 '志'이다." 내가 말하였다. "저는 이 마음에 있어 그릇된 것을 굳세게 통제할 수 있지만, 지키는 것이 오래가지 못합니다." 선생께서 말하였다. "그저 마음 밖에 있는 것만 굳세게 통제하고 안으로 자신의 근본을 생각하지 않으니, 涵養의 공효가 이르지 못합니다. 만일 마음이 분명하고 정당하다면 어째서 반드시 굳세게 통제할 필요가 있겠는가? 또 여기서 말을 하는데 갑자기 아름다운 여인이 앞에 나타나도 자네는 분명 여색을 밝히는 마음이 없을 것이다. 마음이 항상 지금과 같이 如一한데, 어째서 굳세게 통제할 필요가 있겠는가?"

주석

1_ 應擧, 視得失爲分定者能幾人: 성학에 뜻을 두고 과거시험을 중시하지 않은 일은 육상산 본인의 사례이기도 하다. 과거시험에 대한 그의 태도는 '1-110' 어록에도 보인다.

2_ 曹立之: 이름은 建이고, 立之는 字이다. 餘干 사람으로 학자들은 无妄선생이라 불렀다. 처음엔 沙隨 程迥을 從遊하고, 이어 육상산 형제를 사사하였으며, 최후에는 南康에서 주자에게 배웠다. 주자가 그의 墓表를 짓기도 하였다. '1-114 (1)번 주석'에서 설명하였다.

3_ 萬正淳: 이름은 人傑이고, 正淳은 字이다. 혹자는 正純이라 하였다. 號는 止齋이고, 興國軍 大治縣 사람이다. 陸九齡이 興國敎授에 부임한 이후 인연이 되어 陸九淵을 사사하였고, 순희 7년(1180)에 南康에서 주자를 만나 배웠다. 주자에게 들은 400여 조목의 어록을 기록하였는데, 육상산의 문하에 있었기 때문에 그가 기록한 주자와의 문답은 주로 육상산 문하의 학풍 및 사상에 관계되는 것이 많

았다.

4_ 優而柔之 … 怡然理順: 杜預가 지은 『春秋左傳集解』「序」에 보인다.

5_ 己欲立而立人: 『論語』「雍也」에 보인다.

6_ 學問之道, 求其放心而已矣: 『孟子』「告子(上)」에 보인다.

7_ 博學審問明辯愼思篤行: 『禮記』「中庸」에 보인다.

8_ 吾十有五而志于學: 『論語』「爲政」에 보인다.

[4-4] 先生語繆文子云 "近日學者無師法, 往往被邪說所惑. 異端能惑人, 自吾儒敗績, 故能入. 使在唐虞之時, 道在天下, 愚夫愚婦, 亦皆有渾厚氣象. 是時便使活佛·活老子·莊·列出來, 也開口不得. 惟陋儒不能行道, 如人家子孫, 敗壞父祖家風. 故釋老却倒來點檢你. 如莊子云 '以智治國, 國之賊.'[1] 惟是陋儒, 不能行所無事, 故被他如此說. 若知者行其所無事, 如何是國之賊? 今之攻異端者, 但以其名攻之, 初不知自家自被他點檢, 在他下面, 如何得他服. 你須是先理會了我底是, 得有以使之服, 方可."

번역 선생께서 繆文子에게 말하였다. "최근 배우는 자들은 스승이 전해준 법도가 없어서 줄곧 邪說에 의혹된다. 이단은 사람을 의혹시킬 수 있는데, 우리 儒者들이 패퇴하고 무너진 뒤부터 들어 올 수 있었다. 가령 堯舜 시기에는 도가 천하에 밝게 드러나, 평범한 부부도 모두 순박하고 두터운 기상을 지니고 있었다. 이때 비록 석가모니·노자·장자·열자 등이 태어났어도, 이단학설을 말할 수 없었다. 오직 비루한 儒者가 도를 행하지 못해, 집안의 자손이면서 부모와 조부의 가풍을 퇴패시키고 무너뜨리는 것처럼 했기 때문에, 불교나 노장의 학설이 도리어 자네들을 검속하게 되었다. 예를 들어, 노자는 '잔꾀를 가지고 나라를 다스리면 결국 나라를 해치고 만다'고 하였다. 오직 비루한 유자가 억지로 함이 없는 자연스러움을 행하지 못하여, 그에 의해 이같이 말하게 되었다. 만일 지혜로운 자가 억지로 함이 없는 자연스러움을 행하면, 어떻게 나라를 해치겠는가? 지금 이단을 공격하는 자들은 그저 그 이름만 가지고 공격하고, 처음부터 자신이 그들에 의해 검속되고 있는 것도 모르면서, 그 영향 아래에 있으니, 어떻게 그들을 설복시킬 수 있겠는가? 자네들은 반드시 우리의 도가 옳음을 알아야, 그들을 설복시키는 것이 비로소 가능하다."

주석 1_ 如莊子云以智治國, 國之賊: 본래 莊子의 언급이 아니라, 老子의 말이다. 『老子』 제65장에 보인다. 육상산의 착각인지, 아니면 어록을 기록한 李伯敏의 오류인지 명확치 않다. 여기서는 『老子』에서 언급된 것으로 고쳐 번역하였다.

[4-5] 學者先須不可陷溺其心, 又不當以學問誇人. 誇人者, 必爲人所攻. 只當如常人, 見人不是, 必推惻隱之心, 委曲勸諭之, 不可則止. 若說道我底學問如此, 你底不是, 必爲人所攻, 兼且所謂學問者, 自承當不住. 某見幾箇自主張學問, 某問他"你了得也未?" 他心下不穩, 如此則是學亂說, 實無所知. 如此之人, 謂之痼疾不可治. 寧是縱情肆欲之人, 猶容易與他說話, 最是學一副亂說底, 沒柰他何? 此只有兩路, 利欲·道義. 不之此, 則之彼.

번역 배우는 자는 반드시 먼저 그 마음을 사욕에 빠지게 해서는 안 되고, 또 학문으로 남에게 자랑해서도 안 된다. 남에게 자랑하는 자는 반드시 남에게 공격당한다. 다만 일반사람처럼 남의 잘못을 보면 반드시 측은한 마음을 미루어, 간곡하게 권유하고 안 될 경우 그만두어야 한다. 만일 나의 학문은 이와 같고 너의 학문은 틀렸다고 한다면 반드시 사람들에 의해 공격당하고, 또 이른바 학문이라는 것도 감당해내지 못한다. 나는 몇몇 스스로 자신의 학문을 주장하는 자를 본 적이 있는데, 내가 그에게 '자네는 터득하였는가 아닌가?'라고 물으면, 그는 마음을 불안해 한다. 이와 같다면 잘못된 학설을 배운 것이고, 실제로는 아는 것이 없는 것이다. 이러한 사람을 두고 오래된 고질병은 고칠 수 없다고 말한다. 차라리 제멋대로 사욕을 부리는 사람이 오히려 그와 말하기는 쉽다. 가장 힘든 것은 잘못된 학설을 배운 자로, 그런 이는 어떻게 고칠 방법이 없다. 이것은 그저 두 가지 길이 있을 뿐이며, 利欲과 道義가 그것이다. 이것을 추구하지 않으면 저것을 따른다.

[4–6] 人須是閑時大綱思量, 宇宙之間, 如此廣闊, 吾身立於其中, 須大做一箇人. 文子云 "某嘗思量我是一箇人, 豈可不爲人, 却爲草木禽獸." 先生云 "如此便又細了, 只要大綱思. 且如'天命之謂性'[1], 天之所以命我者, 不殊乎天, 須是放教規模廣大. 若尋常思量得, 臨事時自省力, 不到得被陷溺了." 文子云 "某始初來見先生, 若發蒙然. 再見先生, 覺心不快活, 凡事亦自持, 只恐到昏時自理會不得." 先生云 "見得明時, 何持之有? 人之於耳, 要聽即聽, 不要聽則否. 於目亦然. 何獨於心而不由我乎?"

번역 사람은 반드시 한가로울 때도 大綱을 생각해야 한다. 우주 사이가 이렇게 광활한데 내 몸은 그 가운데 서 있으니 반드시 크게 사람이 되어야 한다. 文子가 말하였다. "저는 자주 '나는 사람인데 어째서 사람이 되지 못하고, 초목금수가 되는가?'를 생각하곤 합니다." 선생께서 대답하였다. "이렇게 하면 또 세밀해진 것이니, 그저 대강을 생각해야 한다. 예를 들어 「중용」에서 '하늘이 명한 것을 일러 성이라 한다'고 하였는데, 하늘이 나에게 명한 본심은 하늘과 다르지 않으니, 반드시 규모를 광대하게 해야 한다. 만일 평소 생각하면서도 일에 임했을 때 스스로 힘을 기울이지 않으면, 도달하지 못하고 사욕에 빠져 버린다." 문자가 말하였다. "제가 처음 선생님을 뵈었을 때는 몽매함을 깨우치는 듯했는데, 다시 선생님을 뵈니 마음이 유쾌하거나 편안하지 않습니다. 모든 일은 또한 스스로 지키는 것인데, 다만 혼미할 때 스스로 이해하지 못할까 두렵습니다." 선생께서 말하였다. "터득함이 분명한데 무슨 지킬 것이 있겠는가? 사람이 귀에 있어서 듣고자 하면 듣고, 듣지 않으려 하면 듣지 않는다. 눈에 있어서도 마찬가지다. 어째서 유독 마음만 내 마음대로 할 수 없는 것인가?"

주석 1_ 天命之謂性: 『禮記』「中庸」에 보인다.

[4-7] 先生語伯敏云 "人惟患無志, 有志無有不成者. 然資禀厚者, 必竟有志. 吾友每聽某之言如何?" 伯敏曰 "每聞先生之言, 茫然不知所入. 幼者聽而弗問, 又不敢躐等." 先生云 "若果有志, 且須分別勢利道義兩途. 某之所言, 皆吾友所固有. 且如聖賢垂教, 亦是人固有. 豈是外面把一件物事來贈吾友? 但能悉爲發明, 天之所以予我者, 如此其厚, 如此其貴, 不失其所以爲人者耳." 伯敏問云 "日用常行, 去甚處下工夫?" 先生云 "能知天之所以予我者至貴至厚, 自然遠非僻, 惟正是守. 且要知我之所固有者." 伯敏云 "非僻未嘗敢爲." 先生云 "不過是硬制在這裏, 其間有不可制者, 如此將來亦費力, 所以要得知天之予我者. 看吾友似可進, 緣未曾被人閑言語所惑, 從頭理會, 故易入. 蓋先入者爲主, 如一器皿, 虛則能受物, 若垢汙先入, 後雖欲加以好水亦費力. 如季繹之學駁雜, 自主張學問, 却無柰何."

번역 선생께서 나에게 말하였다. "사람은 오직 뜻이 없는 것을 근심해야 한다. 뜻이 서면 이루지 못하는 자가 없다. 그러나 품부받은 자질이 淳厚한 자는 분명 뜻이 있다. 자네는 매번 나의 말을 들을 때 어떤 생각이 드는가?" 내가 대답하였다. "매번 선생님의 말씀을 듣고 있으면 망연히 어디서부터 착수해야 할지 모르겠습니다. 어린아이가 듣기만 하고 묻지 않으며, 또 감히 건너뛸 수 없는 것과 같습니다." 선생께서 말하였다. "만일 뜻이 서 있다면 또 勢利과 道義의 두 갈래 길을 분별해야 한다. 내가 말한 것은 모두 자네 마음속에 본래 갖추어져 있다. 또한 성현이 가르침을 베푼 것도 사람들 마음속에 본래 갖추어져 있다. 어찌 외부에서 한 사물을 잡아 자네에게 보탠 것이겠는가? 다만 자네가 온전히 드러낼 수 있다면, 하늘이 나에게 부여한 것은 이처럼 두텁고 이처럼 귀하여, 그 사람다운 까닭을 잃지 않을 뿐이다." 내가 물었다. "일상생활 가운데, 어느 곳에 나아가 공부를 시작해야 합니까?" 선생께서 대답하였다. "하늘이 나에게 부여한 것이 지극히 귀하고 지극히 두터움을 알 수 있다면, 자연히 그릇됨과 편벽됨을 멀리하고 오직 바름만을 고수할 것이다. 또 내가 본래부터 갖추고 있는 것을 알아야 한다." 내가 물었다. "그릇됨과 편벽됨은 감히 해본 적이 없습니다." 선생께서 말하였다. "그것은 여기에서 억지로 통제하는 것에 불과하고, 그 가운데 통제할 수 없는 것도 있다. 이렇게 하면 장차 또 기력만 낭비하게 되니, 하늘이 나에게 부여한 것을 알아야 한다. 자네를 보면 나아질 수 있을 것 같다. 사람들의 실없는 말에 의혹되지 않고 근본부터 이해했기 때문에, 쉽게 들어간 것이다. 먼저 들어간 것이 주인이 된다. 빈 그릇처럼 텅 비어 있어야 물건을 담을 수 있다. 만일 더러운 오물이 먼저 들어가면 뒤에 아무리 깨끗한 물을 넣어 씻어내려 해도 기력만 낭비하게 된다. 마치 주계역의 학문이 혼잡하고 불순하여 스스로 학문을 주장하지만 도리어 어떻게 할 수 없는 것과 같다."

[4-8] 伯敏問云“以今年校之去年, 殊無寸進.” 先生云“如何要長進? 若當爲者有時而不能爲, 不當爲者有時乎爲之, 這箇却是不長進. 不恁地理會, 泛然求長進, 不過欲以己先人, 此是勝心.” 伯敏云“無箇下手處.” 先生云“古之欲明明德於天下者, 先治其國, 欲治其國者, 先齊其家, 欲齊其家者, 先修其身, 欲修其身者, 先正其心, 欲正其心者, 先誠其意, 欲誠其意者, 先致其知, 致知在格物.[1] 格物是下手處.[2]” 伯敏云“如何樣格物?” 先生云“研究物理.” 伯敏云“天下萬物不勝其繁, 如何盡研究得?” 先生云“萬物皆備於我, 只要明理. 然理不解自明, 須是隆師親友.” 伯敏云“此間賴有季繹, 時相勉勵.” 先生云“季繹與顯道一般, 所至皆勉勵人, 但無根者多, 其意似欲私立門户, 其學爲外不爲己. 世之人所以攻道學者, 亦未可全責他. 蓋自家驕其聲色, 立門户與之爲敵, 嘵嘵勝口實, 有所未孚, 自然起人不平之心. 某平日未嘗爲流俗所攻, 攻者却是讀「語録」·「精義」者[3]. 程士南最攻道學, 人或語之以某, 程云‘道學如陸某, 無可攻者.’ 又如學中諸公, 義均骨肉, 蓋某初無勝心, 日用常行, 自有使他一箇敬信處. 某舊日伊洛文字不曾看, 近日方看, 見其間多有不是. 今人讀書, 平易處不理會, 有可以起人羡慕者, 則着力研究. 古先聖人, 何嘗有起人羡慕者? 只是此道不行, 見有奇特處, 便生羡慕. 自周末文弊, 便有此風. 如唐虞之時, 人人如此, 又何羡慕? 所以莊周云‘臧與穀共牧羊, 而俱亡其羊. 問臧奚事, 曰博塞以遊, 問穀奚事, 曰挾策讀書. 其爲亡羊一也.’[4] 某讀書只看古註, 聖人之言自明白. 且如‘弟子入則孝, 出則弟’[5]是分明說與你入便孝, 出便弟, 何須得傳註. 學者疲精神於此, 是以擔子越重. 到某這裏, 只是與他減擔, 只此便是格物.” 伯敏云“每讀書, 始者心甚專, 三五遍後, 往往心不在此. 知其如此, 必欲使心在書上, 則又別生一心. 卒之方寸擾擾.”

先生云"此是聽某言不入, 若聽得入, 自無此患. 某之言打做一處, 吾友二三其心了. 如今讀書, 且平平讀, 未曉處且放過, 不必太滯."

번역 내가 물었다. "올해를 지난해와 비교하면 조금의 진전도 없는 것 같습니다." 선생께서 말하였다. "어째서 진전하려고 하는가? 만일 마땅히 해야 할 것을 때때로 하지 못하고, 하지 말아야 할 것을 때때로 행하면, 이것이 바로 진전하지 못하는 것이다. 이처럼 이해하지 않고 대충 나아지기를 구하면, 자기를 남보다 먼저 앞세우려는 것에 불과하니, 이것은 남을 이기려는 마음이다." 내가 말하였다. "공부의 착수처가 없어서인가 봅니다." 선생께서 말하였다. "「대학」에서 '옛날 밝은 덕을 천하에 밝히고자 하는 자는 먼저 그 나라를 다스렸고, 그 나라를 다스리고자 하는 자는 먼저 그 집을 가지런히 하였으며, 그 집을 가지런히 하고자 하는 자는 먼저 그 몸을 닦았고, 그 몸을 닦고자 하는 자는 먼저 그 마음을 바르게 하였으며, 그 마음을 바르게 하고자 하는 자는 먼저 그 뜻을 참되게 하였고, 그 뜻을 참되게 하고자 하는 자는 먼저 그 앎을 지극히 하였으니, 앎을 지극히 하는 것은 格物에 달려 있다'고 하였다. 격물이 바로 공부의 착수처이다." 내가 물었다. "어떻게 격물합니까?" 선생께서 대답하였다. "만물의 이치를 연구하는 것이다." 내가 물었다. "천하만물은 그 수를 헤아릴 수 없을 만큼 많은데 어떻게 다 이치를 연구할 수 있습니까?" 선생이 말하였다. "만물의 이치는 내 마음에 모두 갖추어져 있다. 그러니 마음의 理를 밝히기만 하면 된다. 스스로 그 理를 밝힐 수 없을 때에는 스승을 섬기고 벗과 친히 지내면서 도움을 받으면 된다." 내가 말했다. "이곳에 다행히 季繹이 있어 때때로 서로 권면하고 있습니다." 선생께서 말하였다. "계역은 현도와 같이 이른 바가 모두 남을 권면하게 할 만하다. 다만 근본 없는 것이 많고, 그 의도가 사적으로 門戶를 만들려는 데 있는 것 같으며, 그 학문은 밖을 좇고 자기를 위하지 않는다. 세상 사람들이 도학을 공격하는 것은 또한 모두 그들 탓만 할 수 없다. 대체로 자칭 도학자 스스로 말소리와 얼굴빛을 교만하게 하고, 문호를 세워 그들과 대적하며, 아옹다옹 다투며 구실을 만들고, 믿고 따르지 않으면 자연히 사람들에게 불편한 마음이 들게 한다. 나는 평소 세속 사람들에게 공격당한 적이 없다. 공격받는 자는 분명 이천의 「어록」과 「정의」를 읽는 자이다. 程士南이 가장 심하게 도학을 공격하였는데, 사람들은 혹 그것이 나라고 말할 수도 있지만, 정사남은 '도학자들이 육상산과 같다면 공격할 만한 것이 없다.'고 하였다. 또 태학의 여러 학자들의 경우, 뜻이 부모형제처럼 통하여, 대체로 나는 애초부터 그들을 승복시키려는 마음이 없었다. 일상생활 속에서 저절로 그들로 하여금 공경하고 신실하게 하는 곳이 있었다. 나는 예전부터 伊川의 책은 그다지 보지 않았는데, 최근 비로소 살펴보니 그 사이에 많은 부분이 잘못되었음을 발견하였다. 지금 사람들은 책을 읽을 때 쉬운 곳도 이해하지 못하면서, 남에게 부러운 마음이 들게 할 수 있는 것이 있는데, 바로 힘써 연구하는 것이다. 옛날의 성인들이 언제 남에게 부러운 마음이 들게 한 적이 있었는가? 그저 이 道가 행해지지 않고, 기괴하고 특이한 곳을 보면, 바로 부러운 마음이 들게 하였다. 주나라 말기부터 문장이 어그러져 이러한 풍속이 생겨났다. 요순시기에는 사람들이 모두 이와 같았으므로, 또 어떻게 부러운 마음이 들게 하였겠는가? 그러므로 莊子는 말하였다. '臧과 穀 두 사람이 함께 양을 치다가, 둘 다 그 양을 잃고 말았다. 장에게 어쩌다 양을 잃었는지 묻자 노름을 하고 있었기 때문이라 말하였다. 곡에게 어쩌다 양을 잃었는지 묻자, 죽간을 끼고 책을 읽었기 때문이라고 답하였다. 두 사람이 한 일은 달랐지만 양을 잃어버린 것은 같았다.' 나는 책을 읽을 때 단지 古註만 보는데, 성인의 말 자체가 분명하기 때문이다. 예를 들어 『논어』의 '제자는 들어와서는 효도를 행하고, 나가서는 공경해야 한다'는 구절은 자네에게 들어오면 효를 다하고 나가면 공경해야 함을 분명하게 말하였다. 어찌 傳과 註를 얻을 필요가 있겠는가? 학자들이 여기에 정신을 낭비하기 때문에 부담이 더욱 무거워진다. 나는 단지 그들이 부담을 덜도록 한다. 이것이 바로 격물이다." 내가 물었다. "매번 독서 할 때, 처음에는 마음이 매우 전일하지만, 네다섯 번 읽고 나면 자주 마음이 여기 있지 않습니다. 이 같은 상태를 알고 반드시 마음을 책 위에 잡아두려 하지만, 또 다른 마음이 나타나 졸지에 마음이 번잡해집니다." 선생께서 대답하였다. "이것은 내 말을 듣고도 이해하지 못했기 때문이다. 만일 알아들을 수 있다면, 저절로 이런 근심이 없어질 것이다. 내 말은 한 곳으로 모을 수 있는데, 자네는 두세 군데로 그 마음을 분산시킨다. 예를 들어 지금 책을 읽으면, 평온하게 읽고 이해되지 않는 부분은 잠시 놓아두어라. 너무 몰두할 필요가 없다."

주석

1_ 古之欲明明德於天下者 … 致知在格物: 『禮記』「大學」에 보인다.

2_ 格物是下手處: 육상산은 '격물'은 천하에 자신의 본심을 확대하기 위한 공부의 착수처이고, '만물의 이치를 탐구하는 것'이라고 정의하였다. 사실 이것은 주자가 '卽物窮理'의 방법을 통해 사물에서 지극히 선한 이치를 탐구하는 것에 대한 비판이기도 하다. 주자는 일찍이 "明德과 新民은 모두 至善에 머무르고자 함이다. 그런데 먼저 지선이 자리하는 곳을 알지 못한다면 그 마땅히 그쳐야 할 곳에 그칠 수 없다. 마치 활 쏘는 이가 그 과녁의 正鵠을 명중시키려 하는데 먼저 그 정곡이 자리하는 곳을 알지 못하면, 마땅히 적중시켜야 할 곳을 맞힐 수 없는 것과 같다."[『大學惑問』: 明德新民固皆欲其止於至善. 然非先有以知夫至善之所在, 則不能有以得其所當止者而止之. 如射者固欲其中夫正鵠, 然不先有以知其正鵠之所在, 則不能有以得其所當中者而中之也.]고 말하였다. 사물에 定理가 있기 때문에 지선의 소재를 알아내기 위해서는 마음만 직관해서는 인욕을 천리로 오인하는 사태가 발생하므로, 외부사물에 나아가 이치탐구를 하는 궁리공부가 선행되어야 함을 강조한 것이다. 백민은 아마도 주자의 관점을 토대로 천지 만물이 이토록 무궁한데 마음에서

만 공부하면 사물의 구체적이고 특수한 이치를 과연 확보할 수 있는지 의문이 들어, 어떻게 그 많은 이치를 모두 탐구할 수 있는지 물어본 것으로 보인다.

육상산은 '이치를 밝히는 것(明理)'으로 그 답을 대신하였다. '명리'는 사물을 탐구대상으로 삼고 거기에 나아가 이치를 밝히는 것이 아니라, 본심이 만물의 모든 이치를 發見하고 있으므로, 마음의 본래상태를 회복하여 그 理가 저절로 드러나는 것을 의미한다. 그래서 그는 "떳떳한 윤리가 사람에게 갖추어져 있는 것은 오직 하늘이 명한 것이다. 양지의 단서는 사랑함과 공경함으로 드러나니, 이를 확충한 것이 성현이 될 수 있었던 이유이다. 先知者는 이 본심을 먼저 안 것이고, 先覺者는 이 마음을 먼저 깨달은 자일뿐이다. …「대학」에서 말한 '격물치지'도 이 본심에서 현현하는 物理를 궁구하고 이 본심에서 드러난 良知를 지극히 한다는 것을 이른다. 그렇게 때문에 명덕을 천하에 밝힐 수 있는 것이다."[『陸九淵集』권19, 「武陵縣學記」, 238쪽: 彝倫在人, 維天所命, 良知之端, 形於愛敬, 擴而充之, 聖哲之所以爲聖哲也. 先知者, 知此而已, 先覺者, 覺此而已. … 所謂格物致知者, 格此物致此知也, 故能明明德於天下.]라고 하였다. 본심을 '하늘이 명한 것이다'라고 말한 것은 사람이면 누구나 이 마음을 선험적으로 지니고 태어남을 비유한 것이고, '이것'은 본래마음을 지칭한다. 여기서 그는 격물의 의미를 '明理'보다 더 적극적으로 해석하여 본심을 밝히는 것으로 정의하였다. 이것에 힘쓰지 않고 외부사물의 이치탐구에 먼저 힘쓴다면 본말이 顚倒되어 본심을 회복하는 격물공부가 末이 된다. 복희가 천지자연의 대상사물에 현현하는 이치를 훤히 꿰뚫을 수 있었던 것도 바로 본심을 온전히 회복하여 성인의 경지에 도달했기 때문이지, 이를 도외시하고 외부사물의 이치탐구에만 주력했기 때문이 아니다.

3_ 讀「語録」·「精義」者: 「어록」에 "邵武의 丘元壽가 며칠 동안 선생의 말씀을 청해 듣더니, 스스로 어렸을 때부터 유독 정이천의 어록을 즐겨 보았다고 말했다."[『陸九淵集』권34, 「語錄(上)」, 420쪽: 邵武丘元壽聽話累日, 自言少時獨喜看伊川語錄.]는 기록이 있고, "어렸을 때 사람들이 이천의 말을 암송하는 것을 듣고 이천의 말은 어째

서 공맹의 말과 다른지를 의심했었다"[『陸九淵集』권36, 「年譜」, 481~482쪽: 丱角時, 聞人誦伊川語, 云 "伊川之言, 奚爲與孔孟之言不類?"]는 고백이 있는 것으로 보아, 여기서 말한 '語錄'과 '精義'는 이천의 「語錄」과 그가 저술한 「論孟精義」를 지칭하는 것으로 보인다.

4_ 臧與穀共牧羊 … 其爲亡羊一也: 『莊子』「騈拇」에 보인다.[臧與穀二人相與牧羊, 而俱亡其羊. 問臧奚事, 則挾策讀書, 問穀奚事, 則博塞以遊. 二人者事業不同, 其於亡羊均也.] 육상산은 이 구절을 인용하여, 학자들이 쉬운 곳도 이해 못하면서 책을 끼고 이치를 탐구하는 경향이, 노름하며 방탕하게 생활하는 것과 동일하다고 보고, 격물과 독서의 본의를 우회적으로 비판하였다.

5_ 弟子入則孝, 出則弟: 『論語』「學而」에 보인다.

[4–9] 繆文子資質亦費力, 慕外尤䌫, 每見他退去, 一似不能脫羅網者. 天之所以予我者, 至大·至剛·至直·至平·至公. 如此私小做甚底人? 須是放教此心公平正直. '無偏無黨, 王道蕩蕩, 無黨無偏, 王道平平, 無反無側, 王道正直.'[1] 某今日作包顯道書云 "古人之學, 不求聲名, 不較勝負, 不恃才智, 不矜功能."[2] 今人之學, 正坐反此耳.

번역 繆文子의 자질은 또한 기력을 낭비하여, 밖을 흠모해 더욱 미혹되고, 매번 그를 볼 때마다 퇴보하여, 그물망에서 전혀 벗어나지 못하는 자 같았다. 하늘이 나에게 선험적으로 부여한 것은 지극히 크고 지극히 강건하며 지극히 바르고 지극히 평등하며 지극히 공정하다. 이렇게 사사롭고 편협하면 어떤 사람이 되겠는가? 반드시 이 마음을 공평하고 정직한 곳에 놓아야 한다. 「洪範」에서 '기울어짐도 없고 치우침도 없으면 임금의 길은 넓고 넓을 것이고, 치우침도 없고 기울어짐도 없으면 임금의 길은 평평할 것이며, 반대됨이 없고 치우침이 없으면 임금의 길은 바르고 곧을 것이다.'라고 하였다. 나는 최근 包顯道에게 편지를 보내 "옛날의 학자는 명예를 구하지 않고 승부도 개의치 않으며 才智에도 의지하지 않고 능력에 자만하지도 않았다."고 하였다. 지금 사람들의 배움은 이와 정반대로 할 뿐이다.

주석

1_ 無偏無黨 … 王道正直: 『尙書』「洪範」에 보인다.

2_ 包顯道書云 … 不矜功能: 包顯道의 이름은 揚이고 顯道는 字이며, 號는 克堂이다. 南康사람이다. '5. 包揚 顯道 所録'에서 설명하였다. 육상산이 포현도에게 보낸 이 편지는 현재 『陸九淵集』에도 보존되어 있다.[『陸九淵集』권7, 「與包顯道」, 101쪽: 古人不求名聲, 不較勝負, 不恃才智, 不矜功能, 故通體皆是道義. 道義之在天下, 在人心, 豈能泯滅.]

[4-10] 讀介甫書[1], 見其凡事歸之法度, 此是介甫敗壞天下處. 堯舜三代雖有法度, 亦何嘗專恃此. 又未知户馬青苗等法[2]果合堯舜三代否. 當時闢介甫者無一人就介甫法度中言其失, 但云'喜人同己'·'祖宗之法不可變'. 夫堯之法, 舜嘗變之, 舜之法, 禹嘗變之. 祖宗法自有當變者, 使其所變果善, 何嫌於同? 古者道德, 一風俗同, 至當歸一, 精義無二, 同古者適所以爲美. 惜乎無以此闢之, 但云'祖宗法不可變', 介甫才高, 如何便伏? 惟韓魏公[3]論青苗法云'將欲利民, 反以害民', 甚切當. 或言介甫不當言利. 夫『周官』一書[4], 理財者居半, 冢宰制國用, 理財正辭, 古人何嘗不理會利, 但恐三司等事, 非古人所謂利耳. 不論此, 而以言利遏之, 彼豈無辭? 所以率至於無柰他何處. 或問 "介甫比商鞅何如?" 先生云 "商鞅是脚踏實地, 他亦不問王霸, 只要事成, 却是先定規模.

介甫慕堯舜三代之名, 不曾踏得實處, 故所成就者, 王不成, 覇不就. 本原皆因不能格物, 模索形似, 便以爲堯舜三代如此而已. 所以學者先要窮理."

번역 介甫 王安石의 글을 읽으면 모든 일을 법률제도에 귀속시키려 한 것이 보이는데, 이것이 개보가 천하를 퇴패시키고 무너뜨린 곳이다. 堯舜시기와 夏商周 삼대에도 법도가 있었지만, 언제 전적으로 이것에 의지하였는가? 또 戶馬와 靑苗 같은 新法이 과연 요순시기와 삼대에 부합되는 것인지 아닌지 모르겠다. 당시 개보를 비판한 자들 가운데 개보의 신법에 나아가 그 과실을 지적한 자는 한 사람도 없었다. 그저 '그는 다른 사람이 자기 관점에 동의하기를 좋아한다'거나 '祖宗의 법은 바꿀 수 없다'고 말할 뿐이었다. 무릇 요임금의 법은 순임금이 바꾸었고, 순임금의 법은 우임금이 바꾸었다. 祖宗의 법은 자체에 마땅히 바꿀 것이 있으면, 그것을 좋게 바꾸어야 한다. 어떻게 옛날과 동일하게 때에 맞는 법이 되는 것을 싫어하는가? 옛날에 도덕은 단번에 세속을 동화시켰고, 지극히 당연한 이치는 하나로 귀결되었으며, 정밀한 의는 둘로 쪼갤 수 없었으니, 옛날과 같은 법이 바로 아름다운 것이다. 아쉽게도 이것으로 개보를 비판한 자는 없었고, 그저 '祖宗의 법은 바꿀 수 없다'고 하니, 개보의 재능이 뛰어난데, 어떻게 바로 굴복했겠는가? 오직 韓魏公이 청묘법을 두고 '백성들을 이롭게 하려고 제정한 것인데, 도리어 백성들을 해롭게 하였다'고 하였는데, 매우 타당하다. 또 어떤 이는 개보가 부당하게 이로움을 말했다고 한다. 『周官』을 보면, 理財에 관한 제도가 반을 차지하고, 총재가 국가의 재용을 통제하는 내용이다. 理財를 다루는 것은 옳은 말로, 옛사람들이 언제 利를 이해하지 못한 적이 있는가? 다만 新法 실행을 위해 설치한 三司에서 담당했던 일이 옛사람들이 말하는 利가 아닐 뿐이다. 이것을 논하지 않고 그저 利를 말하는 것이 마땅하지 않다고 비판한다면, 그가 어찌 반박의 말이 없겠는가? 그러므로 어쩔 수 없이 그를 어느 곳에 이르게 하였다. 어떤 이가 "개보는 商鞅에 비해 어떠한가요?"라고 물었다. 선생께서 말하였다. "상앙의 變法은 실질적인 것을 실행하였다. 그는 왕도와 패도를 묻지 않고, 그저 일을 완성하고자 하여, 먼저 규모를 확립하였다. 개보는 요순과 삼대의 명성을 흠모하면서도 실질적으로 실행하지 않았다. 그러므로 성취한 것이 왕도도 이루지 못하고 패도도 다가서지 못했다. 근본 원인은 모두 격물하지 못하고, 표면상으로 같은 것만 추구하여, 바로 요순과 삼대의 법이 이와 같다고 여겼을 뿐이다. 이에 배우는 자는 먼저 궁리를 해야 한다."

주석

1_ 介甫: 王安石이다. 介甫는 字이고, 號는 半山이다. 북송시기 江西 사람이다. 新法의 개혁을 실시하였다. 하지만 이러한 개혁의 노력에도 불구하고 당쟁이 격화되고 정치가 혼란에 빠지면서 큰 성과를 거두지는 못하였다. 그의 문장력은 동료뿐 아니라 政敵 모두에게 인정을 받았을 만큼 뛰어났으며, 唐宋八大家 중의 한 사람이다. '介甫書'는 왕안석의 신법을 논한 글을 이른다. 「연보」에 "순희 15년(1188), 선생나이 50세이다. 산속의 象山精舍에 있었다. 봄 정월에 「荆國王文公祠堂記」[『陸九淵集』권19, 「荆國王文公祠堂記」, 233쪽에 수록되어 있다.]를 지었다. 薛象先에게 편지를 보냈다. 선생이 일찍이 介甫의 책을 읽어 보라고 말하였다."[『陸九淵集』권36, 「年譜」, 500쪽: 淳熙十五年戊申(1188), 先生五十歲, 在山間精舍. 春正月, 作「荆國王文公祠堂記」. 與薛象先書. 先生嘗云 "讀介甫書."]는 기록이 있다. 薛象先에게 보낸 편지는 문집에 수록되어 있다. 육상산은 薛象先에게 편지를 보내라고 하며, 왕안석의 관점을 강하게 비판하였다. "荆公의 학문은 그 바름을 얻지 못하였지만 재능이 크고 뜻이 독실하여 천하를 무너뜨리기 충분하였다. 「祠堂記」에서 상세히 논하였는데, 스스로 성인이 다시 태어나도 내 말을 바꾸지 못할 것이라 하였는데, 당시 제현들 가운데 대개 여기에 미칠 수 있는 자가 없었다."[『陸九淵集』권13, 「與薛象先」, 177쪽: 荆公之學, 未得其正, 而才宏志篤, 適足以敗天下, 「祠堂記」中論之詳矣,

自謂聖人復起, 不易吾言. 當時諸賢蓋未有能及此者.] 또 그는 陶贊仲에게 보낸 편지에서 "「荆公祠堂記」와 주자와 주고받은 세 통의 편지를 함께 보내니, 정밀하게 보고 숙독할 만하다. 이 몇 편의 글은 모두 도를 밝힌 문장이지 한때 변론하는 데 머무르는 글이 아니다." [『陸九淵集』권15, 「與陶贊仲」, 194쪽: 「荆公祠堂記」與元晦三書併往, 可精觀熟讀, 此數文皆明道之文, 非止一時辯論之文也.]라고 말하고, 자신이 평론한 왕안석의 글은 이치를 밝힌 책이라고 자부하였다.

2_ 戶馬青苗等法: 왕안석 등의 건의로 제정한 新法을 말한다. 均輸法 · 青苗法 · 市易法 · 募役法 · 保甲法 · 戶馬法 등이 있었다. '均輸法'은 정부가 물자를 싼 지방에서 구입하여 부족한 지방에다 파는 물자 조달의 정책이다. '市易法'은 중소상인에게 상품을 저당잡고 저리를 융자하는 제도이다. '募役法'은 노역 대신에 면역전을 받아 그 돈으로 희망자를 고용하여 노역케 하는 제도이다. '戶馬法'은 송대 官府에서 백성들에게 말을 기르게 한 후, 평소 농경에 사용하다가, 전시에 軍馬로 납부하도록 하는 제도이다. '青苗法'은 평상시 거두는 세금으로, 常平給斂法 · 常平斂散法이라고도 불렀다. 매년 春 · 秋 보리와 쌀의 수확기 전에 백성들에게 현금이나 양식을 빌려주고, 수확을 마친 후 곡식으로 이자를 붙여 환급하게 하는 제도이다. 왕안석의 新法은 국가 재정을 흑자로 돌리는 데 성공하긴 하였지만, 관료들의 과도한 실적주의와 농민실정을 무시한 강제적 실시로 폐해가 드러났다. 그래서인지 蘇轍 등은 왕안석의 青苗法에 반대하다 河南推官으로 좌천되기도 하였고, 훗날 哲宗이 즉위한 뒤, 司馬光은 왕안석 등이 건의하여 만든 신법을 모두 바꾸었다. 사람들이 삼년 동안 아버지의 도를 바꾸지 않는 것이 효가 아니냐는 이의를 제기하기도 했으나, 오히려 천하에 해가 되는 법은 불 끄듯이 바꾸어야 한다는 것이 그의 관점이었다. 육상산은 세간에 왕안석의 신법을 비판하면서 핵심을 놓치고 그저 인신공격 수준에 머물러서는 안 된다고 하였다. 신법은 요순시기나 하상주 삼대와 같이 세속의 풍속을 바르게 하고 천하를 이롭게 하는 법이 아니라, 오히려 실적 위주의 법을 엄격히 적용하여 풍속을 해치는 문제가 있다고 본 것이다.

3_ 韓魏公: 韓琦이다. 字는 稚圭이고 스스로 贛叟라고 불렀다. 북송시기 安陽사람이다. 弱冠의 나이에 中進士에 급제하였고, 將作監丞・通判淄州를 역임하였다.

4_ 周官一書: 『周禮』이다. 司馬遷의 『史記』・劉歆의 『七略』 등을 보면, 『周禮』를 모두 『周官』으로 표기하였고, 鄭玄에 이르러 『周禮』로 확정되었다.

[4-11] 後生自立最難, 一人力抵當流俗不去, 須是高着眼看破流俗方可. 要之, 此豈小廉曲謹所能爲哉? 必也豪傑之士. 胡丈[1]因擧晦翁語云 "豪傑而不聖人者有之, 未有聖人而不豪傑者也." 先生云 "是."

번역 후학들은 자립하기가 가장 어렵다. 혼자만의 힘으로 세속의 흐름을 감당해내지 못하니, 반드시 높은 안목으로 주시하며 세속의 흐름을 타파해야 비로소 가능하다. 요약하면, 이것은 어찌 사소한 것만을 중시하는 편협한 자들이 할 수 있는 것이겠는가? 반드시 높은 기개를 지닌 선비라야 가능하다. 胡丈이 이어서 晦翁의 말을 들어 말하였다. "높은 기개를 지닌 선비라도 성인이 되지 못한 자는 있지만, 성인이면서 높은 기개를 지니지 못한 자는 아직 없습니다." 선생께서 "그렇다."고 대답하였다.

주석

1_ 胡丈: '丈'은 손윗사람에 대한 존칭이다. '주자의 말을 들어 말하였다(擧晦翁語)'는 것으로 보아, 주자와 지속적인 교류를 했던 胡季隨로 보인다. 이름은 大時이고, 季隨는 字이다. 崇安사람이다. 육상산은 일찍이 "호계수는 胡五峯의 자식으로 張南軒을 스승으로 모셨고 그의 여식과 혼인하였다. 남헌이 세상을 떠난 후, 주자의 문하에서 배웠고, 나와 臨安에서 만났었다."고 말한 바 있고, 그의 사람됨을 두고 "행실이 매우 조심스럽고, 학문에 뜻을 둔 것이 매

우 독실하였다."[『陸九淵集』권9, 「與林叔虎」, 126쪽: 長沙胡季隨乃峰之幼子, 師事張南軒, 又妻其女. 南軒沒後, 又講學於晦翁之門, 亦嘗至臨安相聚. 此人操行甚謹慤, 志學亦甚篤.]고 평가하였다. 호계수는 주자와 자주 편지를 주고받았다. 그가 『연평문답』의 '灑然히 얼음이 풀리고 언 땅이 녹는다'는 말이 通透하고 灑落의 공부를 의미한다고 보고 이에 대해 묻자, 주자는 대답하였다. "대저 이런 경지는 바로 견식이 분명하고 함양이 純熟한 功效이니, 반드시 진실하게 누적한 功用에서 나오는 것이지, 하루아침에 억지로 힘을 들여 얻은 것이 아닙니다. 지금 湖南의 학자가 이른바 '급박하게 그것을 구하지도 못하고 다만 우선 持守하여 넉넉하고 풍족해져서 自得을 기다릴 뿐이다'라는 것이 옳지 않은 것은 아닙니다. 다만 窮理라는 一節의 공부가 결여되어 있을 뿐입니다."[『朱熹集』「答胡季隨」: 大抵此箇地位, 乃是見識分明, 涵養純熟之效, 須從眞實積累功用中來, 不是一旦牽彊著力做得. 今湖南學者所云 "不可以急迫求之, 只得且持守, 優柔厭飫而俟其自得", 未爲不是. 但欠窮理一節工夫耳.] 通透·灑落 등의 경지는 바로 識見이 분명하고 함양이 純熟하여 저절로 이루어지는 功效이므로, 일반 사람에게 강조하면 하루아침에 성인의 경지에 이를 수 있다고 助長하는 것과 마찬가지다. 반드시 讀書窮理를 통해 이치를 확립하고 持守 공부를 중시해야 聖學이 바로설 수 있다고 본 것이다.

반면 육상산은 주자와의 무극태극논쟁을 진행하는 과정에서, 호계수가 보낸 편지를 받고 다음과 같이 말하였다. "보내주신 편지에서 나와 주자가 논쟁한 무극태극서신에 대한 언급들은, 글이 모두 지극한 이치이고 참된 말입니다. … 「王文公祠記」는 백여 년간 끝나지 않은 큰 안건을 끝내려는 마음으로 쓴 글입니다. 스스로는 성인이 다시 태어나도 제 말을 바꾸지는 못할 거라 믿고 있습니다."[『陸九淵集』권1, 「與胡季隨」, 7쪽: 來書所擧某與元晦論太極書, 辭皆至理誠言. … 「王文公祠記」, 乃是斷百餘年未了底大公案, 自謂聖人復起, 不易吾言.]

[4–12] 問作文法, 先生云 "讀『漢』·『史』·韓·柳·歐·蘇·尹師魯·李淇水[1]文不誤. 後生惟讀書一路, 所謂讀書, 須當明物理, 揣事情, 論事勢. 且如讀史, 須看他所以成, 所以敗, 所以是, 所以非處. 優游涵泳, 久自得力. 若如此讀得三五卷, 勝看三萬卷."

번역 문장 짓는 법을 묻자, 선생께서 대답하였다. "『漢書』·『史記』 및 韓愈·柳宗元·歐陽修·蘇軾·尹師魯·李淇水 등의 글을 읽으면 그릇되지 않을 것이다. 후학들은 오직 독서의 한 가지 길만 고집하는데, 이른바 독서라는 것은 반드시 사물의 이치를 밝히고, 일의 실정을 헤아리며, 일의 형세를 논해야 한다. 또 역사책을 읽는 경우에는, 반드시 그가 성공한 까닭, 실패한 이유, 옳은 까닭, 그른 이유를 살펴야 한다. 여유롭게 탐구하고 깊이 체득하면, 시간이 오래되어 저절로 터득할 것이다. 만일 이처럼 네다섯 권을 읽는다면, 3만 권을 읽는 것보다 나을 것이다."

주석

1_ 漢史 … 李淇水: '漢'은 『漢書』이고, '史'는 『史記』이다. '韓'은 韓愈이다. 退之는 字이고, 河內 南陽 사람이다. 대대로 昌黎 지역에 거주하여 스스로를 昌黎韓愈라 하였고, 세인들도 韓昌黎라 불렀다. 만년에 吏部侍郎을 역임하여 韓吏部라 부르기도 하였고, 사후 文이란 시호를 받아 韓文公이라 일컫기도 하였다. 저서로는 『韓昌黎集』 14권, 『外集』 10권, 『師說』 등이 있다. 그의 문인 李漢은 한유 문장을 두고 "文이 도를 관통하는 도구로 보았다."[『韓昌黎集』「序」: 文者, 貫道之器也.]고 평가하였다. 위진남북조시기 형식과 기교를 중시했던 騈文과 달리, 유학과 문학의 합일을 추구하여 도를 드러내는 도구로 삼고, 古文운동을 펼친 자가 한유였던 것이다. 宋代 王安石·蘇軾 등과 함께 古文八代家로 불린다. '柳'는 柳宗元이다. 字는 子厚이고, 唐代 河東郡 사람이다. 한유와 함께 고문운동을 펼쳐 唐宋八代家로 불렸다. 『溪居』·『江雪』 등의 대표저작이 있고, 문집

으로 『柳宗元集』이 전해진다. '歐'는 歐陽修이다. 字는 永叔이고, 號는 醉翁 또는 六一居士이며, 시호는 文忠이고, 世人들은 歐陽文忠公이라 불렀다. '1-29 (3)번 주석'에서 설명하였다. '蘇'는 蘇軾이다. 字는 子瞻이고, 東坡居士라고도 불렀다. 북송시기 眉州사람이다. 왕안석 신법 개혁을 반대하여, 이를 풍자한 시가 많다. 翰林學士를 역임하였고, 禮部尙書를 지냈다. '唐宋八大家'로 불렸고, 저서로 『東坡易傳』·『東坡七集』 등이 있다. '尹師魯'는 이름이 洙이고, 師魯는 字이다. 북송시기 范仲淹의 학생이자 제자이다. '李淇水'는 이름이 淸臣이고, 字가 邦直이다. 남송시기 中書侍郞을 지냈다.

[4-13] 問伯敏云"作文如何?" 伯敏云"近日讀得『原道』等書, 猶未成誦, 但茫然無入處." 先生云"『左傳』深於韓柳, 未易入, 且讀蘇文可也. 此外別有進否? 吾友之志要如何?" 伯敏云"所望成人, 目今未嘗敢廢防閑." 先生云"如何樣防閑?" 伯敏云"爲其所當爲." 先生云"雖聖人不過如是. 但吾友近來精神都死, 却無向來亹亹之意, 不是懈怠, 便是被異說壞了. 夫人學問, 當有日新之功, 死却便不是." 邵堯夫詩云'當鍛鍊時分勁挺, 到磨礱處發光輝.' 磨礱鍛鍊, 方得此理明, 如川之增, 如木之茂, 自然日進無已. 今吾友死守定, 如何會爲所當爲? 博學·審問·愼思·明辨·篤行, 博學在先, 力行在後. 吾友學未博, 焉知所行者是當爲? 是不當爲. 防閑, 古人亦有之, 但他底防閑與吾友別. 吾友是硬把捉. 告子硬把捉, 直到不動心處, 豈非難事, 只是依舊不是. 某平日與兄說話, 從天而下, 從肝肺中流出, 是自家有底物事, 何常硬把捉? 吾兄中間亦云有快活, 時如今何故如此? 伯敏云"固有適意時, 亦知自家固有根本, 元不待把捉, 只是不能久. 防閑稍寬, 便爲物欲所害." 先生云"此則罪在不常久上, 却如何硬把捉? 種種費力, 便是有時得意, 亦是偶然." 伯敏云"却常思量不把捉, 無

下手處.”先生云“何不早問? 只此一事是當爲不當爲. 當爲底一件大事不肯做, 更說甚底? 某平日與老兄說底話, 想都忘了.”伯敏云“先生常語以求放心·立志, 皆歷歷可記.”先生云“如今正是放其心而不知求也, 若果能立, 如何到這般田地.”伯敏云“如何立?”先生云“立是你立, 却問我如何立? 若立得住, 何須把捉? 吾友分明是先曾知此理來, 後更異端壞了. 異端非佛老之謂. 異乎此理, 如季繹之徒, 便是異端. 孔門惟顔曾傳道, 未有聞. 顔曾從裏面出來, 他人外面入去. 今所傳者, 乃子夏子張之徒, 外入之學. 曾子所傳, 至孟子不復傳矣. 吾友却不理會根本, 只理會文字. 實大聲宏, 若根本壯, 怕不會做文字? 今吾友文字自文字, 學問自學問, 若此不已, 豈止兩段? 將百碎.”問“近日日用常行覺精健否? 胸中快活否?”伯敏云“近日別事不管, 只理會我亦有適意時.”先生云“此便是學問根源也. 若能無懈怠, 暗室屋漏亦如此, 造次必於是, 顚沛必於是, 何患不成. 故云‘君子以自昭明德.’[1] ‘古之欲明明德於天下者, 在致其知, 致知在格物.’[2] 古之學者爲己, 所以自昭其明德, 己之德已明, 然後推其明以及天下. 鼓鍾于宫, 聲聞于外, 鶴鳴于九皐, 聲聞于天, 在我者既盡, 亦自不能掩. 今之學者, 只用心於枝葉不求實處. 孟子云‘盡其心者知其性, 知其性則知天矣.’[3] 心只是一箇心, 某之心, 吾友之心, 上而千百載聖賢之心, 下而千百載復有一聖賢, 其心亦只如此. 心之體甚大, 若能盡我之心, 便與天同. 爲學只是理會此‘誠者自成也, 而道自道也’[4], 何嘗騰口說?”伯敏云“如何是盡心? 性·才·心·情如何分別?”先生云“如吾友此言, 又是枝葉. 雖然, 此非吾友之過, 蓋擧世之弊. 今之學者讀書, 只是解字, 更不求血脈. 且如情·性·心·才都只是一般物事, 言偶不同耳.”伯敏云“莫是同出而異名否?”先生曰“不須得說, 說着便不是, 將來只是騰口說, 爲人不爲己. 若理會得自家實處, 他日自明. 若必欲說時,則在天者爲性, 在人者爲心. 此蓋隨吾友而言, 其實不須如此. 只是要盡去爲心之累者, 如吾友適意時, 即今便是. '牛山之木'[5]一段, 血脈只在仁義上. '以爲未嘗有材焉'[5]·'此豈山之性也哉?'[5]·'此豈人之情也哉?'[5]是偶然說及, 初不須分別. 所以令吾友讀此者, 蓋欲吾友知斧斤之害其材, 有以警戒其心. '日夜之所息'[5], 息者, 歇也, 又曰 '生息'. 蓋人之良心爲斧斤所害, 夜間方得歇息. 若夜間得息時, 則平旦好惡與常人甚相遠.[6] 惟旦晝所爲, 梏亡不止, 到後來夜間亦不能得息, 夢寐顚倒, 思慮紛亂, 以致淪爲禽獸. 人見其如此, 以爲未嘗有才焉, 此豈人之情也哉? 只與理會實處, 就心上理會. 俗諺云 '癡人面前不得說夢', 又曰 '獅子咬人, 狂狗逐塊', 以土打獅子, 便徑來咬人, 若打狗, 狗狂, 只去理會土. 聖賢急於教人, 故以情·以性·以心·以才說與人, 如何泥得? 若老兄與別人說, 定是說如何樣是心, 如何樣是性·情與才, 如此分明說得好, 剗地不幹我事, 須是血脈骨髓理會實處始得. 凡讀書皆如此. 又問'養氣'一段, 先生云 "此尤當求血脉, 只要理會'我善養吾浩然之氣.'[4] 當吾友適意時, 別事不理會時, 便是'浩然'[5]·'養而無害, 則塞乎天地之間'[4]·'是集義所生者, 非義襲而取之也'[5]. 蓋孟子當時與告子說. 告子之意'不得於言, 勿求於心'[5], 是外面硬把捉的. 要之亦是孔門別派, 將來也會成, 只是終不自然. 孟子出於子思, 則是涵養成就者, 故曰'是集義所生者', 集義只是積善. '行有不慊於心則餒矣'[5], 若行事不當於心, 如何得浩然? 此言皆所以闢告子." 又問養勇異同, 先生云 "此只是比並. 北宮用心在外, 正如告子'不得於言, 勿求於心', 施舍用心在內, 正如孟子'行有不慊於心則餒矣'[5]. 而施舍又似曾子, 北宮又似子夏. 謂之似者, 蓋用心內外相似, 非真可及也. 孟子之言, 大抵皆因當時之人處己太卑, 而視聖人太高. 不惟處己太卑, 而亦以此處人, 如'是何足與言仁義也'[7]之語可見. 不知天之予我者, 其初未嘗不同. 如

'未嘗有才焉'[5]之類, 皆以謂才乃聖賢所有, 我之所無, 不敢承當着. 故孟子說此乃人人都有, 自爲斧斤所害, 所以淪胥爲禽獸. 若能涵養此心, 便是聖賢. 讀『孟子』須當理會他所以立言之意, 血脉不明, 沉溺章句, 何益?"

번역 선생께서 나에게 물었다. "문장 짓는 것이 어떠한가?" 내가 대답하였다. "최근 『原道』 등의 책을 읽었는데 여전히 암송하지 못하고 망연히 시작처를 찾지 못하고 있습니다." 선생께서 말하였다. "『左傳』은 韓愈와 柳宗元의 글보다 심하여, 쉽게 들어가지 못한다. 또한 蘇軾의 문장을 읽는 것도 좋다. 이 밖에 다른 진보한 것이 있는가? 자네의 뜻은 어떠한가?" 내가 대답하였다. "바람은 사람됨을 완성하는 것입니다. 지금까지 아직 방비하고 제한하는 공부를 감히 그만두지 못하고 있습니다." 선생께서 "어떻게 하는 것이 방비하고 제한하는 것인가?"라고 물었다. 내가 대답하였다. "마땅히 행해야 할 일을 하는 것입니다." 선생께서 말하였다. "비록 성인이라도 이와 같았을 뿐이다. 다만 자네는 최근 정신이 아예 없어, 이전처럼 근면하게 공부하려는 뜻이 없다. 태만한 게 아니라면 이단학설에 의해 잘못된 것 같다. 사람의 학문은 마땅히 날마다 새로운 功效가 있어야 하고, 정신이 없으면 안 된다. 邵堯夫가 시를 지어 말하였다. '단련할 때 견실하고 강직함을 명확히 하고, 절차탁마하는 곳에서 광채와 빛남을 드러내라.' 갈고 닦고 단련해야 비로소 이 理가 분명해질 수 있다. 마치 냇물이 불어나고 나무가 무성해지는 것과 같아 자연스럽게 나날이 진보하고 그침이 없을 것이다. 지금 자네는 죽음을 무릅쓰고 완성하려 하는데, 어째서 하는 것을 마땅히 하겠는가? 「중용」의 博學 · 審問 · 愼思 · 明辨 · 篤行은 博學을 먼저하고 力行을 나중에 해야 한다. 자네는 배움이 넓지도 않은데, 어찌 행할 것이 마땅히 해야 할 것인지, 마땅히 하지 말아야 할 것인지 아는가? 방비하고 제한하는 것은 옛사람들도 있었다. 다만 그들의 방비와 제한은 자네와 다르다. 자네는 억지로 잡으려 한다. 고자는 억지로 잡아 부동심처에 이르렀다. 어찌 어려운 일이 아니겠는가? 단지 여전히 잘못되었을 뿐이다. 내가 평소 자네와 말한 것은 하늘에서 아래로 내려오고, 마음속에서 흘러나와 자기에게 있는 물건인데, 언제 억지로 잡으려 하는가? 자네는 중간에 즐겁고 재미있다고 했음에도, 지금에 와서 어째서 이와 같은가?" 내가 물었다. "진실로 터득했을 때는 또 스스로 근본이 있음을 알아, 원래 억지로 잡을 필요가 없었습니다. 다만 오래 지속할 수 없었을 뿐입니다. 방비하고 넓히는 데 바로 물욕에 의해 침해를 받습니다." 선생께서 말하였다. "이것은 잘못이 항상 지속하는 데 있지 않은 것이다. 어째서 억지로 잡으려 하는가. 종종 힘을 기울이면 바로 어느 때 터득하였다 할지라도 우연일 뿐이다." 내가 물었다. "확실히 억지로 잡지 않으려 늘 생각하지만, 착수처가 없습니다." 선생께서 말하였다. "어째서 일찍 말하지 않았느냐? 단지 이 일은 마땅히 해야 할 것인지 하지 말아야 할 것인지일 뿐이다. 마땅히 해야 할 큰일은 하지 않으면서, 더 무엇을 말하겠는가? 내가 평소 자네에게 강조했던 말인데, 모두 잊어버렸구나." 내가 물었다. "선생께서 늘 求放心과 立志를 말해주셨습니다. 모두 일일이 새겨 두고 있습니다." 선생께서 말하였다. "지금 바로 마음을 잃어버렸는데 찾을 줄을 모르니, 확립할 수 있었다면, 어째서 이러한 지경에 이르렀는가?" 내가 말하였다. "어떻게 확립합니까?" 선생께서 말하였다. "확립하는 것은 자네가 확립하는 것인데, 오히려 나에게 확립하는지 묻는가? 만일 확립할 수 있다면 어찌 억지로 잡을 필요가 있는가? 자네는 분명 먼저 이 理를 알고 왔을 텐데, 뒤에 다시 이단이 되어 무너졌다. 이단은 불교나 노장만을 이르지 않는다. 李繹과 같은 무리처럼 이 理와 다른 것이 바로 이단이다. 孔門에 오직 안자와 증자가 도를 전하였고, 다른 이들이 전했다는 것은 들어본 적이 없다. 안자와 증자는 내면에서 나왔고, 다른 사람들은 밖에서 들어갔다. 지금 전한 것은 모두 자하와 자장의 무리로, 밖에서 들어오는 배움이다. 증자가 전한 것은 맹자에 이르러 다시 전하지 못하였다. 자네는 확실히 근본을 이해하지 못하고, 그저 책만 이해하려 한다. 실제가 크면 명성이 크다고 하였다. 근본이 튼튼한데 어떻게 문장 짓지 못하는 것을 두려워하겠는가? 지금 자네의 문장은 자신의 문장이고, 학문은 자신의 학문일 뿐이다. 이 같음을 그치지 않으면 어찌 두 동강이에 그치겠는가? 산산조각 날 것이다." 선생께서 물었다. "최근 일상생활 하면서 정신은 맑은가? 마음속에 즐거움이 있는가?" 내가 대답하였다. "최근 다른 일은 상관하지 않고 그저 저를 이해하려 노력하고 있습니다. 간혹 마음이 편안할 때도 있었습니다." 그러자 선생께서 말하였다. "이것이 학문의 근원이다. 만일 태만함이 없을 수 있다면 깜깜한 방에 있든 비가 새는 집에 있든 마음은 늘 이와 같을 것이다. 황급한 상황에도 반드시 理를 따르고, 넘어지는 순간에도 理를 따르니, 어찌 이루지 못할 것을 근심하는가? 그러므로 「晉」卦 大象傳에서 '군자는 스스로 밝은 덕을 밝힌다'고 하였다. 또 「대학」에서 '옛날에 명덕을 천하에 밝히려고 하는 자는 반드시 그 앎을 지극히 하고, 앎을 지극히 하는 것은 격물에 있다'고 하였다. 옛날의 배움은 자기를 위해 하였으므로, 스스로 그 명덕을 밝힐 수 있었다. 자기의 덕이 이미 밝은 후에 그 밝음을 미루어 천하에 미친다. 宮안에서 종을 치면 소리가 밖으로 울려 퍼지고, 학이 아홉 굽이진 늪지에서 울면, 소리가 하늘에 들린다. 나에게 있는 것을 이미 曲盡히 밝혔으니, 또 그것을 스스로 가릴 수 없을 것이다. 지금 배우는 자는 그저 지엽적인 것에만 신경 쓰고 실질적인 것은 구하지 않는다. 맹자가 '마음을 다하면 본성을 알 수 있고 본성을 알면 하늘을 알 수 있다'고 하였다. 마음은 그저 하나의 마음이다. 나의 마음과 자네의 마음, 거슬러 올라가 천 년 전 성현의 마음과, 아래로 천 년 뒤 다시 성현이 나더라도 그 마음은 이와 같을 뿐이다. 마음의 본체는 매우 크다. 만일 나의 마음을 다할 수 있다면 하늘과 같아진다. 배움은 그저 이것을 이해할 뿐이다. 「中庸」에서 '誠은 스스로 이루는 것이요, 道는 스스로 이끄는 것이다'라고 하였다. 이것이 어찌 대충 말한 것이겠는가?" 내가 물었다. "맹자가 말한 心·性·情·才를 어떻게 분별하는지를 묻자 선생께서 대답하였다. "자네가 한 말은 지엽적이다. 물론 그것이 자네의 잘못은 아니고, 세상 전체의 폐단이다. 요즘 학자들은 책을 읽으면서 그저 글자 해석에만 치중하고 핵심을 구하지 않는다. 情·性·心·才는 하나의 사물인데, 맹자가 우연히 다른 측면을 지칭하여 말했을 뿐이다." 내가 "같은 곳에 근원하여 나왔지만 명칭이 다른 것입니까"라고 묻자, 선생께서 대답하였다. "그렇게 말할 수 없다. 그렇게 말하면 틀렸다. 앞으로 대충 대충 말하면 그 공부는 남을 위한 것이고 자기를 위한 것이 아니다. 만일 자신의 참된 곳을 이해할 수 있다면, 훗날 저절로 이해될 것이다. 만일 각각의 차이를 반드시 말해야 한다면, 하늘에 있는 것은 性이요 사람에 있는 것은 心이라 할 수 있다. 그런데 이 역시 자네의 물음에 따라 말한 것이고, 실제로는 그렇게 말할 수 없다. 그저 마음의 때를 완전히 제거하여 자네 마음이 평안해지면, 바로 그 순간이 옳다. '牛山'章의 핵심은 仁義에 있다. '원래부터 나무가 없었다고 생각한다'·'이것이 어찌 산의 본성이겠는가?'·'그것이 어찌 사람의 본래 성정이겠는가?'라고 말한 것은 우연히 언급한 것일 뿐이다. 애초부터 구분할 수 없다. 그러므로 자네에게 이 부분을 읽게 한 이유는 자네가 도끼가 재목을 베는 것을 알아 그 마음을 경계할 수 있게 하고자 함이다. '낮과 밤이 자라나게 한다'는 것의 '息'은 자라는 것이고, 또 '생장하고 번식한다'고도 한다. 대개 사람의 양심은 도끼에 의해 침해를 받더라도 밤사이에 바로 자라날 수 있다. 만일 밤사이에 자라나면, 곧 새벽의 기운에 좋아하고 미워하는 것이 일반 사람과 매우 서로 차이 난다. 오직 아침과 낮에 하는 소행이 양심을 구속하여 없어지게 하는 것을 그치지 않고, 그런 뒤 밤사이에 이르러 또 자라날 수 없으면, 꿈이 뒤바뀌고 생각이 분란하여,

쇠망해져 금수가 될 것이다. 사람들이 그가 이와 같음을 보고 일찍이 재질이 있지 않았다고 여기니, 이것이 어찌 사람의 실제적인 情이겠는가? 그저 실제적인 곳을 이해하는 것은 마음에 나아가 이해해야 한다. 속담에 '어리석은 사람 앞에서는 꿈조차 말할 수 없다'는 말이 있고, 또 '사자는 던진 사람을 물고, 미친개는 흙덩이를 좇는다'고 하였다. 흙덩이를 던져 사자를 맞추면 바로 달려와 사람을 물고, 개를 맞추면 미친개는 그저 달려가 흙덩이만 좇는다. 성현은 사람을 일깨우는 것이 시급하여 정 · 성 · 심 · 재 등으로 사람들에게 말한 것이니, 어찌 막힘이 있겠는가? 만일 자네가 다른 사람과 말하면서 바로 어떤 것이 심이고 어떤 것이 성이며 정이고 재라 하여 이같이 분명히 말하면 모두 내일과 무관하게 된다. 반드시 핵심에서 참된 곳을 이해해야 비로소 옳다. 대체로 독서는 이같이 해야 한다. 또 '養氣' 한 단락을 물었는데, 선생께서 말하였다. "이것은 더욱 핵심을 구해야 하고, 반드시 '나는 나의 浩然之氣를 잘 기른다'는 의미를 이해해야 한다. 자네가 의미를 터득하고, 다른 일은 이해하지 못했을 때, 바로 '浩然하다'는 것이고 '길러서 해침이 없으면 하늘과 땅 사이에 꽉 차게 된다'는 것이며, '이것은 義가 모여 생겨난 것이니, 의가 엄습하여 취하는 것이 아니다'는 것이다. 대개 맹자는 당시 고자에게 말한 것이다. 고자의 뜻인 '말에서 납득되지 않으면 마음에서 구하지 말라'는 것은 외부에서 억지로 잡으려는 것으로, 간략히 말하면 또 공문의 다른 학파 또한 장차 이룰 수 있지만, 다만 끝내 자연스럽지 못한 것이라고 할 수 있다. 맹자는 자사에게 나와 곧 함양하고 성취한 자이니, '이것은 의가 모여 생겨난 것'이라 하였다. '集義'는 그저 선을 쌓는 것이다. '행한 것이 마음에 만족스럽지 않음이 있다'는 것은 만일 일을 행했는데 마음에 합당하지 않으면 어떻게 호연할 수 있겠는가? 이 말은 모두 고자를 물리치려 한 것이다." 또 '養勇'의 同異를 물었는데, 선생께서 말하였다. "이것은 단지 비유이다. 北宮黝는 마음 씀이 밖에 있는데, 바로 고자가 '말에서 납득되지 않으면 마음에서 구하지 말라'는 것과 같다. 孟施舍는 마음 씀이 안에 있는데, 바로 맹자가 '행한 것이 마음에 만족스럽지 않음이 있다'는 것과 같다. 하지만 맹시사는 또 증자와 같고, 북궁유는 또 자사와 같다. 유사하다고 한 것은 마음 씀이 안과 밖에 있는 것이 서로 비슷하다는 것이지, 진실로 이를 수 있다는 것이 아니다. 맹자의 말은 대개 모두 당시 사람들이 자기를 너무 낮추고 성인을 너무 높게 보았기 때문이다. 게다가 자기를 너무 낮춘 것일 뿐만 아니라 또 이것으로 남을 대했기 때문에, '이 사람과 어찌 더불어 인의를 말할 수 있겠는가?'와 같은 말을 볼 수 있었던 것이다. 하늘이 나에게 준 것을 알지 못하면 그 처음은 차이가 없다. 예를 들어 '재질이 있은 적이 없다'고 한 것 등은 모두 재질이 곧 성현은 갖추고 있지만 내가 없음을 말하여, 감히 감당할 수 없다는 것을 이른 것이다. 그러므로 맹자는 이것이 곧 사람마다 모두 있는 것인데, 스스로 도끼에 의해 침해를 받고 쇠망해져 금수가 된 까닭이라 하였다. 만일 이 마음을 함양할 수 있으면 성현이다. 『맹자』를 읽으면 그가 말을 한 까닭의 의미를 이해해야 한다. 핵심이 밝지 못하면 장구에 빠지니 어찌 이득이 있겠는가?"

주석

1_ 君子以自昭明德: 『周易』「晉」괘 大象傳에 보인다.

2_ 古之欲明明德於天下者, 在致其知, 致知在格物: 『禮記』「大學」에 보인다.

3_ 盡其心者知其性, 知其性則知天矣: 『孟子』「盡心(上)」에 보인다.

4_ 誠者自成也, 而道自道也: 『禮記』「大學」에 보인다.

5_ 牛山之木 · 以爲未嘗有材焉 · 此豈山之性也哉 · 此豈人之情也哉 · 日夜之所息 · 我善養吾浩然之氣 · 浩然 · 養而無害, 則塞乎天地之間 · 是集義所生者, 非義襲而取之也 · 不得於言, 勿求於心 · 行有不慊於心則餒矣: 『孟子』「告子(上)」에 보인다.

6_ 所以令吾友讀此者 … 平旦好惡與常人甚相遠: '令吾友讀此者'는 '牛山'章을 제자들에게 읽게 하였다는 의미이다. 「어록」에 육상산이 "『맹자』의 '牛山의 나무숲은 예전부터 아름다웠다'는 章 이하내용

은 항상 암송해야 한다."[『陸九淵集』권34, 「語錄(上)」, 447쪽: '牛山之木嘗美矣'以下, 常宜諷詠.]고 강조하였다는 기록이 있다. 이 장이 본심을 확립하는 구체적 방법을 제시하고 있다고 판단한 것으로 보인다. 그는 또 '平旦好惡與常人甚相遠'이 비록 도끼로 나무를 베듯 양심을 잃어버렸다 하더라도, 양심은 밤사이에 바로 자라날 수 있으므로, 새벽녘 외물과 접하기 전의 맑은 마음은 수양을 하지 않은 '일반사람(常人)'과 차이나는 것을 의미한다고 보았다. 주자와 사뭇 다른 해석이다. 주자는 "사람의 양심은 비록 내버려 없어졌다 하더라도, 낮과 밤사이에 또 반드시 생장하는 바가 있고, 새벽은 아직 사물과 더불어 접하지 않아 그 기운이 청명한 때이므로, 양심에는 오히려 반드시 드러나 나타나는 것이 있다. 다만, 그 드러나 나타남은 지극히 미미하여, 다른 사람과 더불어 서로 가까운 것이 거의 드물다."[『孟子集註』「告子(上)」: 人之良心雖已放失, 然其日夜之間, 亦必有所生長. 故平旦未與物接, 其氣淸明之際, 良心猶必有發見者. 但其發見至微.]고 풀이하였다.

7_ 是何足與言仁義也: 『孟子』「公孫丑(下)」에 보인다.

[4-14] 伯敏嘗有詩云 "紛紛枝葉謾推尋, 到底根株只此心. 莫笑無弦陶靖節, 箇中三嘆有遺音." 先生首肯之. 呈所編『語錄』, 先生云 "編得也是, 但言語微有病, 不可以示人, 自存之可也. 兼一時說話有不必錄者, 蓋急於曉人, 或未能一一無病." 時朱季繹·楊子直·程敦蒙先在坐, 先生問 "子直學問何所據?" 云 "信聖人之言." 先生云 "且如一部『禮記』, 凡'子曰'皆聖人言也. 子直將盡信乎? 抑其間有揀擇." 子直無語. 先生云 "若使其都信, 如何都信得? 若使其揀擇, 却非信聖人之言也. 人謂某不敎人讀書, 如敏求前日來問某下手處, 某敎他讀「旅獒」·「太甲」·「告子」'牛山之木'以下, 何嘗不讀書來? 只是比他人讀得別些子.[1]"

번역 내가 전에 시를 지어 "무성한 가지와 잎에서 근본 찾는 일이 더디기만 한데, 뿌리에 이르니 그저 이 마음일 뿐이네. 줄 없는 거문고 탄 도연명 비웃지 말게, 문장 속의 탄식은 짙은 여운이 있네."라고 읊었다. 선생이 듣고 처음으로 인정하였다. 또 編錄한 「어록」을 보였는데, 선생께서 말하였다. "편록한 것이 그런대로 좋다. 다만 말이 약간 문제가 있으니, 남에게 보여서는 안 된다. 혼자 간직하며 보는 것은 괜찮다. 또 어느 때 한 말은 기록할 필요가 없는 것도 있다. 남을 깨우치기 위해 급하게 말하다 보니 일일이 문제가 없을 수 없다." 어느 날 朱季繹 · 楊子直 · 程敦蒙이 선생을 모시고 앉아 있는데, 선생께서 물었다. "子直의 학문은 어디에 근거를 두고 있는가?" 자직이 성인의 말을 독실히 믿는다고 하자, 선생께서 말하였다. "『禮記』로 예를 들면, 그 속의 '子曰'로 시작되는 구절은 모두 성인의 말이다. 자직은 모두 믿는가? 아니면 그중에 공자의 말을 분간하여 고르는가?" 자직이 대답하지 못하자, 선생께서 말하였다. "만일 그것을 모두 믿어야 한다면 어째서 모두 믿어야 하는 것인가? 만일 분간하여 골라내야 한다면 이것은 성인의 말을 믿는 것이 아니다. 사람들은 내가 제자들에게 독서를 가르치지 않는다고 한다. 예전에 敏求가 나에게 공부의 시작처를 물었을 때, 나는 그에게 『尙書』의 「旅獒」 · 「太甲」 및 『맹자』「告子」편의 '牛山之木' 이하를 읽도록 하였다. 내가 언제 책을 읽지 말라고 하였는가? 다만 다른 사람과 비교했을 때 읽는 방법이 조금 다를 뿐이다."

주석

1_ 人謂某不教人讀書 … 只是比他人讀得別些子: 육상산은 결코 독서 공부를 반대하지 않았다. 그가 독서와 경전주석에 대해 지녔던 관점은 '1-5' · '3-4' 어록과 주석에서 설명하였다. 그는 당시 주자와 같이 본심이 확립되지 않은 상태에서 경전의 訓詁나 注釋에 주력하면 끝내 본의를 터득하지 못할 것이라고 비판하였다. 본심이 우선적으로 확립되어야 성현의 책을 읽고 스승과 벗을 찾아 해답을 구하더라도 책 속의 의미를 알 수 있고 스승과 벗의 말을 알아들을 수

있다. 결국 책을 읽고 스승에게 자문을 구하는 등은 본심의 기초 위에 이를 확인하고 확충하기 위한 과정에 지나지 않는다.

5 包揚 顯道 所錄

이 부분은 육상산 문인 包顯道가 기록한 어록을 모아 놓은 것이다. 본래 그가 기록한 어록 말미에 '右包揚顯道所錄'이라 표기되어 있는데, 구분의 편의를 위해 앞으로 옮기고 표제로 삼았다.

包顯道의 이름은 揚이고 顯道는 字이며, 號는 克堂이다. 南康사람이다. 형 包詳道 · 동생 包敏道와 함께 육상산을 사사하였지만, 육상산 사후에 자신의 제자들을 이끌고 주자의 문인이 되었다. 『宋元學案』에서는 세 형제 모두 주자와 육상산에게서 배웠지만 육상산 측으로 더 많이 기울어져 있다고 평가하고 있다.[包顯道 · 包詳道 · 包敏道同學於朱陸, 而趣向於陸者分數爲多.] 『朱子語類』에는 포현도가 찾아와 학문을 논한 내용이 남아 있다. "현도가 문인 14명을 데리고 왔다. 4일은 모두 수업이 없었다. 선생이 義剛을 시켜 현도에게 온 까닭을 물은 뒤, 다음날 정사의 규정에 의거하여 『논어』를 강설하였다. … 선생이 … 또 말하였다. "독서는 모름지기 자세히 해야 한다. 『중용』에서 '생각하여 얻지 못하면 그만두지 말아야 하고, 분변이 명확하지 않거든 그만두지 말아야 한다.'고 하였는데, 이렇게 해야 옳다. 지금 강서 사람들은 모두 한가롭게 거리낌 없이 하려 하고, 독서할 때는 쉽게 이해되는 즐거운 곳만 구하려 한다. 내 생각에 독서를 하려면, 저 막히는 곳을 파헤쳐야, 비로소 이해되어 깨달음이 있을 수 있다."[『朱子語類』권119: 包顯道領生徒十四人來, 四日皆無課程. 先生令義剛問顯道所以來故, 於是次日皆依精舍規矩說論語. … 先生 … 又曰 "讀書須是子細, '思之弗得, 弗措也, 辨之弗明, 弗措也', 如此方是. 今江西人皆是要偸閒自在, 才讀書, 便要求箇樂處, 這便不是了. 某說, 若是讀書尋到那苦澀處, 方解有醒悟."] 또 "현도가 '江西 육상산의 학문은 큰 요점이 자기 실천을 우선으로 하는 데 있습니다.'라고 말하자, 선생(주자)은 '이후 알아야 할 곳의 대부분은 반드시 강학하는 가운데서 나온다. 그렇지 않으면 한 고을의 훌륭한 선비는 되겠지만, 만일 사람들의 많은 일을 이해하려 한다면 어려울 것이다.'"[『朱子語類』권119: 顯道云 "江西之學, 大要也是以行己爲先." 先生曰 "若是後面許多合理會處, 須是從講學中來. 不然, 爲一鄕善士則可, 若欲理會得爲人許多事, 則難."]라고 비판한 기록이 있다. 주자는 독서나 강학을 통해 이치를 탐구하는 것을 거부하고, 서둘러 지름길을 찾으며 지극히 고원한 것을 추구하는 경향이 공허하다고 염려한 것이다.

그래서인지 주자는 包顯道에게 편지를 보내 淸虛寂滅의 道家와 佛家에 빠져서는 안 됨을 경계하였다. "근래 禪學 가운데 似而非한 것만 골라 유학의 학설로 전환하여 후학을 그르치고 있습니다. 후학이 그 이론이 고상하고 힘쓰기가 쉬운 까닭에 좋아하고, 뜻을 두고 힘써 독서하여 성현이 제시한 문호를 구하기 꺼려 하며, 입으로 선학의 설을 전파하면서도 스스로를 고상하게 표방하니, 도를 문란하게 하고 사람을 그르치는 것이 이보다 더 심한 것이 없습니다. 보내온 편지를 세 번이나 반복하여 읽어 보니 이를 면하지 못할까 두렵습니다."[『朱熹集』권55: 近世乃有竊取禪學之近似者, 轉爲此說, 以誤後

生. 後生喜其爲說之高, 爲力之易, 便不肯下意讀書, 以求聖賢所示之門戶, 而口傳此說, 高自標致, 亂道誤人, 莫此爲甚. 三復來喩, 恐未免此.] 몇 차례 편지를 주고받은 뒤 포현도 등이 자신의 관점을 받아들이지 않자, "도가 이미 같지 않아 서로 도모할 수 없으니, 다시 분분하게 할 필요가 없겠습니다. 지금 이후에 다만 친구로 서로 처신하여 문안 편지나 주고받으면 족하겠습니다."[『朱熹集』권55: 道旣不同, 不相爲謀, 不必更紛紛. 今後但以故人相處, 問訊往來足矣.]라고 하며 한때 절교를 선언하기도 하였다.

육상산은 포현도에게 수차례 편지를 보내 학문의 병통을 지적하고 가르침을 아끼지 않았다. "자네의 병통은 홍밋거리를 일삼기 좋아하는 데 있다. 무릇 스승과 벗을 가까이하고 학문을 하며 힘써 행하는 것이 모두 일삼기 좋아하는 데서 나온 행동이다. 그러므로 허황되고 충실하지 못하며, 지금에는 마땅하지만 옛것에는 합당하지 않다."[『陸九淵集』권7, 「與包顯道」, 101쪽: 足下之病, 得於好事, 凡親師友 · 爲學 · 立行, 皆從好事中來, 故虛而不實, 宜於今而未宜於古.] 또 포현도가 어느 날 사람들에게 쓸데없는 말을 하자, "현도는 지금 잘못한 것을 아느냐?"고 나무라고 "반드시 깊이 깨달아야 한다. 대충 알면 안 된다. 현도는 매번 쓸데없는 말하기를 좋아한다."[『陸九淵集』권35, 「語錄(下)」, 455쪽: 予因隨衆略說些子閑話, 先生少頃曰 "顯道今知非否?" 某答曰 "略知." 先生曰 "須要深知, 略知不得. 顯道每常愛說閑話."]고 하며 경계하였다.

홍미로운 것은 포현도가 후일 『朱子語類』 4권을 편집하는 데에도 참여하여, 그가 기록한 어록이 반영되었다는 것이다. 물론 편찬 과정에서 黎靖德이 다소 자신의 뜻을 주자의 말에 의탁하여 기록한 것도 있어 삭제하기도 하였다고 한다. 포현도가 기록한 육상산 어록은 모두 251조목이다. 214조목을 수록하였다.

[5-1] 學者須是弘毅, 小家相底得人憎. 小者, 他起你亦起, 他看你亦看,[1] 安得寬弘沉靜者一切包容? 因論爭名之流, 皆不濟事.

번역 배우는 자는 반드시 뜻이 크고 굳세야 한다. 소인배 같이 하면 사람들의 미움을 산다. 소인배처럼 마음이 작으면, 다른 사람이 일어날 때 자네도 그냥 따라 일어나고, 다른 사람이 볼 때 자네도 그냥 따라 본다. 어떻게 뜻이 크고 안정된 자가 모든 것을 포용하는 것처럼 할 수 있겠는가? 이어서 명성을 다투는 사람들은 모두 일을 제대로 처리하지 못한다고 논하였다.

주석 1_ 他起你亦起, 他看你亦看: 본심이 확립되지 않아, 남이 하는 것을 생각없이 그대로 모방하는 자를 비유한 것이다. 육상산은 말하였다. "다른 사람이 보아도 자네는 보지 말고, 다른 사람이 웃어도 자네는 웃지 말아야 한다. 이것이 이른바 '예가 아니면 보지도 말고 듣지도 말라.'는 의미이다."[『陸九淵集』권35, 「語錄(下)」, 469쪽: 他人看, 你莫看, 他人笑, 你莫笑. 所謂 '非禮勿視, 非禮勿聽.']

[5-2] 因論傅聖謨[1]無志, 甘與草木俱腐, 曰 "他甘得如此, 你還能否?" 因言居士極不喜狂者, 云最敗風俗, 只喜狷者, 故自號'又次居士'. 先生云 "此言亦有味."

번역 傅聖謨가 뜻이 확립되지 않고, 기꺼이 초목과 같이 부패한 행동을 하는 것에 대해 논하면서 말하였다. "그가 기꺼이 이와 같이 하니, 자네는 그를 어떻게 할 수 있겠는가?" 또 居士는 狂者를 매우 싫어하여 그런 자가 풍속을 가장 많이 해친다고 말하였다. 다만 그는 狷者는 좋아하여 스스로 '又次居士'라 불렀다. 선생께서 말하였다. "이 말도 나름대로 의미가 있다."

주석 1_ 傅聖謨: 『陸子學譜』에서 육상산 문인으로 분류하고 있다. 『陸九淵集』에 육상산이 그의 병통을 지적하고 가르친 서신이 보존되어 있다. "성모는 그 뜻도 병폐가 있을 뿐만 아니라, 또한 비루한 견문도 고집하여, 條貫와 統紀에 밝지 못하다. 그래서 내가 지난번 보낸 몇 통의 편지에서 마치 어린아이를 가르치는 것처럼 매번 문제가 있는 곳을 많이도 설명해 주었다. 총명한 성모가 어떻게 이런 부분이 부족한지 모르겠다. 아마도 비루한 습관에 점차 빠지고 잘못된 학설에 미혹되면, 의혹되고 혼란되지 않을 수 없어서 이런 상태에 이른 것일 것이다."[『陸九淵集』권6, 「與傅聖謨」, 79쪽: 聖謨非特其志之病, 亦坐聞見之陋, 條貫統紀之未明, 故某前數書, 多每處解釋, 如授小兒. 以聖謨之聰明, 夫豈少此, 蓋亦漸於陋習, 膠於繆說, 不能不惑亂而至此也.]

[5-3] 因論子才不才事, 曰 "'居移氣, 養移體.'[1] 今之學者出世俗籠絡亦不得, 況能'居天下之廣居'[1]?"

번역 사람이 재질을 이루고 이루지 못하는 일에 대해 논하면서 말하였다. "맹자는 '자리가 기상을 변화시키고, 봉양하는 것이 몸을 바꿔 놓는다'고 하였다. 지금의 학자들은 세속의 속박에서 벗어나는 것도 못하는데 하물며 '천하의 넓은 거처에 거처할 수 있겠는가?'"

주석 1_ '居移氣, 養移體', '居天下之廣居': 『孟子』「盡心(上)」에 보인다.

[5-4] 尋常懈怠起時, 或讀書史, 或誦詩歌, 或理會一事, 或整肅几案筆硯, 借此以助精彩. 然此是憑物, 須要識破. 因問去懈怠, 曰 "要須知道'不可須臾離'[1]乃可."

번역 평소 태만해지기 시작할 때면, 혹 經書나 史書를 읽고, 혹 시가를 읊으며, 혹 한 가지 일에 집중하고, 혹 책상과 묵·벼루 등을 정리한다. 이것에 의지하여 정신을 맑게 하는 데 도움 받을 수 있기 때문이다. 그러나 이것은 어디까지나 외물에 의지하는 것이니 반드시 본질을 보아야 한다. 이어 태만함을 제거하는 방법에 대해 묻자, 선생께서 말하였다. "반드시 본심은 '한순간도 떨어질 수 없다'는 것을 알아야 비로소 가능하다."

주석 1_ 不可須臾離: 『禮記』「中庸」에 보인다.

[5-5] 此是大丈夫事, 么麽小家相者, 不足以承當.

번역 이것은 대장부의 일이니, 그런 부족한 소인배는 감당할 수 없다.

[5-6] 問楊[1]云 "多時有退步之說, 不知曾果退否! 若不退, 絲毫許牽得住. 前輩大量的人, 看有甚大小? 大事他見如不見, 聞如不聞. 今人略有些氣燄者, 多只是附物, 元非自立也. 若某則不識一箇字, 亦須還我堂堂地做箇人."

번역 楊에게 물어 말하였다. "자주 한 발짝 물러나 생각해야 한다고 하는데, 과연 물러난 적이 있었는지 모르겠다! 만일 물러나 생각하지 못하면, 조금의 본심이 아마 붙잡아 줄 것이다. 선배 가운데 큰 도량을 지닌 사람이 외물을 볼 때 어디 크고 작음을 분별하였겠는가? 큰일을 보아도 보지 못한 것처럼 하고, 들어도 듣지 못한 것처럼 하였다. 그런데 지금 사람들은 조금의 위풍과 기세가 있는 사람이라면 대부분 외물에 부속되고 만다. 원래 스스로 본심을 확립한 자가 아니기 때문이다. 나의 경우는 한 글자도 몰라도 반드시 나의 본심을 회복하여 당당하게 사람답게 산다."

주석

1_ 楊: 육상산은 마음이 혼잡할 때 "물러나 생각하고, 밖에 있는 것을 추구하지 말아야 한다."[『陸九淵集』권35, 「語錄(下), 433쪽: 退步思量, 不要騖外.]고 강조하였다. 그런데 몇몇 제자들은 그의 말을 잘못 이해하고, 외부와의 접촉을 아예 끊고 마음의 의념을 제거하는 공부에 몰두하는 경향을 보였다. 『宋元學案』은 詹阜民과 楊簡이 頓悟와 같은 학설에 빠졌다고 평가하였다.[子南所言, 漸近頓悟, 絶類『慈湖遺書』中語] 육상산은 일찍이 양간에 대해 다음과 같이 평가하였다. "나는 단지 '一'을 말하지 않을 뿐이다. 내가 '一'을 말하면, 양간은 좋아한다. 난 평소 사람들을 만나 어떤 일을 말할 때 그 사람에 따라 말하여, 마치 이걸 말했다 저걸 말했다 하는 사람처럼 보인다. 나는 '一'을 말하지 않는데 양간은 '一'을 말하여, 그와 말하면서 종종 그를 나무랐다."[『陸九淵集』권35, 「語錄(下), 459쪽: 我只是不說一, 若說一, 公便愛. 平常看人說甚事, 只是隨他說, 卻只似個東說西說底人. 我不說一, 楊敬仲說一, 嘗與敬仲說箴他.] 잡념을 일으키지 않고, 매 순간 다가오는 외부사물을 있는 그대로 비출 수 있는 경지는 성인이나 가능하다. 성인은 거울처럼 외부 사물과 접촉하면서도 한순간 드러난 생각을 말끔히 지우고 곧바로 새로운 대상에 대한 생각을 드러낸다. 육상산이 '一'을 말하길 좋아한 양간을 비판한 것도 자신의 수준도 모르면서 지나치게 본심의 완전한 상태를 추구하려는 것에 대한 지적이다. 왜냐하면 일반 사람의 경우 외부 사물과의 접촉을 끊더라도 잡념을 제거하기 어려울 뿐만 아니라, 착각 속에 살기 쉽기 때문이다. 일반 사람은 외부 사물과 마주할 때마다 마음을 돌아보는 노력이 중요하다. 한순간에 모든 것을 깨치는 것보다, 매 순간 드러난 마음에 집중하고 본심을 확충하는 것이 일반적인 사람들이 해야 할 공부이다. 따라서 여기서 말한 '楊'은 楊簡을 지칭하는 것으로 보인다. 본심을 확립하여 외물에 이끌리지 않는 것이 중요한데, 오로지 물러나 눈감고 본체만 체득

하려는 태도를 꼬집어 충고한 것이다.

[5-7] 諸處論學者次第, 只是責人, 不能行去.

번역 여러 곳에서 배우는 자의 공부 순서를 논하지만, 그저 남을 비방만 하고, 실천으로 옮기지 못한다.

[5-8] 老夫無所能, 只是識病.

번역 나는 할 수 있는 것이 없지만, 마음의 병통은 알아볼 수 있다.

[5-9] 天民如伊尹之類.[1]

번역 天民은 伊尹과 같은 사람이어야 한다.

주석 1_ 天民如伊尹之類: '天民'은 하늘이 낳은 백성이라는 뜻이다. 육상산은 "하늘이 이 백성을 낳음에 先知者로 하여금 後知者를 깨우치게 하고, 先覺者로 하여금 後覺者를 깨우치게 하였다. 옛 先聖과 先賢들은 백성들과 동류였지만, 이른바 天民 가운데 先覺者였다."[『陸九淵集』권23, 「荊門軍上元設廳講義」, 284쪽: 天之生斯民也, 使先知覺後知, 先覺覺後覺. 古先聖賢與民同類, 所謂天民之先覺者.]라고 말한 바 있다.

[5-10] 問 "作書攻王順伯[1], 也不是言釋, 也不是言儒, 惟理是從

否?" 曰 "然."

번역 "편지를 써서 王順伯을 공격한 것이 불교의 폐단을 말한 것도 아니고 유학의 옳음을 말한 것도 아니며, 오직 이치만을 따라 비판한 것인지요?"라고 묻자, 선생께서 "그렇다."고 대답하였다.

주석 1_ 作書攻王順伯: 육상산은 주자와 無極太極 논변을 펼칠 당시, 왕순백과 편지를 주고받으며 학문적 관점을 논하였지만,[『陸九淵集』권36, 「年譜」, 506~507쪽: 淳熙十六年已酉(1189), 先生五十一歲. 祠秩滿, 在山間方丈. … 與王順伯書. 이 편지는 『陸九淵集』권11에 보존되어 있다.] 여기서 언급한 불교와 유학의 차이를 분별한 편지는 38세 때의 두 차례 주고받은 서신을 가리킨다.[『陸九淵集』권36, 「年譜」, 491쪽: 淳熙三年丙申(1176), 先生三十八歲. 與王順伯書, 再書.] 왕순백이 먼저 육상산 家兄 復齋에게 편지를 보내 유학과 불교가 동일하다고 논하자, 육상산은 '公私'와 '義利'의 차이를 들어 불교를 비판하고 유학의 도를 존숭하였다.

그는 불교가 도를 터득하여 생사와 윤회, 번뇌의 고통을 벗어나는 것을 가장 큰일로 간주하였으므로, 개체에 국한된 利와 私를 추구하고 出世를 지향하는 가르침으로 규정하였다. 반면 유학은 사람이 천지와 짝할 수 있는 '人道'를 마음에 갖추고 태어나므로, 육체와 같은 사적인 구원에 관심을 두지 않고 본심을 실현시키는 義와 公을 추구하며, 經世에 관심을 두고 있다고 말하였다.[『陸九淵集』권2, 「與王順伯」, 17쪽: 兄前兩與家兄書, 大概謂儒釋同, 其所以相比配者, 蓋所謂均有之者也. 某嘗以義利二字判儒釋, 又曰公私, 其實即義利也. 儒者以人生天地之間, 靈於萬物, 貴於萬物, 與天地並而爲三極. 天有天道, 地有地道, 人有人道. 人而不盡人道, 不足與天地並. … 釋氏以人生天地間, 有生死, 有輪廻, 有煩惱, 以爲甚苦, 而求所以免之. 其有得道明悟者, 則知本無生死, 本無輪廻, 本無煩惱, 故其言曰 '生死事大.' … 惟義惟公, 故經世, 惟利惟私, 故出世.]

[5-11] 楊敬仲[1]不可說他有禪, 只是尚有氣習未盡.

번역 楊敬仲에게 불교 색채가 있다고 말할 수는 없다. 다만 아직도 잘못된 습성을 완전히 제거하지 못했을 뿐이다.

주석 1_ 楊敬仲: 이름은 簡이고, 자는 敬仲이다. 慈溪사람이다. 乾道 년간 進士로 등용되어 富陽의 主簿가 되었다. 당시 육상산과 문답을 주고받고, 바로 사제의 예를 갖추어 스승으로 모셨다. 紹熙 연간 國子博士를 역임하였다. 上訴를 올려 승상 趙汝愚를 변호하다가 자신 역시 배척을 당하였다. 嘉定 원년 정국이 바뀌어 새로워지자 秘書郎이 되었다가 著作佐郎 兵部郎官으로 옮기었다. 훗날 溫州知事가 되었는데, 첫 번째로 妓籍을 없애고 어진 선비를 존경하였다. 백성들이 그를 존경하여 화상을 그려놓고 섬겼다고 한다. 理宗 조에 太中大夫에 이르러 致仕하고 세상을 떠났다. 후에 劉黻이 그가 거처하던 곳에 慈湖書院을 지었다. 저서로는 『慈湖遺書』·『慈湖詩傳』·『楊氏易傳』이 있다. 양간에 대한 육상산의 평가는 '5-6 (1)번 주석'에서 설명하였다.

[5-12] 因說薛象先[1], 不可令於外面觀人, 能知其底裏了, 外面略可觀驗.

번역 薛象先에 대해 말하면서, 외면만 가지고 사람을 관찰해서는 안 된다. 그 사람의 마음속을 알아야 외면을 대략 볼 수 있고 증험할 수 있다.

주석 1_ 薛象先: 이름이 叔似이고, 象先은 字이다. 태학에서 공부하였고, 乾道 8年(1172) 進士에 급제하여, 迪功郎을 제수받고 明州鄞縣의 主簿를 담당하였다. 이후 敕令所 刪定官·將作監·太常少卿·實錄

院檢討官 등을 역임하였다. 또 兵部尙書를 담당했을 때, 金나라 병사가 쳐들어올 것을 미리 방비해, 실제 침략해 들어왔을 때 큰 화가 없었다. 주자의 학문을 존숭하여, 꾸준한 교류를 하였다. 주자는 陳同浦에게 보낸 편지에서 "象先이 말한 것과 이것은 어떤지 모르겠습니까? 전에 상선을 보았을 때 마음을 매우 흡족하게 하였는데, 정성껏 대하며 마음속에 품은 것을 다하지 못한 것이 한스러울 뿐입니다."[『朱熹集』「答陳同甫(癸丑九月二十四日)」: 不知象先所論與此如何? 向見此公差彊人意, 恨未得款曲, 盡所懷耳.]라고 말한 바 있다. 天文·地理·鍾律·象數 등에 대해 논한 문집 20권을 저술하였다.

[5-13] 唐虞之間, 不如洙泗[1], 此語不是.

번역 唐堯와 虞舜 시기가 洙泗 시기보다 못하다고 하는데, 이 말은 잘못된 것이다.

주석 1_ 唐虞之間, 不如洙泗: '唐虞'는 陶唐氏 堯와 有虞氏 舜을 병칭하는 말이다. '洙泗'는 공자를 지칭한다. '1-91 (1)번 주석'에서 설명하였다.

[5-14] 輪對[1]第一劄, 讀'太宗'起頭處, 上曰 "君臣之間, 須當如此." 答 "陛下云云, 天下幸甚." 讀'不存形迹'處, 上曰 "賴得有所悔", 連說"不患無過, 貴改過之意甚多." 答 "此爲堯, 爲舜, 爲禹湯, 爲文武血脉骨髓, 仰見聖學." 讀入本日處, 先乞奏云 "臣愚蠢如此." 便讀'疆土未復'·'生聚教訓'處, 上曰 "此有時", 辭色甚壯. 答 "如十年生聚, 十年教訓, 此有甚時? 今日天下貧甚, 州貧·縣貧·民貧." 其說甚詳, 上無說. 讀第二劄論道, 上曰 "'自秦漢而

下, 無人主知道, 甚有自負之意, 其說甚多說禪." 答 "臣不敢奉詔, 臣之道不如此, 生聚教訓處便是道." 讀第三劄論知人, 上曰 "人才用後見." 答 "要見之於前意思.[志其辭.]" 上又曰 "人才用後見." 後又說 "此中有人.[云云]" 答 "天下未知,[云云] 天下無人才, 執政大臣未稱陛下使令." 上默然. 讀第四劄, 上贊歎甚多. 第五劄所陳甚多. 下殿五六步, 上曰 "朕不在詳處做工夫, 只在要處秉笏立聽." 不容更轉對. 後王謙仲云 "渠每常轉對, 恐小官不比渠侍從也."[2]

번역 輪對할 때 첫 번째 箚子의 '太宗'으로 시작하는 첫머리를 읽는데 임금께서 말하였다. "군신 간에는 마땅히 이와 같이 해야 할 것이다." 답하였다. "폐하께서 이렇게 말씀하시니 천하 백성들이 큰 행운입니다." 이어 '행적을 남기려고만 해서는 안 된다'는 곳을 읽는데, 임금께서 "천하가 신뢰했던 太宗도 허물이 있었구나."라고 하시고, 또 "허물없음을 근심하지 않고, 과오를 고치는 것이 귀하다고 여긴 뜻이 매우 많다."고 하였다. 대답하였다. "이것은 요 · 순 · 우 · 탕 · 문 · 무와 같은 성군이 되는 핵심이며, 성인의 학문을 우러러보는 것이기도 합니다." 본 왕조에 들어서는 부분을 읽다가 먼저 임금께 아뢰기를 청하며 말하였다. "신의 어리석음이 이와 같습니다." 이어 '영토가 아직 회복되지 않았고' · '군사들을 모아 훈련시켜 치욕을 갚아야 한다'는 부분을 읽는데, 임금께서 말하였다. "이것은 때가 있는 것이다." 말투와 얼굴빛이 매우 장엄하였다. 답하였다. "10년간 군사를 모았고 10년간 훈련시켰는데, 또 어느 때를 기다려야 하는 것입니까? 지금 천하는 빈곤이 심해, 州 · 縣 · 民 할 것 없이 모두 빈곤합니다." 주장이 매우 상세하였지만, 임금께서 말씀이 없으셨다. 두 번째 箚子를 읽는데 임금께서 말하였다. "'秦漢 이래로 도를 아는 임금이 없었다'는 말은 지나치게 자만하는 뜻이 있다. 그 말은 禪家들이 말하는 空論과 매우 유사하다." 답하였다. "신은 감히 임금님의 말씀을 받들 수 없습니다. 신의 도는 선가와 같지 않습니다. 군사를 모아 훈련시켜 치욕을 갚아야 한다는 것이 제가 말한 도입니다." 세 번째 차자에서 사람 알아보는 법에 대해 논하자, 임금께서 말하였다. "인재는 등용한 후에 비로소 식별할 수 있다." 답하였다. "등용 이전의 생각을 살펴야 합니다.[뜻은 그 사람이 한 말을 지칭한다.]" 임금께서 말하였다. "인재는 등용한 후에 볼 수 있다." 조금 후에 또 말하였다. "이 가운데 인재가 있는지 볼 수 있다. […]" 답하였다. "천하에 아직도 사람 알아보는 방법을 모르는 것 같습니다.[…] 그러니 천하에 인재가 없는 것입니다. 執政 대신들이 폐하께서 내린 명령을 들어 쓰지 않습니다." 임금께서 묵묵히 말이 없으셨다. 네 번째 차자를 읽는데 임금께서 매우 많이 칭찬하였다. 다섯 번째 차자에서 진술한 내용이 매우 많았다. 임금께서 殿 아래로 대여섯 걸음 내려오시더니, "짐은 상세한 지엽적인 곳에서 공부하지 않고, 다만 핵심처에서 홀기를 들고 서서 경청하고자 한다."고 하고 더 이상 輪對를 허락하지 않았다. 훗날 王謙仲이 말하였다 "육상산이 이전에 며칠간 奏對하였는데, 나 같은 자는 그가 강직하게 侍從하던 것을 따라갈 수 없다."고 하였다.

주석

1_ 輪對: 임금과 奏對하는 것의 또 다른 방식을 이른다. 칙령소는 조정에서 반포하는 詔令 문서를 작성하거나 수정하는 기관으로, 산정관에게 임금을 직접 알현하여 정책을 피력할 수 있는 기회를 부여해 주는데, 한 명씩 돌아가면서 奏對하도록 했기 때문에 '輪對'라 불렀다. 육상산이 輪對하면서 진술했던 내용은 『陸九淵集』권18, 「奏表」의 '删定官輪對箚子'에 상세히 기록되어 있다.

2_ 輪對第一劄 … 恐小官不比渠侍從也: 순희 11년(1184) 육상산은 勅令所의 删定官을 역임하면서 孝宗과 輪對의 기회를 얻는다. 그가 말하였다. "나라를 다스린 지 이미 20여 년이 지났는데 아직 태종께서 몇 년 만에 이룬 효과를 보지 못하고 계십니다. … 저는 폐하께서 덕을 존중하고 도를 즐기는 참됨에 더욱 힘써 처음 마음가짐

을 따르시길 간절히 원합니다. 그렇게 하신다면 어찌 지금의 천하 사람들에게만 덕이 미치는 행운이 있겠습니까! 천고만년 변함없이 빛날 것입니다."[『陸九淵集』권18, 「删定官輪對箚子」, 222쪽: 臨御二十餘年, 未有太宗數年之效. … 臣願陛下益致尊德樂道之誠, 以遂初志, 則豈惟今天下之幸, 千古有光矣.] 임금의 위치에서 도를 추구하고 덕을 베푸는 것이 가장 시급한 일임을 역설한 것이다. 『宋史』「本傳」에도 당시 육상산이 奏箚에서 주장한 다섯 가지의 정책을 기록하고 있다. "첫째는 치욕이 회복되지 않았으니, 천하의 빼어난 인재를 널리 구하기를 바라는 것, 둘째는 덕을 높이고 도를 즐기는 정성을 지극히 기울이기를 바라는 것, 셋째는 인재를 알아보기 어려운 것, 넷째는 일은 마땅히 차츰차츰 이르러야 하고 서두르면 안 되는 것, 다섯째는 임금은 작은 일을 가까이하면 안 되는 것이다." [一論讎恥未復願博求天下俊傑, 二論願致尊德樂道之誠, 三論知人之難, 四論事當馴致而不可驟, 五論人主不當親細事.]

훗날 王謙仲이 "육상산이 이전에 며칠간 奏對하였는데, 나 같은 자는 그가 강직하게 侍從하던 것을 따라갈 수 없을 것이다."[『陸九淵集』권35, 「語錄(下)」, 447쪽: 後王謙仲云 "渠每常轉對, 恐小官不比渠侍從也.]라고 한 것을 보면, 그가 제시했던 다섯 가지의 奏箚가 학자들 사이에 회자되고 있었음을 알 수 있다. 육상산의 輪對하면서 피력한 내용에 대해 비판의 태도를 보였던 주자의 관점은 '『상산어록』 역주 해제'와 '1-67 1_번'주석에서 설명하였다.

[5–15] 事有難易. 定夫[1]初來恐難說話, 後却聽得入, 覺得顯道昆仲說話, 難予力辯之. 先生曰 "顯道隱藏在." 然予於此一路亦時起疑, 以爲人在一處, 理在一處. 後又解云 "只是未相合". 然終是疑, 纔聞先生說, 即悟得大意. 曰 "道遍滿天下, 無些小空闕. 四端萬善, 皆天之所予, 不勞人粧點. 但是人自有病, 與他間隔了." 又云 "只一些子重便是病." 又云 "只一些輕亦是病." 予於此深有省.

번역 일에는 어렵고 쉬운 것이 있다. 定夫가 처음 왔을 때 남과 말하기 어려울 것이라고 걱정했는데, 훗날 선생의 뜻을 이해할 수 있었다. 다만 느낌에 顯道 師兄의 말은 내가 힘써 변론하기 어려웠다. 선생께서 말하였다. "현도는 숨기는 것이 있는 것 같다." 그러나 나는 이 길에 대해 또한 수시로 의문을 품고, 사람이 있으면 理도 있는 것이라고 생각했다. 훗날 선생께서 또 해석하여 말하였다. "그저 도와 서로 합일되지 못할 뿐이다." 그럼에도 끝내 의문을 해결하지 못하다가, 선생의 말을 듣고 큰 의미를 깨달았다. 선생이 말하였다. "도는 천하에 꽉 차 있어서, 조금의 틈이나 결점이 없다. 사단이나 갖가지 선한 감정들은 하늘이 부여한 것으로 사람이 수고롭게 치장할 필요가 없다. 다만 사람이 스스로 병통이 있어 그것과 간극이 생긴다." 또 말하였다. "조금 무거운 것도 병통이고, 조금 가벼운 것도 병통이다." 나는 이에 깊이 깨달았다.

주석 1_ 定夫: 劉定夫이다. 『宋元學案』에서 朱子門人으로 배열하였고, 『陸子學譜』에서는 육상산문인으로 분류하였다. 육상산은 "定夫가 하나의 사물을 잡으면 놓지 않고 함부로 행동한다."[定夫挾一物不放, 胡做.]고 말하였다. 또 "劉定夫의 기질은 뻣뻣하고 제멋대로 행동하여, 동료들 가운데서도 견줄 만한 이가 드물었다. 최근 조금 나아져 자기의 잘못을 스스로 따질 줄 안다."[『陸九淵集』권13, 「與朱元晦」, 181쪽: 劉定夫氣稟屈強恣睢, 朋儕鮮比. 比來退然, 方知自訟.]고 평가하였다.

반면 주자는 유정부가 육상산의 영향으로 포현도 등과 함께 격물치지에 힘쓰지 않고 고상한 것만 좋아한다고 말하였다. "벗을 얻어 학문이 아주 진전되었다는 편지를 보니, 제 마음이 아주 위로가 됩니다. 그러나 二包와 定夫의 편지가 왔는데 모두 등급을 뛰어넘어 고상한 것만 좋아하는 논조였으므로 그들이 제대로 공부하는 것인지 모르겠습니다."[『朱熹集』「答傅子淵」: 示及得朋進學之盛, 深慰鄙懷. 然二包定夫書來, 皆躐等好高之論, 殊不可曉.] 또 그는 유정부에게 직접 편지를 보내 공부방법에 대한 문제를 지적하였다. "학문하는 뜻에 대해서 말한 것은 매우 좋으나, 다만 말이 너무 많습니다. 비루한 제 생각에 학자는 많은 狂妄한 몸과 마음을 쉬고 허다한 쓸데없는 말을 제거하여 착실하게 독서해야 합니다. 처음에는 글자 수나 줄 수를 모두 찾고 헤아려야 합니다. 그러한 노력이 오래되면 저절로 깨우치는 곳이 있을 것입니다. 가장 두려운 것은 사람들이 학문은 책에 있지 않다 하여 책을 읽는 데에 힘쓰지 않으며, 입과 귀를 전일하게 하지 않고 끝에 가서 장황하게 말하여 도무지 수습하지 못하는 것입니다. 이것은 단지 한바탕의 아주 소탈하고 공허함일 뿐이니, 바로 미워해야 할 것입니다. 보내온 글을 자세하게 읽어 보았는데 오히려 이런 뜻이 있는 듯하니, 구구한 내가 듣고자 하는 바가 아닙니다."[『朱熹集』「答劉定夫」: 所喩爲學之意甚善, 然說話亦已太多. 鄙意且要得學者息却許多狂妄身心, 除却許多閑雜說話, 著實讀書. 初時儘且尋行數墨, 久之自有見處. 最怕人說學不在書, 不務佔畢, 不專口耳, 下稍說得張皇, 都無收拾, 只是一場大脫空, 直是可惡. 細讀來書, 似尙有此意思, 非區區所欲聞也.]

[5-16] 見道後, 須見得前時小陋. '君子所貴乎道者三', 說得道字好. '動容貌', '出辭氣', '正顔色',[1] 其道如此, 須是暴慢自遠, 鄙倍自遠.

번역 도를 터득하고 나면 반드시 이전의 작고 협애한 자신의 모습을 돌아보아야 한다. 증자는 '군자가 귀하게 여기는 도는 세 가지'라고 하였는데, 道자를 말한 것이 좋다. '용모를 움직이는 것' · '말과 소리를 내는 것' · '얼굴빛을 바르게 하는 것'으로, 그 도는 이와 같다. 반드시 포악하고 태만함을 스스로 멀리하고, 비루하고 理를 어기는 행동을 스스로 멀리해야 한다.

주석 1_ 君子所貴乎道者三 · 動容貌 · 出辭氣 · 正顔色: 『論語』「泰伯」에 보

인다. "군자가 귀중히 여기는 도는 세 가지가 있다. 용모를 움직일 때에는 사나움과 태만함을 멀리하고, 얼굴빛을 바르게 할 때는 성실함에 가깝게 하며, 말과 소리를 낼 때에는 비루함과 도리에 위배되는 것을 멀리해야 한다."[君子所貴乎道者三, 動容貌, 斯遠暴慢矣, 正顏色, 斯近信矣, 出辭氣, 斯遠鄙倍矣.]

[5-17] 人之所以病道者, 一資禀, 二漸習.[1]

번역 사람들이 道를 어그러뜨리는 이유는 첫째 資禀때문이요, 둘째 점차 굳어진 습관 때문이다.

주석 1_ 人之所以病道者, 一資禀, 二漸習: '資禀'은 사람이 태어나면서 품부받은 기질을 말하며, '漸習'는 매 순간 두는 뜻에 따라 굳어진 습관을 말한다. 자기 의지와는 무관하게 선천적으로 품부받은 편벽된 기질과 義에 뜻을 두지 않고 이익을 추구하는 잘못된 습관으로 인해 사람들은 본심을 상실한다. 관련 내용은 '1-19' 어록과 '3-56'어록에도 보인다.

[5-18] 道大, 人自小之, 道公, 人自私之, 道廣, 人自狹之.

번역 도는 큰데 사람들이 스스로 그것을 작게 하고, 도는 공정한데 사람들이 스스로 그것을 사적으로 하며, 도는 넓은데 사람들이 스스로 그것을 좁게 한다.

[5-19] 予因說道難學, 今人纔來理會此, 便是也不是. 何故? 以

其便以此在胸中作病了. 予却能知得這些子, 見識議論作病, 亦能自說. 先生曰 "又添得一場閑說話. 一實了萬虛皆碎."

번역 나는 도가 배우기 어렵다고 말하였다. 지금 사람들은 비로소 도를 터득하여, 옳다고는 하지만 옳은 것이 아니다. 어째서인가? 도를 말한다 하더라도 이미 그것은 마음속 병통 가운데 놓여 있기 때문이다. 나는 이러한 것을 알 수 있기 때문에, 남들이 말하는 식견과 의론에 병통이 있음을 스스로 말할 수 있다. 선생께서 말하였다. "또 쓸데없는 말을 하는구나. 한번 본심이 확립되어 참되면, 모든 공허한 식견이나 의론은 사라진다."

[5-20] 尙追惟論量前此所見, 便是此見未去.

번역 여전히 이전의 편견을 의론하는 것은 이러한 편견이 아직 제거되지 않은 것이다.

[5-21] 予擧『荀子』「解蔽」'遠爲蔽, 近爲蔽, 輕爲蔽, 重爲蔽'之類[1], 說好. 先生曰 "是好, 只是他無主人. 有主人時, 近亦不蔽, 遠亦不蔽, 輕重皆然."

번역 내가 『荀子』「解蔽」篇의 '먼 것이 가리고 가까운 것이 가리며, 가벼운 것이 가리고 무거운 것이 가린다'는 문장을 들어 좋다고 말하였다. 그러자 선생께서 "좋긴 좋다. 다만 순자는 주인이 없다. 주인인 본심이 확립되어 있으면 가까운 것도 폐단이 아니고 먼 것도 폐단이 아니며, 가볍고 무거운 것도 그러하다."고 대답하였다.

주석 1_ 荀子解蔽篇 … 重爲蔽: 『荀子』「解蔽」편에 대한 육상산의 관점은 '1-70' 어록과 주석에서 설명하였다.

[5-22] 其他體盡有形, 惟心無形, 然何故能攝制人如此之甚?

번역 다른 몸의 기관은 모두 형체를 가지고 있지만, 오직 마음만 형체가 없다. 그런데 어떻게 사람을 통제함이 이렇게 심할 수 있는가?

[5-23] 若是聖人, 亦逞一些子精彩不得.

번역 만일 성인이라 하더라도 또한 조금의 빼어남에 만족해서는 안 된다.

[5-24] 平生所說, 未嘗有一說.

번역 평생 말한 것은 한 가지 학설로 규정하지 못한다.

[5-25] 廓然 · 昭然 · 坦然 · 廣居 · 正位 · 大道[1] · 安宅 · 正路[2], 是甚次第? 却反曠而弗居, 舍而弗由, 哀哉!

번역 이치에 확 트이고, 뚜렷하고, 편안하며, 넓은 집에 거처하고, 바른 자리에 서고, 대도를 행하며, 편안한 집이고, 바른 길을 가는 것이 어떤 순서가 있겠는가? 도리어 비우고 거처하지 않으며, 버리고 가지 않으니 슬프도다!

주석 1_ 廣居 · 正位 · 大道: 『孟子』「滕文公(下)」에 보인다. "천하의 넓은 집에 거처하며, 천하의 바른 자리에 서며, 천하의 대도를 행한다. 뜻을 얻으면 백성과 더불어 도를 실천하고, 뜻을 얻지 못하면 홀로 그 도를 행하여, 부귀가 마음을 방탕하게 하지 못하며, 빈천이 절개를 바꾸게 하지 못하며, 威武가 지조를 굽히게 할 수 없는 이, 이러한 사람을 대장부라 이른다."[居天下之廣居, 立天下之正位, 行天下之大道. 得志, 與民由之, 不得志, 獨行其道. 富貴不能淫, 貧賤不能移, 威武不能屈, 此之謂大丈夫.]

2_ 安宅 · 正路: 『孟子』「離婁(上)」에 보인다. "인은 사람의 편안한 집이고, 의는 사람의 바른 길이다. 편안한 집을 비워 두고 살지 않으며, 바른 길을 버리고 가지 않으니, 슬프다."[仁, 人之安宅也, 義, 人之正路也. 曠安宅而弗居, 舍正路而不由, 哀哉!]

[5-26] 舊罪不妨誅責, 愈見得不好. 新得不妨發揚, 愈見得牢固.

번역 과거의 잘못은 꾸짖고 질책해도 좋다. 그래야 잘못된 점이 더 분명하게 드러난다. 반면 새로 터득한 것은 드러내도 무방하다. 그래야 터득한 것이 더욱 견고해진다.

[5-27] 因說定夫[1]舊習未易消, 若一處消了, 百處盡可消. 予謂晦庵逐事爲他消不得. 先生曰 "不可將此相比, 他是添."

번역 劉定夫의 舊習이 쉽게 없어지지 않음을 말하였다. 만일 하나를 제거하면 온갖 구습은 완전히 제거할 수 있다. 내가 晦庵도 일일이 그를 위해 제거하고자 했으나 결국 없애지 못했다고 하자, 선생께서 말하였다. "그것으로 비교할 수 없다. 晦庵은 오히려 잘못된 습관을 더하였다."

주석 1_ 定夫: 劉定夫이다. '5-15 (1)번 주석'에서 설명하였다.

[5-28] 大世界不享, 却要占箇小蹊小徑子. 大人不做, 却要爲小兒態, 可惜!

번역 사람들은 큰 세상을 외면하고 오히려 좁은 길과 지름길만 차지하려 한다. 대인의 일은 하지 않고 어린아이들의 행태만 따라 하려고 하니, 안타깝다!

[5-29] '小心翼翼, 昭事上帝', '上帝臨汝, 無貳爾心'[1], '戰戰兢兢'[2], 那有閑管時候?

번역 『시경』에서 '공경하고 삼가시어 덕으로 하늘을 섬겼다', '하늘이 너희를 굽어보시니 그대들 마음 변치 말라', '두려워 벌벌 떨며 조심하라'고 하였다. 그러니 어디 한가롭게 여유부릴 시간이 있겠는가?

주석 1_ 小心翼翼, 昭事上帝, 上帝臨汝, 無貳爾心: 『詩經』「大明」에 보인다.
2_ 戰戰兢兢: 『詩經』「小旻」에 보인다.

[5-30] 典, 常也, 憲, 法也,[1] 皆天也.

번역 典은 떳떳함이고, 憲은 법도이다. 모두 하늘의 이치이다.

주석 1_ 典常也, 憲法也: 憲章은 성인이 천리에 근거하여 제정한 것이다. 그래서 그는 "'典憲' 두 글자는 매우 중대하다. 오직 道를 아는 자만이 이를 밝힐 수 있다. 후세에는 제정한 가혹한 법령을 가리켜 '典憲'이라 하는데, 이것은 바로 '소인이면서도 거리낌이 없다.'는 말에 해당한다."[『陸九淵集』권34, 「語錄(上)」, 400쪽: '典憲'二字甚大, 惟知道者能明之. 後世乃指其所撰苛法, 名之曰 '典憲', 此正所謂 '無忌憚'.]고 말하였다. '1-25 (1)번 주석'에서도 설명하였다.

[5-31] 要常踐道, 踐道則精明. 一不踐道, 便不精明, 便失枝落節.

번역 항상 도를 실천해야 한다. 도를 실천하면 정미하고 밝아진다. 한 번이라도 도를 실천하지 않으면 정미하고 밝지 못하고, 지조와 절개도 잃어버린다.

[5-32] 如何容人力做? 樂循理, 謂之君子.

번역 어떻게 사람들이 힘써 하는 것을 용납하겠는가? 즐겁게 理를 따르면 군자라 할 수 있다.

[5-33] '小心翼翼'[1], 心小而道大. '大人者, 與天地合其德, 與日月合其明, 與四時合其序, 與鬼神合其吉凶.'[2]

번역 『시경』의 '공경하고 삼갔다'는 것은 마음이 작고 도는 크다는 의미이다. 그래서 『주역』에서는 '大人은 천지와 더불어 그 덕을 함께하고, 일월과 더불어 그 밝음을 함께하며, 사시와 그 순서를 함께하고, 귀신과 더불어 길흉을 함께한다'고 하였다.

주석 1_ 小心翼翼: 『詩經』「大明」에 보인다.
2_ 大人者 … 與鬼神合其吉凶: 『周易』「文言傳」에 보인다.

[5-34] '吾有知乎哉?' 晦庵言謙辭, 又來這裏做箇道理.[1]

번역 공자께서 '내가 아는 것이 있는가?'라고 한 것을, 晦庵은 謙辭라고 풀이하고, 또 여기서 나름의 도리를 설명하고자 하였다.

주석 1_ 吾有知乎哉 … 做箇道理: '吾有知乎哉'는 『論語』「子罕」에 보인다. '謙辭'는 『논어집주』에 보인다. 주자는 공자의 언급을 "공자께서 겸사로 말하기를 '자신은 지식이 없지만 남에게 알려줄 때에는 상대방이 비록 지극히 어리석더라도 다 말해주지 않을 수 없다'고 한 것이다."[『論語集注』: 孔子謙言, 己無知識. 但其告人, 雖於至愚, 不敢不盡耳.]라고 풀이하였다. 주자의 주석에 의해 『논어』 구절을 해석하면 다음과 같다. "내가 아는 것이 있는가? 나는 아는 것이 없다. 비천한 자가 나에게 물으면 그가 아무리 무식하더라도 나는 그 두 끝을 살펴 말해 줄 뿐이다."[吾有知乎哉, 無知也. 有鄙夫問於我, 空空如也, 我叩其兩端而竭焉.]
육상산은 주자의 관점에 동의하지 않은 것으로 보인다. 아마도 그는 공자의 '나는 아는 것이 없다'는 언급이 겸사가 아니라, 공자가 '無執着'의 특성을 지닌 본심을 확립하고 있기 때문에 그렇게 말한 것으로 판단한 것 같다. 그는 "나는 일이 없을 때 어찌 보면 완전히 무지하고 무능한 사람과 같다. 그러나 일이 있으면 앎이 그대로 드러나 모르는 것도 없고 하지 못하는 것도 없는 사람과 같다."[『陸九淵集』권35, 「語錄(下)」, 455쪽: 我無事時, 只似一箇全無知無能底人. 及事至方出來, 又却似箇無所不知·無所不能之人.]고 말한 바 있다. 본심은 미리 앎을 설정하지도 않고 지나간 일에 집착하지도 않으며, 오로지 지금 마주한 순간을 올곧게 비춘다. 육상산의 『논어』의 해석을 풀이하면, 주자와 사뭇 다르다. "내가 아는 것이 있는가? 나는 아는 것이 없다. 비천한 자가 나에게 물으면, 미리 정해 놓은 기준이 없으므로 텅 빈 것 같다. 나는 그 두 끝을 살펴 말해 줄 뿐이다."

[5-35] 今一切去了許多繆妄勞攘, 磨礲去圭角, 寖潤著光精, 與天地合其德云云[1], 豈不樂哉?

번역 지금 모든 황당하고 분란한 감정을 제거하고, 갈고 닦아 모난 부분을 없애며, 조금씩 노력하여 빛나고 맑음을 드러내면, 천지와 그 덕을 함께하는 등등의 대인이 될 수 있을 것이니, 어찌 즐겁지 않겠는가?

주석 1_ 與天地合其德云云: 『周易』「文言傳」에 보인다. '云云'은 상식적인 내용이라 생략한 것으로, '大人은 천지와 더불어 그 덕을 함께한다'[大人者, 與天地合其德]는 말 뒤의 "일월과 더불어 그 밝음을 함께하며, 사시와 그 순서를 함께하고, 귀신과 더불어 길흉을 함께한다."[與日月合其明, 與四時合其序, 與鬼神合其吉凶."]는 것을 이른다.

[5-36] 成孝敬, 厚人倫, 美教化, 移風俗.

번역 효도와 공경을 이루고, 인륜을 두텁게 하며, 교화를 아름답게 하고,

풍속을 변화시켜야 한다.

[5-37] 存養是主人, 檢斂是奴僕.[家兄所聞 '考索是奴僕.'][1]

번역 存養은 주인이고, 검속하고 수렴하는 것은 노비이다.[家兄은 '근거를 찾고 탐색하는 것이 노비'라고 들었다.]

주석 1_ 家兄所聞 考索是奴僕: '家兄'은 어록을 편록한 包顯道의 형을 일컫는다. 육상산은 일찍이 包詳道의 글이 좋다고 평가하기도 하였다. [『陸九淵集』권35, 「語錄(下)」, 450쪽: 詳道書好, 文字亦好.]

[5-38] 如今人只是去些子凡情不, 相識還如不相識云云, 始是道人心.

번역 지금 사람들은 조금의 일반적인 감정도 제거하지 못한다는 것이나, 서로 알아본다고 하지만 오히려 못 알아보는 것과 같다는 등의 말은 바로 인심을 말한 것이다.

[5-39] 詳道[1]書好, 文字亦好. 純人專, 不中不遠.

번역 詳道는 글도 잘 쓰고 문장도 좋다. 순수한 사람은 배움을 전일하게 하여, 꼭 들어맞는 것은 아니지만 크게 어긋나지도 않는다.

주석 1_ 詳道: 이름은 約이고, 詳道는 字이다. 包顯道 · 包敏道와 함께 육상산을 사사하였다. 육상산은 그의 자질이 순박하고 진실되다고 평가하였다.[『陸九淵集』권6, 「與包詳道」, 83쪽: 爲學日進, 尤以爲喜! 詳道天質淳真.]

[5-40] 汲黯[1]秉彝厚, 黃老學不能汨.

번역 汲黯은 타고난 천성이 두터워, 黃老學이 물들게 할 수 없었다.

주석 1_ 汲黯: 字는 長孺이고, 서한시기 濮陽사람이다. 선조가 옛 위나라 임금의 총애를 받아 경대부를 지냈다. 한나라 武帝때 東海太守·主爵都尉를 역임하였다. 훗날 청렴결백하고 直諫에 능했던 자로 정평이 났고, 무제는 '社稷之臣'으로 평가하였다.

[5-41] 上是天, 下是地, 人居其間. 須是做得人, 方不枉.[1]

번역 위를 우러러보면 하늘이고 아래를 굽어보면 땅이며, 사람은 그 사이에 자리한다. 반드시 사람다움을 실천해야 비로소 굽지 않고 직립할 수 있다.

주석 1_ 不枉: 사욕에 이끌려 굽은 행동을 하지 않는다는 의미이다. 본심에 의거하여 올곧게 살아가는 '直立'의 의미이기도 하다. 육상산은 "사람이 하늘과 땅 사이에 태어났으니, 어째서 직립하지 않는가?"[『陸九淵集』권35, 「語錄(下)」, 466쪽: 人生天地間, 如何不植立?]라고 하여, 본심을 확립하여 바르게 서는 것이 학자가 추구해야 할 이상임을 강조하였다.

[5-42] 道大豈是淺丈夫所能勝任? 敏道言資禀, 因擧'君子不謂命也'[1]一段.

번역 道는 광대하니, 어찌 비천한 사내가 감당할 수 있겠는가? 敏道가 품부받은 자질에 대해 말하여, 『孟子』의 '군자는 명이라 이르지 않는다'는 말을 들어 설명해 주었다.

주석 1_ 君子不謂命也: 『孟子』「盡心(下)」에 보인다. 맹자는 사람이면 누구나 仁義禮智의 본성을 지니고 태어나지만, 도를 실현함에 있어 객관적 한계를 마주하기도 한다고 보았다. 사람들은 이것을 命이라 말하지만, 맹자는 단호하게 性이라고 하였다.[仁之於父子也, 義之於君臣也, 禮之於賓主也, 智之於賢者也, 聖人之於天道也, 命也, 有性焉, 君子不謂命也.] 육상산은 품부받은 자질의 차이가 있더라도, 사람이면 누구나 마음에 갖추어져 있는 도를 실천하는 것이 사명임을 강조하였다.

[5-43] 今且未須去理會其他, 且分別小大輕重.

번역 지금 또 반드시 다른 것을 이해할 것이 아니라, 크고 작고 가볍고 무거운 것을 분별해야 한다.

[5-44] 行狀貶剝贊歎人, 須要有道, 班固不如馬遷.

번역 행장에서 남을 폄하하고 칭찬하는 것은 반드시 도가 있어야 한다. 그런 면에서 班固는 司馬遷보다 못하다.

[5-45] 人爲學甚難, 天覆地載, 春生夏長, 秋斂冬肅, 俱此理. 人居其間, 非靈識, 此理如何解得?

번역 사람이 학문하기란 매우 어렵다. 하늘은 만물을 덮어 주고 땅은 실어 주며, 봄은 낳고 여름은 기르며, 가을은 거두고 겨울은 고요하게 하는데, 모두 이 理를 갖추고 있다. 사람이 그 사이에 살면서 영묘한 앎을 확립하고 있지 않으면, 이 理를 어떻게 이해할 수 있단 말인가?

[5-46] 人不辨箇小大輕重, 無鑒識, 些小事便引得動心, 至於天來大事却放下着.

번역 사람이 일의 작고 크고 가볍고 무거운 것을 분별하지 못하면, 감별할 식견이 없는 것이다. 그러니 조그만 일에도 마음을 동요시키고, 매우 큰일을 마주해도 내려놓을 수 없다.

[5-47] 不愛教小人以藝, 常教君子以藝. 蓋君子得之, 不以爲驕, 不得不以爲歉. 小人得以爲吝, 敗常亂教.

번역 소인에게 技藝 가르치기를 즐겨하지 않고, 항상 군자에게 기예를 가르친다. 군자는 터득하더라도 교만하지 않고, 터득하지 못하더라도 원망하지 않는다. 반면 소인은 터득하면 인색해지고, 실패하면 늘 가르침을 어그러뜨린다.

[5-48] '吾十有五而志于學'[1], 今千百年無一人有志也. 是怪他[2]不得, 志箇甚底? 須是有智識[3], 然後有志願.

번역 공자께서 '나는 열다섯의 나이에 배움에 뜻을 두었다'고 말하였는데, 지금까지 천수백 년의 오랜 세월이 흘렀음에도 그러한 뜻을 둔 자는 한 사람도 없었다. 그렇다고 그들을 탓할 수는 없다. 志란 무엇인가? 반드시 智識이 있은 후에 그러한 뜻을 두고자 하는 바람이 생기게 되는 것이다.

주석
1_ 吾十有五而志于學: 『論語』「爲政」에 보인다.
2_ 他 : 四庫全書 판본에는 '它'로 표기되어 있다.
3_ 智識: 육상산에게 있어 '智識'은 단순한 이론적 지식과 앎을 가리키는 것이 아니라, 本心이 顯現되면서 저절로 드러나는 지혜와 참된 식견을 이른다.

[5-49] 人要有大志. 常人汨沒於聲色富貴間, 良心善性都蒙蔽了. 今人如何便解有志, 須先有智識始得.

번역 사람이라면 큰 뜻을 두어야 한다. 일반 사람들은 음란한 음악과 여색, 돈과 권세에 빠져, 본래 갖추고 있던 양심과 선한 본성이 모두 가려졌다. 지금 사람들은 뜻을 둔다는 것을 어떻게 이해하고 있는가? 반드시 먼저 智識이 있어야 비로소 가능하다.

[5-50] 有一段血氣, 便有一段精神. 有此精神, 却不能用, 反以害之. 非是精神能害之, 但以此精神, 居廣居, 立正位, 行大道.

번역 어느 정도의 혈기가 있으면, 바로 어느 정도의 정신이 있다. 이러한 정신이 있는데 사용할 수 없다면 도리어 해가 된다. 정신이 해를 입힐 수 있는 것은 아니지만, 이 정신으로 넓은 거처에 거하고 바른 자리에 서며 큰 도를 행해야 한다.

[5-51] 見一文字, 未可輕易問是如何, 何患不曉?

번역 어떤 문자를 접했다 해서, 경솔하게 무엇을 뜻하는지 물어봐서는 안 된다. 어째서 이해하지 못함을 근심하는가?

[5-52] 守規矩, 孜孜持守, 規行矩步, 不妄言語.

번역 規矩를 지키는 것은, 굳세게 간직하고, 법도대로 행동하며, 말을 함부로 하지 않는 것이다.

[5-53] 鐵劍利, 則倡優拙.

번역 철로 만든 검이 날카로우면, 판놀음을 하는 倡優들이 굼뜨게 된다.

[5-54] 有理會不得處, 沉思痛省. 一時間如此, 後來思得明時, 便有亨泰處.

번역 이해되지 않는 곳이 있으면 깊이 생각하고 통렬하게 살펴야 한다.

비록 한때 이렇더라도, 노력하면 훗날 생각이 명료해져, 형통하고 평안하게 이해되는 곳이 있을 것이다.

[5-55] 今人欠箇精專不得.

번역 지금 사람들은 정밀하고 전일함이 부족하게 해서는 안 된다.

[5-56] 人精神千種萬般, 夫道一而已矣.

번역 사람들의 정신은 천만 가지나 될 정도로 많지만, 무릇 도는 하나일 따름이다.

[5-57] 有懶病, 也是其道有以致之. 我治其大而不治其小, 一正則百正. 恰如坐得不是, 我不責他坐得不是, 便是心不在道.[1] 若心在道時, 顚沛必於是, 造次必於是, 豈解坐得不是? 只在勤與惰・爲與不爲之間.

번역 나태한 병통이 있는 것은 또한 그 道가 바로잡을 수 있다. 나는 큰 병통을 치료하지 사소한 것에는 관여하지 않는다. 하나가 바르면 백 가지 행위가 바르게 된다. 예를 들어 앉아 있는 태도가 불손하다고 해서 나는 그의 불손한 자세를 탓하지 않는다. 바로 마음이 도에 있지 않기 때문이다. 만일 마음이 도에 있다면 황급한 상황에도 반드시 이것을 따르고, 넘어지는 순간에도 이것을 따른다. 어찌 앉은 자세가 불손한 것을 해결하려 하는가? 그저 근면하고 나태하며 행하고 행하지 않는 사이에 마음을 바로잡는 해결점이 있을 뿐이다.

주석 1_ 有懶病 … 便是心不在道: 주자가 小學공부를 통해 행동 삼가는 것을 강조한 것과 달리, 육상산은 억지스럽게 행동을 제약하는 공부를 반대하였다. 올바른 자세나 바른 행위의 준칙을 설정한 후 실천토록 강요한다면, 이는 근본적인 문제해결 방안이 아니다. 근면함과 나태함의 차이는 본심이 확립되었느냐 잃어버렸느냐에 따라 결정되는 것이므로, 본심확립이 무엇보다 중요하다. 그가 만년에 象山精舍에서 강학활동을 하며 제자들에게 "자네들의 눈과 귀는 저절로 총명하고, 부모 섬김에는 저절로 효도할 수 있으며, 형제 섬기에는 저절로 공경할 수 있다. 본심은 본래 조금도 부족함이나 모자람이 없는 것이니, 다른 것을 구할 필요가 없다. 그저 스스로 확립할 뿐이다."[『陸九淵集』권34,「語錄(上)」, 399쪽: 女耳自聰, 目自明, 事父自能孝, 事兄自能弟, 本無欠闕, 不必他求, 在自立而已.]라고 강조한 것도, 사람은 누구나 배우지 않고도 옳고 그름을 분별할 줄 알고 본심대로 행할 수 있는 良知와 良能을 갖추고 있기 때문이다. 이는 본심을 회복하기만 하면 드러나기 때문에, 사소한 행동을 수정하려 애쓰기보다 본심을 확립하고 보존하는 것이 무엇보다 우선되는 공부이다.

[5-58] 人之資質不同, 有沉滯者, 有輕揚者. 古人有韋弦之義, 固當自覺, 不待人言. 但有恣縱而不能自克者, 有能自克而用功不深者.

번역 사람의 자질은 각기 달라, 침체된 자도 있고 경박한 자도 있다. 옛사람은 韋와 弦을 차고 다니며 경계의 뜻을 두었는데, 마땅히 스스로 자각하고, 남의 충고를 기다리지 않았다. 다만 제멋대로 행동하여 스스로 극복하지 못하는 자도 있었고, 스스로 극복할 수 있었으나 힘을 기울임이 깊지 못한 자도 있었다.

주석 1_ 韋弦之義: 부드러운 가죽과 팽팽한 활시위를 차고 다니며, 자기성격을 고치는 경계의 표지로 삼는 것을 말한다. 『韓非子』「觀行」에 보인다. "西門豹는 성격이 너무 급해, 부드러운 가죽을 차고 다니며 성격을 부드럽게 하고자 하였고, 董安子는 성격이 너무 느려, 활시위를 차고 다니며 성격을 강직하게 하고자 하였다."[西門豹之性急, 故佩韋以緩己. 董安於之性緩, 故佩弦以自急.]

[5-59] 人當先理會所以爲人, 深思痛省, 枉自汨沒, 虛過日月. 朋友講學, 未說到這裏. 若不知人之所以爲人, 而與之講學, 遺其大而言其細, 便是放飯流歠而問無齒決[1]. 若能知其大, 雖輕, 自然反輕歸厚. 因擧一人恣情縱欲, 一知尊德樂道, 便明潔白直.

번역 사람은 마땅히 먼저 사람다운 이유를 알아야 한다. 깊이 생각하고 힘써 성찰하면 의미 없이 매몰되고, 허송세월을 보내게 된다. 벗들이 강학하면서 여기까지 말하지는 못했다. 만일 사람이 사람다운 이유를 알지 못하고, 더불어 강학하면서 큰 것을 버리고 세세한 것만 말하면, 이는 곧 『孟子』에서 말한 '밥을 크게 떠먹고 국을 흘리고 마시며, 마른 고기를 씹어 끊지 말 것을 강구하는 것'처럼 지나치게 사소한 것을 힘쓰는 것이다. 큰 것을 알 수 있으면, 비록 경미하더라도 자연히 경미함에서 벗어나 두터운 곳으로 돌아간다. 이어 어떤 사람은 情欲을 거리낌 없이 함부로 하고, 어떤 사람은 도덕을 존중하며 즐기는 사례를 들어 설명하였는데, 그 도리가 명백하고 분명하다.

주석 1_ 放飯流歠而問無齒決: 『孟子』「盡心(上)」에 보인다. 맹자는 성현의

지혜와 사랑이 만물에 두루 미치지 못하는 까닭은 먼저 할 일에 힘썼기 때문이고, 그렇게 하여 결국 지혜와 사랑이 천지만물에 영향을 미쳤다고 보았다. 三年喪과 같은 중요한 일을 소홀히 하면서, '밥을 크게 떠먹고 국을 흘리고 마시는 것[放飯流歠]'과 '마른 고기를 씹어 끊지 말 것을 강구하는 것[問無齒決]'과 같은 작은 일에만 신경 쓰는 것은 힘쓸 것을 알지 못하는 것이다.[知者無不知也, 當務之爲急, 仁者無不愛也, 急親賢之爲務. 堯舜之知而不徧物, 急先務也, 堯舜之仁不偏愛人, 急親賢也. 不能三年之喪, 而緦小功之察, 放飯流歠, 而問無齒決, 是之謂不知務.]

[5-60] 商君[1]所說帝王, 皆是破說.

번역 商君이 말한 제왕의 치술에 대한 내용은 모두 잘못된 학설이다.

주석 1_ 商君: 진나라 법가를 대표하는 정치가 商鞅이다. 『史記』「商君列傳」에 자세히 언급되어 있다. 효공이 현자를 초빙한다는 소식을 듣고 衛나라에서 진나라로 가 효공의 신하가 되었다. 나라를 분할하여 다스리는 봉건제를 중앙에서 임명한 관리가 다스리는 군현제로 대체하였고, 새로운 토지 · 조세 · 징병제도를 실시하였으며, 엄격한 법 집행을 강조하였다. 훗날 효공의 죽음과 함께 영향력을 잃고 車裂刑에 처하였다. 저서로 진나라 법가 사상가들과 공동으로 편찬한 『상군서』가 전해진다.

[5-61] 因循亦好, 因其事, 循其理.

번역 순응하는 것도 좋다. 일에 따라 그 이치에 순응하는 것이다.

[5-62] 見理未明, 寧是放過去, 不要起爐作竈.

번역 理를 터득함이 밝지 못하면 차라리 잠시 놓아두더라도, 화로에 불 붙이고 부뚜막을 만드는 것처럼 거꾸로 하지 말아야 한다.

[5-63] 正言正論, 要使長明於天下.

번역 바른 말과 바른 의론은 천하에 오래도록 빛나게 해야 한다.

[5-64] 古之君子, 知固貴於博. 然知盡天下事, 只是此理. 所以博覽者, 但是貴精熟. 知與不知, 元無加損於此理. 若以不知爲慊, 便是鄙陋. 以不知爲歉, 則以知爲泰, 今日之歉, 乃他日之泰.

번역 옛날의 군자는 앎이 본래 널리 미침을 귀하게 여긴다. 그러나 앎이 천하의 일을 다 밝혔더라도, 그저 이 이치일 뿐이다. 널리 관찰하는 이유는 단지 정밀하고 무르익음을 귀하게 여기기 때문이다. 아는 것과 알지 못함은 원래 이 이치에 더하거나 덜어낼 수 없다. 만일 알지 못함을 만족으로 여기면 비루한 것이다. 알지 못함을 만족하지 않으면, 아는 것을 편안히 여긴다. 오늘 만족하지 않으면 곧 다른 날 편안하게 된다.

[5-65] 君子雖多聞博識, 不以此自負.

번역 군자는 비록 많은 듣고 박식하더라도, 이것으로 자부하지 않는다.

[5-66] 要當軒昻奮發, 莫恁他[1]沉埋在卑陋凡下處.

번역 마땅히 의욕적으로 분발해야 한다. 그렇게 비루하며 저속한 곳에 묻혀 있으면 안된다.

주석 1_ 恁他: 『宋元學案』권58, 「象山學案」에서는 '恁地'로 표기하였다.

[5-67] 此理在宇宙間, 何常有所礙? 是你自沉埋, 自蒙蔽, 陰陰地在箇陷穽中, 更不知所謂高遠底. 要決裂破陷穽, 窺測破箇羅網.

번역 이 理가 우주 사이에서 언제 막힌 적이 있었는가? 자네 스스로 매몰되고 가리워졌을 뿐이다. 어두컴컴하게 함정 속에 빠져 있어, 이른바 고원한 본심을 더욱 모르고 있다. 과감하게 함정을 파헤치고 치밀하게 그물을 뚫어야 한다.

[5-68] 誅鋤蕩滌, 慨然興發.

번역 사욕을 뿌리 채 뽑아버리고 깨끗이 씻어내, 큰 마음으로 본심을 드러내고 밝혀야 한다.

[5-69] 激厲奮迅, 决破羅網, 焚燒荆棘, 蕩夷汙澤.

번역 힘차게 떨쳐 일어나, 과감히 그물을 뚫고, 가시덤불을 태우며, 더러운 못을 맑게 하듯이 본심을 밝혀야 한다.

[5-70] 世不辨箇小大輕重, 既是埋沒在小處, 於大處如何理會得?

번역 세상 사람들은 무엇이 작고 크고 가볍고 무거운 것인지 구분하지 못한다. 이미 사욕과 같은 작은 것에 매몰되어 있는데, 본심과 같은 큰 것에 대해 어떻게 알 수 있겠는가?

[5-71] 志於聲色利達者, 固是小. 勦摸人言語的[1], 與他一般是小.

번역 음란한 음악과 여색, 이익과 권세 등에 뜻을 둔 자는 분명 소인이다. 또한 다른 사람의 말을 무조건 베끼거나 모방하는 자도 그와 같이 소인이다.

주석 1_ 剿摸人言語的: 육상산은 학생들에게 늘 '먼저 자신의 본심을 확립해야 한다.'[『陸九淵集』권34, 「語錄(上)」, 400쪽: 近有議吾者云 "除了'先立乎其大者'一句, 全無伎倆." 吾聞之曰 "誠然."]고 강조하였다. 남의 말이나 글을 마음에 비추어 살피지 않고 그저 베끼고 따라 하기만 하는 것은 외물에 이끌려 본래 마음을 잃어버리는 것과 같다. 성현의 글과 말이라 할지라도 무조건 맹신하지 말고 반드시 자신의 마음에 비추어 그 옳고 그름을 살펴야 한다.

[5-72] 若能自立後, 論汲黯[1]便是如此論, 論董仲舒[2]便是如此論.

번역 만일 스스로 본심을 확립하였다면, 汲黯을 논해도 이같이 논할 것이고, 董仲舒를 논해도 이같이 논할 것이다.

주석 1_ 汲黯: 청렴결백하고 直諫에 능했던 자로 정평이 났고, 무제는 '社稷之臣'으로 평가하였다. '5-42 (1)번 주석'에서 설명하였다.

2_ 董仲舒: 漢 武帝때의 재상을 역임하면서, 조정에서 유학자가 아닌 사람들을 모조리 쫓아내어 유교가 국교이자 정치 철학의 토대가 되는 데 기여하였다. 또한 장래가 촉망되는 학생들을 가르치는 교육기관인 太學을 세울 것과 귀족과 지방관들에게 해마다 뛰어난 재능과 훌륭한 품성을 지닌 사람들을 추천하게 하여 관리로 임명할 것을 제안했다. 이러한 제도는 비록 출신은 비천하지만 능력이 뛰어난 사람들에게 권력과 영향력이 있는 지위를 보장해 주는 과거제도의 토대가 되었다. 저서로는『春秋繁露』가 있다. 특히 그는 처음으로 '陽貴陰賤, 剛明柔暗' 사상을 제기하였다. "천지간에 陰陽 두 氣가 있는데, 陽은 生을 주관하고, 陰은 殺을 주관한다. 그래서 陽은 '天德'이 되고, 陰은 '天刑'이 된다."[『春秋繁露』: 天道之常, 一陰一陽. 陽者, 天之德也, 陰者, 天之刑也.]고 하였다.

[5-73] 自得, 自成, 自道, 不倚師友載籍.

번역 스스로 터득하고 스스로 이루며 스스로 이끌어야 한다. 스승과 벗, 서적 등에 의지해서는 안 된다.

[5-74] 理只在眼前, 只是被人自蔽了. 因一向悞[1]證他, 日逐只是教他做工夫, 云不得只如此. 見在無事, 須是事事物物不放過, 磨考其理. 且天下事事物物只有一理, 無有二理, 須要到其至一處.

번역 理는 눈앞에 현현하고 있는데, 사람들에 의해 저절로 가리워졌을 뿐이다. 줄곧 그들에게 잘못 알려주어, 날마다 그들에게 공부를 하도록 하였고, 어쩔 수 없이 이와 같이 해야 한다고 말하였다. 理는 일이 없을 때에도 현현하고 있다. 반드시 각각의 사물을 내려놓지 말고 각각의 理를 궁구해야 한다. 또 천하의 모든 사물은 제각기 하나의 理를 갖추고 있지, 두 개의 理가 없다. 그러므로 반드시 지극히 전일한 곳에 이르도록 해야 한다.

주석 1_ 悞: 『集韻』에서 '의혹시키는 것[疑也]'이라고 고증하였다. 明代 嘉靖 연간 간행된 『象山先生全集』에서는 '悞'를 '誤'로 표기하였다.

[5-75] 傅聖謨[1]說 "一人啓事有云 '見室而高下異, 共天而寒暑殊.'" 先生稱意思好. 聖謨言 "文字體面大, 不小家." 先生云 "某只是見此好, 聖謨有許多說話."

번역 傅聖謨가 말하였다. "어떤 사람이 계발을 받아 말하기를 '집을 보면 높고 낮은 차이가 있고, 같은 하늘이라도 추위와 더위의 차이가 있다'고 하였습니다." 선생께서 뜻이 좋다고 칭찬하였다. 성모가 "문자의 규모가 커서, 소인배가 같지 않습니다." 선생께서 말하였다. "나는 그저 이 글을 보고 좋다고 하는데, 성모는 쓸데없이 말을 많이 하는구나."

주석 1_ 傅聖謨: 육상산 문인이다. '5-2 (1)번 주석'에서 설명하였다.

[5-76] 問 "子路死之非[1], 只合責當時不合事輒." 曰 "此是去冊子上看得來底. 亂道之書成屋, 今都滯在其間." 後云 "子路死是

甚次第."

번역 물었다. "자로가 잘못된 죽음을 맞이한 것이 본래 당시 輒을 섬기는 것이 합당하지 않았기 때문일 것입니다." 선생께서 말하였다. "이것은 책만 보고 판단한 것이다. 도를 어그러뜨리는 책은 집을 이룰 정도로 많다. 지금 학자들은 모두 그 책 사이에서 벗어나지 못하고 있다." 조금 있다가 말하였다. "자로의 죽음은 매우 단정하였다."

주석 1_ 子路死之非: 자로가 잘못된 죽음을 맞이할 것이라는 것은 『論語』에 보인다. 공자는 무모한 행위를 용기로 잘못 알고 있는 자로를 자주 질책하였고, 제 命에 죽지 못할 것이라고 예측하였다.[『論語』「先進」: 若由也, 不得其死然.] 실제 자로는 衛나라 공문자의 아들인 공회의 가신으로 있다가 蕢聵와 輒 부자간에 벌어진 내란 때 전사하였다. 당시 상황은 『史記』「仲尼弟子列傳」에 상세히 나와 있다. "위나라의 靈公의 부인은 南子였다. 영공의 태자 蕢聵가 南子에게 죄를 짓고 처벌이 두려워 이웃 나라로 도망하였다. 영공이 죽은 후, 남자는 공자 郢에게 왕위를 물려주려고 하였다. 영은 사양하고는, '도망친 태자인 괴외의 아들 輒이 살아 있습니다.'라고 하였다. 그리하여 위나라 사람들은 첩을 옹립하니, 그가 바로 出公이다. 출공이 즉위한 지 12년째 되는 해, 출공의 아버지 괴외는 여전히 국외에 머물면서 위나라로 들어오지 못했다. 그 당시 자로는 위나라의 大夫 孔悝의 가신이었다. 그런데 괴외는 공리와 반란을 모의하고, 공리의 집으로 몰래 숨어들어, 공리의 병력을 동원하여 출공을 공격하였다. 출공은 魯나라로 도망가고 괴외가 임금이 되니, 그가 바로 莊公이다. 공리가 반란을 일으켰을 때, 자로는 마침 밖에 나가 있었다. 자로는 반란에 관한 소식을 듣고 즉시 달려갔다. 자로는 때마침 위나라 성문을 빠져나오는 동문인 子羔와 마주쳤는데, 자고가 자로에게, '출공은 도망쳤고 성문은 굳게 닫혀 있다. 그냥 돌아가는 것이 좋을 것 같다. 공연히 화를 당하실 필요가 있나?'라고 하였다. 그러나 자로는 '그 사람의 밥을 먹는다면 그 사람의 환난을 모른 척

할 수 없다.'라고 하였다. 자고는 그 길로 떠났다. 마침 城으로 들어가는 특사가 있어서 성문이 열리자 자로는 틈새를 놓치지 않고 재빨리 성안으로 들어갔다. 괴외를 찾아갔는데, 그는 공리와 함께 누대에 올라가 있었다. 자로가 외쳤다. '군주께서는 또 공리를 이용하시려는 겁니까? 제가 죽여 버리겠습니다.' 그러나 괴외는 자로의 말을 들어주지 않았다. 이에 자로가 누대에 불을 지르려고 하자, 겁이 난 괴외는 石乞과 壺黶을 내려보내 자로를 공격하게 하였다. 그들의 공격으로 자로의 갓끈이 끊어졌다. 자로가 쓰러지며 말하였다. '군자는 죽는 순간에도 갓을 벗지 않는다.' 자로는 떨어진 갓을 고쳐 맨 후에 죽었다. 공자는 衛나라에서 반란이 일어났다는 소식을 듣고 탄식하며, '아아! 자로가 죽겠구나.'라고 하였다."[衛靈公有寵姬曰南子. 靈公太子蒯聵得過南子, 懼誅出奔. 及靈公卒而夫人欲立公子郢. 郢不肯, 曰"亡人太子之子輒在." 於是衛立輒爲君. 是爲出公. 出公立十二年, 其父蒯聵居外, 不得入. 子路爲衛大夫孔悝之邑宰. 蒯聵乃與孔悝作亂, 謀入孔悝家, 遂與其徒襲攻出公. 出公奔魯, 而蒯聵入立, 是爲莊公. 方孔悝作亂, 子路在外. 聞之而馳往. 遇子羔出衛城門, 謂子路, 曰"出公去矣, 而門已閉, 子可還矣, 毋空受其禍." 子路曰"食其食者不避其難." 子羔卒去. 有使者入城, 城門開, 子路隨而入. 造蒯聵, 蒯聵與孔悝登臺. 子路曰"君焉用孔悝? 請得而殺之." 蒯聵弗聽. 於是子路欲燔臺, 蒯聵懼, 乃下石乞壺黶攻子路. 擊斷子路之纓. 子路曰"君子死而冠不免." 遂結纓而死. 孔子聞衛亂, 曰"嗟乎, 由死矣!"]

[5-77] 你既亂道了, 如何更爲你解說. 泥裏洗土塊, 須是江漢以濯之.

번역 자네는 이미 도를 어그러뜨렸으니, 어떻게 다시 자네에게 설명해야 할지 막막하다. 진흙 속에서 흙덩이를 씻어 내듯, 반드시 長江과 漢水의 물로 한없이 씻어 내야 한다.

[5-78] '居移氣, 養移體'[1], 今其氣一切不好云云.

번역 맹자는 '자리하는 거처가 기상을 변화시키고, 기르는 것이 몸을 바꿔 놓는다'고 하였는데, 지금 사람들의 기질이 모두 좋지 않은 원인이 이와 같다.

주석 1_ 居移氣, 養移體: 『孟子』「盡心(上)」에 보인다.

[5-79] 這裏是刀鋸鼎鑊底學問.

번역 이곳에서 추구하는 것은 칼과 톱으로 잘라 죽이거나 큰 솥에 삶아 죽이는 酷刑처럼 엄격한 학문이다.

[5-80] 人須是力量寬洪, 作主宰.

번역 사람은 반드시 자신의 역량을 넓고 크게 하고 스스로 주재해야 한다.

[5-81] 習氣 · 識見凡下 · 奔名逐利, 造次[1]. 盡歡 · 樂在其中[2] · 詠歸[3], 履冰[4].

번역 굳어진 습관 · 천박한 식견 · 명예를 좇고 이익을 추구하는 것은 황급하고 구차한 상황에도 과감히 제거해야 한다. 마음을 다하고 도를 즐기는 것 · 가난하지만 즐거움이 그 가운데 있다는 것 · 노래하면서 돌아오겠다는 포부는 서리를 밟으면 반드시 단단한 얼음이 이름을 유념하고 삼가 실천해야 한다.

주석

1_ 造次: 『論語』「里仁」에 보인다. "군자는 밥을 먹는 동안이라도 인을 어기지 않으니, 황급하고 구차한 상황에도 반드시 이에 의거하고, 엎어지고 넘어지는 때에도 반드시 이에 의거한다."[君子無終食之間, 違仁, 造次必於是, 顚沛必於是.]

2_ 樂在其中: 『論語』「述而」에 보인다. 공자는 "거친 밥을 먹으며 물을 마시고, 팔을 베개 삼아 누워 있을지라도, 즐거움이 또한 그 가운데 있다. 의롭지 않으면서 부유하고 귀한 것은 나에게 뜬구름 같다." [飯疏食飮水, 曲肱而枕之, 樂亦在其中矣. 不義而富且貴, 於我如浮雲.]고 하였다.

3_ 詠歸: 『論語』「先進」에 보인다. 공자가 曾點에게 뜻을 펼칠 기회를 얻으면 먼저 무엇을 하겠느냐고 묻자, 증점은 "늦봄에 봄옷이 만들어지면 갓을 쓴 어른 대여섯 명과 아이 예닐곱 명과 함께 沂水에서 목욕하고 舞雩에서 바람 쐬고 노래하면서 돌아오겠다."고 답하였다. 공자는 자신의 命에 맞게 욕심 없이 본심을 실천하는 자세를 동의하여, 자신은 증점과 같이 하겠다고 말한 것이다.[曰 "莫春者, 春服旣成, 冠者五六人, 童子六七人, 浴乎沂, 風乎舞雩, 詠而歸." 夫子喟然歎曰 "吾與點也."]

4_ 履冰: 『周易』「坤卦」 初六 爻辭에 보인다. "서리를 밟으면 단단한 얼음이 이른다."[履霜, 堅冰至.] 음이 처음 응결하여 서리가 되는데, 서리를 밟으면 점차 음이 성한 한겨울이 되어 단단한 얼음이 언다. 비록 시작은 미약하지만 결국 단단한 얼음처럼 어찌할 수 없는 상태가 되니, 매 순간 옳음을 실천하고 행실을 삼가야 함을 의미한다.

[5-82] 問 "顔魯公[1]又不曾學, 如何死節如此好?" 曰 "便是今人將學, 將道, 看得太過了, 人皆有秉彝[2]."

번역 내가 물었다. "顔魯公은 일찍이 배운 적도 없는데, 어째서 죽을 때 기상이 그렇게 좋았습니까?" 선생께서 답하였다. "지금 사람은 배움과 도를 지나치게 높게 본다. 사람은 모두 떳떳한 이치를 실천함이 있기 때문이다."

주석 1_ 顔魯公: 唐代 서예가 顔眞卿이다. 字는 淸臣이고, 이름은 眞卿이다. 魯國公으로 봉해져, 사람들이 顔魯公으로 부르기도 하였다.
2_ 秉彝: 떳떳한 이치를 실천한다는 의미이다. 『孟子』「告子(上)」에 보인다. 맹자는 공자의 말을 인용하여, "사물이 있으면 법칙이 있어, 백성은 떳떳함을 잡는다. 그러므로 이 아름다운 덕을 좋아한다." [有物必有則, 民之秉夷也, 故好是懿德.]고 하였다.

[5-83] 包犧氏至黃帝, 方有人文, 以至堯舜三代, 今自秦一切壞了. 至今吾輩, 盍當整理?

번역 包犧氏에서 황제에 이르면서 비로소 인문이 갖추어 졌고, 요순임금과 夏殷周 삼대까지 이어졌지만, 진나라 때부터 모두 무너졌다. 지금 우리는 어째서 정리할 시도조차 하지 않는가?

[5-84] 先生與李尉·曼卿言"今人多被科擧之習壞", 又擧與湯監言"風俗成敗, 係君子小人窮達, 亦係幸不幸, 皆天也. 然亦由在上之人."

번역 선생께서 李尉와 曼卿에게 말하였다. "지금 사람들은 대부분 과거시험의 폐습으로 인해 무너졌다." 또 湯監에게 "풍속의 성패는 군자와 소인이 곤궁하거나 통달함에 달려 있기도 하고, 행운과 불행에 달려 있기도 하다. 모두 하늘이 결정하는 것이다. 그러나 또한 윗자리에 있는 사람에 의해 결정되기도 한다."

[5-85] 人無不知愛親敬兄, 及爲利欲所昏便不然. 欲發明其事, 止就彼利欲昏處指出, 便愛敬自在. 此是唐虞三代實學, 與後世異處在此.

번역 사람이면 부모를 사랑하고 형제를 공경할 줄 모를 리가 없는데, 이욕에 눈이 멀면 그렇게 하지 못한다. 그 일을 밝게 드러내려면, 다만 저 이욕에 눈먼 지점에 나아가 지적해야, 사랑함과 공경함이 저절로 행해지게 된다. 이것은 요순시기와 夏殷周 三代의 참된 학문이고, 후세와 다른 점이 여기에 있는 것이다.

[5-86] 人精神在外, 至死也勞攘, 須收拾作主宰. 收得精神在內時, 當惻隱即惻隱, 當羞惡即羞惡, 誰欺得你? 誰瞞得你? 見得端的後, 常涵養, 是甚次第?

번역 사람의 정신이 밖에 나가 있으면, 죽음에 이르러도 혼잡하고 어수선하다. 반드시 마음을 수습하여 스스로 주재해야 한다. 정신을 거두어들여 안에 있게 하면, 마땅히 측은해야 할 때 측은한 마음이 들고, 부끄러워해야 할 때 부끄러운 마음이 들 것이다. 누가 자네를 기만할 수 있겠는가? 또 누가 자네를 속일 수 있겠는가? 사단의 감정을 본 후에 함양한다면, 그것이 어떻게 공부의 바른 순서이겠는가?

[5-87] 勿無事生事.

번역 일이 없을 때 발생하지도 않은 일을 상상하여 만들지 말라.

[5-88] '儆戒無虞, 罔失法度, 罔遊于逸, 罔淫于樂'[1], 至哉! 眞聖人學也.

번역 『尙書』에서 '헤아림이 없음을 경계하고, 법도를 잃지 말며, 안일함에 빠져 놀지 말고, 즐거움에 빠져 음란하게 하지 말라'고 하였는데, 지극하다! 진실로 성인의 학문이다.

주석 1_ 儆戒無虞, 罔失法度, 罔遊于逸, 罔淫于樂: 『尙書』「大禹謨」에 보인다.

[5-89] 把捉二字不佳, 不如說固執.

번역 무언가 꽉 움켜쥐고 절대로 놓지 않는다는 '把捉' 두 글자는 왠지 어감이 좋지 않다. 견고하게 지킨다는 '固執'으로 말하는 것만 못하다.

[5-90] '克己', 三年克之. 顔子又不是如今人之病要克, 只是一些子未釋然處.[1]

번역 『논어』의 '자기의 사욕을 극복한다'는 것은 3년간 자신의 사욕을 극복하는 것을 이른다. 顔子는 지금 사람들의 병통처럼 억지로 극복하려 하지 않았지만, 조금 석연치 않은 부분이 있어 실천조목을 물어본 것일 뿐이다.

주석 1_ 克己 … 只是一些子未釋然處: 이 어록은 『논어』「안연」의 '克己復禮'章에 대한 육상산의 해석으로 보인다.[顏淵問仁. 子曰 "克己復禮爲仁. 一日克己復禮, 天下歸仁焉. 爲仁由己, 而由人乎哉?" 顏淵曰 "請問其目." 子曰 "非禮勿視, 非禮勿聽, 非禮勿言, 非禮勿動." 顏淵曰 "回雖不敏, 請事斯語矣."] '克己'는 안연이 仁에 대해 묻자 공자가 답해준 '극기'를 이른다. 공자는 자기의 사욕을 이겨내고 예를 회복하는 것이 仁이라 하고, 하루만이라도 극기복례하면, 천하 사람들이 인에 홍할 것이라고 말하였다. 육상산은 여기서 말한 '一日'은 그저 하루만 실천하는 것이 아니라, 3년의 오랜 시간동안 지속적으로 사욕을 극복하는 것을 의미한다고 풀이하였다. 또 안연이 구체적인 실천조목을 물었는데, 안연이 지금 학자들의 병통처럼 외물의 이치를 탐구하여 억지로 사욕을 분별하려 했기 때문에 이해 못한 것이 아니라, 본심을 확립하여 사욕을 이겨 내려 했지만, 여전히 실천방법에 있어 풀리지 않는 의문이 있어 물어본 것이라 여겼다.

[5-91] 要知尊德樂道, 若某不知尊德樂道, 亦被驅將去.

번역 덕을 존중하며 도를 즐길 줄 알아야 한다. 만일 내가 덕을 존중하고 도를 즐길 줄 모른다면, 또 사욕에 의해 가리워질 것이다.

[5-92] 諸子百家, 說得世人之病好, 只是他立處未是. 佛老亦然.

번역 제자백가들이 세상 사람의 병통을 지적한 것은 좋다. 다만 그들이 수립한 것은 잘못되었다. 불교와 노장사상도 마찬가지다.

[5-93] 邑中講說, 聞者無不感發. 獨朱益伯[1]鶻突來問, 答曰 "益伯過求, 以利心聽, 故所求在新奇玄妙."

번역 도성에서 강연하는데, 듣는 이들이 감동하지 않음이 없었다. 유일하게 朱益伯이 갑자기 물어와, 선생께서 답하였다. "益伯은 구하는 것이 지나치다. 사사로운 마음으로 듣기 때문에, 구하는 것이 신기하고 현묘한 데 있다."

주석 1_ 朱益伯: 『陸子學報』에서는 육상산을 사사하였고, 同鄕사람이라고 고증하였다.[有朱益伯者, 皆先生同鄕人.]

[5-94] 積思勉之功, 舊習自除.

번역 힘쓸 것을 생각하는 공부가 쌓이면, 오래되어 잘못 굳어진 습관은 저절로 제거될 것이다.

[5-95] 擇善固執, 人舊習多少, 如何不固執得?

번역 선을 택하여 굳건히 지켜야 한다. 사람들이 오래되어 잘못 굳어진 습관이 얼마나 많길래, 어째서 본심을 굳건히 지켜내지 못하는가?

[5-96] 知非則本心卽復.

번역 잘못을 알면 본심이 이미 회복된 것이다.

[5-97] 人心只愛去泊着事, 教他棄事時, 如鶻猻失了樹, 更無住處.[1]

번역 마음은 그저 어떤 일에 매몰되고 집착하기를 좋아한다. 제자들에게 지난 일을 잊어버려야 함을 강조하자 송골매나 원숭이가 거처할 나무둥지를 잃은 것처럼 불안해 한다.

주석 1_ 人心只愛去泊着事, … 更無住處: 본심에 집착함이 없는 특성이 있다는 것은 '5-108 (1)번 주석'에서 상세히 설명하였다.

[5-98] 旣知自立, 此心無事時, 須要涵養, 不可便去理會事. 如子路使子羔爲費宰, 聖人謂 '賊夫人之子.'[1] 學而優則仕, 蓋未可也. 初學者能完聚得幾多精神, 纔一霍便散了. 某平日如何樣完養, 故有許多精神難散.

번역 이미 스스로 확립해야 함을 알았다면, 이 마음은 일이 없을 때 반드시 함양해야 한다. 다른 일을 이해하려고 해서는 안 된다. 예를 들어 자로가 자고를 비읍의 재상이 되게 하자, 성인께서 '남의 자식을 해쳤다'고 꾸짖었다. 배우고 여유가 있을 때 벼슬하는 것은 괜찮다. 하지만 초학자가 얼마나 많은 정신을 모을 수 있겠는가? 조금 후면 바로 산만해진다. 나는 평소 어떤 방식으로든 정신을 길렀기 때문에, 많은 정신이 쉽게 흩어지지 않는다.

주석 1_ 賊夫人之子:『論語』「先進」에 보인다.

[5-99] 予因隨衆略說些子閑話, 先生少頃曰 "顯道今知非否?" 某答曰 "略知." 先生曰 "須要深知, 略知不得. 顯道每常愛說閑話."

번역 내가 여러 사람들과 쓸데없는 말을 하자, 선생은 조금 후에 "현도는 지금 잘못한 것을 알고 있느냐?"고 나무랐다. 내가 어느 정도 알 것 같다고 하자, 선생께서 말하였다. "반드시 깊이 깨달아야 한다. 대충 알아서는 안 된다. 현도는 매번 사람들에게 쓸데없는 말하기를 좋아한다."

[5-100] 學者要知所好. 此道甚淡, 人多不知好之, 只愛事骨董. '君子之道, 淡而不厭.'[1] 朋友之相資, 須助其知所好者, 若引其逐外, 即非也.

번역 배우는 자는 반드시 좋아해야 할 것을 알아야 한다. 이 도는 매우 담백하여 사람들이 대부분 좋아해야 할 것인지 모르고 그저 번잡한 것을 일삼기 좋아한다. 군자의 도는 담백하면서도 싫증나지 않는다. 친구들 간에 서로 도움 주는 것은 반드시 그가 좋아해야 할 것을 알도록 도와주어야 한다. 만일 그가 바깥 것만 추구하게 이끈다면 잘못이다.

주석 1_ 君子之道, 淡而不厭: 『禮記』「中庸」에 보인다.

[5-101] '人皆可以爲堯舜.'[1] 此性此道, 與堯舜元不異, 若其才則有不同. 學者當量力度德.

번역 맹자는 '사람이면 누구나 요순과 같은 성인이 될 수 있다'고 하였다. 이 성과 이 도는 요순과 본래 다르지 않다. 다만 그 재능이 다를 뿐이다. 학자는 마땅히 자신의 능력과 덕행을 헤아려 행해야 한다.

주석 1_ 人皆可以爲堯舜: 『孟子』「告子(下)」에 보인다.

[5-102] 初教董元息[1]自立, 收拾精神, 不得閑說話, 漸漸好, 後被教授[2]教解『論語』, 却反壞了.

번역 처음 董元息에게 스스로 본심을 확립하고 정신을 수습하며 쓸데없는 말을 하지 않도록 가르쳤더니, 점점 좋아졌다. 훗날 教授에게 『논어』를 배우고 나서 도리어 무너졌다.

주석 1_ 董元息: 『陸九淵集』에 董元錫에게 보낸 편지가 있는 것으로 보아, 董元錫의 오자로 보인다. 『陸子學譜』에서는 육상산에게서 배웠고, 훗날 또 文達公 陸九齡을 사사하였기 때문에, 金鷄사람으로 추정하였다.[從學於陸九淵, 後又師事文達公, 故疑其爲金鷄人.] 육상산은 그에게 편지를 보내 단점을 고쳐야 한다고 말하였다. "평상시 元錫에게 애석하게 여긴 것은 기질이 重厚하지 못한 점이다. 그래서 속인들의 습관을 스스로 뽑아 버리지 못하고, 매번 함부로 남의 장단점을 논하는 데 의지하여, 견해가 날로 협소해졌다."[『陸九淵集』

권10,「與董元錫」, 135쪽: 平時所惜於元錫者, 爲其氣質偶不得其厚重者, 故不能自拔於市井之習, 又輒憑之以妄議人之長短, 所見日陋.]『陸子學譜』도 "元錫은 세속의 견해를 잊지 않고, 또 남의 장단점을 의론하기 좋아하였기 때문에, 쓸데없는 말을 해서는 안 됨을 가르쳤는데, 점차 좋아졌다. 또 훗날 강론을 가르치자 도리어 무너졌다."[元錫未忘俗見, 又好議論人長短, 故教之以不得說閑話, 而后教亦講論, 則反壞也.]고 적고 있다.

2_ 教授: 董元息이 육상산에게 배웠지만, 훗날 또 文達公 陸九齡을 사사하였다는 기록[『陸子學譜』: 從學於陸九淵, 後又師事文達公, 故疑其爲金鷄人.]이 있는 것으로 보아, 教授는 육상산의 家兄 陸九齡을 일컫는 것으로 짐작된다. 子는 子壽이고, 號는 復齋이다. 乾道 5년(1169) 進士第에 급제하여 迪功郎 桂陽軍 軍學教授를 제수받았고, 淳熙 元年(1174)에는 興國軍 軍學教授를 제수받았기 때문에, 陸教授라 불렀다.[『陸九淵集』권27,「全州教授陸先生行狀」, 312쪽: 己丑, 登進士第, 授迪功郎桂陽軍軍學教授. 甲午, 受興國軍軍學教授.] 물론 육상산은 평소 家兄에 대해 존경심을 지녔으므로, 그에게『논어』를 배우고 오히려 무너졌다는 언급은 '教授'를 復齋로 단정하기 어렵게 한다. 혹은 董元息이 受學했던 學官의 다른 教授를 지칭하는 것일 수도 있다.

[5-103] 人不肯心閑無事, 居天下之廣居[1], 須要去逐外, 着一事, 印一說,[2] 方有精神.

번역 사람들은 마음이 한가롭게 일 없는 상태를 즐기지 않는다. 천하의 넓은 곳에 거하고, 반드시 외부 사물에 나아가 하나의 일에 따라 하나의 생각을 드러내야 비로소 정신이 있는 것이다.

주석 1_ 居天下之廣居:『孟子』「滕文公(下)」에 보인다.

2_ 須要去逐外, 着一事, 印一說: 본심은 일이 지나가면 흔적을 남겨 두

지 않고, 매 순간 상황에 맞는 적절한 이치를 드러내는 특성이 있다. '5-108' 어록과 주석에서도 설명하였다.

[5-104] 惟精惟一, 須要如此涵養.[1]

번역 오직 정미하게 살피고 순일하게 지켜야 하는데, 배우는 자는 반드시 이렇게 함양해야 한다.

주석 1_ 惟精惟一, 須要如此涵養: '정미하게 살핀다(精)'는 것은 辨志와 같이 막 드러난 감정을 살피는 공부를 말하고, '순일하게 지킨다(一)'는 것은 확립된 앎을 시종일관 지키는 것을 말한다. 이미 드러난 감정을 살피는 공부와 이를 지키는 공부는 어느 것 하나 소홀히 할 수 없다. 병행하여 본심을 함양하면 결국 성인의 경지에 도달하게 된다. 물론 '정미하게 살피는 공부'는 격물치지나 독서와 같은 인위적 공부를 의미하지 않는다. 혼잡해진 마음을 차분히 가라앉히면 본심은 저절로 드러나기 때문에, '스스로 돌아보는(自反)' 노력만 하면 이 마음은 저절로 발현되어 자신의 뜻이 현재 義에 있는지 利에 있는지 분별하게 된다. 정미하게 살피고 순일하게 지키는 공부는 두 가지 다른 단계로 구분될 수 없다.

[5-105] 無事時, 不可忘, '小心翼翼, 昭事上帝.'[1]

번역 일이 없는 때에도 理를 잊어서는 안 된다. 『시경』에서 '공경하고 삼가시어 덕으로 하늘을 섬겼도다'고 한 것처럼 말이다.

주석 1_ 小心翼翼, 昭事上帝: 『詩經』「大明」에 보인다.

[5-106] 老子爲學・爲道之說, 非是. 如某說, 只云 '著是而去非, 捨邪而適正.'

번역 노자의 학문을 하고 도를 구하는 학설은 잘못되었다. 반면 나의 학설은 그저 '옳음을 드러내고 그름을 제거하며, 사악함을 버리고 바름을 추구하는 것'일 뿐이라 할 수 있다.

[5-107] 有道無道之人, 有才無才與才之高下, 爲道之幸不幸, 皆天也.

번역 도가 있는 사람이건 없는 사람이건, 재능이 있는 사람이건 없는 사람이건, 또 재능이 높은 사람이건 낮은 사람이건, 도를 행할 때 행복하고 불행한 것은 모두 하늘의 이치대로 하느냐에 달려 있다.

[5-108] 我無事時, 只似一箇全無知無能底人. 及事至方出來, 又却似箇無所不知・無所不能之人.[1]

번역 나는 일이 없을 때 어찌 보면 완전히 무지하고 무능한 사람과 같다. 그러나 일이 있으면 앎이 그대로 드러나 모르는 것도 없고 하지 못하는 것도 없는 사람과 같다.

주석 1_ 我無事時 … 無所不能之人: '평상시 아는 것도 할 줄 아는 것도 전혀 없다'는 것은 본심이 어떠한 대상이나 상황에 직면하기 전 미리 시비판단의 준칙인 理를 설정하고 있지 않다는 말이다. 반면 '일이 있을 때 알지 못하는 것도 못하는 것도 없다'는 것은 본심의 주체적이고 능동적인 작용을 말한다. 마치 밝은 거울은 본래 비어 있지만 사물이 오면 사물의 본래 모습을 그대로 비추고 사물이 지나가면 그 흔적을 남겨 두지 않듯, 본심은 어떠한 기준이나 격식을 미리 정해놓지 않고 있다가 어떤 대상과 상황에 직면하게 되면 그것의 옳고 그름을 여실하게 드러내고, 또 지나가면 언제 그런 일이 있었냐는 듯이 그 옳고 그름을 판단한 가치를 지워 버린다는 것이다.

양간에게 설명한 본심 정의를 보면, 본심에 내재된 이러한 현재적 특성을 더욱 분명하게 확인할 수 있다. 「연보」에 전문이 기록되어 있다. "양간이 어떤 것을 본심이라 하는지 묻자, 선생께서 대답하였다. '측은함은 인의 단서이고, 부끄러워함은 의의 단서이며, 사양함은 예의 단서이고 옳고 그름을 분별함은 지의 단서이다. 이것이 바로 본심이다.' 양간이 '그런 풀이라면 이미 어렸을 때부터 익숙히 알고 있었던 것입니다. 도대체 무엇을 본심이라 합니까?'라고 하였다. 다시 여러 차례 물었는데 선생은 끝내 설명방식을 바꾸지 않았고, 양간도 깨닫지 못하였다. 때마침 부채 파는 장사꾼이 관청에 와서 송사를 벌이자 양간이 그 옳고 그름을 판단해 주었다. 이후 양간이 또 본심이 무엇인지를 묻자, 선생은 '방금 전 부채 장수 송사에 관해 판단하는 것을 들었네. 자네는 옳음에 그 옳은 이유를 알고 있었고 그름에 그 그른 이유를 알고 있었네. 이것이 자네의 본심이네.'라고 말해주었다. 양간이 갑자기 크게 깨닫고, 비로소 선생을 향해 공손히 서서 제자의 예를 올렸다. 양간은 매번 '내가 본심이 무엇인지 묻자 선생은 그날의 부채 장수 송사에서 옳고 그름을 판단한 일로 말해 주었다. 이에 나는 이 마음이 시작도 끝도 없고 어디에도 통하지 않음이 없다는 것을 홀연히 깨달았다'라고 하였다.[『陸九淵集』권36, 「年譜」, 487~488쪽: 楊敬仲 … 問: "如何是本心?" 先生曰: "惻隱, 仁之端也, 羞惡, 義之端也, 辭讓, 禮之端也, 是非, 智之端也. 此即是本心." 對曰: "簡兒時已曉得, 畢竟如何是本心?" 凡數問先生終不易其說, 敬仲亦未省. 偶有鬻扇者訟至于庭, 敬仲斷其曲直訖, 又問如初, 先生曰: "聞適來斷扇訟, 是者知其爲是, 非者知其爲非, 此即敬仲本心." 敬仲忽大覺, 始北面納弟子禮. 故敬仲每云 "簡發本心之問, 先生舉是日扇訟是非答. 簡忽省此心之無始末,

忽省此心之無所不通."] 본심이 '시작과 끝'이 없다는 것은 본래 어떤 것에 집착함도 없이 순간만을 비추고 사라지는 특성이 있음을 말한 것이고, '통하지 않음이 없다'는 것은 매 순간 상황에 맞게 적절한 이치를 드러낸다는 것을 말한 것이다. 마치 양간이 부채 장수 소송을 법률이나 규칙에 의거해서 판단하지 않고 자신의 마음에 드러난 기준을 통해 판단하는 것처럼, 개개인의 마음에 지금 이 순간 드러나는 지극히 선하고 상황에 들어맞는 현재적인 이치가 본심이다.

[5-109] 朱濟道[1]說 "前尚勇決, 無遲疑, 做得事. 後因見先生了, 臨事即疑恐不是, 做事不得. 今日中只管悔過懲艾, 皆無好處." 先生曰 "請尊兄即今自立, 正坐拱手, 收拾精神, 自作主宰.[2] 萬物皆備於我, 有何欠闕? 當惻隱時自然惻隱, 當羞惡時自然羞惡, 當寬裕温柔時自然寬裕温柔, 當發強剛毅時自然發強剛毅."

번역 朱濟道가 말하였다. "전에는 용감하게 결단하여 망설이거나 의문을 품지 않았고, 일도 잘 처리할 수 있었습니다. 그런데 훗날 선생님을 뵙고 나서는 일에 임할 때 잘못인지 의심하고 걱정하여, 오히려 일을 제대로 처리할 수 없습니다. 최근 지나간 잘못을 후회하고 실수를 만회하려 애쓰고 있으나, 좋은 점이 하나도 없는 것 같습니다." 선생께서 대답하였다. "존형께서는 지금 즉시 스스로 확립하여 바로 앉아 두 손을 모으고 정신을 수습하여 스스로 주재를 해야 한다. 만물의 이치가 내 마음에 모두 갖추어져 있으니, 어떤 결함이 있을 수 있겠는가? 측은해야 할 때 자연스럽게 측은해 하고, 부끄러워해야 할 때 자연스럽게 부끄러워하며, 관용을 베풀고 따뜻하게 해야 할 때 자연스럽게 너그럽고 따뜻해지고, 강하고 굳셈을 드러내야 할 때 자연스럽게 강하고 굳세진다."

주석 1_ 朱濟道: 이름은 桴이고, 濟道는 字이다. 육상산의 문인이다. '1-86(1)번 주석'에서 설명하였다.

2_ 收拾精神, 自作主宰: 육상산은 혼잡해진 마음을 가라앉히는 공부인 '收拾精神'을 스스로 돌아보는 '自反'으로 표현하기도 하였다.[『陸九淵集』권34, 「語錄(上)」, 416쪽: 知物之爲害, 而能自反, 則知善者乃吾性之固有, 循吾固有而進德, 則沛然無他適矣.] [『陸九淵集』권5, 「與戴少望」, 63쪽: 此心之存者, 時時發見, 若火之始然, 泉之始達. 收拾精神, 自作主宰. 萬物皆備於我, 有何欠闕.] 본심을 회복하는 격물공부는 그저 혼잡한 마음을 차분히 가라앉히고 스스로를 돌아보는 노력만 하면 된다. 이는 본심에 '自發'의 특징이 있기 때문이다. 그가 말하였다. "義理가 사람 마음에 갖추어져 있는 것은 본래 하늘이 부여한 것이므로 억지로 없앨 수 있는 것이 아니다. 저들이 물욕에 빠져서 固有하고 있는 義理를 어그러뜨리는 것은 바로 생각하지 않기 때문이다. 진실로 자신의 마음을 돌아보고 생각할 수 있으면, 옳고 그름과 취해야 할 것 놓아버려야 할 것이 은연중에 드러나고 분명하게 밝아지며 반드시 의문이 없게 될 것이다.[『陸九淵集』권32, 「拾遺 · 思則得之」, 376쪽: 義理之在人心, 實天之所與, 而不可泯滅焉者也. 彼其受蔽於物而至於悖理違義, 蓋亦弗思焉耳. 誠能反而思之, 則是非取舍蓋有隱然而動, 判然而明, 决然而無疑者矣.] 순선한 '義理之心'을 物欲에 이끌려 스스로 살필 줄 모르기 때문에 대부분의 사람들은 본심을 잃어버린다. '생각함(思)'이란 자신의 마음을 살피는 공부이다. 그러면 본심은 저절로 드러나 저절로 옳고 그름을 판단할 수 있으며 도덕적 행위를 하게 된다.[『陸九淵集』권34,「語錄(上)」, 399쪽: 居象山多告學者云 "女耳自聰, 目自明, 事父自能孝, 事兄自能弟, 本無欠闕, 不必他求, 在自立而已."]

[5-110] 無思無爲, 寂然不動, 感而遂通天下之故.[1]

번역 사려함도 작위함도 없고 고요히 움직이지 않다가, 감응하면 천하의 모든 일에 통달한다.

주석 1_ 無思無爲, 寂然不動, 感而遂通天下之故: 『周易』「繫辭傳(上』」에 보인다. "『역』은 사려함도 없고, 작위함도 없으며, 고요히 움직이지 않다가 그것이 작용하면 모든 일에 통달한다."[『易』, 無思也, 無爲也. 寂然不動, 感而遂通天下之故.] 본심은 본래 어떠한 사려작용이나 인위적 의도성이 없이 고요한 상태를 유지하고 있다가, 일단 외부 사물에 감응하면 천하의 모든 일에 통하게 됨을 말하였다. 물론 고요한 때 '사려함과 작위함이 없다(無思無爲)'는 것은 의식 자체가 없음을 말하는 것은 아니다. 전깃줄에 전류가 끊임없이 흐르다 다양한 곳에서 그 용도가 적절히 드러나듯, 본심이 확립되어 있으면, 평소에 순일하고 고요하게 자리하고 있다가 다가온 대상에 따라 그 모습을 올곧게 비추고, 그것이 사라지면 다시 그 모습을 지워 버린다.

[5-111] 惡能害心, 善亦能害心. 如濟道[1]是爲善所害.

번역 惡은 마음을 해칠 수 있지만, 善도 마음을 해칠 수 있다. 예를 들면, 朱濟道는 선에 의해 마음을 해친 자이다.

주석 1_ 濟道: 육상산 문인 朱濟道이다. '1-86 (1)번 주석'에서 설명하였다.

[5-112] 心不可汨一事, 只自立心. 人心本來無事, 胡亂被事物牽將去. 若是有精神, 即時便出便好. 若一向去, 便壞了.[1]

번역 마음은 어떤 한 가지 일에 매몰될 수 없다. 스스로 마음을 확립해야만 한다. 사람 마음은 본래 일삼는 것이 없는데, 제멋대로 사물에 이끌려 가곤 한다. 정신을 차리고 있으면 때에 맞게 감정이 드러나고 옳게 된다. 만일 한쪽으로 계속 치닫는다면 잘못된 것이다.

주석 1_ 心不可汩一事, … 便壞了: 육상산은 마음의 본래 모습이 어떠한 집착도 없고 때와 장소에 맞게 알맞은 이치를 드러낸다고 보았다. 외부 사물에 이끌려 본래 상태를 잃어버리면, 대상사물이 사라졌음에도 여전히 거기에 매몰되어 새로운 대상을 제대로 보지 못한다. 본심에 집착하지 않는 특성이 있다는 육상산의 관점은 '5-108' 어록과 주석에서 설명하였다.

[5-113] 人不肯只如此, 須要有箇說話. 今時朋友盡須要箇說話去講.

번역 사람들은 그저 이와 같음을 원치 않고, 반드시 어떤 말이든 하고자 한다. 지금의 벗들은 모두 말을 늘어놓으려고 강의한다.

[5-114] 後生有甚事? 但遇讀書不曉便問, 遇事物理會不得時便問, 并與人商量, 其他有甚事?

번역 후학들은 어떤 일을 해야 하는가? 그저 독서를 하다가 이해되지 않으면 바로 물어야 하고, 사물의 이치를 이해하지 못하면 바로 물어야 하며, 또 남과 서로 상의해야 한다. 그 밖에 어떤 일이 있을 수 있겠는가?

[5-115] 自家表裏內外如一.

번역 스스로 겉과 속, 안과 밖을 한결같게 해야 한다.

[5-116] 因說金谿蘇知縣, 資質好, 亦甚知尊敬. 然只是與他說得大綱話, 大緊要處說不得. 何故? 蓋爲他三四十年父兄師友之教, 履歷之事幾多, 今胸中自有主張了, 如何掇動得他? 須是一切掇動剗除了, 方得如格. 君亦須如此. 然如吏部格法[1], 如何動得他.

번역 金谿지역의 蘇知縣에 대해 말하면서 자질이 좋고, 매우 존경할 줄 안다고 하였다. 그러나 그와는 대강의 내용만 말할 수밖에 없다. 크게 핵심이 되는 것은 말할 수 없다. 어째서인가? 그는 삼사십 년 동안 부모 형제와 스승의 가르침을 받았고, 많은 일을 몸소 경험하여, 지금 마음속에 저절로 자기만의 관점이 생겼다. 어떻게 그를 변화시킬 수 있겠는가? 반드시 모든 것을 변화하고 제거해야 비로소 바로잡는 데 이를 수 있다. 임금도 또한 이와 같이 해야 한다. 吏部의 바로잡는 방식과 같다면, 어떻게 그를 변화시킬 수 있겠는가?

주석 1_ 吏部格法: 吏部는 唐代의 문장가 韓愈를 지칭한다. 한유가 吏部侍郎을 역임한 적이 있어 세인들은 그를 吏部로 부르기도 하였다. 宋代 江端友는 『韓碑』에서 "淮西의 업적은 唐代의 천하를 뒤덮고, 吏部의 문장은 나날이 빛을 발한다."고 하였다. 육상산은 한퇴지가 본심을 먼저 확립하여 바로잡는 데 힘쓴 것이 아니라, "이와 반대로 文을 배운 뒤 道를 터득하고자 하였다."[『陸九淵集』권34, 「語錄(上)」, 399쪽: 韓退之是倒做, 蓋欲因學文而學道.]고 보고, 그의 마음을 바로잡는 '格法'이 잘못되었다고 평가한 것이다.

[5-117] 朱濟道[1]說 "臨川從學之盛, 亦可喜." 先生曰 "某豈不愛

人人能自立, 人人居天下之廣居, 立天下之正位? 立乎其大者, 而小者弗能奪. 然豈能保任得朝日許多人在此相處? 一日新教授堂試[2], 許多人皆往, 只是被勢驅得如此. 若如今去了科擧, 用鄕擧里選法, 便不如此. 如某却愛人試也好, 不試也好, 得也好, 不得也好. 今如何得人盡如此? 某所以憂之, 過於濟道. 所憫小民被官吏苦者, 以彼所病者在形, 某之所憂人之所病者在心."

번역 朱濟道가 말하였다. "臨川에 배우려는 자가 많으니, 기뻐할 만합니다." 선생께서 말하였다. "내 어찌 사람들이 자립할 수 있고, 사람들이 천하의 넓은 거처에 거하며 천하의 바른 위치에 서는 것을 바라지 않겠는가? 大體를 세우면 小體가 빼앗을 수 없다. 하지만 어떻게 날마다 이렇게 많은 사람들이 여기에 모여 서로 교류한다고 보장할 수 있겠는가? 어느 날 새로운 교수가 堂試를 실시하면, 많은 사람들이 모두 가서 참여하는데, 단지 형세에 몰려 그렇게 하는 것이다. 만일 지금 과거제도를 폐지하고, 향리에서 추천하고 선별하는 방식으로 하면 이와 같지 않을 것이다. 물론 내가 바라는 것은 사람들이 시험에 응시해도 좋고 응시하지 않아도 좋고, 합격해도 좋고 합격하지 않아도 좋다. 지금은 어째서 사람들이 모두 이와 같이 과거시험에 몰두하는가? 내가 염려하는 것은 濟道가 배우려는 자가 적음을 걱정하는 것을 넘어선다. 백성들이 관리에게 고통받는 것을 안타깝게 여기는 것을 두고, 저들이 여기는 병통은 몸에 있지만, 내가 염려하는 사람들의 병통은 마음에 있다."

주석

1_ 朱濟道: 이름은 桴이고, 濟道는 字이다. 육상산 문인이다. '1-86 (1)번 주석'에서 설명하였다.

2_ 教授堂試: '教授'는 學官에서 지식을 전수하는 사람의 관직 이름이다. 宋代에는 宗學 · 律學 · 醫學 · 武學 등을 설치하고 학업을 전수하였고, 州學과 縣學에도 교수 직책을 설치하여 학교의 課試를 관

장하게 하였다. '堂試'는 과거시험 제도의 하나로, 府學이나 州學에서 거행하는 시험이다.

[5-118] 與濟道[1]言 "風俗驅人之甚, 如人心不明, 如何作得主宰? 吾人正當障百川而東之."

번역 선생께서 제도에게 말하였다. "풍속이 사람들을 몰고 가는 것이 심하다. 사람의 마음이 밝지 않으면 어떻게 주재할 수 있겠는가? 나는 바로 수많은 물길을 막아 동쪽 바다로 흐르게 하듯 풍속에 휩쓸리지 않고 본심을 회복하게 한다."

주석 1_ 濟道: 濟道는 字이고, 육상산 문인 朱濟道이다. '1-86 (1)번 주석'에서 설명하였다.

[5-119] 先生曰 "某閑說話皆有落着處, 若無謂閑說話, 是謂不敬."

번역 선생께서 말하였다. "내가 하는 하릴없는 말은 모두 힘쓸 곳이 있다. 만일 의미 없이 하릴없는 말을 한다면 이는 배움을 공경하지 않는 것이다."

[5-120] 某與濟道[1]同事, 濟道亦有不喜某處, 以某見衆人說好, 某說不好, 衆人說不好, 某解取之.

번역 나는 제도와 같이 배움에 힘쓰지만, 제도는 또한 만족하지 않는 부분이 있다. 내가 사람들이 좋다고 말하는 것을 보고 나는 좋지 않다고 말하고, 사람들이 좋지 않다고 말하는 것을 나는 해석을 덧붙여 취하곤 하기 때문이다.

주석 1_ 濟道: 육상산 문인이다. '1-86 (1)번 주석'에서 설명하였다.

[5-121] 某與人理會事, 便是格君心之非事.

번역 내가 사람들과 일을 도모하는 것은 바로 자네 마음의 잘못된 일을 바로잡는 것이다.

[5-122] 擧徐子宜[1]云 "與晦庵月餘說話, 都不討落着, 與先生說話, 一句即討落着."

번역 徐子宜가 말한 것을 들어 말하였다. "晦庵과 한 달 가량 대화를 나누면서 모두 공부의 착수처를 찾지 못했는데, 선생과 대화를 나누면서 한 마디에 착수처를 찾았다."

주석 1_ 徐子宜: 이름은 誼이고, 子宜는 字이며, 宏父라고도 하였다. 溫州 사람이다. 乾道 8년 진사에 급제하였고, 刑部侍郎 · 江淮制置使 등을 역임하였다. 「연보」에 과거시험을 치른 뒤 徐子宜와 나눈 대화를 기록하면서, 육구연 문인으로 분류하고 있다. "子宜가 선생을 모시고 배웠는데 매번 깨닫는 바가 있었다. 함께 南宮에서 치르는 省試를 응했는데 시험문제로 '天地의 性가운데 사람이 어째서 귀한가'를 논하는 문제가 나왔다. 시험을 치른 후 선생이 말했다. '내가 말하고자 하는 것은 분명 자의에 의해서도 다 말해졌을 것이다. 다만 내가 스스로 터득하고 응용한 것들은 자의에게는 없을 것이다.'"[『陸九淵集』권36,「年譜」, 487쪽: 子宜侍先生, 每有省. 同赴南宮試, 論出『天地之性人為貴』. 試後, 先生曰 "某欲說底, 却被子宜道盡. 但某所以自得受用底, 子宜却無." 曰 "雖欲自異於天地, 不可得也, 此乃某平日得力處."] 황종희도 『宋元學案』에서 육구연 「연보」 기록을 토대로 서자의가 육구연 문인이라고 보았다.[先生(徐子宜)謂象山曰云 "與晦庵月餘說話, 都不討落着, 與先生說話, 一句即討落着." 是說猶沿『象山年譜』, 故以先生爲陸氏門人, 而謝山不以爲然.] 반면 全祖望은 『宋元學案』권61, 「徐陳諸儒學案」에서 서자의가 육구연 문인이라는 「연보」의 기록은 오류이며, 육구연과 함께 진실 되게 배움에 뜻을 둔 자라고 평가하였다.[『宋元學案』권61, 「徐陳諸儒學案」: 三陸先生講學時, 最同調者, 平陽徐先生子宜, 青田陳先生叔向也. 陸氏之「譜」竟引平陽爲弟子, 則又謬矣.]

[5-123] 說濟道[1]滯形泥迹, 不能識人, 被人瞞.

번역 선생께서 제도는 形迹에 구차하게 끌려 다녀, 사람을 알아보지 못하고, 남에 의해 기만당한다고 말하였다.

주석 1_ 濟道: 濟道는 字이고, 육상산 문인 朱濟道이다. '1-86 (1)번 주석'에서 설명하였다.

[5-124] 既無病時好讀書, 但莫去引起來.

번역 마음에 병통이 없을 때 독서해야 하고, 다만 私意를 일으켜서는 안 된다.

[5-125] 慥姪問: "乍寬乍緊, 乍明乍昏如何?" 曰: "不要緊, 但莫懈怠. 緊便不是, 寬便是. 昏便不是, 明便是. 今日十件昏, 明日九件, 後日又只八件, 便是進."[1]

번역 조카 慥가 어느 때는 본심을 회복하여 넓고 밝지만, 어느 때는 긴장하고 혼미하여 공부가 어렵다고 하소연하자, 그는 "너무 근심하지 마라. 다만 공부는 게을리해서는 안 된다. 억지로 하는 것은 잘못된 것이고 관대한 것은 옳다. 혼미한 것은 잘못된 것이고, 밝은 것은 옳다. 오늘 열 가지 일이 혼미하였다가 내일은 아홉 가지, 또 모레는 여덟 가지 일이 혼미하게 되면, 진전이 있을 것이다."

주석 1_ 慥姪問 … 便是進: 현실 속에서 자기 마음에 집중할 것은 강조한 육상산은 점차적인 본심회복과 확충을 강조하였다. 비록 품부받은 기질과 습관이 각기 다름에 따라 때론 여유롭고 때론 초조하며 때론 본심이 밝게 드러나고 때론 혼미할 수 있지만, 일상 속에서 점진적인 공부 통해 본심을 확충하면 성인의 경지에 도달할 수 있다는 것이다. 공자가 15세에 학문에 뜻을 둔 이후 점차적으로 본심을 확충하여 끝내 '마음대로 해도 법도에 어긋나지 않는 경지(從心所欲不踰矩)'에 도달하였다고 한 것도, 배우는 자가 점차적인 공부를 통해 본심을 확충해야 함을 강조한 것이라 할 수 있다.

[5-126] 寫字須一點是一點, 一畫是一畫, 不可苟.

번역 글씨는 반드시 한 점 한 점, 한 획 한 획 정성들여야 한다. 대충대충 써서는 안 된다.

[5-127] 彘鷄終日縈縈, 無超然之意. 須是一刀兩斷, 何故縈縈如此? 縈縈底討箇甚麽?

번역 돼지와 닭은 종일토록 부산하게 돌아다니지만, 사욕 따위에 超然한 큰 뜻은 없다. 사욕은 반드시 단칼에 끊어내야 한다. 어째서 이렇게 부산하게 돌아다니기만 하는가? 돌아다니며 또 무엇을 구하고 있는가?

[5-128] 仰首攀南斗, 翻身倚北辰, 擧頭天外望, 無我這般人.[1]

번역 우러러 南斗六星에 매달리고, 몸을 돌려 북극성에 의지하며, 고개 들어 저 하늘 밖을 바라보아도 나 같이 이런 자가 없구나!

주석 1_ 仰首攀南斗 …·… 無我這般人: 明代 羅整庵은 육상산의 이 말이 智通禪師가 臨終時에 한 말과 같으므로, 그가 불교의 영향을 받은 것이 명백하다고 증명하였다.[『困知記』권上, 「續錄」: 包顯道所録象山語有云 "仰首攀南斗, 翻身倚北辰, 擧頭天外望, 無我這般人." 按『傳燈録』, 智通禪師臨終有偈云 "擧手攀南斗, 廻身倚北辰, 出頭天外見, 誰是我般人." 不知象山之言, 其偶同邪? 抑真有取于智通之說也.] 반면 陸桴亭은 『思辨錄輯要』에서 나흠순의 견해를 반박하며, 육상산의 이 말이 지통선사의 말과 완전히 같지 않으므로, 자신감에 찬 독백으로 봐야 한다고 하였다.[『思辨錄輯要』권13: 羅整庵謂 "其適合於智通禪師臨終之偈", 予謂 "即非合于智通, 恐免不得一矜字."] 자신이야말로 진정 매 순간 본심대로 생각하고 실천하여 천지만물의 참된 이치를 온전히 깨달은 자라고 자부한 말이라는 것이다.

[5-129] 教小兒, 須發其自重之意.

번역 아이들을 가르칠 때는 반드시 스스로 존중하는 뜻을 계발시켜야 한다.

[5-130] 我只是不說一, 若說一[1], 公便愛. 平常看人說甚事, 只是隨他說, 卻只似個東說西說底人. 我不說一, 楊敬仲[2]說一, 嘗與敬仲說箴他.

번역 나는 단지 '一'을 말하지 않을 뿐이다. 내가 '一'을 말하면, 양간은 좋아한다. 난 평소 사람들을 만나 어떤 일을 말할 때 그 사람에 따라 말하여, 마치 이걸 말했다 저걸 말했다 하는 사람처럼 보인다. 나는 '一'을 말하지 않는데 양간은 '一'을 말하여, 그와 말하면서 그를 나무란 적이 있다.

주석 1_ 我只是不說一, 若說一, 公便愛: '一'은 마음이 사욕과 물욕에 이끌리지 않고 온전한 본체를 유지하여 이 순간을 참되게 비추고 있는 상태를 말한다. 육상산이 '一'에 대해 자주 말하던 양간을 못마땅하게 여긴 것은 그가 잘못된 마음을 본체로 여길 가능성을 우려했기 때문으로 보인다. 만일 양간이 늘 마음의 본래상태를 존속시킬 수 있다면, 굳이 공부할 필요가 없을 것이다. 그가 단번에 천지 만물의 이치를 모두 알 수 있는 貫通의 경지를 말한 것도 바로 본심에 이러한 특성이 있기 때문이다.[『陸九淵集』권35, 「語錄(下)」, 469쪽: 一是即皆是, 一明即皆明.] 하지만, 일반 사람의 경우, 너무 쉽게 본심을 잃어버리기 때문에 함부로 본체의 온전한 상태를 논해서는 안 된다. 그렇다고 육상산이 그 경지를 체득하지 못했다는 것은 아니다. 자신이야말로 진정 매 순간 본심대로 생각하고 실천하여 천지만물의 참된 이치를 온전히 깨달은 자라고 자부한 바 있다.[『陸九淵集』권35,「語錄(下)」, 제459쪽: 仰首攀南斗, 翻身倚北辰, 擧頭天外望, 無我這般人.] 따라서 '나는 단지 一을 말하지 않을 뿐이다'라고 한 것은 一을 부정한 것이 아니라, 학자들을 경계한 말이라 볼 수 있다. 홀연히 만물의 이치를 모두 깨닫고 관통하는 성인과 같은 경지는 공부를 통해 최종적으로 도달해야 할 목표이지, 학자가 힘써야 할 공부방법의 주된 종지는 아니다. 관통의 경지보다 매 순간 마음에 집중하고 본심을 확충하는 것이 학자에게 더 필요하다.

2_ 楊敬仲: 이름은 簡이고, 자는 敬仲이다. '5-11 (1)번 주석'에서 설명하였다.

[5-131] 凡事莫如此滯滯泥泥, 某平生於此有長, 都不去着他事, 凡事累自家一毫不得. 每理會一事時, 血脉骨髓都在自家手中. 然我此中却似箇閑閑散散全不理會事底人, 不陷事中.

번역 모든 일은 이렇게 구차하게 끌려다니면 안 된다. 나는 평생 이 부분에 장점이 있어, 다른 일에는 집착하지 않았다. 모든 일은 자기만 중시하는 私意가 조금이라도 누적되면 안 된다. 매번 한 가지 일에 집중할 때, 혈맥과 골수같은 근본이 모두 내 손안에 있다고 여긴다. 그러나 나는 그런 가운데서도 한가롭고 자유롭게 일에 대해 전혀 이해하지 못하는 사람 같고, 일 속에도 빠지지 않는다.

[5-132] 君子之道, 淡而不厭.[1] 淡味長, 有滋味便是欲. 人不愛淡, 却只愛鬧熱. 人須要用不肯不用, 須要爲不肯不爲. 蓋器有大小, 有大大器底人自別.

번역 군자의 도는 담담하면서도 싫증나지 않는다. 담담한 맛은 오래가지만, 맛이 느껴지는 것은 사욕과도 같다. 사람들은 담담함을 좋아하지 않고 그저 복잡함을 즐긴다. 사람은 반드시 써야만 하는 공부를 하고, 반드시 행해야만 하는 학문을 해야 한다. 대체로 그릇은 크고 작은 차이가 있다. 큰 그릇과 같은 사람은 저절로 분별할 수 있다.

주석 1_ 君子之道, 淡而不厭: 『禮記』「中庸」에 보인다.

[5-133] 後生隨身規矩不可失.

번역 후학들은 매 순간 規矩를 지키고 잃어서는 안 된다.

[5-134] 道可謂尊, 可謂重, 可謂明, 可謂高, 可謂大. 人却不自重, 纔有毫髮恣縱, 便是私欲, 與此全不相似.

번역 道는 존귀하다고 할 수 있고, 중요하다고 할 수 있으며, 밝다고 할 수 있고, 고원하다고 할 수 있으며, 크다고 할 수 있다. 사람들이 자중하지 않고 조금 제멋대로 행동하면, 바로 사욕이 싹튼다. 이는 도와 완전히 다르다.

[5-135] 兵書邪說. 道塞乎天地, 以正伐邪, 何用此. 須別邪正.

번역 兵書는 邪說이다. 道는 천지 사이에 가득하니, 바름으로 간사함을 제거해야 한다. 어째서 병서를 이용하는가? 배우는 자는 반드시 간사함과 바름을 분별해야 한다.

[5-136] '小心翼翼, 昭事上帝', '上帝臨汝, 無貳爾心.'[1] 此理塞宇宙, 如何由人杜撰得? 文王敬忌, 若不知此, 敬忌箇甚麽?

번역 『詩經』에서 '공경하고 삼가시어 덕으로 하늘을 섬겼도다', '하늘이 너희를 굽어보시니 그대들 마음 변치 말라'고 하였다. 이 理는 진실로 우주에 가득 차 있다. 어떻게 사람이 근거 없이 함부로 꾸며낼 수 있겠는가? 문왕이 공경하고 삼갔는데 이것을 알지 못하면 무엇을 공경하고 삼갔겠는가?

주석 1_ 小心翼翼, 昭事上帝, 上帝臨汝, 無貳爾心: 『詩經』「大明」에 보인다.

[5-137] 見季尉, 因說 "大率人多爲舉業所壞.[渠建寧人尤溺於此.] 取人當先行義, 考試當先理致, 毋以舉業之靡者爲上."

번역 季尉를 보고, 선생께서 말하였다. "다수의 사람들은 대부분 과거시험에 의해 망가졌다.[그는 建寧사람인데, 더욱 여기에 빠져 있었다.] 사람을 선발할 때는 마땅히 먼저 의를 행하였는지 보아야 하고, 시험은 마땅히 먼지 理를 지극히 논했는지 살펴야 하며, 과거시험에서 화려한 성적을 거둔 자를 최고로 삼지 말아야 한다."

[5-138] 大丈夫事豈當兒戲?

번역 대장부의 일을 어찌 어린아이들의 놀이로 간주할 수 있겠는가?

[5-139] 自立自重, 不可隨人脚跟, 學人言語.

번역 스스로 확립하고 스스로 신중해야 한다. 다른 사람의 발꿈치를 따라가거나 다른 사람의 말을 답습해서도 안 된다.

[5-140] 四端皆我固有, 全無增添.

번역 측은해 하는 마음 · 부끄러워하는 마음 · 사양하는 마음 · 시비를 분별하는 마음의 사단은 모두 내가 태어나면서 본래 갖추고 있는 것이다. 조금도 보태거나 덜어낸 것이 없다.

[5-141] 說本朝官制, 蔡元通[1]所論亂道.

번역 宋代 王朝의 관직제도를 말한 것 가운데, 蔡元通이 논한 것은 제멋대로 말한 것이다.

주석 1_ 蔡元通: 북송시기 蔡京으로 판단된다. 이름은 京이고, 字는 元長이다. 仙遊 사람이다. 王安石의 新法을 적극적으로 옹호하였다. 宋代 徽宗년간 蔡京은 宰相에 등용되어 스스로를 '太師'라 칭하고, 門下省 · 中書省 · 尙書省의 일을 관장하였다. 또한 尙書左 · 尙書右 仆射를 太宰와 小宰로 고치고, 太宰兼門下侍郎과 小宰兼中書侍郎이 담당토록 하였다.

[5-142] 孟子言 '學問之道求放心'[1], 是發明當時人. 當時未有此說, 便說得, 孟子既說了, 下面更注脚, 便不得.

번역 맹자가 말한 '학문의 도는 잃어버린 마음을 구하는 것일 뿐이다'는 것은, 당시 사람들을 일깨우기 위한 것이었다. 당시 이런 말이 없었기 때문에, 말할 수 있었다. 맹자가 이미 말하였으니, 그 다음은 또 주석일 뿐이므로, 말할 수 없다.

주석 1_ 學問之道求放心: 『孟子』「告子(上)」에 보인다.

[5-143] 今上重明節[九月四日]早, 先生就精舍庭前, 朱衣象笏, 向北四拜, 歸精舍坐, 四拜.[1] 問之, 答曰 "必有所尊, 非有已也, 太守上任拜廳."

번역 최근 重明節[9월 4일] 아침, 선생은 精舍 뜰 앞으로 나아가 관복을 입고 홀기를 들고 북쪽으로 향해 네 번 절하고, 정사에 돌아와 앉아 또 네 번 절하였다. 어떤 이가 왜 그렇게 한 것인지 묻자, 선생께서 대답하였다. "반드시 존중해야 하고 그 행동을 그만두어서도 안 된다. 太守가 관직에 임했을 때도 관청에서 인사드려야 한다."

주석 1_ 今上重明節 … 四拜: '重明節'은 광종의 생일이다. 『宋史』「光宗紀」를 보면, "辛巳, 생일을 重明節로 삼았다."[辛巳, 以生日爲重明節.]는 기록이 있다. 또 육상산 「年譜」에, 淳熙 16년(1189) 象山精舍에서 강학활동을 할 때 "光宗황제가 즉위하면서 선생을 知荊門軍으로 임명하였다."[『陸九淵集』권36, 「年譜」, 506쪽: 光宗皇帝即位, 詔先生知荊門軍.]는 기록이 있다. 육상산은 이 이후 광종의 생일날인 重明節이 되면 임금을 향해 절을 올리고 존경의 마음을 표하였다.

[5-144] 學者大率有四樣. 一, 雖知學路, 而恣情縱慾, 不肯爲. 一, 畏其事大且難而不爲, 一, 求而不得其路, 一, 未知路而自謂能知.

번역 학자들은 대략 네 부류로 나눌 수 있다. 하나는 배움의 길을 알면서도 제멋대로 하여 그것을 하지 않으려는 자이고, 하나는 배움을 추구하는 일이 크고 험난하다고 두려워하여 시도조차 하지 않는 자이고, 하나는 배움을 구하되 그 길을 알지 못하는 자이고, 하나는 그 길을 알지 못함에도 불구하고 스스로 알 수 있다고 일컫는 자이다.

[5-145] 學能變化氣質.[1]

번역 배우면 기질을 변화시킬 수 있다.

주석 1_ 學能變化氣質: 육상산은 태어나면서 품부받은 편벽된 기질과 잘못된 마음 씀으로 굳어진 습관, 그리고 그릇된 견해를 고집하여 각기 본심을 드러내고 있는 정도가 차이날 수 있지만, 욕심이 일어날 때마다 이를 제거하고 점차 확충해가면 궁극적으로 편벽된 기질을 변화시켜 모두 성인의 경지에 이를 수 있다고 보았다.

[5-146] 大人凝然不動, 不如此, 小家相.

번역 대인은 고요하게 동요하지 않는다. 이와 같지 않으면 소인이다.

[5-147] 先生云"某每見人, 一見即知其是不是, 後又疑其恐不然, 最後終不出初一見."

번역 선생께서 말하였다. "나는 매번 사람을 만날 때, 한번 보면 그가 옳고 그른지 알 수 있다. 시간이 지나면서 내 판단이 잘못될 수도 있음을 의심하기도 하지만, 끝내 처음 보았을 때의 판단에서 벗어나지 않는다."

[5-148] 道塞天地, 人以自私之身與道不相入. 人能退步自省, 自然相入. 唐虞三代教化行, 習俗美, 人無由自私得. '后以裁成天地之道, 輔相天地之宜, 以左右民'[1]. 今都相背了, 說不得.

번역 道는 천지에 가득 차 있는데, 사람들이 자기 사적인 몸을 중시하여 도와 서로 합일되지 못한다. 사람들이 물러나 스스로를 살핀다면, 자연히 합일될 것이다. 요순 및 三代 시대에는 교화가 행해져 풍속이 아름다웠고, 사람들 역시 자기 사적으로 얻는 것이 없었다. 그래서 「泰」卦 大象傳에서 '后가 본받아 천지의 도를 마름질하여 이루고, 천지의 마땅함을 도와 백성을 다스렸다'고 하였다. 그런데 지금은 모두 어긋나 도를 말하지 못한다.

주석 1_ 后以裁成天地之道, 輔相天地之宜, 以左右民: 『周易』「泰」卦 大象傳에 보인다.

[5-149] 高底人不取物, 下人取物, 粘於物.

번역 경지가 높은 사람은 물욕을 취하지 않는다. 낮은 사람이 물욕을 취하거나 물욕에 빠진다.

[5-150] 資禀好底人闊大, 不小家相, 不造作, 閑引惹他都不起不動, 自然與道相近. 資禀好底人, 須見一面, 自然識取, 資禀與道相近. 資禀不好底人, 自與道相遠, 却去鍛煉.

번역 성품이 좋은 사람은 마음이 넓고 커서 소인 같지 않고 억지로 조작함도 없다. 쓸데없는 것이 그를 유혹해도 사욕이 일거나 동요되지 않고 자연스럽게 도와 가깝게 된다. 성품이 좋은 사람은 처음 보자마자 자연스럽게 배울 점이 있다는 것을 알게 된다. 성품이 도와 서로 가깝기 때문이다. 성품이 좋지 않은 사람은 자연히 도와 서로 멀어져, 가서 단련해야 한다.

[5-151] 與小後生說話, 雖極高極微, 無不聽得, 與一輩老成說便不然. 以此見道無巧, 只是那心不平底人, 揣度便失了.

번역 어린 후학들과 대화를 나누면, 비록 高明하고 隱微한 내용이라도 알아듣지 못함이 없다. 나이 드신 어른들과 말할 때에는 그렇지 않다. 이를 통해 道는 기교가 없다. 그저 마음이 평온하지 않은 사람은 추측하여 잃어버린다.

[5-152] 學者須是打疊田地淨潔, 然後令他奮發植立. 若田地不淨潔, 則奮發植立不得. 古人爲學即'讀書然後爲學'可見. 然田地

不淨潔, 亦讀書不得. 若讀書, 則是假寇兵, 資盜糧.[1]

번역 배우는 자는 반드시 마음의 바탕을 정결하게 가다듬어야 한다. 그런 후에 그로 하여금 직립할 수 있도록 해야 한다. 만일 바탕이 정결하지 않으면 분발하여 직립하려 해도 할 수 없다. 옛사람들이 학문을 한다고 했을 때, 바로 '독서를 한 후에 배웠다고 할 수 있다'는 의미를 볼 수 있다. 그러나 바탕이 깨끗하지 않으면 또 독서를 해도 소용이 없다. 독서 같은 것은 적병을 빌리거나 도둑질한 양식을 빌리는 것과 같이 해가 될 뿐이다.

주석 1_ 若讀書, 則是假寇兵, 資盜糧: 육상산은 혼잡한 마음을 가라앉히고 스스로를 돌아보면 본심은 저절로 발현되는 특징이 있으므로, 독서와 경전 주석에 주력하는 주자의 공부방법이 支離하고 聖學에 오히려 걸림돌이 된다고 비판하였다. "격물치지는 공부의 시작처이고, 「중용」에서 말한 널리 배우고 절실하게 물으며 깊이 사색하고 명확하게 분별하는 것은 앎을 구하는 방법이다. 책을 읽고, 스승과 벗을 친히 하는 것은 배움에 속한다. 생각은 자기에 달려 있고, 물음과 분별은 모두 남에게 다가가야 한다. 자고로 성인도 옛 현인들의 말과 師友들의 말을 통해 진보할 수 있었다. 하물며 성인이 아닌데 어찌 사사로운 지혜에 맡겨 학문의 발전을 이룰 수 있는 자가 있겠는가? 옛 현인들의 말은 그 상황에 맞게 이치를 밝힌 것으로 가리키는 바가 다르다. 책에서 기록하고 있는 것도 참과 거짓, 순수함과 결점이 있다. 만일 잘 가려보지 못한다면 제멋대로 보는 것과 마찬가지다. 또한 스승과 벗에게 해답을 구하고자 하더라도, 師友의 말 역시 각기 다르고, 또 옳고 그름, 정당함과 부당함이 있다. 만일 가려 선택하지 못한다면 이 역시 함부로 좇는 것이다. 제멋대로 보고 함부로 좇는다면 어느 곳에서 그칠 바에 이르겠는가?"[『陸九淵集』권34,「語錄(上)」, 411쪽: 格物致知是下手處, 『中庸』言博學·審問·謹思·明辨是格物之方. 讀書親師友是學. 思則在己, 問與辨皆須即人. 自古聖人亦因往哲之言, 師友之言, 乃能有進, 況

非聖人, 豈有任私智而能進學者? 然往哲之言, 因時乘理, 其指不一. 方冊所載又有正僞純疵, 若不能擇, 則是泛觀. 欲取決於師友, 師友之言亦不一, 又有是非當否, 若不能擇, 則是泛從. 泛觀泛從, 何所至止?] 옛 성현들의 책을 읽고 좋은 스승과 벗을 찾아 자문을 구하기 앞서, 말의 옳고 그름을 판단할 수 있는 기준 확립이 선행되어야 한다. 본심이 우선적으로 확립되어야 성현의 책을 읽고 스승과 벗을 찾아 해답을 구하더라도 도움이 되고 의미 있을 수 있기 때문이다. 결국 책을 읽고 스승에게 자문을 구하는 등의 외부지식에 힘을 빌리는 것은 확립된 본심을 확인하기 위한 부차적 과정에 불과하다. 물론 그렇다고 육상산이 독서나 경전주석과 같은 저술활동을 거부한 것은 아니다. 그는 당시의 경전에 대한 주석들이 잘못되었다 여겨, 이를 바로잡아 후학들을 깨우치겠다는 뜻도 지녔었다. 육상산이 저술하고자 했던 주석서와 독서공부에 대한 관점은 '1-5 (5)번 주석'과 '2-26' 어록과 주석에서 설명하였다.

[5-153] 侍登鬼谷山[1], 先生行泥塗二三十里. 云 "平日極惜精力, 不輕用, 以留有用處, 所以如今如是健." 諸人皆困不堪.

번역 선생을 모시고 鬼谷山에 올랐는데, 선생께서 진흙길 이삼십 리를 걷고 말하였다. "평소 정력을 매우 아끼고 경솔하게 쓰지 않아, 훗날 쓸 곳을 남겨두었다. 그래서 지금 이렇게 건강하다." 다른 사람들은 모두 견디지 못할 정도로 힘들어 하였다.

주석 1_ 鬼谷山: 『龍虎山誌』에 따르면, 信州에 鬼谷山이 있는데, 貴溪縣에서 남쪽으로 80리 떨어져 있다.[有信州鬼谷山者, 在貴溪縣南80裏.] 도교 선사 鬼谷子가 이곳에서 수련하고 강학하였다 하여 鬼谷山으로 불렀다고 한다.

[5-154] 觀山, 云 "佳處草木皆異, 無俗物, 觀此亦可知學."

번역 산을 둘러보면서 말하였다. "풍경이 아름다운 곳의 풀과 나무는 제각기 모두 다르고 세속처럼 개성을 잃은 사물이 없다. 이를 보면 배움을 알 수 있다."

[5-155] 天地人之才等耳, 人豈可輕? 人字又豈可輕? 有中說無, 無中說有之類, 非儒說.[1]

번역 천지인 三才는 동등할 따름이다. 사람만 어찌 가벼울 수 있겠는가? '人'자도 어떻게 가벼울 수 있겠는가? '있는 가운데 없음을 말하고, 없는 가운데 있음을 말한다'는 부류의 주장은 儒學의 학설이 아니다.

주석 1_ 有中說無 … 非儒說: '有中說無, 無中說有'는 주자가 주돈이 『太極圖說』의 '無極而太極'을 해석하며 제시한 관점을 지칭한 것으로 보인다. "제자가 하늘의 작용이 태극인지 물었다. 朱子가 말하였다. '푸르고 넓은 것은 하늘이고, 理는 작용을 뜻하는 載자 위에 있다. 하늘의 작용은 소리도 없고 냄새도 없다는 것은 바로 이치가 드러나고 있는(有) 가운데 형체가 없음(無)을 말한 것이고, 무극이면서 태극은 형체가 없는(無) 가운데 이치가 드러나고 있음(有)을 말한 것이다."[『近思錄集解』: 問 "上天之載, 是太極否?" 朱子曰 "蒼蒼者, 是上天, 理, 在載字上. '上天之載, 無聲無臭', 是就有中說無, '無極而太極', 是就無中說有."] 주자는 『太極圖說』의 첫 구절 '無極而太極'을 '無形而有理'로 풀이하였다. 太極은 萬化의 근본으로, 氣와 다른 층차의 天理이다. 그래서 그는 太極을 말하지 않고 無極만을 말하면, 氣를 초월해서 實在하는 형이상의 理를 부정하는 것이고, 모든 만물이 '無'에서 비롯되었음을 인정하는 관점이 된다고 보았다. 또 無極을 말하지 않고 太極만을 말하면, 실재하는 理를 인정하는 것이라 해도, 形器가 있는 理로 오인할 가능성이 있다고 여겼다.

하지만 육상산은 周敦頤는 穆伯長를 통해 『太極圖』를 전수받았고, 穆伯長은 노장의 학문에 陳希夷에게 전수받았으므로, 『太極圖』는 儒家의 저작이 아니라고 보았다. '無極而太極'은 '無中生有'의 사상을 담고 있는 『道德經』에서 비롯되었다고 본 것이다.[『陸九淵集』 권2, 「與朱元晦」, 24쪽: 朱子發謂濂溪得『太極圖』於穆伯長, 伯長之傳出於陳希夷, 其必有考. 希夷之學, 老氏之學也. '無極'二字, 出於『老子』「知其雄章」, 吾聖人之書所無有也. 『老子』首章言 '無名天地之始, 有名萬物之母', 而卒同之, 此『老氏』宗旨也. '無極而太極', 即是此旨. 老氏學之不正, 見理不明, 所蔽在此. 兄於此學用力之深, 爲日之久, 曾此之不能辨, 何也?] 太極이 형이상의 이치이고 萬化의 근본임은 분명하지만, 太極 위에 無極 두 글자를 첨가하는 것은 사실 불필요하다. 논리적으로도 氣를 초월한 형이상의 태극을 따로 말할 수 없기 때문이다. 육상산은 '道即器, 器即道' · '理氣爲一'의 입장에서 태극을 설명하였다.

[5-156] 因提公昨晚所論事, 只是勝心. 風平浪靜時, 都不如此.

번역 자네들이 어젯밤 토론한 일을 거론하면, 그저 남을 이기려는 마음뿐이었다. 바람이 평온하고 파도가 잔잔하듯 본심이 서면, 이렇게 될 수 없다.

[5-157] 先生說數, 說揲蓍,[1] 云 "蓍法後人皆悞了, 吾得之矣."

번역 선생께서 數와 揲蓍法에 대해 말하면서 "蓍法에 대해서는 후대 사람들이 모두 잘못 이해하였고, 나만이 터득하였다."

주석 1_ 先生說數, 說揲蓍: 육상산이 밝힌 揲蓍法은 '3-66'어록에 기록되어 있다. 또한 '3-66 (1)번 주석'에서 그가 저술한 揲蓍法에 대해 상세히 설명하였다.

[5-158] 一行[1]數妙甚, 聰明之極, 吾甚服之, 却自僧中出. 僧持世有曆法八卷.[2]

번역 一行의 曆數는 매우 精妙하고, 지극히 총명하여 나는 깊이 감복하고 있다. 다만 스님 가운데 나왔다. 僧持世는 曆法에 대한 저작 8권을 출간하였다.

주석 1_ 一行: 唐代 천문학자 一行이다. 출가 후 경전을 폭넓게 연구하고 역법에 정통하였다고 한다. 본명은 張遂이고, 僧持世라고 불렀다. '3-2 (1)번 주석'에서 설명하였다.

2_ 僧持世有曆法八卷: 一行이 지은 『大衍曆』이다. 육상산은 다른 曆家들의 관점을 일일이 거론할 수는 없지만, 唐代 一行이 지은 『大衍曆』은 취할 만하고, 오래 사용해도 크게 어긋남이 없을 것이라고 말하였다.[『陸九淵集』권35, 「語錄(下)」, 431쪽: 其他未暇擧, 如唐一行所造『大衍曆』, 亦可取, 疑若可以久用無差.] 『大衍曆』에 대해서는 '3-2 (3)번 주석'에서 상세히 설명하였다.

[5-159] '君子役物, 小人役於物.'[1] 夫權皆在我, 若在物, 即爲物役矣.

번역 『순자』에서 '군자는 재물을 부리지만, 소인은 재물에 부림을 당한다'고 하였다. 저울은 나에게 있는데, 만일 밖에 둔다면, 바로 외물에 의해 부려진다.

주석 1_ 君子役物, 小人役於物: 『荀子』「修身」에 보인다.

[5-160] 擧柳文[1]'乎'·'歟'·'邪'之類, 說'乎'·'歟'是疑, 又是贊歎. '不亦說乎'[2]是贊歎, '其諸異乎人之求之歟'[3]是贊歎, 『孟子』杞柳章一'歟'·一'也'[4], 皆疑.

번역 柳宗元 글 속의 '乎'·'歟'·'邪' 등을 들어 '乎'와 '歟'는 의문사이고 또 감탄사라고 말하였다. 『論語』의 '不亦說乎'는 감탄사이고, '其諸異乎人之求之歟'도 감탄사이다. 반면 『孟子』'杞柳'章에서의 '歟'와 '也'는 의문사이다.

주석 1_ 柳文: 柳宗元의 글이다. '4-12 (1)번 주석'에서 설명하였다.
2_ 不亦說乎: 『論語』「學而」에 보인다.[學而時習之, 不亦說乎!]
3_ 其諸異乎人之求之歟: 『論語』「學而」에 보인다.[子貢曰 "夫子溫良恭儉讓以得之, 夫子之求之也, 其諸異乎人之求之與!"]
4_ 孟子杞柳章一歟一也: 『孟子』「告子(上)」에 보인다.[孟子曰 "子能順杞柳之性而以爲桮棬乎? 將戕賊杞柳而後以爲桮棬也? 如將戕賊杞柳而以爲桮棬, 則亦將戕賊人以爲仁義與? 率天下之人而禍仁義者, 必子之言夫!"]

[5-161] 我說一貫, 彼亦說一貫, 只是不然. 天秩·天叙·天命·天討, 皆是實理, 彼豈有此?

번역 나는 일관된 道를 말한다. 저들도 일관된 도리를 말하지만, 그저 그렇지 않을 뿐이다. 天秩·天叙·天命·天討는 모두 實理이니, 저들이 어찌 이것을 보존하고 있겠는가?

[5-162] 優裕寬平, 即所存多, 思慮亦正. 求索太過, 即存少, 思慮亦不正.

번역 여유롭고 공평하면 보존하는 것도 많아지고 생각 또한 바르게 된다. 탐색하는 것이 너무 지나치면, 보존하는 것도 적고 생각 또한 바르지 않게 된다.

[5-163] 人之精爽, 負於血氣, 其發露於五官者, 安得皆正? 不得明師良友剖剥, 如何得去其浮僞, 而歸於真實? 又如何得能自省·自覺·自剥落?

번역 사람의 정신이 혈기에 지배되면 눈·코·귀·입·마음 등의 五官으로 드러나는 것이 어떻게 모두 바를 수 있겠는가? 현명한 스승과 좋은 벗을 만나 사욕을 벗겨내지 못하면, 어떻게 거짓을 제거하고 진실로 돌아갈 수 있겠는가? 또 어떻게 스스로 성찰하고 자각하며 때를 벗겨낼 수 있겠는가?

[5-164] 數即理也[1], 人不明理, 如何明數.

번역 數는 곧 理이다. 사람이 理에 밝지 못하면, 어떻게 數에 밝을 수 있겠는가?

주석 1_ 數即理也: 육상산은 '數'가 사물을 헤아리는 양의 크기나 단위를 지칭하는 단순한 숫자적 개념이 아니라, 만물의 유행변화 속에 드러나는 이치를 상징하는 철학적 표상체계를 일컫는다고 보았다. 洪

範九疇와 易數에 대한 그의 관점은 '7-9' 어록과 주석, '3-66' 어록과 주석에서 설명하였다. 주자도 "氣는 곧 數다. 理가 있으면 氣가 있고, 氣가 있으면 數가 있다. 이는 모든 만물이 그러한 것이다."[『朱子語類』권65: 氣便是數. 有是理, 便有是氣, 有是氣, 便有是數, 物物皆然.]라고 말하였다.

[5-165] 文以理爲主. 荀子於理有蔽, 所以文不雅馴.

번역 글은 이치를 위주로 삼아야 한다. 荀子는 이치에 어두웠기 때문에 글이 우아하거나 순조롭지 못하다.

[5-166] '風以動之, 教以化之', 風是血脉, 教是條目.

번역 『시경』의 '훈계하여 마음을 움직이고, 가르쳐서 교화한다'에서 '風'은 가르침의 강령이고, '教'는 가르침의 조목이다.

[5-167] 夫子曰 '由! 知德者鮮矣'[1], 要知德. 皐陶言 '亦行有九德'[2], 然後乃言曰 '載采采'[2], 事固不可不觀, 然畢竟是末. 自養者亦須養德, 養人亦然. 自知者亦須知德, 知人亦然. 不於其德而徒繩檢於其外, 行與事之間, 將使人作僞.

번역 공자께서 '자로야! 덕을 아는 사람이 거의 없다'고 하였듯이, 반드시 덕을 알아야 한다. 皐陶도 사람을 알아보는 방법에 대해 논하면서 '대범한 사람의 행실에는 아홉 가지 덕을 갖추고 있다'고 하였다.

그러니 그 사람이 덕을 갖추고 있는가를 살핀 후에, 그가 '어떠어떠한 일을 행하였다'고 말해야 한다. 일이라는 것은 본래 살피지 않으면 안 되지만, 결국 末이다. 스스로 기르는 자도 반드시 덕을 길러야 하며, 사람을 양성하는 자도 그러해야 한다. 또 스스로 아는 자도 반드시 덕을 알아야 하며, 사람을 아는 자도 그러해야 한다. 덕에 뿌리를 두지 않고 그저 헛되이 밖에 얽매이면, 행실과 일을 처리하는 과정에 장차 사람들로 하여금 억지로 하게 할 것이다.

주석 1_ 由知德者鮮矣: 『論語』「衛靈公」에 보인다.
2_ 亦行有九德 · 載采采: 『尙書』「皐陶謨」에 보인다. 육상산의 관점은 '1-58' 어록에도 상세히 기록되어 있다.

[5-168] 韓文有作文蹊徑, 『尙書』亦成篇, 不如此.[1]

번역 한유의 문장에는 작문의 길이 있다. 『尙書』를 모방하여 작성한 문장도 편을 이루었지만, 이보다 못하다.

주석 1_ 韓文 … 不如此: '韓文'은 韓愈의 문장을 일컫는다. 한유의 문장에 대한 육상산의 관점은 '1-29' 어록과 주석에 보인다. '「尙書」亦成篇'는 무엇을 지칭하는지 명확치 않다. 「상서」를 모방하여 작성한 문장으로 짐작된다. 한유는 고문운동을 벌이며, 대구나 형식의 아름다움을 따지기보다 자기의 뜻을 자유롭게 담아내고자 하였는데, 그 고문의 祖宗을 『尙書』로 삼았다.

[5-169] 後生精讀古書文.

번역 후학들은 옛 책과 글을 정밀하게 읽어야 한다.

[5-170] 『漢書』「食貨志」後生可先讀, 又着讀『周官』「考工記」. 又云 "後生好看「繫辭」, 皆贊歎聖人作『易』[1]."

번역 『漢書』「食貨志」는 후학들이 먼저 볼만하다. 또 『周官』「考工記」도 착실하게 읽어야 한다. 또 말하였다. "후학들은 『周易』「繫辭傳」을 보기 좋아한다. 모두 성인이 『周易』을 지은 것을 찬탄한 것이다."

주석 1_ 贊歎聖人作易: 육상산은 「繫辭傳」을 두고 다음과 같이 말하였다. "『周易』「繫辭傳」上 · 下篇은 모두 『주역』을 밝힌 것이다. 『주역』을 밝힌 것으로 본다면 義理가 저절로 분명해진다."[『陸九淵集』권34, 「語錄(上)」, 410쪽: 『易』「繫」上下篇, 總是贊『易』. 只將贊易看, 便自分明.]

[5-171] 後生好看『子虛』·『上林賦』[1], 皆以字數多, 後來好工夫不及此.

번역 후학들은 司馬相如가 지은 『子虛』와 『上林賦』 보기를 좋아한다. 모두 字數가 많기 때문이다. 후대 공부를 좋아하는 자는 이에 미치지 못한다.

주석 1_ 『子虛』·『上林賦』: 前漢시기 司馬相如가 지은 책이다. 사마상여의 字는 長卿이다. 처음 재물을 관에 기부하고 시종관이 되어 景帝를 섬기고 武騎常侍가 되었다. 얼마 뒤 관직을 내놓고 梁나라로 갔다가 효왕이 세상을 마치자 고향으로 돌아와 『子虛賦』를 지었다. 훗날 『자허부』가 武帝의 賞讚을 받아 시종관으로서 다시 임명되었다. 이후, 子虛 · 烏有先生 · 亡是公先生의 가상인물을 통해, 天子諸侯의 苑駱 및 군주의 節儉에 대해 논하는 『上林賦』를 지었다. 『漢

書』「藝文志」에도 그의 문장이 남아 있고, 문집으로 『司馬文園集』이 전해진다.

[5-172] 文纔上二字一句, 便要有出處. 使六經句, 不謂之偷使.

번역 문장이 두 자 혹은 한 구절을 넘어서면 인용하는 출처가 있어야 한다. 六經의 구절을 사용하는 경우는 몰래 사용한다고 이르지 않는다.

[5-173] 學者不可翻然即改, 是私意, 此不長進.

번역 배우는 자는 신속하게 자신의 잘못을 고쳐서는 안 된다. 사적인 의도이기 때문이다. 그러면 진보할 수 없다.

[5-174] 五日畫一水, 十日畫一松. 若不如此, 胡亂做.

번역 닷새는 냇물을 그리고 열흘은 소나무를 그린다. 이와 같이 하지 않으면 아무렇게나 함부로 그리는 것이다.

[5-175] 某觀人不在言行上, 不在功過上, 直截是雕出心肝.

번역 나는 사람을 볼 때 말과 행동이나 공로와 과실로 판단하지 않는다. 직접 그 사람의 마음속에서 조각해 낸다.

[5-176] 人生天地間, 如何不植立?[1]

번역 사람이 하늘과 땅 사이에 태어났으니, 어째서 직립하지 않는가?

주석 1_ 植立 : 올곧게 자신의 본심을 세우고 있는 것을 말한다. 육상산은 潘文叔에게 보낸 편지에서 "尹師魯의 기질은 비범하다. 그 직립한 것이 훌륭하다고 할 수 있다."[『陸九淵集』권13, [與潘文叔], 173쪽: 尹師魯氣質固自不凡, 其所植立, 可謂表表.]고 하여, 본심을 확립하여 直立하는 것이 중요함을 강조하였다. '5-41' 어록과 주석에서도 '직립'에 대한 육상산의 관점을 확인할 수 있다.

[5-177] 窮究磨煉, 一朝自省.

번역 궁구하고 연마하면 어느 날 자연히 깨닫게 된다.

[5-178] 因問 "黎師侯詩, 不是理明義精, 只是揩磨得之, 所以不能言與人." 曰 "此便是平生愛圖度樣子, 只是他不能言, 你又豈知得他是如此?"

번역 어떤 이가 말하였다. "黎師侯의 시는 義理가 분명하거나 정밀하지도 못합니다. 그저 혼자 갈고 닦아 터득하였기 때문에, 다른 사람과 더불어 말을 하지 못합니다." 선생께서 말하였다. "이런 것이 바로 평생 추측하기 좋아하는 모습이다. 그는 말하지 못했을 뿐인데, 자네가 어떻게 그가 이같이 의리가 밝고 정밀하지 못해 말하지 못하는 것을 아는가?"

[5-179] 定夫[1]挾一物不放, 胡做.

번역 定夫는 하나의 사물을 잡으면 놓지 않고, 함부로 행동한다.

주석 1_ 定夫: 劉定夫이다. '5-15 (1)번 주석'에서 설명하였다.

[5-180] 荊公求必[1], 他人不必求.

번역 荊公은 기필코 하려는 것을 구하였고, 다른 사람은 구하는 것을 기필코 하려 하지 않았다.

주석 1_ 荊公求必: '荊公'은 王安石이다. '4-10 (1)번 주석'에서 설명하였다. '求必'은 공자가 '기필코 하려는 것이 없었다'(毋必)고 말한 것과 반대되는 행동이다. '毋必'은 『論語』「子罕」에 보인다.[子絕四, 毋意, 毋必, 毋固, 毋我.]

[5-181] 佛老高一世人, 只是道偏, 不是.

번역 불교와 노자의 학설은 세상 사람보다 한층 더 높은 경지를 말하지만, 도가 치우쳐 잘못되었다.

[5-182] 又無事尚解忘, 今當機對境, 乃不能明.

번역 또 한가로이 일없을 때 오히려 태만하고 망각하니, 지금 어떤 상황에 처해 마음이 대상을 비추어도 밝게 이해할 수 없다.

[5-183] '小人儒'[1], 爲善之小人, 士誠小人哉!

번역 『論語』의 '小人儒'는 善을 행하는 소인이고, '士'가 진실로 소인이다!

주석 1_ 小人儒: 『論語』「雍也」에 보인다. "공자가 일찍이 제자 子夏에게 말하였다. '너는 君子儒가 되고, 小人儒가 되지 말아야 한다.'"[子謂子夏曰 "女爲君子儒, 無爲小人儒."] 육상산의 '儒'를 부정적으로 보지 않는 관점은 '3-28 (1)번 주석'에서도 설명하였다.

[5-184] 謹致念. 大凡多隨資禀, 一致思便能出.

번역 삼가 자신의 생각을 다해야 한다. 일반적으로 대부분 품부받은 자질에 따라 생각을 다하면 바로 본심이 나온다.

[5-185] 因說詳道[1]舊問云 "心都起了, 不知如何在求道. '德成而上, 藝成而下, 行成而先, 事成而後'[2], 今人之性命只在事藝末上." 彭世昌[3]云 "只是不識輕重大小." 先生笑曰 "打入廖家牛隊裏去了, 因呉顯道與諸公說風水."

번역 包詳道가 예전에 물었다. "마음이 이미 일어났는데 어떻게 해야 도를 구할 수 있는지 모르겠습니다. 그래서 「樂記」에서 '德이 이루어지면 윗자리에 있고, 藝가 이루어지면 아랫자리에 있으며, 행실이 이루어지면 앞자리에 있고, 일이 이루어지면 뒷자리에 있다'고 하였습니다. 지금 사람의 성명은 그저 일과 예의 끝자락에 있는 것 같습니다." 彭世昌이 말하였다. "그저 輕重과 大小를 모르기 때문입니다." 선생께서 웃으며 말하였다. "이야기가 廖씨 집 소떼 속으로 들어간 것처럼 복잡해졌다. 吳顯道와 제군들은 풍수를 말하고 있는데 말이다."

주석

1_ 詳道: 이름은 約이고, 詳道는 字이다. '5-39 (1)번 주석'에서 설명하였다.

2_ 德成而上 … 事成而後: 『禮記』「樂記」에 보인다.

3_ 彭世昌: 이름은 興宗이고, 世昌은 字이다. 金鷄사람이다. 『宋元學案』에서는 육상산 문인으로 분류하였다. 『陸九淵集』을 보면, 淳熙 14년(1187) 고향으로 돌아 온 육상산을 위해, 槐堂에서 강학시기 가르침을 받았던 팽세창이 강학장소를 물색하여 초막을 짓고 초청하였다. 본래 應天山으로 불렀다가 훗날 象山으로 개명하고 만년 강학장소로 삼은 장소이다.[『陸九淵集』권9, 「與王謙仲」, 119쪽: 鄕人彭世昌新得一山, 在信之貴溪西境, 距敝廬兩舍而近. 唐僧有所謂馬祖者, 廬于其陰, 鄕人因呼禪師山. 元豐中有僧瑩者, 爲寺其陽, 名曰 '應天寺', 廢久矣. 屋廬毁撤無餘, 故址埋於荆榛, 良田清池, 沒於茅葦. 彭子竭力開闢, 結一廬以相延. 去冬嘗一登山, 見其隘, 復建一草堂于其東. 山間亦粗有田可耕.]

[5-186] 禪家話頭不說破之類, 後世之謬.

번역 禪家의 화두에서 사물의 이치를 낱낱이 밝히지 않는 것은, 후세 사람들의 잘못이다.

[5-187] '繼之者善也'[1], 謂一陰一陽相繼.

번역 『周易』의 '계승하는 것이 善이다'라는 것은, 하나의 음과 하나의 양이 서로 계승함을 이른다.

주석 1_ 繼之者善也: 『周易』「繫辭傳」에 보인다.

[5-188] 精讀書, 著精采警語處, 凡事皆然.

번역 정밀하게 책을 읽고, 훌륭하게 경계한 곳을 기록해야 한다. 대부분의 일이 모두 그러하다.

[5-189] 某今亦教人做時文, 亦教人去試, 亦愛好人發解[1]之類, 要曉此意是爲公, 不是私.

번역 나도 최근 사람들에게 세속의 문장을 짓도록 하고, 과거시험에 응시하도록 하며, 또 좋은 사람이 관리에 등용되는 것을 희망하였다. 다만 이러한 의도를 이해하면 公이 되고 私가 되지 않는다.

주석 1_ 發解: 지방에서 인재를 추천하기 위해 실시한 貢擧에 합격한 자를 '選人'이라고 불렀고, 이후 이들을 서울로 파견하여 禮部會試에 참여할 수 있도록 한 것을 '發解'라 하였다. 학자들은 이 시험을 통과해야 국가의 官僚가 될 수 있었으므로, 훗날 국가의 관리가 되는 의미로 통용되었다.

[5-190] 凡事只看其理如何, 不要看其人是誰.

번역 모든 일은 그저 그 이치가 어떠한지 봐야 하고, 그 사람이 누구인지 볼 필요는 없다.

[5-191] 說晦翁云 "莫教心病最難醫."

번역 晦翁에 대해 말하면서, "마음의 병통이 가장 치료하기 어려운 것이 되게 해서는 안 된다."

[5-192] 內無所累, 外無所累, 自然自在, 纔有一些子意便沉重了. 徹骨徹髓, 見得超然, 於一身自然輕清, 自然靈.

번역 안으로 얽매이는 것이 없고, 밖으로 이끌리는 것이 없으면, 자연히 본심이 自在한다. 조금의 사적인 의도가 개입되면 사욕에 바로 빠져 버린다. 뼛속까지 투철하게 초연한 경지를 터득해야, 한 몸에 있어 자연스럽게 가볍고 맑게 되고, 자연히 영험하게 될 것이다.

[5-193] 大凡文字, 才高超然底, 多須要逐字逐句檢點他. 才穩文整底, 議論見識低, 却以古人高文拔之.

번역 일반적으로 문장 가운데, 재주가 빼어나고 초연한 것은 대부분 字句에 따라 그것을 점검해야 한다. 재주가 평온하고 정돈된 것과 의론과 식견이 분명한 것은 옛사람들의 글을 가지고 뽑아내야 한다.

[5-194] 我這裏有扶持, 有保養, 有摧抑, 有擯挫.

번역 나는 여기에서 본심은 간직하고 기르며, 사욕은 억제하고 배척한다.

[5-195] 韓文章多見於墓誌·祭文, 洞庭汗漫, 粘天無壁.[1] 柳祭呂化光文章[2]妙.

번역 韓愈의 문장은 대부분 묘지나 제문에 보인다. '洞庭 호수는 끝없이 펼쳐져, 하늘까지 맞닿아 막힘이 없네'와 같은 글이 그것이다. 柳宗元이 呂化光을 위해 쓴 제문은 뜻이 奧妙하다.

주석
1_ 韓文章 … 粘天無壁: '韓文章'은 韓愈의 문장을 말한다. 한유에 대해서는 '3-65 (2)번 주석'에서 설명하였다. '洞庭汗漫, 粘天無壁'은 『韓昌黎集』「祭河南張員外文」에 보인다.
2_ 柳祭呂化光文章: '柳'는 柳宗元이다. '4-12 (1)번 주석'에서 설명하였다. '祭呂化光文'은 『柳宗元集』에 보인다. "… 통탄스럽다! 堯舜의 도는 지극히 커서 간이하고, 仲尼의 문장은 지극히 아득하여 묵묵하다. 천여 년의 분쟁에서 혹은 잃기도 하였고 얻기도 하였다. 탁월하게 우리 존형이 홀로 그 핵심을 터득하였다. …"[『柳宗元集』「祭呂化光文」: … 痛哉! 堯舜之道, 至大以簡, 仲尼之文, 至幽以默. 千載紛爭, 或失或得, 倬乎吾兄獨取其直. …]

[5-196] 古人精神不閑用, 不做則已, 一做便不徒然, 所以做得事成. 須要一切蕩滌, 莫留一些方得.

번역 옛사람은 정신을 쓸데없는 데 쓰지 않아, 하지 않으면 그만두었고, 하기 시작하면 멍하게 있지 않았다. 그래서 하면 일이 완성되었다. 모든 잡념을 깨끗하게 제거하고, 조금도 남겨 놓지 않아야 비로소 가능하다.

[5-197] 某平生有一節過人, 他人要會某不會, 他人要做某不做.

번역 내 평생 남보다 잘한 것은 다른 사람이 이해하려 하는 것을 나는 이해하지 않은 것이고, 다른 사람이 행하려 하는 일을 나는 하지 않은 것이다.

[5-198] 莫厭辛苦, 此學脉也.

번역 고통을 피하지 않는 것, 이것이 배움의 근본이다.

[5-199] 不是見理明, 信得及, 便安不得.

번역 理를 터득함이 명확치 않고 믿음이 이르지 않으면, 곧 편안하지 못하다.

[5-200] 因陰晴不常, 言人之開塞. 若無事時有塞, 亦未害, 忽有故而塞, 須理會方得.

번역 흐리고 맑은 날이 일정치 않은 것을 가지고 사람 마음이 깨어 있거나 막혀 있는 상황을 말하곤 한다. 일이 없을 때 막혀 있으면 해는 되지 않을 것이다. 하지만 갑자기 일이 생겼을 때 막혀 있다면 반드시 본심을 이해해야 가능하다.

[5-201] 截然無議論詞說蹊徑, 一說又一就說, 即不是. 此事極分明, 若遲疑, 則猶未.

번역 의론이나 詞說이 전혀 없는 것이 배움의 지름길이다. 한 번 말하고 또 나아가 말하면 잘못이다. 이 일은 매우 분명한데, 의혹을 품는다면 아직 분명하지 않은 것과 같다.

[5-202] 大凡文字, 寧得人惡, 得人怒, 不可得人羞, 得人耻. 與晦菴書不是, 須是直凑.

번역 일반적으로 문장은 차라리 사람들을 증오하게 하고 분노하게 할지언정, 수치심을 줘서는 안 된다. 물론 晦菴에게 보낸 편지는 그렇지 않다. 직설적이고 빈틈없이 해야 한다.

[5-203] '道在邇而求諸遠, 事在易而求諸難.'[1] 只就近易處, 着着就實, 無尚虛見, 無貪高務遠.

번역 맹자는 '道는 가까운 곳에 있어 멀리 구할 게 없고, 일은 쉬운 데 있어 어렵게 구할 필요가 없다'고 하였다. 切近하고 簡易한 곳에 나아가 착실하게 도를 구하고, 허황된 견해를 숭상하지 말며, 고원한 것을 탐하거나 힘쓰지 말아야 한다.

주석 1_ 道在邇而求諸遠, 事在易而求諸難: 『孟子』「離婁(上)」에 보인다.

[5-204] 隨身規矩, 是後生切要, 莫看先生長者, 他老練. 但只他人看, 你莫看, 他人笑, 你莫笑. 所謂 '非禮勿視, 非禮勿聽.'[1]

번역 매 순간 規矩를 지키는 것은 후학들이 절실하게 해야 할 공부의 핵심이다. 스승이나 어른을 보지 말아라. 그들은 숙련되었다. 다만 다른 사람이 보아도 자네는 생각 없이 보지 말고, 다른 사람이 웃어도 자네는 생각 없이 웃지 말아야 한다. 이것이 이른바 '예가 아니면 보지도 말고 듣지도 말라'는 것이다.

주석 1_ 非禮勿視, 非禮勿聽: 『論語』「顔淵」에 보인다.

[5-205] 管仲[1]學老子亦然.

번역 管仲이 노자를 배운 것도 그러하다.

주석 1_ 管仲: 이름은 夷吾이고, 仲은 字이다. 管子 · 管夷吾 등으로 불렸다. 齊나라 桓公을 覇者로 등극케 한 공신이다. 환공이 포숙의 추천을 받아 그를 신하로 받아들인 후 둘은 40년의 세월에 걸쳐 고락을 함께하였다. 훗날 공자는 환공이 아홉 번이나 제후들을 규합하면서도 군사력으로 하지 않은 것이 관중의 힘 때문이었다고 칭찬하였다.[『論語』「憲問」: 桓公九合諸侯, 不以兵車, 管仲之力也. 如其仁!

如其仁!] 물론 긍정적인 답변 이외에, 管仲은 그릇이 작고, 검소하지 않으며, 예도 모른다는 평가도 있다.[『論語』「八佾」: 子曰 "管仲之器小哉!" 或曰 "管仲儉乎?" 曰 "管氏有三歸, 官事不攝, 焉得儉?" "然則管仲知禮乎?" 曰 "邦君樹塞門, 管氏亦樹塞門; 邦君爲兩君之好, 有反坫, 管氏亦有反坫. 管氏而知禮, 孰不知禮?"] 육상산은 관중을 두고 다음과 같이 말하였다. "공자는 자주 관중의 공을 讚嘆하였지만 그 문하에서 노닐던 자들은 五尺童子도 거론하기를 부끄러워하였고, 曾西도 그가 했던 것을 하지 않았으며, 맹자도 그가 바랐던 것을 원하지 않았다."[『陸九淵集』권31, 「問德仁功利」, 369쪽: 仲尼屢歎管仲之功, 而遊於其門者, 五尺童子羞稱焉, 曾西有所不爲, 孟子有所不願.]

[5-206] 老衰而後佛入.

번역 노자의 학설이 쇠퇴한 후 불교가 들어왔다.

[5-207] 不專論事論末, 專就心上說.

번역 일이나 말엽적인 것을 전적으로 논하지 말고, 오로지 마음에 나아가 논해야 한다.

[5-208] 論嚴泰伯[1]云 "只是一箇好勝. 見一好事做近前, 便做得亦不是? 事好心却不好."

번역 嚴泰伯을 평가하며 말하였다. "그저 남 이기기를 좋아한다. 어떤 좋은 일을 보면 앞으로 가까이 나아가 실천하니, 어찌 하는 일이 잘못 되겠는가? 일은 잘 처리되지만 마음은 좋지 않다."

주석 1_ 嚴泰伯: 이름은 滋이고 泰伯은 字이다. 臨川 사람이다. 육상산은 그에게 편지를 보내 "옛날 사람들은 명예를 구하지 않고 승패도 개의치 않으며 才智에 의지하지도 않고 능력을 자만하지도 않았다. 몸 전체가 순전히 道義를 드러내었다."[『陸九淵集』권14, 「與嚴泰伯」, 184쪽: 古人不求名聲, 不較勝負, 不恃才智, 不矜功能, 通身純是道義.]고 말한 바 있다. 저서에 『奇松窗稿』·『守軒草錄』·『東征雜著』가 있다.

[5-209] 老氏見周衰名勝, 故專攻此處而申其說, 亡羊一也.

번역 노자는 주나라가 쇠락하고 虛名이 성행하는 것을 보았다. 그러므로 오로지 이것을 공격하고 자신의 학설을 펼쳤다. 그런데 본질을 버리고 자기가 좋아하는 것에 빠지는 亡羊의 경우와 같다.

[5-210] 一是即皆是, 一明即皆明.[1]

번역 하나가 옳으면 모두 옳고, 하나가 밝으면 모두 밝다.

주석 1_ 一是即皆是, 一明即皆明: 육상산은 본심의 점진적 확충을 강조함과 동시에, 단번에 천지 만물의 이치를 모두 알 수 있는 貫通의 경지를 말하기도 하였다. 이에 대해서는 '5-130' 어록과 주석에서 설명하였다.

[5-211] 指顯仲[1]剩語多, 曰 "須斬釘截鐵."

번역 顯仲이 쓸데없는 말을 많이 하는 것을 지적하며 말하였다. "못을 자르고 쇠를 끊듯이 결단성 있게 말해야 한다."

주석 1_ 顯仲: 육상산 제자 吳顯仲이다. 『陸子學譜』에서는 육상산이 그에게 보낸 답서에 포현도가 그의 편지를 전해 주었다는 언급을 토대로, 建昌 南城 사람이라 고증하였고, 또 그에게 '자주 질문을 받아 배움을 구하는 성실함을 절실히 볼 수 있다'고 칭찬한 것을 근거로 육상산 문인으로 분류하였다.[先生考答顯仲書, 謂 "包顯道歸, 遣此爲復", 則必建昌南城人也. 其第一書云 "屬承訪逮", 蓋負芨門者.] 육상산은 그 사람됨을 다음과 같이 평가하였다. "현중의 품성은 질박하여 매우 좋다. 공부는 다급하게 해서는 안 되며, 또한 마땅히 궁구하는 것이 있어야 발전하게 된다."[『陸九淵集』권2, 「與吳顯仲」, 31쪽: 顯仲質朴甚可嘉. 爲學固不可迫切, 亦當有窮究處, 乃有長進. 若能隨分窮究, 廢弛豈所患也.]

[5-212] 因看諸人下象棋曰 "凡事不得胡亂輕易了, 又不得與低底下, 後遇敵手便慣了, 即敗. 獅子捉象捉兎, 皆用全力."

번역 사람들이 장기 두는 것을 보고 말하였다. "모든 일은 함부로 경솔하게 대할 수 없다. 또 하수와 대적해서도 안 된다. 훗날 적수를 만나면 하수와 두던 것이 습관이 되어 패배하게 된다. 사자는 코끼리를 잡든 토끼를 잡든 모두 전력을 다한다."

[5-213] '其發若機括, 其司是非之謂也, 其留如詛盟, 其守勝之

謂也.'[1] 莊子勢阻則謀, 計得則斷. 先生舊嘗作小經[2]云, 意似莊子.

번역 『莊子』에서 '소인의 말투는 화살을 쏘는 것같이 모질어 시비를 판결하는 재판관이라도 된 것 같다. 무언가를 감추는 경우 마치 목숨이라도 되는 듯 마음속에 꼭 품어, 어떻게 해서든지 고집으로 이기려 한다'고 하였다. 장자는 형세가 막히면 도모하였고, 계략이 시행될 수 있으면 과감하였다. 선생이 예전에 小經을 풀이한 적이 있는데, 대인과 소인을 분별한 뜻이 장자와 유사하였다.

주석 1_ 其發若機括 … 其守勝之謂也: 『莊子』「齊物論」에 보인다.

2_ 小經: 經書의 내용이나 문자의 분량에 따라 大經 · 中經 · 小經으로 분류한다. 宋代에는 『黃帝內經』 · 『道德經』 · 『周易』 등이 大經에 속하였고, 『孟子』 · 『莊子』 · 『列子』 · 『春秋穀梁傳』 · 『春秋公羊傳』 · 『尙書』 등이 小經에 포함되었다. 육상산이 小經에 대한 생각을 정리하였다는 기록은 『육상산집』이나 「연보」에 명확하지 않다. 다만 「연보」에 象山精舍에서 강학활동을 펼칠 당시 『춘추』에 대한 주석서를 쓰려 했지만 知荊門軍이라는 관직을 명받아 이루지 못하였다는 기록이 있는 것으로 보아,[『陸九淵集』권36, 「年譜」, 506쪽: 光宗皇帝即位, 詔先生知荊門軍. 先生始欲著書, 嘗言諸儒說『春秋』之謬尤甚於諸『經』, 將先作傳. 值得守荊之命而不果.] 그가 지은 小經에 대한 저작은 이것을 일컫는 것으로 추정된다.

[5-214] 王遇子合[1]問 "學問之道何先?" 曰 "親師友, 去己之不美也. 人資質有美惡, 得師友琢磨, 知己之不美而改之." 子合曰 "是, 請益." 不答. 先生曰 "子合要某說性善性惡, 伊洛釋老, 此等話不副其求, 故曰 '是'而已. 吾欲其理會此說, 所以不答."

번역 王遇 子合이 학문의 도는 무엇을 먼저 해야 하는지 묻자, 선생께서 말하였다. "스승과 벗을 가까이하면서 자기의 잘못된 점을 제거해야 한다. 사람의 자질에는 좋고 나쁜 차이가 있으므로, 스승과 벗을 얻어 절차탁마하며 자기의 좋지 못한 점을 알아 고쳐야 한다." 자합이 말하였다. "그렇습니다. 더 자세히 말해 주실 수 있는지요." 선생께서 대답하지 않다가, 말하였다. "자합은 내가 性善·性惡 등의 인간본성에 대한 문제나 伊川·불교·노자 등의 학설에 대해 말하기를 바라고 있다. 이런 말은 그의 요구에 부합되지 않아서, 그저 '그렇습니다'라고 말한 것이다. 나는 그가 이런 말의 본의를 이해하기 원했기 때문에 대답하지 않았다."

주석 1_ 王遇子合: 遇는 이름이고, 字는 子合이다. 子正이라고도 한다. 世人들은 東湖先生이라 불렀다. 龍溪사람이다. 진사시험에 甲科로 급제하였고, 太學博士·諸王宮教授·右司郎中·戶部郎中 등을 역임하였다. 『宋元學案』에서는 주자의 문인이자 張栻과 呂祖謙의 문인으로 분류하였다.[受學於朱·張·呂之門, 而與廖溪·黃勉齋·陳北溪友善.] 반면 『陸子學譜』는 처음에 주자를 사사했지만, 훗날 육상산에게 배웠고, 또 "子合과 文達公은 같은 해 진사가 되어 자주 江西에서 벼슬하였기 때문에, 陸子에게 배웠다."[子合與文達公爲同年進士, 又屢仕於江西, 故問學於陸子.]고 적고 있다. 저서로는 『論孟講義』·『兩漢博議』가 있다.

象山語錄 譯註

6 門人 詹阜民 子南 所錄

이 부분은 육상산 문인 詹阜民이 기록한 어록을 모아 놓은 것이다. 본래 그가 기록한 어록 말미에 '右門人詹阜民子南所録'이라 표기되어 있는데, 구분의 편의를 위해 앞으로 옮기고 표제로 삼았다. 첨부민이 기록한 어록은 모두 6조목이고, 육상산과 직접 주고받은 문답 내용으로 이루어져있다.

첨부민의 字는 子南이고, 號는 默信이다. 宗正寺丞·駕部郎中·知徽州府 등의 관직을 역임하였다. 처음에는 張栻을 따라 배웠고, 순희10년(1183) 겨울 육상산이 勅令所의 删定官으로 발령을 받고 제현들과 교류하며 강학활동을 할 당시 명성을 듣고 찾아와 배움을 청했다고 한다.[『陸九淵集』권36, 「年譜」, 494~495쪽: 淳熙十年癸卯(1183), 先生四十五歲, 在國學. … 冬, 遷勅令所删定官. 先生在勅局, 同志之士, 相從講切不替, 僚友多賢, 相與問辯, 大信服. … 嚴陵詹子南侍學.] 그가 기록한 「어록」에는 당시 학자들이 지엽적인 공부에 빠져 그릇된 식견을 가지자, 이를 안타깝게 여긴 자신은 책을 버리고 본심을 자각하는 데 주력하였고, 보름 넘게 혼자 방에 틀어박혀 본심을 확립하려 애썼다고 적고 있다. 그래서인지 『宋元學案』에서는 그의 말이 점차 頓悟에 가깝게 변하여, 楊簡의 저작인 『慈湖遺書』의 말투와 비슷해졌다고 평가하고 있다.[子南所言, 漸近頓悟, 絕類『慈湖遺書』中語] 「연보」에는 육상산 사후 그가 작성한 제문이 남아 있다. “선생께서는 다양한 방법으로 가르침을 베푸셨다. 그 핵심은 사람들이 스스로를 돌아보고 본질에 힘쓰도록 하는 것이고, 세습을 씻고 사설을 지리하다 여기고 본심을 스스로 터득하게 하였다. 선한 단서가 이미 드러나고 일용지간에 무궁하게 되면 선생의 공을 알 수 있을 것이다.”[『陸九淵集』권36, 「年譜」, 516쪽: 先生設教, 固亦多術, 其要使人, 反躬務實. 一洗世習, 詞說支離, 達其本心, 使自得之. 善端既著, 日用不窮, 夫然後知先生之功.]

[6-1] 阜民癸卯十二月初見先生[1], 不能盡記所言. 大旨云 "凡欲爲學, 當先識義利公私之辨. 今所學果爲何事? 人生天地間, 爲人自當盡人道. 學者所以爲學, 學爲人而已, 非有爲也." 又云 "孔門弟子如子夏・子游・宰我・子貢, 雖不遇聖人, 亦足號名學者, 爲萬世師. 然卒得聖人之傳者, 柴之愚, 參之魯.[2] 蓋病後世學者溺於文義, 知見繳繞, 蔽惑愈甚, 不可入道耳." 阜民既還邸, 遂盡屏諸書. 及後來疑其不可, 又問, 先生曰 "某何嘗不教人讀書, 不知此後煞有甚事."

번역 나는 癸卯年(1189) 12월 선생을 처음 뵈었는데, 말씀하신 것을 모두 받아 적을 수 없었다. 대략적인 뜻은 "배우려고 한다면 반드시 먼저 내 뜻이 義에 있는지 利에 있는지 公에 있는지 私에 있는지 구분할 줄 알아야 한다. 지금 사람들이 배우는 것은 과연 무언인가? 사람이 천지간에 태어나 사람으로서 스스로 마땅히 사람의 도리를 다해야 한다. 학자가 배우는 까닭은 사람됨을 배우는 것일 뿐이지, 또 다른 무언가 할 것이 있는 것이 아니다." 또 말하였다. "공자 제자 중에 子夏・子游・宰我・子貢과 같은 자는 비록 성인의 경지에 도달하지 못했지만, 명망 높은 학자로 이를 만하고 만세의 사표가 되기에 충분하다. 그러나 끝내 성인의 전함을 얻은 자는 우직한 子羔와 노둔한 曾參이다. 대체로 병통은 후대 학자들이 문자 의미해석과 같은 지엽적인 것에 빠져 識見이 명확하지 않고 폐단과 의혹이 더욱 심해져 도에 들어갈 수 없는데 있을 뿐이다." 이에 나는 집으로 돌아가 많은 책을 치워 버렸다. 훗날 이렇게 하는 것이 잘못된 것이라는 의문이 들어 또 선생께 물었다. 그러자 선생은 "내가 언제 사람들에게 독서하지 말라고 하였느냐! 이것을 모른다면 도대체 앞으로 무슨 일을 감당하겠느냐."라고 질책하였다.

주석 1_ 阜民癸卯十二月初見先生: 癸卯十二月은 淳熙10년(1183) 겨울로, 國學에서 1년 3개월간 春秋를 강의하였던 육상산이 勅令所의 刪定官으로 발령을 받은 시기이다. 이곳에서 그는 순희13년(1186) 給事中을 역임하고 있던 王信 등에게 탄핵을 받아 관직생활을 마감하기 전까지 뜻을 공유하는 학자들과 쉼 없이 절차탁마하였고, 동료 및 여러 현인들이 서로 물어 변론하는 과정을 겪으면서 크게 믿고 따랐다.[『陸九淵集』권36, 「年譜」, 495쪽: 先生在勅局, 同志之士, 相從講切不替, 僚友多賢, 相與問辯, 大信服.]

2_ 柴之愚, 參之魯: 『論語』「先進」에 보인다. "柴는 우직하고, 參은 우둔하며, 師는 꾸밈이 심하고, 由는 거칠었다. 공자가 말하였다. '回는 거의 道에 가까웠는데 자주 쌀독이 비었다. 賜는 명을 받아 벼슬한 것은 아니지만 재산을 늘렸고, 생각한 것이 자주 들어맞았다.'"[柴也愚, 參也魯, 師也辟, 由也喭. 子曰: "回也其庶乎, 屢空. 賜不受命, 而貨殖焉, 億則屢中."] 柴는 이름이고, 姓은 高이며, 字는 子羔이다. 『史記』「仲尼弟子列傳」에 의하면 공자보다 30세 연하라 한다. 자로가 費땅의 재상으로 추천했다는 기록이 「先進」에 보인다. 그 외에는 아무런 행적도 『논어』에 보이지 않는다. 參은 曾參이다. 黃侃의 『論語義疏』에 인용된 王弼의 설명에 의하면 愚는 仁을 좋아함이 지나친 것이고, 魯는 바탕이 꾸밈보다 나은 것이라고 한다. 師는 子張이고, 辟은 그 꾸밈이 심한 것이다. 由는 子路이고, 喭은 거칠고 사나운 것을 이른다.

[6-2] 某方侍坐, 先生遽起, 某亦起. 先生曰 "還用安排否?"[1]

번역 내가 선생을 모시고 앉아 있었는데 선생께서 갑자기 일어나시자 나도 따라 일어났다. 그러자 선생께서 말하였다. "무엇을 더 설명할 필요가 있는가?"

주석 1_ 某方侍坐 … 還用安排否: 이 부분은 知와 行이 비록 '先後'의 구분이

있다 할지라도, 먼저 확립한 앎인 '본심'은 어떠한 인위적 노력을 가하지 않고도, 순간순간 마주하는 사물의 참모습에 적절한 이치를 드러내고 또 그 상황에 맞게 도덕적 행위를 유도하는 '知行合一'적 특징이 있음을 말한 것이다. 육상산은 말하였다. "옳음을 드러내 그름을 제거하고, 잘못을 고쳐 선에 옮기는 것은 천세불변의 떳떳한 말이다. 그름을 제거하지 못하면 어떻게 옳음을 드러낼 수 있겠으며, 잘못을 고치지 못하면 어떻게 선을 실천할 수 있겠는가? 또 그름을 알지 못하면 어찌 그름을 제거할 수 있겠으며, 잘못을 알지 못하면 어떻게 잘못을 고칠 수 있겠는가? 스스로 그름을 안다고 하면서 그것을 제거하지 못하면 이것은 그름을 아는 것이 아니고, 스스로 잘못을 안다고 하면서 그것을 고치지 못하면 이것은 잘못을 아는 것이 아니다. 참으로 그름을 안다면 제거하지 못함이 없을 것이고, 참으로 잘못을 안다면 고치지 못함이 없을 것이다. 사람들의 근심은 그 그름을 알지 못하고 그 잘못을 알지 못하는 데 있을 뿐이다. 배우는 자가 귀하게 여기는 것은 바로 그 앎을 지극히 하고 그 잘못을 고치는 데 있다."[『陸九淵集』권14, 「與羅章夫」, 185쪽: 著是去非, 改過遷善, 此經語也. 非不去, 安能著是, 過不改, 安能遷善? 不知其非, 安能去非, 不知其過, 安能改過? 自謂知非而不能去非, 是不知非也, 自謂知過而不能改過, 是不知過也. 真知非則無不能去, 真知過則無不能改. 人之患, 在不知其非不知其過而已. 所貴乎學者, 在致其知, 改其過.] 스스로 그릇됨이나 잘못을 안다고 하면서도 제거하거나 고치지 않는다면 이것은 참으로 아는 것이 아니다. '참으로 안다(眞知)'고 하는 것은 본질적으로 실천(行)이 수반되었을 때 가능하다. 이는 본심에 지행합일의 특성이 내포되어 있다는 말이다. 물론 본심이 확립되었다 하더라도 실천에 옮기지 못하는 경우도 있다. 이는 순간 사욕에 이끌려 회복한 본심을 금새 잃어버렸기 때문이다. 배우는 자가 유념해야 할 것은 바로 본심을 회복하여 그릇됨과 잘못을 제대로 아는 것이고(致其知), 그 앎을 끝까지 실천하여 옳음과 선을 드러내고 실천하는 것(改其过)이다. 따라서 여기서 육상산이 갑자기 일어나자 첨부민이 바로 따라서 일어났다는 것은, 스승에 대한 공경심의 표현이다. 본심은 어떠한 인위적 노력을 가하지 않고도 그 상황에 맞는 도덕적 행동을 유도한다. 만일 억지로 바른 행동을 하려한다면, 이는 아직 본심이 확립되지 않은 것이다.

[6-3] 先生舉'公都子問鈞是人也'[1]一章云 "人有五官[2], 官有其職, 某因思是便收此心, 然惟有照物而已." 他日侍坐無所問, 先生謂曰 "學者能常閉目亦佳." 某因此無事則安坐瞑目, 用力操存, 夜以繼日. 如此者半月, 一日下樓, 忽覺此心已復澄瑩中立, 竊異之, 遂見先生. 先生目逆而視之曰 "此理已顯也."[3] 某問先生 "何以知之?" 曰 "占之眸子而已." 因謂某 "道果在邇乎!" 某曰 "然. 昔者嘗以南軒張先生所類『洙泗言仁』書考察之, 終不知仁, 今始解矣."[4] 先生曰 "是即知也, 勇也." 某因言而通, 對曰 "不惟知勇, 萬善皆是物也."[5] 先生曰 "然, 更當爲說存養一節[6]."

번역 선생께서 『孟子』의 '公都子가 모두 사람인데 어째서 차이가 나는가'를 물어본 章을 들어, "사람은 다섯 가지 감각기관을 타고나는데, 그 기관들은 제각기 역할이 있다. 나는 그래서 마음의 기능인 생각이 이 마음을 수습하는 것이라 본다. 물론 그것은 오직 사물을 있는 그대로 비추는 것일 뿐이다."라고 하였다. 어느 날 선생을 모시고 앉아 있다가 질문이 없자, 선생은 "학자가 자주 눈을 감고 생각에 잠길 수 있으면 역시 좋다."라고 하였다. 나는 이에 일이 없으면 편안하게 눈을 감고 앉아 힘써 마음을 보존하였고, 밤낮을 가리지 않고 계속하였다. 이렇게 보름을 넘게 지속하였는데 하루는 서재에서 나오다가 홀연히 이 마음이 이미 회복되어 맑고 투명하고 中正하게 되었음을 느꼈다. 이를 이상하게 여겨 바로 선생을 찾아뵈었다. 선생은 눈을 똑바로 응시하며 말하기를 "이 理는 이미 체현되었다." 내가 어떻게 그것을 아느냐고 묻자, 선생은 "눈동자에 쓰여 있을 따름이다."고 말하였다. 이어 나에게 "道는 과연 가까운 곳에 있구나!"라고 하여, 나는 "그렇습니다. 예전에 南軒선생이 『논어』에서 仁에 대해 논한 것을 분류하여 편찬한 『洙泗言仁錄』을 가지고 고찰한 적이 있지만, 끝내 仁에 대해 알지 못하였습니다. 그런데 이제야 비로소 이해하였습니다."라고 대답하였다. 선생은 "이것이 知이고 勇이기도 하다." 나는 선생의 말을 듣고 깨닫고, 대답하였다. "지와 용일뿐만 아니라, 모든 善이 이 마음(物)이겠습니다." 선생이 말하였다. "그렇다. 하지만 또 存心과 養性 구절을 함께 이야기해야 한다."

주석

1_ 公都子問鈞是人也: 『孟子』「告子(上)」에 보인다. 공도자가 다 같은 사람인데 어떤 사람은 대인이 되고, 어떤 사람은 소인이 되는 이유를 묻자, 맹자는 "마음을 따르는 이는 대인이 되고, 귀와 눈의 욕심을 따르는 이는 소인이 된다."고 하였다. 또 다 같은 사람인데 왜 이런 차이가 나는지 묻자, 맹자는 눈 · 코 · 귀 · 입과 달리 마음은 생각하는 기능을 지니고 있으므로, 선험적인 본심을 생각하면 얻게 되고 생각하지 않으면 얻지 못한다고 말하였다.[公都子問曰 "鈞是人也, 或爲大人, 或爲小人, 何也?" 孟子曰 "從其大體爲大人, 從其小體爲小人." 曰 "鈞是人也, 或從其大體, 或從其小體, 何也?" 曰 "耳目之官不思, 而蔽於物, 物交物, 則引之而已矣. 心之官則思, 思則得之, 不思則不得也. 此天之所與我者, 先立乎其大者, 則其小者弗能奪也. 此爲大人而已矣."]

2_ 五官: 다섯 가지 감각 기관으로, 일반적으로 눈 · 코 · 귀 · 입 · 피부를 일컫지만, 여기서는 마음이 포함된 다섯 가지 감각기관을 말한다. 육상산은 일찍이 "사람이 나무나 돌이 아닌데 어찌 마음이 없을 수 있겠는가? 마음은 五官 중에서 가장 존귀하고 크다."[『陸九淵集』권11, 「與李宰」: 人非木石, 安得無心? 心於五官最尊大.]라고 말하였다.

3_ 先生擧…此理已顯也: 「연보」에서는 이 부분이 다소 함축적으로 기록되어 있다. "선생이 『孟子』의 '鈞是人也' 장을 들어 '반드시 먼저

마음의 기관이 제 역할을 소홀하게 해서는 안 된다.'고 강조하였다. 子南이 이에 이 마음을 수습하였다. 이렇게 반달을 지속하였는데, 어느 날 서재에서 내려오다가 갑자기 이 마음이 이미 회복되어 맑고 투명하게 되었음을 느껴, 정원 가운데 서 있다가 바로 선생을 찾아뵈었다. 그러자 선생은 눈을 똑바로 응시하며 '이 理는 이미 체현되었다.'고 말하였다."[『陸九淵集』권36, 「年譜」, 495쪽: 先生舉『孟子』'鈞是人也'一章云 "須先使心官不曠其職." 子南因是便收此心, 如此半月, 一日下樓, 忽覺此心已復澄瑩, 中立遂見先生. 先生目逆而視之曰 "此理已顯也."]

4_ 昔者嘗以南軒張先生 … 今始解矣: 『洙泗言仁』은 張栻이 편찬한 『洙泗言仁錄』을 가리킨다. 장식과 육상산의 관계 및 관점의 차이에 대해서는 '2-14 (1)번 주석'과 '1-111 (1)번 주석'에서 상세히 설명하였다. 첨부민은 장식을 스승으로 모시고 배움을 구했지만, 공자사상의 핵심은 仁을 터득하지 못하였다. 장식은 본심을 실천하는 力行의 방법도 중요하지만, 무엇을 해야 할 것인가를 아는 致知 공부가 우선되어야 하고, 독서나 格物窮理의 노력이 필요하다고 주장하였지만, 첨부민은 오히려 육상산이 제시한 마음을 직관하고 본심을 확립하는 공부를 통해 비로소 공자가 말한 仁에 대해 깨달았다고 고백한 것이다.

5_ 即知也勇也 … 萬善皆是物也: '知也勇也'는 군자가 지녀야 할 三達德을 일컫는다. 『論語』「子罕」에 군자가 지녀야 할 세 가지 道에 대한 언급이 나온다. "군자의 도는 세 가지가 있는데 나는 아직도 그것을 행하지 못하고 있다. 어진 사람은 근심하지 않고, 지혜 있는 사람은 미혹되지 않고, 용감한 사람은 두려워하지 않는다."[君子道者三, 我無能焉. 仁者不憂, 知者不惑, 勇者不懼.] 「中庸」에도 "배움을 좋아하는 것은 知에 가깝고, 힘써 행하는 것은 仁에 가깝고, 부끄러움을 아는 것은 勇에 가깝다."[好學近乎知, 力行近乎仁, 知恥近乎勇.]고 하여 智仁勇은 군자의 三達道라고 말하고 있다.

6_ 存養一節: 『孟子』「告子(上)」에 보인다.[孟子曰 "盡其心者, 知其性也, 知其性則知天矣. 存其心, 養其性, 所以事天也. 殀壽不貳, 修身以俟之, 所以立命也."] 육상산은 본심을 자각하여 회복하는 것도

중요한 공부이지만, 무엇보다 이 마음을 잃지 않도록 보존하여 길러 나가는 공부가 지속되어야 비로소 聖學을 완성할 수 있다고 보았다.

[6-4] 先生曰 "讀書不必窮索, 平易讀之, 識其可識者, 久將自明, 毋耻不知. 子亦見今之讀書談經者乎? 歷叙數十家之旨而以己見終之. 開闢反覆, 自謂究竟精微, 然試探其實, 固未之得也, 則何益哉?"

번역 선생께서 말하였다. "독서할 때 반드시 치밀하게 탐색할 필요는 없다. 쉬운 곳부터 읽어 나가고 알 수 있는 것만 이해하고 나면, 시간이 지나면서 저절로 분명해지니 모르는 것에 대해 부끄럽다고 여기지 말라. 자네도 지금 사람들이 독서하고 경전을 논하는 것을 보지 않았느냐? 수십 명의 주석가들의 뜻을 일일이 서술하면서 자기의 견해로 끝을 맺는다. 또 반복적으로 자기 견해를 서술하고 남의 관점을 비판하면서, 스스로 정미하고 은미한 도를 완벽하게 밝혔다고 자부한다. 그러나 그 실제를 분석해 보면 근본적으로 아직 터득하지 못한 것이니, 그렇게 한들 어떤 이로움이 있겠는가?"

[6-5] 乙巳十二月, 再入都見先生.[1] 坐定, 曰 "子何以束縛如此?" 因自吟曰 "翼乎如鴻毛遇順風, 沛乎若巨魚縱大壑, 豈不快哉?" 既而以所記管窺諸語請益. 一二日, 再造, 先生曰 "夜來與朋友同看來, 却不是無根據說得出來. 自此幸勿輟錄. 他日亦可自驗."

번역 乙巳年(1185) 12월, 다시 京城에 가서 선생을 뵈었다. 자리 잡고 앉더니 "자네는 어째서 이렇게 자네를 속박하는가?"라고 물었다. 그러더니 읊조리기를 "기러기 털이 순풍을 만나듯 유유히 날아다니고, 거대한 물고기가 큰물에서 뛰듯 왕성하게 행동하니, 어찌 통쾌하지 않겠는가?"라고 하였다. 얼마 후 그간 지은 좁은 소견의 말들을 보이고 가르침을 청했다. 하루 이틀이 지난 후 다시 찾아뵈자, 선생께서 말하였다. "지난밤 벗들과 함께 자네가 쓴 글들을 읽어 보았다. 분명 근거 없이 말할 수 있는 것이 아님을 알았다. 이제부터 쓰는 것을 멈추지 말라. 훗날 스스로 점검할 수 있을 것이다."

주석 1_ 乙巳十二月, 再入都見先生: '乙巳十二月'은 淳熙 12년(1185) 12월을 가리킨다. 「연보」에서는 첨부민이 순희10년(1183) 겨울 勅令所 刪定官을 역임하고 있던 육상산을 처음 찾아가 스승으로 모셨고, 2년 후 다시 배움을 청하였다고 적고 있다.[『陸九淵集』권36, 「年譜」, 493~495쪽: 淳熙十年癸卯(1183), 先生四十五歲, 在國學. … 嚴陵詹子南侍學. 阜民初見先生, 不能盡記所言.]

[6–6] 某嘗問"先生之學亦有所受乎?" 曰"因讀孟子而自得之."[1]

번역 나는 전에 선생의 학문이 또한 누구에게 전해 받은 것이 있는지 물었다. 선생께서 "맹자를 읽고 스스로 터득한 것이다."라고 말하였다.

주석 1_ 某嘗問 … 因讀孟子而自得之: 「연보」에서는 첨부민이 이 질문을 던진 시기를 淳熙12년(1185)으로 기록하고 있다.[『陸九淵集』권36, 「年譜」, 498쪽: 淳熙十二年乙巳, 先生四十七歲. 在敇局. … 詹子南問學. 子南嘗問"先生之學亦有所受乎?" 曰"因讀孟子而自得之於心也."]

7 黃元吉 荆州日錄

이 부분은 육상산이 荊州에서 언급한 내용을 黃元吉이 기록한 어록이다. 『象山語錄』을 간행한 陳塤은 다른 제자들이 정리한 어록 말미에 누가 기록한 것인지 출처를 밝혀 놓았지만, 이 부분은 앞에 "昔者先生來自金邑, … 其可不傳耶? - 黃元吉"이 먼저 나오고, '荊州日錄'의 표제가 나온다.

아마도 황원길은 荊州日錄을 시작하기에 앞서 간략한 서문을 작성하여 육상산 가르침의 핵심내용과 어록이 후세에 전해져야 하는 당위성을 설명한 후, 자신이 기록했음을 밝힌 것으로 보인다. 여기서는 황원길이 작성한 荊州日錄임을 알기 쉽게 하기 위해, '黃元吉 荆州日録'으로 표기하였다. 또 그가 작성한 서문은 어록이 아니지만, 자료인용의 편의를 위해 어록에 포함시켜 '7-1'로 편제하고 역주하였다.

황원길은 육상산 둘째형 陸九叙의 사위로, 이름은 叔豊이고 元吉은 字이다. 金溪 사람이다. 「語錄」에 육상산의 그에 대한 평가가 수록되어 있다. "嚴松이 오늘날 학자다운 이로 누구를 들 수 있는지 묻자, 선생은 손가락을 꼽으며 傅子淵을 가장 으뜸에 두었고, 鄧文範은 그 다음에, 傅季魯와 黃元吉은 또 그 다음에 두었다."[『陸九淵集』권

34, 「語錄(上)」, 422쪽: 松問先生, "今之學者爲誰?" 先生屈指數之, 以傅子淵居其首, 鄧文範居次, 傅季魯 · 黃元吉又次之.] "원길은 나를 따른 지 15년이 되었다. 초기 몇 년은 바깥 것을 좇는 병통이 있었고, 중간 몇 년은 줄곧 불만족스러운 곳으로 빠져들었다가 몇 년 지나서는 또 안락함만을 추구하는 곳에 빠져들었다. 최근 몇 년 힘들여 그를 훈련시켰으나, 벽보고 서서 의지할 곳이 없는 것처럼 보였다. 원길은 열심히 배웠지만 잘 묻지 않았다. 이에 나는 여러 지역의 학자들을 오게 하여 절차탁마하며 배우기를 권하였고, 여러 학생들이 질문하면 나는 일일이 분석하여 설명해 주었다. 이렇게 하자 어느 날 원길이 홀연히 옆에서 듣다가 깨달은 바가 있었다. 이것이 원길이 잘 배우는 지점이다."[『陸九淵集』권34, 「語錄(上)」, 423쪽: 元吉得老夫鍛煉之力. 元吉從老夫十五年, 前數年病在逐外, 中間數年, 換入一意見窠窟去, 又數年, 換入一安樂窠窟去, 這一二年, 老夫痛加鍛煉, 似覺壁立無由近傍. 元吉善學, 不敢發問. 遂誘致諸處後生來授學, 却教諸生致問, 老夫一一爲之問剝, 元吉一旦從傍忽有所省. 此元吉之善學.]

황원길이 기록한 어록은 모두 59조목이다.

[7-1] 昔者先生來自金邑, 率僚友講道於白鹿洞[1], 發明'君子喻於義, 小人喻於利'一章之旨, 且喻人之所喻由其所習, 所習由其所志, 甚中學者之病.[2] 義利之說一明, 君子小人相去一間, 豈不嚴乎? 苟不切己觀省, 與聖賢之書背馳, 則雖有此文, 特紙上之陳言耳. 括蒼高先生[3]有言曰 "先生之文如黃鍾大吕[4], 發達九地, 真啓洙泗鄒魯之秘[5], 其可不傳耶?"[6]

번역 예전에 선생께서 金鷄에서 와서 동료들을 데리고 백록동서원에서 강의하여 『論語』「里仁」편의 '君子喻於義, 小人喻於利' 장의 뜻을 밝히면서, 또 당시 사람들이 평소 밝은 것은 습관에서 비롯되고, 습관은 또 뜻하는 것에서 비롯됨을 밝혀 학자들의 병통을 매우 정확하게 지적하였다. 義利에 대한 설이 밝게 드러났고, 군자와 소인의 차이도 조금 있으니, 어찌 엄격하지 않을 수 있겠는가? 만일 절실하게 자신을 살피지 않고, 성현의 책과 어긋난 행동을 한다면, 비록 이러한 글이 있더라도 그것은 단지 종이 위에 써 내려간 말에 해당할 뿐이다. 括蒼의 高先生이 선생의 문집 跋文에서 "선생님의 학문은 黃鐘大呂처럼 正大하여 천하에 이르렀으니, 진실로 공자와 맹자의 핵심 가르침을 계발하였다고 할 수 있다. 그러니 후세에 전해지지 않을 수 있겠는가?"라고 하였다.

주석 1_ 昔者先生來自金邑, 率僚友講道於白鹿洞: 주자의 요청으로 기록을 남긴 「白鹿洞書院講義」에서는 "淳熙 8년(1181) 2월, 육상산은 제자 朱克家·陸麟之·周清叟·熊鑑·路謙亨·胥訓 등을 데리고 金谿에서 왔고, 2월 10일에는 주자가 여러 동료와 제자들과 함께 백록동서원에 모인 후, 학자들을 경계할 말씀 한 마디를 청하였다."고 적고 있다.[『陸九淵集』권23, 「白鹿洞書院講義」, 276쪽: 淳熙辛丑春二月, 陸兄子靜來自金谿, 其徒朱克家·陸麟之·周清叟·熊鑑·路謙亨·胥訓實從. 十日丁亥, 熹率寮友諸生, 與俱至於白鹿書院, 請

得一言以警學者.] 백록동 서원에서의 朱陸會合에 대해서는 '2-55 (2)번 주석'에서 상세히 설명하였다.

2_ 發明君子喩於義 … 甚中學者之病: '君子喩於義, 小人喩於利'은『論語』「里仁」에 보인다. 백록동서원에서 강의한 내용은 육상산이 작성한「白鹿洞書院講義」에 상세히 기록되어 있다. "공자께서 '군자는 의로움에 밝고, 소인은 이익에 밝다'고 하셨습니다. 이 장은 의리로써 군자와 소인을 판단하는 것을 말한 것으로, 그 의미가 분명하지만 그것을 읽는 사람들이 만일 자신에게 절실하게 하여 살피지 않는다면 아마도 유익함이 있을 수 없을 것입니다. 저는 평소 이 장을 읽으면서 느낀 바가 있었습니다. 생각해 보건대 배우는 사람들은 이곳에서 마땅히 그 뜻을 분별해야 합니다. 사람이 밝게 아는 것은 그 익히는 것에서 비롯되고, 그 익히는 것은 그 뜻하는 것에서 말미암습니다. 의에 뜻을 두면 익히는 것이 반드시 의로움에 있을 것이고, 익히는 것이 의로움에 있으면 이에 의에 밝을 것입니다. 반면 利에 뜻을 두면 익히는 것이 반드시 이로움에 있을 것이며 익히는 것이 이로움에 있으면 이에 이익에 밝을 것입니다. 그러므로 배우는 사람들의 뜻은 분별하지 않을 수 없습니다."[『陸九淵集』권23,「白鹿洞書院講義」, 275쪽: 子曰 '君子喩於義, 小人喩於利.' 此章以義利判君子小人, 辭旨曉白, 然讀之者苟不切己觀省, 亦恐未能有益也. 某平日讀此, 不無所感, 竊謂學者於此, 當辨其志. 人之所喩由其所習, 所習由其所志. 志乎義, 則所習者必在於義, 所習在義, 斯喩於義矣. 志乎利, 則所習者必在於利, 所習在利, 斯喩於利矣. 故學者之志不可不辨也.]

3_ 括蒼高先生: 括蒼 사람 高商老를 지칭한다. 進士第에 급제하였고, 撫州守를 역임하였다.「연보」에 의하면, 그가 嘉定 연간『復齋集』을 간행하고 서문을 작성하였고,[『陸九淵集』권36,「年譜」, 480쪽: 嘉定間, 撫州守高商老, 刊文集于郡治, 自爲序.] 開禧 3年(1207)에는『象山文集』을 郡庠에서 간행하였다. 跋文에서 그는 "공자의 가르침은 제자들이 분발하고 애태워 계발시켰고, 공맹의 책은 心慮를 困衡케 하며 분발하여 깨달았는데, 이 학문이 오래되자 전해지지 않았는데, 유독 상산선생이 천년동안 단절된 가르침을 가장 절

실하게 깨달았다. 이에 선생의 말을 듣는 이들은 대부분 감동받고 계발하였다."[『陸九淵集』권36, 「年譜」, 518~519쪽: 開禧三年丁卯, 秋九月庚子, 撫州守括蒼高商老刊先生文集于郡庠. 跋云 "洙泗之教, 憤悱啓發, 鄒魯之書, 困衡作喻. 此學久矣無傳, 獨象山先生得之千載之下, 最爲要切. 是以聽其言者類多感發.]고 하고, 후학들이 직접 가르침을 받는 것처럼 문집을 공경스럽게 읽어 학문의 발전을 도모해야 한다고 당부하였다.

4_ 黃鐘大呂: 古樂의 音律은 12율로 구성되었는데, '黃鐘'은 음악의 시작을 의미하므로, 12율 가운데 첫 번째 율을 가리킨다. 또 12율을 음양으로 나누어 각각 6율에 배속시키고, 6陰을 '呂'라 하였고, 네 번째 陰律을 '大呂'라 하였다. '黃鐘大呂'는 음악이나 언행이 장중하고 正大하며 조화로운 것을 의미한다.

5_ 洙泗鄒魯之秘: '洙泗'는 曲阜지역을 관통하고 있는 洙水와 泗水로 공자를 상징하며, '1-91 (1)번 주석'에서 설명하였다. '鄒魯'는 鄒人인 맹자와 魯人인 공자를 지칭하며, '洙泗鄒魯之秘'는 공맹의 핵심 가르침을 말한다.

6_ 先生之文 … 其可不傳耶: 「年譜」를 보면, 開禧3年(1207)에 高商老가 간행한 『象山文集』 跋文이 수록되어 있다.[『陸九淵集』권36, 「年譜」, 518~519쪽: 開禧三年丁卯, 秋九月庚子, 撫州守括蒼高商老刊先生文集于郡庠. 跋云 "洙泗之教, 憤悱啓發, 鄒魯之書, 困衡作喻. 此學久矣無傳, 獨象山先生得之千載之下, 最爲要切. 是以聽其言者類多感發. 『書』曰 '惟文王之敬忌', 先生之書, 如黃鍾太呂, 發達九地, 真啓洙泗鄒魯之祕, 其可以不傳耶? 商老嘗從先生游, 頗自奮勵今老矣, 學不加進. 爲州鄭卿愧於簿領之外, 效如捕風, 因刻之郡庠, 以幸後學."]

[7-2] 爲學患無疑, 疑則有進. 孔門如子貢即無所疑, 所以不至於道. 孔子曰 '女以予爲多學而識之者歟?' 子貢曰 '然.' 往往孔子未然之, 孔子復有'非與'之問[1]. 顔子 '仰之彌高', '末由也已'[2], 其

疑非細, 甚不自安, 所以其殆庶幾乎.

번역 배움은 의문이 없는 것을 걱정해야 하니, 의문을 품으면 진보하게 된다. 공자 문하에서 자공 같은 자는 의문이 없었으므로 도에 이르지 못했다. 공자가 '너는 내가 많은 것을 배워서 기억하는 자라고 생각하느냐?'라고 묻자, 자공은 그렇다고 대답하였다. 공자는 자주 그렇지 않다고 하였는데, 자공은 또 '그렇지 않습니까'라고 되물었다. 반면 안연은 '우러러보니 더욱 높고', '어떻게 따라야 할지 모르겠다'고 말하였다. 그 의문이 작지 않았고, 실천하지 못하면 크게 불안해 했기 때문에, 그가 도를 거의 체득한 것이다.

주석

1_ 女以予爲多學 … 非與之問: 『論語』「衛靈公」에 보인다. "공자께서 말씀하셨다. '사야! 너는 내가 많이 배우고 그것을 기억하는 자라고 여기느냐?' 자공이 대답하였다. '그렇습니다. 아닙니까?' 공자께서 말씀하셨다. '아니다. 나는 하나의 이치로 모든 일을 꿰뚫었을 뿐이다.'"[子曰 "賜也, 女以予爲多學而識之者與?" 對曰· "然. 非與?" 曰 "非也, 予一以貫之."] 이 구절에서 '孔子復有非與之問'의 '孔子'는 '子貢'의 오자로 판단된다. 해석에서는 바로잡아 번역하였다.

2_ 顔子仰之彌高末由也已: 『論語』「子罕」에 보인다. "우러러보니 더욱 높고, 뚫으려 하니 더욱 단단하며, 바라보니 앞에 있더니 홀연히 뒤에 있도다. 선생님께서 차근차근히 사람을 잘 이끄시어 문으로써 나를 넓혀주시고 예로써 나를 다듬어 주셨다. 그만두고자 해도 그만둘 수 없어 이미 나의 재주를 다하니, 서 있는 것이 우뚝한 듯하다. 아무리 따르고자 하나 어떻게 따라야 할지 모르겠다."[顔淵喟然歎曰 "仰之彌高, 鑽之彌堅, 瞻之在前, 忽焉在後. 夫子循循然善誘人, 博我以文, 約我以禮. 欲罷不能, 旣竭吾才, 如有所立卓爾. 雖欲從之, 末由也已."]

[7-3] 學問須論是非, 不論效驗. 如告子先孟子不動心, 其效先於孟子[1], 然畢竟告子不是.

번역 학문은 반드시 옳고 그름을 논해야 하지, 효험을 논해서는 안 된다. 예를 들어 고자가 맹자보다 먼저 부동심을 이루었고 효험도 맹자보다 빨랐지만, 결국 고자는 부동심을 이룬 것이 아니었다.

주석 1_ 如告子先孟子不動心, 其效先於孟子: 『孟子』「公孫丑(上)」에 보인다. 맹자는 제자 공손추가 만일 지위를 얻어 王業이든 霸業이든 이루게 된다면 마음이 동요하는지 묻자, 자신은 不惑의 나이라 흔들리지 않는다고 말하였다. 부동심의 경지는 北宮黝·孟施舍뿐만 아니라 告子도 먼저 이룰 정도로 쉽지만, 자신은 '知言'과 '養浩然之氣'를 통해 본심이 동요하지 않는 부동심을 이루었다고 자부하였고, 고자의 義外說을 비판하였다.[公孫丑問曰 "夫子加齊之卿相, 得行道焉, 雖由此霸王, 不異矣. 如此則動心, 否乎?" 孟子曰 "否, 我四十, 不動心." 曰 "若是則夫子過孟賁, 遠矣." 曰 "是不難, 告子先我不動心. … 告子曰 '不得於言, 勿求於心, 不得於心, 勿求於氣.' 不得於心, 勿求於氣, 可, 不得於言, 勿求於心, 不可."]

육상산은 고자의 관점이 성인의 도와 다른 異端으로 간주하였다. "이단의 학설은 周나라 이전에는 傳記에 보이지 않는다. 후대에 그것이 공자의 말이라 동일하게 믿고 의문을 품지 않은 것은 오직 『春秋』·『十翼』·『論語』·『孝經』·『戴記』·『中庸』·『大學』 등이었다. 『논어』에 '이단을 전공하면 이에 해롭다'는 언급이 있는데, 이단이 과연 무엇을 지칭하는지 모른다. 맹자에 이르러 비로소 양주와 묵적을 물리쳤고, 허행을 배척하였으며, 고자를 멀리하였고, 후대 사람들은 양주와 묵적 등을 이단으로 여겼다. 하지만 『맹자』 책에서는 또 이단을 지목하지 않았다. 공자가 말한 이단은 과연 어떤 것인지 모르겠다."[『陸九淵集』권24, 「策問」, 288쪽: 問 "異端之說, 自周以前, 不見於傳記. 後世所同信其爲夫子之言而無疑者, 惟『春秋』·『十翼』·『論語』·『孝經』與『戴記』·『中庸』·『大學』等篇. 『論

語』有'攻乎異端, 斯害也已'之說, 然不知所謂異端者果何所指. 至孟子乃始闢楊墨, 闢許行, 闢告子. 後人指楊墨等爲異端, 孟子之書亦不目以異端. 不知夫子所謂異端者果何等耶?"] 주자와 같이 성현의 뜻을 곡해하는 자도 이단에 포함된다는 속내를 내비친 것이지만, 여기서 육상산은 고자가 이단에 속함을 밝혔다. 異端에 대한 육상산의 관점은 '1-51' 어록과 주석에도 보인다.

[7-4] '君子賢其賢而親其親, 小人樂其樂而利其利'[1], 俱是一義, 皆主'不忘'而言[2], '仁者見之謂之仁, 智者見之謂之智'[3]之義.

번역 「대학」의 '군자는 그 현인을 현인으로 여기고, 그 친한 이를 친하게 여기며, 소인은 그 즐거움을 즐겁게 여기고, 그 이로움을 이롭게 여긴다'는 것은 모두 한가지 의미로, 모두 '이전의 임금을 잊지 못한다'는 것을 주로 하여 말한 것이다. 「계사전」에서 '인자는 그것을 보고 인이라 하고, 지자는 그것을 보고 지라 한다'고 말한 것과 같은 의미이다.

주석
1_ 君子賢其賢而親其親, 小人樂其樂而利其利: 『禮記』「大學」에 보인다.
2_ 不忘: 「大學」에서 新民의 功效를 나타내기 위해 인용한 『詩經』의 말이다. 여기서 육상산은 군자와 소인을 덕이 아닌 지위의 높고 낮음으로 보고, 『시경』에서 "오호라! 이전의 임금을 잊지 못한다."[詩云 "於戲! 前王不忘."]고 한 말이 바로 남녀노소를 불문하고 어진 임금의 행동을 그대로 모방하여 잊지 않는 것을 말한다고 보았다. 또한 이것은 「계사전」에서 처한 입장에 따라 보는 것이 다르듯, 군자의 위치와 소인의 위치에 따라 임금의 덕을 기리는 측면이 다르게 접근될 수 있음을 말한 것이다.
3_ 仁者見之謂之仁, 智者見之謂之智: 『周易』「繫辭傳」에 보인다.

[7–5] '人道敏政'[1], 言果能盡人道, 則政必敏矣.

번역 「中庸」의 '사람의 도는 정치에 민감하다'는 것은 진실로 사람의 도리를 다할 수 있으면 정치는 반드시 민감하게 반영한다는 것을 말한 것이다.

주석 1_ 人道敏政: 『禮記』「中庸」에 보인다. "애공이 정치에 대하여 묻자 공자께서 대답하였다. '문왕과 무왕의 정치는 方策에 실려 있으니, 그 사람이 있으면 그 정치가 일어나고 그 사람이 없으면 그 정치가 종식된다.' 사람의 도는 정치에 민감하고 땅의 도는 나무에 민감하니, 무릇 정치는 갈대와 같다. 그러므로 정치를 하는 것은 사람에게 달려 있으니, 사람을 취하는 것은 몸으로써 하고 몸을 닦는 것은 도로써 하고 도를 닦는 것은 인으로써 해야 한다."[公問政, 子曰 "文武之政, 布在方策, 其人存, 則其政擧, 其人亡, 則其政息." 人道敏政, 地道敏樹, 夫政也者, 蒲盧也. 故爲政在人, 取人以身, 修身以道, 修道以仁.]

[7–6] 「洪範」'有猷'[1]是知道者, '有爲'[1]是力行者, '有守'[1]是守而不去者, '曰予攸好德'[1]是大有感發者.

번역 「홍범」에서 백성들 가운데 '일을 도모하는 이가 있다'는 것은 도를 아는 자이고, '뜻있는 일을 행하는 이가 있다'는 것은 힘써 행하는 자이고, '자기 행실을 잘 지키는 이가 있다'는 것은 도를 지키며 버리지 않는 자이다. '내가 좋아하는 것이 덕임을 말하라'는 것은 크게 감동하고 계발함이 있는 자이다.

주석 1_ 有猷 · 有爲 · 有守 · 曰予攸好德: 『尙書』「洪範」에 보인다.

[7–7] '三德'[1] · '六德'[1] · '九德'[1], 是通計其德多少. 三德可以爲大夫, 六德可以爲諸侯, 九德可以王天下. '翕受'[1]即是'九德咸事'[1], '敷施'[1]乃大施於天下.

번역 '三德' · '六德' · '九德'은 그 덕을 얼마나 가지고 있는지를 통틀어 따진 것이다. 삼덕을 지닌 자는 대부가 될 수 있고, 육덕을 지닌 자는 제후가 될 수 있으며, 구덕을 지닌 자는 천하에 왕도정치를 펼칠 수 있다. '翕受'는 '아홉 가지 덕을 가진 사람들이 다 관직에 섬겨지는 것'을 말하고, '敷施'는 그 덕이 크게 천하에 베풀어짐을 말한다.

주석 1_ 三德 · 六德 · 九德 · 翕受 · 九德咸事 · 敷施: 『尙書』「皐陶謨」에 보인다. 육상산은 본심을 확충하면 그만큼 많은 사람들이 그 덕의 혜택을 받는다고 보았다. 관련 내용은 '1-34 (1)번 주석'에서 설명하였다.

[7–8] '「履」, 德之基'[1], 是人心貪慾恣縱, 「履」卦之君子, 以辯上下, 定民志[2], 其志既定, 則各安其分, 方得尊德樂道. '「謙」, 德之柄'[1], 謂染習深重, 則物我之心熾, 然謙始能受人以虛, 而有入德之道矣.

번역 「繫辭傳」의 '「履」괘는 덕을 쌓는 기초이다'라는 것은 사람 마음이 탐욕스럽고 방자하지만, 「履」괘 괘사에서 말한 대로 실천한 군자는 본받아 윗사람과 아랫사람의 본분을 밝히고 백성들의 뜻을 안정시키니, 그 뜻이 안정되면 각각 그 본분을 편안히 여겨 비로소 덕을 높이고 도를 즐길 수 있게 된다는 의미이다. '「謙」은 덕을 행하는 근본이다'는 것은 잘못된 습관에 물든 것이 심하고 중하면, 나와 남을 구분하는 마음이 타오르지만, 겸손하면 비로소 허심으로 남을 받아들일 수 있어 덕성에 들어가는 길이 생기게 된다는 말이다.

주석 1_ '履, 德之基'·'謙, 德之柄': 『周易』「繫辭傳」에 보인다.
2_ 君子, 以辯上下, 定民志: 『周易』「履」 卦辭에 보인다.

[7-9] 九疇之數[1], 一六在北, 水得其正. 三八在東, 木得其正. 惟金火易位, 謂金在火鄕, 火在金鄕, 而木生火, 自三上生至九. 自二會生於九, 正得二數, 故火在南. 自四至七, 亦得四數, 故金在西.

번역 「洪範」에서 말한 九疇의 수는 1·6이 北에 있고 水가 그 바름을 얻으며, 3·8이 東에 있고 木이 그 바름을 얻는다. 유독 金과 火가 자리를 바뀐 것은 金이 火가 있어야 하는 자리에 있고, 火가 金이 있어야 하는 자리에 있으며, 木이 火를 생성하는 순서에 따라 3으로부터 올라가 9에 이르러 생성하는 것을 말한다. 반면 2로부터 시작하여 9에서 모여 생성하니, 바로 2수를 얻기 때문에 火가 南에 자리한다. 또 4로부터 7에 이르면서 또한 4수를 얻기 때문에 金이 西에 자리한다.

주석 1_ 九疇之數: 『尙書』에 기록된 「洪範」九疇를 말한다. '洪範'은 大法을 말하고, '九疇'는 9개 條를 말하는 것으로, 9조항의 큰 법이라는 뜻이며, 五行·五事·八政·五紀·皇極·三德·稽疑·庶徵·五福·六極이 그것이다. 禹王이 홍수를 다스릴 때 하늘로부터 받은 洛書를 보고 만들었다고 한다. 「연보」에 洪範九疇를 일상생활에 응용한 사례가 기록되어 있다. "육상산은 荊門에서 관직생활을 할 당시, 마을에 變故가 생기자 上元이 마을 사람들이 기도할 수 있도록 黃堂에 제단을 마련해 놓았다. 하지만 그는 마을 사람들을 불러 모아 「홍범」의 五福을 거두어 그 서민에게 나누어 준다는 '斂福錫民'

章을 강의하고, 제사 드리는 일을 대신하였다. 人心의 선함을 밝히는 것이 스스로 많은 복을 구하는 방법임을 강조한 강의는 사람들의 마음에 감동을 주었고, 어떤 이는 눈물도 흘렸다. 강의하면서 『河圖』의 八卦의 象을 그렸고, 『洛書』 九疇의 수는 뒤에 그려 후학들을 깨우쳤다. 새로 고증한 圖書는 당시 전해지던 것과 달랐기 때문에 옛 『圖書』의 모습을 회복시킨 것이다. 선생은 책을 저술하여 밝히지 않았고, 후학 傅季魯가 『釋義』를 지어 밝혔다."[『陸九淵集』권36, 「年譜」, 510쪽: 春正月十三日, 會吏民講「洪範」'五皇極一章'. 郡有故事, 上元設醮黃堂, 其說曰 "爲民祈福."先生於是會吏民, 講「洪範」'斂福錫民'一章, 以代醮事. 發明人心之善, 所以自求多福者, 莫不曉然有感於中, 或爲之泣. 有講義, 仍書『河圖』八卦之象, 『洛書』九疇之數于後, 以曉後學. 更定圖書, 與今世所傳者不同, 所以復古『圖書』之舊也. 先生未及著書發明, 後學傅季魯作『釋義』以明之.]

[7-10] 一變而爲七, 七變而爲九,[1] 謂一與一爲二, 一與二爲三, 一與三爲四, 一與四爲五, 一與五爲六. 五者數之祖, 既見五則變矣. 二與五爲七, 三與五爲八, 四與五爲九, 九復變而爲一. 卦陰蓍陽, 八八六十四, 七七四十九,[2] 終萬物始萬物[3]而不與, 乃是陰事將終, 陽事復始, 「艮」. 鼓萬物而不與聖人同憂, 道何嘗有憂, 既是人, 則必有憂樂矣. 精神不運則愚, 血氣不運則病.

번역 1이 변하여 7이 되고, 7이 변하여 9가 된다는 것은 1 더하기 1은 2이고, 1 더하기 2는 3이며, 1 더하기 3은 4이고, 1 더하기 4는 5이며, 1 더하기 5는 6임을 말한 것이다. 5는 수의 시작이니 이미 5를 보면 변한다. 2 더하기 5는 7이고, 3 더하기 5는 8이며, 4 더하기 5는 9이고, 9는 다시 변하여 1이 된다. 괘는 少陽을 사용하고, 시초는 少陰을 사용하여, 8 곱하기 8의 합인 64개 괘를 사용하고, 7 곱하기 7의 합인 49개 시초를 사용한다. 만물을 마치게 하고 시작하게 하는 데도 간여하지 않음은 곧 陰의 일이 장차 마치는 것이고 陽의 일이 다시 시작하는 것으로 「艮」괘의 의미이다. 만물을 고무시키되 성인과 더불어 근심을 같이하지 않는다고 하였으니, 道가 언제 근심이 있을 수 있겠는가? 이미 사람이면 반드시 근심과 즐거움이 있다. 정신이 운영되지 않으면 근심하게 되고, 혈기가 운행되지 않으면 병들게 된다.

주석

1_ 一變而爲七, 七變而爲九: 『列子』「天瑞」에도 보인다. "易은 형체와 한계가 없고, 易이 변하면 1이 되고, 1이 변하면 7이 되며, 7이 변하면 9가 된다. 9가 변하는 것은 궁구함이니, 다시 변하면 1이 된다." [易無形埒, 易變而爲一, 一變而爲七, 七變而爲九. 九變者, 究也, 乃復變而爲一.] 49개의 시초를 사용하는 시초점에 대해서는 '3-66'어록과 주석에서 설명하였다.

2_ 卦陰蓍陽, 八八六十四, 七七四十九: 육상산은 괘와 시초의 사용에 대해 "시초는 7 곱하기 7의 합인 49개를 사용하고, 少陽이다. 괘는 8 곱하기 8의 합인 64개를 사용하며, 少陰이다. 소양과 소음은 변하여 운용할 수 있다."[『陸九淵集』권35, 「語錄(下)」, 473쪽: 蓍用七七, 少陽也. 卦用八八, 少陰也. 少陽少陰, 變而用之.]고 말하였다.

3_ 終萬物始萬物: 『周易』「說卦傳」에 보인다. "만물을 마치게 하고 시작하게 함은 艮보다 盛한 것이 없다. 그러니 물과 불이 서로 따르며, 우뢰와 바람이 서로 충돌하지 않고, 산과 못이 기운을 통한 후에, 변화할 수 있어 만물을 다 이루는 것이다."[終萬物始萬物者, 莫盛乎艮. 故水火相逮, 雷風不相悖, 山澤通氣然後, 能變化, 旣成萬物也.]

4_ 鼓萬物而不與聖人同憂: 『周易』「繫辭傳(上)」에 보인다. "인을 나타내며 씀을 감추어서, 만물을 고동시키되 성인과 더불어 근심을 같이하지 않으니, 풍성한 덕과 큰 업적이 지극하도다."[顯諸仁, 藏諸用, 鼓萬物而不與聖人同憂, 盛德大業至矣哉!]

[7-11] 孟氏沒, 吾道不得其傳. 而老氏之學始於周末, 盛於漢, 迨晉而衰矣. 老氏衰而佛氏之學出焉. 佛氏始於梁達磨, 盛於唐, 至今而衰矣. 有大賢者出, 吾道其興矣夫![1]

번역 맹자가 세상을 떠나고 우리의 도는 그 전함을 잃었다. 반면 노자의 학문은 주나라 말기에 시작된 후 한나라에서 성행하였으며, 晉나라에 이르러 쇠퇴하였다. 노자의 학문이 쇠퇴하면서 불교의 학문이 출현하였다. 불교는 梁나라 달마에서 시작하여 당나라에서 성행하였으며 지금에 이르러 쇠퇴하였다. 큰 현자가 나온다면 우리의 도는 흥성하게 될 것이다!

주석 1_ 孟氏沒 … 吾道其興矣夫: 육상산은 노자와 불교의 학문은 공맹의 도와 근본적으로 다른 異端으로 규정하였다. 육상산의 '道統說'과 '異端說'에 대한 관점은 '1-14' · '1-51' · '2-43' 어록과 주석에서 설명하였다.

[7-12] 獨漢武帝不用黃老, 於用人尚可與.[1]

번역 오직 漢나라 武帝만이 黃老를 쓰지 않았고, 인재등용에 대해서는 더불어 논할 만하다.

주석 1_ 獨漢武帝 … 尚可與: '漢武帝'는 이름은 遺徹이다. '不用黃老, 於用人尚可與'는 집권 이후 동중서의 건의를 받아들여, 제자백가를 물리치고 오직 儒學을 드높인 일을 말한다. 육상산은 한당시기에 비록 賢君이 있었다 할지라도 대부분 비루한 것을 따르고 간이한 것에 나아가, 의연하게 道에 뜻을 둔 자가 드물었다고 보았다.[『陸九淵集』권18, 「刪定官輪對劄子(二)」, 222쪽: 漢唐之治, 雖其賢君, 亦

不過因陋就簡, 無卓然志於道者.] 하지만 무제는 황로사상을 배척하고 동중서를 등용하여 유학을 드높였으므로, 인재등용에 있어서는 성공했다고 평가하였다. 秦漢시기의 학문 경향성에 대해서는 '1-65 (1)번 주석'에서 설명하였다.

[7-13] 湯放桀, 武王伐紂, 即'民爲貴, 社稷次之, 君爲輕'[1]之義. 孔子作『春秋』之言亦如此[2].

번역 湯王이 하나라의 桀을 추방하고, 武王이 은나라의 紂를 정벌한 것은 『맹자』에서 '백성이 가장 존귀하고, 다음은 사직이며, 그 다음은 군주로 가장 가벼운 존재이다'라고 말한 것과 같은 의미이다. 공자께서 『춘추』의 말을 지은 것도 역시 이와 같다.

주석

1_ 民爲貴, 社稷次之, 君爲輕: 『孟子』「盡心(下)」에 보인다. 武王이 은나라 紂를 정벌한 것에 대해 육상산의 평가는 '2-48' 어록과 주석에서도 찾아볼 수 있다. 그는 탕왕과 무왕이 역성혁명을 통해 천자의 지위를 획득한 것은, 권력쟁탈을 위해서가 아니라 백성들의 염원을 바르게 파악하고 실현시킨 정당한 행위라고 평가하였다.

2_ 孔子作『春秋』之言亦如此: 司馬遷은 「孔子世家」에서 공자의 언급을 다음과 같이 기록하고 있다. "후세에 나를 아는 사람이 있다면 그것은 『춘추』 때문일 것이며, 나를 비난하는 사람이 있다면 그것도 『춘추』 때문일 것이다."[『史記』「孔子世家」: 後世知丘者以春秋, 而罪丘者亦以春秋.] 육상산은 『춘추』가 공자의 본심을 기준으로 지나간 역사에 대해 엄정하게 평가한 책으로 보았다. 내용가운데 혹 湯王과 武王처럼 신하가 임금을 정벌한 역성혁명이 정당화되는 평가가 있더라도 그것은 옳은 행위임을 강조한 것이다.

[7-14] 王沂公曾論丁謂[1], 似出私意. 然志在退小人, 其脉則正矣. 迹雖如此, 於心何愧焉?

번역 王沂公이 전에 丁謂에 대해 평가하였는데, 사사로운 뜻에서 비롯된 듯하다. 하지만 뜻이 소인을 물리치는 데 있었으니, 그 맥락은 바르다. 행적이 비록 이와 같더라도, 마음에 어찌 부끄러움이 있었겠는가?

주석 1_ 王沂公曾論丁謂: 王沂公의 이름은 曾이며, 字는 孝先이다. 官吏部侍郎 · 樞密使 등을 역임하였고, 景佑 2년(1035) 沂國公에 봉해져, 王沂公이라 칭했다. 丁謂는 字가 謂이다. 훗날 '公'으로 자를 바꾸었다. 參知政事를 역임하였고, 天禧 4년(1020) 晉國公을 하사받아, 丁晉公이라 부르기도 하였다. 眞宗시기, 寇准을 배척하고 同中書門下平章事로 승급하였지만, 仁宗이 즉위하면서 崖州 司戶參軍으로 강등되었다. 『宋史』「王曾傳」에서는 다음과 같이 적고 있다. "謂가 처음 敗退명령을 받고 조정에서 직언을 하였다. '제가 그간 先帝께 은혜를 입어 정사를 참여하였으니, 비록 죄가 있더라도 청컨대 율법에 의해 제가 한 일을 의론해 주십시오.' 이에 曾은 '謂가 不忠으로 종묘사직에 죄를 얻은 것이니, 어떤 의론이 필요하단 말입니까?'라며 비난하였다."[謂初敗, 任中正言, "謂被先帝顧托, 雖有罪, 請如律議功." 曾曰 "謂以不忠得罪宗廟, 何議矣."] 王曾이 丁謂에 대해 평가한 것은 이 사건을 이른 것으로 보인다.

[7-15] 學問不得其綱, 則是二君一民[1]. 等是恭敬, 若不得其綱, 則恭敬是君, 此心是民. 若得其綱, 則恭敬者乃保養此心也.

번역 학문함에 그 강령을 얻지 못하면 임금이 둘이고 백성이 하나가 된다. 같은 공경이지만, 강령을 얻지 못하면 공경하는 행위가 임금이고, 이 마음은 백성이 된다. 만일 강령을 얻는다면 공경하는 것이 곧 이 마음을 보존하고 기르는 일이 된다.

주석 1_ 二君一民: 『周易』「繫辭(下)」에 보인다. "陽은 임금 하나에 백성이 둘이니 군자의 도이고, 陰은 임금 둘에 백성이 하나니 소인의 도이다."[陽, 一君而二民, 君子之道也, 陰, 二君而一民, 小人之道也.] 여기서 육상산은 '二君一民'이 임금이 둘이고 백성이 하나라서 임금끼리 자리다툼을 하거나 백성들 역시 두 임금을 섬겨야 하는 '小人之道'를 상징한다고 보았다. 본심을 잃어버려 우왕좌왕 갈피를 잡지 못하는 형국이다. 공경하는 외부 행위가 主가 되고 본심이 客이 되면 외적인 행동에만 집중하게 되어 결국 뿌리 없는 나무처럼 중심 없이 변화된 환경에 적응하지 못하고 흔들리는 결과를 초래하게 된다. 반면 '一君二民'은 본심이 확립되어 마음에 주인이 자리하고 있고, 많은 백성들이 본심에 따르는 상황이다. 본심대로 상황에 맞게 일을 처리하면 된다. 공경하는 행위는 본심이 외부로 드러난 것이므로, 그 핵심강령인 본심을 확립하면, 공경하는 행위는 본심을 보존하는 행위가 된다. 一君二民 · 二君一民에 대해서는 '2-8' 어록과 주석에서도 설명하였다.

[7-16] 蓍用七七, 少陽也. 卦用八八, 少陰也. 少陽少陰, 變而用之.[1]

번역 시초는 7 곱하기 7의 합인 49개를 사용하고, 少陽이다. 괘는 8 곱하기 8의 합인 64개를 사용하며, 少陰이다. 소양과 소음은 변하여 운용할 수 있다.

주석 1_ 蓍用七七 … 變而用之: 육상산이 『주역』 시초점에 대해 지녔던 관점은 '1-117 (1)번 주석'에서 설명하였고, 그가 정리한 蓍法에 대해서는 '3-66' 어록과 주석에서 설명하였다.

[7-17] 棋所以長吾之精神, 瑟所以養吾之德性, 藝即是道, 道即是藝, 豈惟二物, 於此可見矣.

번역 바둑은 나의 정신을 성장시킬 수 있고, 거문고는 나의 덕성을 기를 수 있는 것은 藝가 道이고, 道가 藝이기 때문이니, 어찌 두 가지 다른 사물이겠는가? 이 점은 여기서 볼 수 있다.

[7-18] 有己則忘理, 明理則忘己. '「艮」其背, 不見其身, 行其庭, 不見其人'[1], 則是任理而不以己與人參也.

번역 자기가 있으면 理를 잊고, 理에 밝으면 자기를 잊는다. 『周易』「艮」卦 괘사에서 '그 등에 머물면 그 몸을 보지 못하고, 그 뜰을 나서도 그 사람을 보지 못한다'고 하였는데, 이는 곧 理를 따르고 자기와 남을 구분하여 마음을 혼잡하게 뒤섞지 않는다는 것이다.

주석 1_ 艮其背, 不見其身, 行其庭不見其人: 『周易』「艮卦」卦辭에 보인다. '자기'와 '남'을 구분하지 않고 마음을 혼란스럽지 않게 한다는 것은 고요하거나 움직일 때 '무아'와 '무물'의 상태를 이룬다는 의미이다. '무아'는 전체와 분리된 '나'의 감옥으로부터 해방되어, 내가 전체와 분리된 '나'가 아니라 타자와 유기적으로 연결된 전체 속의 '나'로 인지하는 마음 상태를 말하고, '무물'이란 외물의 겉모습에 이끌려 본심을 잃지 않고 '참된 나'와 '참된 사물'이 서로 감응하는 상태를 말한다. 본심을 확립하여 그것이 드러내는 이치를 따르면, 안으로 사욕에 물들지 않고 밖으로 외물의 겉모습에 이끌리지 않아, 현실에서 나와 사물의 참된 감응을 이루어 만물일체를 실현할 수 있다.
사실 이러한 해석이 가능한 것은 육상산이 '머물러야할 자리(背)'인 본체를 마음과 구분되는 성이 아니라 성과 구분 자체가 불가능한 본심으로 보고, 체용을 시간적 선후관계로 보지 않으며, 이발과 미발이 비록 심리활동의 각기 다른 상태를 나타내는 말이라 할지라도, 시간적 선후가 아닌 동일한 마음 상태를 지닌 것이라고 보았기 때문이다. 육상산의 艮卦에 대한 해석은 '2-29 (2)번 주석'에서도 설명하였다.

[7-19] '事父孝, 故事天明, 事母孝, 故事地察'[1], 是學已到田地, 自然如此, 非是欲去明此而察此也. '明於庶物, 察於人倫'[2]亦然.

번역 『효경』의 '아버지를 섬김에 효를 다했기 때문에, 하늘을 섬기는 것도 분명하였다. 어머니를 섬김에 효를 다했기 때문에, 땅을 섬기는 것도 밝았다'는 것은 학문이 이미 경지에 도달했기 때문에 저절로 이렇게 된 것이지, 일부러 이것을 분명히 하려고 하거나 이것을 밝히려 해서 된 것이 아니다. 『맹자』의 '순임금은 모든 사물에 밝으시고, 인륜과 도덕에 통찰하였다'는 것도 같은 이치이다.

주석
1_ 事父孝, 故事天明, 事母孝, 故事地察: 『孝敬』에 보인다.
2_ 明於庶物, 察於人倫: 『孟子』「離婁(下)」에 보인다. "사람이 짐승과 다른 것이 별로 없지만, 일반 사람들은 짐승과 다른 점을 잃어버리고, 군자는 잘 이것을 보존한다. 순임금은 모든 사물의 이치에 명찰하였고 인륜과 도덕에 밝았다. 인과 의를 따라서 행동하였지, 인과 의를 인위적으로 실행한 것이 아니다."[孟子曰 "人之所以異於禽獸者, 幾希, 庶民去之, 君子存之. 舜, 明於庶物, 察於人倫, 由仁義行, 非行仁義也."]

[7-20] '「復」小而辨於物'[1], 小謂心不粗也.

번역 「계사전」의 '復은 세심하게 사물을 분별한다'는 것에서 '小'는 마음이 거칠지 않음을 이른다.

주석 1_ 復小而辨於物: 『周易』「繫辭傳(下)」에 보인다.

[7-21] '在明明德, 在親民'[1], 皆主於'在止於至善'[1].

번역 「대학」의 '대학의 도는 밝은 덕을 밝히는데 있고, 백성들을 친히 하는데 있다'는 것은 모두 '지극히 선한 것에 머무는 데 있다'는 것을 위주로 한 것이다.

주석 1_ 在明明德, 在親民 · 在止於至善: 『禮記』「大學」에 보인다. 육상산은 안타깝게도 「대학」에 대한 전문적 주석서를 남기지 않았다. 그저 문인들이 남긴 「어록」과 주고받은 서신내용을 통해 그 관점을 단편적으로 읽을 수 있을 뿐이다. 주자가 당대는 물론 후대 학자들의 서슴없는 비판도 기꺼이 받아들이겠다는 자신감과 신념을 지니고 [『大學章句』序: 顧其爲書猶頗放失, 是以忘其固陋, 采而輯之, 閒亦竊附己意, 補其闕畧, 以俟後之君子.] 온 힘을 기울여 「대학」에 대한 주석서인 『대학장구』를 편찬한 것과 대조적이다.

육상산은 「대학」의 첫 구절을 두고, "'대학의 道는 명덕을 밝히는데 있고 백성들을 친히 여기는 데 있으며 지극히 선한 곳에 머무르는데 있다'고 하였는데 이는 「대학」의 핵심 종지이다. 또 천하 사람들에게 명덕을 밝히고자 한다는 것은 공부의 궁극적 목표가 된다."[『陸九淵集』권34,「語錄(上)」, 411쪽: "大學之道, 在明明德, 在親民, 在止於至善", 此言大學指歸. 欲明明德於天下是入大學標的.] 고 하였다. 그는 주자가 '親民'과 '新民'의 의미차이를 명확히 구분하고 經文을 '신민'으로 고친 것과 달리, 둘을 명확히 구분하지 않고 때론 '친민'으로 때론 '신민'으로 혼용하여 썼다.[『陸九淵集』을 보면, 그가 「대학」의 '親民'과 '新民'을 직접 언급한 부분은 3곳 뿐이다. 『陸九淵集』권34, 「語錄(上)」, 411쪽: 古者十五而入大學, '大學之道, 在明明德, 在親民, 在止於至善', 此言大學指歸. 欲明明德於天下是入大學標的. 『陸九淵集』권21, 「學說」, 262~263쪽: 古者十五而入大學. 「大學」曰 "大學之道, 在明明德, 在新民, 在止於至善." 此言大學指歸. 欲明明德於天下是入大學標的. '친민'을 '신민'으로 고쳐 부른 것은 육상산도 아마 이천 후학들을 통해 전해진 「대학」 판본을 습관적으로 사용했기 때문으로 보인다.] 여기서 그는 '명덕'과 '친민'이 '지어지선'의 최고경지에 이르는 것이 주된 목표라고 하였다. 또 그는 『예기』「대학」의 본래 판본 次序가 맞다고 말하기도 하였는데, 이는 주자가 「대학」을 經과 傳으로 구분하고 傳이 三綱領·八條目에 대한 풀이라고 본 것과 상반되는 주장이다.[주자는 '明明德·新民·止於至善'이 『大學』의 三綱領이며, '格物·致知·誠意·正心·修身·齊家·治國·平天下'가 三綱領을 실현하기 위한 구체적 실천방법인 八條目이라고 보았다. 또 三綱領과 八條目에 대해 종합적으로 서술한 205字는 '經一章'으로 孔子의 말을 曾子가 찬술한 것이고, '經' 이하의 1546자에 해당하는 '傳'은 경문을 해석한 것으로 曾子의 뜻을 문인들이 기록한 것이라 여겼다. 이에 經의 구조에 맞게 傳의 순서를 새롭게 매기는 과정에서 그는 문장에 '衍文'과 '闕文'이 있다고 보고, 구절을 삭제하기도 하고 格物致知에 대한 해석을 보충하여 써 넣기도 하였다.] "「대학」의 '所謂誠其意者, 無自欺也' 단락은 '修身·齊家·治國·平天下'의 핵심이므로, 반복해서 언급한 것이다. 惡臭를 싫어하는 것 같이 하고, 好色을 좋아하는 것 같이 하는 마음은 바로 性이 좋아하고 싫어하는 것이다. 억지로 강요한 데서 비롯된 것이 아니다."[『陸九淵集』권34, 「語錄(上)」, 418쪽: '所謂誠其意者, 無自欺也'一段, 總是修身·齊家·治國·平天下之要, 故反復言之. 如惡惡臭, 如好好色, 乃是性所好惡, 非出於勉強也.] 육상산은 또 「대학」에서 격물치지를 통해 본심을 회복하면, 이를 잘 존양하는 성의 공부가 수반되어야 한다고 보았다.

물론 그에게 있어 성의·정심은 격물·치지와 구분된 또 다른 층차의 공부가 아니다. "「대학」에서 '그 마음을 바르게 하고자 하는 자는 먼저 그 뜻을 참되게 하였고, 그 뜻을 참되게 하고자 하는 자는 먼저 그 앎을 지극히 하였는데, 앎을 지극히 하는 것은 格物에 달려 있다.'라고 하였는데, 만물이 이치가 이미 궁구되면 앎도 저절로 지극해지고, 앎이 이미 지극해지면 뜻도 저절로 참되게 되고, 뜻이 참되게 되면 마음도 저절로 바르게 된다. 이는 필연적인 결과이지 억지로 이루려 해서 그렇게 된 것이 아니다."[『陸九淵集』 권11,「與李宰」, 150쪽: 『大學』言: "欲正其心者, 先誠其意, 欲誠其意者, 先致其知, 致知在格物." 物果已格, 則知自至, 所知既至, 則意自誠, 意誠則心自正, 必然之勢, 非强致也.] 격물을 통해 본심이 확립되면 마음에 드러난 의념은 본심에서 발현된 것이므로 저절로 참되고, 마음도 저절로 바르게 된다. 이는 격물치지와 성의정심이 하나로 관통되어 있기 때문이다.

[7-22] 「皐陶謨」·「洪範」·「吕刑」,[1] 乃傳道之書.

번역 『尙書』의 「皐陶謨」·「洪範」·「吕刑」은 道를 전하는 책이다.

주석 1_ 皐陶謨·洪範·吕刑: 육상산은 "堯임금과 舜임금의 시기에는 道가 皐陶에 있었고, 商나라와 周나라 교체기에는 도가 箕子에게 있었다. 하늘이 사람들을 내면, 반드시 도를 밝히는 일을 맡을 수 있는 책임자를 두었는데, 고요와 기자가 바로 그들이다."[『陸九淵集』권34, 「語錄(上)」, 395쪽: 唐虞之際, 道在皐陶, 商周之際, 道在箕子. 天之生人, 必有能尸明道之責者, 皐陶·箕子是也.]라고 말한 바 있다. 皐陶와 箕子는 도를 터득한 자이므로, 그들이 저술한 책은 모두 도를 전하는 책이다. 또한 「呂刑」도 周穆王이 吕侯를 司寇에 임명하고 前代의 형법을 토대로 시세에 맞는 형벌을 제정토록 하여 만들어진 책이다. 『尙書』가 모두 도를 전하는 경전이라서 그런지,

육상산은 만년 象山精舍에서 강학활동을 할 당시, 문인 胡無相에게 편지를 보내 "최근 이곳 상산에서 공부하고 있는 벗들은 『尙書』를 탐독하고 있습니다."[『陸九淵集』권10,「與胡無相」, 133쪽: 山間朋友近多讀『尙書』.]라고 하였고, 荊門에서 관직생활을 할 때는 「洪范」의 '黃極'에 대해 강의하였다고 한다. 육상산의 『尙書』에 대한 중시는 '1-4' 어록과 '1-4 (4)번 주석'에서도 확인할 수 있다.

[7-23] 四岳擧丹朱擧鯀等[1], 於知人之明, 雖有不足, 畢竟有德. 故堯欲遜位之時, 必首曰 '汝能庸命遜朕位'[2].

번역 四岳이 丹朱와 鯀 등을 천거한 것을 보면, 사람 알아볼 줄 아는 지혜가 비록 부족했지만 어쨌든 덕이 있었다. 그러므로 요임금이 자리를 물려주려 했을 때, 반드시 먼저 '그대가 명을 받아 일을 잘하였으므로 제위를 그대에게 선양하겠다'고 말한 것이다.

주석 1_ 四岳擧丹朱擧鯀等: 『尙書』「堯典」에 보인다. 요임금은 천하를 다스릴 적임자를 신중하게 선택하였고, 그 과정 속에서 신하들의 추천을 받았다. 四岳은 丹朱와 鯀 등을 薦擧하였다. "帝堯가 말하였다. '누가 時宜에 맞게 다스려 등용할 만한가?' 放齊가 말하였다. '맏아들 丹朱가 총명합니다.' 帝堯가 말하였다. '아아! 너의 말이 옳지 않다. 단주는 어리석은데다가 다투기까지 잘하니 되겠는가?' … 帝堯가 말하였다. '아아, 四岳아! 넘실대는 홍수가 바야흐로 큰 재해를 끼쳐서 출렁출렁 산을 에워싸고 언덕을 넘어 아득하게 하늘까지 넘치니 백성들이 한탄하고 있구나! 이를 능히 다스릴 만한 자가 있으면 다스리게 할 것이다.' 여럿이 말하였다 '아아! 鯀이 있습니다.' 帝堯가 말하였다. '아아! 너희들의 말이 결코 옳지 않다. 그는 명령을 거역하여 백성들을 敗亡시킨다.' 四岳이 말하였다. '그만두게 하더라도 그가 맡길 만한가를 시험해 보고 나서 그만두어야 합니다.'

그리하여 帝堯가 鯀에게 '가서 공경히 네 임무를 수행하라!'고 하였는데, 9년이 되도록 공적이 이루어지지 못하였다.[帝曰 "疇咨若時, 登庸?" 放齊曰 "胤子朱啓明." 帝曰 "吁! 嚚訟, 可乎?" … 帝曰 "咨四岳! 湯湯洪水方割, 蕩蕩懷山襄陵, 浩浩滔天, 下民其咨, 有能, 俾乂." 僉曰 "於! 鯀哉." 帝曰 "吁! 咈哉, 方命, 圮族." 岳曰 "异哉! 試可, 乃已." 帝曰 "往欽哉!" 九載, 績用, 弗成.]

2_ 汝能庸命遜朕位: 『尙書』「堯典」에 보인다. "帝堯가 말하였다. '아! 四岳아. 朕이 재위한 지가 70년인데, 네가 나의 명령을 잘 따르니, 짐의 지위를 선양하겠다.' 그러자 四岳은 '저는 덕이 없어 帝位를 욕되게 할 것입니다.'라고 사양하였다."[帝曰 "咨四岳! 朕, 在位七十載, 汝能庸命, 巽朕位." 岳曰 "否德, 忝帝位."] 이후 요임금은 舜을 추천받고 두 딸을 시집보내 적임자 여부를 확인하였다.

[7-24] 皐陶明道, 故歷述知人之事.[1] 孟子曰 '我知言'[2], 夫子曰 '不知言, 無以知人也'[3].

번역 皐陶는 도에 밝았기 때문에 禹임금에게 사람 알아보는 일을 진술하였다. 맹자도 '나는 남의 말을 잘 알아듣는다'고 말하였으며, 공자 역시 '말을 알아듣지 못하면, 사람을 알 수 없다'고 하였다.

주석 1_ 皐陶明道, 故歷述知人之事: 『尙書』「皐陶謨」에 보인다.

2_ 我知言: 『孟子』「公孫丑(上)」에 보인다.

3_ 不知言, 無以知人也: 『論語』「堯曰」에 보인다.

[7-25] '誠則明, 明則誠'[1], 此非有次第也, 其理自如此. '可欲之謂善'[2], '知至而意誠'[3]亦同. 有志於道者, 當造次必於是, 顚沛必於是. 凡動容周旋, 應事接物, 讀書考古, 或動或靜, 莫不在時.

此理塞宇宙, 所謂道外無事, 事外無道. 捨此而別有商量, 別有趨向, 別有規模, 別有形迹, 別有行業, 別有事功, 則與道不相干, 則是異端, 則是利欲爲之陷溺, 爲之窠臼舊. 說即是邪說, 見即是邪見.

번역 「중용」의 '참되면 밝아지고, 밝으면 참된 것이다'는 것은 참됨과 밝음에 선후의 차례가 있다는 것이 아니라, 그 理 자체가 이와 같다는 것이다. 『맹자』의 '하려고 하는 것을 선이라 한다'는 것과 「대학」의 '지극함을 알면 뜻이 참되게 된다'는 것도 역시 같은 의미이다. 道에 뜻을 둔 자는 황급한 상황에도 반드시 이것을 따르고, 넘어지는 순간에도 이것을 지킨다. 무릇 움직이고 행동하는 것, 사물에 응하고 접하는 행위, 독서하고 고문을 연구하는 것, 움직이거나 고요할 때 이 도가 있지 않은 적이 없었다. 이 理는 우주만물에 가득 차 있으니, 이른바 도 밖에 존재하는 사물 없고, 사물 밖에 존재하는 도 없다는 것이다. 이것을 버리고 따로 논의할 것도 없고, 지향할 것도 없으며, 추구할 규모도 없고, 실천할 행동도 없으며, 종사할 업무도 없고, 힘쓸 사업도 없으니, 도와 관계없다면 이단이고, 이욕이 빠뜨린 함정이고 구태가 된다. 그러니 말해도 邪說이고 보아도 邪見이다.

주석 1_ 誠則明, 明則誠: 『禮記』「中庸」에 보인다. 주자는 이 구절을 풀이하며 "참됨으로 밝음을 논하면 참됨과 밝음은 합하여 하나가 되고, 밝음으로써 참됨을 논하면 참됨과 밝음은 나뉘어 둘이 된다."[『朱子語類』권64: 以誠而論明, 則誠明合而爲一, 以明而論誠, 則誠明分而爲二.]고 말한 바 있다. 그에게 誠은 체이고, 明은 용이다. 성인과 같이 본성 그대로 사는 경우라면 체용이 늘 일치하여 둘로 나누는 것이 무의미하지만, 일반인의 경우 배움을 통해 본체회복을 이뤄내야 하기 때문에 체와 용은 반드시 구분해야 한다. 반면 육상산은 참됨과 밝음이 비록 체와 용으로 구분되는 개념이라 할지라도, 둘에는 어떠한 시간적 선후관계도 존재하지 않는다고 보았다. 만일 마음의 본래상태를 회복하여 참됨을 확립하고 있으면, 그 드러난 감정은 저절로 밝고, 그 용이 밝음의 상태라면 그 체는 이미 확립되어 참됨의 상태를 이루고 있다고 할 수 있다. 체는 마음속에 내재된 선한 감정의 근원이 아니라, 마음의 본래상태이기 때문이다. 육상산은 『맹자』에서 말한 '可欲之謂善'이나 「대학」에서 말한 '知至而意誠' 역시 체용의 이러한 관계 속에서 이해해야 한다고 보았다. 하고자 하는 순간(可欲) 이미 마음의 본래상태인 선함(善)이 확립되어 있고, 본심을 회복하여 지극한 이치를 깨닫는 순간(知至) 본체에서 발현된 의념도 저절로 참되게 된다는 것이다.

2_ 可欲之謂善: 『孟子』「盡心(下)」에 보인다.

3_ 知至而意誠: 『禮記』「大學」에 보인다.

[7-26] '君子之道費而隱'[1], 費, 散也.

번역 「중용」의 '군자의 도는 흩어져 있고 은미하다'는 것에서 '費'는 道가 천지만물에 흩어져 있음을 의미한다.

주석 1_ 君子之道費而隱: 『禮記』「中庸」에 보인다. '費而隱'에 대한 육상산의 관점은 34세에 치른 省試의 답안지에 이미 드러나 있다. "「중용」에서 '군자의 도는 흩어져 드러나면서도 은미하다. 부부의 어리석음으로도 참여하여 알 수 있지만, 그 지극함에 미쳐서는 비록 성인이라도 또한 알지 못하는 것이 있다. 부부의 불초함으로도 행할 수 있지만 그 지극함에 미쳐서는 비록 성인이라도 또한 행하지 못하는 것이 있다'고 하였다. 무릇 성인이라도 알지 못하고 행하지 못하는 것이 있다는 것은, 은미하고 정미한 곳을 일컫지만 부부가 알 수 있고 행할 수 있는 이치에서 벗어나지 않는다. 대개 도가 넓게 드러난 것은 은미하지 않음이 없고, 은미한 것은 넓게 드러나지 않음이 없다. 내외가 합해지고, 체용이 갖추어진 것이니, 사람들이 조금이라도 첨가하거나 잠시라도 제거할 수 있는 것이 아니다."[『陸

九淵集』권29, 「聖人以此洗心退藏於密吉凶與民同患神以知來知以藏往」, 341쪽: 『中庸』言: "君子之道費而隱, 夫婦之愚可以與知焉, 及其至也, 雖聖人有所不知焉, 夫婦之不肖, 可以能行焉, 及其至也, 雖聖人有所不能焉." 夫聖人有所不知不能, 則可謂隱密精微之地矣, 而不外乎夫婦之所可知所可能. 蓋道之費者未嘗不隱, 而隱者未嘗不費. 內外合, 體用備, 非人之所可毫末加而斯須去也.」

[7-27] 釋氏謂此一物, 非他物故也, 然與吾儒不同. 吾儒無不該備, 無不管攝, 釋氏了此一身, 皆無餘事. 公私義利於此而分矣.

번역 불교에서는 이 사물이 다른 사물의 원인이 되지 않는다고 보았지만, 우리 유학과 다르다. 우리 유학은 이치가 마음에 갖추어져 있지 않은 것이 없고, 통섭되어 있지 않은 것이 없다. 불교는 자기 한 몸만 이해하면 나머지 일들은 무관하다고 생각한다. 公과 私·義와 利의 차이가 여기에서 나뉘게 된다.

[7-28] 「繫辭」'卦有大小'[1], 陰小陽大.

번역 「계사전」의 '괘에 대소의 차이가 있다'는 것은 음은 작고 양은 큼을 이른 것이다.

주석 1_ 卦有小大: 『周易』「繫辭傳(上)」에 보인다.

[7-29] '言天下之至賾而不可惡也'[1], 雖詭怪闔闢, 然實有此理, 且亦不可惡也.

번역 「繫辭傳」의 '천하의 지극히 복잡한 것을 말하되 미워할 수 없다'는 것은 비록 기괴하고 농락하는 말이라도, 실제 이 이치를 담고 있어 또한 미워할 수 없음을 이른 것이다.

주석 1_ 言天之至賾而不可惡也: 『周易』「繫辭傳(上)」에 보인다.

[7-30] '言天下之至動而不可亂也'[1], 天下有不可易之理故也. '吉凶者, 正勝者也.'[2] 『易』使人趨吉避凶, 人之所爲, 當正而勝凶也.

번역 「繫辭傳」의 '천하의 지극히 움직이는 것을 말하되 어지럽힐 수 없다'는 것은 천하에 변치 않는 理가 있기 때문이다. 또 '길흉은 항상 이기는 것이다'는 것은 『역』이 사람으로 하여금 길을 쫓고 흉을 피하게 하여, 사람이 하는 행위가 정당하고 흉을 이기게 됨을 말한 것이다.

주석 1_ 言天下之至動而不可亂也: 『周易』「繫辭傳(上)」에 보인다.
2_ 吉凶者, 正勝者也: 『周易』「繫辭傳(下)」에 보인다.

[7-31] '必也使無訟乎?'[1] 至明然後知人情物理, 使民無訟之義如此.

번역 『논어』의 '반드시 송사가 없도록 하겠다'는 것은, 지극히 밝은 후에 인정과 물리를 알게 됨을 말한 것이다. 백성들로 하여금 송사가 없게 하는 뜻이 이와 같다.

주석 1_ 必也使無訟乎: 『論語』「顔淵」에 보인다. 『禮記』「大學」에서는 이에 대한 해석을 추가하였다. "공자께서 말씀하였다. '송사를 듣는 것은 나도 다른 사람과 같지만, 반드시 송사가 없도록 한다.' 실정이 없는 자가 그 말을 다하지 못하도록 함은 백성의 뜻을 크게 두렵게 하는 것이다. 이것을 일러 근본을 안다고 한다."[子曰 "聽訟, 吾猶人也, 必也使無訟乎!" 無情者不得盡其辭, 大畏民志, 此謂知本.]

[7-32] 天理人欲之分論極有病.[1] 自『禮記』有此言, 而後人襲之. 『記』曰 '人生而靜, 天之性也, 感於物而動, 性之欲也.'[2] 若是, 則動亦是, 靜亦是, 豈有天理物欲之分? 若不是, 則靜亦不是, 豈有動靜之間哉?

번역 天理와 人欲을 구분 짓는 학설은 병폐가 매우 심하다. 『禮記』에 이런 말이 있은 이후로 후대 사람들이 그것을 답습하였다. 「樂記」편에서 '사람이 태어나 고요한 곳은 하늘의 본성이고, 사물에 감응하여 움직이는 것은 성이 이끌리는 것이다'라고 하였다. 만일 마음이 옳다면 감정이 드러났을 때도 옳고 고요할 때도 옳은 것이지 어찌 천리와 물욕의 구분이 있겠는가? 또 만일 마음이 그르다면 고요할 때도 당연히 그른 것이지 어찌 동정의 간극이 있겠는가?

주석 1_ 天理人欲之分論極有病: 천리와 인욕을 둘로 구분하는 학설은 이천 이후 형성된 주자의 관점을 일컫는다. 육상산은 이러한 관점이 「악기」에서 비롯되었다 보고, 이발과 미발의 통합을 통해 자기만의 이론체계를 구축하고자 하였다. 이에 대해서는 '1-6 (1)번 주석'에서 설명하였다.

2_ 人生而靜 … 性之欲也: 『禮記』「樂記」에 보인다.

[7-33] 磯, 釣磯也. '不可磯'[1], 謂無所措足之地也, '無所措手足'[2]之義.

번역 磯는 낚시질 할 수 있는 물가이다. 『맹자』의 '不可磯'는 발을 내려놓고 딛을 곳이 없음을 이른다. 『논어』의 '손발을 어디 놓아야 할지 모를 정도로 어찌할 바를 모른다'는 의미이다.

주석 1_ 不可磯: 『孟子』「告子(下)」에 보인다. "어버이의 과실이 큰데도 원망하지 않는다면 이는 더욱 소원해지는 것이고, 어버이의 과실이 작은데도 원망한다면 이는 어찌할 바를 모르는 것이다. 더욱 소원함도 不孝이고, 작은 잘못에 어쩔 줄 몰라 하는 것도 또한 不孝이다."[親之過大而不怨, 是愈疏也, 親之過小而怨, 是不可磯也. 愈疏, 不孝也, 不可磯, 亦不孝也.] 반면 주자는 이 부분을 해석하며, "磯는 물이 돌에 부딪치는 것이다. '不可磯'는 조금 부딪쳤는데도 갑자기 화내는 것을 말한다."[『孟子集注』「告子(下)」: 磯, 水激石也, 不可磯, 言微激之而遽怒也.]고 하여, 부모의 작은 잘못에도 화내는 것을 의미한다고 보았다.

2_ 無所措手足: 『論語』「子路」에 보인다. 형벌이 적중하지 않으면 백성들이 손발을 어디 놓아야 할지 모를 정도로 어찌할 바를 모른다는 의미로 쓰였다.[刑罰不中則民無所措手足.]

[7-34] '可坐而致也'[1], 是疑辭, 與'邪'字同義.

번역 『맹자』의 '천세의 日至를 가만히 앉아서 알 수 있겠는가?'는 의문문이다. '也'는 의문조사인 '邪'자와 같은 뜻이다.

주석 1_ 可坐而致也: 『孟子』「離婁(下)」에 보인다. 육상산은 만물을 통해 현현하는 법칙이 理이기 때문에, 理는 변화하는 사물처럼 끊임없이 모습을 바꾼다. 천세의 日至를 가만히 앉아서 알 수 없는 것이다. 이에 대해서는 '2-19' 어록과 주석에서 설명하였다.

[7-35] 人各有所長, 就其所長而成就之, 亦是一事. 此非拘儒曲士之所能知, 惟明道君子無所陷溺者, 能達此耳.

번역 사람들은 각자 장점을 지니고 있으므로, 그 장점을 살려 성취하게 하는 것도 하나의 일이다. 이것은 하찮은 선비나 변통 없는 儒者들이 알 수 있는 것이 아니라, 도를 밝히는 군자나 이욕에 빠지지 않은 자만이 이러한 경지에 이를 수 있다.

[7-36] 斲之類如學爲士者必能作文, 隨其才, 雖有工拙, 然亦各極其至而已.

번역 나무를 깎아 그릇을 만드는 부류의 일은 마치 배워서 선비가 되려고 하는 자가 반드시 문장을 쓸 줄 알아야 하는 것과 같다. 각자의 재능에 따라 비록 능숙함이나 서투름의 차이는 있겠지만, 그 지극함을 다하면 될 뿐이다.

[7-37] 與朋友切磋, 貴乎中的, 不貴泛說, 亦須有手勢. 必使其人去災病, 解大病, 灑然豁然, 若沉疴之去體, 而濯清風也. 若我泛而言之, 彼泛而聽之, 其猶前所謂杜撰名目, 使之持循是也.

번역 벗들과 절차탁마하는 것은 목적에 부합하는 것이 중요하다. 대충대충 논할 수 없고, 수단 또한 있어야 한다. 반드시 그 사람으로 하여금 선천적 병통을 제거하고 큰 병통도 해결하여 시원하고 탁 트이게 하여, 마치 중병을 몸에서 제거하고 봄바람 속에서 씻는 것과 같게 해야 한다. 만일 나도 대충 말하고 상대방도 대충 들으면, 그것은 전에 말한 근거 없이 함부로 말하는 명목을 준수하게 하는 것과 같다.

[7–38] '鳶飛戾天, 魚躍於淵, 言其上下察也'[1], 只緣理明義精, 所以於天地之間, 一事一物, 無不著察. '仰以觀象於天, 及萬物之宜'[2], 惟聖者然後察之如此其精也.

번역 「중용」의 '솔개는 날아서 하늘에 이르고 물고기는 연못에서 뛴다는 것은 그 위아래를 명확하게 살필 수 있음을 말한 것이다'는 것은 理에 밝고 의에 정밀하여 천지 사이의 모든 사물에 현현하고 있는 理를 살피지 않음이 없음을 말한 것이다. 『주역』의 '복희씨는 하늘을 우러러 象을 관찰하여 만물의 마땅함에 미쳤다'는 것은 오직 성인이 된 후에 이처럼 살피는 것이 정밀하게 할 수 있다는 의미이다.

주석

1_ 鳶飛戾天, 魚躍於淵, 言其上下察也: 『禮記』「中庸」에 보인다.

2_ 仰以觀象於天, 及萬物之宜: 『周易』「繫辭傳(下)」에 보인다. 육상산은 본심을 온전히 보존하여 성인의 경지에 이르면 저절로 천지자연의 정묘한 이치에 관통하지 않음이 없게 되어, 본심이 드러내는 理와 만물이 發見하는 理가 동일함을 자각하게 되고, 궁극적으로 만물일체의 근거가 확립되고 완성될 수 있다고 보았다. 마음을 통해 드러나는 理와 만물 속에 현현하고 있는 理의 관계는 '2-44' 어록과 주석에서 설명하였다.

[7-39] 孔門高弟顔淵[1]・閔子騫[2]・冉伯牛[3]・仲弓[4]・曾參[5]之外, 惟南宮适[6]・宓子賤[7]・漆雕開[8]近之, 以敏達・捷給・才智・慧巧論之, 安能望宰我[9]・子貢[10]・冉有[11]・季路[12]・子游[13]・子夏[14]也哉? 惟其質實誠樸, 所以去道不遠. 如南宮适問'禹稷躬稼而有天下'[15], 最是朴實. 孔子不答, 以其默當於此心, 可外無言耳. 所以括出贊之云.[16]

번역 공자의 뛰어난 제자 가운데 顔淵・閔子騫・冉伯牛・仲弓・曾參 이외에 南宮适・宓子賤・漆雕開만이 도에 가까웠다. 민첩하고 말 잘하며 재능 있고 기교 있는 것으로 보면 그들이 어떻게 宰我・子貢・冉有・季路・子游・子夏와 비교할 수 있겠는가? 천성이 질박하고 진실하며 성실하고 소박하여 도와 멀지 않았다. 예를 들어, 남궁괄이 공자에게 '禹와 稷은 몸소 농사를 지었지만 천하를 가졌다'고 물어본 것은 가장 질박하고 진실하다. 공자가 대답하지 않은 것은 말을 하지 않는 것이 이 마음에 합당하다고 여겼고, 달리 할 말도 없었기 때문이다. 그래서 남궁괄이 나가자 그를 칭찬한 것이다.

주석

1_ 顔淵: 字는 子淵이고, 孔門十哲 가운데 으뜸으로, 후세에는 復聖으로 불렸다. 공자는 "안연은 몇 달 동안이나 仁에 어긋남이 없이 행동하지만, 다른 사람들은 하루나 한 달쯤 행하다가 그만둔다."[『論語』「雍也」: 顔淵不遷怒, 不貳過, 三月不違仁. 其餘則日月至焉而已矣.]고 평가하였다. 그토록 아꼈던 제자가 죽자, 공자는 "애석하다! 나는 안회가 앞으로 나가는 모습을 보았으나 제자리에 머물러 있는 모습은 본 일이 없다."[『論語』「子罕」: 子謂顔淵曰 "惜乎! 吾見其進也, 未見其止也."]고 하며, 안타까운 마음을 술회하였다. 그래서인지 애공이 제자 중에 누가 배우기를 좋아하는지 묻자, 공자는 "안회라는 자가 있는데 배우기를 좋아한다. 그는 화를 옮기지 않고 잘못을 두 번 하지 않았다. 불행히 단명하여 일찍 죽어, 지금은 배

우기 좋아하는 자가 없다."[『論語』「雍也」: 哀公問 "弟子孰爲好學?" 孔子對曰 "有顔回者好學, 不幸短命死矣. 今也則亡.]고 하였다.

2_ 閔子騫: 이름은 損이고 子騫은 字이며, 공자보다 15세 아래이다. 孔門十哲 가운데 효행으로 이름난 제자이다. 일찍이 노나라 계씨가 자건을 費邑의 읍재로 삼으려 사신을 보내자, 계씨의 무도함을 알고 정중하게 사절하였다.[『論語』「雍也」: 季氏使閔子騫爲費宰. 閔子騫曰 "善爲我辭焉, 如有復我者, 則吾必在汶上矣.] 당시 제자들은 민자건이 공자를 곁에서 모실 때 늘 공손한 태도였다고 기억하고 있다.[『論語』「先進」: 閔子侍側, 誾誾如也.] 공자 역시 "효성스럽구나. 민자건이여! 남들이 그의 부모형제를 비난하는 말을 하지 않는구나!"[『論語』「先進」: 孝哉, 閔子騫! 人不間於其父母昆弟之言.]라고 하며 효행을 칭찬하였다. 민자건은 효성이 지극하였지만, 계모는 그를 싫어하여 추운 겨울날 친자식에게는 솜을 넣은 옷을 만들어 입히고 그에게는 갈대꽃으로 옷을 만들어 입혔다. 어느 날 수레를 몰았는데, 추위에 손이 얼어 몇 번이나 손잡이를 놓쳐 버렸다. 아버지에게 꾸지람을 들었지만, 아무런 변명도 하지 않았다. 얼마 후 아버지는 자건의 얼굴색이 추워서 푸르죽죽한 것을 보고 손으로 자건의 옷을 더듬어보니 솜옷이 아닌 아주 얇은 갈대꽃을 넣어 만든 홑옷임을 발견하고, 비통한 마음으로 계모와 헤어지기로 하였다. 그러자 민자건은 어머니가 계시면 아들 하나 추우면 그만이지만, 어머니가 안 계신다면 아들 셋이 떨게 된다며 아버지께 간곡히 청을 올렸다. 후에 계모가 이 말을 듣고 크게 감동을 하여 뉘우치고는 자애로운 어머니로서 세 아들을 공평하게 대해 주었다고 한다.

3_ 冉伯牛: 이름은 耕이고, 伯牛는 字이다. 孔門十哲 가운데 덕행으로 이름난 제자다. 불행히도 큰 병에 걸리자, 공자는 문병을 가서 남쪽으로 난 창문을 통해 그의 손을 붙잡고 "이럴 리가 없는데 운명인가 보다. 이 사람이 이런 질병에 걸리다니, 이 사람이 이런 질병에 걸리다니!"[『論語』「雍也」: 命矣夫, 斯人也而有斯疾也, 斯人也而有斯疾也.]라고 하며 안타까운 마음을 전하였다.

4_ 仲弓: 姓은 冉이고 字는 仲弓이다. 孔門十哲 가운데 덕행으로 이름이 났다. 노나라의 실권자 계씨 가문의 일을 맡아서 처리할 정도로

관리력도 뛰어났다. 성격은 소탈하고 과묵하였지만, 말재주가 없어 당시 사람들에게 놀림을 받자, 공자는 "말재주를 어디에다 쓰겠는가. 약삭빠른 구변으로 남의 말을 막아서 자주 남에게 미움만 받을 뿐이니, 그가 仁한지는 모르겠으나, 말재주를 어디에다 쓰겠는가?"[『論語』「公冶長」: 子曰 "焉用佞? 禦人以口給, 屢憎於人, 不知其仁, 焉用才?"]라고 하였다.

5_ 曾參: 字는 子輿이고 參은 이름이다. 공자보다 46세 어렸다. 공자는 증삼이 노둔하다고 평가하였지만,[『論語』「先進」: 參也魯] 결국 공자의 도를 전해 받은 자는 증삼으로 본다. "曾參아, 나의 도는 하나로써 꿰뚫고 있다."[『論語』「里仁」: 參乎, 吾道一以貫之.]는 언급 때문이다. '一以貫之'를 통해 공자의 도통에 대해 논한 것은 '1-11 (1)번 주석'에서 설명하였다.

6_ 南宮适: 이름은 縚이며, 남쪽에 있는 궁궐에 거주하여 宮适이라고도 하였다. 字는 子容이고, 시호는 敬叔이다. 孟懿子의 兄이다. 공자는 그가 言行을 삼가, 잘 다스려지는 시기에 등용되었고, 亂世에는 禍를 면할 수 있었다고 평가하였다. 그리고 형의 딸을 시집보냈다.[『論語』「公冶長」: 子謂南容, "邦有道, 不廢, 邦無道, 免於刑戮." 以其兄之子妻之.]

7_ 宓子賤: 姓은 宓이고, 이름은 不齊이다. 子賤은 아마도 어진 이를 존경하고 훌륭한 벗을 가까이하여 德을 이룬 사람인 듯하다. 공자는 "魯나라에 君子가 없었다면 이 사람이 어디에서 취하여 이러한 德을 이루었겠는가?"[『論語』「公冶長」: 子謂子賤, "君子哉, 若人! 魯無君子者, 斯焉取斯."]라고 평가하였다.

8_ 漆雕開: 漆雕는 성이고, 開는 이름이다. 字는 子若이다. 공자가 벼슬을 권하자, 그는 아직 자신할 수 없어 사람을 다스릴 수 없다고 말하였다. 그의 돈독함을 본 공자는 기뻐하였다.[『論語』「公冶長」: 子使漆雕開仕, 對曰 "吾斯之未能信." 子說.]

9_ 宰我: 姓은 宰이고, 이름이 予이다. 字는 子我 또는 宰我라고 한다. 공자보다 29세 어리다. 『史記』에 의하면 그는 공자가 열국을 주유할 때 처음부터 끝까지 동행하였고, 공자는 여러 번 그를 외교 사절로 제나라와 초나라에 파견하였다고 한다. 재아는 지혜가 뛰어났

고 언변에도 능한 사람이었던 모양이다. 공자는 그가 언어에 뛰어났다고 평가하였다.[『論語』「先進」: 言語, 宰我 · 子貢.] 하지만, 그는 3년喪 대신 1년만 하자고 공자에게 건의했다가 어질지 못하다고 꾸중을 듣기도 하였고, 낮잠 자다가 들켜 썩은 나무에는 조각할 수 없다고 혼을 나기도 했다.[『論語』「公冶長」: 宰予晝寢, 子曰 "朽木, 不可雕也, 糞土之墻, 不可杇也, 於予與, 何誅?"] 『맹자』에서는 재아가 "내가 보건대 선생님은 요순보다 훨씬 낫다."고 말한 기록이 있다.[『孟子』「公孫丑(上)」: 宰我曰 "以予觀於夫子, 賢於堯舜, 遠矣."]

10_ 子貢: 이름은 端木賜이고, 子貢은 字이다. 언어에 뛰어났고, 정치적 수완이 좋아 노나라와 위나라에서 재상을 지냈다. 경제적으로도 탁월한 능력을 지녀, 공자는 그를 두고 "천명대로 살지 않고 재산을 불렸고, 부의 흐름을 예측하면 거의 적중하였다."[『論語』「先進」: 賜不受命 而貨殖焉, 億則屢中.]고 평가하였다. 육상산은 『논어』에서 '안회는 하나를 듣고 열을 알지만, 저는 하나를 듣고 둘을 알 뿐입니다'라는 자공의 언급을 토대로, 덕이 아닌 지식의 많고 적음을 비교한 자공이 공자의 노력을 헛되게 한 제자라고 보았다.[『陸九淵集』권34, 「語錄(上)」, 396쪽: 夫子問子貢曰 "汝與回也孰愈?" 子貢曰 "賜也, 何敢望回. 回也聞一以知十, 賜也聞一以知二." 此又是白著了夫子氣力, 故夫子復語之曰 "弗如也."]

11_ 冉有: 이름은 有이고, 求라고도 한다. 字는 子有이다. 공자와 함께 주유천하하며 衛나라에 이르자, 사람이 많은 것을 보고 염유는 무엇을 먼저 해야 하는지 물었다. 공자는 백성들을 잘 살게 해 주어야 한다고 하였다. 또 백성이 잘 살게 된 다음에 무엇을 해야 하는지 묻자, 공자는 교육해야 한다고 일러 주었다. 政事에 뛰어난 제자로 이름났다.[『論語』「先進』: 政事, 冉有 · 季路.] 哀公 5년 가을에 노나라의 집정자였던 季桓子가 죽고 季康子가 집정하자 公之魚의 추천으로 陳나라에서 노나라로 돌아와 季氏의 家臣으로 등용되었다. 그러나 계씨를 도와 세금을 무겁게 거두어들이는 정책을 펼쳐 공자의 강한 질책을 받았다.[『論語』「先進』: 季氏富於周公, 而求也爲之聚斂而附益之. 子曰 "非吾徒也. 小子, 鳴鼓而改之, 可也.]

12_ 季路: 姓은 仲, 이름은 由이다. 字는 子路 혹은 季路라고 한다. 공

자보다 9세 어렸다. 곧고 급한 성격 때문에, 공자에게 꾸중을 듣기도 하였다. 자로의 성격은 자기 자신에 대해서도 엄격하고, 약속을 다음날까지 미루는 일이 없었으며, 용맹스러웠고 직선적이었다고 평가된다. 그래서 자로는 공자가 문란한 陳后 南子와 회견하였을 때 분개하였으며, 두 번이나 읍을 거점으로 반란을 일으킨 자들을 섬기려 하자 강하게 항의하였다. 사마천은 「仲尼弟子列傳」에서 "내가 由를 제자로 둔 이후부터 사람들의 비난을 듣지 않게 되었다."[孔子曰 "自吾得由, 惡言不聞於耳."]고 적고 있다. 불의에 대해 참지 못하는 자로의 성격을 잘 드러내 준다. 그는 또 가르침을 받으면 곧바로 실천에 옮겼고 헌신적으로 공자를 섬겼다고 한다. 그래서인지 도가 행해지지 않아 뗏목 타고 떠나더라도 자신을 따르는 자는 오직 자로뿐일 것이라고 하였다.[『論語』「公冶長」: 子曰 "道不行, 乘桴浮于海, 從我者其由與."] 어느 날은 인정받고 싶은 마음에, "선생님께서 삼군의 군대를 통솔하신다면 누구와 함께하시겠습니까?"라고 물었는데, 공자는 "맨손으로 범을 잡으려 하고 맨몸으로 강을 건너려고 하여 죽어도 후회함이 없는 자를 나는 함께하지 않을 것이니, 반드시 일에 임하여 두려워하며 도모하기를 좋아하여 성공하는 자와 함께할 것이다."[『論語』「述而」: 子路曰 "子行三軍 則誰與?" 子曰 "暴虎馮河 死而無悔者 吾不與也 必也臨事而懼好謀而成者也."]라고 답하였다. 훗날 衛나라에서 벼슬하였는데, 내란이 일어나자 도의적 입장에서 戰死의 길을 택하였다. 공자는 내란 소식을 들었을 때 이미 자로의 죽음을 예언하였다고 한다.

13_ 子游: 姓은 言이고 이름은 偃이다. 子游는 字이고, 言遊라고도 한다. 공자보다 45세 어렸다. 공자는 문학에 뛰어났다고 평가하였다.[『論語』「先進」: 文學, 子游 · 子夏.]

14_ 子夏: 姓은 卜이고, 이름은 商이며 子夏는 字이다. 공자보다 44세 어렸고, 제자 가운데서 공자의 가르침을 후세에 전하는 데 가장 큰 공헌을 한 사람이다. 공자는 그가 문학 방면에서 뛰어났다고 평가하였다. 훗날 莒父 땅의 재상을 맡았고, 당시 정치에 대해 묻자, 공자는 "빨리 일을 처리하지 말고, 작은 이익은 탐내지 말라. 빨리 끝내려고 하면 목적을 달성하지 못하고, 작은 이익을 탐내면 큰일을

성취시킬 수 없다."[『論語』「子路」: 子夏爲莒父宰, 問政. 子曰 "無欲速, 無見小利. 欲速則不達, 見小利則大事不成."]고 하였다.

15_ 南宮适問禹稷躬稼而有天下: 『論語』「憲問」에 보인다. "남궁괄이 공자에게 물었다. '羿는 활쏘기를 잘했고, 奡는 힘이 세어 육지에서 배를 끌고 다녔지만, 모두 제대로 죽지 못하였습니다. 반면 禹와 稷은 몸소 농사를 지었지만 천하를 가졌습니다.' 공자는 대답하지 않았다. 남궁괄이 나가자, 공자께서 말씀하셨다. '군자로구나. 이 사람이! 덕을 숭상하는구나, 이 사람이!'"[『論語』「憲問」: 南宮适問於孔子曰 "羿善射, 奡盪舟, 俱不得其死然. 禹稷躬稼而有天下." 夫子不答, 南宮适出. 子曰 "君子哉若人! 尙德哉若人!"]

16_ 孔門高弟顔淵 … 所以括出贊之云: '括'은 南宮适을 이른다. 『廣韻』에서 适은 苦와 栝의 반절이라고 하였다.[适, 苦适切.] 드물게 适을 '括'로 썼다. 이 부분은 제자들에 대한 공자의 평가를 육상산 나름대로 정리한 것이다. 공자의 언급은 『論語』「先進」에서 보인다. "덕행에는 안연 · 민자건 · 염백우 · 중궁이 뛰어났고, 언어에는 재아와 자공이 탁월하며, 정사에는 염유와 계로가 특출나고 문학에는 자유와 자하가 빼어나다."[『論語』「先進」: 德行, 顔淵 · 閔子騫 · 冉伯牛 · 仲弓. 言語, 宰我 · 子貢. 政事, 冉有 · 季路, 文學, 子游 · 子夏.]

[7–40] '語大, 天下莫能載焉'[1], 道大無外, 若能載, 則有分限矣. '語小, 天下莫能破焉'[1], 一事一物, 纖悉微末, 未嘗與道相離. '天地之大也, 人猶有所憾'[1], 蓋天之不能盡地所以爲, 地不能盡天之所職.[2]

번역 「중용」의 '큰 것을 말하면 천하가 실어낼 수 없다'는 것은 道는 크고 한계가 없는데 만일 실어낼 수 있다면 한도를 정해 두는 것이나 마찬가지임을 이른 것이다. '작은 것을 말하면 천하가 깨뜨리지 못한다'는 것은 어떠한 사물도 세밀하고 작더라도 도와 서로 떨어진 적이 없음을 말한 것이다. '천지가 큼에도 사람들은 오히려 아쉬움이 있다'는 것은 대체로 하늘은 땅이 하는 것을 다할 수 없고, 땅은 하늘이 맡은 것을 다할 수 없음을 의미한다.

주석

1_ 語大天下莫能載焉 · 語小天下莫能破焉 · 天地之大也人猶有所憾: 『禮記』「中庸」에 보인다.

2_ 天地之大也 … 地不能盡天之所職: 朱子는 '天地之大也人猶有所憾'에 대해 "사람들이 천지에 대해 아쉬운 마음이 드는 것은 하늘이 덮어 주고 땅이 실어 주며 생성함에 편벽되고, 추위와 더위, 재앙과 상서로움이 바름을 얻지 못함을 이른다."[『中庸章句』: 人所憾於天地, 如覆載生成之偏, 及寒暑災祥之不得其正者.]고 풀이하였다. 천지가 이치대로 운행되지 않는 것을 사람들이 안타깝게 여긴다는 것이다. 하지만 육상산은 天地만 해도 이미 말할 수 없이 크지만, 사람들이 아쉬움을 느끼는 것은 시간과 공간이 무궁한 우주에 현현하는 理를 天地가 포괄할 수 없기 때문이라고 보았다. 육상산은 일찍이 "천지가 천지인 까닭은 이 理를 순응하기 때문이다. 사람이 천지와 병립하여 三極이 되니, 어찌 사사롭게 이 理를 따르지 않을 수 있겠는가?"[『陸九淵集』권36, 「年譜」, 530쪽: 天地所以爲天地者, 順此理而已. 人與天地並立爲三極, 安得自私而不順此理哉?]라고 하였고, "천지가 이미 자리하고 사람이 그 가운데 거처하여 밝음과 함께 섰기 때문에, 좌후전후가 사방이 된다. 하늘은 기로 운행하여 춘하추동의 사계절이 되고, 땅은 형으로 자리하여 동서남북의 사방이 된다."[『陸九淵集』권21, 「雜著 · 三五以變錯綜其數」, 262쪽: 天地既位, 人居其中, 鄉明而立, 則左右前後爲四方. 天以氣運而爲春夏秋冬, 地以形處而爲東西南北.]고 말하였다. 天地人 三才가 모두 의미 있을 수 있는 이유가 理에 순응하기 때문이며, 理는 天地人을 통해 각기 다른 모습으로 드러나고 있다. 그는 또 "우주에 가득한 것은 하나의 理일 뿐이다. 학자가 배우는 까닭은 이 理를 밝히고자 할 뿐이다. 이 理의 큼은 어찌 한계가 있겠는가? 정명도가 말한 '天地에도 아쉬운 마음이 있는 것은 천지보다 크기 때문이다.'라

는 것도 이 理를 이른 것이다. … 사람은 하늘이 생성한 것이고, 性은 하늘이 명한 것이다. 理로 말하면 천지보다 크다고 해도 괜찮겠지만, 사람으로 말하면 어찌 천지보다 크다고 할 수 있겠는가?"[『陸九淵集』권12, 「與趙詠道」, 161쪽: 塞宇宙一理耳, 學者之所以學, 欲明此理耳. 此理之大, 豈有限量? 程明道所謂有憾於天地, 則大於天地者矣, 謂此理也. … 人乃天之所生, 性乃天之所命, 自理而言, 而曰大於天地, 猶之可也. 自人而言, 則豈可言大於天地?]라고 하였다. 하늘을 통해서 드러나는 理는 陰陽이고, 땅을 통해서 드러나는 理는 剛柔이며, 사람을 통해서 드러나는 理는 仁義이므로, 각각의 理는 서로를 포괄할 수 없지만, 天地人을 통해 무한하게 드러나는 理는 天地보다 크다는 의미이다.

[7-41] 自形而上者言之謂之道, 自形而下者言之謂之器. 天地亦是器, 其生覆形載必有理[1].

번역 형이상의 측면에서 말하면 도라 하고, 형이하의 측면에서 말하면 기라 한다. 천지도 또한 기이다. 그 생명을 덮어 주는 하늘과 형체를 실어 주는 땅 사이에 존재하는 만물은 반드시 理가 있다.

주석 1_ 生覆形載: 생명을 덮고 있는 하늘과 만물을 싣고 있는 땅 사이에 존재하는 만물을 의미한다. 『列子』에서는 "하늘의 직능은 생명을 덮음이고, 땅의 직분은 형체를 실음이고, 성인의 직분은 가르침을 베푸는 데 있다."[『列子』「天瑞」: 天職生覆, 地職形載, 聖職敎化.]고 하였다. 육상산은 天地는 器이고, 天地를 통해 현현되는 것은 道이자 理인데, 둘은 不可分의 관계에 있다고 보았다. 여기서 '自形而上者言'·'自形而下者言'이라고 한 것도 동일한 사물의 한 측면만을 말했기 때문이다. 道는 곧 器이고, 器는 곧 道이다.

[7-42] '六十而耳順'[1], 知見到矣. '七十而從心所欲不踰矩'[1], 踐行到矣. 顔子未見其止, 乃未能臻此也.

번역 『논어』의 '예순에 귀로 들으면 그대로 이해가 되었다'는 것은 앎을 터득하였다는 의미이고, '일흔 살에 마음이 하고자 하는 바를 좇아도 법도를 넘지 않았다'는 것은 실천이 이르렀다는 의미이다. 안자는 성학을 그친 적은 없지만, 이 경지에 이르지 못하였다.

주석 1_ 六十而耳順 · 七十而從心所欲不踰矩: 『論語』「爲政」에 보인다.

[7-43] '生知'[1], 蓋謂有生以來, 渾無陷溺, 無傷害, 良知具存, 非天降之才爾殊也[2].

번역 『논어』의 '나면서 저절로 아는 자'는 태어난 이후 혼연히 본심을 잃어버림도 없고 해친 적도 없으며 양지를 모두 보존하고 있는 자를 이른다. 하늘이 준 재질이 그렇게 다른 것이 아니다.

주석 1_ 生知: 『論語』「子罕」에 보인다. "나면서 아는 사람은 최상이요, 배워서 아는 사람은 그 다음이며, 막힘이 있어 배우는 자는 또 그 다음이다. 막힘이 있으면서도 배우지 않는 사람은 하등이다."[生而知之者, 上也, 學而知之者, 次也, 困而學之, 又其次也. 困而不學, 民斯爲下矣.] 여기서 육상산은 나면서부터 지니는 '양심'을 일상 속에서 잃어버림이 없이 보존하고 있는 자를 '生知'로 보았다. 군자와 소인의 차이는 본심을 간직하느냐 없느냐의 차이이므로, 하늘이 준 본심을 실현하는 재질은 生知든 學知든 困學이든 모두 동일하다.
2_ 非天降之才爾殊也: 『孟子』「告子(上)」에 보인다.

[7-44] 漢唐近道者, 趙充國[1] · 黃憲[2] · 楊綰[3] · 段秀實[4] · 顏眞卿[5].

번역 한당시기 도에 근접한 자는 趙充國 · 黃憲 · 楊綰 · 段秀實 · 顏眞卿 등이 있다.

주석

1_ 趙充國: 字는 翁孫이고, 말 타고 활 쏘는 능력이 뛰어난 장군이었다고 한다. 73세 고령의 나이에도 불구하고 병사들을 이끌고 몸소 진두지휘를 하여 모범을 보였다.

2_ 黃憲: 字는 叔度이고, 東漢 慎陽 사람이다.

3_ 楊綰: 字는 公權이고, 唐代 華州 사람이다. 어려서 부모를 잃고 어려운 형편에서 자랐지만, 생계에 집착하지 않고 봉록을 친척과 벗들에게 나누어 주었다고 한다. 中書舍人 · 修國史 · 禮部侍郎의 太常卿 · 集賢殿 崇文館 大學士 등을 담당하였다. 『新唐書』「列傳第六十七」에 전기가 실려 있다.

4_ 段秀實: 字는 成公이고 隴州 사람이다. 唐代의 名將이다. 어려서 經史書를 애독하였고, 자라서는 무예를 익혔으며, 말이 공손하고 행동이 착실하였다고 한다. 安史의 난 이후 涇州刺史 겸 御史大夫, 總攬西北軍政, 檢校禮部尙書 등을 역임하였다. 建中 4년(783) 涇原兵變 당시 항쟁하다 죽음을 맞이하였다. 후인들은 죽음을 무릅쓰고 사직을 지킨 자는 단수실이 유일하였다고 평가하였다.

5_ 顏眞卿: 字는 淸臣이고, '안진경체'를 이룬 唐代 최고의 서예가다. 안사의 난때 큰 공을 세웠으나 난중에 순국했다. 집안이 가난해 종이와 붓이 없었으므로, 담벽에 황토로 연습하여 서예를 익혔고, 특히 해서에 뛰어났다고 한다. 벼슬길에 나간 후에는 장욱에게 배워 서예에 더욱 진전이 있었다. 그 후 관리생활을 하며 유명한 석각을 많이 보았고, 시야가 넓어졌다. 장엄하고도 웅장하며 기세가 툭 트인 글씨이기에, 단정한 선비를 상징하는 과거시험장의 정체로 쓰였고, 지금까지도 이어지고 있다.

[7-45] 王肅[1]·鄭康成[2]謂『論語』乃子貢·子游所編, 亦有可攷者. 如「學而」篇'子曰'[3]次章, 便載'有若'一章[4]. 又'子曰'[5]而下, 載'曾子'一章[6]. 皆不名而以子稱之, 蓋子夏輩平昔所尊者, 此二人耳.

번역 王肅과 鄭康成은 『논어』가 자공과 자유가 편찬한 것이라고 보았는데, 설득력 있는 주장이다. 예를 들어 「학이」편 첫 번째 '子曰' 다음 장에 '有若'의 말이 기록되어 있고, 또 그 다음 '子曰' 다음에 曾子의 말이 실려 있다. 모두 이름을 부르지 않고 '子'로 호칭한 것은, 대체로 자하 등이 평소 존중한 이가 이 두 사람뿐이기 때문이다.

주석

1_ 王肅: 字는 子雍이고, 三國시기 魏나라 최고의 경학자이다. 젊은 시절 宋忠으로부터 揚雄의 『太玄經』을 배웠고, 이에 대한 새로운 주석을 하였다. 賈逵와 馬融의 학문을 따르고 鄭玄의 학문을 배척해, 학설의 차이를 채집하여 『상서』·『시경』·『논어』·『주례』·『예기』·『의례』·『좌씨전』을 注解하였다. 또 부친 王郎이 지은 『易傳』을 정리하여 모두 학관에 진열하였고, 그가 논박한 조정의 制度·典制·宗廟·喪紀 등도 총 백여 편이나 된다. 『魏書』에 「鍾繇華歆王郎傳」과 「王肅傳」이 남아 있다.

2_ 鄭康成: 한대 경학의 집대성자 鄭玄이다. 처음 태학에 입학하여 『京氏易』·『公羊春秋』·『三統歷』·『九章算術』 등을 배웠고, 張恭祖에게 『古文尙書』·『周禮』·『左傳』 등을 배웠으며, 馬融에게 古文經을 배웠다. 『後漢書』에서는 정현을 두고, "경서를 종합하고 각종 학설을 망라하여, 번거로운 것을 줄이고 유실된 것을 고쳐 저술했으니, 이로부터 모든 학자들이 돌아갈 곳을 알게 되었다."고 평가하였다. 실제 정현은 대부분의 경서에 대한 주석을 집필했음은 물론, 금문 경학과 고문 경학을 모두 익혀 절충시키는 입장을 취했다. 전한 시대 이후 갖가지로 갈라졌던 경서에 대한 학설들이 정현에 의해 집대성되었다고 할 수 있으며, 금문 경학과 고문 경학의 대

럽도 잠정적으로 일단락되었다.

3_ 學而篇子曰: 「學而」편 제1장을 가리킨다.[子曰 "學而時習之, 不亦說乎. 有朋自遠方來, 不亦樂乎. 人不知而不慍, 不亦君子乎?"]

4_ 有若一章: 「學而」편 제2장을 가리킨다.[有子曰 "其爲人也孝弟, 而好犯上者, 鮮矣. 不好犯上, 而好作亂者, 未之有也. 君子務本, 本立而道生. 孝弟也者, 其爲仁之本與!"]

5_ 又子曰: 「學而」편 제3장을 가리킨다.[子曰 "巧言令色, 鮮矣仁!"]

6_ 曾子一章: 「學而」편 제4장을 가리킨다.[曾子曰 "吾日三省吾身, 爲人謀而不忠乎? 與朋友交而不信乎? 傳不習乎?"]

[7-46] '不踐迹'[1], 謂已知血脉之人, 不拘形着迹, 然亦未造閫奧. 樂正子在此地位[2]. 人能明矣, 然乍縱乍警, 驟明忽暗, 必至於有諸己然後爲得也.

번역 『논어』의 '자취를 밟지 않는다'는 것은 이미 근본을 아는 자가 잘못된 습관이나 행동거지를 따르지 않음에도, 아직 깊은 경지에 이르지 못하였음을 말한 것이다. 악정자도 바로 이런 경지에 있었다. 사람들은 모두 지혜로울 수 있지만, 갑자기 경계하거나 늘어지고, 갑자기 밝아졌다가 어두워질 수도 있으니, 반드시 자기에게 갖추어진 후에 터득할 수 있다.

주석

1_ 不踐迹: 『論語』「先進」에 보인다.[子張問善人之道, 子曰 "不踐迹, 亦不入於室."] 육상산은 '不踐迹'이 잘못된 습관이나 행동거지를 따르지 않는 것으로 풀이하였다. 반면 이천은 "善人은 비록 옛 자취를 밟지 않더라도, 스스로 악한 짓을 하지 않는다. 그러나 또한 성인의 경지에 들어가지는 못한다."[『論語集注』: 善人雖不必踐舊誤而自不爲惡, 然亦不能入聖人之室也.]고 풀이하였다

2_ 樂正子在此地位: 악정자에 대한 맹자의 평가는 『孟子』「盡心(下)」

에 보인다. "浩生不害가 樂正子는 어떤 사람인지 묻자, 孟子께서 '착한 사람이며, 미더운 사람이다.'라고 하였다. 또 무엇을 일러 착하다 하고 미덥다고 하는지 묻자, 맹자께서 대답하였다. '모든 사람이 바랄 수 있음을 善이라 하고, 그 몸에 있는 것을 일러 信이라 하고, 충실한 것을 일러 美라 하고, 충실하여 빛남이 있음을 일러 大라 하며, 크면서 교화하고 변화시킴을 일러 聖이라 하며, 聖이면서 가히 알 수 없음을 일러 神이라 한다. 악정자는 앞의 두 가지 가운데 있고, 뒤의 네 가지 아래에 있는 자이다.'"[浩生不害問曰 "樂正子, 何人也?" 孟子曰 "善人也, 信人也." "何謂善? 何謂信?" 曰 "可欲之謂善, 有諸己之謂信. 充實之謂美, 充實而有光輝之謂大, 大而化之之謂聖, 聖而不可知之之謂神. 樂正子二之中, 四之下也."]

[7-47] 孔子'十五而志于學'[1], 是已知道時矣. 雖有所知, 未免乍出乍入, 乍明乍晦, 或警或縱, 或作或輟. 至'三十而立'[1], 則無出入·明晦·警縱·作輟之分矣. 然於事物之間未能灼然分明見得. 至'四十始不惑'[1]. 不惑矣, 未必能洞然融通乎天理矣, 然未必純熟[2]. 至'六十'[1]而所知已到, '七十'[1]而所行已到. '事不師古'[3], '率由舊章'[4], '學于古訓'[3], '古訓是式'[5]. 所法者, 皆此理也, 非狥其跡, 倣其事.

번역 공자가 나이 열다섯에 배움에 뜻을 두었다는 것은 이미 도를 알았을 때이다. 물론 알기는 하지만, 갑자기 정신이 들다가 갑자기 나가고, 갑자기 밝다가 갑자기 어두워지며, 어느 때는 경계하다가 어느 때는 해이해지고, 어느 때는 실천하다가 어느 때는 중단하는 것을 면하기 어려웠다. 삼십에 뜻이 확립됨에 이르러, 정신이 들다가 나가고, 밝다가 어두워지며, 경계하다가 해이해지고, 실천하다가 중단하는 구분이 없어졌다. 하지만 사물들에 있어서 아직 또렷하고 분명하게 깨닫지 못하였다. 사십에 비로소 혹하지 않게 됨에 이르러, 혹하지 않았지만 아직 천리를 명확하게 이해하고 관통하지 못하였고, 오십에 천명을 깨달았다고는 하지만 숙련된 경지까지 이르지 못하였다. 육십에 이르러 아는 것이 이미 완성되었고, 칠십에는 행하는 것도 경지에 이르렀다. 『상서』에서 '일을 함에 옛것을 본받지 않고 오래도록 통치할 수 있는 자 없다'고 하였고, 『시경』에서 '고대의 전장제도를 따라야 한다'고 하였으며, 『상서』에서 '옛 가르침을 배워야 한다'고 하였고, 『시경』에서 '옛 가르침을 본보기로 삼아야 한다'고 하였다. 여기서 모범으로 삼은 것은 모두 이 이치이다. 발자취만 따른 것도 아니고 일적인 면만 모방한 것도 아니다.

주석

1_ 十五而志于學 · 三十而立 · 四十始不惑 · 六十 · 七十: 『論語』「爲政」에 보인다.[子曰 "吾十有五而志于學, 三十而立, 四十而不惑, 五十而知天命, 六十而耳順, 七十而從心所欲, 不踰矩."]

2_ 然未必純熟: 사십에 혹하지 않았지만 천리에 관통하지 못했다는 언급 다음에, 바로 육십 · 칠십에 대한 해석이 있는 것으로 보아, 이 구절은 '五十而知天命'에 대한 설명으로 보인다. 해석에서는 추가하여 풀이하였다.

3_ 事不師古 · 學于古訓: 『尙書』「說明(下)」에 보인다. "傅說이 말하였다. '임금이시여, 많이 들으려 하는 이를 구하는 것은 일을 세우려 함이니, 옛 가르침을 배워야 얻음이 있습니다. 일을 옛것을 본받지 아니하고 세대를 영원히 하여 통치할 수 있는 자는 제가 들은 바가 아닙니다.'"[說曰 "王, 人求多聞, 時惟建事, 學于古訓, 乃有獲. 事不師古, 以克永世, 匪說, 攸聞."]

4_ 率由舊章: 『詩經』「大雅」假樂에 보인다.

5_ 古訓是式: 『詩經』「大雅」烝民에 보인다.

[7-48] 博學 · 審問 · 愼思 · 明辯[1], 始條理也[2]. 如金聲[2]而高下 · 隆殺 · 疾徐 · 疏數, 自有許多節奏. 到力行處, 則無說矣, 如

玉振[2], 然純一而已. 知至知終, 皆必由學, 然後能至之終之. 所以孔子學不厭[3], 發憤忘食.[4] '易與天地準', '至神無方而易無體'[5], 皆是贊易之妙用如此. '一陰一陽之謂道'[6], 乃泛言天地萬物皆具此陰陽也. '繼之者善也'[6], 乃獨歸之於人. '成之者性也'[6], 又復歸之於天, '天命之謂性'[7]也.

번역 널리 배우고 절실하게 물으며 깊이 사색하고 명확하게 분별하는 것은 맹자가 말한 '조리를 시작하는 일'이다. 마치 쇠로 소리를 내고 음악을 시작하여, 높고 낮음 · 올라가고 내려감 · 빠르고 늦음 · 드물고 긴밀함 등의 다양한 연주가 저절로 이루어지는 것과 같다. 힘써 행하는 것에 있어서는 더 말할 필요가 없다. 마치 옥으로 소리를 거두어들이는 것과 같으니, 그저 純一할 뿐이다. 이를 곳과 마칠 곳을 아는 것은 반드시 배움으로 말미암아야 한다. 그런 후에 이르고 마칠 수 있다. 그래서 공자는 배움에 싫증 내지 않았고, 분발하여 먹는 것도 잊고 배움에 몰두하였다. '역은 천지와 같은 준칙이다', '신묘한 작용은 어디서든 일어나고 역은 고정된 실체가 없다'고 말한 것은 모두 역의 묘용이 이같이 큼을 찬탄한 것이다. '한번 음하고 한번 양하는 것을 도라 한다'는 것은 천지만물이 이 음양을 모두 갖추고 있음을 범범하게 말한 것이고, '이것을 계승한 것이 선이다'라는 것은 유독 사람에게 귀착된 것이며, '이것을 완성한 것은 성이다'라는 것은 다시 하늘로 귀착된 것이니, 「중용」에서 말한 '하늘이 명한 것을 일러 성이라 한다'는 의미이다.

주석 1_ 博學審問謹思明辨: 『禮記』「中庸」에 보인다. 육상산은 본심확충을 위한 공부 방법으로 '講明'과 '存養'을 제시하였다. 강명은 본심을 확립하기 위한 求知의 공부고, 존양은 본심대로 실천하기 위한 力行의 공부이다. 그는 앎(知)에 해당하는 강명공부가 행(行)에 해당하는 존양보다 먼저 진행되어야 한다고 말하였다. 그런데 여기서 말한 '앎'은 이미 지행합일의 특성을 내포하고 있는 '본심'이다. 이에 대해서는 '1-47 (2)번 주석'과 '2-34 (1)번 주석'에서 설명하였다.

2_ 始條理·金聲·玉振: 『孟子』「萬章(下)」에 보인다. 맹자가 말하였다. "백이는 성인 가운데 청렴한 분이고, 이윤은 성인 가운데 천하의 일을 스스로 맡은 분이며, 유하혜는 성인 가운데 화합한 분이고, 공자는 성인 가운데 때에 맞게 행한 분이다. 공자를 '모아서 크게 이룬 분'이라고 이르니, 모아서 크게 이루었다는 것은 쇠로 소리 내고 옥으로 거두는 것이다. 쇠로 소리 내는 것은 조리를 시작함이고, 옥으로 거두는 것은 조리를 마침이니, 조리를 시작하는 것은 지혜로운 사람의 일이고, 조리를 마치는 것은 성인의 일이다. 지혜를 비유하면 교묘한 것이고, 성스러움을 비유하면 힘이니, 백보 밖에서 활 쏘는 것과 같다. 그것이 이르는 것은 너의 힘이지만, 적중하는 것은 너의 힘이 아니다."[孟子曰 "伯夷, 聖之淸者也. 伊尹, 聖之任者也. 柳下惠, 聖之和者也, 孔子, 聖之時者也. 孔子之謂集大成, 集大成也者, 金聲而玉振之也. 金聲也者, 始條理也, 玉振之也者, 終條理也, 始條理者, 智之事也, 終條理者, 聖之事也. 智, 譬則巧也, 聖, 譬則力也, 由射於百步之外也, 其至, 爾力也, 其中, 非爾力也."]

3_ 學不厭: 『論語』「述而」에 보인다.

4_ 發憤忘食: 『論語』「述而」에 보인다.

5_ 易與天地準, 至神無方而易無體: 『周易』「繫辭傳(上)」에 보인다. "역은 천지의 준칙이기 때문에 천지의 도를 모두 포괄할 수 있다. 신은 존재하는 곳도 존재하지 않는 곳도 없으며, 역은 고정된 본체가 없다."[易與天地準, 故能彌綸天地之道. … 故神無方而易無體.]

6_ 一陰一陽之謂道·繼之者善也·成之者性也: 『周易』「繫辭傳(上)」에 보인다.

7_ 天命之謂性: 『禮記』「中庸」에 보인다.

[7-49] 切磋之道, 有受得盡言者, 有受不得者. 彼有顯過大惡, 苟非能受盡言之人, 不必件件指摘他, 反無生意.

번역 절차탁마의 도는, 직언을 받아들일 수 있는 자가 있고, 직언을 받아들일 수 없는 자가 있다. 어떤 사람이 분명한 잘못과 큰 죄악을 지었는데, 만일 그가 직언을 받아들일 수 있는 자가 아니면, 일일이 그의 잘못을 지적할 필요가 없다. 도리어 홍미를 잃기 때문이다.

[7–50] 王道蕩蕩平平[1], 無偏無倚. 伯夷・伊尹・柳下惠, 聖則聖矣,[2] 終未底於蕩蕩平平之域.

번역 성왕의 도는 평평하고 고르며 치우침도 없고 기움도 없다. 伯夷・伊尹・柳下惠는 성인 중의 성인이지만, 결국 평평하고 고른 성왕의 경지에는 도달하지 못하였다.

주석

1_ 蕩蕩・平平: 『書經』「洪範」에 보인다. "치우침도 없고 붕당도 없어야 왕도가 평평하고, 치우침도 없고 붕당도 없어야 왕도가 고르게 펼쳐진다."[無偏無黨, 王道蕩蕩, 無偏無黨, 王道平平.]

2_ 伯夷伊尹柳下惠, 聖則聖矣: 『孟子』「萬章(下)」에 보인다. 맹자는 伯夷는 청렴함을 이룬 성인이고, 伊尹은 책임감을 이룬 성인이며, 柳下惠는 조화로움을 이룬 성인이지만, 공자는 이 세 가지를 때에 맞게 모두 구현한 時中의 성인으로 평가하였다.[伯夷, 聖之淸者也, 伊尹, 聖之任者也, 柳下惠, 聖之和者也, 孔子, 聖之時者也.]

[7–51] 重卦而爲六十四, 分三才[1]. 初二地也, 初地下, 二地上. 三四人也, 三人下, 四人上. 五六天也, 五天下, 六天上. 一生二, 二生三, 三生萬物.[2]

번역 小成卦를 중첩하여 64卦가 되고, 大成卦는 三才로 구분한다. 初爻

와 二爻는 땅으로, 초효는 지하이고 이효는 지상이다. 三爻와 四爻는 사람으로, 삼효는 아랫사람이고, 사효는 윗사람이다. 五爻와 六爻는 하늘로, 오효는 天下이고 육효는 천상이다. 하나는 둘을 낳고, 둘은 셋을 낳고 셋은 만물을 낳는다.

주석

1_ 三才: 『주역』을 해석하는 하나의 틀로, 天·地·人을 가리킨다. 「繫辭4傳(下)」에서는 "『易』이란 책은 의미가 넓고 커서 다 갖추어, 天道가 있고 人道가 있으며 地道가 있어, 三才를 겸해서 둘로 하였다. 그러므로 六획이 되었으니, 六이란 다른 것이 아니라 三才의 道이다."[易之爲書也, 廣大悉備, 有天道焉, 有人道焉, 有地道焉, 兼三才而兩之. 故六, 六者, 非他也, 三才之道也.]라고 하였다. 또 「說卦傳」에서는 "옛날 聖人이 易을 지은 것은 장차 性命의 이치에 순하고자 함이니, 이로써 하늘의 道를 세워 陰과 陽이라 하고, 땅의 道를 세워 柔와 强이라 하며, 사람의 道를 세워 仁과 義라 하고, 三才를 아울러 둘로 하였다. 그러므로 『易』이 여섯 劃으로 卦를 이루고, 陰을 나누고 陽을 나누며 柔와 强을 차례로 썼다. 그러므로 易이 여섯 位로 文章을 이루었다."[昔者, 聖人之作易也, 將以順性命之理, 是以立天之道曰 '陰與陽', 立地之道曰 '柔與剛', 立人之道曰 '仁與義', 兼三才而兩之. 故『易』六劃而成卦, 分陰分陽, 迭用柔剛. 故『易』六位而成章.]고 하였다. 육상산은 여기서 六爻의 자리와 三才의 관계를 생성적인 측면과 현상적인 측면으로 설명하였다. 생성적인 측면에서는 하늘이 먼저 생기고, 땅이 다음에 생기며, 마지막으로 만물이 나온다. 그래서 三才 자리는 初爻와 二爻가 하늘의 자리이고, 三爻와 四爻가 땅의 자리이며, 五爻와 上爻가 사람의 자리가 된다. 반면 현상적인 측면에서, 팔괘가 이루어지면 이미 만상이 현상적으로 펼쳐지듯이 6효로 이루어진 대성괘 64괘는 현상화된 원리를 나타낸다. 그래서 하늘은 위에 있고 땅은 아래에 있으며 사람은 가운데 있으므로 初爻와 二爻는 땅의 자리가 되고, 三爻와 四爻는 사람의 자리가 되며 五爻와 上爻는 하늘의 자리가 된다.

2_ 一生二, 二生三, 三生萬物: 육상산은 『주역』을 해석하며 다음과 같이 말하였다. "하나의 사물이 있으면 반드시 상하·좌우·전후·

수미 · 앞뒤 · 내외 · 안팎이 존재한다. 그러므로 하나가 있으면 반드시 둘이 있게 되므로 '하나는 둘을 생성한다'고 한 것이다. 상하 · 좌우 · 수미 · 전후 · 안팎이 있으면 반드시 가운데가 있다. 가운데는 두 극단과 함께 셋이 되므로, '둘은 셋을 생성한다.'고 한 것이다. 그러므로 태극은 나뉘어 兩儀가 되고, 양의가 구분되고 천지가 이미 자리하면 사람이 그 가운데 자리한다. 三極의 도는 어찌 『周易』을 지은 자가 스스로 한 말이겠는가?"[『陸九淵集』권21, 「雜著 · 三五以變錯綜其數」, 261쪽: 有一物, 必有上下, 有左右, 有前後, 有首尾, 有背面, 有內外, 有表裏. 故有一必有二, 故曰 "一生二". 有上下 · 左右 · 首尾 · 前後 · 表裏, 則必有中. 中與兩端則爲三矣, 故曰 "二生三". 故太極不得不判爲兩儀. 兩儀之分, 天地旣位, 則人在其中矣. 三極之道, 豈作『易』者所能自爲之哉?]

[7-52] 先儒謂「屯」之初九[1], 如高貴鄕公[2], 得之矣.

번역 先儒들은 屯卦(䷂)의 初九에 대한 해석을 두고 高貴鄕公과 같은 학자의 말이 맞다고 평가한다.

주석 1_ 屯之初九: 『周易』「屯卦」 初九 爻辭에 보인다. "初九는 나아감에 어려우니, 바름에 거처함이 이롭고, 스스로를 세워 제후 됨이 이롭다."[初九, 盤桓, 利居貞, 利建侯.] 小象傳에서는 "비록 나아감에 어렵지만, 뜻은 늘 바름을 행하는 데 두고 있다. 귀한 신분임에도 천한 사람들에게 낮추니, 크게 민심을 얻을 것이다."[雖磐桓, 志行正也. 以貴下賤, 大得民也.]

2_ 高貴鄕公: 字는 彦士이고, 魏나라 文帝 曹丕의 손자 曹髦이다. 처음에 高貴鄕公으로 봉해졌다. 魏 嘉平6年(254) 司馬師가 曹芳을 폐위하고 그를 임금 자리에 앉혀 위나라 4대 황제가 되었다. 사마사가 죽은 뒤 司馬昭가 대장군의 직책을 계승하고 조정을 보위하였다. 그런데 260년 사마소와 충돌이 발생하자, 曹髦은 폐위될 것이 두려

워 수백 명의 군대를 데리고 공격하였는데, 도리어 사마소에게 살해되었다. 육상산은 임금 자리에 있는 귀한 신분임에도 지위가 낮은 사람들에게 낮추지 못한 高貴鄕公의 행동이 屯卦 初九 爻辭의 본의와 같다고 평가한 先儒들의 해석이 옳다고 본 것이다.

[7–53] 「蒙」'再三瀆, 瀆則不告'[1], 非發之人, 不以告於蒙者也. 爲蒙者, 未能專意相向, 乃至再三以相試探, 如禪家云 '盜法之人, 終不成器'. 一有此意, 則志不相應, 是自瀆亂, 雖與之言終不通解, 與不告同也.

번역 蒙卦(䷃) 괘사에서 '두세 번 점치듯 하면 모독하는 것과 같으니, 모독하면 깨우쳐 주지 않는다'고 하였는데, 분발하는 사람이 아니면 몽매함을 일깨워 주지 않는다는 의미이다. 몽매한 자가 뜻을 전일하게 하여 배움을 구하지 않고 두세 번 자꾸 들어 보려 시도하면, 이는 禪家에서 흔히 말하는 '불법을 도적질하는 사람은 끝내 그릇을 이룰 수 없다'는 것과 같다. 조금이라도 이런 의도가 있으면 뜻이 서로 감응하지 못하여 저절로 모독하고 혼란스러워진다. 비록 말해 준다 해도 끝내 이해하지 못하므로, 일러 주지 않는 것과 마찬가지이다.

주석

1_ 再三瀆, 瀆則不告: 『周易』「蒙卦」 괘사에 보인다. 주자와 육상산의 蒙卦에 대한 해석 차이는 '2-25 (1)번 · (2)번 주석'에서 설명하였다.

2_ 盜法之人, 終不成器: 高安白水本仁禪師의 말이다. 淸代 世宗皇帝가 편찬한 『御選語錄』 권19에 실려 있다.

[7-54] 八卦之中, 惟乾·坤·坎·離不變, 倒而觀之, 亦是此卦. 外四卦則不然.

번역 팔괘 가운데 오직 건괘(☰)·곤괘(☷)·감괘(☵)·리괘(☲)만 불변한다. 위아래를 뒤집어 보아도 똑같은 괘다. 나머지 네 괘는 그렇지 않다.

주석 1_ 八卦: 小成卦인 乾卦(☰)·兌卦(☱)·離卦(☲)·震卦(☳)·巽卦(☴)·坎卦(☵)·艮卦(☶)·坤卦(☷)이다.

[7-55] 學問若有一毫夾帶, 便屬私小而不正大, 與道不相似矣. 仁之於父子固也, 然以舜而有瞽叟, 命安在哉? 故舜不委之於命, 必使底豫允若[1], 則有性焉, 豈不於此而驗.

번역 학문에 털끝만큼이라도 사욕이 있다면, 사사로움에 빠져 正大할 수 없고, 도와 서로 같지 않게 될 것이다. 仁은 부자 사이에 본래 있는 것이지만, 순임금에게 고수 같이 頑惡한 부친이 있었으니, 명이 어디 정해져 있겠는가? 이에 순임금은 명에 의탁하지 않고, 반드시 고수로 하여금 기뻐함을 이루게 하고 믿고 따르게 하였으니, 본성대로 실천한 것이다. 어찌 이를 통해 증명할 수 없겠는가?

주석 1_ 底豫允若: '底豫'는 기뻐함을 이루었다는 의미이다. 『孟子』「離婁(上)」에 보인다. 瞽瞍는 舜임금의 아버지 이름이다. 고수가 지극히 頑惡하여 순임금을 죽이려고 하였는데, 순임금이 어버이 섬기는 도리를 다하여 고수가 간악한 죄인에 이르지 않고 결국 믿고 따라 기쁨을 이루었다. 또한 고수가 기뻐하여 천하가 교화되었다고 한다.[舜盡事親之道而瞽瞍底豫, 瞽瞍底豫而天下化.] '允若'은 믿고 따른다는 의미이다. 『書經』「大禹謨」와 『孟子』「萬章(上)」에 보인다. 咸丘蒙이 순임금이 천자가 되어 국정을 살피실 때, 아버지 고수도 신하의 예를 갖추어 임금으로 모셨다는 소문을 듣고, 천자의 아버지도 자식을 함부로 대할 수 없는 것인지 물었다. 맹자는 『서경』에서 말한 '공경한 태도로 고수를 뵈었고 항상 삼가고 두려워하였다. 그러자 고수 역시 순을 믿고 따르게 되었다.'는 말을 인용하여, 순임금이 고수를 신하로 대한 것이 아니라, 훌륭한 덕을 지닌 사람은 아버지도 자식을 함부로 대할 수 없을 정도로 마음으로 존중함을 말한 것이라 하였다.[『孟子』「萬章(上)」: 咸丘蒙問曰 "語云盛德之士, 君不得而臣, 父不得而子. 舜南面而立, 堯師諸侯, 北面而朝之, 瞽瞍亦北面而朝之." 孟子曰 "否, 此非君子之言, 齊東野人之語也. … 書曰 '祇載見瞽瞍, 夔夔齊栗, 瞽瞍亦允若.' 是爲父不得而子也."]

[7-56] 元吉自謂智昧而心犺. 先生曰 "病固在此, 本是骨凡. 學問不實, 與朋友切磋不能中的, 每發一論, 無非泛說, 內無益於己, 外無益於人, 此皆己之不實, 不知要領所在. 遇一精識, 便被他胡言漢語壓倒, 皆是不實. 吾人可不自勉哉?"

번역 내가 스스로 지혜도 밝지 않고 마음도 거칠다고 말하자, 선생께서 말하였다. "병통은 바로 여기에 있다. 본래 평범한 사람인데다 학문도 튼실하지 못하여, 벗들과 절차탁마해도 목표를 정확히 잡지 못하고, 매번 의론을 펼칠 때 범범한 말이 아닌 것이 없어, 안으로 자기에게 무익하고, 밖으로 남에게도 무익하다. 이것은 모두 자기가 충실하지 못하여 요령이 있는 곳을 알지 못하는 것이다. 우연히 정통한 학문을 지닌 자를 만나면, 그의 함부로 하는 말에 압도당하여 모두 진실 되지 못하다. 우리가 어찌 스스로 힘쓰지 않을 수 있겠는가?"

[7-57] 格物者, 格此者也.[1] 伏羲仰象俯法, 亦先於此盡力焉耳.[2] 不然, 所謂格物, 末而已矣.

번역 격물이란 이 마음의 이치를 궁구하는 것이다. 복희가 하늘의 象을 우러러 관찰하고 땅을 굽어 살펴 모든 이치에 통달하였는데, 역시 먼저 이 마음을 회복하는 데 힘을 다했을 뿐이다. 그렇지 않다면 격물이라는 것은 末에 해당될 뿐이다.

주석 1_ 格物者, 格此者也: 사람이면 누구나 도덕적 사고와 행위의 주체인 본심을 지니고 태어난다고 보았던 육상산은, 본심확충을 위한 방법으로 '格物'을 제시하였다. "옛날에는 15세가 되면 대학에 들어갔다. 「대학」에서 '대학의 도는 명덕을 밝히는 데 있고, 백성들을 친히 하는 데 있으며, 至善에 머무는 데 있다.'고 하였는데, 이것이 「대학」의 핵심이다. 명덕을 천하에 밝히려 하는 것은 「대학」의 궁극적 목표이고, 격물치지는 공부의 착수처이다. 「중용」에서 말한 널리 배우고 절실하게 물으며 깊이 사색하고 명확하게 분별하는 것은 앎을 구하는 방법이다."[『陸九淵集』권34, 「語錄(上)」, 411쪽: 古者十五而入大學, "大學之道, 在明明德, 在親民, 在止於至善", 此言大學指歸. 欲明明德於天下是入大學標的, 格物致知是下手處. 『中庸』言博學 · 審問 · 謹思 · 明辨是格物之方.] '격물'은 「중용」에서 말한 博學 · 審問 · 愼思 · 明辯과 함께 본심확립을 위한 공부의 시작점이다. 그는 또 격물의 '격'자를 두고 "'格'은 '지극히 한다(至)'는 것으로, '탐구(窮)'와 '연구(究)'의 뜻과 같다. 모두 연구하고 고찰하여 그 지극함을 구하는 것이다."라고 말하였다.[『陸九淵集』권20, 「格矯齋說」, 150쪽: 格, 至也, 與窮字 · 究字同義, 皆研磨考索, 以求其至耳.]

다만, 여기서 그는 '此'가 사람이면 누구나 선험적으로 지니고 태어나는 순선한 본심을 지칭한다고 보았다. 격물은 곧 본심을 밝히는 공부인 것이다. 육상산은 「武陵縣學記」에서도 격물치지가 자신의 본심을 밝히는 공부라고 정의하였다.[『陸九淵集』권19,「武陵縣

學記」, 238쪽: 所謂格物致知者, 格此物致此知也, 故能明明德於天下.] 이것에 힘쓰지 않고 외부사물의 이치탐구에 먼저 힘쓴다면 본말이 顚倒되어 본심을 회복하는 격물공부가 末이 된다. 반면 격물과 치지의 관계를 두고, 그는 "「대학」에서 '… 그 뜻을 참되게 하고자 하는 자는 먼저 그 앎을 지극히 하였는데, 앎을 지극히 하는 것은 格物에 달려 있다.'라고 하였는데, 만물의 이치가 이미 궁구되면 앎도 저절로 이르게 된다."[『陸九淵集』권11,「與李宰」, 150쪽: 『大學』言: " … 先致其知, 致知在格物." 物果已格, 則知自至.]고 하였다. 격물공부를 통해 이치를 밝게 드러내면 참된 앎은 저절로 드러나게 된다. 본심에 '自發'의 특징이 있기 때문에, 그저 혼잡한 마음을 차분히 가라앉히고 스스로를 돌아보는 '自反'의 노력만 하면 본심을 저절로 드러나 격물공부가 완성된다.

2_ 伏羲仰象俯法, 亦先於此盡力焉耳: '伏羲仰象俯法'은 『周易』「繫辭傳(下)」에 보인다. "옛날 包犧氏가 天下에 왕노릇 할 때, 우러러 하늘에서 象을 관찰하고, 구부려서 땅에서 法을 보며, 새와 짐승의 무늬와 땅의 마땅함을 보며, 가까이는 몸에서 取하고 멀리는 물건에서 取하여, 이제 비로소 八卦를 지음으로써 神明의 德을 통하며 萬物의 實情을 같이하였다."[古者包犧氏之王天下也, 仰則觀象於天, 俯則觀法於地, 觀鳥獸之文, 與地之宜, 近取諸身, 遠取諸物, 於是始作八卦, 以通神明之德, 以類萬物之情.] 복희가 천지자연의 대상사물에 현현하는 이치를 훤히 꿰뚫을 수 있었던 것도 바로 본심을 온전히 회복하여 성인의 경지에 도달했기 때문이지, 이를 도외시하고 외부사물의 이치탐구에만 주력했기 때문이 아니라는 말이다.

[7-58] 顔子仰高鑽堅[1]之時, 乃知枝葉之堅高者也, 畢竟只是枝葉. 學問於大本既正, 而萬微不可不察.

번역 안자가 공자를 사사하며 우러러볼수록 더욱 높아지고, 뚫을수록 더욱 여물어짐을 느꼈을 때, 비로소 가지가 아무리 견고하더라도 어쨌든 가지에 지나지 않는다는 것을 알았다. 학문이 큰 근본에 있어 이미 바르게 서면, 수많은 세미한 사물도 살피지 않을 수 없다.

주석 1_ 顔子仰高鑽堅: 『論語』「子罕」에 보인다. 聖學에 뜻을 두고 힘써 닦아가기 위해 노력했지만, 결국 공자의 경지가 너무 높아 아무리 해도 좇아갈 수 없는 경외의 심경을 토로한 것이다.

[7-59] 規矩[1]嚴整, 爲助不少.

번역 規矩가 엄정하면, 학문에 적지 않은 도움이 될 것이다.

주석 1_ 規矩: 직선과 원을 그리는 공구로, 당시 인륜의 지극한 모범이 되는 성인을 배울 수 있는 도구인 경전을 비유하는 말로 쓰였던 것으로 보인다. 학자들이 伊川『易傳』·胡氏『春秋』·上蔡『論語』·范氏『唐鑑』 등을 '規矩'로 삼고 공부하자, 육상산은 성인의 뜻을 잘못 기록한 책은 오히려 해가 되므로, 規矩가 반드시 경전일 필요는 없다고 하였다. 성인이 밝힌 이치는 지극히 簡易하고 각자의 본심에 갖추어져 있는 것이므로, 본심이 바로 規矩가 될 수 있다는 것이다.[『陸九淵集』권34, 「語錄(上)」, 429쪽: 臨川一學者初見, 問曰 "每日如何觀書?" 學者曰 "守規矩." 歡然問曰 "如何守規矩?" 學者曰 "伊川『易傳』, 胡氏『春秋』, 上蔡『論語』, 范氏『唐鑑』." 忽呵之曰 "陋說!" 良久復問曰 "何者爲規?" 又頃問曰 "何者爲矩?" 學者但唯唯. 次日復來, 方對學者誦 '「乾」知太始, 「坤」作成物, 「乾」以易知, 「坤」以簡能'一章, 畢, 乃言曰 "「乾」文言云 '大哉乾元', 「坤」文言云 '至哉坤元.' 聖人贊『易』, 却只是箇'簡易'字道了." 遍目學者曰 "又却不是道難知也." 又曰 "道在邇而求諸遠, 事在易而求諸難." 顧學者曰 "這方喚作規矩, 公昨日來道甚規矩."] 그래서 그는 郡庠에서 배움을 시작하는 자에게 스승과 벗을 잘 사귀고, 規矩인 본심을 늘 간직하며, 성인의 말을 기록해 놓은 『논어』와 같은 고서를 읽어야 한다고 강조하였다.

[『陸九淵集』권34, 「語錄(上)」, 409쪽: 有一後生欲處郡庠, 先生訓之曰 "一擇交, 二隨身規矩, 三讀古書『論語』之屬."]

찾아보기

저자_ 육구연(陸九淵)

남송시기 주자와 20년 가까이 한 치의 물러섬 없이 자신의 관점을 고수하며 논쟁하고 심학의 기틀을 확립한 철학사상가이다. 주자와 전혀 다른 방식으로 유학을 종주로 삼고 인륜도리와 수양방법을 제시하여, 당시 사람들뿐만 아니라 元·明·淸에 이르는 긴 시간 동안 학자들의 관심대상이 되었다

字는 子靜이고 撫州 金溪사람이다. 高宗 紹興 9년(1139)에 태어나 光宗 紹照 3년(1192) 54세의 나이로 세상을 마쳤다. 靖安縣과 崇安縣 主簿를 제수받았고, 國子監 國子正·勅令所 刪定官·知荊門軍을 역임하였다. 만년 貴溪에 있는 應天山에 올라 강학활동을 하다가 산의 형상이 코끼리와 닮았다 하여 이름을 '象山'으로 고치고 스스로 '象山居士'·'象山翁'이라 불렀는데, 이때부터 世人들은 '象山先生'이라 칭하였다.

상산은 일생동안 경전에 대한 주석서나 저술을 남기지 않았다. 그저 소량의 詩文·雜著·書信과 강학어록만 남아 있을 뿐이다. 文集과 語錄이 세상에 선보인 것은 상산 사후의 일이다. 開禧 元年(1205) 아들 持之가 집안에 남아 있거나 문인들이 가지고 있는 遺文들을 수집하여 『象山先生全集』을 간행하였고, 嘉熙 元年(1237) 楊簡 문하에 있던 陳塤이 문인들이 주고받은 문답을 선록하여 『象山語錄』을 출간하였다. 이후 象山精舍가 重修되고 점차 象山書院이 곳곳에 건립되면서 문집 출간이 이어졌고, 明代 正德 16년(1521)에는 王陽明이 서문을 쓰고 文集과 語錄을 합하여 문집을 간행하기도 하였다.

역주자_ 고재석(高在錫)

성균관대학교 유학과 학부와 석사를 졸업하고, 북경대학 철학과에서 남송시기 心學에 관한 주제로 박사학위를 받았다. 현재 성균관대학교 유학대학 부교수로 재직하고 있고, 한국동양철학회 연구이사, 한국양명학회 총무이사, 동양철학연구회 섭외이사, 철학연구회 연구위원을 담당하고 있다.
청화대 국학원장 陳來 교수의 『중국고대사상문화의 세계』(공역, 2008)를 완역하였고, 『유토피아 인문학』(공저, 2012), 『우리들의 세상 논어로 보다』(공저, 2014)를 출간하였다. 논문으로 「大同之夢, 儒家的理想社會」(『鵝湖』 454), 「探析論語'直躬'故事所體現的東亞正義觀念」(『中國哲學史』 2015), 「육구연 본심본체설 연구」(『양명학』 28), 「주희의 대학 해석에 관한 연구」(『한문고전연구』 21), 「조상과 후손의 만남에 대한 동서양 다원적 패러다임 연구: 주자의 감응이론과 칼융의 동시성이론을 중심으로」(『유학연구』 34), 「논어기반 인성교육 평가척도의 이론토대 연구」(『동양철학연구』 88), 「Alternative Forms of Capitalism Supported by the Lunyu」(國際版『儒教文化研究』 26), 「퇴계 미발관 연구」(『동양철학』 42), 「다산 정약용의 철학적 인간론 연구: 심신이론과 도덕본체의 창조적 재구성을 중심으로」(『동양철학』 46) 등 20여 편이 있다.
최근에는 한국유학사에 전개된 사상적 분기와 특성을 연구하여 철학사상의 다원적 패러다임을 분석하고 있고, 인성교육의 이론정립과 모델개발에 집중하고 있다.

象山語錄 譯註